ISBN 978-0-656-64662-3
PIBN 10454522

# Biographisches Lexikon

des

# Kaiserthums Oesterreich,

enthaltend

ie Lebensskizzen der denkwürdigen Personen, welche seit 1750 in den öster-
ichischen Kronländern geboren wurden oder darin gelebt und gewirkt haben.

Von

**Dr. Constant von Wurzbach.**

---

## Achtundvierzigster Theil.

**Czetrzewiński — Ullepitsch.**

Mit neun genealogischen Tafeln.

Mit Unterstützung des Autors durch die kaiserliche Akademie der Wissenschaften.

Wien.

Druck und Verlag der k. k. Hof- und Staatsdruckerei.

1883.

tr. to Grad/Suhr
8-23-01

# Vorwort.

'n diesem Bande des Lexikons, welcher die Namen auf T zu Ende
hrt, beginnen auch die Namen auf U. Die abgeschmackte Sitte, das
und V in einen Buchstaben zu verschmelzen, die in so vielen älteren,
ber auch neueren lexikalischen Werken beobachtet wird, in meinem
Berke anzunehmen, konnte ich mich nicht entschließen, es wird somit das
in demselben für sich behandelt. Dagegen stellen sich mir in der so
ufig wechselnden Schreibung der Namen auf Ue und Ui nicht geringe
wierigkeiten entgegen. So z. B. findet sich der Name der Grafen-
lie Uiberacker ebenso häufig auch Ueberacker geschrieben, ein
iches ist bei den Namen Uechtritz, Uexküll u. s. w. der Fall.
Ich habe mich in der Schreibweise dieser Namen dafür entschieden,
zu gebr... uchen, deren sich die betreffenden Familien oder Personen
Zeit ... selbst bedienen, um aber für alle Fälle den Benützern des
das Finden zu erleichtern, für die andere Schreibweise auch einen
is zu bringen.

In die Bearbeitung dieses Bandes fällt ein für den Herausgeber
ses Lexikons sehr schmerzliches Ereigniß. Der Factor der k. k. Hof-
d Staatsdruckerei Friedrich Kreisch, unter dessen unmittelbare
bsorge seit vielen Jahren mein Lexikon gestellt war, ist in seinen besten
ahren nach langem schmerzlichen Leiden aus dem Leben geschieden. Ich

kann den Benützern meines Werkes nicht die Obliegenheiten eines Druckereifactors auseinandersetzen und nur kurz andeuten, daß er das Factotum, die Seele der Abtheilung ist, welcher er vorsteht, daß Factor und Autor überhaupt in ununterbrochener Berührung sind. Es ist dies schon bei einem gewöhnlichen Werke ein für den Letzteren nicht unerhebliches Moment, nun aber erst bei einem Werke, dessen Satz bei dem polyglotten Charakter desselben und den vielen genealogischen Tafeln mit nicht gewöhnlichen Umständen verknüpft ist. Dabei hat ja der Factor nicht blos das eine Werk, sondern noch viele andere nicht minder wichtige und schwierige unter seiner Leitung. Nun hatte ich eine stattliche Reihe von Jahren Gelegenheit, die Sorgfalt und Umsicht, den Eifer, die Pünktlichkeit, die Ordnungsliebe und Verläßlichkeit des Herrn Kreisch zu erproben, und ich muß sagen, ein Beamter von solcher Tüchtigkeit, Gediegenheit und Pflichttreue ist mir in meinem Leben, in welchem ich schon mit vielen Menschen verkehrt habe, nur selten vorgekommen, ich muß gestehen, mit jedem neuen Bande wuchs meine Achtung für diesen braven zuverlässigen Beamten, und als ich die ganz unerwartete Nachricht von seinem Tode erhielt, denn wenige Tage früher hatte ich noch ein Schreiben von seiner Hand empfangen, war ich tief ergriffen und wollte es lange nicht glauben, bis die Correcturen mit den einbegleitenden Zeilen des neuen Herrn Factors mich von der traurigen Thatsache überzeugten. Ich fühle mich gedrungen, dem braven mir so werth gewordenen Manne diese wenigen Worte der Erinnerung nachzusenden und als Blume des Dankes für die unverdrossene jahrelange Hilfeleistung bei dem Drucke meines Werkes aufs Grab zu legen. Er war Factor der Druckerei und als solcher Leiter des Druckes meines Werkes, mir war er mehr, mir war er ein treuer Genosse, Helfer, Rathgeber, mir war er ein lieber, unersetzlicher Freund. Die Musteranstalt welche solch tüchtige Kräfte heranzieht und auf dieselben mit Recht stolz sein kann, hat durch sein allzu frühes Hinscheiden gewiß einen großen Verlust erlitten.

Und nun von dem braven Todten zurück zu den Lebenden. Da ingt es mich denn, auch mehreren Gönnern und Freunden meines erkes, die mich durch ihre Bereitwilligkeit, Liebenswürdigkeit und ichkenntniß in meiner Arbeit fördern, meinen warmempfundenen ank für Alles, was sie mir Freundliches erweisen, hiermit öffentlich szusprechen. Allen voran geht Herr Anton Gutenäcker, Biblio-:kar an der königlichen Staatsbibliothek zu München, Herr r. H. Holland, auch in München, Herr A. J. Hammerle, ibliothekar an der k. k. Studienbibliothek zu Salzburg, Herr Ludwig örmann, Custos an der k. k. Universitätsbibliothek zu Innsbruck, d Herr Dr. Anton Graffauer, Custos an der k. k. Universitäts-bliothek zu Wien. Alle die genannten Herren stehen mir, wo meine jenen Collectaneen u. s. w. mich im Stiche lassen, mit Rath und hat hilfreich zur Seite.

Berchtesgaden, am 7. Juli 1883.

Dr. Constant von Wurzbach.

**Trzetrzewiński**, Adalbert (nationalökonomischer Schriftsteller, geb. zu Chomranicz im Sandecer Kreise Galiziens 1786, gest. zu Warschau am 7. März 1865). Den ersten Unterricht erhielt er in der Piaristenschule zu Podolinec, die höheren Studien legte er auf der Hochschule in Krakau zurück. Im Kriegsjahre 1809 trat er in die Armee des Großherzogthums Warschau, schwang sich zum Officier empor und machte den Feldzug 1812 mit, in welchem er das Mißgeschick hatte, in Gefangenschaft zu gerathen. Nach zwei Jahren kehrte er endlich aus derselben zu seiner Truppe zurück und wurde 1815 Lieutenant im ersten Regimente Fußjäger der polnischen Armee. In dem darauffolgenden Frieden erhielt er zunächst eine Anstellung bei der zu jener Zeit aufgestellten Liquidations-Commission, kam bald darauf zum Schatzamte, endlich zur Direction der damals so bedeutenden Creditgesellschaft, in welcher er, nachdem er verschiedene Aemter in derselben bekleidet hatte, zum Präses der Direction aufstieg. Im Jahre 1863 zum zeitlichen Mitgliede des Ständerathes berufen, starb er 1865 in dem hohen Alter von 77 Jahren. Ein kenntnißreicher Beamter, ein unermüdlicher Arbeiter, benützte er die Muße seines Berufes zu nationalökonomischen und finanziellen Studien und schrieb zahlreiche dahin einschlägige Artikel für die damaligen polnischen Blätter, so für die „Warschauer Bibliothek" (Biblioteka Warszawska), die „Warschauer Zeitung" (Gazeta Warszawska), das „Allgemeine Tageblatt" (Dziennik powszechny), und für die polnische bei Orgelbrand verlegte Realencyklopädie (Encyklopedyja powszechna). Außerdem gab er noch selbstständig heraus: *„Zbiór praw i przepisów stęplowych w czasu od dnia 23 grudnia r. 1811 do 10. kwietnia 1828"*, d. i. Sammlung der Stempelgesetze und Vorschriften von der Zeit des 23. December 1811 an bis zum 10. April 1828 (Warschau 1828, 8°.; 2. verm. und bis zum Jahre 1843 fortgeführte Aufl. ebd. 1843, 8°.); — *„O podatkach gruntowych stalych w królewstwie polskiem"*, d. i. Von den ständigen Grundabgaben im Königreiche Polen (ebd. 1861, 8°.).

Encyklopedyja powszechna, d. i. Allgemeine Encyklopädie (Warschau, Orgelbrand, gr. 8°.) Bd. XXV, S. 660.

**Trzik**, siehe: **Trčik**, Franz a S. Barbara [Bd. XLVII, S. 89].

**Ts.** Viele Namen auf **Ts**, z. B. **Tsászár, Tsécsy, Tseh, Tserey, Tsery** u. s. w., sind unter der Schreibung **Cs** zu suchen: **Császár** [Bd. III, S. 47], **Csécsy** [ebd., S. 51], **Cseh** [ebd., S. 52], **Cserei** [ebd., S. 54 und 55], **Csery** [ebd., S. 59] u. s. w.

**Tsukly**, siehe: **Tschukly** [S. 69].

**Tsatári**, auch **Csatári** geschrieben, Johann (Schriftsteller, geb. zu Debreczin **1730**, gest. ebenda **1782**). Nachdem er die Schulen seines Geburtsortes Debreczin durchlaufen hatte, begab er sich nach Deutschland, wo er in Halle seine Studien beendete. Daselbst wohnte er bei den Töchtern des **1747** verstorbenen Martin Schmeizel, dessen hinterlassene Bibliothek er in so ausgedehnter Weise benützte, daß ihm betreffs seiner eigenen Arbeiten von späteren Forschern der nicht unbegründete Vorwurf des Plagiats gemacht wird. Nach seiner Rückkehr in die Heimat bekleidete er in seiner Vaterstadt verschiedene öffentliche Aemter, zuletzt das eines Senators, in welcher Eigenschaft er im Alter von erst 52 Jahren starb. Als Schriftsteller ist er nur auf einem einzigen Werke ausdrücklich genannt, dessen Titel lautet: *„Magyarország Historiájának rövid Summája, mellyet Hazájához való szeretéből irt Tsatári János Debretzeni Magyar“*, d. i. Kurzer Auszug der ungarischen Geschichte... (Halle **1749**, XXIV und 280 S, 8°.); dieses Buch, welches dem gelehrten Stadtrichter und Rathe der Stadt Debreczin Martin Domokos gewidmet ist und in drei Abtheilungen, eine geographische, eine historische und eine politische zerfällt, hat eine kleine Geschichte. Es ist vor Allem kein Original, sondern eine Uebersetzung des zweiten, dritten, vierten und fünften Buches des Schmeizel'schen „Collegium in Historiam et Statum Regni Hungariae“. Tsatári hat die Nachträge und Bemerkungen Schmeizel's nicht überall benützt. Der Titel des Buches nebst einer Vorrede, Zueignung an den Debrecziner Magistrat, Inhaltsverzeichniß und einer genealogischen Tafel der Könige von Ungarn wurde durch den Buchdrucker Hendel, der Text aber durch den Buchdrucker Fürst gedruckt. Da Tsatári die gehoffte Unterstützung von dem Debrecziner Magistrat nicht erhielt, ließ er das Buch in den Händen der Verleger zurück. Durch diese und Doctor Mich. Agnethler [Bd. I, S. 7] bewogen, ließ sich G. S. Strahlenberg — vermuthlich ein fingirter Name — zur Verfassung einer Vorrede herbei, welche Jena 20. September **1751** datirt ist, und mit derselben gab des Buchdruckers Fürst Witwe — ohne die oberwähnten von Hendel gedruckten Stücke — den Text heraus. In dieser Vorrede wird Tsatári als Plagiarius überwiesen, vergleichende Stellen des Textes und der Uebersetzung angeführt, das vollständige Inhaltsverzeichniß des Schmeizel'schen Werkes gegeben und Bemerkungen über mehr als **120** bedeutende Fehler des Uebersetzers versprochen, welche jedoch, weil sie mehr als zwei Bogen gefüllt hätten, vom Verleger zur Ersparung der Unkosten nicht beigefügt wurden. Endlich wird auch der Unterschied zwischen dem Schmeizel'schen Text und der wenig gelehrten Forschung, welche Tsatári in einigen Zeilen dem historischen Theile beizufügen für gut befunden, dargestellt. Horányi führt nun noch nachstehende Handschriften Tsatári's an: *„Mausoleum Principum Transylvaniae, quo eorum gesta luculento compendio exhibentur, ad typos destinatum“; — *„Methodus vel Tabula qua scientiam numismaticam bono ordine tractandam, rei numariae patronis, ejusdem cultoribus grata mente offert“; — *„Scientia numismatica avagy pénzekről való tudomány... sive De numis doctrina ex variis auctoribus magno labore collecta de usibus Hungarorum Monoglottorum adcommodata“ (ungarisch); — „Ars heraldica avagy Tzimerekről való Tudomány... sive Doctrina de Insignibus, in qua de eorum originibus, varietate et qualitate condecente ordine agitur“; — „Succincta Commentatio heraldico-critica de Insignibus Regni Hungariae ut et Principatus Transylvaniae Heraldicis“; — *„Chorographia magni Principatus Transylvaniae cum antiquis Romanorum Inscriptionibus ibidem repertis e probatissimis auctoribus concincta“; — „Historia Civitatis Debrecinensis“; — „Historia literaria Hungariae fuse descripta a Debrecinensi Ripensi Daco“; — „Schediasma de arce Varad“; — „Succincta Juris hungarici Historia nec non Bibliotheca librorum ad jus Hungariae facientium“; — „Petri ab Osterwald de Ordinibus hungarice redditum“; — „Ecclesiastica Historia“ (ungarisch); — „Commentatio in Virgilium“. Wenn man beispielsweise die mit Sternchen (*) bezeichneten Titel der Tsatári'schen Manuscripte mit jenen der von Schmeizel [Bd. XXX, S. 162] hinterlassenen vergleicht und die Nachweise in obenerwähnter Vorrede Strahlenberg's über Tsatári's Plagiate in Betracht zieht, so drängt sich Einem unwillkürlich der Verdacht auf, Tsatári habe sich fremdes geistiges Eigenthum in unrechtmäßiger Weise zu Nutze gemacht. Diese Ansicht wird überdies noch durch die vom Finanzrathe Joseph Trausch gemachte Bemerkung bestärkt, daß er sicher wisse, daß dem handschriftlichen Nachlasse Schmeizel's manche die vaterländische Geschichte erläuternde Werke heimlich entwendet worden. Das obige Verzeichniß des Tsatári'schen Nachlasses wurde aber von Tsatári's Sohne Stephan dem gelehrten Alexius Horányi mitgetheilt.

*Horányi (Alexius).* Nova Memoria Hungarorum scriptis editis notorum (Pestini 1792, 8°.) tomus I (et unicus), p. 707. — Csokonai-Album (Debreczen) 1861, S. 219.

**Tschabuschnigg,** Adolph Ritter von (Staatsmann und österreichischer Poet, geb. zu Klagenfurt am 20. Juli 1809, gest. zu Wien am 1. November 1877). Der Sproß einer in der zweiten Hälfte des siebzehnten Jahrhunderts geadelten kärnthnerischen Familie, über welche die Stammtafel und die Seite 20 mitgetheilte Genealogie nähere Nachricht geben. Sein Vater Karl Leopold Emanuel (geb. 1780, gest. 1848) war kärnthnerisch landständischer Secretär, seine Mutter Aloisia (geb. 1786, gest. 1841) eine geborene Hubmerhofer v. Sonnenberg. Von zwei Söhnen der ältere, besuchte Adolph das Gymnasium seiner Vaterstadt, dann das dortige Lyceum, dessen Lehrer dem Benedictinerstifte St. Paul im Lavantthale angehörten und damals noch einige jener trefflichen Männer in ihrer Mitte zählten, die einem Rufe des Kaisers Franz I. folgend, aus dem berühmten Stifte St. Blasien im Schwarzwalde nach Oesterreich eingewandert waren. In einem Familienkreise aufwachsend, dessen Glieder einander mit inniger Liebe anhingen, sah er durch öftere Krankheiten in demselben sein Leben schon in der Kindheit traurig umschleiert. So machten sich bei ihm frühzeitig die Regungen des Gefühls in vorwiegendem Maße geltend, und durch eine lebhafte Einbildungskraft noch gesteigert, führten sie bald zu dichterischen Ergüssen, deren erste bereits in die Zeit seines Besuches der höheren Gymnasialclassen — Poesie und Rhetorik — fielen. Auch in Klagenfurt wie seinerzeit in Laibach, wie dies schon in der Biographie von Vinc. Rizzi [Bd. XXVI, S. 205] bemerkt wurde, schloß sich eine Schaar junger Dichter zu einem Bunde zusammen, um sich wechselseitig zu poetischen Arbeiten anzuspornen. So wurden um die Wette Verse gemacht und jene, welche bei der Vorlesung den Preis errangen, in ein Buch eingetragen. Zwei dieser Poeten haben sich über das Niveau des Gewöhnlichen emporgearbeitet, einer derselben ist Paul Renn [Bd. XXV, S. 291], der andere Tschabuschnigg, der seinem ihm lange vorausgeschiedenen Freunde Renn auf dessen Familienbegräbnißstätte in Klagenfurt ein Denkmal setzen ließ. Von den übrigen weiß wenigstens die Literaturgeschichte nichts zu melden. Diese Verbindung währte, bis durch die Wahl der Berufsstudien die einzelnen Mitglieder getrennt wurden. Tschabuschnigg begab sich, um die Rechte zu studiren, 1826, nach Wien. Er war zu dieser Zeit erst 17 Jahre alt, aber durch gymnastische Uebungen, die er aus eigenem Antriebe unternahm, körperlich vollkommen ausgebildet; nun sollte durch den Aufenthalt in der Reichshauptstadt auch der Geist gekräftigt und sein Gesichtskreis erweitert werden. Da aber trat ein bemerkenswerther Umstand ein, der bisherige Elegiker, wenigstens waren seine Dichtungen mehr oder minder vom elegischen Hauche der Wehmuth durchweht, fühlte unter den neuen Eindrücken, die auf ihn einstürmten, eine Wandlung in sich vorgehen, die mit seinem bisherigen Fühlen und Denken in ziemlich starkem Gegensatze stand; von einem Skepticismus befallen, der aller Wehmuth und elegischen Stimmung den Garaus machte, fing er an, die Dinge nicht mehr durch den verklärenden Schimmer einer Alles versöhnenden Schwärmerei zu betrachten, sondern, indem er die Kehrseite jedes Dinges aufschlug, trübte alsbald Zweifel über das Geschaute seinen bisher reinen Genuß, es war mit einem Worte der Geist der Verneinung über ihn gekommen, die bisherige unbewußte elegische, träumerische Stimmung einer bewußten kritischen gewichen, die Lyrik seines Wesens von der Ironie angekränkelt worden, und dieser Skepticismus ist ihm treu geblieben und findet sich mehr oder minder in allen seinen späteren Arbeiten ausgesprochen. Die Vorbereitungen für seinen Beruf, die in den juridischen Studien gipfelten, ließen ihm übrigens nur wenig Zeit zu poetischen Arbeiten, und nur ab und zu erschienen in den damaligen besseren schöngeistigen Blättern Deutschlands, so in Theodor Hell's „Abendblatt“ und in verschiedenen Taschenbüchern und Almanachen, wie in den „Cyanen“, in „Gedenke Mein“, im „Orpheus“ u. a. Beiträge lyrischen und novellistischen Inhalts aus seiner Feder. Da schlug in das Stillleben seiner poetischen und sorgenfreien Studentenwirthschaft wie ein Blitz aus heiterem Himmel die Juli-Revolution nieder, und von diesen Ereignissen angeregt, schrieb er einen kleinen Roman, betitelt: „Das Haus des Grafen Owinski“, dem die polnische Revolution zum Hintergrunde diente, und welcher 1832 im Buchhandel erschien. (Eine vollständige Uebersicht seiner Schriften, sowohl der selbständig herausgegebenen, wie der in Taschenbüchern und Zeitschriften zerstreuten, folgt auf Seite 10 u. f.). Diesem Roman folgte schon im nächsten Jahre die erste Ausgabe seiner Gedichte. Ich erinnere mich noch genau des Eindrucks, den dieselben in jenen Kreisen hervorriefen, welche überhaupt Gedichte lesen. Es wäre zu viel gesagt, wollte man behaupten, daß Tschabuschnigg in diesen lyrischen Ergüssen ganz selbständig auftrete; Heine'sche Anschauung, Heine'sche Weise, Heine'sches Wesen sickert überall durch, aber es bleibt noch immer Eigenartiges genug, das uns in dem Autor eine poetische Individualität erkennen und anerkennen läßt, abgesehen davon, daß Heine damals lange noch nicht so bekannt und nachgeahmt war, wie ein Jahrzehnt später, als bereits eine nach Hunderten zählende Heine'sche Schule bestand. Für Oesterreich waren diese Gedichte Tschabuschnigg's eine Erscheinung, welche weitaus mehr Wirkung erzielte, als Anastasius Grün's „Blätter der Liebe", die doch unbedingt mehr zum Herzen sprechen; aber eben dieses verneinende skeptische Moment, welches die lyrischen Producte unseres Dichters kennzeichnet, frappirte ebenso, als es den von den zersetzenden Einflüssen jener Zeit bereits angekränkelten Leser anzog. Grün überflügelte freilich bald seinen gleichzeitigen Rivalen, wie er denn vorherrschend Lyriker, dieser aber Novellist war. Mit zwei Bänden Novellen, welche im Jahre 1835 erschienen, betrat Tschabuschnigg eben jenen Boden, auf dem er fester stand als auf dem lyrischen, und auf welchem der Skepticismus, oder sagen wir lieber die Ironie, zu der er besonders hinneigte, tiefere Wurzeln schlug. Mittlerweile hatte er die Rechtsstudien beendet und war bei dem k. k. Stadt- und Landrechte in Klagenfurt als Auscultant in den Staatsdienst getreten, aber schon im Jahre 1836 nach Triest übersetzt worden. Die großartigen Weltverhältnisse der damals im schönsten Aufblühen begriffenen Hafenstadt konnten für ein Auge, welches zu schauen verstand, nicht ohne mächtige Einwirkung bleiben. Und er verstand nicht nur zu schauen, er begehrte auch immer Neues zu schauen, denn in ihm war, seit er das Meer gesehen, eine Reiselust ohne Gleichen erwacht, der er auch, so weit und so oft es ihm seine amtlichen Verhältnisse möglich machten, Genüge that. So durchwanderte er in den Jahren 1836—1847 nach allen Richtungen von Venedig bis Rom, vom Simplon bis zum Aetna die italienische Halbinsel, seine Kunststudien, zu denen er sich in den Mußestunden, welche ihm sein Beruf ließ, vorbereitete, durch das Anschauen der herrlichsten Werke belebend. Wiederholt besuchte er auch die Schweiz, dann Deutschland vom Rhein bis Rügen, und legte die Eindrücke dieser Ausflüge in seinem 1842 erschienenen „Buch der Reisen" nieder. Aber auch das lyrische und novellistische Feld ließ er nicht brach liegen, denn es erschienen um dieselbe Zeit eine neue vermehrte Auflage seiner Gedichte, dann ein Band humoristische Novellen und seine erste größere Novelle „Ironie des Lebens". Dieses letztere Werk erfreute sich günstigster Aufnahme und erlebte auch — was im Vormärz etwas zu bedeuten hatte — in kurzer Zeit eine zweite Auflage. Wir möchten es denn auch als das Hauptwerk des Dichters bezeichnen, er hat nach demselben manch, ja viel Gutes, aber Besseres nicht geschrieben. „Jahrelang", so sagt er in seiner Vorrede, „jahrelang trug ich die Aufgabe des vorliegenden Buches im Kopfe. Mag die Liebe in ihrer Veranlassung und Entstehung willkürlich und unbedeutend erscheinen, ihr Verlauf wird ernster, ihre Folgen und Wirkungen sind oft großartig und erhaben. Sie entscheidet mehr oder weniger über das Glück, über die Richtung jedes Einzelnen, und auch auf die Geschicke der Gesammtheit übt sie nicht selten unverkennbaren Einfluß. Wie manche große That der Geschichte bedurfte eines von ihr begeisterten Willens: in der modernen Zeit hat sie sich zwar größtentheils in das Privatleben zurückgezogen, aber ihre negativen Nachwirkungen sind nicht zu übersehen; und nach ihrem kurzen Aufschwunge scheint ein nicht geringer Theil der Helden des Tages wie geöffnete Flaschen zu verrauchen. Das Wesen der Liebe stellt sich in unberechenbaren Widersprüchen dar; ihr Aufwand an Blühen und Duften ist oft nicht mehr als eine prächtige Phrase, die einen kurzen gemeinen Trieb kostbar verhüllt — oft aber wieder hat ihr Samenkorn Anspruch auf himmlische Abkunft. Ich versuchte ihre Phasen aufzugreifen, die Geschichte ihrer Entwickelung zu verfolgen und so einen Beitrag zu ihrer Auslegung zu bereiten. Bald fand sich ein passendes Gerüst von Thatsachen, der Vorwurf war der Ausführung werth, und der Verlauf des Werkes versprach nebstbei Anregung zu vielseitigen Gedanken und Betrachtungen". Deren aber finden sich im genannten Werke und zwar der trefflichsten an vielen Stellen, nur beispielsweise seien angeführt seine Gedanken über Menschenwürde, über Deutschlands geschichtliche Entwickelung, dessen Beruf und eigenthümliches Wesen, ferner seine Schilderung der vier großen Poeten Italiens: Dante, Petrarca, Tasso, Ariosto, endlich seine Darstellung der zweifachen Bestimmung des Menschen. „Man darf", schreibt er darüber, „nicht immer sich und Individuen vor Augen haben, man muß sich zum Urtheile über das ganze Geschlecht erheben. Die Menschheit selbst ist das würdigste Individuum der Erde. Die Erfahrung, wie unbedeutend der Einzelne ausgetilgt wird, wie spurlos er verschwindet, soll uns die irdische Bedeutung im Gesammtleben der Gemeinde zeigen..... Als Mitglied der großen irdischen Familie muß der Mensch die Wissenschaft des Geschlechtes wahren und fördern, die Entschlüsse desselben veredeln und reifen, dessen Thaten vorbereiten und ausführen. Das Streben keines Redlichen ist in dieser Hinsicht verloren; die Geschichte bedarf nicht immer Helden und Genies, aber der bescheiden Wirkende, der treu Erhaltende ist ihr stets nöthig. Wären alle Zeitgenossen jemals dumm und schlecht, und dauerte dies auch nur durch ein paar Menschenalter, so müßte die allgemeine Menschengeschichte um Jahrtausende zurückgehen. In dieser Wahrheit liegt die Würdigung der still Thätigen, deren Namen keine Ehrentafel, kein Leichenstein verkündet". Wir wollen die trefflichen Ansichten, welche Tschabuschnigg in seinem Werke ausspricht, nicht weiter fortführen, dies Wenige schon genügt, um zu zeigen, daß wir es mit einem Werke edlerer, ja edelster Gattung zu thun haben, das ebenso den Dichter wie den Denker kennzeichnet. Noch müssen wir aber auf seine „Gedichte" zurückkommen, deren zweite Auflage in ihrer Widmung uns einen tiefen Blick in des Dichters Herz thun läßt. Diese Auflage ist nämlich seinem einzigen Bruder Franz, „dem Genossen seiner Bestrebungen, seinem besten, treuesten Freunde", gewidmet. Im Jahre 1840 riß der Tod den damals Fünfundzwanzigjährigen von des Bruders Seite. Nie verschmerzte der Dichter diesen Verlust ganz, denn zwischen dem Ueberlebenden und dem Todten hatte in der That eine so innige Verbrüderung der Gefühle und Gedanken bestanden, daß selbst ein neuer Freundschaftsbund einen Ersatz nie geboten hätte. Aus Tschabuschnigg's Briefen an einen Freund erfahren wir, wie innig verbrüdert Beide waren, und welch edler Charakter der Verblichene gewesen. „Ich habe“, lautet darin eine Stelle, „selten ein Wesen gesehen, das seine unsterbliche Aufgabe auf Erden so rein gelöst hat. Sein Tagebuch aus Bleiberg ist eine schöne Idylle, nicht dieser, sondern einer ewigen Welt. Es ist ein Kunstwerk und noch dazu ein erlebtes“. Einen Ersatz, so weit ein solcher möglich ist, fand unser Dichter ein Jahr nach dem Tode seines Bruders in seiner Gattin, denn am 31. October 1841 vermälte er sich mit Julie, der Tochter des Appellations-Vice-Präsidenten von Heufler auf Rasen und Perdonegg, einer Schwester des bekannten Botanikers Ludwig von Heufler [Bd. VIII, S. 450]. Er hatte Julie schon im Jahre 1830 kennen gelernt, sich aber bald von ihr trennen müssen und eine lange Reihe von Jahren weder persönlichen, noch schriftlichen Verkehr mit ihr unterhalten, bis ein günstigeres Geschick zur Vereinigung Beider führte. Ihr, der endlich gewonnenen, hatte er auch sein nächstes größeres Werk, den zweibändigen Roman „Der moderne Eulenspiegel“ gewidmet. Kehren wir nun zu seinem eigentlichen Lebensgange zurück. 1844 war Tschabuschnigg zum Rathe beim k. k. Stadt- und Landrechte in Klagenfurt ernannt worden. Noch befand er sich auf diesem Posten, als die Bewegung des Jahres 1848 über Oesterreich hereinbrach und auch unseren Poeten, wenngleich unvorbereitet, so doch nicht ganz unerwartet überraschte. Denn schon während seines Aufenthaltes in Triest, wo er die Erfolge Stadion's, der energisch in die Verhältnisse eingriff und, wie sehr der Wind in Wien rückwärts blies, dennoch vorwärts steuerte, zu beobachten Gelegenheit hatte, war ihm die Unhaltbarkeit des alten Systems klar geworden und ein Wechsel desselben, ob im Umsturz oder im gesetzlichen Wege, nur mehr als eine Frage der Zeit erschienen. Auch hatte er während seines Aufenthaltes in Karlsbad, in den Jahren 1839 und 1843, Einblick gewonnen in die Bestrebungen der ständischen Opposition Böhmens und sich dem Kreise genähert, in welchem die bekannten „drei Denkschriften“ ihre Entstehung fanden. Deshalb begrüßte auch er den Umschwung, den die Märztage einleiteten, mit der Freude des wahren österreichischen Patrioten, dem die Sedlnitzky'sche Polizeiwirthschaft längst ein Gräuel gewesen. Und nun, als sich auf den Trümmern der alten Einrichtungen der Neubau erhob, legte auch er Hand ans Werk und war einer der thätigsten Mitarbeiter an den Reformen der Neuzeit. In die rasch organisirte Nationalgarde trat er sofort als Rottenführer ein, dann drang er auf Beiziehung von Vertretern des Bürger- und Bauernstandes zu den landständischen Sitzungen, in welchen er persönlich eine vielseitige Wirksamkeit entfaltete. Er fühlte sich dazu umsomehr berufen, als ja sein Vater, der bald nach Anbruch der besseren Zeit im Kaiserstaate aus dem Leben schied, viele Jahre hindurch die Stelle eines landständischen Secretärs bekleidet hatte und er selbst durch das Vertrauen seiner Mitbürger in die Zahl jener Abgeordneten aufgenommen wurde, welche im April nach Wien gingen, um über den Verfassungsentwurf, die Ablösungsfrage, die neue Gemeindeordnung, die Reform der Provinzialstände und des Justizwesens, sowie über andere wichtige, durch den Umschwung der Zeit nothwendige Reformen zu berathen. Nach seiner Rückkehr aus der Reichshauptstadt fand er freilich stark veränderte Verhältnisse von der Residenz aus; der Rückschlag aus derselben auf die Provinzen war nicht ausgeblieben und die Lage für die Freunde ruhigen und geordneten Fortschrittes wurde wie in Wien so auch in den Provinzen immer schwieriger. Und nun muß, was längst zu sagen, doch einmal gesagt sein. Man bezeichnet auch heute noch Diejenigen, welche sich den übermüthigsten Ausschreitungen der gewonnenen Freiheit und dem Hereinziehen ungehöriger Elemente in das Regierungswesen entschieden widersetzten, als Reactionäre (Schwarzgelbe) und Feinde der neuen Aera. Dies ist eine arge Unwahrheit, die nicht entschieden genug zurückgewiesen werden kann. Denn nicht Jene sind die echten Vaterlandsfreunde, welche, dem Mob der von ausländischen Emissären verführten Wiener Bevölkerung folgend, zuletzt Partisane jener unheilvollen Anarchie wurden, die uns um alle Freiheiten brachte und den Kaiserstaat um ein volles Jahrzehnt hinter die Märztage zurückversetzte, sondern Jene sind es, welche, den Niedergang des alten Polizeistaates mit Jubel begrüßend, die Entwickelung menschenwürdiger staatsbürgerlicher Verhältnisse auf gesetzlichem Wege und unter Mithilfe aller Ständeclassen durch Berufung eines dem eigenthümlichen Charakter des polyglotten Oesterreich entsprechend zusammengesetzten Parlamentes anstrebten. Das kann nie oft genug wiederholt und jenen Schreiern entgegengehalten werden, welche die Koryphäen der Anarchie mit der Gloriole des Martyrthums der Freiheit schmücken und alle Uebrigen verlästern. Auch Tschabuschnigg arbeitete an der einmal übernommenen Aufgabe beharrlich fort, zunächst als Referent des Ausschusses für Reform der Provinzialstände, in welcher Eigenschaft er die provisorische Wahlordnung für den kärnthnerischen Landtag entwarf, der im Juli 1848 zusammentrat. Hauptgegenstände der Berathungen desselben, die täglich mehrstündige Sitzungen ausfüllten, bildeten die Landesverfassung, eine Gemeindeordnung, Justizreformen und manche andere Vorschläge, die theils dem Reichstage, theils dem Ministerium vorgelegt wurden und Tschabuschnigg's Thätigkeit mehrfach in Anspruch nahmen. Nun bediente er sich des Hebels der periodischen Presse und trat so aus den Reihen der Poeten auch in jene der politischen Schriftsteller, indem er die Ansichten, die ihm für das Gedeihen des Vaterlandes förderlich erschienen, sozusagen der öffentlichen Discussion und der Kritik unterwarf, um ihnen dann erst, wenn sie solche überstanden, Geltung zu verschaffen. So ließ er schon in den Sonntagsblättern von Ludwig August Frankl [1848, S. 735—744] einen längeren Aufsatz: „Zur Frage der Nationalitäten" und im Anschluß an denselben eine Reihe trefflicher Artikel im „Lloyd" und in anderen Blättern erscheinen, sämmtlich Arbeiten, die in den nächsten, aber auch in entfernteren Kreisen nicht ohne befriedigende Nachwirkung blieben. Im Landtagsausschusse regte er auch die Gründung eines kärnthnerischen Invalidenfondes an, der bald den erfreulichsten Fortgang nahm. Im Jahre 1849 reiste er nach Frankreich und Belgien, hauptsächlich um sich über das öffentliche Gerichtsverfahren, welches er früher schon am Rheine kennen gelernt hatte, genauer zu unterrichten. Nachdem er noch die neuen Gefängnißeinrichtungen in Paris besichtigt hatte, kehrte er in seine Vaterstadt zurück, wo er sich wieder seinem amtlichen Berufe widmete und dann in Gemeinschaft mit anderen hervorragenden

Personen aus gemeinnützigem Interesse die Dampfschifffahrtsgesellschaft auf dem Wörther See ins Leben rief. Im Jahre 1854 kam er als Oberlandesgerichtsrath nach Gratz, 1859 als Hofrath zum obersten Gerichtshof in Wien. Mit Beginn der constitutionellen Aera trat er sofort wieder in die politische Arena ein. 1861 als Vertreter des Großgrundbesitzes in den Kärnthener Landtag gewählt, wurde er von diesem in das Abgeordnetenhaus des österreichischen Reichsrathes gesandt, welchem er ununterbrochen bis 1870 als Mitglied angehörte. [Näheres über Tschabuschnigg's parlamentarische und staatsmännische Thätigkeit siehe S. 14 in den Quellen]. Im Abgeordnetenhause gehörte er zu jenen Männern, die consequent ihre dem Fortschritte huldigende Gesinnung bewahrten und wo es zweckmäßige Reformen in der Gesetzgebung und Verwaltung galt, mit der ganzen Macht ihrer Ueberzeugung eintraten. Nach dem Rücktritte des Bürgerministeriums, welches alle Erwartungen täuschte, erhielt Graf Potocki den Auftrag zur Neubildung des Cabinets. Da nahm — nach langem Kampfe — Tschabuschnigg das ihm angebotene Justizportefeuille an und führte neben diesem durch drei Monate — bis zur Ernennung Stremayr's — auch noch die Leitung des Ministeriums für Cultus und Unterricht. Mit dem Abgange des Ministeriums Potocki erfolgte auch am 11. Februar 1871 sein Rücktritt vom Justizministerium. Schon am 13. September 1870 ins Herrenhaus berufen, gehörte er demselben bis zu seinem Tode an. Er fungirte in dieser Körperschaft 1873 als Berichterstatter über die neue Strafproceßordnung. Im Uebrigen lebte er ganz seiner schriftstellerischen Thätigkeit. Den Sommer über brachte er auf seiner schönen Villa in Pörtschach am Wörther See zu. Im Jahre 1869 hatte er eine Reise nach dem Norden Deutschlands unternommen und dieselbe nach Dänemark, Norwegen und Schweden ausgedehnt; 1871 Ungarn und Polen, 1872 Aegypten, Kleinasien und Griechenland besucht. In den letzten Jahren sich krank fühlend, ging er, wie er es früher wiederholt gethan, auch im Sommer 1877 nach Karlsbad. Er kam auch von dort etwas gestärkt zurück, erlitt aber, in Pörtschach angelangt, einen heftigen Rückfall. Schwerleidend wurde er auf seinen Wunsch in der zweiten Hälfte des October nach Wien gebracht, wo er schon wenige Tage danach, 68 Jahre alt, seiner Krankheit erlag. Wenn wir zum Schlusse noch einen kurzen Blick auf Tschabuschnigg den Menschen werfen, so bemerken wir im Allgemeinen, daß es Wenige gibt, die ihren Ritteradel so in Ehren trugen, wie er. In seinem ganzen Wesen, in seinem äußeren Auftreten eine ritterliche Erscheinung, zeigte er sich auch in seinem Denken und Handeln immer nur ritterlich. Als Mensch war er von seltener Hingebung und Theilnahme. Ohne in engeren Beziehungen eines eigentlichen Freundes zu ihm gestanden zu sein, verkehrte ich mit ihm seit seiner Uebersiedlung nach Wien im Jahre 1859, also nahezu durch zwei Jahrzehnte — in herzlicher, literarisch freundschaftlicher Weise und hatte Gelegenheit, einen tiefen Blick in sein Inneres zu thun. Ich lernte ihn als einen Mann kennen, wie deren nicht zu viele unter Gottes blauem Himmel wandeln. In seiner Familie war er liebevoll, zärtlich, vorsorglich. Charakteristisch erscheint er mir in seiner Seelenstimmung nach der letzten schweren Krankheit seiner Frau, die er mit seltener Innigkeit geliebt und mit der er über ein Vierteljahrhundert in voller Harmonie gelebt hatte. Als sie von ihrem langen Leiden der Tod erlöste, war der Vereinsamte geradezu trostlos, und um ihre letzte Ruhestätte zu prüfen, legte er sich vorher selbst in ihren Sarg. Und wie ergriff ihn das Hinscheiden seines ältesten Enkels! Er hielt das bereits entseelte Kind beständig in seinen Armen, an dessen Tod nicht glaubend, und aus Schmerz war er über Nacht merklich ergraut. Mit Liebe und Verehrung hing er sein ganzes Leben hindurch an seinen Eltern, und welche innige Liebe ihn mit seinem zu früh hingeschiedenen Bruder Franz verband, wurde im Laufe dieser Lebensskizze erwähnt. Dabei ein tieffühlendes Gemüth, übte er viele Wohlthaten, jedoch ganz im Stillen, treu dem alten Spruche: daß die Linke nicht wissen soll, was die Rechte gibt. Seinen Freunden erwies er sich in anhänglicher und treuer Freundschaft zugethan. Schwer und lange leidend, starb er eines schmerzlichen Todes in den Armen seiner Tochter Marie und ihres Gatten Ritter von Thavonat. Er sah sein Ende voraus und verlangte aus freien Stücken die h. Sterbesacramente zu empfangen. Mit Ruhe blickte er dem Tode entgegen und blieb bis zu den letzten Minuten bei vollem Bewußtsein. Noch eine halbe Stunde vor seinem Ende hielt er selbst eine Tasse Thee, nach einiger Zeit sprach er seine letzten Worte: „jetzt sterbe ich", und bald darauf entschlief er sanft. Die festliche Leichenfeier fand in Wien und die Einsegnung der Leiche daselbst in der Pfarrkirche zu St. Rochus und Sebastian auf der Landstraße statt. Nach Absingung eines Chorals wurde der Sarg auf die Eisenbahn gebracht, um in des Dichters Familiengruft in Klagenfurt beigesetzt zu werden. Noch sei hier zum Schlusse bemerkt: Tschabuschnigg war der einzige Minister Oesterreichs, dessen Brust weder ein Orden seines Vaterlandes, noch eines fremden Staates zierte. Ueber seine Familie, über seine Werke, über seine parlamentarische und staatsmännische Thätigkeit siehe die Quellen und die angeschlossene Stammtafel, auf welcher der österreichische Zweig seines Geschlechtes dargestellt ist.

I. **Uebersicht der selbständig erschienenen und in belletristischen Zeitschriften und Almanachen abgedruckten Werke des Adolph Ritter von Tschabuschnigg. a) Selbständig erschienen sind:** „Das Haus des Grafen Owinski. Erzählung" (Leipzig 1832, Heinrichs, 8°.); erschien aus Censurrücksichten unter dem Pseudonym: „A. B. T. Süd" — „Gedichte" (Dresden 1833, Arnold, gr. 16°.). — „Novellen", zwei Theile (Wien 1833, Haas, gr. 12°.). [Inhalt. Bd. I: „Erste Liebe"; — „Der Hochzeitstag"; — „Der Tag in der Weinlese"; — „Die beiden Hagestolzen"; — „Die Christnacht". — Bd. II: „Bruderherz"; — „Der Bücherwurm"; — „Bürgerleben"; — „Des Herzens Sünde"; — „Aus den Papieren eines Irrenarztes"] — „Gedichte. Zweite vermehrte Auflage. Mit Bildniß und Facsimile des Verfassers" (Wien 1841, Pfautsch und Comp., 8°.) — „Humoristische Novellen" (ebd. 1841, 8°.). [Inhalt: „Metamorphosen"; — „Die Kinder der Sonne"; — „Der sechste Act"; — „Die Weltverbesserer".] — „Ironie des Lebens. Novelle", zwei Theile (Wien 1841; 2. Ausgabe 1842, Rohrmann, 8°.). — „Buch der Reisen. Bilder und Studien aus Italien, der Schweiz und Deutschland" (Wien 1842, Pfautsch und Comp., 8°). [Venedig 1836; Triest 1837; Schweiz 1837; Deutschland 1838; Italien 1839, 1840, 1841; Constantinopel; Egypten.] — „Der moderne Eulenspiegel", zwei Bände (Pesth 1846, Heckenast [Leipzig, G. Wigand], gr 8°). — „Neue Gedichte" (Wien 1851, Pfautsch und Voß, 16°). — „Die Industriellen", zwei Bände (Zwickau 1854, Thost, 8°). Dieser Roman ist unter dem Titel: „Fabrikant und Arbeiter" noch einmal in Würzburg 1876 bei Paul Schier erschienen. — „Aus dem Zauberwalde. Romanzenbuch" (Berlin 1856, 8°.). — „Gedichte", dritte Auflage (Leipzig 1864, Brockhaus, 8°.,

X und 460 S.). — „Grafenpfalz. Ein Roman", zwei Bände (Nordhausen 1862, Buchting, 8⁰.). — „Gedichte", vierte vermehrte Auflage (Leipzig 1871, Brockhaus, gr. 16⁰., XII und 499 S.). — „Sünder und Thoren. Ein Roman", zwei Bände (Bremen 1875, Kühtmann und Comp., 8⁰.). — „Nach der Sonnenwende. Gedichte" (Leipzig o. J. [1877], Philipp Reclam jun., 12⁰.); bildet Nr. 812 der Reclam'schen „Universal-Bibliothek". — „Gesammelte Werke", Bd. I—VI (Bremen 1876 und 1877, Kühtmann, 8⁰.). [Bd. I: „Onkel Tobias"; — „Metamorphosen"; — „Holländische Gespenster"; — „Der Hochzeitstag"; — Bd. II: „Das Forsthaus"; — „Der sechste Act"; — „Eine Siesta"; — „Eine stille Welt"; — Bd. III: „Clara Dönhoff"; — „Die Weltverbesserer"; — „Der Bauernbreughel"; — „Bruderherz"; — Bd. IV, V und VI: „Große Herren, kleine Leute. Roman". Der Tod Tschabuschnigg's unterbrach die Fortsetzung und Vollendung dieser Gesammtausgabe. — **b) Zerstreut in Almanachen und Zeitschriften Gedrucktes.** [Die mit einem Sternchen (*) bezeichneten Schriften sind weder in die erschienenen Bände Novellen, noch in die gesammelten Werke aufgenommen.] Im „Jugendfreund", herausgegeben von C. F. Hock in Wien bei Leop. Grund, 1834 die Novelle: *„Das Familiengeschenk der Grafen von Juran"; — „Bürgerleben. Eine biographische Mittheilung". — In der Klagenfurter Zeitschrift „Carniolia", 1838: *„Das Haupt des Guillotinirten"; — 1839: „Berner Oberland. Ein Reisebild; — „Italienische Studien"; — 1840: *„Traum des Glücks. Novellette"; — 1841: *„Jenseits der Gräber. Novellette". — In Lembert's Zeitschrift „Der Telegraph", 1836: „Skizzen aus Triest"; — 1837: „Reisebilder aus dem Küstenlande und dem Venetianischen"; — „Metamorphosen. Humoristische Novelle". — Im „Pesther Tagblatt", 1839: *„Zweite Liebe. Novelle"; — „Die Weltverbesserer. Humoristische Novelle". — Im Taschenbuch „Orpheus", 1840: *„Harmonie der Sphären. Novelle". — In Theodor Hell's „Penelope", 1831: „Der Tag in der Weinlese". — Im „Oesterreichischen Novellen-Almanach", 1844: „Stille Welt. Novelle". — Im Taschenbuch „Immergrün": dieses bei Karl Haas in Wien erschienene Taschenbuch redigirte im ersten Jahrgange 1837 Tschabuschnigg selbst, und darin stand auch seine Novelle: „Das Forsthaus", dann führte er darin Dingelstedt zuerst mit einer Novelle in Oesterreich ein. — Im Taschenbuch „Gedenke mein", 1834: „Der Hochzeitstag"; — 1835: „Der sechste Act"; — 1836: *„Treue bis zum Tode"; — 1837: „Clara Dönhoff"; — 1838: *„Die Pforte zur Glückseligkeit"; — 1839: *„Ein venetianischer Mummenschanz"; — 1840: *„Zu dumm zu einem dummen Streiche"; — 1841: *„Eine Geschichte in drei Welttheilen"; — 1842: „Onkel Tobias"; — 1843: *„Der gefesselte Prometheus"; — 1845: „Holländische Gespenster"; — 1851: *„Eine Siesta"; — 1853: „Bauernbreughel". — In der „Oesterreichischen Zeitung": *„Traumleben. Novelle"; — „Rockenstubengeschichten". — Im Taschenbuch „Cyanen", 1841: *„Olymp und Folterkammer. Novelle". — Im „Faust", 1854: *„Schloß Mirelemont". — In der „Klagenfurter Zeitung" und in dem mit ihr verbundenen Beiblatte „Carinthia": „Die „Christnacht. Novelle"; — *„Des Teufels Erdenfahrt. Novelle", — und *„Die Liebe im Monde. Novelle"; — ferner mehrere Episoden des Romans „Die Industriellen" und eine Serie Reisebilder. Gedichte erschienen zerstreut in der „Carinthia", in der Witthauer'schen „Wiener Zeitschrift", in Theod. Hell's „Abendzeitung", im „Jugendfreund", in Bäuerle's „Theater-Zeitung", im Stuttgarter „Morgenblatt", im Gräffer'schen „Conversationsblatt", in der „Sonntagszeitung", welche überdies auch literarische Studien über Machiavelli, Boccaccio, Dall'Ongaro aus seiner Feder brachte, in der Lemberger „Mnemosyne", im Gratzer „Aufmerksamen", in der „Carniolia", in Schad's „Deutschem Musenalmanach", in Braunthal's „Oesterreichischem Musenalmanach", in den Taschenbüchern und Albums: „Cyanen", „Thalia", „Huldigung der Frauen", „Libanon", „Siona", im „Düsseldorfer Künstleralbum" und in Albert Träger's „Deutsche Kunst in Bild und Lied". Politische Aufsätze — sämmtlich ohne Namen — brachten der „Lloyd", 1849 und 1850, der „Oesterreichische Correspondent" und die „Oesterreichische Zeitung", so lange diese letzteren bestanden, „Die Presse", 1850, die „Triester Zeitung", 1851 und 1852, die „Frankfurter Oberpostamts-Zeitung", 1862 und 1863, und die Löwenthal'sche „Wochenschrift", 1872 und 1873. Im Dramatischen versuchte sich Tschabuschnigg nur einmal. „Johannes Tyl" ist der Titel dieses Versuches, und der

Dichter wählte später die Titelfigur zum Helden seines satirischen Romans „Der moderne Eulenspiegel". Das Drama war auf zwei Acte angelegt, Tschabuschnigg hat aber nur den ersten Act vollendet, welcher dessen einzigen literarischen Nachlaß bildet Mit Einverständniß der einzigen Tochter des Dichters, Marie vermälte von Thavonat, sandte Ludwig August Frankl den Prolog zum Drama an die Redaction des Jahrbuches „Dioskuren", und derselbe findet sich auch darin im eilften Jahrgange (1882), S. 372, abgedruckt.

II. **Ueber Tschabuschnigg den Lyriker und Novellisten.** Es liegt ein stattliches Heft Urtheile und Kritiken über Tschabuschnigg's Gedichte und Novellen vor mir, und alle stimmen darin überein, daß wir es mit einem wahren und tiefinnigen Poeten zu thun haben Viele stellen den Novellisten höher, Andere wieder den Lyriker. In seinen ersten lyrischen Versuchen ist der Einfluß Heine's unverkennbar. In der Folge überwand er denselben, er gewann eine erfreuliche Selbständigkeit, aber er hatte von seinem Vorbilde gelernt, durch die einfachsten Mittel zu wirken Die Jagd nach Bildern, die man den österreichischen Poeten zum Vorwurfe macht, trifft man bei ihm nicht; auch besticht er nicht durch Glanz der Darstellung; er ist vielmehr sehr einfach und geht darin, wie ein Kritiker bemerkt, so weit, daß er in manchem Gedicht an die Prosa streift; auch wird, wie das heutzutage, wo der Purismus über den Gedanken gestellt wird, gang und gäbe, die Geschmeidigkeit des Rhythmus, die Reinheit des Reimes beanständet. Wenn die Gedichte das Spiegelbild eines Erlebnisses sind, so sieht man ihnen zuweilen den Zwang der Mache an, der Dichter steht noch nicht auf überwundenem Standpunkte, die Schlacken der Leidenschaft brechen durch das Gold der reinen Empfindung, und das sind wohl die schwächsten seiner Gedichte; hat er aber den ersten Sturm der Leidenschaft besiegt und sich zur Entsagung erhoben, dann gelingt ihm manches treffliche Lied, dessen äußere Ruhe die Macht des Gefühls nur desto lebendiger hervortreten läßt. Nach dieser Richtung enthält seine letzte Sammlung: „Nach der Sonnenwende" eine Reihe von Prachtstücken, die zu den Edelsteinen der modernen deutschen Lyrik gezählt werden können Wo er seinen Stoffen mit klarer Ruhe entgegentritt, da ist er auch im Ausdruck am glücklichsten. Wir begegnen in seinen ziemlich zahlreichen Gedichtsammlungen manchem heiteren Gedichte, doch überwiegt im Ganzen das Ernste, und seine meist mit Glück behandelten Balladen sind tragischer Art. In der Wahl seiner Stoffe meist glücklich, entnimmt er dieselben oft, ja mit Vorliebe der deutschen Heldensage. Als eine Eigenthümlichkeit erscheint es uns, wenn er seine epischen Stoffe in einer Reihe von Bildern darstellt, welche er in Sonettenform einkleidet. Daß er als österreichischer Poet das politische Lied auch cultivirte, ist is selbstverständlich, aber er that es mit Mäßigung. Indeß zählen Gedichte, wie „Freiheit", „Das Pfingstfest zu Mainz 1184". „Das neue Märlein vom deutschen Kaiser" zu den besten, die je Dichtermund gesungen. Doch es brauchen nicht gerade politische Lieder zu sein, aus allen seinen Gedichten spricht seine freie Gesinnung in Bezug auf Staat und Kirche. Man rühmt seinen Balladen und Romanzen nach, daß sie sich besonders zur Declamation eignen, was bei jenen Anastasius Grün's und Julius von der Traun's nicht immer der Fall ist. Wir können dies als keinen besonderen Vorzug anerkennen, ebenso wenig wie die leichte Componirbarkeit eines lyrischen Gedichtes für dessen Werth spricht, da oft die gedankenärmsten erst durch die Composition der Vergessenheit entzogen werden. Gewiß aber ist es, daß viele seiner Balladen sich trefflich zum Vortrage eignen, und so hat wohl eines seiner Gedichte: „Die Schildwache", den Rundgang in weitesten Kreisen gemacht, denn Schreiber dieses hörte es unten tief in Croatien und hoch oben in Altona vortragen, und immer mit unverwüstlichem Erfolge. Alles in Allem, Tschabuschnigg ist ein Poet von Gottes Gnaden, und die wohlfeilen Phrasen eines und des anderen Journalkritikers werden ihm das Salböl, womit ihm die Muse die Stirn zeichnete, nicht wegwischen. — Weniger hoch stellen wir ihn als Novellisten, wenngleich er auch als solcher den Troß der Dutzendschreiber, welche professionell in Roman, Erzählung und Novelle machen, hoch überragt. Wolfgang Menzel begrüßte Tschabuschnigg's „Humoristische Novellen" mit folgenden Worten: „Unter dem sehr sehr Wenigen, was die neueste Literatur (1842) an humoristischen Darstellungen hervorgebracht hat, zeichnen sich Tschabuschnigg's Novellen durch anspruchslose Gemüthlichkeit aus Sie erinnern etwas an Jean Paul, Arnim, Callott-Hoffmann, und ohne so geistreich zu sein, wie die Productionen dieser älteren Dichter, stimmen sie doch zu Heiterkeit und Behagen. Es thut wohl, in der Masse des Trübseligen, Zerrissenen und Verzweiflungsvollen unserer sogenannten schönen, in Wahrheit unschönen Literatur wenigstens hin und wieder noch etwas Heiteres auftauchen zu sehen, was an die ehemalige oder vielmehr auch an eine künftige Aufhellung des poetischen Himmels mahnt." Weniger günstig wurden seine mehrere Jahre früher erschienenen „Novellen" aufgenommen, doch wird auch ihr Werth in mancher Beziehung anerkannt und namentlich die darin waltende Gemüthlichkeit hervorgehoben, die wirklich poetisch wirkt. Außerdem wird mit Bezug auf die Form die schöne Bildung, die frische blühende Diction anerkennend gewürdigt. Im großen Ganzen jedoch sind seine kleineren Novellen mehr oder minder Taschenbücher-Fabricate, für das vormärzliche schöne Geschlecht berechnet, welches noch nicht wie das heutige in Emancipation macht und derbere Kost verlangt und verträgt. Höher sowohl nach den Forderungen der Kunst, als nach dem Gesammteindrucke, den sie hervorbringen, steht Tschabuschnigg in seinen größeren Romanen, wie: „Ironie des Lebens", „Der moderne Eulenspiegel", „Große Herren, kleine Leute", „Grafenpfalz", „Sünder und Thoren", „Die Industriellen". In jedem derselben sucht er ein sittliches Problem zu lösen und mehr oder minder ein Glaubensbekenntniß seines Denkens und Fühlens zu geben. Man mag die Form dieser Romane, die zuweilen etwas formlos, rügen, inhaltlich sind sie reich, überreich an köstlichen Betrachtungen mannigfachster Art, die den Leser zum Denken auffordern und unmerklich aus der wirklichen Welt, die sie trefflich schildern, in eine ideale hinüberziehen, die uns fesselt und für manchen Mangel in der Composition des Ganzen, ja manchesmal auch in der Charakteristik entschädigt. So schreibt Lorm anläßlich der „Grafenpfalz": „Man kann nur mit hoher Achtung von dem Werke sprechen, ungeachtet der Mängel seiner Composition. Ernst und geistvoll ist die Unterhaltung, die uns hier in der Form des Romans geboten wird. Ueber allgemeine und geschichtliche Wendungen, sowie über individuelles Leben finden sich darin die eingreifendsten Bemerkungen". Den Roman „Ironie des Lebens" bezeichnet Theodor Hell als ein Werk, das in der deutschen Nationalliteratur bleibend eine Ehrenstelle behaupten wird; es hat sich die Aufgabe gestellt, ewige Interessen ins Leben zu ziehen und darzuthun, daß echte Philosophie und echte Religion in ihren letzten Ergebnissen völlig congruent sind. Ueber den „Modernen Eulenspiegel" bemerkt Ludwig August Frankl: „daß der Roman als Ganzes keinen Kunstwerth besitze, aber manche Einzelheiten, manches Körnlein Wahrheit, das in den Gesprächen eingestreut ist, machen das Werk zu einer beachtenswerthen Erscheinung der prosaischen Literatur in Oesterreich". Der Kritiker im Literaturblatte der „Neuen Freien Presse", welcher eingehend den Roman „Sünder und Thoren" beurtheilt, rühmt von diesem Werke: „Es liest sich trefflich, ist in anziehendem Style geschrieben, nirgends macht die Reflexion sich allzu breit, die Handlung schreitet immer resolut vorwärts, vielleicht nur allzu rasch für die liebe Gewohnheit des Roman-Publicums. Den Witz handhabt der Dichter manchmal etwas wuchtig, ebenso geht sein ernsthafter Humor, welcher dem Roman eine seltene Würze leiht, hie und da ins Burleske, ja sogar ins Triviale über. Doch waltet im Werke ein großer Gedankenreichthum und ein klarer Geist, der seiner Zeit die Hand an den Puls zu legen und nach dessen Bewegung die Symptome richtig zu deuten versteht". Und wohl selten wird es vorkommen, daß der Kritiker, wie es bei dem Romane „Große Herren, kleine Leute" geschieht, nach dem Ende desselben noch nach einem Bande ausschaut, da sich ihm im Gegensatze zu vielen Romanen der Gegenwart, die man schon beim zweiten Bande verdrossen weiter liest oder gar auf Nimmerwiederzurhandnehmen weglegt, das Ende zu rasch abspielt. Die ruhige Entwicklung, mit welcher der Roman angelegt ist weicht leider im Verlaufe einer mitunter unvermittelten Hast, und wir erfahren Vieles nicht, was wir wissen möchten und worüber wir uns wohl selbst den Vers machen müssen, was ja aber vielleicht eben in der Absicht des Autors lag. Aber eine scharfe Charakteristik, ein glänzender Dialog und feine psychologische Beobachtung zeichnen auch dieses Werk des Verfassers aus, der zu Oesterreichs besten Prosaisten zählt, wenngleich Constructionen, wie: „ich anrechne", „sie fortsetzte ihren Weg", „er beilegte den Brief", dem Geiste der deutschen Sprache schnurstracks zuwiderlaufen und auch nicht eben zu angenehm ins Ohr fallen. [**Zur Kritik seiner Werke.** „Buch der Reisen" (Wien 1842): „Abendblatt". Von Theodor Hell. Literaturblatt, 1842, S. 693. — „Gedichte" (1864): „Blätter für literarische Unterhaltung", 1864, S. 832. — „Grafenpfalz", zwei Bände (1862): „Wiener Zeitung", Abendblatt, 1861, Nr. 192. Von H.(ieronymus) L.(orm). — „Große Herren, kleine Leute", zwei Bände (1877): „Dichterstimmen aus Oesterreich-Ungarn", 1877, S. 13. — „Humoristische Novellen" (Wien 1841): „Rosen. Literaturblatt", 1842, Nr. 7. — „Gesellschafter". Herausgegeben von Gubitz. Literarische Blätter, 1841, Nr. 27. — „Literaturblatt". Von Menzel. 14. März 1842, Nr. 28. — „Ironie des Lebens", Novelle (Wien 1841): „Literaturblatt". Redigirt von Ad. Menzel 30. August 1841, Nr 88. — „Abendblatt". Von Theodor Hell. Literaturblatt, 1842, S. 717; 1848, Nr. 37. — „Der moderne Eulenspiegel", Roman (1846): „Sonntagsblätter". Redigirt von Ludw. Aug. Frankl. 1846, Beilage Nr. 28. — „Novellen", zwei Theile (Wien 1833): Wittbauer's „Wiener Zeitschrift", 1833, S. 127. — „Sünder und Thoren", Roman, zwei Bände (1873): „Neue Freie Presse", 9. Februar 1873, Nr. 3736.]

III. **Tschabuschnigg als Politiker, Staatsmann und Parlamentarier.** Wir müssen einen Mann, welcher den höchsten Posten, den ein Staatsbürger eben als solcher im Staate bekleiden kann, nämlich den Ministerposten eingenommen hat, auch als Politiker und Staatsmann näher betrachten, denn nur so gewinnen wir das volle Bild des Menschen, des Poeten und Staatsbürgers. Schon im Vormärz unternahm Tschabuschnigg, so gewagt es war, Streifzüge auf das Gebiet der Politik, und er hatte auch hier einen klaren, ungetrübten Blick und sah die Dinge nichts weniger als mit Beamtenaugen, die oft nicht über eine Spanne hinaus sehen, manchmal — was jedoch selten ist — nicht sehen wollen. Hören wir, wie er die Behauptung, daß kein mächtiges wälsches Reich zu Stande gekommen sei, widerlegt. „Wenn man gegen Italien", schreibt Tschabuschnigg in seinem „Modernen Eulenspiegel", „diesen Vorwurf erhebt, so vergißt man Rom, sowohl das alte, sowie das päpstliche. Unbillig und der Geschichte geradezu widerstreitend wäre es aber, wenn man die weltliche Macht alle Jahrhunderte hindurch an ein Stück Land gefesselt wissen wollte; sie hielt durch die ganze Weltgeschichte ihren langsamen majestätischen Umzug, von jenen frühesten Weltreichen des Orients bis in das westlichste der Franken und von da wieder rückwärts nach Osten. Jedes hat viel Blut gekostet, und wenn es seine Sendung erfüllt hatte, war es zusammengesunken, und der Schauplatz mußte durch Jahrhunderte brach liegen, um wieder zu erstarken. Langsam ändern sich die Phasen der Weltgeschichte, ganze Generationen vermögen oft das Räthsel eines kaum merkbaren Zwischenschrittes nicht zu begreifen. Große Reiche sind überdies kein Glück für das Menschengeschlecht, das Eigenthümliche, die Selbständigkeit der Völker und der Individuen geht darin unter, Bundesstaaten sind das günstigste Element der Entwickelung und des Fortschrittes, in ihnen findet die edelste Freiheit, das bleibendste Glück seinen Wohnsitz. Frankreich und Deutschland gingen darin gerade die entgegengesetzten Wege: dort zwangen die Könige die freien Städte und die mächtigen Großen in das Band eines einigen Staatskörpers, hier emancipirten sich die Barone und wurden selbst zu Königen; aber mit wie vielem Blute, mit dem Verluste wie viel edler Kräfte hat das schöne Frankreich diese Einheit erkauft, wie wenig Glück hat es sich für den täuschenden Traum ruhmvoller Macht eingehandelt, während Deutschland in naturgemäßer Entfaltung einer schönen Zukunft entgegengeht. Wohl strebten einst auch die römisch-deutschen Kaiser eine Weltmonarchie zu stiften, aber so wie sie an der Größe ihres Planes scheiterten, so wußte auch der kleinste deutsche Ritter sich auf seinem Felsenneste frei zu halten; den Verrath und den Henker wollten die edlen Fürsten aber nicht zu ihren Kämmerlingen, und ritterliche Haft, nicht das Blutbeil war das Geschick der Besiegten. Gerade, daß die Hohenstaufen Deutschland und Italien ihrer Macht unterwerfen wollten, rettete beide; mit einem allein wären sie sicher zu Stande gekommen. In schönerem Sinne ging ihre Erbschaft auf Oesterreich über, das mit Recht den doppelten Adler im Schilde führt; er deutet auf ewige Versöhnung Deutschlands und Italiens. Die edelsten und die glücklichsten Völker lebten zu allen Zeiten in Bundesstaaten, die Griechen, die Deutschen, die Schweizer, die Nordamerikaner; das ist auch die Zukunft Italiens, und Oesterreich dürfte zur Einleitung berufen sein. Ein italienischer Bund, ein italienischer Zollverein! Das wären die Bürgen seiner Einheit, seines Glückes, und Oesterreich verbände dann den schönen südlichen mit dem deutschen Bunde. Die Zuckungen verirrter Bestrebungen verlören sich, alle edlen Kräfte wären mit einem Male der guten Sache gewonnen, wenn erst eine klug bedenkende und rasch wirkende Bundesversammlung das Wohl Italiens überwachte; die Zersplitterung löste sich in Einheit, und diese Einheit ließe dennoch allen löblichen Sonderheiten und Bestrebungen Raum. Die beiden Staatenbünde bildeten dann den Kern von Europa. Mögen immerhin die umgebenden Randreiche in ihrer kostspieligen Einheit fester und schlagfertiger dastehen, unverletzlich wäre auch der doppelte große Bund, ihm bliebe Europa's gesetzgebende Gewalt vorbehalten, jenen die ausführende". Man sieht, Tschabuschnigg war kein politischer Träumer, nicht Utopien plante sein Kopf, sondern, schon fast vor vier Jahrzehnten, Dinge, deren Verwirklichung die Gegenwart anstrebt. Doch das waren Ansichten, die er in seinen Werken aussprach, und die sich ganz gut lesen lassen. Wir müssen ihm auf den parlamentarischen Boden, auf welchem er lange Jahre gestanden, folgen und sein Verhalten dort näher ins Auge fassen. Tschabuschnigg war eines der thätigsten Mitglieder des Abgeordnetenhauses, welchem er vom Beginne der Verfassung bis 1870 angehörte, worauf er ins Herrenhaus berufen wurde. Er war Mitglied der wichtigsten Ausschüsse und leitete insbesondere als Obmann die langwierigen Berathungen über das Strafgesetz und über die Strafprocesordnung. Bis Schluß des Jahres 1868 hielt er im Abgeordnetenhause 22 längere Reden; er betheiligte sich bereits an der ersten Adreßdebatte am 11. Mai 1861 und dann auch an den folgenden vom 5. Juni 1863 und 3. Juni 1867 und kennzeichnete darin seinen Standpunkt als entschiedener Anhänger der Verfassung und der Reichseinheit; am 29. Mai 1861 sprach er zu Gunsten der Competenz des Reichsrathes gegenüber den Landtagen. Er betheiligte sich an den meisten Debatten über Justizgegenstände, so sprach er in der Sitzung vom 5. September 1861 über Justiz-Organisation, am 18. und 20. November 1861 über den Schutz des Briefgeheimnisses; am 18. Februar 1862 über Geschwornengerichte in Preßsachen; am 16. Juli 1867 für Abschaffung der Todesstrafe, am 31. März 1868 über die Concursordnung; am 20. Mai 1868 über die Disciplinarbehandlung der richterlichen Beamten. Seine Rede über die Todesstrafe wurde mit lebhaftem Beifalle aufgenommen; schlagend wirkte insbesondere das Motiv, das er von der Unsicherheit in den Begnadigungsanträgen hernahm; er sagte: „Ja, soweit die Begnadigung ein Ausfluß der Majestät ist, steht uns die Frage durchaus nicht zu, warum ein einzelner Verbrecher hingerichtet, ein anderer begnadigt wurde. Allein nach der Natur der Sache ist es in einem großen Staate nicht möglich, daß der Staatschef die bezüglichen Strafprocesse selbst durchstudire, er muß sich bei seinen Begnadigungen auf die Darstellungen und Anträge der dazu berufenen Personen und Behörden verlassen können.... Die thatsächlichen Umstände der einzelnen Verbrechen, die Motive derselben sind oft so verwirrt, daß der Begnadigungsantrag — verzeihen Sie mir das einigermaßen frivole Wort — zur Geschmackssache wird.... die zufällige Zusammensetzung des Senates, in welchem der Begnadigungsantrag zum Vortrage kommt, ist von entscheidendem Einflusse für das Schicksal dieses Antrags. Die Auffassung des Referenten, seine Darstellung sind zunächst maßgebend und endlich auch die Auffassung der einzelnen Votanten und ihre augenblicklichen Stimmungen.... Meine Herren, ich glaube, daß in der Thatsache, daß die Anträge auf Begnadigung von Persönlichkeiten, von Stimmungen, von Auffassungen abhängen, ein sehr gewichtiger Grund für die Abschaffung der Todesstrafe liege...." — Als Berichterstatter über das Justizbudget entrollte er in seinen Reden vom 12., 14. und 17. Mai 1862 eine Reihe werthvollster statistischer Daten über die Justizzustände aller Culturstaaten unter steter Vergleichung mit unseren österreichischen Verhältnissen; er setzte die Resolution durch, daß bei der nächsten Organisirung die Justizbeamten in Oesterreich finanziell günstiger gestellt werden sollten, und erwirkte gleichzeitig für die minder besoldeten Gerichtsadjuncten eine Zulage von je 100 fl. In der Sitzung vom 4. November 1863 stellte er, ebenfalls als Referent des Justizbudgets, den Antrag auf Zulage von 25, rücksichtlich 15 Percent für alle Justizbeamten minderer Gehaltstufen, welchen Antrag das Abgeordnetenhaus in der Sitzung vom 1. December in der veränderten Fassung annahm, daß jeder Conceptsbeamte der Gerichte, rücksichtlich der Staatsanwaltschaften, einschließlich die Landesgerichtsräthe, eine Zulage jährlicher 150 fl. erhalten solle. Der damalige Justizminister Dr. Hein bekämpfte beide Anträge und behauptete, daß der Aushilfsfond in

dieser Richtung vollständig ausreiche. Tschabuschnigg führte dagegen an: „Die Organisation des Jahres 1854 hat den einzelnen richterlichen Beamten in eine mißliche finanzielle Lage versetzt, in eine mißlichere, als die anderer österreichischer Beamten.... Bezahlung seiner Arbeit verlangt der Beamte, aber nicht eine Prämie seiner Noth.... die organisirte Unterstützung aus dem Aushilfsfonde würde den ganzen Stand demoralisiren". Nachdem er eine neue Reihe statistischer Daten angeführt hatte, schloß er: „Plato sagt: es liegt etwas Göttliches in den Zahlen, und der Logik der Zahlen können sich auch Minister nicht entziehen". Das Ministerium hat dem Beschlusse des Abgeordnetenhauses vom 1. December 1863 damals zwar keine Folge gegeben; gleichwohl ist in jenen Anträgen und Debatten der erste Grund für die verbesserte finanzielle Lage der Justizbeamten zu finden. — In der Sitzung vom 2. October 1862 plädirt Tschabuschnigg für den Grundsatz, daß, wenn sich über eine Ausgabe des Budgets die beiden Häuser des Reichsrathes nicht zu einigen vermögen, nur die mindere Ziffer als vom Reichsrathe bewilligt angesehen werden könne, weil diese auch von dem freigebigeren Hause als implicite bewilligt anzusehen sei. — In der Sitzung vom 17. Juli 1863 spricht er über die Errichtung der Staatsschulden-Controlcommission; in der Sitzung vom 27. November 1862 über Erhöhung der directen Steuern. — Sehr energisch war seine Rede vom 29. April 1863 gegen Bewilligung des Dispositionsfondes. „Das Abgeordnetenhaus", sagte er, „hat bei Gelegenheit der Adreßdebatte eine Reihe von Gegenständen hervorgehoben, in welchen die Auffassungen des hohen Ministeriums mit den seinigen in Widerspruch stehen, und hat in gewisser Weise zur Umkehr von bedenklichen Bahnen gemahnt. Das hohe Haus dürfte sich aber nicht in der Lage befinden, einen Fall zu entdecken, in welchem das Ministerium seitdem dem ernsten Mahnrufe des Hauses nachhaltige Rechnung getragen hat. Sollten sich nun die damals gehaltenen Reden über den Werth akademischer Vorträge erheben, so muß das Haus darauf jene Thaten folgen lassen, zu denen es nach der Verfassung berechtigt und in einem Falle wie der vorliegende, auch verpflichtet ist. Die geheimen Fonde sind jener Theil des Ausgabebudgets, welchen die Parlamente, ohne seine Verwendung genauer zu kennen, lediglich als ein Zeichen der Zustimmung zu den Richtungen des Ministeriums bewilligen. So lange nun das Ministerium der Majorität des Hauses gegenüber eine Stellung festhält, welche man in constitutionellen Staaten als eine normale nicht bezeichnen kann, so lange sind wir auch nicht in der Lage, dem hohen Ministerium ein Vertrauensvotum in Ziffern zu ertheilen. Der zweite Grund dieses Abstrichs liegt in den geringen Erfolgen und Wirkungen, welche bisher durch den allgemeinen Dispositionsfond erzielt wurden.... Was haben alle die officiösen Journale, Correspondenzen und hospitirenden Artikel im Interesse unseres Vaterlandes bisher geleistet? Offenbar sehr wenig.... Es gewann den Anschein, als sollten alle die kostspieligen Leitartikel und Notizen nicht so sehr im allgemeinen Interesse, als in dem einzelner Persönlichkeiten thätig sein.... Alle die schönen Artikel voll wechselseitigen Lobes, welche die subventionirten Journale bringen, sind am beliebtesten bei ihren eigenen Verfassern und bei deren Gönnern und Kanzleiverwandten und bringen noch die Gefahr mit sich, daß sich durch das häufige Lesen derselben in jenen Kreisen der Glaube an die eigene Vortrefflichkeit und an die allgemeine Befriedigung festsetzt. Damit aber wird die Selbsterkenntniß, der Beginn der Weisheit, nicht gefördert.... Und dennoch sollen wir eine halbe Million Gulden für ministerielle Luxusartikel bewilligen?" — In der Sitzung vom 3. Mai 1863 sprach Tschabuschnigg über die Höhe des Militärbudgets: „Man hat behauptet, daß eine Bloßlegung der finanziellen Bedrängniß Oesterreichs nicht patriotisch wäre; sie ist aber sehr patriotisch, denn es wurden zugleich die höheren Mittel der Abhilfe gegeben: Sparsamkeit und Wiedererstarkung der Quellen des Volkswohlstandes.... Es mag sein, daß, vom rein militärischen Standpunkte aus betrachtet, es wünschenswerth wäre, um und durch Oesterreich eine Festungsbarriere zu ziehen, die Bewaffnung der Armee nach jeder neuen Erfindung wieder völlig umzugestalten, ja selbst den gegenwärtigen Stand der Armee noch um ein Bedeutendes zu erhöhen. Allein die Grenze der Möglichkeit muß für vernünftige Männer jederzeit auch die Grenze der Wirklichkeit sein. Wir können nun einmal die Fonde für ein so hoch gestelltes Militärbudget nicht mehr aufbringen. Die Opfer, welche wir hiefür in einer Reihe von Jahren brachten, haben zum großen Theile den hohen

Stand unserer Staatsschuld verursacht; wir bezahlen in deren Verzinsung und Amortisirung noch heute die Armeen der Vergangenheit.... Man muß zum richtigen Grundsatze zurückkehren, daß so wie das Beamtenthum auch die Armee nicht Selbstzweck, sondern nur Mittel zum Zwecke sei.... So wie der Einzelne nicht nöthig hat, immer mit gespanntem Revolver in Bereitschaft zu stehen, so ist auch die Permanenz der vollen und halben Kriegsbereitschaft für die Staaten keine Nothwendigkeit.... Die Großmachtstellung eines Staates beruht nicht allein auf der Schlagfertigkeit seiner Armee und Flotte. Die Großmachtstellung eines Staates ist, abgesehen von dem Fundamente an Land und Leuten, bedingt durch den Wohlstand und die Zufriedenheit der Staatsangehörigen, sie ist bedingt durch den blühenden Zustand seiner Landwirthschaft, seiner Industrie und seines Handels, durch den Grad der Cultur und durch geregelte Finanzen; sie ist bedingt durch die Vortrefflichkeit seiner Justiz, seiner Verwaltung und seiner übrigen Staatseinrichtungen und durch das gehörige Maß seiner gesetzlichen Freiheit, welche allen Staatsangehörigen gewährleistet ist.... Endlich muß das Armeebudget bedeutend reducirt werden, damit die Armee schlagfertig sei — zu rechter Zeit. Der bewaffnete Friede, meine Herren, ist eine chronische Krankheit, an der die Völker noch sicherer dahinsiechen, als an der acuten des Krieges. Der bewaffnete Friede demoralisirt die Armee.... Beginne mit der Entwaffnung der Klügste oder der es am meisten bedarf, gleichviel, wer es aber thut, der wird als der größte Sieger des Jahrhunderts verherrlicht werden". In der Sitzung vom 16. Juni 1863 sprach er für die freisinnige Auslegung des §. 13 des Staatsgrundgesetzes. — Als Minister hielt er im Herrenhause am 17. November 1870 eine längere Rede, in der er die Anschuldigung, daß unter dem Ministerium Potocki Anarchie einreiße, energisch zurückwies. „Wo Ausschreitungen stattfanden, gegen welche der Regierung Zwangsmittel zu Gebote standen, ist sie auch eingeschritten. Es wurden Vereine aufgelöst, Versammlungen untersagt, sie hat Beschlüsse autonomer Körperschaften sistirt, und überall, wo ein strafbarer Inhalt zu Tage trat, sind die Staatsanwaltschaft und die Gerichte eingeschritten.... Anarchie ist ein sehr böses Wort, und ohne bestimmte thatsächliche Beweise sollte man es nicht in die Welt hinausschleudern.... Im constitutionellen Staate muß man auch die Consequenzen acceptiren. Wir besitzen das Vereinsrecht, das Versammlungsrecht, die Preßfreiheit; die Parteien sind berechtigt, sich nach ihrem Belieben zu bilden und Wahlagitationen in Scene zu setzen. Die Regierung ist jedenfalls nicht in der Lage, den Zwiespalt der Parteien im Verordnungswege zu beseitigen. Dieser Zwiespalt bestand aber zur Zeit der Auflösung des Abgeordnetenhauses (unter dem früheren Ministerium) in weit höherem Grade als gegenwärtig, jetzt sind im Abgeordnetenhause alle Kronländer vertreten — damals waren aus demselben die Vertreter von acht Kronländern ausgetreten — Als Mitglied des Herrenhauses sprach Tschabuschnigg in der Sitzung vom 14. Jänner 1871 gegen die außerordentliche Berufung und Beschwerde wider gerichtliche Entscheidungen in Strafsachen; in der Sitzung vom 5. März 1872 für die unmittelbaren Wahlen in das Abgeordnetenhaus. „Dieses, als ein Theil der Reichsvertretung, darf in seinem Bestande und in seiner Thätigkeit nicht von den Landtagen abhängig sein, wenn die Verfassung nicht einer fortdauernden Gefahr ausgesetzt sein soll.... Die sicherste Abhilfe gegen diese Uebelstände ist die Einführung allgemeiner unmittelbarer Wahlen in das Abgeordnetenhaus, weil dann jedenfalls die Minorität der einzelnen Wahlkörper in der Lage sein wird, wenn auch die Majorität nicht in das Abgeordnetenhaus wählen will, ihre Abgeordneten dahin zu entsenden.... Das Ministerium Potocki hat in sein Programm die allgemeinen unmittelbaren Reichsrathwahlen aufgenommen.... Es hat beabsichtigt, die bezügliche Regierungsvorlage allsogleich im Reichsrathe einzubringen, allein auch hervorragende Mitglieder der linken Seite des Abgeordnetenhauses sprachen damals die Ansicht aus, daß die Abänderung des Wahlgesetzes für dasselbe in erster Reihe in die Competenz der Landtage falle. Ich habe diese Ansicht weder damals getheilt, noch theile ich sie heute.... Wäre diese Competenzfrage aber auch nur einigermaßen zweifelhaft, so würde die Staatsnothwendigkeit dafür sprechen, sie zu Gunsten der Reichsgesetzgebung zu entscheiden, die Staatsnothwendigkeit nämlich: die Verfassung aufrecht zu erhalten...." In den Sitzungen vom 18., 19. und 20. Februar und 18. April 1873 fungirte Tschabuschnigg im Herrenhause als Berichterstatter über die Strafproceßordnung und hatte die Genugthuung, daß dieses Gesetz, an dem er in allen Stadien der Vorarbeiten mitgewirkt, endlich zu Stande kam. In der Sitzung vom 10 April 1874 hielt er eine längere Rede über Regelung der äußeren Rechtsverhältnisse der katholischen Kirche dem Staate gegenüber. Er sagte unter Anderem: „In den Wirkungskreis der Kirche fällt das Dogma, der Glaube, die Frömmigkeit und das Gewissen; in den Wirkungskreis des Staates die Gesetze über die äußeren Rechtsverhältnisse und Handlungen der Kirche, die Entscheidungen nach den Gesetzen und nöthigenfalls die zwangsweise Durchführung dieser Entscheidungen. Es ist nie wohlgethan, wenn Staat oder Kirche sich Uebergriffe in die gegenseitigen Lebensgebiete erlauben. So wie Frömmigkeit und Religion sich nicht nach staatsrechtlichen Kategorien theilen, ebenso soll auch der Staat seinerseits sich zu keiner Confession bekennen, er soll confessionslos sein.... Der Staat hat das Recht und die Pflicht, alle Angriffe irgend einer Kirche zurückzuweisen. Wenn man der Quelle der Bündnisse zwischen Staat und Kirche (Concordate) vorurtheilslos nachforscht, so kommt man zur Erkenntniß, daß mitunter nicht die Sorge für die Wohlfahrt der Staatsbürger und auch nicht die Sorge für Frömmigkeit und Religion den Grund dazu gelegt haben, sondern daß die Absicht dahin geht, die beiderseitigen Angehörigen zwischen die doppelte Schraube des Staates und der Kirche zu legen, um sie desto ergiebiger und nachhaltiger auspressen zu können.... Dem Staate muß es freistehen zu erklären, daß er sich an ein Concordat dann nicht mehr gebunden halte, sobald er darin etwas entdeckt, das für das Wohl des Staates, für die geistige Entwickelung der Staatsbürger schädlich oder gefährlich ist.“ Bezüglich der Ehe bemerkt Tschabuschnigg in dieser Rede: das Sacrament falle ganz in das Gebiet der katholischen Kirche, die giltige Schließung der Ehe in den Wirkungskreis des Staates. — Als Minister erklärte er sich auf das entschiedenste für strenge und bewaffnete Neutralität im deutsch-französischen Kriege und stimmte gegen gesteigerte Ansätze im Budget des Krieges und der Landwehr. Er befürwortete die directen Wahlen ins Abgeordnetenhaus und wirkte bei jeder sich darbietenden Gelegenheit für Aufhebung des Concordates, das bekanntlich während des Ministeriums Potocki für hinfällig erklärt wurde. [Aus den stenographischen Sitzungsberichten des Abgeordneten- und Herrenhauses des österreichischen Reichsrathes.]

IV. **Porträte und Chargen.** 1) Porträt Unterschrift: Facsimile des Namenszuges „Tschabuschnigg“. M. Stohl del. C. Kotterba sc. (8° und 4°.). — 2) Charge. Im „Floh“ vom 24. April 1870, Nr. 17. Klič del. J. Tomassich sc. — 3) Im Besitze der Tochter des Verewigten befinden sich außerdem: ein Oelbild, das ihren Vater als zehn- bis zwölfjährigen Knaben vorstellt; — 4) des Malers Stohl Aquarell, nach welchem der obige Kupferstich von Kotterba ausgeführt ist; — 5) ein Bildniß von Maler Pötl. Brustbild nach vergrößerter Photographie, im Jahre 1867 gemalt. Sprechend ähnlich. — 6) Holzschnitt in Heinrich Kurz' „Geschichte der neuesten deutschen Literatur von 1830 bis auf die Gegenwart“ (Leipzig 1872, Lex.-8.). Sehr ähnlich

V. **Denkmal für Tschabuschnigg.** Im Jahrbuche „Die Dioskuren“, wie auch in der „Neuen Freien Presse“, dann in einem besonderen Aufrufe, der im Sommer 1882 (in Klagenfurt bei Leon gedruckt) erschien, regte Ludwig August Frankl den Gedanken an, dem Dichter in dessen Vaterlande Kärnthen ein Denkmal zu errichten. Er bezeichnet Tschabuschnigg als den ersten und hervorragendsten deutschen Dichter in Kärnthen — das ja sonst nur noch zwei namhafte Poeten Paul Renn [Bd. XXV, S. 291] und Vincenz Rizzi [Bd. XXVI, S. 203] aufzuweisen hat. Tschabuschnigg zählt überdies zu den ältesten edlen Geschlechtern seines Vaterlandes, vertrat dasselbe jahrelang als freisinniger Abgeordneter im Landtage, war ein sehr thätiges Mitglied des Abgeordneten-, zuletzt des Herrenhauses des österreichischen Reichsrathes und wirkte, wenngleich nur kurze Zeit, als Minister der Justiz. Genug Momente, die ihn würdig machen, daß sein Andenken durch ein öffentliches Denkmal lebendig erhalten werde. Die Kärnthner haben ja ihrem Landeskinde, dem Bildhauer Gasser, welchem Tschabuschnigg als Poet und Staatsmann gewiß nicht nachsteht, in Villach eine Statue gesetzt; und der Klagenfurter Gesangverein hat dem trefflichen Musiker Herbeck, der nicht einmal ein Kärnthner, sondern ein geborener Wiener ist, eine Büste in der Nähe von Tscha-

# Stammtafel der Ritter von Tschabuschnigg.

**Paul**
geb. 1637, † 16. Mai 1710.
**Ursula von Pergen** †.

- **Paul Christoph** geb. 17. Mai 1667, †, wanderte nach Bayern aus.
- **Johann Adam** geb. 23. December 1671, †. **Rosine Rohr von Rohrau.**
  - **Christoph Balthasar,** Begründer der bayrischen Linie.
- **Johann Bapt.** geb. 21. Juni 1673, † 21. März 1729. **Eva Rosine Huetter** †.
  - **Paul Matthias,** 1762 Landstand, geb. 26. Jänner 1703, † 14. November 1793. 1) **Theresia Katharina von Holzmann** † 7. März 1762. 2) **Josepha von Leobenegg** †.
    - **Felix Benedict** geb. 30. October 1742, † 23. Juli 1803. **Ludmilla Cordula von Slupna-Bubna.**
      - **Karl Felix** geb. 1781, † 23. April 1837. **Magdalena von Fladung und Farchenhof.**
        - **Karl Felix** geb. 31. August 1804, † 31. August 1873. **Agnes Golaverschig.**
          - **Gabriel** geb. 24. März 1832.
          - **Josephine** geb. 2. Jänner 1834, vm. **Johann Payk.**
        - **Eduard** geb. 8. März 1808, † 6. Februar 1868. **Maria Jwaß** geb 13. Februar 1817.
          - **Marie** geb. 14. April 1841, vm. **Johann Leutsche** geb. 4. Sept. 1816.
          - **Eduard** geb. 17. Mai 1844.
          - **Auguste** geb. 17. August 1846, vm. **Heinrich Schirnhofer** geb. 17. Mai 1828.
          - **Peter** geb. 26. August 1848.
    - **Leonhard Edmund** geb. 7. November 1744, † 18. October 1838. **Elisabeth von Regatschnigg** geb. 3. November 1752, † 17. Jänner 1798.
      - **Franz Xaver** geb. 8. März 1786, † 3. Februar 1874. 1) **Henriette** Freiin von **Kranz** † 1840. 2) **Rosalie Maier.**
        - **Ludovica** geb. 21. Mai 1807, † 1860
        - **Gustav** geb. 4. Nov 1808. **Johanna Bettini.**
        - **Heinrich** geb. 30. Juli 1810, † 1858.
      - **Karl Leopold Emanuel** geb. 29. December 1780, † 12. Juli 1848. **Aloisia Hubmerhofer von Sonnenberg** geb. 11. August 1786, † 11. November 1841.
        - **Adolph Ignaz** [S. 3] geb. 20 Juli 1809, † 1 November 1877. **Julie Marie von Heufler zu Rasen und Perdonegg,** Schwester des Botanikers Ludwig Heufler [Bd. VIII, S. 450], geb. 24. Mai 1810, † 7. October 1867.
          - **Marie Julie** geb. 6. Februar 1847, vm. **Joseph Salvator Ritter von Thavonat zu Thavon.**
        - **Franz Karl** geb. 12. Nov. 1815, † 25. Nov. 1840.
- **Georg Wolfgang** geb. 22. April 1673. † 29. Jänner 1740. **Anna Antonie von Goldberg** †.
- **Franz Johann** geb. 2. Februar 1686, †.
- **Sigmund** geb. 2. Mai 1694 †, wanderte nach Bayern aus. **N. N. Luidl.**

buschnigg's Villa errichtet, aus keinem anderen Grunde, als weil er einmal im Park weilte und die Gesangsvorträge lobte; es ist also nur mit Freude die Nachricht zu begrüßen, daß das Land seinen Sohn durch ein Denkmal zu ehren beschlossen hat. Man schwankt nur in der Wahl des Ortes, da Einige des Dichters Geburtsstadt Klagenfurt, Andere aber Pörtschach, wo derselbe eine Villa besaß, in welcher er in seinen letzten Lebensjahren den Sommer über sich aufzuhalten pflegte, für Errichtung des Denkmals in Aussicht genommen haben. Ob nun Klagenfurt, ob Pörtschach, das ist einerlei, die Hauptsache bleibt immer die, daß dem Manne, auf den sein Vaterland mit gerechtem Stolze blicken kann, das werde, was ihm gebührt, und was eine die Bevorzugten dieser Erde heiligende Sitte heischt. [Aufruf (Klagenfurt 1882). Unterzeichnet von L. A. Frankl, A. Grafen Goëß, P. Freiherrn von Herbert, A. Ritter von Hye, G. Ritter von Jessernigg, G. Freiherrn von Kübek, L. Ritter von Moro und H. Fürsten Rosenberg.]

VI. **Zur Genealogie der Ritter von Tschabuschnigg.** Diese Familie erscheint zuerst in Oberkärnthen, wo sie Eisen- und Stahlhandel mit Venedig trieb, auch einige Eisen- und Bleigewerkschaften besaß und mehrere Generationen hindurch die gräflich Ortenburg'schen Besitzungen verwaltete. Unsere Stammtafel beginnt mit **Paul** Tschabuschnigg (geb. 1637, gest. 1710), dem gräflich Ortenburg'schen Verweser zu Kreuzen, der durch seine Gemalin Ursula geborene von Pergen der Stammvater beider noch blühenden Linien, der österreichischen und bayrischen, ist. Pauls Söhne: **Paul Christoph, Johann Adam, Johann Baptist, Georg Wolfgang, Franz Johann, Sigmund** wurden mit „Beibehaltung ihres althergebrachten Wappens“ wegen Betreibung gemeinnütziger Gewerk- und Handelsschaften, wegen ersprießlicher Lieferungen an die österreichische Armee in Italien während des spanischen Erbfolgekrieges, wegen Verwandtschaft mit altadeligen Häusern, insbesondere mit den Freiherren von Pergen und Ruebland, dann wegen Verwendung als Baurichter des Herzogthums Kärnthen von Kaiser Karl VI. ddo. Wien 10. Juli 1715 in den Reichsritterstand erhoben. Von diesen sechs Brüdern wanderten zwei, Paul Christoph und Sigmund, nach Bayern aus. Da sie mit Italien ausgebreiteten Eisen- und Stahlhandel trieben, so fingen sie an, ihren Namen der leichteren Aussprache wegen statt mit dem zusammengesetzten **Tsch** mit dem einfachen **Z**: Zabuesnigg zu schreiben, welcher Schreibweise die in Bayern blühende Linie noch zur Stunde sich bedient. Paul Christoph und Sigmund blieben ohne Descendenz, sie beriefen daher ihres Bruders Johann Adam Sohn **Christoph Balthasar** nach Bayern, und dieser wurde der Begründer der bayrischen Linie Zabuesnigg. Um bei veränderter Schreibweise des Namens ihren Zusammenhang mit der österreichischen Linie evident zu halten, ließen sie sich von Kaiser Karl VI. mit weiterem Diplome vom 19. März 1728 ihren bereits erworbenen Adel bestätigen. Die Mitglieder der österreichischen Linie erhielten im Jahre 1762 die Landmannschaft in Kärnthen. Ihre Stammesfolge und ihr heutiger Familienstand ist aus der beigegebenen Stammtafel ersichtlich.

VII. **Wappen.** Quadrirter Schild. 1 und 4: in Schwarz ein goldener goldgekrönter einwärtsschreitender Löwe, in den Vorderpranken einen goldenen Stern haltend; 2 und 3: in Gold drei (zwei über einer) blaue Lilien. Auf dem Schilde ruht der Turnierhelm, auf dessen Krone sich ein offener, rechts von Schwarz über Gold, links von Gold über Blau getheilter Flug erhebt, dem der goldene Löwe mit dem Sterne eingestellt ist. Helmdecken. Rechts blau, links schwarz, beiderseits mit Gold unterlegt.

VIII. **Quellen zur Biographie.** Album österreichischer Dichter (Wien 1850, Pfautsch und Voß, 8°.) I. Serie, S. 303—332: „Biographie“. Von F. C. Pipitz. — Allgemeine Zeitung (Augsburg, Cotta, 4°.) 1877, Nr. 4624. — Brümmer (Franz). Deutsches Dichter-Lexikon. Biographische und bibliographische Mittheilungen über Dichter aller Zeiten. Mit besonderer Berücksichtigung der Gegenwart (Eichstätt und Stuttgart 1877, Krüll'sche Buchhandlung, 4°.) Bd. II, S. 437 [nach diesem geb. am 9. Juli 1809, was unrichtig ist]. — Carinthia (Klagenfurt) 68. Jahrg. (1878), S. 51—63. Von Paul Freiherrn von Herbert. — Constitutionelle Bozener Zeitung (Bozen, 4°) 1870, Nr. 86: „Der neue Justizminister“ — Constitutionelle Vorstadt-Zeitung (Wien) 1870, Nr. 112, im Feuilleton: „Sonntagsplaudereien“. Von Hesperus. —

Deutsche Monatschrift aus Kärnthen. Redigirt von Vincenz Rizzi (Klagenfurt, 8°.) 1830, Nr. 6, S. 193 [nach dieser geb am 20. Juli 1804, was unrichtig ist, denn Tschabuschnigg ist im Jahre 1809 geboren]. — Dieselbe, Nr. 9, S. 277: „Zur Berichtigung". — Frankl (Ludwig August). Sonntagsblätter (Wien 1844, Pfautsch und Comp., 8°.) III. Jahrg. S. 896. — Gedenke Mein. Taschenbuch (Wien, Pfautsch und Voß, 12°.) 1842: „Biographie". — Gottschall (Rudolph). Die deutsche Nationalliteratur in der ersten Hälfte des neunzehnten Jahrhunderts. Literarhistorisch und kritisch dargestellt (Breslau 1861, Trewendt, 8°.) Bd. III, S. 126 und 688. — Herbert (Paul Freiherr). Adolph Ritter von Tschabuschnigg. Biographische Skizze (Klagenfurt und Villach 1878, Ed. Liegel, 26 S., 8°.) [die frivole Darstellung des „gelesensten Wiener Blattes", sein Titel ist nicht genannt, energisch widerlegend und an vielen Stellen berichtigend]. — Hermann (Heinrich). Handbuch der Geschichte des Herzogthums Kärnthen in Vereinigung mit den österreichischen Fürstenthümern (Klagenfurt 1860, J. Leon, 8°.) Bd. III, Heft 3: „Culturgeschichte Kärnthens vom Jahre 1790 bis 1857 (1859) oder der neuesten Zeit", S. 160, 163, 203, 233 u. 235. — Kärntner Blatt (Klagenfurt, 4°.) 1870, Nr. 33, im Feuilleton: „Der neue Justizminister". — Kehrein (Joseph). Biographisch-literarisches Lexikon der katholischen deutschen Dichter, Volks- und Jugendschriftsteller im neunzehnten Jahrhunderte (Zürich, Stuttgart und Würzburg 1871, Leon Wörl, gr 8°.) Bd. II, S. 213. — Kurz (Heinrich). Geschichte der neuesten deutschen Literatur von 1830 bis auf die Gegenwart. Mit ausgewählten Stücken aus den Werken der vorzüglichsten Schriftsteller (Leipzig 1872, B. G. Teubner, schm. 4°.) Bd. IV, S. 99. — Mosenthal (S. H. Dr.). Museum aus den deutschen Dichtungen österreichischer Lyriker der frühesten bis zur neuesten Zeit (Wien 1854, C. Gerold und Sohn, 8°.) S. 414. — Morgenpost (Wiener polit. Blatt) 1870, Nr. 103: „Von den neuen Ministern". — Dieselbe, 1870, Nr. 115, im Feuilleton: „Vormärzliche Lieder". — Neue Freie Presse (Wien) 14. April 1870, Nr. 2021, im politischen Theile, Rubrik „Inland", Wien, 13. April: „Die alten und die neuen Minister". — Dieselbe vom 15. April 1870, Nr. 2022, zweiter Leitartikel: „Der neue Justizminister" — Dieselbe, 1870, Nr. 2024, im Feuilleton: „Der neue Justizminister als Poet". Von K. v. Thaler — Dieselbe, 1870, Nr. 2204, im Feuilleton: „Dichter sind Propheten" — Dieselbe, 1 Mai 1870, Nr. 2037, der zweite Leitartikel: „Wien, 30. April". — Dieselbe, 1877, Nr. 4737, Abendblatt und Nr 4739, Morgenblatt. — Neues Wiener Tagblatt. Demokratisches Organ 13. April 1870, Nr 102: „Das Passions-Ministerium" — Dasselbe, 1870, Nr. 103, im Feuilleton: „Aus den Liedern des Justizministers". Von Sigmund Schlesinger — Oesterreichische National-Encyklopädie von Gräffer und Czikann (Wien 1837, 8°.) Bd. V, S 430 — Oesterreichischer Parnaß, bestiegen von einem heruntergekommenen Antiquar (Frey-Sing [Hamburg, Hoffmann und Campe] bei Athanasius und Comp, 8°.) S. 40 [entwirft folgende nur in Einigem zutreffende Charakteristik des Dichters: „Interessantes blondes Männchen von mittlerer Größe, etwas aristokratische Manieren, in Gesellschaft sehr angenehm, geistreich, aber wenig gesprächig etwas abgelebt, schwache Leibesconstitution, sehr verliebt und darin sehr erfahren, fatal in der Liebe, fruchtlose Bestrebungen, seine Finanzen durch eine reiche Partie zu verbessern, im Leben offenherzig und ehrenvoll, etwas eingebildet auf seinen Schriftstellerruhm, der beste Novellist in der österreichischen Literatur, Landrechtsbeamter in Triest; Garçon".] — Presse (Wiener polit. Blatt) 1877, Nr. 303, im Feuilleton: „Alfred(?) Ritter von Tschabuschnigg. Ein Nachruf". [Tschabuschnigg hieß Adolph, nicht Alfred]. — Der Reichsrath. Biographische Skizzen der Mitglieder des Herren- und Abgeordnetenhauses des österreichischen Reichsrathes u. s. w. (Wien 1861, Fr. Förster und Bruder, 8°.) 1. Heft, S. 31. — Seidlitz (Julius). Die Poesie und die Poeten in Oesterreich im Jahre 1836 (Grimma 1837, J M. Gebhardt, 8°.) Bd I, S 168.

**Tschager,** Joseph (Kunstsammler, geb. zu Bozen in Tirol am 16. Mai 1778, gest. zu Herbersdorf bei Wildon in Steiermark am 24. November 1856). Ein Sohn armer, aber reich mit Kindern gesegneter Leute, genoß er nur eine nothdürftige Erziehung. In seinem Geburtsorte trat er in ein Handlungsgeschäft, dann ging er nach Triest, wo er im Merkantilfache seine praktische Bildung vollendete. Aus genannter Hafenstadt begab er sich nach Wien, und daselbst stand er vor seiner Verheiratung in Diensten des Bankhauses Geymüller. Schon damals hatte er durch seine Tüchtigkeit und Sparsamkeit einiges Vermögen erworben. Sein Reichthum aber stammt von seiner aus Fürstenfeld in Steiermark gebürtigen Frau, Elisabeth Meister, denn diese brachte ihm laut Testaments ihres Onkels J. Binter, eines Pelzhändlers in London, ein Vermögen von 60.000 Pfund Sterling zu. Von dieser Zeit ab lebte er in Wien als Privatmann und machte sich durch äußere Pracht bemerkbar. Auch unternahm er große Reisen und sammelte etwa von 1824 bis 1839 Gemälde mit gutem Verständniß. Es war damals für Sammler noch eine gute Zeit, manches Treffliche um ziemlich billigen Preis zu haben. Im Jahre 1839 kaufte er die Herrschaft Herbersdorf bei Wildon in Steiermark, und zwar, wenn Herausgeber dieses Lexikons nicht irrt, von dem k. k. Obersten und Marien Theresien-Ritter Martin Rochus Tenner Freiherrn von Wildau [Band XLIII, S. 212] und siedelte dahin über. Dort verlor er 1852 durch den Tod seine Frau. Er hatte sich schon früher leidend gefühlt, nun nahm seine Kränklichkeit, namentlich seine Schwerhörigkeit zu, und zu alledem gesellte sich in seinen letzten Lebensjahren noch eine Schwächung der Augen, so daß er nicht mehr zu lesen im Stande war. 1856 starb er im Alter von 78 Jahren. Ein unvergängliches Andenken stiftete sich Tschager durch sein Testament, aus welchem wir folgende Stelle wörtlich anführen: „Meine Gemäldesammlung, die ich durch lange Zeit mit Glück und vielen Kosten gesammelt habe, nebst allen anderen Kunstsachen, bestehend in Kupferstichen, Lithographien, von der Kunst handelnden Büchern, vermache ich dem Ferdinandeum zu Innsbruck. Damit mein Vermächtniß seinen wohlthätigen Zweck erreiche, legire ich zu meiner Gemäldesammlung noch 10.000 fl. Aus den Interessen dieses Capitals soll alle drei Jahre ein Originalgemälde angekauft und der Sammlung einverleibt werden; die ganze Sammlung diene zur Ausbildung angehender Künstler". So die Bestimmung Tschager's, der dieses Legat, zu welchem er vornehmlich durch den ehemaligen Statthalter Tirols Clemens Grafen Brandis veranlaßt wurde, als sein Monument betrachtete und verlangte, daß die Bilder ungetrennt in einem eigenen Locale aufgestellt würden, und zwar nebst seinem Bildnisse, das die Namensunterschrift tragen soll. Werfen wir nun noch einen kurzen Blick auf die Sammlung selbst, die neben manchem Minderwerthigen einige Perlen der Kunst enthält. Sie umfaßt im Ganzen 112 Gemälde und wurde im Jahre 1858 auf 6476 fl. geschätzt, eine Summe, die sich nach genauerer Prüfung von Kunstkennern ungleich höher stellt. Tschager hat darüber einen Katalog verfaßt, die werthvollsten Stücke sind [L. = Leinwand, K. = Kupferblech, H. = Holz, Bl. = Blech]: L. „Zwei Landschaften", von Karl Ruthardt [Nr. 4, 5], eine mit Hirschen, die von Jägern und Hunden verfolgt werden, die andere mit Leoparden bei einem todten Hirsch und einigen Adlern; — H. Zwei Bilder von Adrian van der Venne [Nr. 10 und 11]; — L. Zwei „Fruchtstücke", von J. P. Gillemans [Nr. 16 und 17]; — H. „Das Innere einer Kirche", von Peter Neefs [Nr. 18]; — H. „Nachtlandschaft mit aufgehendem Monde", von A. v. d. Neer [Nr. 21]; — H. „Lachender Mann mit gläsernem Kruge", von E. v. d. Neer [Nr. 24], so bezeichnet Tschager's Katalog den Künstler, Kenner aber halten es für ein Werk Adr. Brouwer's, in der Art seines Meisters Franz Hals; — L. „Thiere in einer Landschaft", von P. Potter [Nr. 31]; — L. „Fruchtstück mit Hasen und Vögeln", von J. Fyt [Nr. 33]; — L. „Männliches Porträt", von G. Terburg [Nr. 35], das Hauptbild der Sammlung; — L. „Blumen in einer Vase", von J. D. de Heem [Nr. 29]; — Bl. „Heilige Familie", von Giulio Campi [Nr. 43]; — L. „Porträt eines Dogen", von G. Robert Tintoretto [Nr. 46]; — H. „Raucher und Trinker", von A. v. Ostade [Nr. 47]; — L. „Frau in der Küche", von Teniers dem Jüngeren [Nr. 50]; — K. „Kartenspieler", von Brackenburg [Nr. 52]; — H. „Jagdstück", von Ph. Wouvermann [Nr 55]; — H. „Weibliche Figur mit einem Kruge", „männliche mit einem Trinkglase", zwei Gegenstücke, beide von A. v. Ostade [Nr. 57 und 58]; — K. „Zwei Seestücke", von J. Giffier [Nr. 59 und 60]; — L. „Niederländische Bürgerfamilie beim Schmause", von B. v. d. Holst [Nr. 67]; — „Drei Kinder als Schäferinen", von A. Cuyp [Nr. 68]; — L. „Landschaft mit Thieren", von M. Hobbema [Nr. 70]; — L. „Landschaft mit Pferden und Hunden", von A. Both [Nr. 71]; — H. „Flötenspieler", von G. Dow, auch eine Perle der Sammlung [Nr. 75]; — H. „Männliches" und „weibliches Porträt" von Fr. v. Mieris [Nr. 76 und 77]; — K. „Melonenverkäufer" und „Geflügelhändler", von J. v. Toorenvliet [Nr. 79 und 88]; — H. „Mann, der einer Frau eine Rose reicht", von J. Tielius [Nr. 82]; — H. „Kopf eines Juden", von Rembrandt [Nr. 84], auch eines der werthvollen Stücke dieser Sammlung; — H. „Buch auf einem Teppich", von v. d. Heyden [Nr. 85]; — H. „Landschaft mit Ruinen", von C. Poelenburg [Nr. 89]; — L. „Zwei Blumenstücke", von R. Ruysch [Nr. 90 und 98]; — K. „Flucht nach Aegypten. Nachtlandschaft", von A. Elzheimer [Nr. 92]; — L. „Porträt", von P. Rubens [Nr. 93], schönes Stück; — L. „Zwei Landschaften", von Claude Lorrain [Nr. 94 und 99]; — H. „Sänger und Flötenbläser", von J. Craesbecke [Nr. 100]; — L. „Blumenstück", von W. v. Beerendeal [Nr. 107]. Dann eine Reihe mitunter trefflicher Bilder, deren Meister nicht festgestellt. Wir verweisen Kunstfreunde und Kunstforscher auf den trefflichen, mit wichtigen Bemerkungen glossirten Bericht über diese Sammlung, den die unten in den Quellen genannten „Recensionen" enthalten.

Recensionen und Mittheilungen über bildende Kunst (Wien, 4°.) IV. Jahrg. 1863 Nr. 49: „Die Tschager'sche Gemäldesammlung im Museum zu Innsbruck'. —' Presse (Wiener polit. Blatt, Fol.) 1865, Nr 60, im Feuilleton: „Bilder aus der Provinz Innsbruck und die Innsbrucker". — Volks- und Schützen-Zeitung (Innsbruck, 4°) XIII. Jahrgang, 9. April 1858, Nr. 43, im Artikel: „Ferdinandeum".

**Tschaktschak**, siehe **Ciakciak**, Emanuel [Bd. II, S. 367].

**Tschallener**, Johann (Arzt und Director der Provinzial-Irrenanstalt zu Hall in Tirol, geb. zu Prenner bei Ischgl in Paznaun in Tirol 15. Jänner 1783, gest. am 14. Mai 1855). Der Sohn eines Schreiners, der durch Wasserschäden, Bergstürze und andere Unglücksfälle ganz verarmte und in Folge erhaltener Verletzungen frühzeitig starb. Trotz ihrer Mittellosigkeit ließ die verwitwete Mutter den Knaben, der treffliche Talente zeigte, studiren und brachte ihn nach Innsbruck, wo er mehrere Jahre hindurch den Kampf ums Dasein zu bestehen hatte. Nur auf wenige Kosttage in der Woche beschränkt, legte er sich viele Nächte im Jahre hungernd zu Bette. Mit dem Eintritt in die philosophischen Studien erleichterte sich sein Loos, da er mehrere Unterrichtsstunden geben konnte, später erhielt er auch ein Stipendium und wurde Erzieher der Söhne des Gubernialrathes Laichharding und der Frau von Gummer. Als es galt, einen Beruf zu wählen, entschied er sich für die Theologie, wobei die Mutter ihn frei gewähren ließ, indem sie meinte: „Ich fordere gar nicht, daß du Theologie studirest, aber bleibe brav", und er ist auch sein Leben lang brav geblieben. Nach einiger Zeit aber vertauschte er das theologische Studium mit jenem der Medicin. Dem jungen Mediciner kam der Gubernialrath Dr. Keesbacher theilnahmsvoll entgegen. Ein geschickter Arzt und Operateur, führte er ihn in dieses zumeist auf Erfahrung beruhende Fach ein, nahm ihn zu den meisten Krankenbesuchen mit und ließ sich in Verhinderungsfällen auch bei den vornehmsten Familien Innsbrucks durch ihn vertreten. Schon die Kriegsverhältnisse des Jahres 1809 boten Tschallener Gelegenheit dar zur thätigsten, vielseitigsten und menschenfreundlichsten Ausübung seiner Kunst. Vom 11. April bis Ende September besorgte er die Verwundeten im Militärlazareth im Brüglbaue und bei den Serviten und zeichnete sich auf operativem Felde vorzüglich aus. Selbst während des Kampfes, mitten im Kugelregen, leistete er den Verwundeten ärztlichen Beistand. Gegen Ende September kehrte er von Innsbruck heim in das Thal Paznaun. Daselbst sollte er dem Lande in unerwarteter Weise nützlich werden. Ganz Tirol, von Napoleons Uebermacht gebeugt, verhielt sich ruhig, nur die Paznauner, von einigen Fremden aufgestachelt, wagten es, sich dem Armeecorps des bayrischen Generals Raglovich [Band XXIV, S. 238] zu widersetzen. Daß aber nach dem glücklichen Ausgange des Gefechts vom 24. November bei Giggl, innerhalb des Schlosses Wiesberg, die aus dem Vintschgau erwartete Hilfe ausblieb, das brachte die Paznauner zur Besinnung, und nun begann man zu berathen, wie weiterem Unheil vorzubeugen sei. Das Resultat dieser Berathungen aber war das Verlangen, daß eine allgemeine Amnestie erlassen werde, und daß kein Soldat das Thal betrete. Nach dem erfochtenen Siege — man hatte nämlich 39 Bayern gefangen genommen, 12 getödtet und einige verwundet — könne auf eine andere Capitulation nicht eingegangen werden. Wer aber sollte mit diesen Bedingungen vor den erbitterten Befehlshaber des über 4000 Mann starken Corps treten? Da übernahm Tschallener die heikliche Mission, und als Zeuge, daß derselbe sich genau an den Auftrag halte, begleitete ihn der Theolog Nicolaus Lechleitner. Als Beide am 26. November zu Landeck im Hause des Gerichtsschreibers Fischer als Deputirte von Ischgl und Gallthur sich meldeten, fuhr sie der Oberst Eyle, der unglückliche Führer des gescheiterten Angriffs bei Giggl, grimmig an und rief nach Bank und Stock. Anders war das Verhalten des Generals Raglovich. Gelassen hörte er Tschallener's

Entschuldigungen und Bedingungen an, dann erwiderte er: daß man die Rädelsführer ausliefern müsse, und daß eine militärische Besetzung nicht mehr zu verhindern sei. Nun entgegnete Dr. Tschallener: Der Anstifter des Wagestücks habe sich nach Graubündten geflüchtet, was aber die Besetzung des Landes betreffe, so erlaube er sich die Bemerkung, daß eine kleine Anzahl Militär nichts ausrichte und höchstens zu neuem Unfrieden reize, eine größere Streitmacht vermöge aber das arme Thal nicht zu erhalten, das Ehrenwort der Bevölkerung sei zudem eine bessere Bürgschaft für die künftige Ruhe, als äußerer mit täglichen unerschwinglichen Lasten verbundener Zwang. — „Nun, so sei Ihnen Alles, wie Sie es wünschen, gewährt", war nach einiger Ueberlegung die überraschende Antwort. Beide Männer wurden huldvollst entlassen, dankten herzlich für die gnädige Behandlung und gingen freudig mit dem glücklichen Ergebniß ihrer Sendung heim. Diese diplomatische Episode ist ein Lichtblick in den sonst kümmerlichen Verhältnissen des Landarztes. Zunächst prakticirte er nun im Paznauner Thale, dann übersiedelte er als Gerichtsarzt nach Landeck. Neun und ein halbes Jahr übte er daselbst unter den größten Beschwerden die Praxis aus, welche ihm überdies durch die Umtriebe eines intriguanten Chirurgen nur noch mehr erschwert wurde. Besonders mühselig war für ihn der Dienst bei Ausbruch von Epidemien, in welchem Falle oft der tägliche Besuch der Kranken sich nicht ermöglichen ließ. Dann unterstützten den Arzt mitunter einzelne Curaten, indem sie nach einem eigens entworfenen Schema ihre Wahrnehmungen ihm mittheilten und ihm so die Behandlung der Kranken erleichterten. Im Jahre 1819 erfolgte seine Ernennung zum Districtsarzte in St. Johann. Als 1831 Tirol gegen Salzburg der Cholera wegen gesperrt wurde, mußte in Lizlfelden bei Kirchdorf eine Contumazanstalt errichtet werden. Mit deren Einrichtung und sanitätspolizeilicher Leitung betraut, führte er diese schwierige, mit Verantwortung und Unannehmlichkeiten aller Art verbundene Aufgabe mit solcher Umsicht aus, daß ihm dieserhalb die Behörde ihre volle Zufriedenheit aussprach. Am 12. Juli 1833 sah er sich zum Kreisarzt in Schwaz befördert, aber schon am 30. November 1834 erhielt er die Aufforderung, die Leitung der k. k. Provinzial-Irrenanstalt in Hall zu übernehmen, und wurde auf diesem Posten mit Hofdecret vom 17. December 1835 bestätigt. Das war ein schwieriges Amt und gar unter den damals bestehenden Verhältnissen, da der Hauswundarzt, der Caplan, der Verwalter und das ganze Obwartspersonale definitiv angestellt waren und der neue Director, der sich jahrelangen Mißständen und Mißbräuchen ablehnend und reformatorisch gegenüberstellte, nun von einer Collision in die andere gerieth. Aber auch diese Schwierigkeiten wurden von Tschallener überwunden, der es verstand, sein Ansehen als Leiter der Anstalt aufrecht zu erhalten. Die Zahl der Heilungen nahm stetig zu, und manche wohlthätigen Reformen führte er durch. Unter ihm fand der Neubau für Tobsüchtige statt. Den Verwalter Sackl unterstützte er in Errichtung einer Anstaltswerkstätte, wo die Irren in gesunden Zeiträumen ihre nützliche Beschäftigung fanden, so daß aus den Werkstätten des weiblichen Arbeitssaales in den Jahren 1835—1850 dem Aerar mehrere Tausend Gulden als Einnahme zuflossen. Auch legte er den Grund zur Bildung eines Fondes, aus dessen Zinsen die als geheilt entlassenen mittellosen Pfleglinge wenigstens für so lange mit einem Nothpfennig versehen werden sollen, bis sie sich durch Arbeit wieder selbst ihr Brod erwerben oder sonst in einen Dienst aufgenommen werden können. Ueberdies ist Tschallener der Erfinder der Schwebematte, einer Lagerstätte auch für gefährlichere Irre, und mehrerer anderer Vorrichtungen zur Erleichterung der Behandlung und Pflege gefährlicher Geisteskranken. Von seinem Berufe fast ganz in Anspruch genommen, hatte er zur schriftstellerischen Thätigkeit nur sehr wenig Zeit übrig, doch veröffentlichte er im „Boten für Tirol und Vorarlberg" mehrere Aufsätze über Epidemien; in der „Zeitschrift für Psychiatrie" mehrere Artikel, von denen wir folgende zwei hervorheben: „Was heißt irre sein?" und „Ueber die Wartung und Pflege der Irren". Selbstständig gab er heraus die Schrift: „Die Krankenbettstatt. Mit einer lithographirten Tafel in Quer-Halbgrossfolio" (Innsbruck 1841, Wagner, gr. 8⁰.) und das größere Werk: „Beschreibung der k. k. Provinzial-Irrenanstalt zu Hall in Tirol; mit Rücksicht auf die Statuten der Anstalt, auf die therapeutischen und psychologischen Grundsätze der Behandlung der Geisteskranken und auf ihre achtjährigen Resultate. Mit 19 Krankengeschichten und verschiedenen Andeutungen zum Wohle dieser Unglücklichen: nebst einem Anhang über die Anlage von Zimmern für Irre und Tobende. Für einen Jeden, der mit Geisteskranken wie immer in Berührung kommt. Mit einer lithographirten Tafel auf $2\frac{1}{2}$ Bogen in Folio" (Innsbruck 1842, Wagner, gr. 8⁰.). Tschallener's Verdienste als Arzt wurden in gelehrten Kreisen und von Seite der Regierung gewürdigt. Die k. k. Gesellschaft der Aerzte in Wien und die medicinisch-physikalische Gesellschaft in Erlangen erwählten ihn zu ihrem correspondirenden Mitgliede; mit ah. Entschließung vom 8. November 1853 erhielt er zugleich mit der erbetenen Versetzung in den Ruhestand das goldene Verdienstkreuz mit der Krone, und mit allerhöchster Entschließung vom 23. Juni 1854 wurde ihm der volle Gehalt als Pension angewiesen. Aber nicht ein volles Jahr war es ihm gegönnt, diese kaiserliche Gnade zu genießen, denn schon im Mai 1855 starb er im Alter von 72 Jahren. Während seines Aufenthaltes in Ischgl hatte er sich mit Crescenz Mohr aus Wilton vermält, welche ihm fünf Kinder gebar, zwei Söhne, die in Folge von Unglücksfällen starben, und drei Mädchen, deren zwei als Witwen mit Kindern im Jahre 1855 noch lebten.

Bote für Tirol und Vorarlberg (Innsbruck, Fol.) 1855, Nr. 127, 128, 130, S. 691 u. f.: „Nekrolog über den Doctor der Medicin und Chirurgie Johann Tschallener u. s. w.". Von J. V.

**Tschampa**, Fanny, Marie und Amalie (Sängerinen, Ort und Jahr ihrer Geburt unbekannt), Zeitgenossinen. Unsere Quelle bezeichnet sie ausdrücklich als „österreichische Damen", und wir dürften kaum fehl gehen, wenn wir sie als aus Böhmen gebürtig betrachten. Fanny, Marie und Amalie sind Schwestern. Sie verbanden sich mit einer vierten Dame, auch einer Oesterreicherin, Namens Marianne Gallowitsch, zu einem Gesangsquartett und begaben sich auf Kunstreisen. Im Frühling 1879 concertirten sie mit großem Beifalle in Dresden, wo sie auch die Theilnahme des sächsischen Königspaares fanden; später traten sie mit gleich günstigem Erfolge zu Leipzig im Gewandhause auf, welches in der Regel nur wirklichen Künstlern und Künstlerinen zu benützen gestattet ist. In der Folge gaben die Damen in der

Berliner Singakademie Concerte. Ihre weiteren Schicksale sind uns nicht bekannt.

Illustrirte Frauen-Zeitung, VI. Jahrg., 3. März 1879, Nr. 5, zweites Blatt.

**Tschan**, Nicolaus (Forstmann, geb. zu Innsbruck am 10. Februar 1838, gest. auf einem im Wäldercomplex von Paneveggio gelegenen Meierhofe am 4. August 1865). Der Sohn eines Bürgers von Innsbruck, zeigte er in früher Jugend Neigung zum Forstwesen und trat 1855 beim Forstamte daselbst als Zögling ein. Etwas über zwei Jahre stand er dort in der Lehre, dann bezog er die Berg- und Forstakademie in Schemnitz, wo er als außerordentlicher Zuhörer mit solchem Eifer das Studium betrieb, daß er zwei Jahrescurse in einem Jahre beendete und sich bei der Staatsprüfung für selbständige Forstwirthe 1859 ein Zeugniß vorzüglicher Befähigung holte. Hierauf kam er als Forstgehilfe nach Predazzo, dann als Praktikant an das Forstamt Cavalese. In letzterer Stellung verblieb er bis Anfang 1862, worauf seine Ernennung zum Förster in Predazzo erfolgte. Daselbst war Tschan am Morgen des 1. August 1865 auf einem Dienstgange begriffen, als sich durch einen unglücklichen Zufall sein Gewehr entlud und die Kugel ihm unter der rechten Achselhöhle nach vorwärts in die Brust drang. Ein Waldaufseher, der ihn eben wanken sah, eilte ihm zu Hilfe und brachte ihn auf einen nahen Meierhof. Dort gab der Verunglückte ungeachtet der sorgsamsten Pflege und aller ärztlichen Kunst nach vierthalbtägigem Leiden seinen Geist auf. Tschan war ein Forstmann ersten Ranges, die ausgedehnten Forste von Paneveggio liefern schöne Belege seiner regen und schaffenden Wirksamkeit. Sein Dienst ging ihm über Alles, und wie es in dem ihm gewidmeten Nachrufe wörtlich heißt, fand seine übersprudelnde Kraftfülle in seiner beispiellosen, ganz eigentlich und buchstäblich genommen unermüdeten und unter allen Verhältnissen, bei Tag und Nacht, bei Hitze und Kälte, bei Sturm und Wetter immer gleichen ungebrochenen, aufopfernden Thätigkeit ihren Ausdruck. Als 1859 die Wälschen die Tiroler Grenzen beunruhigten, war Tschan einer der Ersten, welche sich der „Förster-Compagnie" beigesellten und bei Caffaro und am Monte Zuello mit anerkanntem Muthe die Landesgrenzen vertheidigen halfen. Aber noch einer denkwürdigen That wird er gerühmt. Im Jahre 1857 brachte die „Schützen-Zeitung" und nach ihr eine Unzahl Blätter des In- und Auslandes die Erzählung von einer waghalsigen Adlerjagd, bei welcher ein neunzehnjähriger Forstzögling, an einem Seile über bodenlosem Abgrunde hängend, einen jungen Aar aus dessen Felsenhorste hob und als seltene Beute heimtrug. Diese kühne That ist in der Dichtung und in der Kunst verherrlicht worden. Die bei Hoffmann und Campe in Hamburg unter dem Titel: „Gemmen" erschienenen erzählenden Dichtungen enthalten in dem Gedichte: „Der Preis einer Arzenei" den Vorgang in poetischer Weise dargestellt. Und englische wie deutsche illustrirte Blätter führten die Adlerfahrt zwischen Himmel und Erde zum Theile in sehr gelungenen Holzschnitten aus. Der Held der Dichtung und der Zeichnungen aber ist Nicolaus Tschan. Aus seiner mit der Tochter des landschaftlichen Haupteinnehmers Magistrelli in Ala 1862 geschlossenen Ehe überlebte ihn nebst der Gattin ein Kind.

Volks- und Schützen-Zeitung (Innsbruck, 4°.) XX. Jahrg., 11. August 1865.

Nr. 96, im ersten Artikel: „Innsbruck 11 August“.

**Tschardaklija-Nowakowitsch,** Peter (serbischer Parteigänger, geb. in Serbien in der zweiten Hälfte des achtzehnten Jahrhunderts, Todesjahr unbekannt). An diesen Namen knüpft sich die Geschichte des Ursprungs der Verbindungen zwischen Serbien und Rußland, welche, in der noch zu lösenden orientalischen Frage von einschneidender Wichtigkeit, Oesterreich sehr nahe angeht. Wir halten uns im Folgenden an die Darstellung dieser Angelegenheit, wie sie ein trefflicher Kenner der südslavischen Verhältnisse, Professor Schwicker, gegeben hat. Als während ihrer Erhebung im Jahre 1804 die Serben im Laufe des Frühlings und Sommers wiederholt mündlich und schriftlich bei Oesterreich um Intervention zu ihren Gunsten ansuchten, sah im Hinblicke auf das Friedensverhältniß dieses Staates mit der Türkei und auf die allgemeine politische Lage desselben die österreichische Regierung sich außer Stande, bei allen vorhandenen Sympathien für die Insurgenten, zu deren Gunsten einigermaßen energisch aufzutreten. Diese aber hatten auch schon den Gedanken laut werden lassen, daß sie für den Fall eines ablehnenden Verhaltens Oesterreichs an eine andere Macht sich wenden würden, und diese Macht war — Rußland. Dieser Gedanke einer Zufluchtnahme bei Rußland entstand aber merkwürdigerweise nicht in Serbien selbst, sondern wurde von Oesterreich aus dahin importirt. Ganz so wie heutzutage der Gedanke, die deutschen Provinzen Oesterreichs an das deutsche Reich zu bringen, weniger oder gar nicht von letzterem ausgeht, sondern von einzelnen österreichischen Verräthern den Deutschen im Reich förmlich aufgedrungen wird. Nun denn, jener Gedanke, daß die Serben, welche bei unserem Kaiserstaate keine Unterstützung fanden, sich an Rußland wenden sollten, entsprang im Kopfe eines ehemaligen österreichischen Hauptmannes mit dem ominösen Namen Peter Tschardaklija-Nowakowitsch. Dieser Militär hatte sich im Monate Juli 1804 nach Serbien begeben und sich dem Aufstande angeschlossen. Durch seine Frau, die in Diensten der russischen Großfürstin Alexandra Pawlowna, Gemalin des Erzherzogs-Palatins Joseph, stand, mit russischen Kreisen in Berührung gekommen, soll er dann, wie Einige meinen, von Rußland aus den Auftrag erhalten haben, die Serben für die Anrufung des russischen Schutzes zu gewinnen. Nach Ansicht Anderer stand er in Verbindung mit dem Erzbischofe Stephan von Stratimirovitsch [Bd. XXXIX, S. 309], über dessen russenfreundliche Pläne Professor Schwicker gleichfalls nähere Aufklärungen ertheilt. Wie dem auch sein mag, Thatsache ist, daß Tschardaklija der Erste war, der auf Rußland als auf den natürlichsten glaubens- und stammverwandten Beschützer hinwies und in die Serben drang, einige Vertrauensmänner nach St. Petersburg zu senden, um durch diese den Czaren Alexander von dem Zustande des serbischen Volkes in Kenntniß zu setzen. Die Aufmunterungen Tschardaklija's fielen nach den erhaltenen Anweisungen in Oesterreich bei den Häuptern der Insurrection auf günstigen Boden, und man beschloß, die empfohlene Idee so bald als möglich in Ausführung zu bringen. Sofort wurden der Prota (Erzpriester) Matthäus Nenadowitsch, Johann Protitsch und Tschardaklija als die zu entsendenden Vertrauensmänner gewählt. Hierauf verfaßte man ein Gesuch an den Czaren, worin unter Anderem auch alle von Altershey in Ruinen liegenden Kirchen und Klöster in der Weise aufgezählt wurden, als ob dieselben erst jüngstens von den Türken zerstört worden wären, weil die Serben glaubten, daß die Russen vor Begierde brennen würden, an den Verwüstern so vieler heiligen Stätten der Christen Rache zu nehmen. Die ganze Mission blieb jedoch lange Zeit das Geheimniß einiger Führer, denn theils besorgte man, bei der Pforte Mißtrauen zu erregen, theils war man der Gesinnungen des eigenen Volkes keineswegs vollkommen sicher. Auch wußte man ja gar nicht, wie die Mission ausfallen würde; schlug sie ungünstig aus, so mußten die Anführer auf harte Worte gefaßt sein, weil man sich von dem nahen und befreundeten Oesterreich weg an das fremde ferne Rußland gewendet hatte. Die Pforte aber betrachtete ohnehin mit zunehmender Eifersucht die Ausbreitung Rußlands, sowie dessen wachsenden Einfluß auf die christlichen Völker der griechischen Kirche in der Türkei. Sie würde auch von dem Streben der Serben, Rußlands Protectorat zu gewinnen, höchst unangenehm überrascht worden sein und sicher mit allen ihr zu Gebote stehenden Mitteln die Ausführung der serbischen Mission nach Rußland zu verhindern getrachtet haben. Allein das Geheimniß wurde von allen Eingeweihten sorgfältig bewahrt, und so konnten die Gewählten ihre weite Reise ungestört antreten. Am 13. September 1804 fuhren Nenadowitsch und Tschardaklija Nachts von Topschider bei Belgrad mittels eines Kahnes donauabwärts bis Semendria, wo ihr dritter Genosse Protitsch sich zu ihnen gesellte, dann ging die Reise weiter zu Wasser bis Orsowa, von da bis Bukarest aber zu Wagen. Am 26. September langten die serbischen Abgesandten in der rumänischen Hauptstadt an, wo sie sofort dem russischen Consul den Zweck ihrer Reise mittheilten. Dieser versah sie mit russischen Pässen, und der russisch gesinnte Hospodar der Walachei Ypsilanti bot hilfreiche Hand zur Weiterfahrt. Gewarnt vor Murusi, dem türkenfreundlichen Fürsten der Moldau, eilten sie möglichst rasch durch dieses Land, an dessen Grenze sie fast in die Hände nachgesandter moldauischer Panduren gefallen wären. Nun reisten sie über Mohilew, wo sie dem daselbst weilenden Großfürsten Constantin vorgestellt wurden, nach Kiew, dann weiter nach Charkow, wo Tschardaklija seine Frau und die Abgesandten zwei österreichische Serben als Lehrer fanden; einer der letzteren, Philippowitsch, schloß sich der Botschaft an. Die Hauptsache, daß Tschardaklija der Haupturheber dieser Deputation an den russischen Czaren war, ist berichtet. Dieselbe langte nach mancherlei Fährnissen, erschöpft von der langen Reise, am 7. November in St. Petersburg an. Ueber ihre Ankunft daselbst, über ihre mit dem russischen Minister des Aeußeren Fürsten Czartorynski wiederholt stattgefundenen Unterredungen, welche Erzpriester Nenadowitsch in seinen Memoiren aufgezeichnet hat, über ihre Rückreise und den Mißbrauch, den Nenadowitsch von einem werthvollen Evangelienbuche, dem Geschenke eines russischen Freundes, machte, berichtet die unten angeführte Quelle. Mit diesem Evangelienbuche hat es nämlich folgende Bewandtniß. Nach der Rückkehr der Deputation, welche gar nicht vom russischen Kaiser empfangen worden war, berief Kara Gyorgye auf den 29. April 1805 eine große Skupschtina (Versammlung) nach

Ostruschnitza. Hier zeigte man dem zahlreich versammelten Volke das Evangelienbuch aus St. Petersburg und log ihm vor: Kaiser Alexander sende dieses, damit die Serben es küssen und auf dasselbe schwören, ihrem begonnenen Werke bis ans Ende getreu zu bleiben. Darauf theilte der Prota Nenadowitsch seinen Landsleuten die Fabel mit: der Czar habe den Serben Hilfe zugesagt (daran war in den Unterredungen der Deputation mit dem Fürsten Czartoryski auch nicht mit einer Silbe gedacht worden), nur müsse man dieses Versprechen geheim halten, damit die Türken davon nichts erfahren. Man sieht hier wieder: daß dem Verrathe Trug und Lüge stets willkommene Mittel sind, wenn es gilt, seine verbrecherischen Zwecke zu fördern. Die Mission hatte, so schließt Professor Schwicker, ihren eigentlichen Zweck in Rußland zwar nicht erreicht, allein sie wurde dennoch nach doppelter Richtung von erheblichem Einflusse. In Rußland lenkte sich abermals, und zwar nachdrücklich die Aufmerksamkeit auf das glaubens- und stammverwandte Serbenvolk im Süden, und in Serbien wendeten sich seitdem die durch das Evangelienbuch getäuschten, ja zum Eide verführten Gemüther hoffnungs- und vertrauensvoll dem Czarenreiche zu. Der erste Fall einer directen Verbindung Serbiens mit Rußland bereitete hier und dort den Boden vor, auf welchem dann das im Frieden zu Bukarest 1812 vertragsmäßig stipulirte russische Protectorat über Serbien, welches erst der Pariser Vertrag vom Jahre 1856 beseitigte, entstehen und gedeihen konnte. Als aber dann Rußland den Pariser Vertrag nach dem Berliner Congreß vom 13. Juni 1878 ad acta gelegt, schoß die für einige Zeit niedergehaltene Saat von Neuem in Blüthe und Frucht. Ueber Tschardaklija fehlen weitere Nachrichten. Das Mitgetheilte genügt, um zu zeigen, welchen Antheil er an einem politischen Schritte hat, dessen Spuren sich acht Jahrzehnte später erst recht sichtbar machen.

Allgemeine Zeitung (Augsburg, Cotta, gr. 4°.) 1877, Beilage Nr. 238 und 262: „Die ersten politischen Beziehungen Serbiens zu Rußland". Von Prof. J. G. Schwicker.

**Tscharmann**, Franz (Regiments-Caplan, geb. zu Neumarktl in Krain am 2. Juni 1819). Den theologischen Studien sich widmend, wurde er, am 30. Juli 1847 zum Priester geweiht, Weltpriester der Lavanter Diöcese. Von seiner weiteren geistlichen Laufbahn wissen wir nur, daß er im Jahre 1859 als Feldcaplan bei Erzherzog Rainer-Infanterie Nr. 59 und 1863 in gleicher Eigenschaft bei Kinsky-Infanterie Nr. 47 fungirte. Zur Zeit dient er entweder nicht mehr in der Militär-Seelsorge oder ist er verstorben. Letzteres scheint der Fall zu sein, da sein Name in den Ordensalmanachen nicht mehr verzeichnet steht. Im Jahre 1859 gehörte das Infanterie-Regiment Erzherzog Rainer zur italienischen Armee, und zwar stand es in der Brigade Lippert im achten Armeecorps. Es focht am St. Johannestage — 24. Juni — genannten Jahres in der Schlacht bei Solferino mit einer Unerschrockenheit ohne Gleichen und wirkte im heißesten Kampfe gegen eine bedeutende Uebermacht Wunder der Tapferkeit. In Folge dessen erlitt es auch nicht geringe Verluste. An den Gefahren und Drangsalen dieses in Oesterreichs Geschichte so denkwürdigen Tages nahm auch Feldcaplan Tscharmann den thätigsten Antheil. Ueberall im heftigsten Kugelregen war er zur Stelle; versah die fallenden Soldaten mit den heiligen

Sterbesacramenten, half die Verwundeten vom Kampfplatze tragen, theilte unter dieselben Labung und Erquickung aus eigenen Mitteln aus; half beim Verbande der Verwundeten, und in Ermanglung eines Arztes verband er nach Thunlichkeit selbst; nahm vom eigenen Leibe mehrere Kleidungsstücke, um die Blöße einiger Schwerverwundeten zu decken. An manchen Orten, wo Tscharmann viele Verwundete geradezu verlassen traf, zahlte er aus Eigenem Leute, um jenen zu helfen und mehrere vom Unrathe, in welchem sie seit Tagen gelegen, zu reinigen. Als sich am genannten Schlachttage endlich die Oesterreicher zurückzogen, blieb Tscharmann der Allerletzte bei den Verwundeten in der Kirche von Pozzolenzo zurück und verließ diesen Ort des Jammers erst, als gegen acht Uhr Abends eine österreichische Husjaren-Patrouille vorbeisprengte und das Heranrücken des Feindes verkündete. Aber sofort eilte er zu anderen Soldaten, die seiner Hilfe auch dringend bedurften, und denen er ohne Unterschied der Nationalität, der Confession und der Truppenabtheilung geistlichen Trost und körperliche Linderung mit seltenem Muthe, mit echt christlicher Liebe, mit ausdauernder Hingebung und größter persönlicher Aufopferung spendete. Er wurde für sein hochherziges Verhalten mit dem goldenen Verdienstkreuze pro piis meritis ausgezeichnet.

Militär-Zeitung. Herausgegeben und redigirt von J. Hirtenfeld (Wien, gr. 4°.) Jahrg. 1859, S. 656.

**Tscharry** Ritter von **Pforsthain**, Johann (Statthaltereirath in Prag, Ort und Jahr seiner Geburt unbekannt). Allem Anscheine nach in Böhmen geboren, Zeitgenoß. Nach Beendigung der juridischen Studien dem Staatsdienste in der politischen Sphäre sich widmend, wurde er Kreishauptmann in Pilsen. Aus dieser Stellung kam er als Statthaltereirath an die k. k. Statthalterei in Prag und trat zuletzt mit dem Hofrathstitel in den Ruhestand. Als Kreishauptmann von Pilsen erwarb er sich durch eine ansehnliche Soldatenstiftung das Anrecht auf bleibende Erinnerung. Er widmete nämlich im Jahre **1861** eine fünfpercentige Nationalanlehensobligation im Betrage von **8500** fl. C. M. und eine viereinhalbpercentige Staatsschuldverschreibung von **100** fl. zu dem Zwecke, daß von den Interessen dieses Capitals dem Pilsener Kreise angehörige im Feldzuge **1859** oder in einem späteren invalid gewordene mittellose Krieger vom Feldwebel abwärts zu betheilen seien. Das Vorschlagsrecht steht dem Landes General-Commando in Böhmen, das Verleihungsrecht dem Stifter und nach dessen Tode dem jeweiligen Vorstande der Pilsener Kreisbehörde zu. Tscharry wurde mit ah. Entschließung vom **24.** April **1866** mit dem Orden der eisernen Krone dritter Classe ausgezeichnet und den Ordensstatuten gemäß mit dem Prädicate von Pforsthain in den österreichischen Ritterstand erhoben.

Militär-Schematismus des österreichischen Kaiserthums für 1863 (Wien 1863, k. k. Hof- und Staatsdruckerei, 8°.) S. 802, Nr. 209.

**Tschaup**, Joseph (Bauernrebell, geboren in Tirol in der ersten Hälfte des achtzehnten Jahrhunderts, enthauptet und nach der Enthauptung geviertheilt zu Innsbruck am **22.** December **1764**). Im sogenannten Burggrafenamte Tirols hatte sich im Frühjahre **1762** mancher Zündstoff angehäuft, welcher den endlichen Ausbruch der damaligen Bauernunruhen erklärt, die lange durch die Umsicht des Landeshauptmannes Paris Dominik Grafen von Wolkenstein niedergehalten wurden. Die Werbesoldaten hatten um diese Zeit, wie auch schon früher, fortwährend die Bauernjungen mit Gewalt in die Soldatenjacke gepreßt, wodurch sie Zusammenrottungen und Raufereien hervorriefen, welche, obwohl stets unterdrückt, doch immer von Neuem die öffentliche Ruhe störten. So fanden wieder Anfangs Mai 1762 in einem Gasthause der Gemeinde Obermais, beim sogenannten Bruggerwirth, zwischen einigen Bauernburschen und einer Abtheilung des in Meran stationirten Werbecommandos Schlägereien statt, bei welchen die Soldaten den Kürzeren zogen. Dafür aber sprachen diese nachher die Drohung aus, daß man alle in die Schlägerei verwickelten Burschen mit Gewalt aufheben und in die Soldatenjacke stecken werde. Dies war das eine Moment. Dazu gesellte sich als zweites nicht minder beunruhigendes die in der Nacht auf den 13. Mai im Auftrage der o. ö. Repräsentanz und Hofkammer, wie damals die oberste Landesstelle hieß, erfolgte Verhaftung dreier Mitglieder der Gemeinde Mais. Diese Männer: Gottlieb Andre von Hafner in Untermais und zwei Brüder Raffl, von denen der eine, Peter, Müller am Greifen in Obermais war, hatten sich bereits bei der Münzabwechslungsgeschichte im Jahre 1761 sehr tumultuarisch benommen. Mit dieser Münzabwechslung aber hatte es folgende Bewandtniß. Tirol war im achtzehnten Jahrhunderte durch seine eigenthümlichen industriellen und gewerblichen Verhältnisse mit einer unglaublichen Menge kleiner Münzen aus allen angrenzenden Nachbarländern überschwemmt. So berechnete man blos die Summe der in Tirol gleichzeitig circulirenden ausländischen Zwölfer und Sechser im Durchschnitte auf 23 Millionen Stücke. Nun, wären dieselben gutmetallig, d. h. vollwerthig gewesen, dann würde ihre Menge dem Lande nicht geschadet haben, so war aber der größte Theil dieser Scheidemünzen, namentlich die kurbayrischen, gehalt- und werthlos. Das aber war keine geringe Calamität für das Land, welches für seine Bedürfnisse, die es aus der Fremde bezog, und die sich nach mehreren Millionen berechneten, seine gute Münze bezahlte, während ihm von außen, von den zahllos durchreisenden Fuhrleuten, Hausirern, Händlern, Arbeitern u. s. w. schlechte Münze zugeschleppt wurde. Diesem für die volkswirthschaftlichen Verhältnisse des Landes sehr gefährlichen Zustande mußte ein Ende gemacht werden. Und so befahl die Kaiserin Maria Theresia, daß alle umlaufende schlechte Scheidemünze, vorzugsweise die bayrischen Zwölfer und Sechser, abgewürdigt, dann eine neue Münzordnung und ein auf reellen Werth gegründetes sogenanntes Patentgeld eingeführt, den Unterthanen aber, durch deren Schuld das schlechte Geld nicht ins Land gekommen sei, gestattet werde, die verrufenen Münzen innerhalb einer gewissen Frist bei öffentlichen Cassen gegen Patentgeld auszuwechseln. Sobald jedoch diese Frist verstrichen wäre, sollte das schlechte Geld sämmtlich außer Curs gesetzt und die Einnahme und Ausgabe desselben ein- für allemal verboten werden. So schön und wohlmeinend dieser Gedanke an und für sich und so groß der Verlust war, den blos die Auswechslung in Tirol dem Aerar verursachte — er bezifferte sich nach späterer Berechnung auf etwa 70.000 fl. — so hatte diese Maßregel für Tirol ihre bitteren Folgen. So lange das Ausland dieser neuen Einrichtung nicht beitrat, war nicht nur der Transito-, sondern auch jeder andere Handel mit den Nachbarländern wie mit einem Schlage vernichtet. Dann waren auch sofort die Juden bei der Hand, die das Patentgeld als werthvolle Münze auffischten und dafür Tirol neuerdings mit einer Fluth schlechten Geldes überschwemmten. Dies erzeugte im ganzen Lande Verstimmung und Entmuthigung, und im Burggrafenamte, wo von jeher ein etwas freisinnigeres und derberes Volk zu Hause war, geschahen Schritte, die außer den Befugnissen der Unterthanen liegen. Der Uebel größtes aber war die Art und Weise, wie die neue Münzordnung eingeführt und jede etwas schwierige Gemeinde gestraft wurde, wodurch, wie der Darsteller dieser Ereignisse wörtlich sagt: „der Geduldsfaden der Leute auf eine solche Höhe gespannt worden, daß er irgendwo nothwendig reißen und die späteren Excesse herbeiführen mußte". Ein trauriges Andenken schuf sich in Sachen der Münzordnung der Botzener Kreishauptmann Franz Andre von Franzin, der als Commissär in dieser Angelegenheit im Frühjahre 1762 im Etschlande herumzog und im übertriebenen Eifer seiner Amtspflicht in die Laden der Gewerbsleute drang und deren Schränke und Sparbüchsen durchstöberte, um verbotene Münzen zu entdecken. Der Entdeckung folgten die strengsten Strafen. Es ist haarsträubend, wenn man die Fälle liest, über welche der Geschichtsschreiber dieser Calamität ausführlich berichtet. Es war der absolute Staat in seiner Omnipotenz durch einen hirnlosen Beamten repräsentirt, der dadurch alle Behörden, die landesfürstlichen sowie die landschaftlichen, um ihre Achtung brachte und ihnen dafür Haß und Verachtung einwechselte. So hatten denn die obenerwähnte Werbeangelegenheit und die Münzgeschichte eine Stimmung im Lande erzeugt, welche von einigen verwegenen Burschen zu ihren Zwecken ausgenützt wurde und zuletzt in eine allgemeine Bewegung ausartete, die von Stunde zu Stunde einen bedrohlicheren Charakter annahm. An der Spitze dieser Unruhestörer standen Johann Verdorfer, Hasler Bauer, zubenannt Leiter Hans, Joseph Tschaup, auch Holer oder Maier im Waal geheißen, Johann Tschaup, mit dem Zunamen Katerl Hans, Ferdinand Anton von Hafner aus Meran, Martin Bernmeister und Joachim Mair, Bauernknechte von Mais, und Adalbert Hahn, ein abgedankter Soldat und Leinwanddrucker, der bei allen Zügen der Unruhestifter und Zerstörer die Trommel schlug. Als sich die Kunde von der Drohung der Werbesoldaten wie ein Lauffeuer von Hof zu Hof im Lande verbreitete, und überdies die Verhaftung der drei Excedenten anläßlich der Münzauswechslung ruchbar wurde, rotteten sich unter Anführung der Genannten die Bauern allerorten zusammen und zogen nun überall hin, wo sich ihnen Gelegenheit zu Ausschreitungen darbot, vornehmlich aber war ihre Wuth gegen Meran gerichtet, weil mehrere Bürger dieses Ortes bei der Verhaftung der Maiser mitgewirkt hatten. Tschaup an der Spitze, drohten die Haufen, Meran zu plündern und niederzubrennen. In der That wurden auch die Wohnungen Einzelner erbrochen, die Thüren eingeschlagen und Laden geplündert. Von Einzelnen wurde mit Gewalt Geld erpreßt. Der Haufe schwoll immer mächtiger an, und es schienen sich die Tage des fürchterlichen „Bundschuh" zu wiederholen. In der Wohnung des Grafen von Hendl, der beim Geldabwechslungsgeschäfte im Oberinnthal und Vintschgau Commissär gewesen, brach der Haufe ein, zertrümmerte Thüren und Thore, richtete überall grauenvolle Verwüstung an, soff den Weinvorrath im Keller theils aus, theils ließ er ihn auslaufen und raubte, was zu rauben war. Nun ging es nach Lana, wo der tolle Haufe den geängstigten Bewohnern Wein und Gewehre abtrotzte. Wie von einer Epidemie wurden von diesem Gebaren andere Gemeinden angesteckt, und in Taufen, Algund und in Schoina rotteten sich die Burschen zusammen. Die Gefahr begann immer drohender zu werden, da nicht mehr nur junge Burschen, sondern auch Männer an der Bewegung Theil nahmen und derselben schon die Gemeinden Morling, Tscherms und Lana sich anschlossen. Als die Rotte Miene machte, nach Botzen zu gehen und an dem Kreishauptmann von Franzin, der als der Urheber der Unzufriedenheit im ganzen Lande galt, Rache zu nehmen, da erst begann man die Tragweite der Erhebung zu überdenken und Anstalten zur Niederwerfung derselben durch Militär zu treffen. Für Botzen blieb es bei der bloßen Drohung, denn man brachte in Erfahrung, daß der Kreishauptmann im Urlaube das Land verlassen habe und aus der Ferne die Dinge ansehe, welche sein Amtseifer eingeleitet. Am 16. Mai traten Leopold Graf von Künigl, Herr von Schulern und der Secretär von Weinhart mit dem Landeshauptmanne Paris Dominicus Grafen Wolkenstein-Trostburg im Landhause zu Innsbruck zusammen, um über die Maßregeln zu berathen, die der gefahrvollen Lage gegenüber zu ergreifen seien. Die unten angegebene Quelle berichtet bis in alle Einzelheiten die Bemühungen des Landeshauptmannes, der Bewegung Herr zu werden. Und in der That waren Aller Augen auf ihn gerichtet, denn er galt viel beim Volke. Von unserem Berichterstatter wird er als ein talentvoller, klarsehender, in Schrift und Vortrag gleich gewandter, bei Hoch und Niedrig beliebter Mann von durchsichtiger, offener, wohlmeinender Handlungsweise geschildert. Dabei war er doch wieder imponirend mit väterlichem Ansehen, entwickelte eine unermüdliche Thätigkeit und stand in einem Alter — er zählte 65 Jahre — wo leidenschaftliche Hitze nicht mehr so leicht zu Mißgriffen verleitet. Und in der That, mit beispielloser Geduld, mit einer Zähigkeit ohne Gleichen bot er Alles auf, um die erregten Schaaren zu beschwichtigen und allmälig zu entwaffnen. Besonders machte ihm ein schwer zu umgehender Punkt zu schaffen. Die Gemeinden in ihrer urwüchsigen loyalen Treue, mit welcher sie zum Hause Habsburg hielten, wollten immer wieder Deputationen an die Kaiserin schicken und durch dieselben Abhilfe von den Uebelständen erbitten. Nun wollte jede Gemeinde ihre Deputation absenden, das aber ging nicht an, erstens durfte eine solche nicht ohne vorangegangene Erlaubniß dem Throne nahen, und welche Bewegung würde am kaiserlichen Hoflager entstanden sein, wenn eine Deputation um die andere auf eigene Faust in der Residenz erschienen wäre. Und trotz aller Popularität, trotz aller Vorstellungen des Landeshauptmannes gelang es demselben doch nicht in allen Fällen, die Leute von ihrem Vorhaben, Deputationen nach Wien zu senden, abzubringen. Aber die Ruhe allgemach herzustellen, die Leute zur Rückkehr zu ihrer Arbeit zu überreden, das brachten seine unablässigen Bemühungen zuwege. Indessen wurden auch in Wien Anstalten getroffen, die Uebelstände zu beseitigen, welche die Unzufriedenheit der Bewohner veranlaßt hatten. Die Deputationen freilich, welche auf eigene Faust in Wien erschienen, machte man eine nach der anderen dingfest und entließ sie dann unter der Androhung: wenn sie nicht schleunigst sich heimbegäben, sie als treuvergessene Aufwiegler nach der äußersten Schärfe der Gesetze zu behandeln. Dagegen wurde eine Deputation, deren Mitglieder der Landeshauptmann zusammengestellt und für welche er die Erlaubniß der Kaiserin erwirkt hatte, vor ihr zu erscheinen, in Gnaden empfangen und ihr gestattet, die Klagen und Bitten des Landes vorzubringen. Diese bezogen sich im Wesentlichen auf das Münzwesen, auf die drückende Vermehrung der Zölle und Weggelder, auf die Neckereien von Seite der Wald- und Forstmeister, auf die den Handel und Wohlstand des Landes vernichtenden Monopole, auf die immerwährende Erhöhung der Steuern bei überhandnehmender Armut und unerhörten Elementarschäden, auf die Einfuhr wälscher Weine und auf eine Menge anderer größtentheils localer Beschwerden. Am 3. September wurde die Deputation von Maria Theresia empfangen. Am 12. November behändigte die Kaiserin derselben die allergnädigste Resolution, die in vierzehn Punkten die Verfügungen enthielt, welche den Uebelständen abhelfen sollten, und beschenkte jeden der Deputirten mit einer goldenen Kette. Der Geschichtsschreiber bemerkt zu diesen Verfügungen: alle athmen Billigkeit und Gerechtigkeit und reduciren sich auf den Grundsatz: „Wer Schaden erlitten zu haben actenmäßig nachweisen kann, soll Ersatz und Abhilfe finden“. Dabei breitete die milde Kaiserin huldvolle Vergessenheit über das thörichte und sträfliche Beginnen und erließ im Juni 1763 eine allgemeine Amnestie, von welcher nur acht Haupträdelsführer ausgeschlossen blieben. Mehrere hatten sich bereits durch die Flucht gerettet, für Einige erfolgte auf Verwendung des Landeshauptmannes die Begnadigung. An den Uebrigen fand am 22. December 1764 zu Innsbruck die Vollstreckung des gegen sie gefällten Urtheiles statt. Die Hauptanführer bei allen Gewaltthätigkeiten: Joseph Tschaup und Adalbert Hahn, der die Trommel geschlagen, wurden durch das Schwert hingerichtet und Tschaup's entseelter Körper noch darüber hin geviertheilt. Martin Bernmeister, Bauernknecht aus Mais, erhielt noch unter der Hand des Henkers Pardon und ward des Landes verwiesen. So endete die Bauernrevolution in Tirol, welche, in der Geschichte unter dem Namen „der Auflauf im Burggrafenamte 1762“ bekannt, mit der Parole: „Nieder mit den Stiefelherren“ eine Wendung zu nehmen drohte, die an die Erhebung des „Bundschuhs“ des sechzehnten Jahrhunderts erinnert.

Zeitschrift des Ferdinandeums für Tirol und Vorarlberg. Herausgegeben von dem Verwaltungs-Ausschusse desselben (Innsbruck, Wagner'sche Druckerei, 8°.) Bd. VIII, S. 1 bis 53: „Der Auflauf im Burggrafenamte 1762“. Von Albert Jäger.

**Tschego**, N. Ueber einen Künstler dieses Namens berichten drei Schriftsteller: Erstens Franz Tschischka in seinem Werke „Kunst und Alterthum in dem österreichischen Kaiserstaate“ (Wien 1836, gr. 8°.) S. 403. Derselbe bezeichnet ihn als einen „geschickten Medailleur und Maler aus dem Marburger Kreise in Steiermark“ und läßt ihn „zu München 1800“ gestorben sein. S. 164 aber nennt er Marburg ausdrücklich des geschickten Medailleurs Tschego Geburtsort. — Ferner führt Karl Schmutz in seinem „Historisch-topographischen Lexikon von Steiermark“ (Gratz 1823, gr. 8°.) Bd. IV, S. 223 ihn als Steirer auf und stützt seine Angabe auf Joh. v. Winklern's „Biographische und literarische Nachrichten von den Schriftstellern und Künstlern, welche in dem Herzogthum Steiermark geboren sind“ (Gratz 1810, kl. 8°.) Seite 243. — Endlich schreibt Dr. Rudolph Puff in seiner Monographie: „Marburg in Steiermark, seine Umgebung, Bewohner und Geschichte“ (Gratz 1847, 8°.) Bd. II, S. 226: „Tschego, eines Winzers Sohn, lebte eine Zeit lang kümmerlich in München, erwarb sich den Ruf eines der berühmtesten Medailleurs und Malers“. Meine Nachforschungen über diesen Künstler Tschego führten zu dem Ergebniß, daß aller Wahrscheinlichkeit nach unter ihm der nicht in Marburg, sondern in dem an den Marburger Kreis angrenzenden Unterkrain und zwar zu Neustadtl (Rudolphswerth) geborene Franz Andreas Schega gemeint sei, der wirklich ein geschickter Maler und noch geschickterer Medailleur zu München war. Ueber einen N. Tschego ist außer den flüchtigen Notizen von Dr. R. Puff, Franz Tschischka und v. Winklern nirgends sonst Näheres zu finden. Ueber Franz Andreas Schega (Tschego) hingegen enthält dieses Lexikon im XXIX. Bande S. 157—160 ausführliche und authentische Daten.

**Tschermak**, Gustav (Naturforscher [Petrograph], geb. im Städtchen Littau bei Olmütz in Mähren am 19. April 1836). Sein Vater Ignaz Czermak, der in jungen Jahren die Feldzüge im Befreiungskriege als Rechnungsführer mitmachte, lebte in der Folge zu Littau als Gemeindebeamter, mit der Verwaltung der Communal- und Kirchencasse betraut. In der Volksschule daselbst genoß Gustav den ersten Unterricht, hierauf bei dem nachmaligen Dechanten Florian Miller Privatunterricht in den Gymnasialfächern. 1850 kam er an das Gymnasium in Olmütz, wo seine Neigung für Naturwissenschaften sich entwickelte, welche ihn zu häufigen Ausflügen in der Heimatprovinz, zu mannigfachen Studien an der von der aufgelassenen Olmützer Universität erhalten gebliebenen Bibliothek und endlich auch zur Gründung eines naturwissenschaftlichen Studentenvereines trieb. In den letzten Jahren seines Aufenthaltes in der Hauptstadt Mährens lernte er den Astronomen Johann Friedrich Julius Schmidt [Bd. XXX, S. 274, Nr. 63], späteren Director der Athener Sternwarte, kennen, welcher durch seine Begeisterung für wahre Wissenschaft auf ihn einen nachhaltigen Einfluß übte. Die slavische Agitation, welche sich zu jener Zeit bemerkbar machte, war die Ursache, daß Tschermak, der durch mehrere Jahre auch als Obmann an der Spitze eines die deutsche Sprache pflegenden Studentenvereines stand, schon auf dem Gymnasium die slavische Schreibweise seines Familiennamens Czermak verdeutschte, was ihm später noch manchen Verdruß bereitete. Auf der Wiener Universität, an die er 1856 ging, war es namentlich das Studium der mathematischen und experimentellen Wissenschaften, in welchem er die Grundlage für seine Gelehrtenlaufbahn erblickte. Hier zog ihn vor Allen Joseph Redtenbacher [Bd. XXV, S. 116] an, der durch seinen gewinnenden Vortrag und sein experimentelles Genie mächtig auf ihn einwirkte, und mit dem er auch später in regem Verkehr blieb. Fenzl [Bd. IV, S. 179], Zippe, Grailich [Bd. V, S. 304] nahmen ebenfalls Einfluß auf seine wissenschaftliche Ausbildung. Auf F. v. Hauer's [Bd. VIII, S. 59] Anregung verlegte er seine Thätigkeit für einige Zeit an die geologische Reichsanstalt, wo er seine erste Arbeit: „Ueber das Trachytgebirge bei Banow in Mähren" vollendete, zu welcher eine mit Julius Schmidt unternommene Excursion die Veranlassung gab. Hierauf beschäftigten ihn längere Zeit physikalisch-chemische Fragen, namentlich jene bezüglich der Volumverhältnisse chemischer Verbindungen, und ihre Bearbeitung führte ihn zu näherer Bekanntschaft mit Schrötter in Wien [Band XXXII, S. 1] und mit Kopp in Heidelberg. Der Verkehr mit Zippe entschied zuletzt für die mineralogische Richtung, obwohl seine Habilitation (1860) und seine ersten Vorlesungen sich gleichzeitig auf Mineralogie und physikalische Chemie bezogen. Seit 1861 verheiratet, mußte er daran denken, sich in materieller Beziehung zu sichern, daher er im folgenden Jahre die Stellung eines Adjuncten am k. k. Hofmineraliencabinet annahm, welcher Posten aber ihm ursprünglich nicht zugedacht war. Eine auf Zippe's Anregung durch das Unterrichtsministerium veranlaßte Reise durch Frankreich, England und Deutschland brachte ihn mit allen bedeutenden Mineralogen und Chemikern jener Zeit in Berührung. Der Verkehr mit Bunsen und mit Blum in Heidelberg, mit G. Rose in Berlin, gab ihm die Veranlassung, über die chemische Veränderung der Minerale Untersuchungen anzustellen, deren Ergebnisse er in einer Reihe von Abhandlungen niederlegte, welche in den nächsten Jahren als Studien über Pseudomorphosen in den Schriften der Wiener Akademie erschienen. In diese Zeit fällt auch die Herausgabe des „Grundrisses der Mineralogie", worin er den Versuch machte, die Resultate der neueren Mineralogie den Mittelschulen näher zu bringen. Der innerhalb eines Jahres (1863—1864) erfolgte Tod seiner Frau, seines Vaters und Zippe's brachte in seinem erschütterten Gemüthe große Veränderungen hervor. Während er die Resignation gegenüber äußeren Ereignissen gewann, vergrößerte sich auch seine Neigung zur Zurückgezogenheit und seine Empfindlichkeit im persönlichen Verkehre. Wieder zur Arbeit zurückgekehrt, vollendete er die „Studien über die Feldspathgruppe", die 1865 erschienen und seinen Ruf begründeten. Die darin enthaltene neue Lehre von der Mischung der Feldspathe aus drei Substanzen wurde indeß erst nach einem Decennium Gemeingut des wissenschaftlichen Publicums, nachdem eine lebhafte Discussion mit Gerhard von Rath in Bonn und die offene Anerkennung der Theorie von Seite des letzteren Forschers die Aufmerksamkeit der Mineralogen auf dieses Gebiet gelenkt hatten. Mehrere Reisen in verschiedene Theile der Monarchie lieferten Tschermak das Material für eine größere petrographische Arbeit über die „Porphyrgesteine Oesterreichs", welche 1867 von der kaiserlichen Akademie mit dem Preise gekrönt wurde. In derselben schilderte er die wichtigsten Felsarten jener Gruppe, sowie deren Veränderungen, und entwickelte die Theorie von der ursprünglichen Gleichheit der älteren und neueren Eruptivgesteine. Die Entdeckung eines wichtigen neuen Gesteines, des Pikrit und die Verfolgung des Olivin bis in die ältesten Gesteine, in welchen dieses merkwürdige Mineral meist verschwunden und in Serpentin verwandelt ist, hängen mit jener Arbeit zusammen. Das Jahr 1868 brachte Tschermak die Ernennung zum außerordentlichen Professor an der Wiener Hochschule und zum Director des Hofmineraliencabinets. Das Streben unseres Gelehrten ging nun dahin, dieses Museum zu einer Stätte mineralogischer Forschung zu machen und eine Schule zu begründen, welche junge Talente für diese Wissenschaft heranbilden sollte. 1871 begann er die Herausgabe der „Mineralogischen Mittheilungen", von welchen sieben Jahrgänge in Verbindung mit dem „Jahrbuch der geologischen Reichsanstalt" erschienen, und welche viele Arbeiten des Herausgebers und seiner Schüler enthalten. Der Verkehr mit Wilhelm Haidinger [Bd. VII, S. 208] und die Verwaltung der reichen Meteoritensammlung des Museums führte ihn zur Bearbeitung mehrerer meteorischer Stein- und Eisenmassen, welche nicht nur neue Bestandtheile dieser Himmelsboten kennen lehrte, sondern auch deren feinere Textur ergründete und allgemeinere Forschungen über die Entstehung dieser geheimnißvollen Körper veranlaßte. Wiederholte Reisen in Italien, die er in den folgenden Jahren unternahm, näherten ihn dem Gebiete der Kunst, in deren Genuß er die größte Erquickung und die Versöhnung jener Gegensätze fand, denen der Verstand auf der Bahn strenger Forschung begegnet. Die vulcanischen Erscheinungen jenes Landes lenkten seine Studien auf den Vulcanismus, wodurch die Schrift „Ueber den Vulcanismus als kosmische Erscheinung" hervorgerufen wurde. Mittlerweile erschienen Arbeiten in methodischer Richtung, unter welchen jene über die Anwendung des Dichroismus zur Unterscheidung der Minerale den größten Erfolg hatte; ferner fortgesetzte Studien über größere Mineralgruppen, wie jene über Augit und Hornblende, sowie Untersuchungen einzelner Gattungen, von denen er ein merkwürdiges borsäurehaltiges Mineral seinem Freunde, dem Chemiker E. Ludwig, widmete, mit dem er seit vielen Jahren durch eifrige Arbeit verbunden war. Im Jahre 1873 wurde Tschermak trotz heftiger Opposition seitens eines einflußreichen Collegen zum ordentlichen Professor ernannt und zwei Jahre später zum wirklichen Mitgliede der Akademie gewählt. Der Vortrag, welchen er als neuernannter Akademiker zu halten hatte, war der Idee eines allgemeinen Principes der Entwickelung in der Natur gewidmet. Die Continuität seiner Wirksamkeit erlitt eine Unterbrechung, als im folgenden Jahre eine Intendantur der Hofmuseen gegründet wurde und das Hofmineraliencabinet seine bisherige Selbständigkeit verlor. Er dachte nun daran, sich von der Hofstelle zurückzuziehen, eventuell Wien zu verlassen. Ein Ruf, welcher von der Universität Göttingen an ihn erging, bestärkte ihn wohl in seiner Absicht, aber die Regierung bewog den beliebten Lehrer zum Bleiben, indem sie ihm eine bevorzugte Stellung an der Universität einräumte, ferner durch die Errichtung eines mineralogischen Institutes ihm die Möglichkeit einer unabhängigen Thätigkeit bot und überdies ihn durch Verleihung des Hofrathstitels auszeichnete. Seither hat Tschermak eine neue Serie seiner Zeitschrift als „Mineralogische und petrographische Mittheilungen" eröffnet und im Kreise seiner Schüler an dem neuen Laboratorium die Arbeit fortgesetzt, deren letztes Ergebniß eine umfangreichere Untersuchung der früher nur unvollkommen bekannten Minerale der Glimmergruppe bildet. Im Jahre 1867 verheiratete sich Tschermak zum zweiten Male: mit einer Tochter des Botanikers Fenzl. In gelehrten Kreisen wurde sein wissenschaftliches Wirken durch Wahl zum Mitgliede verschiedener gelehrter Vereine gewürdigt; auch besitzt er seit 1873 das Officierskreuz des brasilianischen Rosenordens und seit 1875 das Ritterkreuz des italienischen St. Mauritius- und Lazarusordens.

**Uebersicht der von Gustav Tschermak im Druck erschienenen Arbeiten in chronologischer Folge. I. Selbständige.** „Grundriß der Mineralogie für Schulen" (Wien 1863, Braumüller, Lex.-8°., VI und 218 S., mit Holzschnitten) — „Die Porphyrgesteine Oesterreichs aus der mittleren geologischen Epoche" [gekrönte Preisschrift] (Wien 1869, gr. 8°., VI und 281 S. mit eingedruckten Holzschnitten und drei Steintafeln in Qu.-4°. und Qu.-Fol.). — „Die Einheit der Entwickelung in der Natur. Vortrag, gehalten in der feierlichen Sitzung der kaiserlichen Akademie der Wissenschaften am 30. Mai 1876" (Wien 1876, gr. 8°.). — **II. In gelehrten Sammelwerken.** In den „Sitzungsberichten der mathematisch-naturwissenschaftlichen Classe der (Wiener) kaiserlichen Akademie der Wissenschaften": „Chemische qualitative und quantitative Bestimmung des Römerits, eines neuen Materials aus dem Rammelsberge" [Band XXVIII, S. 277]; — „Ueber den Zusammenhang zwischen der chemischen Constitution und dem relativen Volumen bei flüssigen Verbindungen" [Bd. XXXIV, S. 4; Bd. XXXV, S. 18]; — „Untersuchungen über das Volumsgesetz flüssiger chemischer Verbindungen. Mit einer Tafel" [Bd. XXXVI, S. 119; Bd. XXXVII, S. 525; Bd. XXXVIII, S. 229 und 873]; — „Ueber Calcitkrystalle mit Kernen. Mit einer Tafel" [Bd. XL, S. 4 und 109]; — „Ueber secundäre Mineralbildungen in dem Grünsteingebirge bei Neutitschein. Mit zwei Tafeln" [Bd. XL, S. 4 und 113]; — „Analyse des Datolithes von Toggiana" [Bd. XLI, S. 60]; — „Einige Sätze der theoretischen Chemie" [Bd. XLI, S. 63, 67 u. f.] (Inhalt: „Relative Massen der Molecule" — „Chemisches Atom" — „Relative Massen der chemischen Atome" — „Wahl der Einheit für das Molecular- und Atomgewicht" — „Die bisher bekannten relativen Massen der chemischen Atome" — „Verschiedenheit der chemischen Atome" — „Natürliche Reihen der Atome" — „Die einfachsten Atomsysteme" — „Fernere Constanten" — „Chemische Reaction" — „Die doppelte Zersetzung" — „Basicitätsmaxima der einfachsten Verbindungen" — „Der Begriff des Radicales"; — „Analyse des Granates von Dobschau" [Bd. XLII, S. 504 und 582]; — „Ueber die Beziehungen zwischen der Verbrennungswärme und dem relativen Volumen chemischer Verbindungen" [Bd. XLIII, 1. Abtheilung, S. 213; 2 Abthlg., S. 367]; — „Analyse eines dem Hydrophan ähnlichen Minerals von Theben" [Bd. XLIII, 2. Abthlg., S. 367 und 381]; — „Die Krystallformen des schwefelsauren Hydrokali. $KHSO_4$. Mit einer Tafel" [Bd. XLIII, 2. Abthlg., S. 367 und 382]; — „Die specifische Wärme bei constantem Volumen" [Bd. XLIII, 2. Abthlg., S. 535 und 594]; — „Untersuchung des Cancrinit von Ditro in Siebenbürgen" [Bd. XLIV, 2. Abthlg, S. 113 und 134]; — „Die Wärmeentwicklung durch Compression" [Bd. XLIV, 2. Abthlg., S 137 und 141]; — „Analyse des rhombischen Vanadinits von Kappel in Kärnthen" [Bd. XLIV, 2. Abthlg., S. 151 und 157]; — „Ueber einige Zinnverbindungen" [Bd. XLIV, 2. Abtheilung, S. 719 und 733]; — „Die Dichte im Verhältniß zur Form und chemischen Beschaffenheit der Krystalle" [Bd. XLV, 2. Abthlg., S. 447 und 603]; — „Einige Pseudomorphosen. Mit zwei Tafeln" [Bd XLVI, 2. Abthlg., S. 363, 483 u. f.]: „Opal nach Nephelin" [S. 483] — „Opal nach Augit" [S. 484] — Magnetit nach Augit" [S. 485] — „Calcit nach Augit" [S. 485] — „Calcit nach Feldspath" [S. 486] — „Saussurit nach Feldspath" [S. 486] — „Quarz nach Fasergyps uud zugleich dieser nach Gypskrystallen" [S. 488] — „Glanzeisenerz nach Olivin" [S. 490] — „Glimmer nach Hornblende" [S. 490] — „Chlorit nach Glimmer" [S. 492] — „Serpentin in Feldspathkrystallen" [S 493] — „Eisenkies im Augit" [S. 493] — „Kalkspath in Delessitkugeln [S. 493]; — „Fortsetzung II. Mit einer Tafel" [Bd. XLVII, 2. Abthlg., S. 429. 443 u. f.]: „Grüneisenerz nach Triphylin" [S. 443] — „Stilpnosiderit nach Glimmer" [S. 446] — „Albit und Epidot nach Wernerit" [S. 448] — „Helminth nach Quarz" [S. 449] — „Disthen nach Andalusit" [S. 451] — „Quarz nach Orthoklas" [S. 431] — „Calcit nach Analcim" [S. 433] — „Quarz nach Apophyllit" [S. 435]; — „Fortsetzung. III. Mit einer Tafel" [Bd. XLIX, 1 Abthlg, S. 327, 330 u. f.]: „Zinnerz nach Quarz" [S. 330] — „Faseriger Eisenocher nach braunem Glaskopf, nach Goethit" [S. 334] — „Eisenkies nach Eisenglanz, nach Kalkspath" [S. 339] — „Eine Umwandlungsphase des Vivianites" [S. 340] — „Die Pseudomorphosen im antiken grünen Porphyr" [S. 344] — „Calcit nach Feldspath (Labradorit)" [S. 346] — „Biotit nach Hornblende" [S. 346] — „Voigtit nach Biotit" [S. 347] — „Klinochlor, Diopsid und Granat nach Vesuvian" [S. 348]; — „Ein Beitrag zur Bildungsgeschichte der Mandelsteine. Mit zwei Tafeln" [Bd. XLVII, 1. Abthlg., S. 99 und 102]; — „Entstehungsfolge der Mineralien in einigen Graniten" [Bd. XLVII, 1. Abtheilung, S. 205, 207 u. f.]: „Der Granit von San Domingo in der Provinz Rio de Janeiro" [S. 208] — „Der Granit von Campo Sta. Anna in derselben Provinz" [S. 219] — „Der Granit aus den Mourne mountains in der Grafschaft Down in Irland" [S. 220] — „Granit aus dem Departement de l'Hérault" [S. 223]; — „Ueber die Krystallformen des Triphylins. Mit einer Tafel" [Bd. XLVII, 1. Abthlg., S. 271 und 282]; — „Eine Neubildung im Basaltschutte bei Auerbach in der Bergstraße" [Bd. XLVII, 1. Abthlg., S. 271 und 288]; — „Ein einfaches Instrument zur Bestimmung der Dichte der Mineralien, zugleich für annähernde Quantitätsbestimmung bei chemischen Versuchen brauchbar" [Band XLVII, 1. Abthlg., S. 291 und 294]; — „Die Krystallformen des Cocaïn" [Bd. XLVII, 1. Abthlg., S. 337; Bd. XLVIII, 1. Abthlg., S. 34]; — „Chemisch-mineralogische Studien. I. Die Feldspathgruppe. Mit zwei Tafeln" [Bd. L, 1. Abthlg., S. 564, 566 u f.]: „Die Form" [S. 568] — „Die Substanz und das Eigengewicht" [S 576] — „Bildung und Umwandlung der Feldspathe" [S. 597] — „Zusammenhang der chemischen und physikalischen Eigenschaften" [S. 602] — „Die verwandten Mineralien" [S. 604] — „Systematik" [S. 606]; — „Chemisch-mineralogische Studien. II. Kupfersalze" [Bd LI, 1. Abthlg., S. 123, 127 u. f]: „Devillin" [S. 127] — „Olivenit" [S. 129] — „Brochantit" [S. 131] — „Atacamit" [S. 133]; — „Ueber das Auftreten von Olivin im Augitporphyr und Melaphyr" [Bd. LII, 1. Abthlg., S. 233 und 265]; — „Ueber den Raibler Porphyr" [Bd. LII, 1. Abthlg, S. 433 und 436]; — „Ueber den Porphyr aus der Gegend von Nowagora bei Krakau" [Bd. LII, 1. Abthlg, S. 433 und 471]; — „Der Gabbro am Wolfgangsee" [Bd. LII, 1. Abthlg., S. 646 und 661]; — „Der Alloklas und der sogenannte Glaukodot von Orawitza" [Bd. LIII, 1. Abthlg, S. 217 und 220]; — „Felsarten von ungewöhnlicher Zusammensetzung in den Umgebungen von Teschen und Neutitschein" [Bd. LIII, 1. Abthlg., S. 248 und 260]; — „Einige Pseudomorphosen. Fortsetzung IV." [Bd. LIII, 1. Abthlg, S 337 u. 518]: „Bournonit nach Fahlerz" [S. 518] — „Zinnober nach Fahlerz" [S. 520] — „Lophoit nach Strahlstein" [S. 521] — „Phästin" [S. 523] — „Epidot nach Feldspath" (Plagioklas) [S 525] — „Malachit und Chrysokoll nach Kalkspath" [S. 526] — „Brauneisenerz nach Kalkspath" [S. 327] — „Revision der bisher von ihm beschriebenen Pseudomorphosen" [S. 528]; — „Ueber den Silberkies. Mit einer Tafel" [Bd. LIV, 1. Abthlg., S. 238 und 342]; — „Quarzführende Plagioklasgesteine" [Bd. LV, 1. Abthlg., S. 285 und 287]; — „Die kobaltführenden Arsenkiese Glaukodot und Danait" [Bd. LV, 1. Abthlg., S. 401 und 447]; — „Beobachtungen über die Verbreitung des Olivin in den Felsarten. Mit einer Tafel" [Bd. LVI, 1. Abthlg., S. 251 und 261]; — „Ueber Serpentinbildung. Mit einer Tafel" [Bd. LVI, 1. Abthlg., S 251 und 283]; — „Mineralvorkommniß von Joachimsthal und Kremnitz. Mit zwei Holzschnitten" [Bd. LVI, 1. Abthlg., S. 773 und 824]; — „Ein Hilfsmittel zur Entwickelung der Gleichung des chemischen Vorganges bei Mineralbildung" [Bd. LVII, 2. Abthlg., S. 277 und 419]; — „Optische Untersuchung der Boraxkrystalle" [Bd. LVII, 2. Abthlg., S. 608 und 641]; — „Ueber concentrisch schalige Mineralbildungen. Mit zwei Tafeln. Von F. Pošepný" [Bd. LVII, 1. Abthlg., S. 753 und 894]; — „Ueber Damourit als Umwandlungsproduct. Mit einem Holzschnitte" [Bd. LVIII, 1. Abthlg., S 13 und 16]; — „Optische Untersuchung des Sylvin" [Bd. LVII, 2. Abtheilung, S. 63; Bd. LVIII, 2. Abthlg, S. 84 und 144]; – „1) Der Meteorsteinfall am 22. Mai 1868 bei Slavetic. 2) Die südwestlichen Blitzkugeln am 20. October 1868. Von W. Ritter von Haidinger" [Bd. LVIII, 2. Abthlg., S. 941 und 943]; — „Mikroskopische Untersuchungen der Vesuv-Laven vom Jahre 1868. Mit einer Tafel von Felix Kreutz"

[Bd. LIX, 2. Abthlg., S. 158 und 177]; — „Krystallographische Untersuchung des Cölestin. Mit zehn Tafeln. Von A. Auerbach" [Bd. LIX, 1. Abthlg., S. 523 und 549]; — „Mikroskopische Unterscheidung der Mineralien aus der Augit-, Amphibol- und Biotitgruppe. Mit zwei Tafeln" [Bd LIX, 1. Abthlg., S. 719; Bd. LX, 1. Abthlg., S. 5]; — „Krystallographische Studien über rhombischen Schwefel. Mit einer Tafel. Von Ar. Březina" [Bd. LX, 1. Abthlg., S 514 und 539]; — „Bericht über das Niederfallen eines Meteorsteines bei Krähenberg, Canton Homburg, Pfalz. Mit sechs Holzschnitten. Von G Neumayer" [Bd. LX, 2. Abthlg., S 149 und 229]; — „Ueber den Simonyit, ein neues Salz von Hallstadt. Mit zwei Holzschnitten [Bd. LX, 1. Abthlg. S. 713 und 718]; — „Mikroskopische Untersuchung des Predazzites und Pencatites. Mit vier Holzschnitten. Von P. G. Hauenschild" [Bd. LX, 1. Abthlg, S. 713 und 795]; — „Ueber die Form und Zusammensetzung der Feldspathe. Mit zwei Holzschnitten" [Bd. LX, 1. Abthlg., S. 821 und 915]; — „Vorläufige Notiz über ein Meteoreisen aus der Wüste Atacama" [Bd LXI, 1. Abthlg., S. 367; 2. Abthlg., S. 403]; — „Der Meteorit von Lodran. Mit einer Tafel" [Bd. LXI, 2. Abthlg., S. 403 und 465]; — „Nachrichten über den Meteoritenfall bei Muržuk im December 1869" [Bd. LXII, 2. Abthlg., S. 39 und 43]; — „Chemische Untersuchung des Meteoriten von Goalpara in Assam (Indien) von N. Teclu" [Bd. LXII, 2. Abthlg., S. 850 und 852]; — „Ueber den Meteoriten von Goalpara und über die leuchtende Spur der Meteore. Mit einer Tafel" [Bd. LXII, 2. Abthlg., S. 850 und 855]; — „Ein Meteoreisen aus der Wüste Atacama" [Bd. LXIII, 1. Abthlg, S. 68; 2. Abthlg., S. 174]; auch in den „Denkschriften der mathematisch-naturwissenschaftlichen Classe der kaiserlichen Akademie der Wissenschaften", mit vier lith. Tafeln und drei eingedruckten Holzschnitten; — „Beitrag zur Kenntniß der Salzlager. Mit einer Tafel und einem Holzschnitte" [Bd. LXIII, 1. Abthlg, S. 126 und 305]; — „Chemische Analyse des Meteoreisens aus der Wüste Atacama (1870). Von E. Ludwig" [Bd. LXIII, 2. Abthlg., S. 320 und 323]; — „Gesteine von Aden in Arabien. Mit einer Tafel. Von J. Niedzwiedzki" [Bd. LXIII, 1. Abthlg., S. 126 und 549]; — „Die Meteoriten von Shergotty und Gopalpur. Mit vier lith. Tafeln und zwei eingedruckten Holzschnitten" [1872]; — „Die Trümmerstructur der Meteoriten von Orvinio und Chantonnay. Mit zwei Steintafeln" [1874]; — „Die Bildung der Meteoriten und der Vulcanismus" [1875]; — „Die Krystallgefüge des Eisens, insbesondere des Meteoreisens. Mit einer Steintafel und drei eingedruckten Holzschnitten" [1874]. Wie von diesen vier letztgenannten Abhandlungen, von denen Herausgeber dieses Lexikons die Bände, in welchen sie abgedruckt waren, nicht angeben kann, so erschienen auch von allen übrigen hier angeführten Abhandlungen Separatabdrücke, deren Mehrtheil jedoch vergriffen ist. — Im „Jahrbuch der k. k. geologischen Reichsanstalt": „Analysen von Mineralien, Erzen und Gesteinen" [Bd. VIII, S. 615, 616, 617, 759 und 760; Bd. IX, S. 293]; — „Basalt von Freudenthal und Hof" [Bd. IX, Verh. S. 49]; — „Grünstein von Neutitschein" [Bd. IX. Verh., S. 50]; — „Trachyt von Banow" [Bd. IX, S. 63, Verh, S. 44]; — „Erloschene Vulcane in Mähren" [Bd. IX, S. 1 und 16]. — Im achten Jahresbericht der Wernervereines für 1858, S. 7 u. f.: „Analyse des Mineralwassers zu Teplitz". Von Tschermak und Schneider.

Quellen. *De Gubernatis (Angelo).* Dizionario biografico degli scrittori contemporanei ornato di altre 300 ritratti (Firenze 1870, Le Monnier, gr. 8°.) p. 1008. — Dumreicher (Armand Freiherr). Die Verwaltung der Universitäten seit dem letzten politischen Systemwechsel in Oesterreich (Wien 1873, Alf. Hölder, gr. 8°.) S. 93 und 140. — Wiener Zeitung, 1869, Nr. 227: „Director Tschermak".

**Tschermak**, siehe auch: **Csermák**, Edler von **Luid** und **Rohaus**, Anton [Bd. III, S. 56]; **Czermak**, Franz [Bd. XXIII, S. 380]; **Čermak**, Jaroslaus [Bd. XI, S. 386, Bd. XXIII, S. 380]; **Czermak**, Johann [Bd. XI, S. 387; Bd. XIV, S. 421; Bd. XXIII, S. 380]; **Čermak**, Joseph [Bd. XI, S. 389]; **Czermak**, Joseph Julius [Bd. III, S. 99; Bd. XI, S. 389]; **Czermák**, Joseph Victor [Bd. III, S. 100]; **Czermák**, Wilhelmine [Bd. XXIII, S. 380].

**Tscherne,** Georg (Bildhauer, geb. zu Wien im Jahre 1852). Der in Rede Stehende, welcher sich als Schüler der Wiener k. k. Akademie der bildenden Künste der Bildhauerei widmete, ist dem Herausgeber dieses Lexikons erst aus der historischen Kunstausstellung bekannt, welche genanntes Institut im Jahre 1877 anläßlich der Einweihung seines neuen Hauses in Wien veranstaltete. Er war in dieser Ausstellung durch zwei Werke vertreten: durch die Gypsgruppe „Mignon und der Harfner" [Höhe 170 Centim.] und durch die lebensgroße Gypsbüste des Professors und Malers „Anselm Feuerbach". Als am 20. März 1879 die Jahresausstellung im Künstlerhause eröffnet wurde, befanden sich im Repräsentantensaale daselbst neben den plastischen Werken der besten österreichischen Bildhauer Karl Kundmann, Jos. Tautenhayn, Ed. v. Hofmann, Anton Wagner, Jos. Benk, Joseph Pechon, Franz Erler und Victor Tilgner auch Arbeiten von Georg Tscherne. Näheres wissen wir über den jungen Bildhauer nicht, und auch das „Biographische Künstler-Lexikon" von H. A. Müller (Leipzig 1882, Verlag des bibliographischen Instituts, br. 8⁰.) hüllt sich wie bei vielen anderen Künstlern der Gegenwart leider auch bei unserem Georg Tscherne in geheimnißvolles Schweigen.

Oesterreichische Kunst-Chronik. Herausgeber und Redacteur Dr. Heinrich Kábdebo (Wien, 4⁰.) I. Jahrg., 1. April 1879, Nr. 11, S. 169.

**Tschiderer** Freiherr von **Gleifheim,** Ernst (Compositeur, geb. zu Innsbruck 29. März 1830). Ein Sohn des Freiherrn Ignaz, k. k. Appellationsrathes zu Innsbruck, aus dessen zweiter Ehe mit Magdalena Freiin von Schneeburg zu Salthaus und Platten. Nachdem er das Gymnasium zu Innsbruck besucht hatte, kam er in das Haus seines Oheims, des damaligen Fürstbischofs von Trient [Seite 46 dieses Bandes], wo er das Lyceum, die heutigen zwei letzten Classen des Obergymnasiums, beendete. Sodann den Rechtswissenschaften sich zuwendend, lag er denselben an verschiedenen Universitäten ob. Nach Abschluß seiner Studienjahre trat er 1853 als Praktikant bei der Tiroler Statthalterei in den Staatsdienst, den er jedoch schon 1854 wieder verließ. In diesem Jahre noch vermälte er sich mit Bertha geborenen Freiin Zephyris zu Greuth, einer nahen Verwandten von seines Vaters erster Frau. Tschiderer, der bis dahin die Musik vorherrschend dilettantisch betrieben, begann sich nun in musikalisch-theoretische Studien zu vertiefen. Er hatte zwar seinen bleibenden Wohnsitz in Innsbruck, brachte aber, ein paar Aufenthalte in München ausgenommen, die Winter-Concertsaisons in Wien zu, wo er Gelegenheit fand, mit Dr. Hanslik in freundschaftlichen Verkehr zu treten und auch andere fremde und einheimische Künstlergrößen näher kennen zu lernen. Indessen trieb er mit allem Eifer das Studium der Musik, und seine Lehrer waren Franz Zdenko Skuhersky [Bd. XXXV, S. 114], jetzt Director der Orgelschule in Prag, welcher von 1854 bis 1866 die Direction des Musikvereines in Innsbruck führte, und Felix Otto Dessof [Bd. XXIV, S. 387], früher Hofcapellmeister in Wien, gegenwärtig in Frankfurt a. M. In seinem Studium wurde er nur durch den Feldzug des Jahres 1859 unterbrochen, den er als Officier auf Kriegsdauer mitmachte. 1874 stellte er Kränklichkeit halber seine musikalischen Pilgerfahrten, die er bis dahin nach Wien zu unternehmen pflegte, ein. Indessen war Tschiderer auf dem Gebiete der Musik sowohl theoretisch durch Schriften, welche das Studium dieser Kunst behandelten, wie praktisch thätig durch Compositionen mannigfachster Art, größere wie kleinere, als: Opern, Orchestermusik für großes und für Streichorchester, Kammermusik für Streichquartette, für Violine, Cello und Pianoforte, für Violine und Pianoforte, für Pianoforte allein, für Gesang: Männerchöre, gemischte Chöre, Duette, Lieder und auch für Kirchenmusik. Von seinen Opern sind alle vier theils auf Dilettantentheatern, theils auf öffentlichen Bühnen mit Beifall, zwei mit durchschlagendem Erfolge gegeben worden. Von seinen Compositionen, deren Uebersicht daneben folgt, ist nur ein geringer Theil herausgekommen. Die gedruckten sind mit einem Stern (*) bezeichnet. Von seinen theoretischen Arbeiten über Musik sind nachstehende als Manuscript gedruckt: „Ueber die Formen der Composition" (1868); — „Reflexionen über die Kunstoper", anläßlich eines zu haltenden Vortrags geschrieben (1869) und „Musikalisch-theoretische Anleitung für Autodidakten", geschrieben, um einigen Schülern, welchen er zu seinem Vergnügen musikalischen Unterricht ertheilte, die Arbeit zu erleichtern. Freiherr Tschiderer ist, wie bereits erwähnt, seit 23. Mai 1854 mit Bertha geborenen Freiin Zephiris zu Greuth (geb. 6. Februar 1832) vermält, und stammen aus dieser Ehe außer einem 1875 im Jünglingsalter von sechzehn Jahren gestorbenen Sohne zwei Töchter: Marie (geb. 11. Jänner 1857) und Albertine (geb. 16. October 1862), so daß der Freiherr Ernst der Letzte seines Stammes ist.

**Verzeichniß der gedruckten und der nur in Handschrift befindlichen Compositionen des Freiherrn Ernst Tschiderer. I. Opern.** „Hauptmann der Wache". Oper in zwei Acten. Tschiderer's erster Versuch in der Operncomposition. Dies Stück wurde im April 1858 unter der Direction Walter im Theater zu Innsbruck aufgeführt. Die Musik fand beifällige Aufnahme. Dagegen ward das Textbuch, dessen Autor glücklicherweise unbekannt geblieben, unmöglich befunden. — „Paquita". Romantische Oper in vier Acten. Text von Karl Grafen Coronini. Sie wurde im Juni 1869 mit vom Compositeur ausgewählten Dilettantenkräften und dem Orchester des Mozarteums unter Tschiderer's eigener Direction im Theater zu Salzburg, und zwar mit so entschiedenem Erfolge in Scene gesetzt, daß mehrere Aufführungen hintereinander, die erste derselben zum Besten der Schiller-Stiftung und des Mozarteum-Pensionsfondes, stattfanden. — „Blanche". Komische Oper in zwei Acten. Text von J. Hörmann. Ebenfalls mit vom Compositeur ausgewählten Dilettantenkräften und dem Orchester des Mozarteums zum ersten Male im Juni 1870 im Salzburger Theater gegeben, und zwar auch mit günstigem Erfolge, welcher jedoch an jenen der „Paquita" nicht hinanreichte. Erlebte auch mehrere Aufführungen. — „Die Lady von Gretnagreen". Komische Oper in drei Acten. Text von Mosenthal. Sie wurde zum ersten Male in Salzburg am 21. December 1880 unter der Direction Müller mit sehr günstigem Erfolge gegeben und im Laufe desselben Winters ein paar Male wiederholt. Im Winter 1881 war sie Repertoireoper in Breslau und erlebte zwölf Aufführungen. Gegenwärtig wird die Oper — deren Betrieb der Wiener Theateragent Gustav Levy übernahm — an mehreren Bühnen zur Aufführung vorbereitet. — **II. Orchestermusik. a) Für großes Orchester.** Ouverture zur Oper „Hauptmann von der Wache". — Ouverture zur Oper „Paquita". — Ouverture zur Oper „Blanche". — Ouverture zur Oper „Lady von Gretnagreen". Die letzten drei Ouverturen wurden vielfach als Concertnummern benützt. — „Concert-Ouverture in *D-dur*". 1860 in Innsbruck zum ersten Male aufgeführt. — „Concert-Ouverture in *D-moll*". 1868 im Orchesterverein in Wien zum ersten Male aufgeführt. — „Concert-Ouverture in *A-moll*". 1867 im Innsbrucker Musikverein zum ersten Male aufgeführt. — Ouverture zu Grillparzer's „Des Meeres und der Liebe Wellen". Für das Prager Landestheater geschrieben und dort am 23. October 1879 zum ersten Male gespielt. Eine andere Aufführung fand im Redoutensaale zu Innsbruck im vierten Abonnementsconcert des dortigen Musikvereines statt. — „Frühlings-Ouverture". Das erste Mal im Jahre 1880 vom Mozarteum-Orchester unter Capellmeister Kaiser aufgeführt. — „Ouverture zu einem Trauerspiele". November 1881 zum ersten Male gegeben. Dem Musikverein in Innsbruck gewidmet. — „Im Hochgebirge". Concert-Ouverture. Dem Salzburger Mozarteum gewidmet. Im December 1882 zum ersten Male in Innsbruck aufgeführt. — „Deutscher Siegesmarsch". Im December 1870 zu Innsbruck zum ersten Male vorgetragen. — **b) Für Streichorchester allein.** „Allegro, Adagio, Scherzo und Finale" (in Form einer Symphonie). Zum ersten Male 1867 in Innsbruck aufgeführt. — „Serenade". In fünf Sätzen (Allegro, Romanze, Scherzo, Adagio und Finale). Im Concert des akademischen Gesangvereines in Innsbruck 1877 zum ersten Male gegeben. Die Mehrzahl dieser Arbeiten sind Manuscript, einige wenige nur durch den Hektograph vervielfältigt. — **III. Kammermusik. a) Für Streichquartett,** „Probe-Quartett". In *F-dur*. Im Jahre 1860 gespielt. — „I. Streichquartett". In *G-moll*. Dem Director der Prager Orgelschule Skuhersky gewidmet. Zuerst in Innsbruck 1867, dann in Prag 1873 aufgeführt. — „II. Streichquartett". In *D-dur*. — *„III. Streichquartett". In *F-dur*. Dem Leiter des Florentiner Quartettes Jean Becker gewidmet. Das erste Mal 1871 von den Florentinern in Basel gespielt. (Gedruckt in Wien im Verlag von Gotthart, Partitur und Stimmen.) — „IV. Quartett". In *D-dur*. Zum ersten Male 1870 in Salzburg aufgeführt. — „Andante". In *B-dur*. — **b) Trios für Violine, Cello und Pianoforte.** „I. Trio". In *D-moll*. 1867. — „II. Trio". In *E-moll*. 1869. Dem Director des Wiener Conservatoriums Hellmesberger gewidmet. — „III. Trio". In *C-dur*. 1872. — **c) Sonaten für Violine und Clavier.** „Sonate". In *D-moll*. 1881. — „Romanze". 1867. — „Adagio". — **d) Für Clavier allein.** „Das Mädchen. Der Jüngling. Der Greis". 1868. — *„Ein Albumblatt" (Preßburg 1869 bei Schindler). — Melodram zu „König René's Tochter". 1868. — „Vierhändiges Scherzo". — „Vierhändiger Hochzeitsmarsch". Motiv aus der Oper „Paquita". — Melodram zur „Huldigung der Künste" von Schiller. Für Clavier (vierhändig) und Harmonium. Am 21. April 1876 im Concert der Gesangsprofessorin Bruckner in Wien aufgeführt. — Melodram (vierhändig) zu „Drei Räusche" von Friedrich Kaiser. Im Concert des akademischen Gesangvereines in Innsbruck am 21. Juni 1876 zum ersten Male aufgeführt. — „Drei Ouverturen: Frühlingsouverture. Im Hochgebirge. Ouverture zu einem Trauerspiele". — „Clavierauszug (zweihändig) der Oper „Blanche". — Clavierauszug (zweihändig) der Oper „Lady von Gretnagreen". — „Albertine-Polka". Zweihändiges Salonstück. — „Jenny-Polka". Zweihändiges Salonstück. — **IV. Männer-Chöre.** „Deutsches Thürmerlied". Von Geibel. Mit Begleitung von vier Posaunen — „Die Wanderer". — „Der rothe Tiroler Adler". Von Senn. Der Innsbrucker Liedertafel bei Gelegenheit des 500jährigen Vereinigungsfestes Tirols mit Oesterreich gewidmet und beim Festbankett im großen Chore von sämmtlichen Liedertafeln Tirols zum ersten Male aufgeführt in Innsbruck 1863 (Innsbruck, bei Groß, Partitur und Stimmen). — „Unsere Berge". Von Gilm. Anläßlich der Enthüllungsfeier des Gilm-Denkmals aufgeführt 1868. — „Reiterlied". Von Kaden. 1863. — „Am Rhein". Mit Begleitung von vier Hörnern. — „Studentenwalzer". Text von Jos. von Ehrhardt. Mit großem Orchester. 1871 zum ersten Male in Innsbruck aufgeführt. — „Hochzeitlied". 1870. — „Mein Herz ist wie die dunkle Nacht". — „Zigeunerlied". Von Goethe. Mit vier- (auch zwei-) händiger Pianobegleitung mit Triangel und Tambourin. — „Knappenchor". Mit Orchesterbegleitung. 1877 zum ersten Male aufgeführt. — *„Die Tiroler Schützenfahne". Gedicht von Adolph Pichler. Mit Begleitung von zwei Trompeten, zwei Hörnern, Pauken und kleiner Trommel (Innsbruck, bei Groß). Sollte bei dem für 1883 geplanten großen Bundesschießen in Innsbruck zur Aufführung kommen. Die Ueberschwemmung genannten Jahres hat Bundesschießen und Aufführung des Chors vertagt. — **V. Gemischte Chöre. a)** „Ich brach mir 's im Winde".

ichsritter,
andmiliz.
zu **Moos**.

enner.

ie Tiroler
nommen,
her Kanzler.

n †.

**Johann Christoph**,
Hofkammerrath.
**Anna von Egger zu Egg**.

**Anton Bruno**, 1678 in die Tiroler Adelsmatrikel aufgenommen, tirolischer Landschreiber an der Etsch.
**Elise von Egger zu Egg**.

**Johann Baptist**.

**Johann Joseph**.
**Dorothea Zoller von Zollershausen**

**Maria Theresia**, vm. **Anton Rudolfi**.

**Anton Franz**, Hofkammerrath
**Marianne von Ingramm**.

**Johann Veit**, Domherr und Generalvicar zu Chur.

**Ma** Jos vm.

ria a.

**Johann Georg**, Generaleinnehmer.
**Theresia Mayerle von Brachenstein**.

**Maria Elisabeth**.

**Anton**, Capuciner.

**Johann Leopold**.
1) **Marianne von Mayerhofen**.
2) **Theresia v. Mayerle**.

2 2 2

**Franz**.
na von Fenner.

**Anna**, vm. **Joseph v. Fenner zu Margreit**.

**Karoline**, Haller Stiftsdame.

**Joseph**, k. bayrischer Regierungs-Präsident.

**Ignaz**, Freiherr 1838, k. k. Appellationsrath, geb. 1. Mai 1778, † 16. April 1838
1) **Antonie Freiin Zeph** von **Greuth** † 2. December 1824.
2) **Magdalena Freiin Schneeburg** geb. 11. October 1804

**Babette**, m. **Benedict** n **Hebenstreit**.

**Aloisia**, vm. **Anton** von **Fechthaler**.

**Anna**, Oberin des Stiftes der englischen Fräulein in Meran.

**Katharina**, englisches Stiftsfräulein zu Meran.

athilde, . Capeiner.

**Albert**, Statthaltereisecretär in Mailand.

**Julius** †.

**Theresia** †.

2

**August**, k. k. Statthaltereisecretär, geb. 16. März 1829, † 1877.

**Bertha** geb

**Marie** geb. 11. Jänner 1857

ge

ge

---

*) Die in den Klammern [ ] bes Seite, auf welcher die ausführlichere Lebensbeschreibung des Betreffenden steht.

brucker Musikverein zum ersten Male aufgeführt. — Ouverture zu Grillparzer's „Des Meeres und der Liebe Wellen". Für das Prager Landestheater geschrieben und dort am 23. October 1879 zum ersten Male gespielt. Eine andere Aufführung fand im Redoutensaale zu Innsbruck im vierten Abonnementsconcert des dortigen Musikvereines statt. — „Frühlings-Ouverture". Das erste Mal im Jahre 1880 vom Mozarteum-Orchester unter Capellmeister Kaiser aufgeführt. — „Ouverture zu einem Trauerspiele". November 1881 zum ersten Male gegeben. Dem Musikverein in Innsbruck gewidmet. — „Im Hochgebirge". Concert-Ouverture. Dem Salzburger Mozarteum gewidmet. Im December 1882 zum ersten Male in Innsbruck aufgeführt. — „Deutscher Siegesmarsch". Im December 1870 zu Innsbruck zum ersten Male vorgetragen. — **b) Für Streichorchester allein.** „Allegro, Adagio, Scherzo und Finale" (in Form einer Symphonie). Zum ersten Male 1867 in Innsbruck aufgeführt. — „Serenade". In fünf Sätzen (Allegro, Romanze, Scherzo, Adagio und Finale). Im Concert des akademischen Gesangvereines in Innsbruck 1877 zum ersten Male gegeben. Die Mehrzahl dieser Arbeiten sind Manuscript, einige wenige nur durch den Hektograph vervielfältigt. — **III. Kammermusik. a) Für Streichquartett,** „Probe-Quartett". In *F-dur*. Im Jahre 1860 gespielt. — „I. Streichquartett". In *G-moll*. Dem Director der Prager Orgelschule Skuhersky gewidmet. Zuerst in Innsbruck 1867, dann in Prag 1875 aufgeführt. — „II. Streichquartett". In *D-dur*. — *„III. Streichquartett". In *F-dur*. Dem Leiter des Florentiner Quartettes Jean Becker gewidmet. Das erste Mal 1871 von den Florentinern in Basel gespielt. (Gedruckt in Wien im Verlag von Gotthart, Partitur und Stimmen.) — „IV. Quartett". In *D-dur*. Zum ersten Male 1870 in Salzburg aufgeführt. — „Andante". In *B-dur*. — **b) Trios für Violine, Cello und Pianoforte.** „I. Trio". In *D-moll*. 1867. — „II. Trio". In *E-moll*. 1869. Dem Director des Wiener Conservatoriums Hellmesberger gewidmet. — „III. Trio". In *C-dur*. 1872. — **c) Sonaten für Violine und Clavier.** „Sonate". In *D-moll*. 1881. — „Romanze". 1867. — „Adagio". — **d) Für Clavier allein.** „Das Mädchen. Der Jüngling. Der Greis". 1868. — *„Ein Albumblatt" (Preßburg 1869 bei Schindler). — Melodram zu „König René's Tochter". 1868. — „Vierhändiges Scherzo". — „Vierhändiger Hochzeitsmarsch". Motiv aus der Oper „Paquita". — Melodram zur „Huldigung der Künste" von Schiller. Für Clavier (vierhändig) und Harmonium. Am 21. April 1876 im Concert der Gesangsprofessorin Bruckner in Wien aufgeführt. — Melodram (vierhändig) zu „Drei Räusche" von Friedrich Kaiser. Im Concert des akademischen Gesangvereines in Innsbruck am 21. Juni 1876 zum ersten Male aufgeführt. — „Drei Ouverturen: Frühlingsouverture. Im Hochgebirge. Ouverture zu einem Trauerspiele". — „Clavierauszug (zweihändig) der Oper „Blanche". — Clavierauszug (zweihändig) der Oper „Lady von Gretnagreen". — „Albertine-Polka". Zweihändiges Salonstück. — „Jenny-Polka". Zweihändiges Salonstück. — **IV. Männer-Chöre.** „Deutsches Thürmerlied". Von Geibel. Mit Begleitung von vier Posaunen — „Die Wanderer". — „Der rothe Tiroler Adler". Von Senn. Der Innsbrucker Liedertafel bei Gelegenheit des 500jährigen Vereinigungsfestes Tirols mit Oesterreich gewidmet und beim Festbankett im großen Chore von sämmtlichen Liedertafeln Tirols zum ersten Male aufgeführt in Innsbruck 1863 (Innsbruck, bei Groß, Partitur und Stimmen). — „Unsere Berge". Von Gilm. Anläßlich der Enthüllungsfeier des Gilm-Denkmals aufgeführt 1868. — „Reiterlied". Von Kaben. 1863. — „Am Rhein". Mit Begleitung von vier Hörnern. — „Studentenwalzer". Text von Jos. von Ehrhardt. Mit großem Orchester. 1871 zum ersten Male in Innsbruck aufgeführt. — „Hochzeitlied". 1870. — „Mein Herz ist wie die dunkle Nacht". — „Zigeunerlied". Von Goethe. Mit vier- (auch zwei-) händiger Pianobegleitung mit Triangel und Tambourin. — „Knappenchor". Mit Orchesterbegleitung. 1877 zum ersten Male aufgeführt. — *„Die Tiroler Schützenfahne". Gedicht von Adolph Pichler. Mit Begleitung von zwei Trompeten, zwei Hörnern, Pauken und kleiner Trommel (Innsbruck, bei Groß). Sollte bei dem für 1883 geplanten großen Bundesschießen in Innsbruck zur Aufführung kommen. Die Ueberschwemmung genannten Jahres hat Bundesschießen und Aufführung des Chors vertagt. — **V. Gemischte Chöre. a)** „Ich brach mir's im Winde".

ichsritter,
andmiliz.
zu Moos.

nner.

ie Tiroler
nommen,
her Kanzler.

n †.

Johann Christoph,
Hofkammerrath.
Anna von Egger zu Egg.

Johann Joseph.
Dorothea Zoller von Zollershausen

Maria Theresia, vm. Anton Rudolfi.

Anton Franz, Hofkammerrath
Marianne von Ingramm.

Johann Veit, Domherr und Generalvicar zu Chur.

Ma... Jos... vm. ...

Anton Bruno, 1678 in die Tiroler Adelsmatrikel aufgenommen, tirolischer Landschreiber an der Etsch.
Elise von Egger zu Egg.

Johann Baptist.

...ria ...a.

Johann Georg, Generaleinnehmer.
Theresia Mayerle von Brachenstein.

Maria Elisabeth.

Anton, Capuciner.

Johann Leopold.
1) Marianne von Mayerhofen.
2) Theresia v. Mayerle.

1 Franz. ...na von Fenner.

2 Anna, vm. Joseph v. Fenner zu Margreit.

2 Karoline, Haller Stiftsdame.

Joseph, k. bayrischer Regierungs-Präsident.

Ignaz, Freiherr 1838, k. k. Appellationsrath, geb. 1. Mai 1778, † 16. April 1858
1) Antonie Freiin Zephi... von Greuth † 2. December 1824.
2) Magdalena Freiin ... Schneeburg geb. 11. October 1804.

Babette, ...m. Benedict ...n Hebenstreit.

Aloisia, vm. Anton von Lechthaler.

Anna, Oberin des Stiftes der englischen Fräulein in Meran.

Katharina, englisches Stiftsfräulein zu Meran.

...athilde, ... Capeiner.

Albert, Statthaltereisecretär in Mailand.

Julius †.

Theresia †.

1 August, k. k. Statthaltereisecretär, geb. 16. März 1829, † 1877.

ge... Bertha F... geb...

Marie geb. 11. Jänner 1857.

---

*) Die in den Klammern [ ] befi... Seite, auf welcher die ausführlichere Lebensbeschreibung des Betreffenden steht.

Zu v. Wurzbach's biogr. Lexikon. Bd.

b) „Mein Herz ist wie ein tiefer See". c) „Ich sehe zum Altare". — „Nachtlied". Von Geibel — „Mädchen mit dem rothen Mündchen". Von Heine. Im schottischen Volksstyl. — „Du schönes Fischermädchen". Im deutschen Volksstyl. — „Der Gutzgauch". Text aus dem fünfzehnten Jahrhundert. Musik im altdeutschen Volksstyl. — VI. **Für weiblichen Chor.** „Gesangswalzer". 1881. — „Musikantenlied". Mit Altsolo. 1881. — VII. **Duette.** „Sechs Duette für Sopran und Alt". a) „Die Blume der Liebe". Von T. H. b) „Die Rose". Von Kobell. c) „Die Liebe". Von Geibel. d) „Viel tausend Küsse gib". Von Geibel. e) „Du fragst mich, du mein blondes Lieb". Von Geibel. f) „Abendständchen". Von Brentano. — „Mailied". Für Sopran und Alt. Aus dem „Trompeter von Säckingen". Von Scheffel. — „Duett". Für Sopran und Tenor. Fragment aus der unvollendeten Oper „St. Hubertusschloß". — „Duett". Für Mezzosopran und Bariton. Nach dem Texte einer Scene aus dem Opernlibretto „Das Glöcklein des Eremiten". Skizze im Spielopernstyl. 1876. — „Symphonie". Duett für Sopran und Alt Text von Martin Greif. Mit Begleitung von Clavier und Harmonium. — „Zwei Duette". Für Sopran und Alt. a) „Le petit Pierre". b) „Les petits Savoyards". — VIII. **Kirchenmusik.** „Tantum Ergo". Für gemischten Chor in *Es-dur*. Dasselbe auch für Männer-Chor in *G-dur*. — „Tantum Ergo". Für gemischten Chor in *C-dur*, mit Streichbegleitung. — „Tantum Ergo". Für gemischten Chor in *G-dur*, mit Streichbegleitung. — „Tantum Ergo". Für gemischten Chor in *As-dur*, mit Streichbegleitung. Alle vier für den akademischen Universitätsgottesdienst in Innsbruck 1865 componirt. — „Salve Regina". Für eine Altstimme, mit Begleitung des Streichquintettes, zwei Clarinetten, zwei Fagotts und zwei Hörner. Aufgeführt 1863 in der Jesuitenkirche zu Innsbruck. — IX. **Lieder.** *„Zwei Lieder" (Wien 1864, Spina). 1) „Am Achensee: Sieh die Vöglein in den Zweigen". 2) „Schlumm're, Kind". Gedicht von H. Reder. Beide Lieder Dr. Ed. Hanslick gewidmet. — *„Zwei Lieder für Baß" (Wien 1864, Spina). 1) „Schäfers Sonntagslied: Das ist der Tag des Herrn". Von Ludwig Uhland. 2) „Du blasse Rose". Gedicht von Herloßsohn. Dem Hofopernsänger Dr. Schmidt gewidmet. — *„Lieder" (Wien 1868, Gotthart). Dem Hofopernsänger Gustav Walter gewidmet. — *„Lyrische Blätter", drei Hefte (Innsbruck 1880, Groß). — *„Mädchenlieder". Ein Liedercyclus (Innsbruck, bei Groß). — „Werner-Lieder". Ein Cyclus von zwölf Liedern des Werner aus Scheffel's „Trompeter von Säckingen". — „Cyclus von Goethe-Liedern". — „Cyclus von Heine-Liedern". — „Margarethen-Lieder". Ein Cyclus aus Scheffel's „Trompeter von Säckingen". Die vier letzten Liedercyclen noch Manuscript.

**Zur Genealogie der Freiherren Tschiderer von Gleifheim.** Das noch heute in Tirol blühende Geschlecht der Tschiderer stammt aus Graubündten. Von hier aus zog in französische Kriegsdienste ein **Adam Bruno** Tschiderer, welcher von König Karl V. dem Weisen 1369 mit dem Prädicate la Glaive in den Adelstand erhoben wurde. Erst 1529 kamen seine Nachkommen nach Tirol, wo **Hans** Tschiderer am 19. Jänner 1620 von Kaiser Ferdinand einen adeligen Wappenbrief unter gleichzeitiger Anerkennung des alten französischen Adels mit Wappenvermehrung (goldene Lilie zur alten rothen Rose) und dem Prädicate Gleifheim (nach dem alten französischen Prädicate Glaive) erhielt. Zu Ende des sechzehnten Jahrhunderts erbauten die Tschiderer auch im Landgerichtsbezirke Kaltern das Schloß Gleifheim, jetzt Besitzthum der Herren von Heufler. Hans — mit dessen Grosvater **Christoph** unsere Stammtafel beginnt — hatte drei Söhne: **Hans, Adam** und **Christoph,** denen Kaiser Ferdinand II. mit Diplomen vom 9. und 11. April 1633 den Ritterstand nebst Wappenvermehrung verlieh. Der älteste der Brüder, Hans, wurde von der damals in Tirol regierenden Erzherzogin Claudia von Florenz [Bd. VI, S. 159, Nr. 46] mittelst eines von ihr selbst geschriebenen und noch jetzt bei der Familie aufbewahrten Briefes ddo. 27. März 1634 zum Vormundschaftsrathe für ihre Kinder bestellt. Er und sein Bruder Christoph pflanzten ihr Geschlecht fort, aber Christophs Nachkommen erloschen mit dessen Urenkelin **Maria Theresia.** Hansens drei Enkel: **Franz Anton, Johann Christoph** und **Anton Benno,** Söhne des **Adam** Tschiderer von Gleifheim aus dessen Ehe mit Ursula Payr zum Thurm, stifteten drei Linien, von denen jene Johann

Christophs mit dessen Urenkel, dem Domherrn **Johann Veit**, ausstarb. Die ältere, von Franz Anton gegründete Linie, welche mit **Franz Joseph Ignaz**, k. k. oberösterreichischen Hofkammerrath, s. d. 15. October 1737 den Freiherrenstand erlangte, erlosch schon mit des Letzteren Descendenz, da sein Sohn **Ignaz** 1806 ledig starb, und dessen Schwester **Anna Josepha** Stiftsdame zu Hall wurde. Die Stammesfolge der jüngeren mit Anton Benno Tschiderer und seiner Gemalin Elisabeth Egger von Egg beginnenden Linie, auf welche ddo. Wien 7. Juli 1838 (26. Februar 1839) der Freiherrenstand der erloschenen älteren übertragen wurde, ist aus der angeschlossenen Stammtafel zugleich mit dem heutigen Familienstande der Freiherren von Tschiderer ersichtlich. Der Name der Familie trat vornehmlich in den Vordergrund durch den vorletzten Bischof von Trient **Johann Nepomuk**, welcher durch seinen gottesfürchtigen Lebenswandel und seine priesterlichen und übrigen menschlichen Tugenden so die Verehrung seiner Gemeinde genoß, daß dieselbe schon wenige Jahre nach seinem Tode Schritte that, um seine Seligsprechung zu erwirken. Dieser religiöse Sinn scheint zu den Eigenschaften des Geschlechtes zu gehören, denn schon ein halbes Jahrhundert vor diesem Bischofe stand ein anderer Tschiderer, **Johann Veit**, seit 1717 Pfarrer von Meran, im besonderen Rufe der Frömmigkeit. Man erzählt von Johann Veit, daß er sorgfältig bemüht war, seine Pfarrkinder zu belehren und zur Gottesfurcht und zu allem Guten anzuleiten. Eines derselben war der seinerzeit vielgenannte Ascet Johann Faller, gemeinhin Saliterer-Hannes, von seinem Handwerke, der Salpetersiederei, so geheißen, der mehrere ascetische Schriften verfaßt hat und 1773 starb; und ein anderer Zeitgenoß war der Priester Sebastian Senn, ein Zimmermannssohn von Meran (geb. 1740), der 1796 zu Innsbruck im Rufe der Heiligkeit das Zeitliche segnete. Pfarrer Tschiderer hielt strenge auf die Vorrechte der Kirche, und als im Jahre 1733 die weltliche Behörde einen Flüchtling auf kirchlicher Freistätte gefangen nahm und wegführte, griff es ihn so sehr an, daß er erkrankte und bald darauf starb! Unsere Quelle — eine lautere katholische — schreibt aus Anlaß dessen wörtlich: „er ertrug also den bereits unter der Kaiserin Maria Theresia beginnenden Luftzug des neuen Zeitgeistes nicht“. Und das Vorstehende dürfte wohl auch manche Erscheinungen der heutigen Zustände in Tirol erklären. Die Familie Tschiderer erlangte schon am 24. Jänner 1678 und am 1. Mai 1693 die Tiroler Landstandschaft.

**Wappen.** Von Silber und Schwarz quadrirtes Feld mit Mittelschild. 1 und 4: in Silber eine volle rothe Rose; 2 und 3: in Schwarz eine goldene Lilie. Mittelschild: in Gold ein schwarzer gekrönter Adler mit ausgespannten Fittigen. Auf dem Schilde ruht die Freiherrenkrone, auf welcher drei Turnierhelme sich erheben. Die Krone des mittleren Helmes trägt den Adler des Mittelschildes; jene des rechten zwei von Silber und Schwarz quergetheilte Rüssel und zwischen diesen eine rechte schwarze und eine linke goldene auswärts abhängende Feder, zwischen welchen in der Mitte die Rose schwebt. Die Krone des linken Helmes trägt zwischen zwei gleichen Rüsseln eine rechte silberne und eine linke rothe Feder und inmitten dieser beiden die Lilie. Die Helmdecken sind rechts schwarz mit Gold, links roth mit Silber unterlegt. Schildhalter: zwei goldene Löwen.

**Tschiderer von Gleifheim**, Johann Nepomuk (Bischof von Trient, geb. zu Bozen am 15. April 1777, gest. zu Trient am 3. December 1860). Der Sproß einer altadeligen Tiroler Familie, über welche die Quellen Seite 45 und die Stammtafel nähere Nachricht enthalten. Er ist ein Sohn des Joseph Joachim Ritter von Tschiderer aus dessen Ehe mit Katharina Giovanelli von Görstburg und Hörtenberg. Dem geistlichen Berufe sich widmend, empfing er am 27. Juli 1800 von dem Trienter Bischofe Emanuel Maria aus dem Hause der Grafen Thun die Priesterweihe, wirkte zwei Jahre als Hilfspriester in der Seelsorge und ging dann zu seiner weiteren Ausbildung nach Rom, wo er zum Notarius apostolicus ernannt wurde. Nach seiner Rückkehr diente er wieder in der Seelsorge, und zwar im deutschen Antheile der Trienter Diöcese, worauf er eine Professur der Moral- und Pastoraltheologie zu Trient erhielt und gleichzeitig als Examinator Prosynodalis fungirte. Im Jahre 1810 kam er auf die Pfarre Sarnthal im Kreise an der Etsch, 1819 auf jene zu Meran in Tyrol, wo er auch die Stelle eines Schuldistrictsinspectors und Dekans bekleidete, überall, wo er weilte, durch unermüdlichen Eifer, durch Wohlthätigkeit, Dienstfertigkeit und Menschenliebe ein unvergeßliches Andenken hinterlassend. 1826 wurde er vom Fürstbischof Luschin [Bd. XVI, S. 164] zum Domherrn und Provicar in Trient und am 20. Mai 1832 vom Bischof Galura [Bd. V, S. 76] zum Bischof von Heliopolis in partibus infidelium und zum Generalvicar in Vorarlberg ernannt. Am 15. Juli 1834 von Kaiser Franz als Nachfolger Luschin's auf den fürstbischöflichen Stuhl von Trient berufen, hielt er, am 19. December g. J. in dieser Würde bestätigt, am 3. Mai 1835 seinen feierlichen Einzug. Ein Vierteljahrhundert waltete er seines hohen Kirchenamtes, und sein Wirken war nichts als eine ununterbrochene Kette von Tugendübungen, Segen und Wohlthaten. Sein im hohen Alter von 83 Jahren erfolgter Tod wurde allgemein auf das tiefste beklagt. Erben aller seiner Habseligkeiten waren das Taubstummeninstitut in Trient und das von ihm errichtete und deshalb nach ihm Joanneum genannte Erziehungsinstitut in Bozen, dessen Zweck die Heranziehung von Studirenden ist, um dieselben vor dem unheilvollen Einflusse des leider sehr ausartenden Studentenlebens zu schützen. Papst Pius IX. hatte unseren Bischof zum Assistenten des päpstlichen Stuhles und zu seinem Hausprälaten ernannt, der Kaiser ihn mit dem Orden der eisernen Krone erster Classe ausgezeichnet. Wir sagten oben, daß Tschiderer's Leben eine ununterbrochene Kette von Wohlthaten und Tugendübungen bildete. Er war bereits viele Jahre todt, als in einem historischen Rückblick auf das Leben dieses als Heiliger verehrten Kirchenfürsten sein Wirken näher geschildert wurde. „Obgleich von Ehren umgeben", heißt es daselbst, „suchte er dieselben nie, vielmehr that er das Mögliche, um selbe sich ferne zu halten. Nur aus Gehorsam konnte er bewogen werden, die bischöfliche Würde anzunehmen. In seinem ganzen Benehmen, in Kleidung, in Nahrung, im Hausunterhalt hatte er nicht blos keinen Luxus, sondern war arm, ja hie und da völlig unter der Würde des Bischofs. Auf das sorgfältigste verbarg er seine Vorzüge, seine guten Werke und besonders das Almosen. Wovon er nie redete, war er selbst. Unannehmlichkeiten und Beleidigungen wußte er immer mit einer unverwüstlichen Ruhe und gänzlicher Verschwiegenheit zu ertragen. An seinem heiligen Wandel konnte wohl Niemand das Geringste ausstellen, in Erfüllung der Pflichten seines erhabenen Amtes zeigte er brennenden Eifer. So mäßig, wenn es seine eigenen Bedürfnisse galt, so prachtliebend war er, wenn es die Zierde seiner Kathedrale galt, bei Anschaffung kirchlicher Paramente, beim Schmucke seines Gotteshauses. Beträchtliche Summen verwendete er auf Almosen, zum Baue neuer Kirchen und deren Ausschmückung, zur Anschaffung guter Bücher für Widdumsbibliotheken, wovon jede einzelne in der ganzen Diöcese Zeugniß ablegen kann, zur Unterstützung dürftiger Studenten. Seine Liebe zu den Nächsten kannte keine Grenze. Oefter war er von allem Gelde entblößt, weil er Alles schon den Armen ausgetheilt hatte.

Um die Bedürfnisse seines Hauses oder seiner eigenen Person zu bestreiten, mußte er nicht selten von seinen eigenen Hausleuten Geld leihen; es fehlte ihm sogar manchmal an Leibwäsche und Kleidungsstücken, weil er seine eigenen den Armen gegeben. Nie ging Jemand von ihm mit leeren Händen, und seine Pfarrer und andere Vertrauten wissen es, wie viel er durch sie in der Diöcese an Bedürftige vertheilen ließ, die nie erfuhren, woher die Hilfe gekommen. Kranke und verschämte Arme lagen ihm besonders am Herzen, und letzteren spendete er reichlich und in zartester Weise. Beidesmal als die Cholera wüthete, vertheilte er sein ganzes Privatvermögen, das er von seinen Eltern ererbt, und Alles, was ihm die bischöfliche Mensa außer dem Allernothwendigsten erübrigte, unter die armen Kranken. Als er starb, hieß es in der ganzen Diöcese: ein Heiliger ist gestorben. Zahllos war die Menschenmenge, welche herbeieilte, um ihren heiligen Bischof zum letzten Male auf dem Paradebette zu sehen. Man berührte seine Kleider mit Rosenkränzen, Medaillen und anderen Sachen, um gleichsam denselben von seiner Heiligkeit etwas zutheil werden zu lassen. Und so wuchs die Verehrung für diesen unvergleichlichen Oberhirten von Jahr zu Jahr. Alles, was er besaß: Wäsche, Kleidung, Geräthschaften, Bildnisse, wird von Jahr zu Jahr eifriger gesucht." Thatsache ist das Folgende: Als im Sommer 1866 die Feinde schon vor Trient standen, rief man den Seligen um Hilfe an, und als dann wider alle menschliche Erwartung die Feinde abzogen, hieß es allgemein: der heilige Bischof hat uns gerettet. Der Verewigte besaß das besondere Wohlwollen des Kaiserhauses, und er war es, der Seiner Majestät dem Kaiser Franz Joseph und dessen Brüdern das Firmungssacrament ertheilte. Wie die „Voce cattolica" im Jahre 1867 meldete, liefen von allen Seiten der Trienter Diöcese Bitten an den gegenwärtigen Fürstbischof (Riccabona) sowohl vom Säcular-, als vom Regularclerus, sowie von sehr vielen Laien aller Stände, auch der gebildetsten und höchsten ein, es möge der gewöhnliche Proceß über das Leben und die Tugenden seines Vorgängers eingeleitet werden, um so dessen Seligsprechung zu erwirken.

Gazzetta di Trento (Trient, Fol.) anno IV, 1860, Nr. 233, 235, 236 und 242: Nachrichten über seinen Tod, seine feierliche Bestattung und Nekrolog. — Das Vaterland (Wiener polit. Blatt) 1860, Nr. 85: „Fürstbischof von Tschiderer †". — Südtiroler Volksblatt, 1868, Nr. 4 und 5: „Der heiligmäßige Fürstbischof Tschiderer von Trient". — Neue Freie Presse (Wiener polit. Blatt) 1867, Nr. 909: „Die Seligsprechung des Fürstbischofs von Trient Joh. Nep. v. Tschiderer".

**Porträt.** Unterschrift: „Johann Fürst-Bischof von Trient". Eduard Kaiser 1836 (lith.). Druck von J. Haller (Wien, bei L. J. Neumann, Fol.) [sprechend ähnlich].

**Tschink**, Cajetan (Schriftsteller, geb. zu Wien am 22. April 1763, gest. zu Olmütz am 26. August 1813, nach Anderen schon am 7. November 1809). Nach beendeten Vorbereitungsstudien anfänglich dem geistlichen Berufe sich widmend, trat er 1780, 17 Jahre alt, in den Carmeliterorden ein. Aber noch vor Empfang der Weihen schied er aus demselben wieder aus und begab sich 1792 zur Fortsetzung seiner Studien auf die Universität Jena, wo er sich insbesondere der Kant'schen Philosophie zuwendete. Nach mehrjährigem Aufenthalte daselbst kehrte er in seine Heimat zurück, bewarb sich um ein Lehramt und erhielt den am Lyceum zu Olmütz erledigten Lehrstuhl für Logik, Metaphysik und praktische Philosophie, welchen er bis zu seinem im Alter von 50 Jahren erfolgten Tode mit ersprießlichster Verwendung versah. Nach Einigen wäre Tschink nicht ganz aus dem geistlichen Stande, sondern nur aus dem Carmeliterorden getreten und Weltgeistlicher geblieben, was jedoch Herausgeber dieses Lexikons bezweifelt. Unser Gelehrter war mehrfach schriftstellerisch thätig. Im nächsten Hinblick auf sein Amt schrieb er einen „Grundriss der Logik" (Olmütz 1802, 8⁰.), der ob der Klarheit und Deutlichkeit der Gedanken und des Ausdruckes besonders hervorgehoben und in Bezug auf methodische Genauigkeit sowie auf wissenschaftliche Bündigkeit über J. G. H. Feder's Werk: „Logik und Metaphysik im Grundrisse", welches er dem seinigen zu Grunde legen mußte, gestellt wurde. Außerdem gab er noch folgende Werke heraus: „Geschichte eines Geistersehers; aus den Papieren des Mannes mit der eisernen Maske..." drei Theile (Wien 178.; neue Aufl. 1790—93, 8⁰.); — „Unpartheiische Prüfung des zu Rom erschienenen kurzen Inbegriffs von dem Leben und Thaten des Joseph Balsamo oder sogenannten Cagliostro" (Wien 1791, Kaiserer, 8⁰.); — „Wundergeschichte sammt dem Schlüssel zu ihrer Erklärung" (ebd. 1792, Kaiserer, 8⁰.), über dieselbe soll bald danach bei Karl Haas in Wien eine kritisirende Schrift gleichen Titels ausgegeben worden sein; — „Mischrami, das räthselhafte Mädchen aus Medina" (Rudolstadt 1804 [Fr. Fleischer in Leipzig] 8⁰.), kam anonym heraus; — gemeinschaftlich mit Joh. Karl Lackner edirte er „Blumenlese der Musen" (Wien 1790, Kayser, 12⁰.) und dann setzte er auch A. Hoffmann's „Bemerkungen über den religiösen Zustand der k. k. Staaten" (Wien 1787) vom dritten Bande fort und vollendete das Werk mit dem vierten. Tschink war ein Mann von Talent und guten dichterischen Anlagen, wie dies seine „Geschichte eines Geistersehers" und seine „Wundergeschichten" bezeugen. Bei einem gleichfalls Tschink zugeschriebenen Werke, betitelt: „Der unglückliche Glückliche", finde ich weder Verleger, noch Ort und Jahr des Verlags angegeben.

Baur (Samuel). Allgemeines historisch-biographisch-literarisches Handwörterbuch aller merkwürdigen Personen die in dem ersten Jahrzehnt des neunzehnten Jahrhunderts gestorben sind (Ulm 1816, Stettini, gr. 8⁰) Bd. II, Sp. 625. — Annalen der Literatur und Kunst des In- und Auslandes (Wien, Doll, 8⁰) 1810, S. 145. — Raßmann (Friedrich). Deutscher Dichternekrolog oder gedrängte Uebersicht der verstorbenen Dichter, Romanschriftsteller und Uebersetzer... (Nordhausen 1818, G. W. Happach, 8⁰.) S. 193 [nach diesem wäre Tschink schon am 7 November 1809 gestorben]

**Tschinkel**, Emanuel (Industrieller, geb. zu Schönfeld bei Kreibitz in Böhmen am 1. Jänner 1814, gest. 5. Juli 1871). Sein Vater August ist der Begründer der Cichorienkaffeefabrication in Oesterreich, welche einen ungeahnten Aufschwung nahm und noch heute einen ansehnlichen Industriezweig im Kaiserstaate bildet. August Tschinkel, gleichfalls aus Schönfeld bei Kreibitz gebürtig, beschäftigte sich anfänglich mit dem Zwirn- und Leinwandhandel, welcher ihn häufig in das Ausland, namentlich nach Nürnberg und vielen anderen Städten Bayerns und Hollands führte. Zur Zeit der Continentalsperre (20. November 1806) erlernte er bei einem holländischen Koch die Fabrication von Cichorien, die er dann kurz danach in Schönfeld betrieb. Die dazu erforderlichen Wurzeln bezog er viele Jahre hindurch aus Magdeburg, bis endlich nach glücklichen Versuchen mit dem Anbau von Zuckerrüben und Cichorien im Jahre 1848—1850 bei Lobositz diese Rohproducte auch in Böhmen zur Production gelangten und allmälig diese Industrie vom Magdeburger Markte frei und unabhängig gemacht wurde. So waren die Tschinkel die Ersten, welche den Anbau der Cichorienwurzel in Oesterreich im Großen einführten. Zu Beginn der Siebenziger-Jahre wurden bei Lobositz dazu nicht weniger denn 6000 Joch verwendet und bald danach die Cichorienfabrik gegründet, welche in kurzer Zeit einen großartigen Aufschwung nahm. Aus dem in Schönfeld gepflanzten Stamme der heutigen Firma „Tschinkel August Söhne", deren Chef Emanuel Tschinkel war, entwickelten sich nach und nach andere gesunde, dem Consumtionsbedarfe des Landes entsprechende, durchaus großartige Unternehmungen, und zwar die Cichorien- und Chocoladefabrik und americanische Kunstmühle in Schönfeld; die Cichorien- und Canditenfabrik in Lobositz; die Cichorien-, Feigenkaffee- und Südfrüchtecanditenfabrik in Laibach; die Zuckerfabrik in Lobositz; die Dampfmühle in Prosmik; die Bierbrauerei mit Maschinenbetrieb in Tschischkowitz; die Brodbäckerei in Sullowitz; die Kalk- und Ziegelbrennerei in Lobositz; die Braunkohlenwerke in Dux; die Glasfabrik, Flachsgarnspinnerei und Brettersäge in Hüttengrund und acht Rübendörrhäuser mit 50 Cylindern. Alle diese Industrien verarbeiten große Mengen Rohproducte, liefern ansehnliche Quantitäten Fabricate und beschäftigen im Ganzen ohne die Maschinen mehrere Tausend Menschen. Die Kaffeesurrogatfabrik in Schönfeld erzeugt jährlich 50.000 Centner Kaffeesurrogate und beschäftigt 200 Arbeiter, wird mit Wasser- und Dampfkraft betrieben, besitzt einen Kranken-Unterstützungsverein, Arbeiterhäuser, eigene Fabriksrestauration, Tischlerei, Schmiede, Binderei und Klempnerei; die Chocoladefabrik daselbst producirt bei 120 Arbeitern jährlich an 3000 Centner Chocolade und eine große Menge in dieses Fach einschlagender Luxusartikel; die amerikanische Kunstmühle ebenda, 1855 gegründet, arbeitet mit Wasserkraft und vermahlt jährlich 10.000 österreichische Metzen Getreide. Die Kaffesurrogatfabrik in Lobositz, 1854 gegründet, mit Dampfbetrieb, verarbeitet ein Productionsquantum von 80.000 Centnern jährlich und beschäftigt 600 Arbeiter, welche meist in eigenen großartigen Arbeiterquartieren untergebracht sind; auch hier befinden sich Schmiede, Binderei, Tischlerei, Schlosserei, Papierfärberei, dann eine Buch- und Stereotypendruckerei (acht Hand- und zwei große mit Dampf betriebene Schnellpressen), die lediglich zur Erzeugung der Etiquetten dient. Der tägliche Bedarf an Papier übersteigt hundert Rieß, ohne die Emballage, die täglich 8000—9000 Faßdauben und Kistenbretter erfordert, welche die Fabrik in ihren eigenen Brettsägen in Eichenwald und Hüttengrund gewinnt. — Die Canditenfabrik zu Lobositz erzeugt mit 100 Arbeitern ein jährliches Productionsquantum von 6000 Centnern Zuckerwaaren. — Die Feigenkaffeefabrik in Laibach besteht seit 1865 und ist mit ihr später eine Cichorienkaffee-Erzeugung und 1870 eine Südfrüchtecanditenfabrik verbunden worden. Das Productionsquantum dieser Industriezweige beträgt 15.000 Centner Feigenkaffee, 15.000 Centner Cichorienkaffeesurrogat, 2000 Centner candirte Südfrüchte nach Görzer und Lyoner Art und viele Tausend Flaschen Compots. Die Fabrik beschäftigt 200 Arbeiter und wird mittels einer Dampfmaschine von 24 Pferdekräften betrieben. — Die Oekonomie zu den vorgenannten Fabricationen besteht aus 6000 Joch Acker des besten Bodens des Landes, worauf 400.000 Centner Zuckerrüben, 15.000 Centner Cichorienkaffee, 12.000 Centner Mohrrüben und 80.000 n. ö. Metzen Getreide, dann die nothwendigsten Futterstoffe, meistens Klee, überdies Rüben und Gerste gebaut werden. Die Oekonomie ist in fünfzehn Verwaltungsbezirke getheilt und wird durch einen Director, fünfzehn Verwalter, zehn Adjuncte und fünfzig Schaffner und Aufseher geleitet. Die Anzahl der Arbeiter beträgt etwa 2000, welche zum größten Theile in achtzig eigenen Arbeiterhäusern untergebracht sind. Der Viehstand besteht aus 250 Stück Pferden, 800 Stück Zugochsen, 2000 Stück Nutz- und Jungvieh, 1800 Stück Schafen. An diese Oekonomie schließen sich an: Rübendörren in acht Dörrhäusern mit zusammen 50 Cylindern, in welchen 100.000 Centner getrocknete Rüben erzeugt werden, und eine Zuckerfabrik mit acht Dampfmaschinen, zusammen 100 Pferdekräfte, mit 7 Dampfkesseln, 10 hydraulischen Pressen und 500 Arbeitern. — Die Dampfmühle in Prosmik bei Lobositz enthält vier Mahlgänge mit 24pferdekräftiger Dampfmaschine. Vermahlen werden jährlich 30.000—35.000 Metzen Weizen und Roggen. Die Mühle hat eigene Verwaltung, beschäftigt dreißig Arbeiter und producirt jährlich 25.000 Centner Mehl. — Die Brodbäckerei zu Sullowitz bei Lobositz erzeugt jährlich 15.000 Centner oder 300.000 Laib Brod. Das Mehl liefert die eigene Mühle. Die Leitung führt ein Verwalter, in Verwendung stehen zwanzig Bäckerburschen. — Die Bierbrauerei in Tschischkowitz beschäftigt mit der damit verbundenen Malzfabrik eine 15pferdekräftige Dampfmaschine und eine englische Malzbarre, erzeugt jährlich 35.000—40.000 Eimer Bier und 15.000 Centner zum Verkauf bestimmtes Malz. Unter eigener Geschäftsleitung hat sie dreißig Brau- und Bindergehilfen. — Die Kalk- und Ziegelbrennerei bei Lobositz besteht aus sechs englischen Kalk- und zehn Ziegelöfen, liefert jährlich 200 000 Centner Kalk und circa 400.000 Mauerziegel. Das Rohmaterial, Kalkstein und Lehm, wird auf eigenem Grund und Boden gewonnen. Dieser Kalk — hydraulischer Cementkalk — wird größtentheils nach dem Auslande mittels Bahn oder zu Schiff verfrachtet. Beschäftigt sind hundert Arbeiter. — Die Braunkohlenwerke bei Dux bestehen aus achtundzwanzig Grubenfeldmassen, zwei Förderschachten mit zwei Fördermaschinen zu je fünfzig Pferdekräften. Die Erzeugung beträgt jährlich 1,800.000 Centner Braunkohle, die beste des Duxer Kohlenbeckens. Die Leitung steht unter eigener Direction, der Arbeiterstand ist sechzig Mann. — Die Glasfabrik in Hüttengrund bei Teplitz erzeugt in zwei Schmelzöfen jährlich 36.000 Bund seiner Reinheit wegen sehr gesuchtes Tafelglas. Das Ganze steht unter eigener Verwaltung. Beschäftigt werden sechzig Arbeiter, die in einer eigenen Arbeitercolonie untergebracht sind. — Endlich die Flachsgarnspinnerei in Hüttengrund wird von einer 50pferdekräftigen Maschine getrieben und hat 2500 Spindeln. Das Rohmaterial liefert die nächstgelegene Gebirgsgegend. Emanuel Tschinkel, so lange er lebte, führte mit seinen Brüdern Anton und Franz, und als er starb, diese mit Emanuels Sohne Raimund die Oberleitung sämmtlicher Industrien. Von Emanuel selbst ist noch zu bemerken, daß namentlich ihm die rasche Aufstellung der an 200 Mann zählenden Oberkreibitz-Schönfelder freiwilligen Feuerwehr zu verdanken ist; ferner daß er sich wesentliche Verdienste um das Zustandekommen der böhmischen Nordbahn erworben und daß von ihm in der Eisenbahnstation Schönfeld die treffliche Restauration nebst den herrlichen Parkanlagen ins Leben gerufen und 1870 vollendet wurde, jetzt ein von den gebildeten Classen der Umgebung und von Touristen stark besuchter Erholungsplatz. Um die Großartigkeit der Tschinkel'schen Industrien, die nicht nur zu den ersten in Oesterreich, sondern zu den großartigsten des Continents zählen, in einem kurzen Ueberblick zusammenzufassen, so sei erwähnt, daß dieselben für ihre sämmtlichen Geschäfte und Oekonomien an k. k. Steuern, Zuschlägen, Gemeinde-, Bezirks- und Schulumlagen jährlich bezahlen: 185.000 fl. ö. W., an Briefporto und Stempelgebühren jährlich 20.000 fl.; an Frachten 120.000 fl. Die Arbeiterlöhne betragen im Jahr 485.000 fl., die Gehalte der Beamten und Diener 90.000 fl. Die Anzahl der Beamten beziffert sich auf zusammen 108, jene der in eigenen Wohnhäusern untergebrachten Arbeiter auf 1800. Bei den Fabriken bestehen Krankencassen und in Lobositz eine Fabriksfeuerwehr von achtzig Mann. Die Kaffeesurrogate genießen Markenschutz. In Prag und Wien bestehen Niederlagen unter eigener Firma, Agenturen in allen Provinzialhauptstädten. Auszeichnungen sind dem Hause zutheil geworden: Medaillen in Paris 1855, in London 1862, in Wien 1866, in Paris 1867, der Staatspreis in Gratz 1870; dann wurden Anton Tschinkel 1865 als damaliger Chef des Hauses und 1866 Franz Tschinkel als Gesellschafter der Firma „Tschinkel August Söhne" mit dem Ritterkreuze des Franz Joseph-Ordens ausgezeichnet und Beiden im Jahre 1873 anläßlich der Wiener Weltausstellung die Fortschrittsmedaille zuerkannt.

Exner (Wilh. Franz Dr.). Beiträge zur Geschichte der Gewerbe und Erfindungen Oesterreichs von der Mitte des achtzehnten Jahrhunderts bis zur Gegenwart (Wien 1873, Braumüller, gr. 8°). Erste Reihe: „Rohproduction und Industrie", S. 209. — Wiener Börsen-Zeitung, 1871, Nr. 31 im Feuilleton: „Emanuel Tschinkel". — Prager Zeitung, 1865, Nr. 261: „Lobositz, 1. November. Ordensverleihung". — Amtlicher Katalog der Ausstellung der im Reichsrathe vertretenen Königreiche und Länder Oesterreichs. Weltausstellung 1873 in Wien (Wien 1873, Verlag der General-Direction, 8°.) S. 119, Nr. 683.

**Porträte.** Auf einem Blatte: oben Anton, unten Raimund, rechts Emanuel und links Franz Tschinkel, in vier Medaillons. Holzschnitt ohne Angabe des Zeichners und Xylographen (4°). — Ansichten der Laibacher Fabriken, der Cichorien- und Chocoladefabrik in Schönfeld, der Cichorienfabrik in Lobositz, der Zuckerfabrik in Lobositz, der Dampfmühle in Prosmik und der Flachsspinnfabrik und Glashütte in Hüttengrund bei Teplitz enthält das „Biographische Lexikon der Wiener Weltausstellung", herausgegeben von Engel und Rotter, redigirt von Heinrich Fraunberger (Wien [1873], Lex.-8°) auf S. 118, 119, 120, 121, 122 und 123.

**Tschischka**, Franz (Culturhistoriker und Kunstforscher, geb. zu Wien am 18. November 1786, gest. ebenda 15. November 1855). Seine ersten Vorbereitungsstudien legte er zu Wien am Josephstädter Gymnasium zurück, dessen Präfect Franz Innocenz Lang, späterer k. k. Hofrath und Domherr [Bd. XIV, S. 83], nicht geringen Einfluß auf ihn übte. Tschischka war so fleißig und von so lebendigem Bildungsdrange beseelt, daß er manche nächtliche Stunde im Mondenlichte der

Lectüre widmete, und einige lyrische und dramatische Versuche zeugten schon früh für sein schaffendes Talent. Nachdem er die philosophischen Studien an der Wiener Hochschule zurückgelegt hatte, trat er am 28. September 1804 beim Wiener Magistrate in die Kanzleidienstpraxis und fand in den schwerbedrängten Jahren 1805 und 1809 Gelegenheit, seine Tüchtigkeit und Geschäftsgewandtheit mit einem Erfolge zu erproben, dessen Verdienst ihm durch Verleihung des Ehrenbürgerrechtes der Haupt- und Residenzstadt Wien belohnt wurde (28. März 1811). Nebst dem Registraturgeschäfte für den laufenden Dienst schon frühe insbesondere für die magistratischen Archivalien verwendet, bekundete er hiefür nebst einer vorwaltenden Neigung auch ein besonderes Geschick und machte diese günstige amtliche Stellung auch bald durch erfolgreiche Forschungen in diesem Archive fruchtbar, dessen Ordnung und Registrirung er sofort unternahm. Im Jahre 1828, 19. April, wurde er zum Director des Archivs und der Registratur des Wiener Magistrats befördert. Nachdem er diese Stelle durch nahezu zwanzig Jahre mit Auszeichnung bekleidet hatte, ward er am 28. August 1847 auf sein Ansuchen und unter würdigender Anerkennung der Ergebnisse seiner Leitungsthätigkeit in den wohlverdienten Ruhestand versetzt. Im Vorstehenden ist Tschischka's dienstliche Laufbahn dargestellt. Wie schon auf der Universität, so widmete er insbesondere im Verlaufe seiner Dienstzeit und noch während seines Ruhestandes jede Mußestunde seinen mit Vorliebe gepflegten Fachstudien, die sich zunächst mit der Erlernung der vorzüglichsten europäischen Sprachen befaßten und den Uebergang zu dem speciellen Studium des Mittelhochdeutschen bildeten, wozu ihn insbesondere die damals eben neue Bahnen eröffnenden Leistungen der Sprachforscher Brüder Grimm, van der Hagen, Büsching, Docen u. s. w. anregten. Nebstdem weckte die schon durch seinen Dienstberuf bedingte archivarische Richtung die Lust zu historischen Studien in ihm, die sich, in Verbindung mit seiner Vorliebe für die Leistungen der bildenden Künste, vorerst für kunstgeschichtliche Studien bethätigte. Hier war er neben Primisser [Bd. XXIII, S. 304] der Erste in Oesterreich, der die zu jener Zeit eben begonnenen Forschungen im Gebiete der so lange unverdient mißachteten mittelalterlichen Baukunst auf die Würdigung österreichischer Denkmale der Vorzeit anwendete und so zur allmäligen Verbreitung gründlicherer Kenntnisse nach dieser Richtung in Oesterreich wesentlich beitrug. Dabei dehnte er seinen Sammelfleiß bald auf das geschichtliche Gebiet überhaupt aus, insbesondere auf jenes der Residenzstadt Wien, wozu ihm den wirksamsten Anstoß gaben die umfassenden Vorarbeiten für Hormayr's ausführliches Geschichtswerk über diese Hauptstadt, an welchem er durch emsige Forschungen im Magistratsarchive, sowie durch Mittheilung der im Urkundenbuche dieses Werkes abgedruckten historischen Denkmale aus diesem Archive einen wesentlich förderlichen Einfluß nahm. Der angedeutete Gang seiner Bildung und seiner Forschungen bezeichnet denn auch jenen der verschiedenen Richtungen seiner literarischen Thätigkeit, deren anerkennenswerthe Ergebnisse man stets vom Standpunkte der bezüglichen Forschungen zur Zeit des Erscheinens der einzelnen Werke und Abhandlungen Tschischka's würdigen muß. Gewiß ist es, daß er später von Diesem und Jenem überholt wurde und in Folge dessen von einzelnen, nicht immer zum großen Worte berechtigten Splitterrichtern manche ebenso ungerechte als unverdiente Schonungslosigkeit erfuhr. Man wird aber niemals übersehen dürfen, daß er nicht minder durch seine Forschungen im Gebiete der Volksmundart, als durch die Verbreitung gründlicher archäologischer Kenntnisse und deren Anwendung bei der Würdigung vaterländischer Denkmale für Oesterreich Bahn gebrochen hat, zu einer Zeit, wo die Pflege in beiden Richtungen noch eine äußerst kümmerliche Literatur für diese Fächer überhaupt vorfand und die specielle Forschung zumeist auf selbständiges Urtheil angewiesen war. Im Jahre 1819 erschienen bei Hartleben in Pesth von Tschischka im Vereine mit seinem Freunde Max Schottky [Band XXXI, S. 251] „Oesterreichische Volkslieder mit ihren Singweisen“, welche Beide nach einem durch achtzehn Monate fortgesetzten Suchen und Forschen in dem Waldgelände des Viertels unter dem Wienerwalde bis zu den damals noch unwirthlichen Schluchten des Schneebergs aus echter Quelle aufgesammelt hatten. Bei diesen Nachforschungen nach Volksliedern und Volkssagen fehlte es auch nicht an komischen Episoden, wie folgende. „Liebe Leute, habt ihr keine Volkssagen?“ mit dieser Anrede stürmte einst der norddeutsche Schottky auf den Wirth im reizenden Alpenthale Buchbergs ein; nach kurzer Ueberlegung meinte dieser: nächstan sei wohl eine „Brettersage“, aber „Volkssagen“ gebe es im Thale nicht. — So wurde Tschischka durch die Herausgabe dieser urwüchsigen Volkslieder bald der Ahnherr eines productiven vaterländischen Literaturzweiges, der in Castelli's [Bd. II, S. 303] und Seidl's [Band XXXIII, S. 333] gemüthlichen Singweisen mit entschiedenem Erfolge ebenbürtige Vertretung fand, wie fürs Land ob der Enns der ältere Volksdichter Lindermayer [Bd. XV, S. 201] in Stelzhammer [Band XXXVIII, S. 178] und Kaltenbrunner [Bd. X, S. 409]. 1844 ließ er eine durch den Sammelfleiß in weiteren 25 Jahren mit mancher bezeichnenden Zugabe bereicherte, von manchem Unwürdigen und Gehaltlosen gereinigte neue Ausgabe dieser Volkslieder mit der völlig umgearbeiteten Beigabe von Bemerkungen über österreichische Mundart und einem Wörterbuche erscheinen, welche verbesserte Auflage durch gründlichere Würdigung des Stoffes den verdienten Beifall der Kenner gewann. Die ebenfalls in österreichischer Mundart abgefaßten „Oesterreichischen Volksmärchen“, welche Tschischka 1822 in Druck gab, sind nicht etwa Gebilde der Phantasie, sondern mit feiner Umsicht ausgewählte Märchen, die wahrhaft im Volksmunde wurzeln und mit sorglicher Mühe aus oft weit entlegenen Schluchten sowie auf grünen Matten aufgesammelt, zugleich ein treues Bild lebensfrischer Ursprünglichkeit und kerniger Eigenthümlichkeit des österreichischen Volkscharakters bieten. In den „Wiener Jahrbüchern der Literatur“ widmete deren damaliger Herausgeber Matthias von Collin [Bd. II, S. 415] diesen Volksliedern und Volksmärchen eingehende Besprechungen, Bd. XII, S. 171—186; Bd. XVII, S. 254 bis 255, und auch in späterer Zeit gedachte ihrer wieder mit warmer Anerkennung ein lebendiger Aufsatz Schumacher's [Bd. XXXII, S. 208] in den „Oesterreichischen Blättern für Literatur und Kunst“ 1844 [b, S. 133—135 und S. 237—240]. Tschischka hat seine

Studien über österreichische Volksmundart durch die Zusammenstellung eines kritischen Idiotikons zum Abschluß gebracht, welches er bis in die letzte Zeit seines Lebens sorglicher Feile unterzog. Proben von diesem Idiotikon, bei dessen Anfertigung er nach jenen Grundsätzen vorging, die Hammer in seiner Recension des Höfer'schen etymologischen Wörterbuches (Wiener Lit.-Zeitung 1815) aufgestellt hatte, sind in Schmidl's „Lit.-Anzeiger" Bd. VI, in Gräffer's „Conversationsblatt" Bd. II, S. 391 u. f., die umfassendsten aber in den „Jahrbüchern der Literatur" [Bd. VI, A. Bl. 17—29, Bd. XXV und XXVI, A. Bl. 1—27 und 1—20] und in den von Tschischka redigirten „Beiträgen zur Landeskunde Oesterreichs unter der Enns" (Wien 1832—1834, 4 Bände) enthalten, und zwar in dessen „Bemerkungen über die Mundart des Volkes im Lande Oesterreichs unter der Enns" [Bd. I, S. 74—94, Bd. II, S. 148—217, Bd. III, S. 122—130]. Der herrliche St. Stephansdom in Wien und seine Denkmale der Kunst und des Alterthums hatten ihn von jeher ganz vorzugsweise zu Studien über mittelalterliche Baukunst überhaupt, und zu speciellen Forschungen über die Baugeschichte dieses großartigen Münsters insbesondere angeregt. Die Ergebnisse seines Sammelfleißes legte er in drei verschiedenen Werken nieder, die innerhalb eines zwanzigjährigen Zeitabschnittes nach Maßgabe unablässig fortgesetzter Forschungen verbessert und berichtigt unter folgenden Titeln erschienen: „Die Metropolitankirche zu St. Stephan in Wien" (erste Auflage 1823, mit einer Ansicht und einem Grundrisse, 8°.); zweite Auflage 1843 mit sechs Hormayr's „Geschichte Wiens" entnommenen Kupfertafeln, nämlich zwei Ansichten des Domgebäudes von Wilder gezeichnet und von Hyrtl gestochen, Grundriß, das Bild des Werkmeisters unter dem alten Orgelfuß (als Vignette), ein Brustbild der herrlichen Kanzel und eine Christusstatue auf dem kunstreichen Grabdenkmale Kaiser Friedrichs III., letztere drei von Fendi gezeichnet und von Armann gestochen; — „Der St. Stephansdom in Wien und seine alten Kunstdenkmale" (1832, Folio, 21 Seiten, mit 44 von Chr. Wilder aus Nürnberg gezeichneten und radirten Kupfertafeln); die Tafeln enthalten den Grundriß, dann Aufrisse, Durchschnitte und treue Abbildungen des ganzen Domgebäudes und seiner bezeichnendsten Bestandtheile, sowie der älteren Kunstdenkmale in und an demselben nebst einer besonderen von Wilder gezeichneten und von Hyrtl gestochenen großen Ansicht des Innern gegen den Musikchor hin, und als Vignette ein ebenfalls von Wilder gezeichnetes Bild des Domes von der Seite des ausgebauten Thurmes nebst Steinmetzzeichen in der von Hyrtl gestochenen gothischen Einrahmung. Wenn das 1823 erschienene Werkchen den Reiz der Neuheit in Bezug auf gründliche Würdigung dieses herrlichen Domes und seine Geschichte für sich hatte, und die zwanzig Jahre später erschienene zweite Auflage zumal in Bezug auf die Baugeschichte neue und durchgreifende Ergebnisse emsiger Specialforschungen enthält, so ist doch das im Jahre 1832 erschienene Prachtwerk noch immer das einzige durchaus selbständige Werk, welches auch ohne unmittelbare Beschauung an Ort und Stelle eindringende Studien über diesen großartigen Kunstbau und dessen besondere Denkmale ermöglicht. Es war ein großes Wagniß, bei den damaligen Verhältnissen des österreichischen Buchhandels ein solches Werk erscheinen zu lassen, aber dasselbe sichert seinem Verfasser und Herausgeber für immer einen ehrenvollen Namen in der Reihe der kunstarchäologischen Forscher. Eine den Umfang des Textes der Originalien fast überschreitende kritische Würdigung dieser drei Werke über den St. Stephansdom in den „Oesterreichischen Blättern für Literatur und Kunst“ 1844 (b. 137 bis 167; 233 bis 272) hat manche bis dahin fortgeführte irrige Angabe und Auffassung berichtigt und darauf hingewiesen, in welchen Richtungen die Forschungen über die Geschichte dieses Domes und die Würdigung seiner Kunstdenkmale noch festerer Begründung bedürfen, ohne jedoch Tschischka's anerkennenswürdige Verdienste, der mit diesem Werke einen guten Grundbau für die Baugeschichte dieses Domes gelegt, zu schmälern. Für die Beschreibung und Geschichte seiner Geburtsstadt Wien hat er sich nicht minder durch mehrfache Werke besonders verdient gemacht. Von Pezzl's [Bd. XXII, S. 160] musterhafter „Beschreibung von Wien“ hat er nach dessen am 9. Juni 1823 erfolgtem Tode die 6., 7. und 8. Ausgabe (1823, 1826 und 1841 bei Armbruster) mit wesentlichen Verbesserungen und Berichtigungen besorgt, darin insbesondere die Denkmale der Kunst und des Alterthums in dieser Hauptstadt vorzugsweise bedacht und das Ganze durch schöne Kupferbeigaben in beifälliger Weise ausgestattet. Die von Pezzl im Manuscripte zurückgelassene „Chronik von Wien“ hat er berichtigt, vermehrt und bis auf seine Zeit fortgesetzt gleich der Beschreibung von Wien in zwei besonderen Ausgaben erscheinen lassen, von denen eine mit niedlichen Vignetten und Kupferbeigaben ausgestattet ist. In der Zwischenzeit kam auch von ihm ein „Miniaturgemälde von Wien und seiner Umgebung“ (Wien 1834, Beck, gr. 12⁰.) heraus. Um die Geschichte Wiens machte sich Tschischka noch durch ein umfassenderes, großentheils selbständigen Gehalt bietendes Werk verdient, welches, mit zahlreichen Illustrationen von Schnorr, Geiger, Zeilner, Morcrette und Lafite ausgestattet und insbesondere die Denkmale der Kunst und des Alterthums berücksichtigend, 1847 zu Stuttgart bei Krabbe erschien und 1853 mit umgedrucktem Titel zum zweiten Male hinausgegeben wurde und eine in Gehalt und Ton die rechte Mitte zwischen allgemeiner ansprechender Abfassung und sachkundiger Begründung einhaltende Geschichte der Residenzstadt bietet. Sein Werk „Kunst und Alterthum in dem österreichischen Kaiserstaate. Geographisch dargestellt“ (Wien 1836, Fr. Beck, gr. 8⁰., VI und 448 S. und 1 Bl. Berichtigungen), insbesondere durch zahlreiche literarische Nachweisungen sehr brauchbar, gewährt dem in österreichischen Zuständen meist so schlecht unterrichteten Auslande für die massenhaft heranflutenden archäologischen Encyklopädien und Compendien eine ergiebige Ausbeute. Auf nur annäherungsweise Vollständigkeit konnte dieses Werk nicht Anspruch machen, aber Tschischka hat damit einen dankenswerthen Anfang gemacht und darin so viel geleistet, als auf einem so ungeheueren und in weiten Strecken noch völlig undurchforschten Gebiete, nach dem damaligen Stande der bezüglichen Literatur, dem Einzelnen zu leisten nur immer möglich war. Ein Gleiches gilt von seinem Werke „Geführte auf Reisen durch den österreichischen Kaiserstaat. Für Reisende jeden Standes und Zweckes, nach den neuesten und bewährtesten Quellen bearbeitet“ (Wien 1834, Beck, gr. 12⁰.), in welchem der Plan der Anlage Anerkennung verdient. Auch der Text zu den 1822 in kl. Quer-Folio herausgegebenen „Malerischen Ansichten von Klosterneuburg“, mit Zeichnungen und Stichen von den Brüdern Reinhold, sowie jener zu Höfel's und Borr's Bildnißwerke „Oesterreichs Ehrenspiegel“ 1836 ist von Tschischka; ferner bereicherte er auch wissenschaftliche Zeitschriften, wie die „Wiener Jahrbücher der Literatur“ (deren sehr brauchbare Inhaltsverzeichnisse er, mit Ausnahme des schließlichen Hauptregisters, anfertigte), Hormayr's „Archiv“, Büsching's „Wochentliche Mittheilungen“, Frankl's „Sonntagsblätter“ u. s. w. mit manchem werthvollen Aufsatze. Alle seine schriftstellerischen Leistungen, in denen er sich gerne jeder Polemik entschlägt, enthalten bestimmt hingestellte Ergebnisse und zeichnen sich durch bündige, kernige Abfassung und einen correcten, gefälligen Styl aus. Die meist von Wilder gezeichneten und theilweise radirten Blätter, welche für eine illustrirte Herausgabe österreichischer Kunstdenkmale der Vorzeit bestimmt waren, überließ Tschischka an Karajan [Band X, S. 467]. Das noch ungedruckte große Idiotikon über österreichische Volksmundart befindet sich in den Händen seiner Familie. So war Tschischka unablässig und mit schönen Erfolgen für die österreichische Vaterlandskunde thätig und stand stets mit den bezüglichen Fachgelehrten und mit Künstlern in freundlichem Verkehr. Sein Nekrologist, der edle Feil [Bd. IV, S. 162], schreibt über ihn: „Er war ebenso mittheilsam, als fremdem Verdienste immerdar mit warmer Anerkennung gerecht, wohlwollend jedem fachverwandten Streben, heiter und freundlich in seinem ganzen Wesen, Muster eines treu besorgten Familienhauptes, erprobten Freunden mit herzlicher Treue zugethan, durch und durch ein ehrenwerther, biederer Charakter“. Obwohl Tschischka, als er starb, 69 Jahre zählte, so kam doch Allen, die ihm nahe standen, der plötzliche Tod des Greises, der sich noch ungeschwächter Körper- und Geisteskraft erfreute, unerwartet. Er ist auf dem Friedhofe zu Grinzing nächst Wien, in welchem Dorfe er die letzten Sommer seines Lebens im Kreise seiner Familie zubrachte, begraben.

Berichte des Alterthumsvereines zu Wien (Wien, 4°) I. Jahrg. (1836), S 311 u f. — (Hormayr's) Archiv für Geschichte, Statistik, Literatur und Kunst (Wien, 4°.) 1823, Nr. 19. — Oesterreichische National-Encyklopädie von Gräffer und Czikann (Wien 1837, 8°.) Bd. V, S. 431. — Oesterreichische Blätter für Literatur und Kunst (Wien. gr 4°.) 1835, Nr. 48, S. 361: „Nekrolog“. Von J.(oseph) F.(eil).

**Tschoder**, Christian (Tiroler Landesvertheidiger, geb. zu Ischgl im gleichnamigen Landgericht des Paznauner Thales in Tirol in der zweiten Hälfte des achtzehnten Jahrhunderts, von den Franzosen grauenvoll ermordet in den Tagen zwischen dem 22. bis 27. April 1799). Im März 1799 brachen die Franzosen bei Martinsbruck und Nauders sowie bei Taufers im Vintschgau als Feinde in das Land Tirol. Ein Gegenstand eindringlicher Forschung ist dieser Einfall mit allen seinen Einzelheiten in einer besonderen Schrift von Moriggl (siehe die Quellen) dargestellt worden. Eine Abtheilung zur Vertheidigung des Landes führte Major von Schmidt am 21. April g. J. über das Fimbajoch. Die Angriffscolonne bestand aus sieben Compagnien Neugebauer-Infanterie Nr. 46, zusammen 950 Mann stark, aus drei Schützencompagnien vom Gericht Ehrenberg und je einer solchen von Ischgl und von Stubei, welche fünf Compagnien Landesschützen etwa **700 Mann** zählten. Da aber ein allgemeines Eingreifen in den Kampf mit dem überlegenen Gegner durch mehrere traurige Nebenumstände vereitelt wurde, so verunglückte dieser Zug vollständig. Zu den am meisten zu bemitleidenden Opfern desselben zählt Christian Tschoder, seines Zeichens ein Schuster, welcher bei dem Aufrufe zur Vertheidigung des Landes mit der Ischgler Schützencompagnie ausgezogen war. Bei dem unglücklichen Rückzuge, auf welchem jeder Einzelne die furchtbarste Mühsal zu erleiden hatte, befiel ihn zuletzt eine solche Mattigkeit, daß er nicht weiter konnte und auf dem Wege liegen blieb. In diesem hilflosen Zustande wurde er von den Franzosen aufgefunden. Und nun meldet der Geschichtsschreiber dieses Einfalls wörtlich: „Was thun nun die Cannibalen? Zuerst wird der Bedauerungswürdige von ihnen nackt ausgezogen, dann schändlich verstümmelt, hierauf bei lebendigem Leibe geviertheilt. Der Kopf des Unglücklichen wird zuletzt vom Rumpfe getrennt und mit dem Rosenkranze zwischen die Füße gelegt. So fand man den armen Landesvertheidiger einige Tage darauf. Dies die möglichst wahrheitsgetreue Darstellung des gänzlich verunglückten Zuges...“ Wenn die Wilden Neuseelands so etwas thun, wenn die Montenegriner ihren Feinden Nasen und Ohren abschneiden, welches Geschrei! Und mit Recht. Wenn aber dieses als Culturvolk erster Classe allen anderen voranstelzende Frankreich, wenn diese an der Tête der Civilisation vorausgaloppirende Nation dergleichen, wie oben erzählt, vollbringt, wie benennt man das? Die Tiroler mögen den Namen Tschoder im Gedächtniß behalten, wenn wieder einmal, was übrigens Gott verhüten möge, die Civilisatoren der Menschheit ins Land brechen sollten.

Moriggl (Alois). Einfall der Franzosen in Tirol bei Martinsbruck und Nauders im Jahre 1799. Aus verläßlichen Quellen geschöpft und nach Urkunden bearbeitet (Innsbruck 1853, Wagner, 8°.) S. 82.

**Tschofen**, Franz Joseph (Bauernführer in Vorarlberg im Jahre **1796**, geb. im Vorarlberg'schen in der zweiten Hälfte des achtzehnten Jahrhunderts, Todesjahr unbekannt). Zu St. Peter, einem Einzelhofe im Landgerichtsbezirk Sonnenberg unweit Bludenz in Vorarlberg, führte er einen so lüderlichen Lebenswandel, daß es bald mit seinem Hab und Gut zur Neige ging, und als die Zeit des Franzoseneinfalls 1796 herankam, wußte der Heruntergekommene nichts Besseres zu thun, als auf eigene Rechnung die Rolle eines Patriotenführers zu übernehmen, die er dann in grauenhafter Weise spielte. Es war am 9. August genannten Jahres, als die Franzosen in starken Massen auf Bregenz losrückten. Die höheren Beamten des Kreisamtes, welche von Innsbruck aus Befehl erhalten hatten, nach Tirol zu übersiedeln, verließen über Hals und Kopf die Hauptstadt von Vorarlberg: sie thaten dies in so unvorsichtiger Eile, daß sie nicht einmal den Abzug der kaiserlichen Truppen abwarten und sich diesen anschließen mochten. Und diese Ueberstürzung wurde ihr trauriges Verhängniß. Unter den Flüchtigen befanden sich der Kreishauptmann von Indermauer, der Oberamtsrath von Franzin und der Bürgermeister von Bregenz Weber. Ueber die Flucht gerieth nun die ganze Bevölkerung in helle und nicht ungerechtfertigte Entrüstung. „Im lieben Frieden, da waren wir ihnen gut genug, da mußte Alles so tanzen, wie sie pfiffen, und nun, obwohl die Soldaten noch da sind, nehmen sie Reißaus.“ — „Was soll aus dem Lande werden, welches von seiner Obrigkeit verlassen wird?“ — „Warum steht der Kreishauptmann nicht zu dem Schützencorps, dessen oberste Leitung ihm anvertraut ist?“ So hörte man es von allen Seiten rufen, die Gährung wuchs von Stunde zu Stunde, die Furcht flüchtete hinter Erbitterung, an Stelle des Vertrauens traten der Argwohn, die Gehässigkeit, die Privatrache. Und diesen Augenblick ersah Tschofen, um im Trüben zu fischen. Die vorgenannten Bregenzer Herren waren über Feldkirch in Bludenz eingetroffen. Als daselbst ihre Ankunft ruchbar wurde, schloß man rasch die Stadtthore und sagte ihnen rundheraus, sie möchten die Weiterreise gut sein lassen. Man wollte ihnen das vor der Stadt gelegene Nonnenkloster St. Peter zum Aufenthalte anweisen und ließ sie das Versprechen ablegen, daselbst die Amtsthätigkeit wieder aufzunehmen und als pflichttreue Obrigkeit bis nach dem Einmarsche der Franzosen auf dem Posten zu verharren. Die Herren gelobten es. Kaum aber hatten sie den Fuß ins Kloster gesetzt, so gewahrten sie, daß sie Gefangene der „Bludenzer Patrioten“ waren, welche ihnen die kostbaren Waffen abnahmen und sofort unter sich vertheilten, während bewaffnetes Volk die Ausgänge besetzte. Durch Sturmläuten wurden die Gemeinden des Montafoner Thales herbeigelockt, um die zu St. Peter aufgefangenen „Landesverräther“, wie das Volk die Flüchtigen nannte, bewachen zu helfen. Die Montafoner kamen, und nun, „da die Herren im Loche staken“, waren sie selbst die Herren, und der Tanz ging erst recht los. Die Klosterküche lieferte das Essen, der Keller den Wein; die Köpfe wurden immer erhitzter, die Erbitterung gegen die Gefangenen immer größer. Rachsucht begann nun ihre ersten Proben. Vor Mitternacht drang ein Haufe der Aufgeregtesten in das Zimmer, in welchem Indermauer und von Franzin in peinlichster Erwartung dessen, was da komme, beisammen saßen. Beide wurden nun auf das entsetzlichste mißhandelt. Den inständigen Vorstellungen des Beichtvaters des Klosters gelang es endlich, die Tobenden zu beschwichtigen, und Vonier, ein angesehener Mann unter den Montafonern, unterstützte den würdigen Priester auf das wirksamste. Da ließ der Pöbel vor der Hand von den beiden Gefangenen ab. Doch die Beschwichtigung war nur von kurzer Dauer. Neue aufgestachelte Banden — die ganze Aufregung nährte Tschofen — erschienen. „Laßt sie uns in Stücke hauen — nein, mit den Zähnen zerreißen!“ Alle Vorstellungen des Beichtvaters, alle Versuche Vonier's blieben erfolglos. Alles, was sie erreichten, war eine Stunde Aufschub. An diese Stunde knüpfte Vonier die Hoffnung, die Opfer zu retten und in Sicherheit zu bringen. Aber wieder wurden die Massen bearbeitet und ihnen beigebracht: man wolle sie verrathen. Kurz, die Aufgeregten ließen sich nicht länger halten und sprengten die Thür ein, und nun erlitten Indermauer, Franzin und Weber in qualvollster Weise unter Kolbenschlägen den grauenvollen Tod. Darauf fielen die Mörder über die Habseligkeiten ihrer Opfer her und nahmen an Geld bei siebentausend Gulden fort. „Der Organisator“, schreibt der Geschichtsschreiber dieser traurigen Episode, „welcher diese Scenen vorbereitete und ausführen ließ, und dessen gefügiges Werkzeug das rohe, zum Patriotismus aufgestachelte Volk geworden, war Franz Joseph Tschofen.

Zu St. Peter erzwang er die Festhaltung, dann eilte er sofort zu Pferde in das Montafoner Gebirge und kehrte an der Spitze des ersten dort in aller Hast zusammengerafften Haufens zurück, da ihm die Bürger von St. Peter zu zahm erschienen. Als dann, von ihm angezettelt, das blutige Drama seinen Fortgang nahm, zog er sich in die innere Klausur des Klosters zurück. Dort weidete er sich durch das Schlüsselloch einer eisernen Thür an der Mordscene und kam erst aus seinem Versteck zum Vorscheine, nachdem man die Opfer hingeschlachtet hatte. Doch als er sich seinen Antheil von der Beute holen wollte, war es zu spät, nur des Bürgermeisters Weber blutiger Rock mit den Silberknöpfen war die einzige Trophäe, welche ihm verblieb". Nach Wiederherstellung der österreichischen Regierung in Vorarlberg schritt man auch gegen die Urheber und Thäter jener grauenhaften Ereignisse vom 9. und 10. August 1796 ein und veranlaßte die strafgerichtliche Untersuchung. Die Klage lautete auf „Raubmord". An der Spitze der Verurtheilten stand der Unhold Tschofen. Auf sechzig Jahre unter öffentlicher Arbeit im Kerker lautete das Urtheil. Fünfundzwanzig Stockstreiche an jedem 10. August, als dem Tage der begangenen Gräuelthat und zwanzig Stockstreiche alle drei Monate waren die Beigabe. Die oberste Justizstelle zu Wien milderte im Wege der Gnade die Strafe auf zwanzig Jahre. Den Schicksalsgenossen Tschofen's wurde drei Jahre danach die Strafe „aus Staatsrücksichten" erlassen; nur an dem Loose Tschofen's änderte sich nichts und auch dann nicht, als später Tirol und Vorarlberg vorübergehend bayrisch wurden und die Mutter Tschofen's beim Könige ein Gnadengesuch eingereicht hatte. Wie lange der Unhold gelebt und ob er im Kerker geendet, ist nicht bekannt.

Der Wanderer (Wiener polit. Blatt) 1861, Nr. 204 und 205, im Feuilleton: „Eine historische Erinnerung aus Vorarlberg". Von J. Pf.

In erfreulicherer Weise denkwürdig als der obige Bauernpatriot ist der Wiener Großhändler **Bernhard** von Tschoffen, ein Sohn des bürgerlichen Handelsmannes Engelbert Tschoffen in Wien, der im Jahre 1789 wegen Errichtung einer Knopf- u. s. w. Fabrik mit „Edler von" geadelt wurde. Im April 1795 erstatteten der Großhändler Bernhard von Tschoffen, Anton Graf Appony und der Hofagent Reitter Sr. Majestät dem Kaiser die Anzeige, daß sie zu einer Gesellschaft sich vereinigt hätten, welche mit der Absicht umgehe, die Steinkohlenfeuerung in Oesterreich einzuführen und den Versuch zu machen: ob die Eröffnung eines Canals von der Gegend von Schottwien bis Wien ausführbar sei. Der Kaiser sicherte nun dieser Gesellschaft seinen ah. Schutz zu in Anbetracht dessen, daß der große Vorrath der besten Gattung Steinkohle, welche dieselbe in der Gegend von Oedenburg und Neustadt in mächtigen Flötzen ausbeutete, der Stadt Wien und der umliegenden Gegend einen wohlfeilen und bei den meisten Feuerungen anwendbaren Brennstoff sichern und zugleich der von der Gesellschaft vorgeschlagene Canal die Frachtkosten der Steinkohle ungemein vermindern werde. Unter Einem wurde der Directorial-Hofrath Franz Graf von Saurau zum Hofcommissär ernannt, in welcher Eigenschaft er bei den gesellschaftlichen Versammlungen den Vorsitz zu führen und die Unternehmung mit den landesfürstlichen Stellen in Verbindung zu setzen hatte. Diese Gesellschaft erfreute sich auch des besonderen kaiserlichen Schutzes. So erhielt sie mit kaiserlicher Entschließung vom 16. August 1796 die Zusicherung, daß dieses gemeinnützige Unternehmen im nöthigen Falle aus der ah. Privatcasse unterstützt werden solle. Eine weitere Folge war, daß Se. Majestät nicht nur den Steinkohlenbau im ganzen Lande Oesterreich unter der Enns als ein landesfürstliches Regale dergestalt sich vorbehielt, daß Niemandem mehr ohne ausdrückliche ah. Erlaubniß eine Belehnung hierauf ertheilt werden durfte, sondern der Gesellschaft wurde als ein Fond zur Unternehmung die Strecke von je vier Meilen rechts und links an der Straße von Schottwien bis Wien auf fünfzig Jahre, jedoch mit der ausdrücklichen Bedingniß verliehen, daß der Canalbau längstens binnen drei Jahren angefangen werde, widrigenfalls die ganze Verleihung als nicht geschehen anzusehen sei. Mit einer weiteren Entschließung vom 13. März 1797 wurde der Gesellschaft gestattet, zur Herbeischaffung des erforderlichen Fondes von zwei Millionen Gulden Actien von 120 fl. zu errichten. Es ist nicht unsere Aufgabe, die fernere Entwickelung dieses grosartigen Unternehmens, an welches die Erinnerung an den Namen Tschoffen geknüpft ist, darzustellen. Für Jene, die sich näher darüber unterrichten wollen, geben wir die betreffende Quelle an. Wir bemerken nur noch, daß im Jahre 1800 diese Gesellschaft den mit glücklichem Erfolge betriebenen Bergbau durch ihre freiwillige Vereinigung mit den vorzüglichsten Interessenten der seit 1625 bestehenden „Innerberger Hauptgewerkschaft der Stahl- und Eisenhandlung in Oesterreich und Steiermark" wesentlich erweiterte, und daß sie an dem Tage ihrer Vereinigung mit genannter Gewerkschaft die Firma „K. k. privilegirte Hauptgewerkschaft" annahm. [Megerle von Mühlfeld (J. G.). Memorabilien des österreichischen Kaiserstaates oder Taschenbuch für Rückerinnerung an die merkwürdigsten Ereignisse seit dem Regierungsantritte Sr. Majestät des Kaisers Franz des Ersten, das ist vom 1. März 1792 bis zum Schlusse des achtzehnten Jahrhunderts (Wien 1825, Sollinger, 12⁰.) S. 58 bis 63: „Canalbau-Gesellschaft in Wien".]

**Tschudi,** Joh. Jacob von (Staatsmann und Naturforscher, geb. zu Glarus in der Schweiz am 25. Juli 1818). Der Sproß einer angesehenen Patrizierfamilie von Glarus, aus welcher schon mancher Gelehrte und Forscher hervorging. Frühzeitig gab er seine Neigung für naturwissenschaftliche Studien kund, die er dann auf der Universität Zürch mit Vorliebe trieb und später in Paris und Leiden fortsetzte, nachdem er früher noch die philosophische Doctorwürde erlangt hatte. Im Jahre 1838 im Begriffe, eine Reise um die Welt anzutreten, kam er auf ein französisches Schiff, als aber dieses der Regierung von Peru verkauft ward, mußte er seinen ursprünglichen Plan auf eine Erforschung dieses Landes beschränken, welcher er auch im nächsten Hinblick auf Ethnographie und Naturgeschichte fünf Jahre widmete. Er sammelte auf dieser Reise viele Naturgegenstände, vornehmlich aber Thiere. 1843 nach Europa zurückgekehrt, wollte er sich der Franklin'schen Expedition in die Nordpolargegenden anschließen, aber unvorgesehene Zwischenfälle hinderten ihn daran. Indessen veröffentlichte er als Ergebniß der erwähnten Peruaner Reise das Werk: „Peru. Reiseskizzen aus den Jahren 1838—1842" 2 Bände (St. Gallen 1846, Scheitlin und Zollikofer, gr. 8⁰.) und die „Untersuchungen über die Fauna Peruana auf einer Reise in Peru während der Jahre 1838—1842" 12 Lieferungen mit 67 colorirten Steindrucktafeln (ebd. 1844 bis 1846, Imp.-4⁰.), die Lieferung $2^1/_3$ Reichsthaler, welches Werk ihn sofort in die Reihe der gelehrten Naturforscher stellte. Später unternahm er im Auftrage der Schweizer Regierung zwei Reisen nach Brasilien, die eine im Jahre 1851, die andere 1860, und zwar um die überseeischen Verhältnisse der Schweizer Emigranten zu ordnen und mit Brasilien einen Handelsvertrag abzuschließen. Von 1860—1862 war er schweizerischer Gesandter in Brasilien. Im Jahre 1866 beglaubigte ihn seine Regierung als bevollmächtigten Minister am kaiserlichen Hofe in Wien, von welchem Posten er nach 16 Jahren, im November 1882, auf sein eigenes Ansuchen enthoben wurde. Er lebte auf seiner Besitzung Jacobihof bei Wiener-Neustadt nächst Wien. Die Muße seiner diplomatischen Stellung benützte er zu wissenschaftlichen Arbeiten mannigfacher Art, von welchen hier eine Uebersicht folgt. Selbständig gab er außer den bereits angeführten Werken noch heraus: „Die Kokkelskörner und das Pikrotoxin. Mit Benützung von Ch. K. Vussler's hinterlassenen Versuchen" (St. Gallen 1847, Scheitlin, VIII und 130 S., gr. 8°.); — „Reisen durch Südamerika" fünf Bände, mit zahlreichen Abbildungen in Holzschnitten (Leipzig 1866—1869, Brockhaus, gr. 8°.; 1. Bd. XIII und 308 S., mit 5 chromolithogr. Karten in gr. 8°. und 4°.; 2. Bd. VI und 383 S., mit 5 chromolithogr. Karten in gr. 8°. und 4°.; 3. Bd. VIII und 429 S., mit 7 chromolithogr. Karten in gr. 8°. und 4°.; 4. Bd. V und 320 S., mit 1 chromolithogr. Karte in Qu.-4°.; 5. Bd. IX und 416 S., mit 5 Holzschnitttafeln und 4 Steintafeln, wovon 3 im Tondruck in gr. 8°. und 4°.; das ganze Werk 16 Thlr. 20 Ngr.); — „Die Kechua-Sprache" drei Abtheilungen (Wien 1853, Braumüller, 8°., 890 S.); — in Gemeinschaft mit Mariano Ed. de Rivero: „*Antigüedades Peruanas*" (Viena 1851, Gerold, gr. 4°., XIV und 328 S., mit eingedruckten Holzschnitten und einer lithochrom. Tafel nebst Atlas von 60 lithochrom. Tafeln in Imp.-Fol.); — auch bearbeitete er und gab heraus in vierter Auflage: „Handbuch für Jäger, Jagdberechtigte und Jagdliebhaber. Von Georg Franz Dietrich aus dem Winckel". Mit 20 Thierbildern und zahlreichen anderen Abbildungen in Holzschnitt" zwei Bände (Leipzig 1865, Brockhaus, 8°., 1. Bd. XXII und 694 S., 13 Thierbilder und 2 lithogr. Tafeln; 2. Bd. XVII und 730 S., 7 Thierbilder, Preis 8 Thlr.). Zahlreicher sind seine in wissenschaftlichen Sammelwerken abgedruckten Abhandlungen, und zwar in den „Denkschriften der kaiserlichen Akademie der Wissenschaften in Wien": „Ollanta. Ein altperuanisches Drama aus der Kechuasprache. Uebersetzt und commentirt von J. J. von Tschudi", auch im Sonderabdruck herausgegeben (Wien 1875, Gerold's Sohn, Imp.-4°., 220 S.); — „Die Huanulager an der peruanischen Küste", mit 7 Tafeln, auch im Sonderabdrucke erschienen; — in den „Sitzungsberichten der philosophisch-historischen Classe": „Ueber die Sprachen Amerikas" [Bd. IV, S. 282]; — in den „Sitzungsberichten der mathematisch-naturwissenschaftlichen Classe": „Ueber den Dopplerit" [Band IV, S. 274]; — „Beobachtungen über Irrlichter" [Bd. XXIX, S. 269]; — „Kurze Mittheilungen über meine jüngst vollendete Reise durch Südamerika" [Bd. XXXIV, S. 357 und 359]; — „Ueber einige elektrische Erscheinungen in den Cordilleras der Westküste Südamerikas" [Bd. XXXVII, S. 450, 475 u. f.]; — „Mittheilung über ein meteorisches Phänomen" [Band XXXVII, S. 783 und 787]; — „Berichtigung hinsichtlich des Cocaïns" [Bd. XXXVIII, S. 907 und 909]; — „Mittheilung über einen Fisch aus dem Rio Itajahy in Brasilien" [Bd. XLIX, 1. Abtheilung, S. 136; Bd. XLIX, 2. Abtheilung, S. 95]; — „Berichte über die Erdbeben und Meeresbewegungen an der Westküste Südamerikas am 13. August 1868" [Bd. LIX, 2. Abtheilung, S. 610, 652 u. f.]; — in den „Mittheilungen aus Justus Perthe's geographischer Anstalt" über wichtige neue Erforschungen aus dem Gesammtgebiete der Geographie von A. Petermann; Ergänzungshefte: „Reise durch die Andes von Südamerika von Cordova nach Cobija im Jahre 1858" (mit lithogr. und color. Karte und Holzschnitten) [im 3. Ergänzungsheft]; — „Die brasilianische Provinz Minas Geraes. Originalkarte nach den officiellen Aufnahmen des Civilingenieurs H. G. F. Halfeld 1836—1855 unter Benutzung älterer Vermessungen mit Karten, gezeichnet von Friedrich Wagner. Beschreibender Text von J. J. v. Tschudi" [im 9. Ergänzungsheft]; — in den „Neuen Denkschriften der allgemeinen schweizerischen Gesellschaft für die gesammten Naturwissenschaften": „Monographie der schweizerischen Echsen" [1837]; — in der „Oesterreichischen medicinischen Wochenschrift": „Die geographische Verbreitung der Krankheiten in Peru. Ein Beitrag zur medicinischen Geographie" [1846]; — in den „Wiener Jahrbüchern der Literatur": „Recension der Conquista dela nueva Castilla. Poema eroico per la primera vez por J. A. Sprecher de Bernegg" [1849]; — in der von Oken herausgegebenen Zeitschrift „Isis": „Ueber ein neues Subgenus von Lacerta" [1836]; — „Beobachtungen über Alytes obstetricans Wepl" [1837]; — in den „Mémoires de la société des sciences naturelles de Neufchâtel": „Classification der Batrachier mit Berücksichtigung der fossilen Thiere dieser Abtheilung der Reptilien" [1838]; — in Müller's „Archiv für Physiologie und vergleichende Anatomie": „Vergleichend-anatomische Beobachtungen" [1843]; — „Ueber die Ureinwohner von Peru" [1844]; — „Ueber einen Avarenschädel" [1845]; — in den „Monatsberichten der Gesellschaft für Erdkunde in Berlin": „Ueber die geographische Verbreitung der Ureinwohner von Peru"; — in dem Edinburgh new philosophical Journal": „On the old Peruvians" [1844]; — in Wunderlich und Roser's „Archiv für physiologische Heilkunde": „Die Verugas. Eine in Peru epidemische Krankheit" [1845]; — in Wiegmann's „Archiv": „Neues Genus von Wasserschlangen" [1836]; — „Diagnosen neuer peruanischer Vögel" [1843]; — „Mammalium conspectus quae in republica peruana reperiuntur et pleraque observata vel collecta sunt in itinere a D. J. J. de Tschudi" [1844]; — „Avium conspectus" wie oben [1844]; — „Reptilium conspectus" wie oben [1845]; — „Nachträgliche Bemerkungen zum conspectus avium" [1845]; — „Die Familie der Ecpleopoda" [1847]. Tschudi's wissenschaftliches Wirken ist in gelehrten Kreisen gewürdigt und anerkannt worden, so ist er Mitglied der kaiserlichen Leopold.-Carolinischen Akademie der Naturforscher, seit 1. Februar 1848 correspondirendes Mitglied der Wiener kaiserlichen Akademie der Wissenschaften mathematisch-naturwissenschaftlicher Classe; baccalaureus promotus der Medicin und Philosophie an der Universität San Marco in Lima; correspondirendes Mitglied der königlich bayrischen Akademie der Wissenschaften in München, correspondirendes Ehrenmitglied der königlich geographischen Gesellschaft in London und auswärtiges Mitglied der Gesellschaft für Erdkunde und der Gesellschaft naturforschender Freunde in Berlin.

*De Gubernatis (Angelo).* Dizionario biografico degli scrittori contemporanei ornato di oltre 300 ritratti (Firenze 1879, coi tipi dei successori Le Monnier, Lex.-8°.) p. 1008 [nach diesem geboren im Jahre 1813]. — Encyklopedyja powszechna, d. i. Polnische Real-Encyklopädie (Warschau 1867, Orgelbrand, gr. 8°.) Bd. XXV, S. 674 [nach dieser geboren im Jahre 1818]. — Brockhaus (Heinrich). F. A. Brockhaus in Leipzig. Vollständiges Verzeichniß der von der Firma

F. A. Brockhaus in Leipzig seit ihrer Gründung durch Friedrich Arnold Brockhaus im Jahre 1805 bis zu dessen hundertjährigem Geburtstage im Jahre 1872 verlegten Werke. In chronologischer Folge mit biographischen und literarhistorischen Notizen (Leipzig 1872, F. A. Brockhaus, gr. 8°.) S. 145, 146, 862 und 863. — Westermann's Jahrbuch der illustrirten deutschen Monatshefte (Braunschweig, gr. 8°.) Bd. V (October 1858 bis März 1859), S. 343: „v. Tschudi's Uebergang über die Anden"; Bd. VI (April 1859 bis September 1859); S. 116 u. f.: „v. Tschudi in Südamerika".

**Die Familie Tschudi.** Die Tschudi sind eine uralte und nach jeder Seite hin denkwürdige Schweizer Familie, die von Alters her berühmte Krieger, Staatsmänner, Gelehrte, Priester beider Confessionen, katholische und evangelische, in ihrer Mitte zählt. Einzelne davon standen schon früher zu Oesterreich in näherer Beziehung. 1. So war ein **Ludwig**, Sohn Jodok Tschudi's, welch Letzterer im sechzehnten Jahrhunderte lebte und als Oberst in französischen Diensten stand, 1572 Landvogt im Thurgau, danach erzherzoglich österreichischer Regimentsrath in Tirol und endlich Obervogt zu Kaisersstuhl. — 2. Jodoks Ururenkel **Albert Otto** diente 1734 als Rittmeister im kaiserlichen Heere. — 3. Ein **Dominicus** Tschudi (geb. um 1557, gest. 1644), Abt zu Murry, hat das Werk: „Origo et genealogia comitum de Habsburg" geschrieben, welches zu Constanz 1651 in 8°., dann im Kloster Murry selbst im Jahre 1702 und zuletzt Vratislaviae 1715, 8°., gedruckt wurde. — 4. Ein **Aegydius** Tschudi (geb. zu Glarus 1505, gest. 1572) wurde wiederholt als Gesandter an Kaiser Ferdinand I. geschickt. Ueberdies ein ebenso großer Gelehrter als Diplomat, war er auch ein eifriger Katholik, und als die katholischen Orte die in den italienischen Vogteien angesiedelten reformirten Gemeinden vertreiben wollten, wurde er in diesen Wirren zum Schiedsrichter berufen. Und auf seine Entscheidung mußten denn die Reformirten innerhalb dreier Monate und noch dazu im härtesten Winter, die Orte, in welchen sie sich niedergelassen hatten, wieder verlassen.

**Tschuggmall**, Christian (Mechaniker, geb. zu Wenns im Oberinnthale am 5., nach Anderen am 19. Jänner 1783, gest. zu Michelstadt im Hessischen am 26. November 1845). Ein ebenso durch seine Lebensschicksale wie durch seine wunderbaren Leistungen als Autodidakt höchst denkwürdiger Tiroler. Da Christians Vater als Fleischhauer und Thierarzt nicht Zeit hatte, sich mit dem Sohne zu befassen, so blieb die Erziehung desselben meist der Mutter anvertraut. Sinn und Neigung für mechanische Kunst zeigten sich früh im Knaben, und wenn ihn die Mutter in der Wirthschaft verwendete, so paßte dies gar nicht in seinen Sinn, und lieber schnitzte er Kühe und Schafe aus Holz, als daß er die lebendige Heerde seines Vaters auf die Weide führte und hütete. Sein Schulbesuch beschränkte sich im Ganzen auf drei Monate. Sein höchster Wunsch bestand darin, Tischler zu werden. Und heimlich schlich er sich in die Werkstätte des Dorfschreiners, um unbemerkt diesem etwas abzulernen. Als aber den zehnjährigen Knaben die Mutter eines Tages darüber ertappte, gerieth sie in hellen Zorn, den sie an dem armen Jungen ausließ. Aus Angst vor weiteren Thätlichkeiten entwich er aus dem Elternhause und kam auf der Flucht nach Memmingen in Schwaben, wo er bei einem Landmanne wohl Aufnahme fand, aber dieselben Dienste verrichten mußte wie in der Heimat. Die über seine Flucht besorgte Mutter stellte Nachforschungen über ihn an und entdeckte sein Versteck. Nun holte sie ihn ins Vaterhaus zurück, versprach ihm aber zugleich, ihn die Tischlerei erlernen zu lassen. Den Winter über, wo es auf dem Lande wenig Arbeit gibt, ging dies wohl an, als aber das Frühjahr kam und die Arbeiten auf dem Felde ihren Anfang nahmen, verbarg ihm die Mutter das Tischlerwerkzeug, und der alte Jammer mit dem Kühehüten begann von Neuem. Das aber ließ sich der Sohn nicht lange gefallen, und als ihm die Bitte, ihn zu seinem Verwandten, dem Bildhauer Zauner in Wien zu schicken, der sich zur Aufnahme des Knaben bereit erklärt hatte, von den Eltern rundweg abgeschlagen wurde, verließ er wiederum das Vaterhaus, aber dieses Mal in einer Weise, daß er nicht leicht gefunden werden konnte. Er ging in die Schweiz und trat bei Lavater in Zürch als Laufbursche in Dienst. Der Meister fand Gefallen an dem anstelligen Jungen und hielt ihn gut. Eines Tages schickte er ihn um Bier. Auf dem Wege dahin sah der Bursche eine Seiltänzerbude. Die Neugierde zog ihn hinein, und mit dem Gelde, welches er für das Bier bekommen hatte, bezahlte er den Eintritt. Als er nach der Vorstellung des erhaltenen Auftrages sich erinnerte, erwachte sein Gewissen. Er wagte nicht zu Lavater zurückzukehren, und da er weiter keine Wahl hatte, brach er wieder nach der Heimat auf. Unterwegs aber blieb er in Imst sitzen, wo er, achtzehn Jahre alt, mit allem Eifer sein Lieblingsgeschäft, die Tischlerei weiter trieb, und da er ebenso geschickt als fleißig war und auch sonst hinsichtlich seiner Aufführung nie Anlaß gab zu Klagen, kam er bald vorwärts und erhielt endlich gar eine Stelle als Maschinist in der Fabrik des Hauses Strähle. Durch diesen günstigen Erfolg aber erweckte er den Neid seiner Kameraden, die ihn über ein Dutzend eines Tages beim Tanze überfielen und den sich muthig Vertheidigenden derart mißhandelten, daß sie ihm das Brustbein einschlugen, ihn dann aus dem Tanzsaale auf die Straße hinunterwarfen, wo er für todt liegen blieb. Nach einem halbjährigen Siechthum stellte er sich im Bade Ischl wieder her. Die nun hereinbrechende Kriegszeit hatte den Schluß der Fabrik Strähle in Imst zur Folge, und so kehrte er in sein Dorf Wenns zurück. Er wollte aber, als Bayern ein Stück von Tirol abgerissen hatte, nicht länger müßig zusehen und trat in die Reihen der Landesvertheidiger. In kurzer Zeit wurde er Lieutenant, dann Hauptmann einer Schaar von dritthalbhundert Schützen. Am 11. und 12. April zeichnete er sich im Treffen bei Ziegelstadt und Thiergarten nächst Innsbruck besonders aus. Im Mai zog er mit den Imster Schützen über Seefeld und Scharnitz, dann über Mittewald gegen die Bayern, welche er, nachdem er am 15. und 16. d. M. ein heftiges Treffen gegen sie siegreich bestanden, über die Grenze zurückwarf Später griff er den Feind zu Kuchel, Murnau und Weilheim an; als Chef der Oberinnthaler und Vintschgauer nahm er im Landgericht Landeck an der Sauerbrücken dem Feinde zwei Kanonen, mehrere Munitionswagen sammt der Bespannung und bedeutende Vorräthe ab und setzte seine kriegerischen Züge bis in den November fort, ohne einen Kreuzer Gehalt oder Entschädigung anzusprechen. Alles, was er aus dem Feldzuge heimbrachte, bestand in ehrenvollen Erinnerungen, drei Schußwunden, einem Bajonnetstich und einem Säbelhieb. Tschuggmall's Name hatte unter den Landesvertheidigern einen guten Klang. Hofer selbst wußte den wackeren Mann zu schätzen und sprach sich am 22. August 1809 zu Innsbruck über Tschuggmall's Muth und Einsicht voll Vertrauen aus. Er übertrug ihm persönlich die wichtigsten Sendungen, und Tschuggmall führte sie, ohne sich durch noch so glänzende Anerbietungen, an denen es nicht fehlte, in seiner Treue wankend machen zu lassen, mit Umsicht durch. Nach dem Kriege kehrte er wieder zur

Arbeit zurück, heiratete im Jahre 1810 Elisabeth Posch, die er in der Fabrik Strähle's kennen gelernt hatte, und dachte sich als Tischler zu Schwaz niederzulassen. Daselbst fand er an dem Grafen Tannenberg einen wohlwollenden Gönner, der ihm, so weit es ging, zur Seite stand, aber in Einem nicht helfen, ihn gegen Handwerksneid nicht schützen konnte. Da er nirgend eine eigentliche Lehrzeit durchgemacht hatte, besaß er auch keinen Lehrbrief, und als er sich nun ohne einen solchen als Meister niederlassen wollte, erhob sich die Zunft gegen den frechen Eindringling, und er sah sich genöthigt, den Platz zu räumen. So begab er sich denn ins Engadin in der Schweiz, kaufte in Prutz sich an und betrieb daselbst die Kunsttischlerei. Aber das Schicksal wurde nicht müde, den Armen zu verfolgen; als er einmal mit mehreren hundert Gulden, welche er eben für Arbeiten eingenommen, auf dem Heimwege sich befand, wurde er von drei Strolchen überfallen, die ihm das ganze Geld abnahmen und ihm obendrein einen tiefen Stich versetzten. Für todt ließen sie ihn auf der Straße liegen. Als er nach geraumer Zeit wieder genas, litt es ihn auch an dem Orte, wo er so bittere Erfahrung gemacht, nicht länger, und er begab sich nach Vorarlberg, wo er als Drechsler und Büchsenmacher arbeitend, Dosen, Pfeifen und gute Gewehre nach Bregenz lieferte. Ueberhaupt besaß er eine angeborene Geschicklichkeit, die ihn zu Allem, was er unternahm, befähigte, ein Umstand, der es erklärt, daß seine späteren Arbeiten zu Weltruf gelangten. Nun aber trafen auch ihn die Hungerjahre 1816 und 1817 schwer; ohne Verdienst, sah er sich, um seine Familie zu erhalten, genöthigt, eine Kuh und dann eine zweite gegen drei Metzen Korn zu verkaufen, endlich sein ganzes Waarenlager in Bregenz einem Krämer gegen einen Kronenthaler in Commission zu überlassen. Auf dem Rückwege von Bregenz wurde er am Arlberge von einer Schneelawine überrascht, unter welcher er sieben Stunden vergraben blieb, und als er gerettet in Vorarlberg eintraf, sah er, daß inzwischen ein Wildbach beim Gewitter ihm die ganze Habe überschwemmt hatte. Nach Verkauf der letzten Kuh wanderte der Hartbedrängte mit Weib und vier Kindern, einem Rufe seines Schwagers folgend, in die neue Heimat Vahrn bei Brixen. Mit Unterstützung dieses Verwandten kaufte er sich daselbst 1817 ein Häuschen nebst Garten. Nun aber gab es für seine Arbeiten keine Abnehmer, und um doch seinen Unterhalt zu erwerben, wurde er Seifensieder, weil ein solcher sich im Orte nicht befand. Das Geschäft ging auch durch anderthalb Jahre gut. Aber als er sich eines Tages auf einer Reise befand, zerstörte ihm der vom schmelzenden Schnee angeschwollene Eisack das ganze Eigenthum und schwemmte alle Vorräthe weg, während die mit ihren sechs Kindern zurückgebliebene Mutter sich kaum zu retten vermochte. Wieder der schlimmsten Noth preisgegeben, erfuhr er, daß ein benachbarter Edelmann beabsichtige, auf unzugänglicher Alpe ein Stück Wald schlagen zu lassen und Demjenigen, der diese Arbeit leiste, dafür fünfzig Gulden nebst dem ganzen Holze anbiete. Tschuggmall übernahm die Leistung, ging auf die Alpe, wurde Kohlenbrenner und erzeugte Pottasche, die er selbst zum Verkaufe austrug. Bei dem Holzfällen hieb er sich eines Tages mit der Axt in den Fuß, so daß er drei Tage ohne Verband, fast verblutend, in der Alphütte lag, in Folge dessen er eine halbjährige

Krankheit überstehen mußte, denn die Axt hatte die Kugelnarbe getroffen. Um diese Zeit erschien zu Brixen der Mechaniker Tendler [Bd XLIII, S. 277] mit seinen Automaten. Da forderte der Brixener Bischof Franz Karl Graf Lodron [Bd. XV, S. 382], der das Talent Tschuggmall's zum Theile kannte, diesen auf, sich in der Kunst Tendler's zu versuchen, und sagte ihm nicht nur Unterstützung zu, sondern versprach auch, für Tschuggmall's Familie zu sorgen. Und dieser, der weder zeichnen gelernt, noch Physik und Mechanik studirt hatte, begann 1820 seinen ersten Automaten zu bauen, die nachmals so gern gesehene Figur des Kellners, der sich den Wein ins Glas einschenkt. Um seinen Seiltänzer und das Schleppseil dazu zu schaffen, wurde er Schmied, Schlosser, Uhrmacher, Bildhauer, und nach endloser Mühe und Jahresarbeit sah er das Werk mißlungen. Aber er verlor nicht den Muth, sondern fing von Neuem an und hämmerte sich ein tauglicheres Metall. Da, nach vierjähriger Arbeit, drohte die ungeheure Anstrengung mit Verstandesverwirrung, so daß nur ein schnelles Aufhören den Künstler rettete. Nachdem er sich so weit erholt hatte, daß die Arbeit wieder aufgenommen werden konnte, ging dieselbe auch glücklich von Statten, und im Jahre 1828 waren für sein Kunsttheater acht Automaten fertig. Dem greisen Fürstbischof wurde die Freude zutheil, dies noch zu erleben und seine großmüthige Beihilfe nicht nutzlos verwendet zu sehen. Acht Tage vor seinem am 10. August 1828 erfolgten Tode wohnte er noch einer Vorstellung bei, welche Tschuggmall mit seinen vollendeten Automaten gab. Nun sollte dieser damit eine Kunstreise antreten, aber es mangelte ihm noch sehr viel, um mit Anstand und der nöthigen Ausstattung seine Automaten in großen Städten dem Publicum vorzuführen. Und wieder fand sich der Retter in der Noth, in dem seiner Menschenfreundlichkeit wegen bekannten Ludwig Grafen Sarntheim, welcher dem Meister aus unverschuldeter Armut emporhalf und ihm eine seiner Fähigkeiten würdigere Existenz begründen half. Im Jahre 1828 trat nun Tschuggmall in einem selbst erbauten Wagen, welcher gleich einer Arche Noe den Künstler mit dessen Familie und Theater aufzunehmen im Stande war, seine Kunstreise an. Er besuchte die größeren und wichtigeren Städte Oesterreichs, Deutschlands, Italiens, der Lombardie, Ungarns, Polens und Rußlands. An den Höfen von Wien, Berlin, Hannover, Dresden, München, Petersburg wurde er mit Auszeichnung behandelt und fand eine gleich ehrenvolle Aufnahme in den anderen Residenzen Deutschlands. Der Kaiser von Rußland beschenkte ihn mit einem kostbaren Brillantringe, die Kaiserin ließ sich seine Familie vorführen; der König von Sachsen suchte den Künstler in dessen Wohnung auf und ließ sich von ihm die Automaten erklären. Der berühmte Professor Zamboni und der edle Sänger der Rudolphiade Erzbischof Ladislaus Pyrker würdigten den schlichten Tiroler und genialen Autodidakten freundschaftlichen Verkehrs, und vornehme Personen jeden Standes besuchten den merkwürdigen Mann, der solche Wunderfiguren ersonnen und ausgeführt hatte. Uebrigens ging es auf diesen Wanderungen auch nicht immer ganz glatt ab; in Italien wurde Tschuggmall in schmählichster Weise betrogen, in Rußland aber gerieth er ungeachtet eines offenen Ukases des ihm wohlgewogenen Kaisers Nikolaus wiederholt in schwere Fährlichkeiten; er war in Kasan und Moskau der Willkür, Raubsucht und Rohheit der Personen, mit denen er in Berührung treten mußte, preisgegeben. In Nischni Nowgorod fehlte es nicht viel, daß ihm die unwissenden Bauern, nachdem sie die Figuren sich so lebenswahr bewegen gesehen, dahinter Teufeleien suchend, sein ganzes Automatentheater zertrümmert hätten. Tschuggmall erzählte selbst: daß er beim Wiederbetreten der österreichischen Grenze den ersten schwarzgelben Mauthschranken unter Thränen umarmte und freudig den österreichischen Boden küßte. So hatte er bereits 17 Jahre seine kleine Künstlergesellschaft in der Welt herumgeführt und war eben im Begriffe, eine neue Tour durch Deutschland zu machen, als er im Städtchen Michelstadt in Hessen plötzlich erkrankte und daselbst auch starb. Tschuggmall war seinem Aeußeren nach ein schöner, stattlicher Mann, unerschrocken und heiter, schnell aufbrausend, aber auch leicht versöhnt. Seinen Kindern ein guter Vater, ließ er denselben eine sorgfältige Erziehung zutheil werden. In Riga lernte er den Mechaniker und Decorationsmaler Georg Giuliani kennen und nahm ihn als Gehilfen, endlich als Gatten seiner Tochter Elisabeth auf. An dieses Paar ging sein Automatentheater und seine Kunst als Erbschaft über. Noch in den Siebenziger-Jahren gab die Tschuggmall'sche Familie in Innsbruck Vorstellungen mit ihren kleinen Wunderfiguren, die damals ebenso noch die allgemeine Bewunderung von Jung und Alt erregten, wie 30 und 40 Jahre früher. Diese neuen Vorstellungen schlossen stets mit dem von Giuliani mit großem Fleiße gemalten Panorama der Tiroler Bahn von Kufstein bis Bozen, einem Gemälde von 200 Ellen Länge und $2\frac{1}{2}$ Ellen Höhe, welches die herrlichen Landschaftspartien dieser Strecke mit allen Tunnels, Brücken, Schutzbauten, Hochgebirgen, Gletschern u. s. w. vorführt. Wir lassen unten einen kurzen Ueberblick der Tschuggmall'schen Automaten folgen.

Der Aufmerksame (Gratz, 4°.) 1836, Nr. 95 und 96. — Berlinische Nachrichten, 1862, Nr. 240: „Tschuggmall's Automaten". — Bote für Tirol und Vorarlberg (Innsbruck, Fol.) 1836, Nr. 294, S. 1677 [nach diesem geboren am 19. Jänner 1785]. — (Hormayr's) Archiv für Geschichte u. s. w. (Wien, 4°.) 1827, S. 696 — Neue Tiroler Stimmen (Innsbruck, 4°.) 1870, Nr. 89: „Tschuggmall's Automaten". — Staffler (Johann Jacob). Das deutsche Tirol und Vorarlberg, topographisch mit geschichtlichen Bemerkungen (Innsbruck 1847, Felician Rauch, 8°.) Bd. I, S. 277 [nach diesem geboren am 3. Jänner 1785].

**Die Tschuggmall'schen Automaten.** Herausgeber dieses Lexikons hat als zehn- bis zwölfjähriger Knabe Gelegenheit gehabt, diese Wunderfiguren zu Anfang der Dreißiger-Jahre in Laibach zu sehen, wo Tschuggmall dieselben auf einer improvisirten Bühne im ständischen Redoutensaale dem Publicum vorführte. Der Eindruck, den diese eilf kleinen Automaten, von Holz, Leder und Metall zusammengesetzt, auf ihn und seine Geschwister, ja auf den ernsten Vater hervorbrachten, bleibt ihm unvergeßlich. Die Figuren schienen zu leben, sie öffnen und schließen die Augen und Lippen, vollführen auf dem schlaffen Seile die schwierigsten und anmuthigsten Gaukeleien eines Akrobaten, steigen an einer Leiter auf und nieder, treiben Scherze, trinken einander zu und zaubern uns Scenen aus dem Lande der Liliputer herbei. Der Stand der Automaten, Androiden und Metamorphosen des Tschuggmall'schen Cabinets ist folgender: 1. Ein Automat, der in den Händen des Künstlers leblos liegt. Sobald er in Berührung mit dem Schwungseile kommt, wird plötzlich reges Leben in ihm bemerkbar. Er beantwortet alle Fragen seines Herrn, bejahend oder verneinend, bewegt die Augen nach dem Tacte der Musik, verläßt das Seil, erfaßt es wiederum, hängt mit den Händen sich daran und legt sich rück- und vorwärts darauf, gibt auch bei einem Applaus seine Freude zu erkennen; alle Bewegungen sind dabei graziös, man will kaum glauben, daß die Figur nicht wirklich lebe. 2. Ein Automat (Madame Blondin) führt, frei auf das Seil gesetzt, die schwierigsten Touren aus und macht Saltomortale, die kein lebender Akrobat nachzumachen wagen würde. Ein Bajazzo, der ihr in diesen Künsten secundirt, steigert den Reiz dieser Figur. 3 Ein Automat (der alte Wiener Kellner) hält in der Rechten eine Flasche mit Rothwein, in der Linken ein Trinkglas, schenkt sich ganz natürlich das Glas voll und trinkt es ebenso natürlich aus, dabei die drolligsten Geberden machend. Bajazzo, welcher den Wein wittert, kommt hinter der Coulisse mit dem Trinkglase hervor und sucht durch Schmeicheleien auch etwas vom Herrn Kellner zu erhalten, der sich aber nicht dazu bewegen läßt. Aergerlich darüber, versetzt er dem Neidischen einige Ohrfeigen. Dieser verläßt seinen Platz, winkt und nun erscheint, ebenfalls mit einer Flasche Wein, seine Kellnerin, welche mit dem Bajazzo coquettirt und sich durch dessen Schmeicheleien bewegen läßt, ihm einzuschenken, was immer wieder geschieht, wenn dieser das Glas leer getrunken. Die lebenswahren Bewegungen, die komischen Stellungen reizen unwillkürlich den Zuseher zum Lachen. 4. Der Bajazzo, der auf das Seil gehoben wird. Frei auf demselben sitzend, bewegt er sich anfangs höchst unbehilflich. Durch Mimik verlangt er eine andere Musik, gibt selbst den Tact dazu an und beginnt nun aufs Neue sein Spiel, dieses Mal aber mit voller Sicherheit und Wagbalsigkeit. Die Saltomortale sind so täuschend und schnell, daß ihnen das Auge kaum zu folgen vermag. 5. Piero, der Italiener, wird vom Herrn gerufen, den Bajazzo vom Seile zu heben und fortzutragen Die Scene, die sich nun zwischen dem andringenden Piero und dem sich widersetzenden Bajazzo in den komischesten Wendungen, Stellungen und Sprüngen abspielt, ist höchst ergötzlich. 6. Ein kleiner Circus mit Pferden und Kunstreitern Die Pferde machen ihre Bewegungen genau nach der Natur, laufen nach dem Tacte der Musik, und die Kunstreiter vollführen auf ihnen alle Kunststücke wie in einem wirklichen Circus 7. Der kleine Tiroler, wohl der lieblichste aller Automaten und so natürlich, daß man ihn für einen lebenden Menschen halten möchte. In seinen Leistungen ist dieser niedliche Automat das wahre non plus ultra. 8. Die Metamorphosen bestehen aus der Winterlandschaft, dem Schwanenteiche und dem Tempel Minervas. Unter diesen Gegenständen ragt der Teich hervor, auf welchem zwei Schwäne in ihren Bewegungen von wirklichen Schwänen nicht zu unterscheiden sind. Die Winterlandschaft zeigt einen großen durch Schlittenfahrten und Schlittschuhläufer belebten Platz, auf dem es nicht an komischen Scenen fehlt. Allmälig bricht der Abend herein, der Mond erscheint am Himmel und beleuchtet mit magischem Lichte die Landschaft, die Fenster werden allmälig hell u s w. Das Hauptgeheimniß der Mechanik liegt bei vielen Figuren im Seile. Hätte Tschuggmall von frühester Jugend die sorgfältigste Erziehung und einen zweckmäßigen theoretischen und praktischen Unterricht genossen, so würde ihm die Darstellung seiner kleinen Automaten schon einen ehrenvollen Platz neben den ersten Meistern in diesem Fache sichern, so aber gehört er in die Classe jener seltenen Talente, welche Alles, was sie sind, nur sich allein, d h. ihrem natürlichen Genie zu verdanken haben. Zamboni, der berühmte Physiker in Verona, ein in dergleichen gewiß competenter Richter, gerieth aus einer Verwunderung in die andere, als er Einsicht nahm in den inneren Mechanismus dieser Figuren, bei denen keine Elektricität, kein Magnetismus mit wirksam war. „Ich zolle", erklärte dieser Fachmann schriftlich, „dem unvergleichlichen Genie des Erfinders den feierlichen Tribut meines vollsten Beifalls und meiner Achtung".

Ein J. Tschuggmall, vielleicht ein Sohn oder doch naher Verwandter des obigen Mechanikers, gab folgende für Forst- und Rebencultur nicht unwichtige Schrift heraus: „Das Holz und seine Bewahrung vor Fäulniß durch künstliche Mittel, mit besonderem Augenmerk auf das Weingartholz. Ein kurzer Leitfaden zum näheren Verständnisse der Holzimprägnirung für den denkenden Landwirth" (Bozen 1862, Moser, gr. 8°.).

**Tschukly**, Michael (Componist, geb. in Ungarn im Jahre 1800, gest. zu Wien am 25. Juli 1866). Ungar von Geburt, widmete er sich der Musik und lebte zuletzt als sehr gesuchter Clavierlehrer in Wien, wo er auch, 66 Jahre alt, starb. Von seinen Claviercompositionen, welche zeitweise erschienen, sind bekannt: *„III Hongroises pour le Pianoforte“*, Oeuv. 3 (Pesth 1829, C. Lichtl); die Opuszahl 3 trägt aber noch eine andere Composition dieses Componisten, betitelt: *„Fantaisie“* (Wien, bei Mecchetti); — *„Romance“*, Op. 13 (Wien, Haslinger); — *„Sérénade“*, Op. 14 (ebd.); — *„Nocturne“*, Op. 17; — *„Romance“*, Op. 18; — *„Grande Étude“*, Op. 21; — *„Scherzo“*, Op. 22; — *„Nocturne“*, Op. 25 (Wien, Haslinger); — *„Scherzo“*, Op. 27 (Wien 1860, Witzendorf). Seine Compositionen zählen zur Kategorie eleganter Salonmusik, nach strengen Musikkritikern zu jener Dutzendwaare, durch welche die heutige Salonmusik in Verruf gebracht wurde. Er schrieb sich ursprünglich magyarisch: Tsukly, später germanisirte er seinen Namen in Tschukly.

Fremden-Blatt. Von Gustav Heine (Wien, 4°.) 1866, Nr. 208. — Zellner's Blätter für Musik, Theater u. s. w (Wien, kl. Fol.) 1866, Nr. 83.

**Tschulik**, Emanuel Louis (Mechaniker und Erfinder einer Buchdrucker-Setzmaschine, geb. in Böhmen zu Beginn des laufenden Jahrhunderts). Ueber Lebens- und Bildungsgang des in Rede Stehenden wissen wir nur, daß er vor seiner Erfindung, die viel von sich reden machte, Beamter in Staats- oder Privatdiensten war, daß er dann seit 1840, ehe er zur Herstellung der Maschine schritt, mehrere Jahre opferte, um sich zuerst genau mit den mechanischen Theilen der Buchdruckerei bekannt zu machen, zu welchem Zwecke ihm die k. k. Hof- und Staatsdruckerei in Wien die Mittel an die Hand gab; wie denn auch in dieser Anstalt die erfundene Maschine im Jahre 1846 aufgestellt wurde. Es ist nicht unsere Sache, den Mechanismus derselben im Detail zu beschreiben, wir verweisen in dieser Beziehung auf die unten angegebenen Quellen, welche sich dieser Aufgabe mit voller Fachkenntniß unterziehen, und beschränken uns hier im Allgemeinen auf folgende Angaben. Schon vor Tschulik wurden ähnliche Versuche gemacht, und sind jene von Young und Delambre, dann von Rosenberg und Gaubert auch bekannt geworden. Bezüglich der Leistungsfähigkeit aber und noch in mancher anderen Hinsicht ward der Tschulik'schen Maschine, welche 20.000 Typen in einer Stunde zu setzen vermag, unbedingt der Vorzug eingeräumt. Die ganze Maschine besitzt die größte Aehnlichkeit mit einem tafelförmigen Pianoforte, indem sie eine Claviatur von 120 Ober- und Untertasten hat, welche mit den typographischen Charakteren bezeichnet sind, die mittels des Aufschlagens dieser Tasten gesetzt werden sollen. Letztere sind nun wie die Typen in einem Schriftkasten so geordnet, daß diejenigen, welche zu den am meisten mit einander in Verbindung vorkommenden Lettern gehören, nahe beieinander und die am häufigsten gebrauchten der Hand zunächst liegen. Der Preis der Maschine betrug damals, ohne die Füllmaschine, mittels deren das Füllen der Canäle mit den zugehörigen Typen bewirkt werden sollte, 1090 fl., mit der Füllmaschine erhob er sich auf 1500 fl. Conventionsmünze.

Illustrirte Zeitung (Leipzig, J. J. Weber, kl. Fol.) Bd. VI, 1846, Nr. 134, S. 55 und 56: „Tschulik's Letternsetzmaschine“ [mit Abbildung in Holzschnitt und Angabe aller Vortheile, welche die Tschulik'sche Maschine vor anderen ähnlichen voraushat]. — Schmidl (Adolph). Oesterreichische Blätter für Literatur und Kunst (Wien, 4°.) II. Jahrg., 7. October 1845, Nr. 120, S. 932: „Emanuel Louis Tschulik's k. k. privilegirte Setzmaschine“. Von Heinrich Ernst Pöschl.

**Tschupik,** Johann Nepomuk (Homilet, geb. zu Wien 7. April 1729, gest. ebenda 20. Juli 1784). Fünfzehn Jahre alt, trat er in den Orden der Gesellschaft Jesu ein, in welchem er nach Abschluß der theologischen Studien und Ablegung der Ordensgelübde sofort zum Predigtamte bestimmt wurde, zu welchem ihn insbesondere seine ungewöhnlichen Rednergaben befähigten. So stand er denn in Wien erst in der Laurenzer-, dann in der St. Annakirche und 1763 als Universitätsprediger in Verwendung, in welcher Eigenschaft er auch nach Aufhebung seines Ordens, wo er die theologische Doctorwürde erlangte, bis zu seinem Tode, also volle 21 Jahre wirkte. Der Beifall, den seine Kanzelreden fanden, veranlaßte ihre Drucklegung, und so kamen dieselben in mehreren Auflagen — es sind deren fünf bekannt — und in eilf Bänden heraus. Ihre Titel sind: „Sämmtliche Kanzelreden“ 1. bis 4. Theil (Wien 1785); 5. und 6. Theil: der „Festpredigten“ 1. und 2. Theil (ebd. 1785); 7. und 8. Theil: der „Fastenpredigten“ 1. und 2. Theil (ebd. 1785); 9. und 10. Theil: „Ueber verschiedene Gegenstände“ 1. und 2. Theil (ebd. 1785); letzte (fünfte) Ausgabe in eilf Bänden (Augsburg 1789, 8°.). Nach seinem Tode erschienen noch: „Neue bisher ungedruckte Kanzelreden, auf alle Sonn- und Festtage, wie auch für die heilige Fastenzeit“ 5 Bände (Wien 1803, 8°.). Von einer ungarischen Uebersetzung welche Andreas Jakab unter dem Titel: „Vasárnapi szent Igék“ begann, wurde zu Klausenburg 1790 nur ein Band in 4°. (550 S.) herausgegeben. Zuletzt bekleidete Tschupik auch noch die Stelle eines Hofpredigers.

Meusel (Johann Georg) Lexikon der vom Jahre 1750 bis 1800 verstorbenen teutschen Schriftsteller Ausgearbeitet von — — (Leipzig 1815, Gerhard Fleischer der Jüngere, gr. 8°.) Bd. XIV, S. 170.

**Tschurtschenthaler,** Ludwig (Naturforscher, geb. zu Sexten im Landgerichtsbezirke Sillian im Pusterthale Tirols am 25. August 1822). Dem geistlichen Stande sich widmend, trat er zu Neustift in das regulirte Chorherrenstift zum h. Augustin, dessen Mitglieder in der Geschichte der Wissenschaften — es seien nur Franz Gras, Wilhelm Lechleitner, August von Baurnfeind, Philipp Neri Puel, Johann Watzin, Adam Weber und die beiden Pröpste Steigenberger und Leop. v. Zauna genannt — eine hervorragende Rolle spielen. In seinem Stifte wurde er im Lehramte verwendet, und von 1849 bis 1856 wirkte er als Professor der Naturgeschichte am Brixener Gymnasium. Im Programm desselben vom Jahre 1853 veröffentlichte er die „Geognostischen Notizen über St. Cassian und die südtirolische Triasformation“. Ueberdies sammelte und vertauschte er in der Gegend von St. Cassian gefundene Versteinerungen, welche eine Erdlawine auf der Bergwiese Stores einst entblößt hat, und die von solcher Eigenthümlichkeit sind, daß sie in das bis jetzt aufgestellte System der Gebirgsformationen nicht eingereiht werden können, gegen Mineralien und Petrefacte anderer Fundorte. Ueberhaupt bietet der ganze Gerichtsbezirk Enneberg, in welchem St. Cassian gelegen ist, vom geognostischen Standpunkte aus das höchste Interesse. Weitere Nachrichten über den Chorherrn Tschurtschenthaler fehlen uns.

Poggendorff (J. C.). Biographisch-literarisches Handwörterbuch zur Geschichte der exacten Wissenschaften (Leipzig 1863, J. Ambr Barth, gr. 8°.) Bd. II, Sp. 1144.

Man begegnet Trägern dieses Namens nicht selten in Tirol, besonders in Südtirol und zwar in wichtigen öffentlichen Stellungen. So ist 1. **Anton** Tschurtschenthaler zur Zeit Doctor der Medicin und Chirurgie, Magister der Geburtshilfe, ö. o. Professor der allgemeinen Pathologie, Pharmakognosie und Pharmakologie an der medicinischen Facultät der Hochschule in Innsbruck, Dekan des medicinischen Professorencollegiums und Mitglied des Landes-Sanitätsrathes und als solches Stellvertreter des Vorsitzenden, endlich Vorstand der pharmakognostischen und pharmakologischen Sammlung an der Innsbrucker Hochschule. Ein anderer Anton Tschurtschenthaler dient als Officier im zweiten Bataillon des Tiroler Jäger-Regiments. — 2. Ein **Franz** Tschurtschenthaler, ursprünglich Kaufmann in Bozen, wurde daselbst Handelsgerichtsbeisitzer bei dem k. k. Kreisgerichte, dann Vicepräsident, später Präsident der Handels- und Gewerbekammer. Auch war er anfänglich Mitglied des Gemeinderathes, später Vicebürgermeister. In Rücksicht seiner vielfachen Verdienste um das Gemeinwesen erhielt er von Seiner Majestät dem Kaiser die Würde eines kaiserlichen Rathes und im April 1869 das Ritterkreuz des Franz Joseph-Ordens. Er starb zu Pisa am 17. März 1878. — 3. Ein **Johann** Tschurtschenthaler ist Doctor der Rechte, k. k. Notar und Mitglied der Notariatskammer zu Innsbruck, Bürgermeister daselbst und Mitglied des Staatsgerichtshofes. Am 4. April 1871 verlieh ihm Seine Majestät der Kaiser den Orden der eisernen Krone dritter Classe. — 4. Endlich ein Tschurtschenthaler, dessen Taufnamen wir nicht kennen, lebte 1853 als Landschaftsmaler in Wien und brachte daselbst auf die Jänner-Ausstellung genannten Jahres eine Landschaft (60 fl.). Weiteres ist über ihn nicht bekannt.

**Tuczek**, Anton (Redacteur der „Linzer Zeitung“, geb. zu Lomnitz bei Budweis in Böhmen 9. Jänner 1824, gest. zu Linz 26. Februar 1879). Nachdem er an der Hochschule Wien die rechtswissenschaftlichen Studien beendet hatte, trat er in die Advocaturspraxis ein, nebenbei auf eine Professur der Geschichte sich vorbereitend. In Folge einiger historischer und nationalökonomischer Versuche auf journalistischem Gebiete wurde er durch den Statthalter von Oberösterreich Dr. Alois Fischer [Bd. IV, S. 238] im August 1850 zum Redacteur der amtlichen „Linzer Zeitung“ berufen, von deren Leitung Adalbert Stifter [Band XXXIX, S. 13] kurz zuvor sich zurückgezogen hatte. Gleichzeitig trat er in den Staatsdienst, in welchem er, der oberösterreichischen Statthalterei zugetheilt, zuletzt den Titel und Charakter eines Regierungsrathes erlangte und als solcher im Alter von 55 Jahren starb. Die „Linzer Zeitung“ nahm unter seiner Leitung einen allmäligen, aber entschiedenen Aufschwung, und jetzt, wo man das unter seiner Redaction innerhalb eines Vierteljahrhunderts Geleistete überblicken kann, findet sich darin für Landesgeschichte, Ethnographie, Biographik und Culturgeschichte ein ungemein reiches und schätzbares Material. Er verstand es, sich die Mitwirkung der besten schriftstellerischen Kräfte des Landes zu sichern, und die „Linzer Zeitung“ brachte während der ganzen Zeit seiner Redaction Beiträge von den Geschichtsforschern Jodok Stülz [Bd. XL, S. 160], Franz X. Pritz [Bd. XXIII, S. 313], Joseph Gaisberger [Bd. V, S. 56], von den Astronomen Augustin Reslhuber [Bd. XXV, S. 310] und Gabriel Strasser [Band XXXIX, S. 270], von den Dichtern Adalbert Stifter, Hermann von Gilm [Bd. V, S. 186], F. Stelzhammer [Bd. XXXVIII, S. 178], vom Maler J. M. Kaiser [Bd. X, S. 375, Nr. 7] u. A. Er selbst schrieb zahlreiche größere Aufsätze politischen, historischen, statistischen und nationalökonomischen Inhalts, oft wichtigere Tagesfragen in einer Folge von mehreren Artikeln behandelnd, wie z. B. „Die Arbeiterfrage“, „Die neuen Schulgesetze“, „Ueber die Aufhebung der

Todesstrafe", „Ueber die Verkehrsmittel der Neuzeit" und im Feuilleton den Cyclus von Artikeln unter der Ueberschrift: „Stahlfederzeichnungen". Mehrere von ihm gebrachte Aufsätze über die Grenzen des Staates und der Kirche verwickelten die „Linzer Zeitung" im Jahre 1869 in eine langwierige Fehde mit der clericalen Presse, wobei einzelne seiner Artikel nicht blos in der österreichischen und deutschen Presse, sondern auch in italienischen, französischen und englischen Blättern Beachtung fanden. Das Material zur oberösterreichischen Landeskunde, welches sich während der 29 Jahre seiner Redaction im Blatte aufgespeichert hat, ist für jeden Forscher auf diesem Gebiete geradezu unentbehrlich, weil sich die Arbeiten, meist auf Autopsie und gründlicher Forschung beruhend, weit über das Niveau gewöhnlicher Zeitungsartikel erheben. Durch neunzehn Jahre bekleidete Tuczek auch die Stelle eines Verwaltungsrathes des Museums Francisco-Carolinum, welches jetzt unter der Oberleitung des Malers und Custos Kaiser einer schönen Zukunft entgegengeht, und fungirte überdies noch als Ausschußmitglied des oberösterreichischen Kunstvereines. Als Mensch ungemein gefällig, achtungs- und liebenswürdig, als Redacteur vielseitig gebildet, ein besonnener Fortschrittsmann und die Interessen des Landes, in welchem sein Blatt zu wirken berufen war, warm vertretend, hat er es verstanden, dem Regierungsblatte, welchem das Publicum selten mit großem Vertrauen entgegenkommt, Achtung und Einfluß zu verschaffen und es in die dünngesäete Reihe der besten Provinzblätter des Kaiserstaates zu stellen.

Allgemeine literarische Correspondenz, 1879, Bd. III, S. 112.

**Tuczek**, Franz, siehe: **Tuczek** Leopoldine [auf dieser Spalte] und **Tuczek**, Vincenz [S. 76], beide Male im Texte.

**Tuczek**, Leopoldine (Sängerin, geb. in Wien im Jahre 1821). Ihr Vater Franz war Musikus. Das „Album des königlichen Schauspiels und der königlichen Oper zu Berlin" nennt ihn „Professor der Musik", und woher er diesen Titel genommen, das muß und kann nur das „Album" wissen. Er kam zu Königgrätz am 29. Jänner 1782 auf die Welt, wurde in Wien ein gesuchter Musik-, besonders Guitarrelehrer, begab sich in der Folge mit seiner Tochter Leopoldine nach Berlin und ließ sich zuletzt in Charlottenburg nieder, wo er am 4. August 1850 starb. Er hat viel für die Guitarre und das Piano geschrieben, und Mehreres davon ist auch im Drucke erschienen. Leopoldinens Mutter, welche bald die vorzügliche Begabung ihrer Tochter für Musik entdeckte, trug mit ihren Vorstellungen endlich den Sieg über den Vater davon, der seine Hoffnungen und Bestrebungen mehr auf seine ältere Tochter, die nachmalige Gattin des Schauspielers Moriz Rott [Band XXVII, S. 149] setzte. So erhielt denn das neunjährige Mädchen einen Platz im Wiener Conservatorium, in welchem sie, eine Schülerin des Fräuleins Fröhlich, von 1829 bis 1834 verblieb und, wie das „Album" schreibt, bei jeder öffentlichen Prüfung Prämien, beim Austritt aber als besondere Auszeichnung ein Stipendium erhielt, welches sie, da sie bald engagirt wurde, nicht lange genoß. Indeß unter den mit silbernen Medaillen ausgezeichneten Zöglingen, welche C. F. Pohl in seiner Schrift „Die Gesellschaft der Musikfreunde" sorgfältig aufzeichnet, befindet sie sich nicht. Bereits mit fünfzehn

Jahren wurde sie am Hofoperntheater nächst dem Kärnthnerthor in Wien sowohl für die italienische als für die deutsche Oper engagirt. Da es bei ihrer großen Jugend galt, ihre wenngleich ausreichenden Gesangsmittel noch zu schonen, so ließ sie sich gern in kleineren Partien neben einer Garcia, Unger, einem Moriani und Anderen verwenden und benützte die Gelegenheit, sich an diesen Koryphäen der Gesangskunst selbst weiter zu bilden. Nebenbei genoß sie aber noch den weiteren Unterricht anerkannter Gesangsmeister, wie eines Mozatti, Gentiluomo und Curzi. Auch ihre Bekanntschaft mit dem Componisten Fuchs [Bd. IV, S. 395] blieb nicht ohne Einfluß auf ihre künstlerische Laufbahn. Ihr erstes Auftreten im Hofoperntheater fand in Weigl's Oper „Nachtigall und Rabe" statt. Als der berühmte Tenorist Franz Wild in Berlin gastirte, machte er den Generalintendanten der königlichen Oper Grafen Redern auf das vielversprechende Talent der jungen Sängerin aufmerksam, und in Folge dessen erhielt sie die Einladung zu einem Gastspiele in Berlin, welcher sie auch im Frühjahr 1841 nachkam, und die zwanzigjährige Sängerin trat daselbst in lauter Rollen auf, welche sie noch nicht gesungen, und in welcher Sophie Löwe [Band XV, S. 433], deren Abgang damals allgemein betrauert wurde, die glänzendsten Erfolge errungen hatte. Auf die zwanzig Gastvorstellungen, welche Fräulein Tuczek gab, entfielen folgende Rollen: Prinzessin von Navarra, Julie in „Romeo und Julie", Susanna, Zerline in „Fra Diavolo", Elvire in den „Puritanern", die Nachtwandlerin, Madelaine im „Postillon von Lonjumeau", Henriette in der „Gesandtin" und Adele in den „Lottonummern". Nach diesem mit schönstem Erfolge beendeten Gastspiele wurde ihr ein Engagement angetragen, welches sie aber nicht annehmen konnte, da sie durch einen mehrjährigen Contract an Wien gebunden war. Nach ihrer Rückkehr dahin gelang es ihr jedoch, durch ein Abstandsgeld von 2000 fl. Conventionsmünze sich ihrer Verpflichtung zu entbinden und nachdem sie mit Berlin wieder angeknüpft hatte, Ende 1841 ein Engagement daselbst anzutreten, welches sich später in ein lebenslängliches mit Pension umgestaltete. Dasselbe war ein für die damaligen Bühnenverhältnisse höchst günstiges: sie erhielt ein Jahresgehalt von über 3000 Thalern nebst der Begünstigung eines zweimonatlichen Urlaubs und nach zehn Jahren mit einem Anspruch auf eine Jahrespension von 1000 Thalern. Sie blieb nun während der ganzen Dauer ihrer Wirksamkeit als Sängerin bei der Berliner Bühne. In ihren freien Monaten besuchte sie auf Gastspiele fünfmal Breslau, je zweimal Prag, Wien und Danzig und je einmal Königsberg, Frankfurt a. M., Aachen, Stettin und Magdeburg. Als in Bonn 1845 anläßlich der Enthüllung und Einweihung des Beethoven-Denkmals große Musikfeste stattfanden, trat auch Fräulein Tuczek in denselben auf und wurde ihr vom Festcomité in Würdigung ihrer uneigennützigen Mitwirkung ein silbernes Theetablett mit folgender Inschrift überreicht: „Dem Fräulein Leopoldine Tuczek zur Erinnerung an die Inauguration des Beethoven-Monuments im August 1845 dankbar gewidmet vom Festcomité". Die Künstlerin blieb bis 1861 an der Berliner Hofoper, ihr letztes Auftreten daselbst, welches zugleich ihre Benefizvorstellung war, fand am 6. December genannten Jahres statt und gestaltete sich zu einem kleinen Bühnenfeste. Der König warf ihr aus seiner Loge einen Lorberkranz zu. Die Königin ließ sie zu sich in die Loge entbieten und ihr durch Herrn von Hülsen ein kostbares Andenken überreichen. Außerdem erhielt sie noch ein kostbares Geschenk: eine massive silberne Schale, welche in den verschlungenen Aesten eines Lorberbaumes ruht, dessen Stamm das anderthalb Fuß hohe Untergestell bildet. Auf jedem der 65 Lorberblätter ist eine Rolle der Künstlerin eingravirt. Am Fuße des Gestells stehen die Namen der Geber: Graf Redern, Meyerbeer, Hülsen, das gesammte Personal der Oper, Auguste Crelinger, Paul und Marie Taglioni. Das Repertoire der Sängerin war, wie wir aus den 65 Lorberblättern entnehmen, ein sehr umfangreiches und dabei vielseitiges, da es ebensowohl tragische als komische Rollen umfaßte. Zu ihren tragischen Glanzpartien zählten insbesondere die Julie in „Romeo und Julie", die Pamina in der „Zauberflöte", die Agathe im „Freischütz", die Linda, Marzelline in „Fidelio"; zu ihren heiteren die Susanne im „Figaro", die Regimentstochter, die beiden Zerlinen im „Don Juan" und „Fra Diavolo". Mit großer Virtuosität im Gesange — ihre klangvolle Sopranstimme umfaßte die Töne vom tiefen G bis zum zweimal gestrichenen C — verband sie einen feinen Vortrag, so daß sie auch in den ersten Spiel- und Soubrettenpartien, der komischen und Conversations- (oder sogenannten Spiel-) Oper kaum ihres Gleichen hatte. Vom preußischen Hofe wurde sie zur Kammersängerin ernannt, desgleichen — bereits 1845 — vom Könige von Sachsen. Leopoldine vermälte sich mit einem höheren Staatsbeamten Namens Herrenburg und nannte sich seit dieser Zeit, ihren Sängernamen mit dem ihres Gatten verbindend, Herrenburg-Tuczek.

Album des königlichen Schauspiels und der königlichen Oper zu Berlin unter der Leitung von August Wilhelm Iffland, Karl Grafen von Brühl, Wilhelm Grafen von Redern und Karl Theodor von Küstner für die Zeit von 1796 bis 1851 (Berlin 1858, Gust. Schauer, kl. 4°) S. 85 [nach diesem geboren im Jahre 1824]. — Fremden-Blatt. Von Gustav Heine (Wien, 4°) 1861, Nr. 343 [über ihr Abschiedsbenefice]. — Illustrirte Zeitung (Leipzig, J. J. Weber, kl. Fol.) VI. Bd. (1845), Nr. 109, S. 79 und 80 [nach dieser verließ sie 1836, fünfzehn Jahre alt, das Wiener Conservatorium, sie ist also im Jahre 1821 geboren, wie mir dies auch von einem Wiener Musikgelehrten bestätigt wird, welcher die Angabe, daß sie 1824 geboren sei, entschieden bestreitet]. — Linzer Zeitung, 1856, Nr. 152. — Neues Universal-Lexikon der Tonkunst. Für Künstler, Kunstfreunde und alle Gebildeten. Angefangen von Dr. Julius Schladebach, fortgesetzt von Eduard Bernsdorf (Offenbach 1861, Joh. André, gr. 8°) Bd. III, S. 769 [nach diesem geboren 1821]; Nachtrag, S. 340 [nach diesem geboren 1824]. — Riemann (H.). Musik-Lexikon (Leipzig 1882, Bibliogr. Institut, gr. 12°) S. 942 [auch nach diesem geboren 1824]. — Theater-Zeitung. Redigirt von Adolph Bäuerle (Wien, gr. 4°.) 1843, S. 36, in der Rubrik „Theater-Beobachter". — Zeitung für Norddeutschland, 1861, Nr. 3951 [nach dieser geboren im Jahre 1824].

**Porträte.** 1) Unterschrift: „Leopoldine Tuczek". Auguste Hüssener sc. (Leipzig, Baumgärtner, 4°.). — 2) Unterschrift: „Leopoldine Tuczek vom Berliner Hofoperntheater" (Payne sc. ?) 8°. — 3) Unterschrift: Facsimile des Namenszuges „Leopoldine Tuczek". Darunter: „Königl. Preuß. Hof-Opern-Sängerin". Gezeichnet von O'Brien. Lith. von Weiße. Druck von L. Zöllner (Verlag von A. Schepeler in Berlin, Fol.). — 4) Gezeichnet von l'Allemand. Lith. von Fischer (Berlin, Sachse und Comp., gr. Fol.). — 5) Lith. von Schertle (Berlin, Schlesinger, Fol.). — 6) Lith. (Berlin, Rocca, Fol.). — 7) Holzschnitt. Monogramm des Zeichners:  in der Leipziger „Illustrirten Zeitung“. Jahrg. 1845, Nr. 109, S. 80 — 8) Unterschrift: „Leopoldine Herrenburg-Tuczek“. Lithogr. ohne Angabe des Zeichners und Lithographen im „Album des königlichen Schauspiels und der königlichen Oper zu Berlin (4°.)

Leopoldinens Bruder **Philipp** Tuczek (geb zu Wien am 1. Mai 1823) bildete sich zum Violinspieler aus und ist in dieser Eigenschaft seit 1850 bei der königlichen Bühne in Berlin angestellt. Die Angabe des „Slovník naučný“, Bd. IX, S. 625, daß Tuczek sich am Wiener Conservatorium ausgebildet habe, ist unrichtig, denn in den Verzeichnissen der Schüler desselben, welche Pohl, der erwähnte Historiograph dieses Institutes, mittheilt, erscheint Tuczek nicht, wohl aber dessen Schwester

**Tuczek**, Philipp, siehe: **Tuczek**, Leopoldine [diese Spalte, oben].

**Tuczek**, Vincenz (Compositeur, geb. in Prag um 1755, gest. in Pesth 1820). Es gibt eine ganze Musikantenfamilie Namens Tuczek. Zu derselben gehören: Franz der Vater, Franz der Sohn, und ein dritter Franz (ob dessen Sohn oder Enkel?), des Letzteren Tochter Leopoldine, Sängerin, nachmalige Herrenburg-Tuczek, Vincenz, dessen Stellung zur Familie wir erst näher bestimmen müssen, und Philipp, ein Bruder genannter Sängerin. Die unten bezeichneten Quellenwerke von Dlabacz, Bernsdorf-Schladebach, Gaßner, Gerber und Riemann, statt Licht in die Familienverhältnisse zu bringen, verwirren vielmehr dieselben, und Franz Tuczek, der Sohn, über den Dlabacz, Bernsdorf-Schladebach's „Lexikon der Tonkunst“ und der „Slovník naučný“ von Rieger-Malý ausführlich berichten, ist offenbar eine und dieselbe Person mit dem Vincenz des Gerber und Gaßner. Ueberdies ist der Artikel Franz Tuczek Nr. 1 im „Slovník naučný“ weiter nichts als eine Uebersetzung des gleichnamigen Artikels in Bernsdorf-Schladebach's „Lexikon der Tonkunst“. Wir kehren nach dieser nothgedrungenen Einleitung, welche die Familienverhältnisse der Musikantengeschlechts Tuczek feststellt, zu unserem Vincenz zurück. Vielleicht entspringt aller Irrthum daraus, daß der in Rede Stehende zwei Taufnamen führte und eigentlich Franz Vincenz Tuczek hieß und von seinen Biographen bald nach ersterem, bald nach letzterem Vornamen bezeichnet wurde. Er ist der Sohn des Franz Tuczek, der 1771 als Chorregens an der Pfarrkirche zu St. Peter auf dem Poržicz in Prag fungirte, auch mehrere Jahre die Capellmeisterstelle bei der Neustädter Bürgergarde versah und in Prag um das Jahr 1780 starb, etliche böhmische Carnevalsoperetten, Sonaten und sonstige musikalische Kleinigkeiten hinterlassend. Dessen Sohn Vincenz, oder wie er von Anderen benannt erscheint: Franz, von dem Vater im Gesange und in der Musik unterrichtet, begann in Prag seine Künstlerlaufbahn als Sänger an dem Graf Sweerts'schen Theater, als dessen Leitung im Frühjahre 1795 der tüchtige Anton Grams [Bd. V, S. 306] übernahm, welcher dabei sein ganzes im Musikalienhandel erworbenes Vermögen verlor. Tuczek war an diesem Kunstinstitute nicht blos als erster Tenorist angestellt, sondern componirte für dasselbe auch etliche Operetten. Später gab er die Sängerlaufbahn auf, sich ausschließlich der Composition widmend, für welche er besondere Begabung zeigte, und zu der er von verschiedenen Seiten aufgefordert wurde. Er wirkte dann 1796 als Cembalist am Prager ständischen Theater, folgte um 1798 einem Rufe nach Sagan als Capellmeister des Herzogs von Kurland und ging 1800 als Theatermusikdirector nach Breslau, wo er aber nur kurze Zeit verblieb, da er schon im Jahre 1801 die Stelle des Orchesterdirectors am Leopoldstädter Theater in Wien übernahm. Daselbst wirkte er mehrere Jahre, zuletzt begab er sich nach Pesth und starb dort um 1820 in ziemlich hohem Alter. Tuczek hat viel und auf verschiedenen Gebieten der Tonkunst componirt, so: Messen, Cantaten, Oratorien und andere Kirchenstücke, Chöre, Lieder, Vocalquartette, Nationalsingspiele in čechischer Sprache, und mehrere Opern, von denen einige zu ihrer Zeit mit großem Beifalle gegeben wurden. Im Druck ist von seinen Compositionen verhältnißmäßig nur sehr wenig erschienen, so z. B.: „Fünf Menuets für Guitarre“ (Wien, bei S. A. Steiner); — „*Fantaisie et 5 Hongroises* für Guitarre“ (ebd.), — und der Clavierauszug von „Dämona, das Bergweibchen. Zauberoper in drei Acten“, — Ouverture dazu allein, beide in Leipzig bei Kühnel. Von seinen Operetten, Singspielen, Pantomimen sind bekannt: „Die lächerlichen Schwestern von Prag“, jugendlicher Erstlingsversuch; — „Die Polterhexe bei Greiffenstein“, Volkssage; — „Moses in Aegypten“ und „Samson“, zwei biblische Dramen; — „Geistliche Cantate zur Feyer der Wiedergenesung des Königs von Preussen“, vor dem Hofe von Sagan 1798 aufgeführt; noch im nämlichen Jahre wurde die Herausgabe des Werkes — das nach seinem Preise von acht Thalern ein ganz stattliches Opus gewesen sein mag — auf Pränumeration angekündigt; ob es zur Herausgabe gekommen, ist nicht bekannt; — „Rübezahl“, auch unter dem Titel „Typhon“ bekannt; — „Hans Klachel oder das Rendezvous in der neuen Allee“, Operette, 1797, Vorläufer des berüchtigten „Pumpernickel“; — „Die beiden Dacheln“, später für Wien umgearbeitet; — „Das Pökerweibchen“; — „Sultan Konradin“; — „Das Wünschhütlein“, Pantomime; — „Idas und Marpissa“, travestirte Decorationsoper in drei Acten, Text in Knittelreimen von Perinet; — „Lanassa“, große Oper, Tuczek's bestes Werk, besonders geschätzt ob der trefflichen Chöre, deren mehrere Volkslieder geworden sind. Auch seine Tanzmusik, in welcher er seine belebenden Rhythmen durch kräftige Instrumentation zu heben verstand, war seinerzeit sehr beliebt. Ob Vincenz Tuczek ein Oheim der Sängerin Leopoldine, der nachmaligen Herrenburg-Tuczek, und des Violinspielers Philipp ist, können wir nicht bestimmen; ihr Vater, wie es hie und da heißt, ist er nicht, derselbe heißt Franz.

Dlabacz (Gottfried Johann). Allgemeines historisches Künstler-Lexikon für Böhmen und zum Theile auch für Mähren und Schlesien (Prag 1815, Gottlieb Haase, 4°.) Bd. III. Sp. 282 und 283. — Gaßner (F. S. Dr.). Universal-Lexikon der Tonkunst. Neue Handausgabe in einem Bande (Stuttgart 1849, Franz Köhler, schm. 4°.) S. 846. — Gerber (Ernst Ludwig). Neues historisch-biographisches Lexikon der Tonkünstler (Leipzig 1814, A. Kühnel, gr. 8°.) Bd. IV, Sp. 399. — Neues Universal-Lexikon der Tonkunst. Für Künstler, Kunstfreunde und alle Gebildeten. Angefangen von Dr. Julius Schladebach, fortgesetzt von Ed. Bernsdorf (Offenbach 1861, Joh. André, gr. 8°.) Bd. III. S. 769. — Riemann (Hugo Dr.). Musik-Lexikon (Leipzig 1882, Bibliogr. Institut, br. 12°.) [aus der Suite der Meyer'schen Fach-Lexika] S. 942. — Slovník naučný. Redaktoři Dr. Frant. Lad. Rieger a J. Malý, d. i. Conversations-Lexikon. Redigirt von Dr. Franz Lad. Rieger und J. Malý (Prag 1872, J. L. Kober, Lex.-8°.) Bd. IX, S. 615, Nr. 1.

In deutscher Schreibart, mit **tsch** statt mit **cz**, erscheint auch ein zeitgenössischer Wiener Tonsetzer **Franz** Tutschek, der ziemlich fruchtbar in sogenannter Salonmusik ist, denn wir kennen von ihm folgende Compositionen: „Blüten und Perlen. 2 Nocturnes“, Op. 29 und 30 (Wien 1863) und „Wiener Carroussel-Marsch (triomphale)“ (ebd. 1863), alle drei im Selbstverlag erschienen.

**Tudisi**, Sigismund (Bischof von Trebinje, geb. in Ragusa, Geburtsjahr unbekannt, gest. 1760). Der Sproß einer alten vornehmen Ragusaer Familie, über welche in den Quellen Näheres enthalten ist. Ueber seinen Bildungsgang sind die spärlichsten Nachrichten vorhanden, daß er eine sehr sorgfältige Erziehung genoß, erhellt nicht minder aus seinen Schriften als aus seiner Sorgfalt für alte Denkmäler. Allem Anscheine nach erhielt er seine wissenschaftliche und theologische Ausbildung in Rom, wie das bei vielen, ja den meisten dem Priesterstande sich widmenden Dalmatinern früher der Fall war, und was sich ja auch leicht daraus erklärt, daß Dalmatien nur durch den schmalen Arm des Adriatischen Meeres vom Kirchenstaate getrennt ist. Zum Bischof von Trebinje ernannt, beschäftigte sich Tudisi in dieser Eigenschaft mit Studien über den Umfang seines Sprengels, deren Ergebnisse er in zwei größeren Abhandlungen zusammenfaßte und der heiligen Congregation de propaganda fide vorlegte. Der Titel dieser in Fra Innocenzo Ciulich's Büchersammlung auf der Bibliothek der PP. Franciscaner zu Ragusa befindlichen Schriften lautet: *„Sopra il titolo e confini del Vescovato Tribunense e Saculniense: Proposta, Risposta e repplicazione alla suddetta risposta per ordine della sacra Congregazione di propaganda fide inviata di Marzo dell'anno 1756 per via di Ancona a Roma dall'illustrissimo e reverendissimo Monsignore Signore Sigismondo Tudisi vescovo Tribunense“*. In diesen Schriften weist Bischof Tudisi nach: daß der ursprüngliche Sitz seines Bisthums nicht Trebinje, sondern Zaclugna gewesen sei und er eigentlich den Titel eines Bischofs von Zaclugna zu führen habe. Die Congregazione di propaganda fide ließ sich wohl auf eine Prüfung und Untersuchung dieser Angelegenheit ein, doch scheint dieselbe ohne Erfolg geblieben zu sein. Tudisi sammelte überdies nicht nur mit großer Vorliebe Alterthümer verschiedenster Art, sondern schrieb auch die Biographien vieler Bischöfe von Mertona und Trebinje. Doch finden wir nirgends angegeben, wohin diese Sammlung und seine Manuscripte gekommen sind.

**Ueber die Familie Tudisi.** Die Tudisi, welche sich in slavischer Namensbildung Tudižević nennen, zählen zu den ältesten Familien des Landes und waren in alten Zeiten schon Patrone des Klosters St. Michael in Peklina auf der Insel Giuppana, wie die größte der sogenannten fünf Hirscheninseln, welche zu Ragusa gehören, genannt wird. Der Name Tudisi ist in der Gelehrtengeschichte Dalmatiens nicht unbekannt. 1. In der schon erwähnten Bücher- und Manuscriptensammlung des Fra Innocenzo Ciulich, zur Zeit in der Bibliothek der PP. Franciscaner von Ragusa, befindet sich in drei Heften eine „Diatriba di D. Giovanni Tudisi contro F. Onorio da Ragusa Guardiano e F. Jacinto Allamagna da Ragusa, Ministro Provinciale“. — 2. Ein **Michael Francesco** Tudisi wird als Schiedsrichter in einer Streitfrage genannt, wie dies aus folgender im Druck erschienener Schrift erhellt: „Avanti l'Eccellenze loro i signori Michelfrancesco Tudisi ed Orsato Michel Giorgi, patrizj di Ragusa e giudici compromissarj per il sign. Samuel Ben-Porath d'Ancona contra il sign. Natan Ambonetti di Ragusa (Ancona 1775). — 3. Ein **Natale** Tudisi war Mitglied der seinerzeit berühmten Ragusaer gelehrten Akademie dei Concordi, welche im sechzehnten Jahrhundert von Savino Bobali-Miscetich oder Sordo (geb. 1530, gest. 1585) und Michele Monaldi (gest.

1592), Nachahmern Petrarca's, die zuerst toscanische Poesie nach Ragusa verpflanzten, gestiftet wurde. — 4. Noch denkwürdiger erscheint der Senator **Marino** Tudisi (oder wie er illyrisch genannt wird: Maroje Tudižević), der das vor dem Rettoren-palazzo in Ragusa errichtete National-Theater, nachdem dasselbe durch das Erdbeben vom Jahre 1667 zerstört worden, neu herstellen ließ und nun darin zur unsäglichen Belustigung der Ragusaer die von ihm ins Illyrische (Ragusanischen Volksdialekt) übersetzten Lustspiele des Molière zur Darstellung brachte. Mit seinem Tode hörten die slavischen Theatervorstellungen in Ragusa auf. — 5. Schließlich sei noch des zu dieser Familie gehörenden Jesuiten **Raphael** Tudisi (gest. 1732) gedacht, von dem in Venedig bei Bartoli im Jahre 1723 das Andachtsbuch: „Izvárstnosti svetego Josipa" erschienen ist. [*Gliubich di Città vecchia (Simeone Abb.)*, Dizionario biografico degli uomini illustri della Dalmazia (Vienna 1836, Lechner. Zara. Battara, 8°.) p. 303.]

**Tudižević**, siehe: **Tudisi**, Sigmund [S. 78 und 80, in den Quellen].

**Türck**, Ludwig (Arzt, geb. in Wien am 22. Juli 1810, gest. daselbst am 25. Februar 1868). Ein Sohn des Wiener Hofjuweliers Türck, vollendete er frei von Noth und Sorge, „diesem Erbtheil vieler Mediciner während der Studentenzeit", wie einer seiner Biographen schreibt, das Gymnasium und die medicinischen Studien in Wien und erlangte 1836 daselbst die medicinische Doctorwürde. Bei seinen günstigen äußeren Lebensverhältnissen konnte er schon frühzeitig sich ernsten Forschungen hingeben, und so widmete er sich bereits als Secundararzt (1840) mit allem Eifer der Anatomie und Pathologie des Nervensystems. Im Jahre 1844 unternahm er eine Studienreise nach Paris, um daselbst neue Anregungen zu erhalten und an der in ihrem Zenith stehenden Pariser Schule sich fortzubilden. Baron Türkheim, der damalige, in Fachkreisen noch heute unvergessene Leiter des medicinischen Unterrichtswesens in Oesterreich, besaß den scharfen Blick, aufstrebende Talente und die geniale Begabung unter den jüngeren Aerzten zu erkennen und herauszufinden. So nahm er denn auch Türck unter seinen Schutz und wußte es durchzuführen, daß für den jungen Nervenpathologen eigens eine Abtheilung für Nervenleiden im allgemeinen Krankenhause errichtet wurde, an welcher derselbe als ordinirender Arzt wirkte. Dreizehn Jahre blieb Türck in dieser Stellung und begründete durch seine eingehenden Forschungen auf dieser Nervenklinik zuerst seinen wissenschaftlichen Ruf. In zahlreichen Arbeiten, theils in Monographien, theils in Denkschriften veröffentlichte er die Belege seiner Thätigkeit, wir erinnern hier nur an seine Monographie über Spinalirritation, seine Abhandlungen über die Wurzel des Trigeminus, seine Artikel über die Ergebnisse von Untersuchungen zur Ermittelung der Hautsensibilität und viele andere über Nervenpathologie. Und wie erfolgreich er das Feld dieses Wissenszweiges bearbeitete, dafür zeugt vornehmlich die Thatsache, daß Hasse in seinem Werke über die Krankheiten des Nervensystems fast auf jeder Seite sich auf Türck's Forschungen stützt und dieselben geradezu als Belege anführt. Erst im Jahre 1857, als die Organisirung des größten Wiener Krankenhauses stattfand, wurde Türck zum Primararzte ernannt. Und mit diesem Jahre beginnen auch seine laryngoskopischen Studien, die ihn fortan ausschließlich beschäftigten. Der Gesanglehrer Garcia in London hatte mit Hilfe eines in dem menschlichen Munde und Rachen angebrachten Spiegels die Bildung der Stimme und zugleich die dabei

sichtbaren Veränderungen an den die Stimme vermittelnden Organen zu beobachten gesucht. Türck genügte diese Thatsache, um sofort, ohne die Procedur zu kennen, die hohe Bedeutung solcher ärztlichen Anwendung des Spiegels zu erfassen und die Sache selbst — die Untersuchung mittels des Kehlkopfspiegels zu diagnostischen und operativen Zwecken allsobald ins Leben zu rufen. Versuche aller Art und ohne Zahl und die nicht minder häufigen Beobachtungen, wie sie das große Krankenhaus tagtäglich mit sich bringt, der unermüdliche Eifer und das Talent, sich selbst die nöthigen Instrumente und Apparate zu construiren, die eigenen wieder zu verbessern und neue zu schaffen, führten ihn schon nach wenigen Jahren zum glänzendsten Ziele. Die Idee, sich des Kehlkopfspiegels zu bedienen, ist nicht neu, nur die Anwendung desselben in der Arzneikunst ist neu und unantastbares Eigenthum Türck's. Schon Senn in Genf hatte 1827 die Idee, das Kehlkopfinnere mittels eines kleinen in den Rachen eingeführten Spiegels zu besehen, ausgesprochen. Mit der Herstellung eines solchen Instrumentes beschäftigten sich in den folgenden Decennien die ersten Aerzte Frankreichs und Englands, so namentlich Trousseau und Liston, ohne jedoch zu einem Resultate zu gelangen. Und auch die schon erwähnten von Garcia an sich selbst angestellten und im Jahre 1855 veröffentlichten Beobachtungen über Stimmbildung und Stimmregister gingen nach einer ganz anderen Richtung, als es jene war, welche Türck einschlug. Es wird also durch diese Untersuchungen die Priorität der Türck'schen Entdeckung nicht im mindesten erschüttert, und zwar um so weniger, als Türck zur Zeit, da er seine Experimente begann, wohl von Garcia's Untersuchungen, nicht aber von der Art und Weise, wie derselbe sie anstellte, Kenntniß hatte, wie denn auch die Methode in Verfolgung seines von jenem Garcia's ganz verschiedenen Zweckes eine völlig selbständige war. In der That hatte auch schon im Sommer 1857 Türck zum ersten Male mit Hilfe seines Kehlkopfspiegels dem Professor Ludwig das Kehlkopfinnere an einem Individuum seiner Krankenabtheilung gezeigt und hiermit ein Problem, das so lange die Physiologen und Kliniker beschäftigte, seine praktische Lösung gefunden. Da trat im März 1858, also fast ein Jahr später, in der „Wiener medicinischen Wochenschrift" Professor Czermak mit einem Artikel auf, in welchem er die praktische Anwendung des Kehlkopfspiegels den Aerzten dringend empfahl. Und nun entspann sich ein bedauerlicher Prioritätsstreit, der Jahre lang dauerte, die Anhänger dieser Doctrin in zwei Lager theilte und selbst dann noch nicht ausgefochten war, als der Entdecker derselben Dr. Türck in die Gruft gesenkt wurde. Ein Fachblatt aber erklärte im Augenblicke, als sich noch nicht die Erde über dem Grabe des Dahingeschiedenen geschlossen, es nicht unausgesprochen lassen zu können, „daß die Geschichte der Medicin die Laryngoskopie für immer an den Namen Türck's knüpfen müsse, ihm allein verdanke man die praktische Verwendung des Laryngoskops am Krankenbette, die praktische Verwendung des Kehlkopfspiegels für diagnostische und operative Zwecke". In der „Allgemeinen Wiener medicinischen Zeitung" hatte auch Türck alle laryngoskopischen Artikel geschrieben. Sobald er irgend welche bedeutende Entdeckung, irgend welche neue Erfindung gemacht, sobald er irgend ein Instrument construirte, irgend welche Verbesserung erdachte, veröffentlichte er dies in dem genannten Blatte, welches der treueste Moniteur seiner Leistungen war. Die Geschichte der Medicin nahm natürlich auch Act von Türck's Entdeckung, und wenn Dr. Hirschel in seinem Werke schreibt: „Einen Kehlkopfspiegel erfanden Liston und Garcia, Ludwig Türck aber lehrte ihn praktisch verwerthen; Czermak wandte das Lampenlicht dabei an (jene das Sonnenlicht) und erwarb sich überhaupt Verdienste um dessen (sic) Verbreitung und bessere Anwendung", so braucht es eben keines besonders großen Scharfsinns, um aus diesen Zeilen die Priorität Türck's für praktische Verwerthung der Laryngoskopie herauszulesen. Seit dem Jahre 1860 hielt Türck ununterbrochen Vorträge über Laryngoskopie, und er war so glücklich, unter seinen Schülern mehrere — es seien nur Dr. Schröder von Kristelli und Dr. Störck erwähnt — heranzubilden, welche die Entdeckungen des Meisters weiter förderten und ausbildeten. 1864 wurde er auf Vorschlag des Professorencollegiums zum ordentlichen öffentlichen Professor ernannt. In unermüdlicher Weise wirkte er bis an sein Lebensende. Nach einem Leiden von nur wenigen Tagen starb er im Alter von 58 Jahren. In seinem Fache war er fleißig schriftstellerisch thätig. Daß er seine Ergebnisse in der Laryngoskopie in der „Allgemeinen Wiener medicinischen Zeitung" veröffentlichte, haben wir schon mitgetheilt; außerdem gab er noch folgende Werke und Abhandlungen heraus: „Abhandlung über Spinalirritation nach eigenen, grösstentheils im Wiener allgemeinen Krankenhause angestellten Beobachtungen" (Wien 1843, Braumüller und Seidel, gr. 8°.); — „Ph. Ricord's Lehre von der Syphilis. Nach dessen klinischen Vorträgen dargestellt von Ludwig Türck" (Wien 1846, Kaulfuß' Witwe, gr. 8°.); — „Praktische Anleitung zur Laryngoskopie. Mit 32 (eingedr.) Holzschnitten und 1 Steindrucktafel (in Fol.)" (Wien 1860, Braumüller, Lex. 8°.); — „Klinik der Krankheiten des Kehlkopfes und der Luftröhre. Nebst einer Anleitung zum Gebrauche des Kehlkopfrachenspiegels und zur Localbehandlung der Kehlkopfkrankheiten" (Wien 1866, Braumüller, gr. 8°., XII und 584 S. mit 260 dem Texte eingedruckten Holzschnitten und 1 Steindrucktafel in Qu.-Fol.); — „Atlas dazu. In 23 chromolithogr. Tafeln von A. Elfinger und C. Heitzmann" (ebd. 1866, gr. 8°., 24 Blätter erklärender Text, Preis 8 Thlr.), dieses und das vorige Türck's Hauptwerk, das seinen Namen in der Geschichte der Medicin verewigt; — „Ueber Hautsensibilitätsbezirke der einzelnen Rückenmarknervenpaare. Aus dessen literarischem Nachlasse zusammengestellt von Professor Dr. C. Wedl. Mit 6 Tafeln" (Wien 1869, Gerold in Comm., hoch 4°.), auch in den Denkschriften der kaiserlichen Akademie der Wissenschaften mathematisch-naturwissenschaftliche Classe. — In den Sitzungsberichten der kaiserlichen Akademie der Wissenschaften mathematisch-naturwissenschaftlicher Classe: „Ueber secundäre Erkrankung einzelner Rückenmarkstränge und ihrer Fortsetzungen zum Gehirn" mit 7 Tafeln [Bd. VI, S. 288 u. f., Bd. XI, S. 93 u. f.]; — „Ergebnisse physiologischer Untersuchungen über die einzelnen Stränge des Rückenmarkes" [Bd. VI, S. 427 u. f.]; — „Ueber Compression und Ursprung der Sehnerven" [Bd. IX, Seite 229 u. f.]; — „Beobachtungen über das Leitungsvermögen des menschlichen Rückenmarkes" mit 1 Tafel [Bd. XVI, S. 329 u. f.]; — „Beobachtungen über Verminderung der Pulsfrequenz bei neuralgischen Anfällen und über den Rhythmus solcher Anfälle" [Bd. XVII, Seite 317 u. f]; — „Ueber Degeneration einzelner Rückenmarkstränge, welche sich ohne primäre Krankheit des Gehirns oder Rückenmarkes entwickelt" [Bd. XXI, S. 112 u. f.]; — „Vorläufige Ergebnisse von Experimentaluntersuchungen zur Ermittelung der Hautsensibilitätsbezirke der einzelnen Rückenmarksnervenpaare" [Bd. XXI, S. 586 u. f.]; — „Ueber die Beziehung gewisser Krankheitsherde des großen Gehirns zur Anästhesie" mit 3 Tafeln [Bd. XXXV, S. 129 und Bd. XXXVI, S. 191 u. f.], — „Ueber eine Verbesserung des laryngoskopischen Verfahrens" [Bd. XXXVIII, S. 761 und 829 u. f.]. Auch hat, wie wir aus Bd. XLIV der 1. Abth., S. 47 und 2. Abth. S. 71 erfahren, Türck der kaiserlichen Akademie ein versiegeltes Schreiben zur Aufbewahrung gegeben. Wie aus seinem Partezettel ersichtlich ist, erhielt er nie besondere Auszeichnungen. Im Jahre 1861 wurde ihm auf Grund seiner mit dem Kehlkopfspiegel vorgenommenen Arbeiten von der Académie des sciences in Paris bei der Vertheilung der Monthyon'schen Preise nebst der Mention honorable die Summe von zwölfhundert Francs zuerkannt. Der Wiener Hofjuwelier Joseph Türck stellte als Erbe des gesammten Nachlasses seines Bruders dessen sämmtliche laryngoskopische Instrumente aus eigenem Antriebe der Direction des k. k. allgemeinen Krankenhauses zur Verfügung. Die Nachricht, daß Dr. Türck eine große Geigensammlung hinterlassen habe, ist aber dahin zu berichtigen, daß sich dieselbe auf zwei allerdings sehr kostbare Violoncelle beschränkte. Dagegen ist sein eben erwähnter Bruder Joseph Besitzer einer großen und kostbaren, ja in ihrer Art vielleicht einzigen Geigensammlung. Dr. Türck selbst aber spielte mit Virtuosität das Violoncell. Man ehrte den gelehrten Arzt durch Aufstellung seiner Büste. Vergleiche das Nähere darüber unten in den Quellen.

Allgemeine Wiener medicinische Zeitung. Redigirt von Dr. Kraus und Dr Pichler (gr. 4°) XIII. Jahrg. (1868), Nr. 9. — Allgemeine Wiener medicinische Wochenschrift (gr. 4°) 1868, Nr 44, S. 363: „Die Türck-Feier". — Wiener Zeitung, 1868, Nr. 50, S. 672. — Allgemeine Zeitung, 1868, S. 903/b. — Neues Wiener Tagblatt, 1868, Nr. 57: „Primarius Dr. Ludwig Türck"; Nr. 93: „Kostbares Geschenk". — Fremden-Blatt. Von Gust. Heine (Wien. 4°.) 1868, Nr. 57 und 361. — Presse (Wiener polit. Blatt) 1861, Nr. 87, Abendblatt: „Pariser Preise an Oesterreicher"; 1868, Nr. 57, im Localanzeiger: „Professor Ludwig Türck". — Neue Freie Presse (Wien) 1868, Nr. 1499: „Enthüllungsfeier". — Hirschel (Bernhard Dr.). Compendium der Geschichte der Medicin von den Urzeiten bis auf die Gegenwart. Mit besonderer Berücksichtigung der Neuzeit und der Wiener Schule (Wien 1862, Braumüller, gr. 8°.) S. 477, 478, 493 u. 500.

**Die Türck-Feier.** Am 31. October 1868 fand im k. k. allgemeinen Krankenhause zu Wien die Enthüllung der Büste des Primararztes und Professors Ludwig Türck, als des Meisters und Schöpfers der Laryngoskopie, statt. Die Feier eröffnete Regierungsrath Director Helm mit einer Rede, in welcher er Türck's wissenschaftliches Wirken in gedrängter Kürze schilderte und dabei wörtlich bemerkte: „Wiederholt finden wir in der Geschichte der Medicin einzelne Krankheitsgruppen mit einem berühmten Namen so innig verbunden, daß wir sagen können für immer — und so ist der Name Türck's von den Krankheiten des Kehlkopfes nie mehr zu trennen — sein Ruhm darin ist durch sein classisches, im vollendetsten Farbendrucke illustrirtes Werk über Kehlkopfkrankheiten festgestellt und gesichert". Während der Rede wurde die vom Bildhauer Pilz nach Hansen's Entwurfe ausgeführte Büste enthüllt, welche nun den Garten des allgemeinen Krankenhauses auf einem der Wohnung, die der Verewigte innegehabt, nächstgelegenen Rasenplatze ziert. Nachdem der Leiter der Statthalterei Ritter von Weber in einer kurzen Rede dem Comité und den Künstlern einige theilnehmende Worte und den Dank für die veranstaltete Feier ausgesprochen hatte, nahm Professor Sigmund zur Schlußrede das Wort. Bedeutsam war jeder Satz des Redners, der wichtigste aber der folgende: „Der anspruchslose Forscher hat diese Auszeichnung wohl verdient, und zwar um so mehr, mit je weniger Zeichen äußerer Ehren er außer seinem Berufskreise geziert worden war. Das edle Bild möge seine Zeitgenossen an alle Vorzüge des Mannes erinnern und der äußeren Welt gegenüber an den Werth ärztlicher Leistungen, zu wärmerer Anerkennung im Leben mahnen, als sie Männern unseres Standes gewöhnlich zutheil wird“.

**Türk**, Johann Baptist (Obercommandant des Kärnthner Landsturmes im Jahre 1809, geb. zu Innsbruck 17. August 1775, gest. zu Töltschach am 30. September 1841). Sein Vater Franz Xaver war Universitätsbuchbinder in Innsbruck. Der talentvolle Knabe widmete sich einige Zeit den Studien, allein wie die Dinge im Elternhause lagen, wurde seine Mithilfe im Buchbindergeschäfte des Vaters nöthig, und so erlernte er, um denselben im Broderwerbe zu unterstützen, dieses Handwerk. Als aber im Jahre 1796 die siegenden Franzosenheere auch Tirol bedrohten, hielt es ihn nicht länger beim Kleistertopf, und voller Begeisterung schloß er sich der Innsbrucker Scharfschützencompagnie an, in welcher er in dem so denkwürdigen Gefechte bei Spinges am 7. April 1797 durch Muth und Tapferkeit sich hervorthat. Ebenso ehrenhaft und tapfer erwies er sich 1799 im Kampfe bei Ramüß im Engadin. Nach dem Friedensschlusse von Luneville (9. Februar 1801) trat er als Buchhalter in die Dienste des Fürstbischofs von Gurk, des Cardinals Franz Xaver Altgrafen von Salm [Band XXVIII, S. 120]. Da brach das ereignißreiche Jahr 1809 über Oesterreich herein, und als in den Apriltagen das österreichische Kriegsmanifest erschien und Tirols Schilderhebung stattfand, eilte er aus der Schreibstube sofort wieder auf den Kampfplatz, viele Gleichgesinnte schlossen sich ihm an und schaarten sich unter seine Führerschaft. Ein paar gelungene, mit ebenso viel Kühnheit als Tapferkeit ausgeführte Handstreiche brachten bald seinen Namen in Aller Mund und richteten die Aufmerksamkeit jener Männer auf ihn, welche man mit den Maßregeln betraut hatte, das hart bedrängte Vaterland aus den Gefahren zu befreien, von denen es bedroht war. Vom Generalcommando in Linz wurde er aufgefordert, den Landsturm in Kärnthen zu organisiren, und darauf mit dem Obercommando über denselben betraut. Verstand, Muth und feste Entschlossenheit leiteten alle seine Unternehmungen. Aber der übermächtige Feind drang unaufgehalten vor, und um nicht unnöthig Menschenleben zu opfern, zerstreuten sich die Schützen. Da aber die Franzosen nach ihm, als dem Oberhaupte der ganzen Bewegung, fahndeten, mußte er sich ein Versteck suchen. Am „Falkenberg“ unweit Klagenfurt war er gut geborgen und vor Verrath sicher. Da wurde er am 17. August 1809 zu einer Unterredung mit dem k. k. Appellationspräsidenten Grafen von Enzenberg und dem k. k. Landrechtspräsidenten Baron von Ulm ersucht. Verkleidet folgte er dem Rufe und erhielt den Auftrag, Nachrichten in das k. k. Hauptquartier zu Dotis in Ungarn zu überbringen. Mit einem Reisepaß auf den Namen Müller, mit 500 fl. Reisevorschuß und von dem Klagenfurter Mehlhändler Metzner begleitet, sollte er sich unter dem Vorwande, Lebensmittel anzukaufen, auf den Weg begeben. Das Schreiben des Präsidenten Enzenberg an den Kaiser wurde ihm in sein Kleid eingenäht. Ein Führer brachte ihn über Großsonntag aus dem Bereiche der französischen Vorpostenkette. Dann ging die Reise mit Vorspann über Warasdin nach Dotis. Daselbst übergab er sein Schreiben an den Kaiser, der ihn an den in Kösztheły weilenden Erzherzog Johann wies, von welchem er die weiteren Aufträge erhalten würde. Der Erzherzog eröffnete ihm nun, daß es im Falle eines Krieges wünschenswerth sei, daß der Landsturm im Rücken des Feindes, und zwar in Krain, Steiermark, Kärnthen und Tirol sich bilde. In den beiden ersten Ländern seien schon Vorbereitungen getroffen, Beweis dessen übergab man ihm kleine Zettelchen, mit den Namen der Ortschaften und der Gleichgesinnten ausgefüllt, die er daselbst finden würde, und machte ihn zugleich mit der Signalisirung bekannt, durch die er sich zu erkennen zu geben habe. Uebrigens wies ihn der Erzherzog an den Präsidenten Ulm, unter dessen Leitung er das Obercommando des Landsturmes zu führen habe. Nach einem Plane Leiningen's sollte man der Stadt Klagenfurt sich bemächtigen. Mit diesen Instructionen und drei in kleinstem Format zusammengelegten Briefen an den in Mailand gefangenen Grafen Peter Goëß [Bd. V, S. 244, Nr. 9], an den Grafen Enzenberg und den Gouverneur von Triest Rosetti trat Türk unter dem Namen Johann B. Seybold seine Rückreise von Kösztheły an. In Marburg angelangt, erfuhr er aus dem Munde der Wirthin „zum Lamm", Anna Zörer, daß er bereits verrathen sei. Mit Hilfe ihres Sohnes, den er, als Fuhrknecht verkleidet, nach Völkermarkt führte, entging er den auf ihn lauernden französischen Spionen. So kam er nach St. Georgen am Sandhof, wo ihn Baron Ulm erwartete. Für den Moment war er der Gefahr entronnen, aber noch standen ihm große Fährlichkeiten bevor. Sein Herr, Fürst Salm, befand sich in äußerster Geldnoth, aber in Triest lag ein großer Eisenvorrath, der versilbert und dessen Erlös dem Fürstbischof überbracht werden sollte. Nebstdem hatte er noch die geheimen in Kösztheły empfangenen Briefe an Mann zu bringen. Nach Triest kam er mit dem fürstbischöflichen Vicedom Dresdner unbeanständet, aber dort, wo bei länger als dreitägigem Verweilen ein assecurirter Aufenthaltsschein zu lösen war, wurde er in dem Moment, als er denselben lösen wollte, verhaftet und auf die Polizeiwachstube abgeführt. Zum Glück hatte er von dem in Kösztheły empfangenen Namensverzeichniß jener Personen, mit denen er in Verbindung treten sollte, Gebrauch gemacht und die in demselben als Patrioten bezeichneten Herren: Polizeidirector Baron v. Longo, Landrath Orefici und Dr. Hofer, ein gebürtiger Klagenfurter, bereits aufgesucht. Um 11 Uhr Morgens war er arretirt worden, Nachmittags um halb 3 Uhr ging es unter Escorte von fünf Polizeimännern auf die Stadtintendanturkanzlei zum Verhöre. Glücklicherweise gelang es ihm in der Zwischenzeit, an einem unsagbaren Orte sich des Inhalts seiner Brieftasche, durch den noch viele Andere compromittirt werden konnten, zu entledigen. Bei dem Verhöre vor dem Platzobersten rettete ihn wieder ein Zufall. Einer der anwesenden Beamten bemerkte nämlich, daß Türk nicht der Gesuchte sei, den er genau zu kennen vorgab, worauf er noch dessen äußere

Erscheinung, welche in keinem Stücke mit jener Türk's zusammentraf, beschrieb. Nach kurzer Debatte des Vorsitzenden mit den übrigen Beamten ward der Angehaltene entlassen und bedeutet, seinen Aufenthaltsschein abzuwarten. Als er die Stadtintendantur verließ, wurde er bereits von Baron Longo auf der Straße erwartet, der ihm durch Winke zu verstehen gab, daß er ihm folgen solle. Er that es, und in der Wohnung Longo's erfuhr er von dem Plane, welcher zu seiner Befreiung ausgeführt werden sollte, falls man ihn zum Tode verurtheilt hätte. Nun er glücklich der Gefahr, wenigstens für den Augenblick, entronnen, wurden sofort Anstalten zu seiner auf den nächsten Tag Morgens 4 Uhr festgesetzten Abreise getroffen. Indessen hatte auch Vicedom Dresdner die 72.000 fl. für das fürstbischöfliche Eisen in Empfang genommen. Und nun erst rückte Türk die Gefahr ganz nahe, aber wie durch ein Wunder entging er derselben, denn mit dem Courier, welchen General Rusca, als die Abreise des Flüchtigen ruchbar geworden, zu dessen Verhaftung nachgesendet hatte, kreuzte sich Türk in Adelsberg, wo er des Umspannens wegen länger verweilen mußte. Daselbst aber fand er noch rechtzeitig in einem Commis der fürstbischöflichen Eisenhandlung Namens Roder einen Warner, der ihm den Auftrag des Fürstbischofs überbrachte, jetzt ja nicht nach Klagenfurt zu kommen, da ihm dort die größte Gefahr drohe. Er eilte nun, so rasch er konnte, nach Prewald. Als der dortige Postmeister Decleva in den Paß des flüchtigen Türk Einsicht genommen, blickte er denselben zuerst mit großen Augen an und gab ihm dann durch ein Zeichen zu verstehen, ihm zu folgen. Als sie allein waren, entdeckte er dem Passagier, in welcher Gefahr derselbe schwebe, und daß er vom Gouverneur Rosetti den Auftrag habe, ihn sogleich nach Fiume zu befördern. Nun wurde Türk als Postknecht ausstaffirt, und während er mit der Briefpost nach Fiume fuhr, reiste Dresdner mit dem Gelde nach Klagenfurt. Und noch einmal entging er wie durch ein Wunder der schlimmsten Gefahr. Er hatte Fiume glücklich erreicht, aber nach sechs Tagen drängte es ihn fort, um alle in Köszthely empfangenen Aufträge auszuführen. Ungefährdet kam er bis Lindenheim, in dessen Nähe Bischof Salm in einem Elisabethinerinenkloster sich befand. In dem Orte waren zwei französische Mineurofficiere mit Arbeiten bei einer Schleuse des Stadtgrabens beschäftigt. Der Zuruf eines Bekannten, von dem er unvorsichtiger Weise mit seinem wahren Namen angesprochen wurde, erweckte die Aufmerksamkeit des Einen der beiden Officiere. Indessen erreichte er glücklich das Elisabethinerinenkloster, wo Bischof Salm ihn huldvoll empfing und ihm einen Wanderstab von Haselnußholz überreichte, der ihm von einem Bauer übergeben worden war, mit der Bitte, ihn dem Türk, wenn er käme, einzuhändigen. Dieser, der das Zeichen verstand, brach den Stock entzwei und fand in der Höhlung eine Hofdepesche, die er an Baron Ulm überbringen sollte. Während dies im Kloster vor sich ging, blieb auch der französische Officier, der Verdacht geschöpft hatte, nicht müßig und ließ in allen Häusern nach Türk suchen. Ein wackerer Wirth, Namens Jessernigg, der des Letzteren Anwesenheit im Kloster ahnte, eilte sofort dahin und theilte der Oberin mit, in welcher Gefahr der Gast schwebe. Und nun kommt das Beste. Türk wurde in ein Seitengemach gebracht, wo er sich an Speise und Trank

erquickte, und nachdem dies geschehen, begab sich der allerorts Gesuchte, während die französischen Stabsofficiere im Speisesaale an der Tafel saßen, durch das Zimmer des Consistorialdirectors in den Garten, brach eine Stakete aus, um auf die Wiese zu gelangen, und ging, in einem Buche lesend, langsamen Schrittes fort und immer weiter fort und kam unangefochten nach Maria Saal, wo er bei einem Freunde Zuflucht fand. Dort hielt er sich zwei Tage versteckt, fuhr dann über den Großinghof und Feldkirchen mit einem bedeutenden in Getreidesäcken verborgenen Pulvertransport in das Möllthal und gelangte von da zu seinen Tirolern. Bezüglich der ausführlicheren höchst interessanten Kreuz- und Querfahrten, die **Türk** im Dienste seines von den Franzosen geknechteten Vaterlandes und zu dessen Befreiung mit wahrem Heldenmuthe unternahm, wobei er überall, in der höchsten Gefahr, wie durch ein Wunder immer wieder gerettet wurde, verweisen wir auf die unten angegebenen Quellen. Zur Belohnung für seine dem Vaterlande in schlimmer Zeit geleisteten Dienste erhielt er die große goldene Civilverdienstmedaille und einen einträglichen Tabakverlag. Im Alter von 66 Jahren entriß der Tod diesen Bravsten der Braven dem Vaterlande.

**Carinthia** (Klagenfurter Unterhaltungsblatt 4°.) XXXI. Jahrg., 27 November 1841 Nr. 48. — **Dieselbe** XLVI. Jahrg 1856 Nr. 31: „Lebensbilder aus der Vergangenheit. Johann Türk". — **Der Aufmerksame** (Graz, 4°) Jahrg 1856, Nr. 180 und 181 „Lebensbilder aus der Vergangenheit". — (**Hormayr**) **Lebensbilder** aus dem Befreiungskriege. I. Ernst Friedrich Herbert Graf von Münster. Erste Abtheilung. Zweite vermehrte Auflage (Jena 1845, Fromann, 8°.) S. 402.

Noch ist zu verzeichnen: 1. Ein Naturforscher **R. Türk**, von dem im 5ten Bande der „Verhandlungen des Wiener zoologisch-botanischen Vereines" S. 179 die interessante Abhandlung: „Ueber die Wirkungen des Bisses von Giftschlangen aufeinander" steht. — 2. Ein zeitgenössischer dramatischer Poet Oesterreichs Namens **Franz Türk**. Die von L. **Rosner** in Wien verlegte Sammlung: „Neues Wiener Theater", in welcher Oesterreichs jüngere Dramatiker wohl vollständig vertreten sind, enthält in Nr. 53 das Stück: „Das Weib des Urias. Trauerspiel in fünf Acten nebst einem Vorspiele von **Franz Türk**" (93 S.). Ob **Türk** des Dichters wahrer Name oder ein Pseudonym ist, können wir nicht sagen.

**Türckheim**, Karl Freiherr (k. k. **Feldmarschall-Lieutenant** und **Ritter** des Maria Theresien-Ordens, geb. zu **Wien** 1743, gest. 13. December 1798). Der Sproß eines alten rheinischen Geschlechtes, wahrscheinlich der **Türckheim** von **Altdorf**, worüber Näheres S. 87 die Quellen enthalten. Er diente bereits im siebenjährigen Kriege bei Clerici-Infanterie Nr. 44. Mit Auszeichnung kämpfte er in diesem Regimente bei Hochkirch (13. und 14. October 1758), wo König **Friedrich** II. von **Daun** überfallen und geschlagen, und bei Maxen (20. und 21. November 1759), wo der preußische General **Fink** von den Oesterreichern unter **Daun** aufgerieben wurde; wohnte der Belagerung von Dresden (Juli 1760) bei und rückte im Laufe des Krieges zum Hauptmanne vor. Im Jahre 1770 zum Major bei Puebla-Infanterie Nr. 26 und 1773 zum Oberstlieutenant in seinem früheren Regimente, damals bereits Gaisruck-Infanterie, befördert, kam er 1777 in gleicher Eigenschaft ins Regiment Nr. 26, damals Feldzeugmeister Riese, zurück, in welchem er im August 1781 zum Obersten ernannt wurde. Als solcher stand er mit zwei Bataillonen seines Regiments während des Türkenkrieges 1788—1790 in der Militärgrenze. Im Jänner 1789 wurde er zum Generalmajor befördert. Als solcher trat er [illegible] bei der Belagerung von Belgrad 1789 besonders hervor. Nicht nur leitete er freiwillig Tag und Nacht auf das eifrigste die Arbeiten in den Tranchéen, und traf bei den Arbeiten selbst die zweckmäßigsten und umsichtigsten Verfügungen, sondern zeichnete sich auch bei gefahrvollen Gelegenheiten, woran es nicht fehlte, durch Muth und Tapferkeit aus. Als der Feind am 19. September einen Ausfall unternahm, durch welchen unser linker Flügel von einer Umgebung bedroht wurde, war es General Türckheim, der besonders thätig in das Gefecht eingriff, durch umsichtige Anordnungen die Absichten des Feindes vereitelte, dann während der Belagerung die ersprießlichsten Dienste leistete und jede weitere Gefahr von den Unseren abwendete. Als nach Beendigung des Krieges mit der Pforte Kaiser Leopold II. ein Capitel des Maria Theresien-Ordens einberief, wurde in der 23. Promotion (vom 19. December 1790), welche der Kaiser in eigener Person abhielt, auch Türckheim mit dem Ritterkreuze ausgezeichnet. Später noch zum Feldmarschall-Lieutenant befördert, starb er als solcher im Alter von 57 Jahren.

Hirtenfeld (J.). Der Militär-Maria Theresien-Orden und seine Mitglieder (Wien 1857, Staatsdruckerei, kl. 4°.) S. 311 und 1734.

**Zur Genealogie der Freiherren von Türckheim.** Es gibt ein freiherrliches Geschlecht Türckheim und ein solches, welches sich Türkheim schreibt. Beide unterscheiden sich übrigens auch durch die Prädicate, welche sie führen, denn ersteres nennt sich mit vollem Namen Türckheim von Altdorf, letzteres hieß ursprünglich Nebel von Türkheim und schreibt sich seit 1842 Türkheim von Geislern. Die Felder 1 und 4 der beiderseitigen Wappen sind im Emblem identisch, nicht aber in der Farbe, denn die Türckheim von Altdorf weisen im ersten und vierten Felde [illegible] Die Felder 2 und 3 [illegible] Die Türckheim von Altdorf [illegible] Namen in ihren Reihen, wir nennen nur [illegible] den berühmten Staatsmann **Johannes** von Türckheim (geb. 1749, gest. 1824), der durch die französische Schreckensherrschaft zu Ende des vorigen Jahrhunderts aus seiner Heimat Elsaß vertrieben, im Badischen sich ansiedelte und in darmstädtische Dienste trat, dann den französischen Staatsmann **Leonhard Friedrich** Freiherrn von Türckheim (gest. 1831), der unter der Napoleonischen Periode Finanzminister in Baden war. Daß auch unser Maria Theresien-Ordensritter General **Karl** Freiherr von Türckheim [S. 86] dieser Familie angehört, zweifeln wir keinen Augenblick, wenn wir ihn auch aus Mangel an genealogischen Daten nirgends einzureihen wissen, wie es unzweifelhaft ist, daß der weiter unten erwähnte General **Friedrich Rudolph Albrecht** Freiherr von Türckheim zu den Sprossen dieses Geschlechtes zählt. Mit einem **Hanemann** von Türinkheim, auch Türck genannt, der sich 1439 das Bürgerrecht in Straßburg erkaufte, beginnt die Stammreihe der Freiherren Türckheim von Altdorf, welche sich bis auf die Gegenwart fortführen läßt. Zwei Brüder, **Nicolaus** und **Ulrich**, erhielten 1552 eine Erneuerung ihrer Adelsrechte und eine Wappenvermehrung. Beide bildeten auch besondere Linien, jene des Ersteren, welcher Mitglied des beständigen Regiments der XIII zu Straßburg war, erlosch schon um die Mitte des siebzehnten Jahrhunderts. Dagegen blüht die von dem Letzteren (gest. 1572) gestiftete noch heute in zwei Zweigen. Ulrichs Urenkel **Johann** Türckheim wurde mit Diplom ddo. 8. März 1782 von Kaiser Joseph II. der Freiherrenstand verliehen, und seine beiden Söhne **Johann** und **Bernhard Friedrich** sind die Stammväter der heute noch bestehenden zwei Linien dieses Geschlechtes, der älteren badischen und der jüngeren Straßburger Linie. Zu Oesterreich steht die erstere durch Heiraten — indem der k. k. Major **Christian Friedrich** Freiherr von Türckheim (geb. 11. April

1782, gest. 2. Mai 1842) mit Maria Elisabeth, Tochter des k. k. Kämmerers und Präsidenten der breisgauischen Landstände Anton Freiherrn von Baden, und **Karoline Friederike** Freiin von Türckheim (geb. 14. März 1785, gest. 11. März 1840) mit Karl Grafen von Welsperg vermält waren — und durch den schon erwähnten **Friedrich Rudolph Albrecht** Freiherrn von Türckheim in näherer Beziehung. Dieser Letztere (geb. 1. Jänner 1819) stand 1843 als Oberlieutenant des k. k. Ingenieurcorps in der Festung Mainz, rückte im Generalstabe zum Major auf und wurde als solcher mit ah. Entschließung vom 7. October 1859 für seine in der Kriegsmarine durch nahezu drei Jahre, wie es im Diplom heißt, „mit aller Umsicht, mit Fachkenntniß und mit hingebendem Fleiße durchgeführte Leitung des Land- und Wasserbauwesens" mit dem Orden der eisernen Krone dritter Classe ausgezeichnet. Als Oberst und Vorstand der Land- und Wasserbauten im k. k. Kriegsministerium, Marine-Abtheilung, führte er im Seearsenale zu Pola die Oberleitung des großen Trockendecks, dessen Dimensionen so ungeheuer sind, daß die größten Panzerschiffe darin Platz haben. Durch die Vollendung dieses 1863 begonnenen Werkes im Jahre 1868 wurde die Unabhängigkeit der k. k. Kriegsmarine vom Auslande hergestellt. Zur Zeit lebt Freiherr Friedrich Rudolph Albrecht als Generalmajor im Ruhestande.

**Wappen der Freiherren Türckheim von Altdorf.** Quadrirter Schild. 1 und 4: in Blau ein goldener rechtsgekehrter Löwe; 2 und 3: in Gold ein schwarzer, oben und unten von einem schwarzen Stern begleiteter Querbalken. Auf dem Schilde ruhen zwei Turnierhelme, aus der Krone des rechten wächst ein einwärtsgekehrter goldener Löwe; auf jener des linken ist in zwei mit schwarzen Querbalken belegten goldenen Büffelhörnern ein schwarzer Stern eingestellt. Helmdecken: die des rechten Helmes blau, jene des linken schwarz beiderseits mit Gold unterlegt.

**Türkheim**, Ludwig Freiherr von (Arzt und Sanitäts-Referent der k. k. vereinigten Hofkanzlei, geb. zu Wien 1777, gest. ebenda am 14. April 1846). Der Sproß einer altadeligen kurmainzischen, zu Anfang des siebzehnten Jahrhunderts nach Oesterreich übersiedelten Familie, über welche in den Quellen S. 89 Näheres berichtet wird. Sein Vater Karl Ludwig, einer der verdienstvollsten Staatsbeamten Oesterreichs, stand lange Zeit beim Hofkriegsrathe als Hofrath in Verwendung und wurde 1796 zum Staatsrathe ernannt. Die „Oesterreichische Biedermanns Chronik" schreibt über denselben: „daß er nebst seinen vielen scientifischen Kenntnissen einen unbändigen Fleiß besitze, mit dem er bei dem Hofkriegsrathe gleichsam alle Geschäfte durchdringen und erschöpfen will. Dem Monarchen hat er durch ausgezeichnete Thathandlungen im letzten preußischen Feldzuge Proben von seiner Geschicklichkeit abgelegt und sich deshalb der höchsten Gnade und des Vertrauens würdig gemacht. Sein moralischer Charakter ist vortrefflich und mit patriotischen Gesinnungen und wahrer Menschenliebe vergesellschaftet". Dieses ausgezeichneten Mannes Sohn, unser Ludwig, wollte sich den naturhistorischen Studien widmen, für welche er seit früher Jugend besondere Neigung zeigte. Aber auf den Wunsch seines Vaters wendete er sich der Rechtswissenschaft zu, und in der Folge überraschte er nebst den juridischen Zeugnissen denselben auch mit jenen über die zu gleicher Zeit zurückgelegten medicinischen Studien. Und so stand seiner Berufswahl nichts mehr im Wege. Im Jahre 1800 erlangte er das Doctorat der Medicin und wurde Mitglied der Facultät. Er wirkte nun längere Zeit als praktischer Arzt und machte sich als solcher einen so ausgezeichneten Namen, daß seine Berufung in den Staatsdienst erfolgte. In demselben bewährte er die bekannte Türkheim'sche Gediegenheit, und wie bisher am Krankenbette, so that er sich jetzt auch am Rathstische durch energischen Willen und rasche, scharfblickende Einsicht in wichtigen Fällen hervor. Er wurde nun wirklicher Hofrath und Sanitätsreferent bei der k. k. vereinigten Hofkanzlei, dann Beisitzer der k. k. Studien-Hofcommission und Vicedirector des medicinisch-chirurgischen Studiums, in welch beiden letzteren Eigenschaften er nicht geringen Antheil hat an der Entwickelung der eben in der Zeit seines Referates zum höchsten Glanze gelangten Wiener medicinischen Schule. Besonders in der Wahl der leitenden und lehrenden Kräfte besaß er einen Scharfblick ohne Gleichen, und verstand er es, seine Anträge, welchen nicht selten Zunftneid und alter Schlendrian Widerstand entgegenzustellen versuchten, zur Ausführung zu bringen. So sind namentlich Skoda und Türck geradezu als seine Objecte zu bezeichnen. Er war zuletzt Leibarzt der Familie des Erzherzogs Franz Karl. In den Jahren 1817 und 1829 bekleidete er die Würde des Rector magnificus an der Wiener Hochschule. Seine Thätigkeit in den verschiedenen Zweigen seines Berufes als Sanitätsreferent war unermüdlich, und dieselbe erhielt durch den Schatz seiner reichen Kenntnisse auf den verschiedenen Gebieten menschlichen Wissens, durch die unbeirrbare Humanität seines Charakters, wie durch die Bereitwilligkeit, mit der er alles Schöne, Nützliche und Gute in seinem Wirkungskreise zu fördern suchte, eine ganz besondere Weihe. Er war ein Freund seiner Freunde, ein wohlwollender Förderer des Talentes und im geschäftlichen Verkehre durch seinen geraden Sinn, seinen Freimuth und seine Herzensgüte allgemein beliebt und verehrt. Als Schriftsteller ist er nie aufgetreten, dazu fehlte ihm bei seiner ausgedehnten Praxis und amtlichen Wirksamkeit die erforderliche Zeit. Daher ist auch der Ruf seines Namens nicht ins Ausland gedrungen, aber in Wien stand Türkheim unter den praktischen Aerzten obenan, und es ist Thatsache, daß, als die Kunde von seinem Hingange sich verbreitete, die medicinische Facultät der Wiener Hochschule den Beschluß faßte: für den Verstorbenen in corpore Trauer anzulegen, ein Vorgang, der sich unseres Wissens selbst bei den Koryphäen der Wiener Hochschule, wie Oppolzer, Rokitansky, Skoda nicht wiederholt hat. Türkheim starb eines plötzlichen Todes. Am Vormittag des 14. April befand er sich noch vollkommen wohl. Er nahm nun ein Bad, und sein langes Verweilen in demselben fiel auf. Man sah nach und fand ihn entseelt. Die Berstung der Aorta hatte sein Ende herbeigeführt. Dem verdienstvollen Freiherrn wurden für sein Wirken mannigfache Auszeichnungen zutheil. Der Kaiser verlieh ihm das Ritterkreuz des St. Stephansordens, auch Bayern und Baden schmückten ihn mit ihren Decorationen; naturwissenschaftliche, ärztliche und andere gelehrte Vereine zu Padua, London, Erlangen, Venedig u. s. w. ernannten ihn zu ihrem wirklichen, correspondirenden oder Ehrenmitglied. Aus seiner Ehe mit Angelica Freiin Dubaine-Mallechamps überlebten ihn drei Söhne und zwei Töchter, sämmtlich aus der Stammtafel ersichtlich.

Allgemeine Theater-Zeitung. Herausgegeben von Adolph Bäuerle (Wien, gr. 4°.) 39. Jahrg. (1846), Nr 94: Nekrolog von Weidmann. — Frankl (Ludwig August). Sonntagsblätter (Wien, 8°.) V. Jahrg. (1846), S. 376 und 435.

**Porträt.** Lithographie von Kriehuber (Wien 1841, Fol.).

**Zur Genealogie der Freiherren Türkheim von Geißlern.** Dieselben stammen aus dem Mainzischen, und das daselbst in der Stadt

Bingen schon um 1570 in kurmainzischen Diensten vorkommende Geschlecht hieß ursprünglich Nebel genannt Türkheimer. Aus demselben erlangten ddo. Prag 14. Februar 1613 die Brüder **Balthasar, Hans, Wendelin** und **Philipp** Nebel genannt Türkheimer, die gleich ihren Voreltern dem Hochstifte Mainz besonders im Justizfache langjährige Dienste leisteten, einen Wappenbrief, den ihr Ahn **Thomas** bereits s. d. Augsburg 22. September 1530 erhalten, aber im Laufe der Kriegsereignisse verloren hatte. Philipps Enkel **Philipp Johann** wurde mit Diplom ddo. Wien 16. October 1689 in den Reichsadel und des Letzteren Enkel **Karl Ludwig,** der berühmte Staats- und Conferenzrath, mit Diplom ddo. Wien 28. Mai 1801 in den Freiherrenstand erhoben. Dessen Sohn **Ludwig** ist der berühmte Wiener Sanitätsreferent der k. k. vereinigten Hofkanzlei, und des Letzteren Sohn **Ludwig Joh. Nep.** nahm im Jahre 1842 den Namen Geißlern an, und seitdem nennt sich das Geschlecht Türkheim-Geißlern. Den heutigen Familienstand macht die Stammtafel ersichtlich. Der gegenwärtige Chef des Hauses Freiherr Ludwig Johann Nep. von Türkheim-Geißlern ist Patrizier von Fiume und Abgeordneter im mährischen Landtage. Sein jüngerer Bruder **Karl** wurde im diplomatischen Corps angestellt und fungirte 1880 als Legationsrath bei der k. k. Gesandtschaft in den Niederlanden. Des Freiherrn Ludwig Sohn, gleichfalls **Ludwig** mit Vornamen, widmete sich dem Staatsdienste und bekleidete 1879 die Bezirkshauptmannsstelle zu Proßnitz in Mähren.

**Wappen.** Von Roth und Gold quadrirter Schild mit Herzschild. Dieser zeigt in Blau drei goldene Sterne in Form eines gestürzten Dreiecks. Von den Feldern des Wappens zeigt 1 und 4 in Roth einen goldenen rechtshinspringenden Löwen; 2 und 3: einen rechtsgekehrten, geharnischten wachsenden Mann mit offenem Visir und rothem Helmbusch, in der Rechten ein Schwert emporhaltend, die Linke in die Hüfte stemmend. Den Schild bedeckt die Freiherrenkrone. Schildhalter: Zwei goldene Löwen

## Stammtafel der Freiherren Türkheim von Geißlern.

**N. N.**

**Balthasar,** 1613 Wappenbrief. — **Hans,** 1613 Wappenbrief. — **Wendelin,** 1613 Wappenbrief. — **Philipp,** 1613 Wappenbrief.

(Sohn des Philipp:)
**Gebhard.**
**Anna Schoßinger von Schoß.**

**Philipp Johann,**
1689 Reichsadel.
**N. N. Vogel von Canenburg.**

**Karl Ferdinand.**
**Therese de Lâmotte.**

**Karl Ludwig** [S. 88, im Text],
1801 Freiherr,
Staats- und Conferenzrath.
**N. N.**

**Ludwig** [S. 88]
geb. 1777, † 14. April 1846.
**Angelique Freiin Dubaine-Malleschamps**
geb. 2. November 1794,
† 2. März 1835.

**Polyxena** geb. 2 Juni 1815, †, vm. **Joseph Ritter von Stahl.** — **Ludwig Joh. Nep.** geb. 25. August 1817. **Elisabeth Freiin Brenner von Felsach** geb. 23. Jänner 1820, † 2. October 1852. — **Karl** geb. 12. Mai 1821. — **Josepha** geb. 14. April 1826, vm. **Antonio Gioppi.** — **Johann** geb. 16. Mai 1830.

(Söhne des Ludwig Joh. Nep.:)
**Ludwig** geb. 7. Jänner 1844. — **Joachim** geb 16 December 1847.

**Türr,** Stephan (österreichischer Deserteur, geb. zu Baja am 10. August 1825). Obgleich überall als Vollblutungar angegeben, ist er doch von deutscher Abstammung, und sein Bruder Albert, seines Zeichens ein ehrsamer Schuster, diente noch 1861 bei Coronini-Infanterie Nr. 6 als braver und zuverlässiger Soldat. Als Studirender trat Stephan am 8. März 1842 zu Zombor in die kaiserliche Armee und wurde im Jahre 1848 vom Feldwebel zum Unterlieutenant im 52. Linien-Infanterie-Regimente, damals Erzherzog Franz Karl, befördert. Das dritte Bataillon dieses in Italien liegenden ungarischen Regiments, welches seinen Werbbezirk in Fünfkirchen hatte, stationirte in Ungarn, wo es durch die Revolution größtentheils in seiner Pflichterfüllung wankend geworden war. Als Türr mit seinem Gesuche um Uebersetzung dahin abgewiesen wurde, faßte er im Stillen den Entschluß, seine Fahne, sobald sich ihm Gelegenheit darböte, zu verlassen. Am 17. Jänner 1849 stand er zu Buffaloro auf Vorposten, und dort kam ihm jener von Ladislaus Grafen Teleki [Bd. XLIII, S. 253] unterzeichnete und von dem in Turin weilenden Revolutionsagenten Ungarns Ludwig Splényi [Band XXXVI, S. 207] verbreitete Aufruf in die Hände, in welchem die ungarischen Regimenter in der Armee Radetzky's zu Eid- und Treubruch aufgefordert wurden. Und Tags darauf, nach der Ablösung von den Vorposten, entwich er meineidig von seiner Truppe. Daß er diesem Schritte lediglich politische Motive unterschob, ist selbstverständlich; doch lagen die Dinge anders. Einer pflichtwidrigen Gebarung mit Compagniegeldern dringend verdächtig und sowohl dieserhalb als wegen leichtsinnigen und unbefugten Schuldenmachens jeden Augenblick einer Untersuchung gewärtig, entzog er sich derselben durch die Desertion. Interessant ist es, wie nun der Deserteur im Hauptquartier zu Vigevano unter den Auspicien eines königlichen Prinzen von Savoyen förmlich eine festliche Aufnahme fand! Wenngleich er unter die damals allgemein gangbare Maske eines wegen politischer Ueberzeugung verfolgten Märtyrers sich hüllte, so kann man doch nicht anders, als annehmen, daß die Begriffe von Recht und militärischer Ehre in der einst so wackeren piemontesischen Armee, selbst bei ihren obersten Führern abhanden gekommen, wenn man einen Mann, der, möge man die Dinge wenden, wie man wolle, immer nur Deserteur war und blieb, in solcher Weise aufnahm. In Turin wurde Türr von Splényi zum Capitän und Commandanten der auf sardinischem Boden versammelten österreichischen Deserteure ernannt. Diese Leute, etwa eine Bande von 150 Mann, organisirte er zu Alessandria in eine Legion und begab sich mit ihr nach Nizza, weil es im Plane lag, von dort nach Fiume und dann nach Ungarn zu ziehen. Allein der vernichtende Sieg Radetzky's machte diesem Vorhaben ein Ende, und Türr ging nun mit einem Theile seiner Legion nach Baden, wo er von Siegel, der die Aufständischen commandirte, erst zum Major, dann zum Obersten ernannt wurde. Ueber die Motive, welche den Vollblutmagyaren nach Baden trieben, wo doch für die Ungarn zur Erkämpfung ihrer Selbständigkeit nichts geschehen konnte, herrscht noch zur Zeit unaufgeklärtes Dunkel. Nachdem der Aufstand in Baden niedergeschlagen war, ging der Deserteur nach Bern, um sich mit dem daselbst weilenden ungarischen Agenten Draskovich in Verbindung zu setzen.

Auch knüpfte er mit dem Grafen Teleki in Paris einen lebhaften Verkehr an und begab sich im März 1850 persönlich dahin. Dort im Palais royal hielten die Häupter der Emigranten, darunter auch Teleki, ihre Zusammenkünfte, in welchen politische Pläne und neue Revolutionsprojecte für die Zukunft entworfen wurden. Von Paris ging er nach London, wo er mit Pulszky [Bd. XXIV, S. 71], dem vor nicht langer Zeit Professor Schwicker in der Augsburger „Allgemeinen Zeitung" ein biographisch-kritisches Denkmal setzte, in Verbindung trat. Pulszky weihte ihn in seine nahen Beziehungen zu dem Hochverräther Kossuth ein und spiegelte ihm auch Hoffnungen auf eine baldige Herstellung eines selbständigen Königreichs Ungarn vor. Doch mochte Türr nicht auf die Erfüllung dieser Hoffnungen warten, wenigstens trug er sich mit dem Plane, in türkische Dienste zu treten, in welchen eben damals schon ein Theil der ungarischen Emigration Verwendung gefunden hatte. Eine Unterstützung, welche ihm aus der Casse des Revolutionscomités zufloß, brachte ihn aber wieder davon ab, und nun entwickelte er eine fast fieberhafte Thätigkeit als Revolutionsagent, wozu ihm die Mittel theils von der Revolutionspropaganda, theils auch von anderer Seite beigeschafft wurden, denn er war immer auf Reisen zwischen London und Paris, zwischen der Schweiz und Piemont, wodurch er nicht nur die Häupter der Emigration aller Länder, wie in der Schweiz Carlo Clerici, Mazzini's thätigsten Agenten, in London Aurelio Saffi, Mazzini's Vertrauten, sondern auch zum guten Theile die verschiedensten Pläne und Geheimnisse der revolutionären Actionspartei kennen lernte. Nachdem Kossuth sich nach London begeben hatte, reiste auch er dahin, um sich dem Agitator zur Disposition zu stellen. Daselbst traf er über ein halbes Hundert der vornehmsten Emigranten und wurde in die Pläne eingeweiht, mit welchen man sich in Bezug auf Ungarn trug. In Kossuth's Auftrag begab er sich nun nach Turin, um dort die weiteren Weisungen abzuwarten, auch hatte er Aufträge, die ihm der Rebell Vetter geben sollte, so anzusehen, als wenn sie unmittelbar von Kossuth selbst ausgingen. Als er im November 1851 wieder in Turin eintraf, erfuhr er von dem Mazzini'schen Agenten Conte Grilli, daß er zum Leiter der revolutionären Unternehmungen entweder im Mailänder oder Venetianischen District auserſehen sei. Im März 1852 erhielt er von Vetter den Auftrag, die Dislocation der k. k. Truppen in Italien genau zu erforschen, dieselben so weit als möglich für die Ziele der Revolution zu gewinnen, sich zu diesem Zwecke geeigneter Unteragenten zu bedienen und über Alles zu berichten. Mit diesen Weisungen verband Vetter aber auch eine Rüge über die geringe Thätigkeit des italienischen Revolutionscomités und die Nachricht, daß er selbst bald nachkommen werde, um Einsicht zu nehmen in den Stand der Dinge und zu energischerem Vorgehen aufzumuntern. So wurde Türr von seiner eigenen Partei vornehmlich zu revolutionären Spionsdiensten verwendet. Im April 1852 erschien bei ihm der Ungar Bognár, welcher, nachdem er sich legitimirt hatte, von ihm die Namhaftmachung jener Individuen der kaiserlich österreichischen Armee forderte, an welche man sich, um sie für Rebellionszwecke zu gewinnen, wenden könne. Auch erhielt Türr um diese Zeit einen Auftrag Kossuth's, über die Zustände in Italien ausführlich zu berichten und sonst alle nur denkbaren Mittel anzuwenden, um die in Italien liegenden kaiserlichen Truppen zu corrumpiren und zum Treubruch zu verleiten. Der wenig günstige Bericht, den Türr nun erstattete, bestimmte Kossuth, ihn nach London kommen zu lassen, wo dann, nachdem man noch mit Mazzini Rücksprache gepflogen hatte, der Beschluß gefaßt wurde, daß fortan die in allen bedeutenderen Orten Italiens organisirten Revolutionscomités die Corrumpirung der kaiserlichen Truppen zu übernehmen hätten. Im October 1852 von Kossuth förmlich zu dessen Agenten in Italien ernannt, nahm Türr als solcher seinen Aufenthalt in Turin. Wenige Monate später, im Februar 1853, fand der bekannte Aufstandsversuch in Mailand statt. Türr, der mit einer Revolutionsschaar in Stradella Posto faßte, um zu geeigneter Zeit an demselben Antheil zu nehmen, nach Anderen aber aus dem sicheren Verstecke des Cantons Tessin sich an jenem Versuche betheiligte, wurde von einem österreichischen Kriegsgerichte in contumaciam zum Tode verurtheilt und in Fünfkirchen, der Werbbezirksstation des Regiments, aus welchem er desertirt war, in effigie gehenkt. Die sardinische Regierung aber ließ ihn damals festnehmen und über Genua nach Marseille bringen, von wo er nach London ging. Trotz der eben erwähnten mißlungenen Demonstration erhielt er doch von Mazzini im Sommer 1853 neuerdings den Auftrag, sich nach Zürch zu begeben, um mit den dort weilenden Flüchtlingen eine neue Schilderhebung gegen Oesterreich vorzubereiten. Aber durch das Mißlingen des Mailänder Putsches vorsichtig gemacht, lehnte er ab. Die politische Lage war eben damals allen Complotten gegen Oesterreich ungünstig, denn von der Seine erscholl das Losungswort: Ruhe in Italien; in Folge der bereits im Orient begonnenen Verwickelungen fand es der Imperator an der Seine für angemessen, mit Oesterreich das beste Einvernehmen zu erhalten. Den größten Theil des Sommers 1853 brachte Türr in Paris zu. Von dort zeigte er Kossuth seine Absicht an, in den Orient zu gehen, und sah Weisungen des Agitators entgegen. In der Türkei hielt sich zu jener Zeit der größere Theil der ungarischen Emigration auf, welcher sich auch die Emigranten anderer Länder angeschlossen hatten, die nun sämmtlich als Werkzeuge der großen Revolutionspropaganda dort ihre Verhaltungsbefehle erwarteten. Immer actionsbereit, verfolgte man den Verlauf der orientalischen Angelegenheiten, um, wenn der rechte Augenblick käme, denselben zu eigenen Interessen auszubeuten und nöthigenfalls activ einzutreten. So wurde denn Türr mit einem Empfehlungsschreiben an Guyon [Bd. VI, S. 50] gewiesen, und ihm zugleich der Auftrag ertheilt, über alle wichtigen Vorkommnisse und sonstige Wahrnehmungen zu berichten und sich mit Alexander Gál [Bd. V. S. 45 in den Quellen], der als Kossuth's Generalbevollmächtigter in Constantinopel weilte und dessen Thätigkeit sich auch über Serbien erstreckte, in Verbindung zu setzen. In Malta schloß er sich auch an Klapka [Bd. XII, S. 6] an und ging mit ihm zusammen nach Constantinopel. Da, wie die Verhältnisse eben lagen, ein Eintritt in türkische Dienste nicht räthlich erschien, sah er noch nach Gál's Eröffnungen anderer Verwendung entgegen. Dieser hatte ihm mitgetheilt, daß er in Widdin bereits über nahezu ein halbes Tausend

Verbündete verfüge, mit denen eine Demonstration nach Siebenbürgen beabsichtigt werde. Als aber die Guerillabanden von Warady, kaum, daß sie ihre Thätigkeit beginnen wollten, theils zersprengt, theils niedergeworfen wurden, löste sich auch dieser Traum einer neuen Erhebung in Nichts auf. Kossuth hatte auch Serbien in den Calcul seiner Projecte einbezogen, und Türr sollte von dort aus seine revolutionäre Thätigkeit über Ungarn ausdehnen. Aber das schien Türr doch zu gewagt, die mit dieser Mission verbundenen Gefahren ließen es ihm räthlich erscheinen, dieselbe abzulehnen. Dagegen begab er sich mit einer Empfehlung Klapka's in das Hauptquartier Omer Pascha's [Bd. XXI, S. 59], wo er bis April 1854 als Volontär verweilte. Daselbst mitten unter zahlreichen ungarischen, polnischen und walachischen Emigranten hatte er die beste Gelegenheit, wahrzunehmen, wie die Chancen der Sache, welcher er diente, stünden, und er konnte bald die Ueberzeugung gewinnen, daß die Dinge nichts weniger als günstig lagen, in welchem Sinne er auch an Kossuth berichtete. Die imposanten Rüstungen Oesterreichs in nächster Nähe sahen ihm für eine neue revolutionäre Erhebung mit einigen hundert Rebellen, die wenig Aussicht hatten, von irgend einer politischen Macht nachhaltig unterstützt zu werden, wenig verlockend aus, und so stand er vorderhand von jeder weiteren revolutionären Action ab. Und da ihm ein Versuch, in den activen Dienst der Pforte zu treten, mißlang, kehrte er wieder nach Paris zurück. Bis zum Frühling 1855 blieb er daselbst, dann begab er sich auf Kossuth's Geheiß neuerdings in den Orient. Auf der Reise dahin schloß er sich in Malta dem zur Einschiffung nach der Krimm begriffenen 72. britischen Regimente (Hochländer) an, traf Ende Mai 1855 in Constantinopel ein und ging als Volontär in die Krimm. Sein Aufenthalt daselbst war von kurzer Dauer, von den englischen und französischen Officieren hatte keiner Gelegenheit, Türr kennen zu lernen, so wenig bekannt wurde sein Name. Aus der Krimm nach Constantinopel zurückgekehrt, ward er von den Engländern mit dem in ihren Sold übergegangenen türkischen Contingent in den Dienst eines Landtransportcorps übernommen. Sodann mit dem Auftrage betraut, noch einen weiteren Train zu diesem Corps in Bulgarien zusammenzustellen, erhielt er, ohne daß er früher den Eid der Treue für die englische Regierung abgelegt hätte, von dieser, und zwar ohne Ausfertigung des üblichen Patentes den Titel eines Obersten mit entsprechenden Gebühren. Zu dem Ankaufe von Remonten in der Moldau und Walachei beordert, verweilte er längere Zeit in Rustschuk, von wo aus er häufige und sehr enge Verbindungen mit den notorischen Vermittlern der Correspondenz zwischen der ungarischen Emigration und dem Heimatlande unterhielt. Auch in dem von österreichischen Truppen besetzten Giurgevo wagte er es zu erscheinen. Er wurde erkannt, und für den Fall seines Wiederkommens ordnete die kaiserliche Regierung seine augenblickliche Verhaftung an. Im Wahne seiner Unverletzbarkeit als englischer Oberst, nahm er keinen Anstand, sich nach Bukarest selbst zu begeben, wo das k. k. Infanterie-Regiment Erzherzog Franz Karl, dessen Fahne er meineidig verlassen hatte, in Garnison lag. Nun aber war es doch mit dem militärischen Ansehen und der Würde des kaiserlichen Heeres unverträglich, den in effigie gehenkten Deserteur und Hochverräther im Bereiche der eigenen Regimentsjurisdiction, angesichts der Armee, der er angehörte, frei verkehren zu lassen. Er wurde daher am 1. November 1855 in seiner Wohnung festgenommen und, zur Vermeidung jeder Reclamation wegen Verletzung der englischen Uniform mit kaiserlichem Militärmantel und Mütze bekleidet, sofort unter Militärescorte nach Kronstadt abgeführt. Die mündlichen und schriftlichen Proteste des englischen Generalconsuls blieben ebenso unberücksichtigt als die des türkischen Militärcommandanten in Bukarest. In Kronstadt wurde nun gegen ihn der regelmäßige Proceß eingeleitet. Der mehrerwähnten Verbrechen schuldig erkannt und abermals zum Tode verurtheilt, entging Türr durch Verwendung der Königin von England dem Loose, welches ihm die Gerichte zuerkannten, denn der Kaiser begnadigte ihn mit lebenslänglicher Verbannung aus Oesterreich. Enthaftet wurde er nach Corfu gebracht. Von dort begab er sich nach England, und die erste Heldenthat, zu welcher er sich nach wiedererlangter Freiheit aufraffte, war eine verleumderische, von wildestem Haß gegen Oesterreich durchglühte Schmähschrift. Als österreichischer Häftling aber hatte er bei den kriegsgerichtlichen Vernehmungen eine höchst zweideutige Rolle gespielt, da er, um für sich selbst eine günstigere Meinung zu schaffen, das Treiben seiner exilirten Parteigenossen ohne alle Rücksicht bloß stellte. Ein Umstand, den ihm seine politischen Gesinnungsgenossen, die ihn heute noch als einen gemeinen Verräther betrachten, nie vergessen. Man ging damals eben in den Kreisen, welchen er vor seiner Verhaftung angehörte, mit der Absicht um, sein Treiben und seinen Charakter einer näheren öffentlichen Beleuchtung zu unterziehen. Nur die Besorgniß, die geheimen Ziele der Propaganda und die Fäden ihrer Verbindung dadurch bloßzulegen, ließ von der Ausführung Abstand nehmen. Indessen waren über sein Gebaren in englischen Diensten allerlei Umstände bekannt geworden. Wie er schon als österreichischer Officier wegen Veruntreuung dringend verdächtig, durch Desertion sich zu retten suchte, die er zugleich benützte, um sich mit der politischen Gloriole zu schmücken, so trat er auch aus dem englischen Diensten nichts weniger als ohne Makel. Die Verwaltung bei den englischen Transportcorps machte ihm öffentlich den Vorwurf, daß er, der über namhafte von der englischen Verwaltung zur Vervollständigung der Trainanstalten im Orient empfangene Summen zu verfügen hatte, seine Rechnungen in unbefriedigendster Weise gelegt und Kaufcontracte ohne alle Garantie für die englische Regierung abgeschlossen habe; daß die gelieferten Wagen schlecht, die angekauften Pferde aber noch schlechter und weit über den Preis bezahlt waren. Ein Gasthofinhaber in Giurgevo beanspruchte von ihm die Summe von zwölfhundert Gulden und belegte zur Deckung eine Anzahl eingelieferter englischer Wagen mit Beschlag. Nur der Umstand, daß die englischen Behörden, Gott weiß wie beeinflußt, die Sache auf sich beruhen ließen, kam dem Defraudanten zu Statten. Nach Beendigung des orientalischen Krieges 1856 arbeitete Türr, der während seiner Umzüge auch den Tscherkessenfürsten Sefer Bei kennen gelernt hatte, in Constantinopel für die Zwecke eines aus einigen Engländern bestehenden Comités, welches sich die Unterstützung der Tscherkessen zu seiner Aufgabe machte. Aber bald darauf von einem Blutsturze befallen, der ihn dem Tode nahe brachte, mußte er auf den Rath der Aerzte in einem milderen Klima Genesung suchen. Er begab sich daher in die Levante und lebte daselbst ein paar Jahre wie verschollen. Erst als 1859 der Krieg zwischen Piemont und Oesterreich ausbrach, tauchte er aus seiner Zurückgezogenheit wieder auf und erschien in Genua, wo er von Garibaldi, der sich eben mit der Bildung seines Freicorps beschäftigte, das Commando eines Bataillons Alpenjäger erhielt, mit welchen er mehrere Recognoscirungen ausführte. Bei Castenedolo durch einen Schuß in den Arm verwundet, mußte er im Hause einer vornehmen italienischen Patriotin seine Genesung abwarten. Wieder hergestellt, schloß er sich im Mai 1860 dem Unternehmen Garibaldi's gegen Sicilien an und wirkte an der Seite des alten Einsiedlers von Caprera als dessen Adjutant mit dem Range eines Obersten, und zwar von der Landung bei Marsala bis zur Einnahme von Palermo. Bei letzterer erhielt er einen Schuß ins Bein. Er wurde von Garibaldi zum General ernannt, aber seine Wunde hinderte ihn, das Commando einer gegen Messina bestimmten Division anzunehmen, und so verließ er Anfangs Juni mit Urlaub die Insurrectionsarmee. Zur Wiederherstellung seiner Gesundheit brachte er einen Theil des Sommers 1860 in Aix-les-bains zu und machte von da aus einen Ausflug nach Paris. Sein Versuch, eine Audienz bei Kaiser Napoleon zu erlangen, blieb erfolglos, dagegen fand er bei dem „rothen Prinzen“ wohlwollende Aufnahme. Nach Italien zurückgekehrt, trat er das Commando über eine der Colonnen an, welche Garibaldi zum Einfall in Neapel organisirt hatte. Im Jahre 1861 vermälte sich Türr mit Miß Wyse-Bonaparte, einer Tochter des früheren britischen Gesandten in Athen und Enkelin Lucian Bonaparte's, einer 22jährigen, aber vermögenslosen Dame. Diese Gelegenheit benützten einige ungarische Patriotinen, um der Braut als Hochzeitsgeschenk eine prachtvolle Haube zu übersenden, wofür Lady Türr in einem Schreiben dankte, welches nachstehende charakteristische Stelle enthält: „Durch meine Mutter einer Familie angehörend, deren Oberhaupt für die Nationalitätsangelegenheiten Partei ergreift, bin ich stolz darauf, daß ich die Adoptivtochter eines so edlen Landes sein kann, und meine Wünsche vereinen sich mit den Ihren, daß über diesem mit dem Blute unserer Märtyrer übergossenen Lande bald eine neue Aera beginne“. Im genannten Jahre wurde Türr auch von der italienischen Regierung zum General ernannt. Aber nicht lange behauptete er sich in dieser Stellung. Denn schon 1863 fand auf Grund von Papieren, welche in die Hände des italienischen Kriegsministers geriethen, und durch welche er in schlimmster Weise compromittirt erschien, gegen ihn die kriegsrechtliche Untersuchung statt, welche mit seiner Entlassung aus dem Verbande der italienischen Armee endete. Die Journale glossirten diese Thatsache mit den Worten: „Er war durch den Kriegsminister della Rovera aus schreienden Beweggründen, die nur mit der öffentlichen Moral zu thun hatten, in Disponibilität gesetzt worden“. Zu seiner Erholung von den aufregenden Tagen der langwierigen Untersuchung begab sich Türr im Frühling 1863 nach Bukarest, wo er die denkbar abenteuerlichste Rolle spielte. Er ließ sich nämlich von seiner aus den zweideutigsten Personen bestehenden Umgebung als den künftigen König von Ungarn begrüßen, und nahm als solcher den Titel Stephan VI. an!! Es ist dies kein Märchen, sondern eine erhärtete Thatsache, die wohl mit Napoleon's damaliger Suche nach einem ungarischen Kronprätendenten, den er auch für einige Zeit in dem berüchtigten Franz Claude August Grafen Croy-Chanel de Hongrie [Bd. XI, S 382] gefunden, in einigem Zusammenhange stehen mag. Nun aber, dieses königliche Intermezzo, als dessen Held Türr figurirte, war von kurzer Dauer, denn plötzlich verließ er Bukarest — man wollte wissen in Folge dringender Intervention des englischen Consuls in Turin. Für ein paar Jahre zog er sich nun, wie es schien, vom öffentlichen Leben zurück, wenigstens sprachen die Journale nicht von ihm. Da trat er 1867 wieder, und zwar in sehr bemerkbarer Weise in den Vordergrund, indem er im Herbst genannten Jahres mit seiner Gemalin eine Reise, wie es sich später herausstellte, als politischer Agent, nach Ungarn machte und von dort aus Wien und Agram besuchte. Die Meldung einiger Journale: daß man vor seiner Reise nach Ungarn Garantien oder wenigstens Versicherungen gefordert habe, daß er wirklich im österreichischen Sinne wirken werde, entkräftete Türr mit einem eigenen aus Florenz 28. October 1867 datirten Schreiben, in welchem er die ganze Mittheilung für eine Verleumdung erklärte. In Pesth besuchte er den Minister Wenckheim, dem gegenüber er den Wunsch aussprach, eine persönliche Zusammenkunft mit dem Ministerpräsidenten Grafen Andrassy erlangen zu können. Dieser gewährte ihm dieselbe, und Türr begab sich deshalb nach Wien. Ueber den Inhalt der Unterredung ist nichts bekannt geworden. Dagegen berichten die Blätter über sein Verhalten beim Banquett, welches ihm und seiner Gemalin zu Ehren auf der Pesther Schießstätte veranstaltet wurde. Nachdem er für die begeisterten Éljen, die man ihm darbrachte, gedankt hatte, ermahnte er in einer Rede die Nationen der ungarischen Krone zur innigen Verbrüderung, welche der einzige feste Grundstein sei, auf welchem die schönere Zukunft Ungarns aufgebaut werden könne. Nach Agram war er gegangen, um im Auftrage der Deák-Partei für den Ausgleich mit Ungarn zu wirken. Bei dem großen Diner, welches der Eigenthümer der „Agramer Zeitung“ ihm zu Ehren gab, machte er Mittheilungen, welche mit großer Befriedigung aufgenommen wurden. Sie gipfelten in der Versicherung, daß Ungarn nicht die Knechtung des dreieinigen Königreichs beabsichtige, sondern vielmehr mit Croatiens Vertretung als Nation mit Nation verhandeln und alles Mögliche thun wolle, um den beklagenswerthen Verfassungswirren endlich einmal ein Ende zu machen. Noch ist seines aus Pallanze am 12. November 1867 an das Pesther Journal „Hon“, d. i. Vaterland, gerichteten Briefes zu gedenken, in welchem er den Plan der Errichtung einer ungarischen Landwehr anregt. Derselben soll die Organisation der Militärgrenze zu Grunde gelegt werden. Welche Hintergedanken der Rathgeber mit dieser Idee barg, wurde damals von einigen Journalen ziemlich offen dargelegt und dazu bemerkt, daß mit der Durchführung der allgemeinen Wehrpflicht in Oesterreich diese von Türr angeregte Frage als erledigt anzusehen sein dürfte. Im folgenden Jahre 1868 beschäftigte ihn das Verhalten des Lemberger Landtages in staatsrechtlichen Fragen und veranlaßte ihn zu einem Schreiben, welches er am 29. August g. J. an einen hervorragenden Politiker Galiziens von seinem Sommeraufenthalte am Lago Maggiore richtete und aus welchem nachstehende Stelle hervorzuheben ist: „Bei dem Petersburger Banquett, welches zu Ehren der Berliner Oekonomisten veranstaltet worden, verkündete ein Redner öffentlich die Lehre: „„daß blos große Nationen das Recht haben zu leben und zu gedeihen““. Damit wurde einfach das Todesurtheil über alle unter dem Scepter der Habsburger gruppirten Nationalitäten ausgesprochen. Gegen diese Lehre gibt es kein anderes Mittel, als daß wir uns hier im Innern als Schwesterländer eng aneinanderschließen. Das liegt im Interesse Aller“. Nach mannigfachen historischen Reminiscenzen kommt er endlich zu dem Schlusse: „eine wahre Autonomie in Pesth zwischen Ungarn und Croatien wird zu einer aufrichtigen und dauerhaften Vereinigung führen; ebenso wird in Wien eine vollkommene Autonomie und billige Aussöhnung mit Böhmen, Galizien und Mähren den inneren Frieden herbeiführen, und so werden wir Alle an Kraft gewinnen und uns in den Stand setzen, uns sowohl gegen äußere als gegen innere Feinde zu vertheidigen“. Reicher als die vorangegangenen Jahre gestaltet sich das Jahr 1870, welches in veröffentlichten Briefen Türr's Enthüllungen kostbarster Art darüber zum Besten gab, wie in der hohen Politik der Länderschacher ein stehendes Object zu bilden scheint. Die Redaction des „Neuen Wiener Tagblattes brachte in der Nummer 215 vom 6. August 1870 einen von Türr an sie eingesendeten, von demselben an Excellenz Bismarck gerichteten offenen Brief. Dieser Brief, der in Archiven nicht zu finden sein dürfte, von welchem aber der Geschichtsschreiber des Krieges zwischen Oesterreich und Preußen im Jahre 1866 immer wird Act nehmen müssen, enthält eine Reihe der wichtigsten Enthüllungen aus einem Gespräche, welches zwischen Türr und Bismarck am 10. Juni 1866 im Arbeitszimmer des Staatsmannes und am folgenden Tage unter dem großen Baume in dessen Garten stattgefunden. Die Pointen dieser Unterhaltung gipfeln in Bismarck's Ausspruche: daß er, um die Chancen des Krieges zu Gunsten Preußens zu stellen, dem Kaiser Napoleon vorgeschlagen habe, sich Belgien zu nehmen, sogar Luxemburg dazu, und sich die Grenzen Frankreichs zu reguliren. Und im September 1867 traf Türr auf seiner Reise nach Ungarn, welches er nach zwanzigjähriger Verbannung zum ersten Male wiedersah, während seines Aufenthaltes in Belgrad bei dem Consul Italiens Chevalier Slovasso mit dem preußischen Consul Lobareau und dem Präsidenten des serbischen Senates Marinovic zusammen. Während des politischen Gespräches, welches in dieser Zusammenkunft geführt wurde, richtete der preußische Consul an Marinovic die Aufforderung: „daß Serbien sich energisch rüsten solle, um bei der ersten günstigen Gelegenheit die Donau und die Save zu überschreiten, Croatien, die Bácska und das Banat (lauter österreichische Länder) zu nehmen und den Preußen, die über Böhmen nach Wien rücken würden, zu Hilfe zu kommen, während andererseits die Russen vorrücken würden“. Diese paar Auszüge aus dem sonst noch inhaltreichen offenen Briefe, der in der politischen Welt ungeheueres Aufsehen erregte, werden genügen, einerseits um die Ueberzeugung zu gewinnen, daß Türr's Reisen nicht den Charakter von Unterhaltungstouren hatten und haben, sondern daß er immer als Agent einer Macht reist, welche Wichtiges und Unheilvolles im Schilde führt, und daß Oesterreich, trotz aller Freundschaftsversicherungen der es umgebenden Mächte, nur auf sich selbst und seine vereinten Völker bauen dürfe, welche noch immer, wenn Gefahr drohte, zur Abwehr zusammenhielten. Wir verweisen hinsichtlich der weiteren Thätigkeit Türr's im Jahre 1870 auf die chronologisch geordneten Quellen. Es folgten im Hinblick auf die vorerwähnten Enthüllungen von betheiligter Seite sofort Widerlegungen und Entkräftungen, welche wieder Türr von seiner Seite mit einer Reihe von Thatsachen im „Wiener Tagblatt" (nachgedruckt in der österreichisch-ungarischen Wehrzeitung 1870, Nr. 103: Türr contra Bismarck) entkräftete. Seine 1871 erschienene Flugschrift, betitelt: „Oesterreich-Ungarn und Rußland" ist nur der Wiederabdruck einer schon 1867 veröffentlichten Flugschrift. Er geht darin von den Aussprüchen zweier Stockrussen, Paskiewicz und Fadejew, aus: Ersterer sagte einmal: „Um nach Constantinopel zu gelangen, muß man den Weg über Wien nehmen", Letzterer wieder faßte seine politische Weisheit in das Axiom zusammen: „Es gibt nur zwei Gegner auf der Welt, mit denen wir uns in keinem Stücke vereinigen können, und diese Gegner sind: das ungarische Oesterreich und die Türkei". Und endlich, da er eine Reihe verschiedener politischer Conjuncturen aufgestellt und erörtert hat, gelangt er zu dem politischen Ausgangspunkte: „daß, um die Pläne Rußlands zu vereiteln, es nothwendig sei, das zu unternehmen, was dasselbe am schmerzlichsten treffen könne. Man müsse die Polen nicht mit Hoffnungen allein nähren, sondern diesem edlen Volke die Mittel geben, zur rechten Zeit aus seinem Verfalle sich emporzurichten und Rußland drohend sich gegenüberzustellen. Gleicherweise müsse man im Oriente den Bosniaken, Bulgaren, Hercegovinern beweisen, daß man Alles thun wolle, um ihre nationale Selbständigkeit zu retten, und daß Griechenland nicht ewig in der Zwangsjacke verbleiben dürfe. Nur so könne ein Damm gegen Rußland aufgeworfen werden. Sollte Rußland ungeachtet dessen angreifen, dann müsse eine europäische Coalition geschaffen werden, um diesen Staat in die Schranken zurückzuweisen. Frankreich, welches noch immer für große Ideen empfänglich sei, werde sicherlich dafür gewonnen werden, zur Wiederherstellung Polens die Hand zu bieten". Nun, man sieht, das Gute, welches diese Flugschrift enthält, ist nicht neu, und das Neue nicht gut, und der Gedanke, daß Oesterreich die polnische Frage ausspielen soll, um mit Rußland und Preußen anzubinden, ist hypernaiv. Nachdem sich Türr durch seine Enthüllungen und sein Libell „Oesterreich-Ungarn und Rußland" so zu sagen selbst kaltgestellt hatte, gingen die folgenden Jahre dahin, ohne daß er sich in irgend einer Weise besonders bemerkbar machte. Erst als 1878 der Herzog von Grammont in der „Revue des deux mondes" die Bemerkung fallen ließ, daß sich Türr gewissermaßen in die Diplomatie eingedrängt und durch seine dilettantische Handlungsweise den Abschluß der französisch-italienischen Allianz vereitelt habe, glaubte sich derselbe gegen diese Insinuation des Herzogs vertheidigen zu müssen und sprach sich in einer sehr umfangreichen Zuschrift an das „Journal des Débats" ddo. Pesth 2. Mai über die wider ihn vorgebrachten Beschuldigungen aus. Indeß sind seine Widerlegungen so weitschweifig, daß wir auf die schon angegebenen und auch unten angeführten

Quellen verweisen müssen. Das jüngste Lebenszeichen des ehemaligen österreichischen Deserteurs datirt aus dem März 1883, wo die Journale die Nachricht brachten, daß gegen die Mitte dieses Monats in Paris ein neues politisches Blatt „Étendard“ als Organ der lateinischen Nationen erscheinen werde, zu dessen Verwaltungsrathe Graf von Dienheim-Brochocki, Marquis Dupputi, früher Ordonnanzofficier des Königs von Italien, Emile Castelar, ehemaliger Präsident der spanischen Republik, Mézières, Mitglied der französischen Akademie und Vicepräsident der Patriotenliga, dann die französischen Deputirten Lockroy, David, Ténot und Sarlat und auch General Türr gehören. In dem Prospect dieses Blattes heißt es: „Es handelt sich darum, eine Fusion aller Interessen der lateinischen Welt mit Unterstützung der slavischen Race gegen das stetig fortschreitende Uebergreifen des Germanenthums herbeizuführen. Vor unserem Lande (Frankreich) richtet sich jetzt das Dilemma auf: Sein oder Nichtsein. Es interessirt alle lateinischen Völker in gleichem Grade wie uns und findet seine gleiche Anwendung auf Schweden, Dänemark, Belgien, Holland, selbst Rußland. Dies will sagen, daß wir, indem wir die französischen Interessen vertheidigen, auf die Unterstützung eines großen Theiles des Auslandes rechnen können“. Wir begleiten dieses originelle Programm nur mit folgenden zwei Glossen: Der österreichische Deserteur Stephan Türr ist, wie Eingangs dieser Lebensskizze bemerkt und aus seinem Namen deutlich herauszulesen ist, selbst von deutscher Abstammung, und seit wann gehören Dänemark, Holland, Schweden und die belgischen Flamländer zu den „lateinischen Nationen“? Vielleicht bringt uns die erste Nummer des „Étendard“ Aufschluß darüber. Was die publicistische Thätigkeit Türr's betrifft, so können wir uns hier, da wir seiner Enthüllungen und Vertheidigungsartikel in der Lebensskizze gedacht haben, nur noch auf Angabe seiner Libelle beschränken, und die Titel derselben sind: *„Arrestation, procès et condamnation du Général Turr, racontés par lui-même“* (Paris 1863, Dentu); — „Der ungarische Congress in Wien“ (Zürch 1864 [Meyer und Zeller], gr. 8°.); — „Die Nationalitätenfrage in ihrem Zusammenhange mit der Wehrfrage“ (Wien 1868 [Jos. Klemm], Wallishausser, gr. 8°.); — *„Türr István altábornagy a Corvináról“*, d. i. General Türr über die Corvina (Pesth 1869, Aigner, 16°.) und die in der Lebensskizze angeführte Flugschrift: „Oesterreich-Ungarn und Russland“ ist auch in ungarischer Sprache unter dem Titel: *„Ausztria-Magyarország és Oroszország“* (Pesth 1871, Ráth, 8°.) erschienen. Türr's Gemalin hat außer dem an die ungarischen Damen für die gespendete Haube geschriebenen Dankbrief auch eine komische italienische Operette, betitelt: „La Mascherata“, verbrochen, welche sie im Jahre 1863 dem Volkstheater in Ofen überreichte, und in welcher der größte Theil der Mitwirkenden unter dem Publicum placirt wird! Ob das Ofener Theater diese Operette zur Aufführung brachte, ist dem Herausgeber dieses Lexikons nicht bekannt. Zur vorstehenden Lebensskizze wurden sorgfältig alle Quellen der verschiedensten Parteischattirungen benützt. Wie man die Sache auch drehen und wenden mag, es kommt immer schmutzige Wäsche zu Tage. Erst Fahnenflucht ob Veruntreuung und darüber der Deckmantel politischen

Märtyrerthums geworfen; dann Missionen und Spionsgeschäfte im Auftrage des Hochverräthers Kossuth; darauf in englischen Diensten, in welchen seine Lieferungs- und Ankaufsgeschäfte auf das entschiedenste bemängelt werden, später in Diensten der italienischen Freischaaren und der königlichen Armee, aus welch letzterer er nach kriegsgerichtlicher Untersuchung in wenig erbaulicher Weise auszuscheiden gezwungen war, und endlich seine Reisen als unzünftiger Diplomat, bei welchen er mit seinen indiscreten Enthüllungen zwar die Umtriebe der heutigen Staatsmänner in schonungsloser Weise aufgedeckt, dagegen auch sich nur als gewöhnlichen Agenten, aber nicht als Diplomaten documentirt hat, alles dies zusammen bietet kein Material zu einer erbaulichen Darstellung, und bezeichnend schließt einer der zahlreichen Biographen des österreichischen Deserteurs mit den Worten: „Individuen von dem Charakter und der Denkweise Türr's sind ein Zeichen kranker Zeit, sie sinken in ihr Nichts zurück, so wie die ersten Symptome der Genesung, die freilich sich noch immer nicht zeigen wollen, eintreten".

**Quellen. I. Biographien und Biographisches.** *Curti.* Arrestation, procès et condamnation du Général Türr, racontés par lui-même (Paris 1863) [nur mit der äußersten Vorsicht zu benützen, denn das Buch strotzt von Schmähungen und aus der Luft gegriffenen Anschuldigungen auf Oesterreich]. — Pesth-Ofener Zeitung, 1861, Nr 46: „Zwei militärische Führer der Revolution". [Der Eine ist Tü r, der Andere der nicht minder berüchtigte ehemalige Fleischhauergeselle, nachmalige Satellit Türr's Zigyelmessy.] — *Sarkady István).* Hajnal. Arczképekkel és életrajzokkal disztittet Album, d. Die Heimat. Bilder- und Biographien-Album (Wien 1867, Leop. Sommer, gr. 4°) Blatt 23. — Tarka Világ és Képes Regélö (Pesth) I. Jahrg. (1869) S 11. — Jó-Barát. Nagy képes Naptár (Pesth) 1869, S. 53. — Unsere Zeit (Leipzig, gr. 8°.) IV. Jahrg. (1860), S. 528. — Männer der Zeit. Biographisches Lexikon der Gegenwart (Leipzig 1862, Karl B. Lorck, gr. 4°.). Zweite Serie, Sp. 262. — Donau-Zeitung (Wiener polit. Blatt, Fol) 1861, Nr. 250 und 251, im Feuilleton: „Stephan Türr". — Grätzer Zeitung, 1861, Nr. 236, 23 und 238 „Stephan Türr". — **II. Einzelheiten zur Biographie. Chronologisch. 1856.** Italia e Popolo (Turiner polit. Blatt) 1856, Nr. 297, im Feuilleton: Processi politici in Austria". — **1860.** Glocke (illustr Blatt, Leipzig, bei Payne) 1860, Nr. 98, S. 314. — Illustrated London News (London, Fol.) July 14, 1860: „General Türr". — Didaskalia (Frankfurter Unterhaltungsblatt, 4°.) 1860, Nr. 187. — **1861.** Pesther Lloyd (polit. Blatt, gr. Fol) 1861, Nr 11 — Frankfurter Conversations-Blatt (Unterhaltungsbeilage der „Frankfurter Oberpostamts-Zeitung, 4°.) 1861, Nr. 248, 249, 250 und 251: „Stephan Türr" [Mittheilungen aus Bukarest über Türr] — Militär-Zeitung. Herausgegeben von Hirtenfeld (Wien, gr. 4°.) 1861, S. 491: in den „müßigen Briefen". — Die Gartenlaube. Illustrirtes Familienblatt (Leipzig, Ernst Keil, 4°.) 1861, S 490: „Pariser Bilder und Geschichten". Von Sigmund Kolisch. — Presse (Wiener polit. Blatt) 1861, Nr. 233, Abendblatt [Nachricht über Türr's Heirat]. — Werschetzer Gebirgsbote, 1861, Nr 43: Dankschreiben der Frau Türr an die Ungarinen, welche ihr die Haube zum Hochzeitsgeschenk gemacht". — **1862.** Breslauer Zeitung, 1862, Nr. 73: „Eine Episode aus Türr's Leben"; Nr. 83: „Eine Widerlegung d. Episode aus Türr's Leben" — Presse, 1862, Nr 296, Abendblatt: „Die ungarische Legion Von unserem Genueser Correspondenten" — Didaskalia, 1862, Nr. 20 und 21: „Episode aus Türr's Leben". — **1863** Morgenpost (Wiener polit. Blatt) 1863, Nr. 280 im Feuilleton: „Der Proceß des Generals Türr". — Militär-Zeitung. Herausgegeben von Hirtenfeld (Wien, gr. 4°.) 1863, S. 111. — Kölnische Zeitung. 1863, Nr. 67 — Wiener Zeitung, 1863, Nr. 141, Abendblatt. — Kronstädter Zeitung, 1863, Nr 95: „General Türr als König von Ungarn". — Mährischer Correspondent (Brünn, Fol) 1863,

Nr. 135: „Türr als König von Ungarn". — 1864. Wiener Abendpost 1864, Nr. 273, S. 1094: „Türr". — 1867. Neue Freie Presse, 1867, Nr. 1159: „Ungarische Landesvertheidigung". — Presse, 1867, Nr 252 und 290: „Türr in Pesth und in Agram". — Wanderer, 1867, Nr. 306: „Ein Brief Türr's". — Fremden-Blatt. Von Gustav Heine (Wien, 4°.) 1867, Nr. 256: „Ueber das Türr zu Ehren gegebene Bankett in Pesth". — Constitutionelle Vorstadt-Zeitung (Wiener polit. Blatt) 1867, Nr. 254: „Graf Andrássy und Türr". — 1868. Neue Freie Presse, 1868, Nr. 1449: „Türr an die Polen". — 1870. Oesterreichisch-ungarische Wehr-Zeitung (Wien, gr. 4°.) 1870, Nr. 103: „Türr gegen Bismarck". — Neues Wiener Tagblatt. Demokratisches Organ. 1870, Nr. 5: „Türr in Arad"; 1870, Nr. 215: „An Se. Excellenz den Grafen Bismarck Stephan Türr"; Nr. 220: „Meine letzte Antwort". — Oesterreichisch-ungarische Wehr-Zeitung (Wien) 1870, Nr. 100: „Contra Bismarck"; Nr. 103: „Türr gegen Bismarck"; Nr. 105: „Türr über Oesterreich-Ungarn". — Neue Freie Presse, 6. August 1870, Nr. 2133: „Stephan Türr an den Grafen Bismarck". — Grazer Volksblatt, 8. August 1870, Nr. 179: „An Se. Excellenz den Grafen Bismarck". — Neues Tagblatt (Gratz, 4°.) 9. August 1870, Nr. 211: „Ein zweiter Brief des Generals Türr". — Presse, 1870, Nr. 215: „Enthüllungen und kein Ende". — 1871. Oesterreichisch-ungarische Wehr-Zeitung, X. Jahrg., 21. April 1871, Nr. 47: „Oesterreich-Ungarn und Rußland". — Morgen-Post (Wiener polit. Blatt, Fol.) XXI. Jahrg., 18. April 1871, Nr. 106: „Oesterreich-Ungarn und Rußland von General Türr". — Neues Wiener Tagblatt, 1871, Nr. 106: „Oesterreich-Ungarn und Rußland". — 1878. Allgemeine Zeitung (Augsburg, Cotta, 4°.) 1878, Nr. 136, Beilage, S. 2004, Rubrik: „Frankreich". — 1883. Augsburger Post-Zeitung, 14. März 1883, Nr. 63. — Auch der Roman hat sich die Schicksale des österreichischen Deserteurs nicht entgehen lassen, und es erschien vor einigen Jahren das Buch: „Stephan Türr. Historisch-romantisches Zeitgemälde aus Oesterreichs jüngster Vergangenheit". Von H. J. Schwarz (Wien 1868, Albert Last).

**Porträte.** 1) Unterschrift: „Türr István | Olasz altábornagy és Olaszország királyának tiszt | Szárnyhadsegédje". Marastoni Jos. 1868 (lith.). 4°. — 2) Unterschrift: „General Türr, Garibaldi's chief aide-de-camp". Holzschnitt in den „London Illustrated News", July 14, 1860, p. 28. Ohne Angabe des Zeichners und Xylographen. — 3) Holzschnitt, ohne Angabe des Zeichners und Xylographen, in der illustrirten Zeitschrift „Glocke", 1860, Nr. 98. — 4) Unterschrift: „Türr G." (Wien, Heinrich Gerhart, lith., Fol.). — 5) Gezeichnet von C. v. Stur in der illustrirten Beilage des „Floh". V. Jahrg., 29. November 1873, Nr. 66 [der Text ist eine förmliche Apotheose des österreichischen Deserteurs].

**Türrschmidt**, irrig auch **Thürschmidt** oder **Thürschmiedt** geschrieben, Johann (Hornvirtuose, geb. zu Leschgau in Böhmen am 24. Juni 1725, gest. um 1780). Einer der ersten Hornvirtuosen seiner Zeit, stand er in Diensten des Fürsten Oettingen-Wallerstein. Auch sein jüngerer, bei dem Prinzen Albert Casimir von Sachsen-Teschen bediensteter Bruder Anton zeichnete sich als Primhornist aus. Johann ist der Stammvater einer berühmten Hornistenfamilie. Von seinen beiden Söhnen Karl und Joseph erfand Ersterer (geb. 24. Februar 1752, gest. 1. November 1797), der weitaus Vater und Bruder übertraf, mehrere Verbesserungen für sein Instrument, für welches er auch Einiges schrieb und im Stich erscheinen ließ. — Des Vorigen jüngerer Bruder **Joseph**, gleichfalls ein geschickter Hornist, ging gegen Ende der Neunziger-Jahre des vorigen Jahrhunderts nach Frankreich. Weiter wird von ihm nichts gehört. — **Karl Nicolaus** (geb. zu Paris 20. October 1776, Todesjahr unbekannt). Von seinem Vater Karl in der Musik unterrichtet, wurde er nach dessen Tode ein Schüler des trefflichen Berliner Hornisten Jean Brun und nicht Brue, wie er bei Bernsdorf-Schladebach genannt wird. — Endlich ist noch eine **Auguste** Türrschmidt zu erwähnen. Diese (geboren zu Berlin 20. November 1800), eine vortreffliche Altsängerin, trat nur in Concerten auf. Nach Gaßner wäre sie eine Tochter des Karl Nicolaus Türrschmidt, nach Bernsdorf-Schladebach aber eine geborene Braun und des Karl Nicolaus Gattin, was wir auch für das Richtige halten. Da außer Johann Türrschmidt, der ein geborener Böhme ist, die Uebrigen zu Oesterreich weiter in keiner Beziehung stehen, so mögen diese Notizen genügen, und wird betreffs dieser Künstler nur auf die Quellen verwiesen.

Gerber (Ernst Ludwig). Neues historisch-biographisches Lexikon der Tonkünstler (Leipzig 1812, A. Kühnel, gr. 8°.) Bd. IV, Sp. 402 bis 404. — Neues Universal-Lexikon der Tonkunst. Für Künstler, Kunstfreunde und alle Gebildeten. Angefangen von Dr. Julius Schladebach, fortgesetzt von Ed. Bernsdorf (Offenbach 1861, Joh. André, gr. 8°) Bd. III, S 771 und Nachtrag, S. 341. — Gaßner (F. S Dr.). Universal-Lexikon der Tonkunst. Neue Handausgabe in einem Bande (Stuttgart 1849, Franz Köhler, Lex. 8°.) S. 849.

**Tugend**, Johann (blinder Harfen-Virtuose, geb. zu Preßburg in Ungarn am 17. Juni 1770, Todesjahr unbekannt). In seiner ersten Kindheit erblindet, kam er bei seinem ungemein großen Talent für Musik nach Brüssel, wo er auf Kosten der Erzherzogin Christine vermälten Herzog Albert von Sachsen-Teschen fünf Jahre lang von Schors und Godecharle — bei Gerber ein Mal zu Godechalke, ein anderes Mal zu Godschalk entstellt — auf der Harfe unterrichtet wurde. Seit 1790 ließ er sich auf Kunstreisen durch Frankreich, England, Rußland und Deutschland auf seinem Instrumente hören. Abgesehen davon, daß die Erscheinung eines blinden Virtuosen an und für sich großes Interesse erweckt, fand auch die Virtuosität seines Spieles allgemeine Anerkennung, und seine Concerte waren so besucht, daß er sich ein bedeutendes Vermögen sammelte. Zugleich Componist, trug er in seinen Concerten auch seine eigenen Harfencompositionen vor. Ob davon Einiges im Stich erschienen, ist nicht bekannt. Seit dem Jahre 1818 war nichts mehr von ihm zu hören, und Gaßner meint: Tugend habe sich um jene Zeit in irgend einem Orte seines Vaterlandes zur Ruhe begeben und der öffentlichen Künstlerlaufbahn entsagt.

Gaßner (F. S. Dr.). Universal-Lexikon der Tonkunst. Neue Handausgabe in einem Bande (Stuttgart 1849, Franz Köhler, Lex.-8°.) S. 846

**Tuma**, Anton (Journalist, geb. zu Prag im Jahre 1840). Nachdem er die Realschule durchlaufen hatte, widmete er sich dem Buchdruckergeschäfte, indem er dabei zu seiner Fortbildung in den Abendstunden die Vorträge Wenzeslaus Hanka's besuchte. Einige Jahre leitete er dann eine Druckerei und lithographische Anstalt, förderte mit allen ihm zu Gebote stehenden Mitteln den Prager Buchdruckerverein „Typografia" und betheiligte sich an der Begründung der Zeitschrift „Veleslavin", für welche er, während Mikulaš die Redaction führte [Bd. XVIII, S. 296], eine Menge Artikel socialistischen Inhalts schrieb. 1868 übernahm er die Redaction des periodischen Blattes „Correspondenz" und wurde für verschiedene Preßvergehen zu neunzehn Monaten Kerker verurtheilt. Nach einjähriger Haft amnestirt, wirkte er als fleißiger Mitarbeiter der Zeitschrift

„Pokrok“, d. i. Der Fortschritt, und des Arbeiterblattes „Dělník“, d. i. Der Arbeiter. Im Jahre 1870 stellte sich das Bedürfniß eines neuen periodischen Organs für die Arbeiter heraus, welches vor Allem die Interessen der ländlichen čechoslavischen Arbeiterclasse mit Nachdruck vertreten sollte. Da wendeten sich denn zahlreiche Arbeiter an Tuma, daß er die Redaction eines solchen Blattes übernehme. Diesem Verlangen entsprechend, begründete er nun das Journal „Dělnické noviny“, d. i. Arbeiterzeitung, und unterzog sich auch der Redaction desselben. Von dieser Zeit widmete er dem Arbeiterstande und dessen Interessen seine ganze Thätigkeit, welche, seit die sociale Frage an der Tagesordnung ist, eine ungeahnte Bedeutung und Wichtigkeit gewonnen hat. Er rief unaufhörlich neue Arbeitervereine ins Leben, und zwar bis 1874 allein deren zwölf, dann legte er Arbeiterbibliotheken an, welche bis zum genannten Jahre auf sechs anwuchsen, und hielt von Zeit zu Zeit öffentliche Vorträge über Gegenstände, welche die Arbeiterfrage betreffen. Dadurch gewann er die Theilnahme der gesammten Arbeiterbevölkerung, die in ihm ihren Führer und Rathgeber erblickt, und sein Ruf ging weit über die Grenzen seines engeren Wirkungskreises hinaus, so daß ihn fast sämmtliche Arbeitervereine des Landes zu ihrem Ehrenmitgliede ernannten. Dabei war er auch literarisch thätig, und zwar schon zu einer Zeit, als er noch nicht die entschiedene Richtung eingeschlagen hatte, auf dem Gebiete der Novelle, indem er in Filipek's „Vlastenecký kalendař“, d. i. Vaterländischer Kalender, die Novellen: „Treulose Liebe“ (nevěrná laska) und „Mahnung an die Jugend“ (upominka na mládi) veröffentlichte. Später gab er gemeinschaftlich mit V. Petri die Flugschrift „Kde stojme?“, d. i. Wo stehen wir? heraus. Ueberdies ist er ein fleißiger Mitarbeiter des „Poutnik od Otavy“, d. i. Der Pilger von der Wotawa, des „Pokrok“, d. i. Der Fortschritt, des „Veleslavin“ u. a. Gegenwärtig schreibt er an einem größeren Werke, in welchem er Geschichte und Technik der Buchdruckerkunst behandelt.

**Porträt.** Holzschnitt in einer Bildnißgruppe der „Humoristické listy“, d. i Humoristische Blätter (Prag, kl. Fol.) 1874, Nr 27, Medaillon 6.

Noch ist eines zeitgenössischen Compositeurs **A. Tuma** zu gedenken, über dessen Lebens- und Bildungsgang uns alle Nachrichten fehlen, während wir eine Anzahl seiner Compositionen kennen, die sich auf dem Gebiete der musikalischen Theorie, der Kirchenmusik und des Kirchengesanges, sowie des Liedes bewegen. Die Titel derselben sind: „Messe Nr 1 für Sopran, Mezzosopran (oder Alt) und Baß, mit erläuternden Bemerkungen über den richtigen Vortrag, die richtige Auffassung und singgemäße Ausdrucksweise des Meßtextes. Partitur und Stimmen und separat auch die Orgelstimme“ (Wien 1860, Spina); — „Zwei- und dreistimmige Singübungen mit lateinischem Texte und beigefügter deutscher Uebersetzung für Sopran und Alt (oder Tenor und Baß) Zum Gebrauche bei dem Unterrichte angehender Kirchensänger“, zwei Hefte (Wien 1862, Wessely); — „Duette für Sopran und Alt mit Pianoforte zum Schulgebrauch“, Heft 1 [„Abendfeier“: „Wie ist der Abend so traulich“ — „Vergißmeinnicht“: „Es blüht ein schönes Blümchen“ — „Wanderlied“: „Vögel singen, Blumen blüh'n“] (Wien 1863, Spina); — „Kirchenarien auf verschiedene Zeiten und Feste des Kirchenjahres für eine Singstimme (Mezzosopran, Alt oder Bariton) mit Orgel“, Heft 1: 1) „Am Feste Mariä Reinigung und den Festen der heiligen Jungfrauen“; 2) „Am Feste der Erscheinung des Herrn“; 3) „Im Advent“; 4) „In den Fasten (am Passionssonntage)“; 5) „Am Sonntage Quinquagesima“; 6) „Am Sonntage Septuagesima“ (Wien 1863, Spina); — „Glockenstimmen. Gedicht von J. N. Vogl. Für zwei Singstimmen mit Begleitung des Piano“ (Wien 1863, Spina)

**Tuma**, Franz (Componist, geb. zu Kostelec im Kaurzimer Kreise Böhmens am 2. October 1704, gest. zu Wien im Jahre 1774). Durch die ungemein liebliche Stimme des Knaben fand sich der Vater bewogen, denselben in der Musik unterrichten zu lassen. Er hatte jedoch nicht die Absicht, daß sich der Sohn diese Kunst als eigentlichen Lebensberuf erwähle. Vielmehr sollte Franz für die wissenschaftliche Laufbahn herangebildet werden, und so wurde er denn auf dem Jesuiten-Seminar zu Prag erzogen. In dieser Stadt wirkte er zugleich als Tenorist unter der Direction Czernohorsky's, eines wegen seiner Musikkenntnisse berühmten Minoriten, der viele tüchtige Schüler, unter Anderen auch den Geiger Tartini [Bd. XLIII, S. 101] herangebildet hat, an der Minoritenkirche zu St. Jacob, und zwar zur Zeit, als der berühmte Segert [Bd. XXXIII, S. 316] daselbst Altist war. Nach beendeten philosophischen Studien begab er sich nach Wien, und als er daselbst in dem böhmischen Obersten Kanzler Franz Ferdinand Grafen Kinsky [Bd. XI, S. 288] einen wohlwollenden Gönner fand, gab er, um sich ganz der Tonkunst zu widmen, das weitere Studium auf. In Johann Joseph Fux [Bd. V, S. 41], dem kaiserlichen Ober-Hofcapellmeister, erhielt er seinen Lehrer im strengen Satze und Kirchenstyl, überdies wurde er auf den Wunsch des Grafen in der französischen und italienischen Sprache unterrichtet. Im Jahre 1741 von der Kaiserin Witwe Elisabeth zu ihrem Capellmeister erwählt, hatte er in dieser bevorzugten Stellung Gelegenheit, sich auch bei Hofe durch seine Compositionen beliebt und geschätzt zu machen, was ihm namentlich durch seine Kirchenmusikstücke gelang, deren Composition zum größten Theile in diese Zeit fällt. Nach dem Tode seiner kaiserlichen Gönnerin (21. December 1750) erhielt er nebst lebenslänglichem freien Hofquartier das für die damaligen Verhältnisse bedeutende Jahrgehalt von 600 fl. In diesem Ruhestande aber blieb seine Muse nicht unthätig. Von Zeit zu Zeit gingen ihm von verschiedenen Seiten und auch vom Hofe Aufträge zu Compositionen zu. So übersendete ihm die regierende Kaiserin Maria Theresia ihr eigenes Gebetbuch, aus welchem er für sie den Bußpsalm „*Miserere mei Deus*“ componiren sollte. Sie selbst hatte darin alle jene Stellen bezeichnet, welche sie in der Musik besonders accentuirt und hervorgehoben wünschte, und ließ ihm nach vollendeter Arbeit als huldvolles Zeichen ihrer Zufriedenheit hundert Ducaten in einem goldgestickten Beutel zustellen. Aehnliche großmüthige Spenden erhielt er als Ehrensold für andere Arbeiten, welche er für die höchsten Adelsfamilien vollendete. Als er, in schon vorgerückterem Alter stehend, seine Frau durch den Tod verlor, zog er sich 1768, da er von jeher ein Freund der Natur und Einsamkeit war, in das Prämonstratenserstift Geras in Niederösterreich zurück, wo er, ausschließlich seiner Kunst lebend, nebst vielen Kirchenwerken vorzüglich die meisterhaften Responsorien zu den Lectiones et Lamentationes ad Matutina in Tenebris componirte. Als den Hochbetagten dann kränkelndes Siechthum heimsuchte, verließ er die bisherige Zufluchtsstätte und begab sich wieder nach Wien, wo er im Kloster der Barmherzigen Brüder Aufnahme und Pflege und im Herbst 1774 auch die ewige Ruhe fand. Nach der Schilderung eines Zeitgenossen und Schätzers seiner Werke, besaß Tuma einen lebhaften, ausdauernden, zu streng abstracten Studien stets empfänglichen Geist. Er war in der lateinischen, französischen und italienischen Sprache wohl bewandert, überdies vertraut mit den feinen Sitten der Hofwelt, welche ihm aber nichtsdestoweniger als heterogenes Element erschien. Indem er stehend an seinem Pulte arbeitete, bediente er sich beim Componiren seines Lieblingsinstrumentes, der Gamba, die er mit seltener Fertigkeit spielte. In der kaum glaublichen Frist von drei Tagen vollendete er gewöhnlich eine ganze Messe. Während dieser Zeit blieb er isolirt auf seiner Stube, versagte sich jeden geselligen Umgang und genoß sowohl zum Mittags- als Abendbrod nichts weiter als eine Tasse Chocolade. Seinem ganzen Wesen nach ein Mann ernstesten Schlages, ein Deutscher von echtem Schrot und Korn, war er solid und gründlich in Allem, was er unternahm, streng und rechtschaffen in jeder Handlung und ausgezeichnet durch viele Tugenden, welche ihm die Herzen Aller, die ihm näher traten, gewannen. Bei der ihm angeborenen Gründlichkeit hielt er unwandelbar fest an den von seinem Meister Fux empfangenen Lehrsätzen und schrieb selbst nicht das Unbedeutendste, ohne nicht jeder Anforderung der Kunst zu entsprechen. Ein stets denkender, durch wissenschaftliche Bildung geläuterter, durch praktische Gewandtheit gesicherter Componist, vermochte er nur reelle Werke zu schaffen; kein momentanes Interesse, kein Machtwort vornehmer Gönner wäre fähig gewesen, ihn abtrünnig seinem zur zweiten Natur gewordenen Systeme zu machen; daher gewinnen auch seine Werke bei jeder noch so genauen Zergliederung und sind in artistisch-ästhetischer Hinsicht durch Classicität gestempelt. Ernster, edler religiöser Charakter ist allen seinen zahlreichen Kirchencompositionen aufgedrückt. Es liegt ein Schatz von Wissenschaft in diesen Werken verborgen; nicht flimmernder, sondern solider Reichthum und innere Kraft heben sie über die gewöhnlichen, mitunter scholastisch trockenen Producte ihrer Zeit: Alles in ihnen ist wahrer, reiner Erguß eines andächtigen Gemüthes, und sein ganzes mildes Sein ging einzig dahin, eine gute, in der Ernte sich reichlich vervielfältigende Saat auszusäen. Von Tuma's Compositionen ist nichts gedruckt, wenigstens sind gedruckte Werke dieses Meisters nicht bekannt. Seine kirchlichen Werke waren ihres edlen religiösen Charakters wegen sehr beliebt und wurden von den Musikarchiven der böhmischen und österreichischen Klöster auf das sorgfältigste gesammelt. In einer der von mir zu Rathe gezogenen Quellen, welche über Tuma's Leben und Schaffen berichten, wird ausdrücklich Kremsmünster genannt, welches seine Werke gesammelt hätte. Nun suchte ich in der von Georg Huemer herausgegebenen Monographie „Die Pflege der Musik im Stifte Kremsmünster“ (Wels 1877, Joseph Haas, 8°.) im Abschnitt „Das Musikarchiv des Stiftes“ und fand zu meiner großen Verwunderung Tuma nur in der Rubrik „Requiem“ (S. 121), sozusagen nebenbei, erwähnt. Von einer Sammlung seiner Messen und anderen Kirchenmusikstücken ist auch nicht mit einer Sylbe die Rede, eine bei der Bedeutung Tuma's als Kirchencompositeur auffallende und mit obiger Notiz, daß Kremsmünster viele Werke des Meisters besitze, contrastirende Thatsache. Außer seinen Kirchenwerken wurden auch seine Symphonien a tre gerühmt. Uebrigens sind die lexikalischen Notizen über unseren Componisten, der auch hie und da Thuma geschrieben erscheint, ungemein lückenhaft, und selbst der „Slovník naučný“ behandelt seinen Landsmann ganz stiefmütterlich, ihm weit weniger Aufmerksamkeit schenkend, als irgend einem čechischen Schulmeister, der in Tiraden über Wenzelskrone und čechisches Staatsrecht macht. Von Tuma's Familie — er hatte drei Töchter und vier Söhne — lebten noch im ersten Viertel des laufenden Jahrhunderts zwei Söhne, von denen der eine im Jahre 1827 zu Prag als Invalidenhauptmann hoch in den Siebenzigern stand, der zweite, Bernard Tuma aber am 7. December 1827 als Senior und Schätzmeister des Stiftes der regulären Chorherren zu Klosterneuburg im Alter von 92 Jahren starb.

Slovník naučný. Redaktoři Dr. Fránt. Lad. Rieger a J. Malý, d. i. Conversations-Lexikon. Redigirt von Dr. Franz Ladisl. Rieger und J. Malý (Prag 1872, J. L. Kober, Lex.-8°.) Bd. IX, S. 633. — Oesterreichische National-Encyklopädie von Gräffer und Czikann (Wien 1837, 8°.) Bd. V, S. 443. — Gaßner (F. S. Dr.). Universal-Lexikon der Tonkunst. Neue Handausgabe in einem Bande (Stuttgart 1849, Franz Köhler, schm. 4°.) S. 846. — Neues Universal-Lexikon der Tonkunst. Herausgegeben von Schladebach-Bernsdorf (Offenbach 1861, Joh. André, Lex.-8°.) Bd. III, S. 772. [Dieses und Gaßner bringen für ein Musik-Lexikon ungemein dürftige Notizen.] — Gerber (Ernst Ludwig). Historisch-biographisches Lexikon der Tonkünstler u. s. w. (Leipzig 1792, Breitkopf, Lex.-8°.) Bd. II, S. 649.

**Porträt.** Oberhalb des Medaillons, das Tuma's Bildniß zeigt, schlängelt sich ein Band, auf welchem die Worte stehen: „Franciscus Tuma“. Unter dem Bildrande: Antonius Hikel del. Joh. Balzer sc. Pragae (8°.). — Sein in Oel gemaltes Porträt gelangte aus dem Besitze seines Sohnes, des Klosterneuburger Chorherrn, in jenen des bekannten Musikgelehrten und Musikfreundes Joseph Sonnleithner [Bd. XXXVI, S. 9] von dem es vielleicht an Leopold von Sonnleithner [Bd. XXXVI, S. 11] überging.

Von einem **Franz** Tuma erschien im vorigen Jahrhunderte die Schrift: „Dissertatio chemico-medica de aqua Pyrawarthensi“ (Vienne 1763, 8°.). Vielleicht war der Verfasser auch ein Sohn des berühmten Kirchencomponisten.

**Tuma**, Karl (Journalist, geb. zu Prag am 6. September 1843). Als der Vater, ein k. k. richterlicher Beamter, im Jahre 1850 nach Reichenau im Königgrätzer Kreise übersetzt wurde, begann der Sohn daselbst den Schulbesuch und setzte ihn dann in Königgrätz, zuletzt in Prag fort, wo er in das Colleg des bekannten Linguisten Vincenz Šercl [Bd. XXXIV, S. 139] kam. Dem technischen Fache zunächst sich zuwendend, bezog er die Prager technische Schule, doch schon nach einiger Zeit erwählte er die Journalistik zu seinem Lebensberufe, in welcher er noch zur Stunde wirkt. In das Jahr 1861 fallen seine ersten humoristischen und satyrischen Arbeiten, welche in Vilímek's „Humoristické Listy“, d. i. Humoristische Blätter, erschienen. Auch in Declamationsstücken versuchte er sich zu dieser Zeit, und manche derselben, wie „Der Spielmann“ (šumař), „Das furchtbare Wort“ (strašné slova), wurden mit Beifall aufgenommen. Im August 1862 trat er als ständiger Mitarbeiter bei der Redaction der Prager „Národné listy“, d. i. National-Zeitung, ein. Von 1866 bis 1867 redigirte er das Wochenblatt „Hlas“, d. i. Die Stimme, übernahm aber schon 1868 die Redaction der „Národné listy“, wobei er bald mit den Preßgesetzen in solchen Conflict gerieth, daß er sich vor dem Richter verantworten mußte, was ihm jedoch so wenig gelang, daß er zu drei Jahren schweren Kerkers verurtheilt wurde In Gemeinschaft mit den Redacteuren Barak, Černý und Tolman hatte er bereits neunzehn Monate seiner Haft im St. Wenzels-Arreste abgebüßt, als ihm bei Antritt des Ministeriums Potocki der Rest der Strafe durch eine kaiserliche Amnestie erlassen ward. Besondere Aufmerksamkeit erregte er durch seine Vertheidigungsrede vor Gericht. Während seiner Kerkerhaft, die er zu literarischen Arbeiten benützte, übertrug er auch hundert der schönsten Gedichte des ungarischen Poeten Petöfi; einige Proben dieser Uebersetzungen erschienen zuerst in der čechischen illustrirten Zeitung „Květy“, d. i. Blüten, während später, 1870, die ganze Sammlung im Vereine mit den von Franz Brábek wiedergegebenen Gedichten unter dem Titel: „Poesie Světove“ in zwei Heften zum Druck gelangte. Tuma ist vorherrschend Journalist, was ihn jedoch nicht hindert, auch größere Arbeiten zu veröffentlichen, wie er es z. B. mit folgenden gethan: „O boji národa amerického za zamostatnost“, d. i. Von dem Kampfe des nordamerikanischen Volkes für seine Unabhängigkeit, in dem Sammelwerke „Osvět lidu“, d. i. Aufklärung des Volkes (im 10. Hefte, 1872) „O Jiřím Washingtonu, zakladateli svobody americke“, d. i. Von Georg Washington, dem Begründer der nordamerikanischen Freiheit (ebenda im 6. Hefte, 1872), „Apoštol svobody“, d. i. Der Apostel der Freiheit (Joseph Mazzini), in dem Sammelwerke „Matice lidu“ (im VII. Jahrg., 1. Heft, 1873). Tuma ist ein fleißiger Mitarbeiter des vorgenannten Werkes „Osvět lidu“, ferner der Zeitschriften „Svoboda“, d. i. Die Freiheit, „Květy“, d. i. Blüten, der von Barak redigirten „Pravda“, d. i. Die Wahrheit, des von Šimaček herausgegebenen „Posel z Prahy“, d. i. Bote von Prag, u. a. Demokrat von reinstem Wasser, sucht er für sein politisches Glaubensbekenntniß in zahllosen Leitartikeln, sowie in geschichtlichen und culturgeschichtlichen Aufsätzen Propaganda zu machen. Im Jahre 1865 verheiratete er sich mit Marie Čelakovsky, der Tochter des berühmten čechischen Dichters und Philologen Franz Ladislaus Čelakovsky [Bd. II, S. 315].

**Porträt.** Holzschnitt in einer Bildnißgruppe der „Humoristické listy“, d. i. Humoristische Blätter (Prag, kl. Fol.) 1874, Nr. 27, Medaillon 9.

**Tumanowicz**, Jacob Valerian (armenischer Erzbischof in Lemberg, geb. zu Stanislawow in Ostgalizien am 14. Juli 1713, gest. zu Lemberg am 2. September 1798). Der Sohn eines Kaufmannes in Stanislawow, besuchte er daselbst das Gymnasium. Sodann für den geistlichen Beruf sich entschließend, ging er nach Lemberg, wo er bei den Theatinern seine Studien beendete und Licentiat der Theologie wurde. Einige Jahre danach wirkte er als Professor der Rhetorik und Theologie, und schon um diese Zeit verbreitete sich der Ruf seiner Gottesfurcht und seines priesterlichen Eifers in solcher Art, daß ihm das Collegium der Cardinäle die Würde eines apostolischen Protonotars verlieh. Dann wurde er von Erzbischof Augustinowicz auch in dessen unmittelbare Nähe berufen, und nachdem er zwanzig Jahre lang als Vicar durch sein ebenso würdevolles als menschenfreundliches Gebaren die Zuneigung Aller gewonnen, erwählte ihn, da Augustinowicz seines hohen Alters wegen eine Unterstützung im Amte bedurfte, im Jahre 1771 der armenische Clerus mit Zustimmung des Volkes zum Coadjutor. Tumanowicz aber weigerte sich auf das entschiedenste, diese Würde anzunehmen, er schrieb an zwei Cardinäle in Rom, um die Wahl, die einen Würdigeren treffen möge, rückgängig zu machen; aber Beide antworteten ihm in lateinischen Briefen, daß er sich gegen den Willen Gottes nicht auflehnen und dem Beschlusse des apostolischen Stuhles Folge leisten solle. Diesem Gebote endlich sich fügend, übernahm er das weihbischöfliche Amt, für welches ihn der Lemberger Erzbischof Wenzel Hieronymus Sierakowski [Bd. XXXIV, S. 263] am 17. Mai 1772 weihte. Zehn Jahre bekleidete er diese Würde und begnügte sich mit dem kleinen, kaum für einen Caplan reichenden Gehalt von 400 fl., welches er von der h. Congregation erhielt. Bei der Revindication Galiziens fügte die Kaiserin Maria Theresia dieser Summe noch 2000 fl. hinzu, indem es ihr mit der bischöflichen Würde unvereinbar erschien, daß ein Träger derselben rein auf die Wohlthätigkeit seiner Gemeinde angewiesen sei. Als dann Erzbischof Augustinowicz im Jahre 1783 starb, wurde Tumanowicz zu dessen Nachfolger erwählt und als solcher vom kaiserlichen Hofe bestätigt. Und nun in seiner neuen Würde lag er mit allem Eifer der Erfüllung der Pflichten seines hohen Kirchenamtes ob. Auf eigene Kosten ließ er die neuen Glocken für seine Kathedrale gießen, erbaute in Kamieniec podolski eine Priesterwohnung für drei Geistliche und war auch auf die Ausschmückung seiner Kirche in Lemberg bedacht. Auf seiner Reise nach Cherson lernte Kaiser Joseph den würdigen Kirchenfürsten kennen und fühlte sich von dessen echt kirchlichem, würdevollem und doch ungemein schlichtem Wesen so erbaut, daß er ihm aus eigenem Antrieb ein jährliches Tafelgeld von 1000 fl. anweisen ließ. Sein besonderes Augenmerk richtete der Erzbischof auf die Kirchenzucht seiner Geistlichkeit und das harmonische Zusammenhalten seines Capitels; der armenischen Mädchenschule erwies er sich als ein großer Gönner und Wohlthäter, wie er denn auch den armenischen Nonnen, wenn es nöthig war, reichliche Unterstützung zuwandte. Dabei lebte er in so einfacher und schlichter Weise, war so fromm und aus ganzer Fülle des Herzens andächtig, daß, wie einer seiner Biographen schreibt, man sich bei seinem Anblick in die Zeiten der ersten Christenheit versetzt glaubte. Er erreichte das hohe Alter von 86 Jahren, und noch an seinem Todestage las er wie gewöhnlich um acht Uhr Morgens die Messe in der armenischen Domkirche. Kurze Zeit nach seiner Rückkehr in die Wohnung wurde er vom Schlage getroffen, dem er gegen Mitternacht erlag. Die Trauer seiner Gemeinde, namentlich der Armen, der Witwen und Waisen, denen er stets mit Wohlthaten zur Seite gestanden, seiner Geistlichkeit und auch der Priesterschaft der anderen Confessionen war eine tiefe und wahre, und die Leichenfeierlichkeiten, an denen sich auch der römisch- und der griechisch-katholische Erzbischof mit ihrer Geistlichkeit betheiligten, fanden mit ungemein festlichem Gepränge statt. Von seinen Kirchenreden sind nur zwei in der Dominicanerkirche im Jahre 1751 anläßlich der Krönung des Bildnisses der h. Maria gehaltene erschienen, und zwar in dem Werke: „Hasło słowa Bożego“, d. i. Das Losungswort Gottes (Lemberg 1754, Fol.).

*Barącz (Sadok).* Żywoty Sławnych Ormian w Polsce, d. i. Lebensbeschreibungen berühmter Armenier in Polen (Lemberg 1856, Druckerei des Ossoliński'schen Institutes, 8°.) S. 339 u. f. — Kunitsch (Michael). Biographien merkwürdiger Männer der österreichischen Monarchie (Gratz 1803, Gebrüder Tanzer, kl. 8⁰.) II. Bändchen, S. 92 u. f.

**Tumicelli**, Jacopo (Maler, geb. zu Villafranca nächst Verona im Jahre 1784, gest. zu Padua im November 1825). Dem Wunsche seiner vermögenslosen Eltern zu genügen, widmete er sich den Studien, um bald nach Vollendung derselben zu einer Anstellung zu gelangen. Aber als er zwanzig Jahre alt war, litt es ihn nicht länger bei den Vorbereitungen zu einem Berufe, für den er nicht die geringste Neigung in sich fühlte, und trotz aller Vorstellungen seiner Eltern, die sich mit seiner Wahl nicht befreunden konnten, griff er zum Pinsel, dem er bis an sein Lebensende treu blieb. Saverio della Rosa, ein Veroneser Maler und Schüler Cignaroli's, führte ihn in die Elemente der Kunst ein. Aber bald drängte es den Jüngling fort von Verona, welches ihm nicht bot, was er suchte, und so begab er sich nach Mailand, wo er für seine künstlerische Laufbahn viel edlere und bedeutendere Vorbilder fand. Da ihm das Malen mit Oelfarben für sein Bestreben, so bald als möglich sich auf eigene Füße zu stellen, nicht förderlich erschien, erwählte er die Miniaturmalerei, denn erstens nahm ein kleines Gemälde bei aller Sorgfalt in der Ausführung weniger Opfer an Zeit und Geld in Anspruch, und dann konnte ein Werk, für welches sich doch ein verhältnißmäßig weit geringerer Preis stellen läßt als für ein großes Oelbild, um so eher auf baldigen Absatz rechnen. Seine erste Meisterarbeit in Miniatur war eine „h. Magdalena“ und fiel so gelungen aus, daß er im Auftrage des Professors Marsano dieselbe wiederholte. Als Bernardino Renier die erstere später von des Künstlers Brüdern zum Geschenke erhielt, erwiderte er dasselbe mit einem Ehrensolde von hundert Ducaten. Mit gleichem Erfolge malte Tumicelli Miniaturbildnisse, und von diesen kennt man jene des Dichters Hippolyt Pindemonte, des Salvator Viganò, des Barons Lederer und der berühmten Herzogin Giovane, welche auch seine Schülerin wurde. Ungeachtet seiner Erfolge in dem erwähnten Genre wollte er doch auch Oelbilder malen und führte mehrere Versuche aus. Indessen begab er sich, um Linderung für ein Leiden, welches ihn seit Jahren quälte, zu finden, nach Padua, wo er den berühmten Arzt Dr. Zecchinelli zu Rathe zog. Daselbst lernte er nun auch den vorerwähnten Venetianer Patrizier Bernardino Renier kennen. An diesem, der bald des Künstlers ungewöhnliche Begabung durchschaute, fand er einen Gönner, der ihn nicht nur mit allen möglichen Mitteln förderte, sondern auch zum Lehrer seiner talentbegabten Tochter erwählte. Zu gleicher Zeit übertrug ihm derselbe die Ausführung eines allegorischen Gemäldes: „Die Zeit enthüllt der Geschichte die Wahrheit“. Mit allem Eifer verlegte sich Tumicelli auf die Arbeit, die auch ihrer Vollendung entgegenging, während jedoch das Uebel des Künstlers immer stärkere Fortschritte machte und trotz aller Bemühungen des Arztes, der nichts unversucht ließ, ihn am Leben zu erhalten, sein Opfer forderte. Tumicelli aber ahnte seinen nahen Tod, und um seinem tieferschütterten Pfleger ein letztes Zeichen seiner Dankbarkeit zu geben, ging er wenige Tage vor seinem Ende daran, denselben zu zeichnen, und so war denn Dr. Zecchinelli's Porträt des Künstlers letztes Werk. Nicht groß ist die Zahl der Werke Tumicelli's. In seinem Nachlasse fanden sich mehrere

Miniaturen vor, darunter ein „Marienkopf“ von wunderbarer Schönheit und ein Mignonbildniß, das den Künstler selbst in dessen jungen Jahren darstellte. Unter den Oelbildern sind zu nennen: „Die Flucht des Aeneas aus dem brennenden Troja“, „Der h. Johannes der Täufer in der Wüste“ und „Das Bildniss der Veroneserin Ferrari-Rosini“. In der Vollkraft seines Lebens, berufen noch Großes in seiner Kunst zu leisten, wurde Tumicelli hingerafft. Auf dem Campo santo zu Padua, wo er begraben liegt, bewahrt ein Denkstein, den Berardino Renier ihm setzen ließ, die Erinnerung an den Maler, welchen wir in Werken über Kunst und Künstler vergebens suchen. Im „Ateneo di Venezia“ las Agostino Sagredo in der Sitzung vom 5. Jänner 1821 einen Vortrag über das Leben und die Werke Tumicelli's.

*Tipaldo (Emilio de).* Biografia degli Italiani illustri nelle scienze, lettere ed arti del secolo XVIII e de' Contemporanei ec. ec. (Venezia 1836, tipogr. di Alvisopoli, gr. 8°.) tomo III, p. 283: „Necrologia di J. Tumicelli da Antonio Meneghelli“.

**Tumpitsch**, Mirko (Abt von Bistritza in Croatien, Ort und Jahr seiner Geburt unbekannt, gest. im December 1874). Ueber seinen Lebens- und Bildungsgang konnten wir nichts in Erfahrung bringen. Er bekleidete zuletzt die Stelle eines Abtes von Bistritza in Croatien und entleibte sich in einem Anfalle von Melancholie. Eine Agramer Correspondenz der Wiener „Neuen Freien Presse“ begleitete die Nachricht von dem Selbstmorde mit der Bemerkung, daß Tumpitsch, der als ein streng sittlicher Charakter galt, nebst edlen Herzenseigenschaften auch ein tiefes Wissen besaß. Er hinterließ ein Vermögen, welches nach Millionen zählte. Derselben Mittheilung entnehmen wir: daß der Verstorbene unter verschiedenen Legaten auch mit einem solchen von 5000 fl. die Agramer Universität, und mit einem anderen von 3000 fl. die südslavische Akademie der Wissenschaften bedacht habe.

Schramm-Macdonald (Hugo Dr.). Die Urne. Jahrbuch für allgemeine Nekrologie (Leipzig 1876, C. G. Theile, 8°.) II. Jahrg. (1874), S. 67 und 68. — Neue Freie Presse (Wiener polit. Blatt) 11. December 1874, Nr. 3698, in der „Kleinen Chronik“.

**Tuna**, Franz (k. k. Oberlandesgerichtsrath und Professor an der juridischen Facultät in Prag, geb. in Mähren in der Nähe von Iglau um das Jahr 1810, gest. zu Prag am 20. November 1862). Er studirte die Rechte in Wien, wo er auch die juridische Doctorwürde erlangte. Dem Lehramte sich widmend, kam er als Professor des Civilrechts an die Lemberger Hochschule, von welcher er im Jahre 1851 in gleicher Eigenschaft nach Prag versetzt ward. Daselbst gab er seine Lehrkanzel bald auf und trat in den praktischen Justizdienst, in welchem er Staatsanwalt in Brünn, dann Generalprocuratorstellvertreter bei dem obersten Cassationshofe in Wien wurde. Nach Aufhebung der letzteren Behörde kehrte er wieder zum Lehrfache zurück und erhielt die durch Haimerl's [Band VII, Seite 216] 1852 erfolgte Berufung nach Wien an der Prager Universität erledigte Lehrkanzel mit dem Titel und Range eines Oberlandesgerichtsrathes. In dieser Stellung wirkte er nahezu ein Jahrzehent, bis an sein Lebensende. Im Jahre 1861 bekleidete er die Würde des Rector Magnificus der Prager Hochschule und saß als solcher im böhmischen Landtage. Vom regsten Pflichtgefühle beseelt, versah er noch während seines schweren Leidens, das er mit beispielloser Geduld und Ergebung ertrug, seine Amtsgeschäfte mit eifrigster Berufstreue. Die studirende Jugend lag ihm besonders am Herzen, und er erfreute sich sowohl in Lemberg — wo ich selbst Gelegenheit hatte, mich davon zu überzeugen — als in Prag ihrer vollen Sympathien. Beweis seiner Theilnahme für dieselbe sind seine letztwilligen Anordnungen, indem er sein ganzes Vermögen zu Stiftungen für ordentliche immatriculirte Hörer der Rechts- und Staatswissenschaften an der Prager Hochschule bestimmte, und zwar sollte kein Stiftungsplatz unter **300** oder über **400** fl. betragen, bei der Bewerbung aber nur die Würdigkeit entscheiden. Auch in den Legaten bedachte er die Studirenden, indem er den beiden Prager Lesevereinen je hundert Gulden vermachte. Ueberdies legirte er dem Dombauvereine **200** fl. und vergaß auch nicht der Armen in seinem letzten Willen. Schriftstellerisch war Tuna nicht thätig gewesen, aber er beherrschte das Fach, das er vortrug, mit seltener Gründlichkeit, und sein Vortrag zeichnete sich durch Präcision und große Klarheit aus. Der stattliche Leichenzug, an welchem sich neben der zahlreichen Studentenschaft sämmtliche Professoren, die Vertreter aller k. k. Behörden und die Repräsentanten anderer Corporationen in großer Anzahl betheiligten, zeigte, welcher Sympathien sich der Verewigte, der durch seine letztwilligen Anordnungen sich ein bleibendes Andenken geschaffen, in allen Schichten der Bevölkerung erfreute.

Bohemia (Prager polit. und belletr. Blatt, 4°.) 1862, 22. November, Nr. 277, S. 1246, und Abendblatt zu Nr. 278, S. 1269. — Allgemeine Zeitung (Augsburg, Cotta, 4°.) 1862, S. 5475.

**Tunkl von Asprung und Hohenstadt,** Ferdinand Freiherr (k. k. Oberst im Ruhestande, geb. zu Panaschow-Augezd in Böhmen am 18 Mai 1813). Der Sproß einer alten mährischen Adelsfamilie, über welche die Quellen S. **113** Näheres mittheilen, trat er im December **1835** in die Wiener-Neustädter Militär-Akademie, aus welcher er am **23.** September **1842** als Regimentscadet zu Sachsen-Coburg-Uhlanen ausgemustert wurde. Im August **1847** rückte er zum Lieutenant, im März **1849** zum Oberlieutenant, **1854** zum Rittmeister zweiter Classe, im Juni **1855** zum Rittmeister erster Classe und im August **1861** zum Major im Regimente auf. Im April **1865** als Oberstlieutenant zu Karl Prinz von Preußen-Kürassieren Nr. 8 übersetzt, wurde er am **1.** Mai **1868** zeitlich pensionirt. Am **23.** April **1869** reactivirt, kam er zu Kaiser Nicolaus I. von Rußland-Dragonern Nr. 5. Am **24.** October **1869** zum Obersten und Regiments-Commandanten bei Windischgrätz-Dragonern Nr. **14** ernannt, trat er in dieser Stellung später in den bleibenden Ruhestand über, welchen er zu Görz verlebt. Er focht in dem Feldzuge **1849** in Ungarn und erhielt für sein Verhalten in der Schlacht bei Pered am **21.** Juni den kaiserlich russischen St. Annenorden mit den Schwertern. **1859** machte er den Feldzug in Italien, **1866** jenen gegen die Preußen in Böhmen mit und wurde in der Schlacht bei Königgrätz am **3.** Juli schwer verwundet, für sein ausgezeichnetes Verhalten aber daselbst als Oberstlieutenant mit dem Militär-Verdienstkreuze decorirt.

Thürheim (Andreas Graf). Die Reiter-Regimenter der k. k. österreichischen Armee (Wien 1862, Geitler, gr. 8°.) III. Bd: „Uhlanen", S. 14 und 53. — Derselbe. Gedenkblätter aus der Kriegsgeschichte der k. k. österreichischen Armee (Wien und Teschen 1880, Prochaska, gr. 8°.) Bd II, S. 68, unter Jahr 1866.

**Zur Genealogie der Freiherren Tunkl.** Die ersten Nachrichten über dieses Geschlecht, welche allerdings ziemlich ausführlich sind, aber noch keineswegs die Aufstellung einer Stammtafel desselben ermöglichen verdanken wir den Nachforschungen des unermüdlichen mährischen Historiographen Ritter d'Elvert. Die Familie schrieb sich bald Tunkel, bald Tunkl, und ihre Prädicate lauten einmal Hausbrunn, dann Ausprunn, Aschbrunn und Asprung, gegenwärtig aber heißt sie mit vollem Namen Tunkl von Asprung und Hohenstadt. Sie nahm einmal in Mähren eine durch Macht und Ansehen hervorragende Stellung ein. Ihre Stammregister reichen bis zum Beginne des fünfzehnten Jahrhunderts zurück, in welchem die Tunkel zu Baudmannsdorf, Polwitz, Geyersberg, Rathmannsdorf, Wickendorf u. s. w. im Fürstenthume Liegnitz, dann in Schweidnitz, Lemberg-Jauer u. s. w. urkundlich vorkommen. Aber schon im Jahre 1398 ist ein **Niclas** Tunckel von Brničko urkundlich nachweisbar. Nach diesem tritt in Mähren **Jan** Tunkl von Ausprunn und von der Hohenstadt um die Mitte des fünfzehnten Jahrhunderts in den Vordergrund. Er steht unter den mährischen Rittern in der 1446 zwischen Friedrich IV. und der Landschaft Mähren aufgesetzten Vergleichsurkunde, mit welcher der verderbliche Krieg zwischen Mähren und Oesterreich beigelegt werden sollte. Auch befand er sich im Gefolge Kaiser Friedrichs IV. und des jungen Königs Ladislaus, sowie unter den nahe dreihundert Fürsten, Grafen, Herren und Edelleuten, welche Ersterer nach seiner Krönung zu Rom im Jahre 1452 daselbst zu Rittern schlug. Schon Johannes' Söhne **Georg** und **Johann** besaßen, wie aus der in den Quellen angeführten genealogischen Darstellung von d'Elvert ersichtlich ist, sehr bedeutenden Grundbesitz in Mähren, welcher sich in der Folge nur noch vermehrte. Diese Beiden erhielten auch schon 1463, auf Ansuchen des Breslauer Bischofs Jobst, wegen ihrer Dienste bei der Belagerung von Wien im Jahre 1462, als der von den Wienern und seinem Bruder Albrecht in der Burg belagerte Kaiser durch König Georg von Podiebrad Hilfe fand, die Bestätigung ihrer alten Bannerherrenwürde und die Erlaubniß, mit rothem Wachse zu siegeln. Den Höhepunkt aber erreichte die Familie in **Georg** Tunkl von Brničko auf Hohenstadt, dessen Name in den Jahren 1466 bis 1476 oft genannt wird. Der Name Brničko ist die čechische Bezeichnung für den in der Nähe der mährischen Stadt Hohenstadt im Olmützer Kreise gelegenen Ort Hausbrunn (Ausprunn). Auf Hohenstadt waltete Georg inmitten seiner weitläufigen Besitzungen „mächtig nach der Sitte der Zeit, milde gegen den Clerus, rauh und hart gegen die Unterthanen, ein treuer und thätiger Anhänger des nationalen Königs Georg von Podiebrad". In dessen vielen und blutigen Kämpfen stand ihm Georg Tunkl treu zur Seite. Und nach Podiebrad's 1471 erfolgtem Tode hielt er sich nicht zu dem von den Böhmen gewählten Könige Wladislaw von Polen, sondern zu König Matthias von Ungarn, dessen Niederlage aber durch die vereinigten Böhmen und Polen er nicht zu verhindern im Stande war. Als im Jahre 1480 zwischen den mährischen Herren ein heftiger Streit über das Prärogativ in öffentlichen Zusammenkünften ausbrach, welcher eine blutige Wendung befürchten ließ, entschied König Matthias, daß nur fünfzehn mährische Herrengeschlechter als alte anzusehen, überdies dasselbe von jenen Herren und Baronen zu gelten habe, welche auf der Zusammenkunft genannten Jahres von Matthias Sitz- und Stimmrecht erhielten, und unter welchen sich Georg Tunkl und dessen Sohn **Heinrich** befanden. Ersterer wurde auch noch im selben Jahre mit den Kindern seines Bruders unter die Herren Böhmens aufgenommen. Aber wie er sein Geschlecht auf die Höhe gebracht, so beginnt auch schon mit ihm selbst der Niedergang der Familie Ungeachtet der großen Freiheiten, mit welchen er die Stadt Hohenstadt begabte, galt er doch als ein rauher, harter Gebieter, welcher mit ungebührlichem Robot und anderen Forderungen die Unterthanen zuletzt in solchem Maße bedrückte, daß sich dieselben gegen ihren Herrn erhoben, ihn niederwarfen, verwundeten und beinahe erschlugen, denn er erholte sich nicht mehr von den erlittenen Mißhandlungen, an denen er 1496 starb. Und nun ging es mit dem Reichthume und Ansehen stetig abwärts. Schon Georgs Sohn Heinrich verkaufte ein Gut nach dem anderen, zuerst Hohenstadt, dann Brničko, Hochstein, Eisenberg, und die Familie verschwindet aus der Classe der reichbegüterten und mächtigen Herren Mährens. Während sie aber in Mähren niederging, stieg sie anderwärts, wenngleich nur vorübergehend, zu ansehnlicher Höhe. Derselbe Heinrich, welcher sein väterliches Erbe in Mähren hingab, erstieg in Böhmen Stufe um Stufe. So war er 1509 Prager Schloßburggraf, 1513—1515, 1522, 1523, dann wieder 1525—1527 böhmischer Oberstmünzmeister, endlich durch dreißig Jahre Landvogt des Markgrafenthums Niederlausitz, von seiner Erhebung zu dieser Würde durch König Wladislaw im Jahre 1509 bis zu seinem am 28. Mai 1539 erfolgten Tode. König Ferdinand muß an Heinrichs Verwaltung ein großes Wohlgefallen gefunden haben, daß er ihm nach dem Aussterben des männlichen Stammes der Freiherren von Kittlitz die Herrschaft Rauden schenkte. Und später, 1723 noch, ist ein **Franz Ernst** Tunkl Freiherr von Ausprunn und Hohenstadt Besitzer der Herrschaft Jankau mit den im Kauřimer Kreise Böhmens gelegenen Gütern Radmeřitz und Bedřichowitz, welche vordem den Herren von Talmberg gehörten. Außerdem besaß er noch die Güter Zwiestow, Wissetat und Chlum in demselben Kreise Für seinen Reichthum spricht auch der Umstand, daß er im Jahre 1741 der Berauner Dechanteikirche ein von Kennern auf 0.000 fl. bewerthetes Altarbild: Die schmerzhafte Mutter Gottes", von einem italienischen Künstler gemalt, zum Geschen machte. Von den zur Zeit lebenden Freiherren von Tunkl sind außer dem Obersten **Ferdinand**, dessen Lebensskizze oben mitgetheilt wurde, bekannt: ein **Otto** Freiherr von Tunkl, Rechnungsofficial im königlich ungarischen Ministerium des Innern zu Pesth; ein **Wilhelm** Freiherr von Tunkl, Hauptmann zweiter Classe im 10. (böhmischen) Festungs-Artillerie-Bataillon; ein **Friedrich** Freiherr on Tun (geb. 1827), der 1872 als k. k. Oberl eutenant im Ruhestande lebte ein **Karl** (geb. 832) ebendemselben Jahre bei dem königlich böhmischen ständischen Ausschusse bedienstet, und endlich ein **Vincenz** Freiherr von Tunkl (geb. 1834), der als Lieutenant aus dem Verbande der kaiserlichen Armee trat. [d'Elvert (Christian Ritter). Notizenblatt der historisch-statistischen Section der k. k. mährisch schlesischen Gesellschaft zur Beförderung des Ackerbaues, der Natur- und Landeskund (Brünn, Rohrer, 4°.) Jahrgang 1868, S. 9—14: „Zur mährisch-schlesischen Adelsgeschichte. XVI. Die Freiherren Tunkl von Hausbrunn und Hohrnstadt", von d'Elvert; Jahrg 1869, S. 101: „Zur Geschichte der Freiherren Tunkl" — (Hormayr's) Archiv für Geschichte Statistik, Literatur und Kunst (Wien, 4°) 1817, Nr. 146, 147 und 148: „Georg Tunkl Herr auf Haussbrunn". — Slovník naučný. Redaktoři Dr. Frant. Lad. Rieger a J. Malý, d. i. Conversations-Lexikon Redigirt von Dr. Franz Lad Rieger und J. Malý (Prag 1872, J L Kober, Lex.-8°.) Bd. IX, S. 635].

**Tunkler von Treuimfeld**, Andreas Ritter (k. k. Oberst im Geniestabe, geb. im Jahre 1818, gest. in Wien am 13. März 1873). Der Sproß einer Soldatenfamilie. Franz Tunkler, wohl dessen Großvater, wurde in Würdigung seiner als Führungscommissär im siebenjährigen Kriege geleisteten Dienste mit dem Prädicate Treuimfeld in den erbländischen Adel erhoben. Andreas, wahrscheinlich in der k. k. Ingenieurakademie für den Geniedienst ausgebildet, diente 1843 als zweitältester Unterlieutenant im k. k. Ingenieurcorps, war 1848 bereits Hauptmann in demselben und stand viele Jahre in der Ingenieurakademie als Lehrer in Verwendung. Am 27. April 1861 zum Oberstlieutenant im Geniestabe befördert, erhielt er 863 in gleicher Eigenschaft eine Professur in der Genieakademie, kam im folgenden Jahre als Geniedirector nach Verona und wurde als solcher 1867 nach Wien übersetzt, wo er zuletzt als Oberst und Vorstand der achten Abtheilung des k. k. Reichskriegsministeriums im besten Mannesalter von erst 55 Jahren starb. Mit ihm verlor die Armee einen der verdienstvollsten Officiere; er war ein Mann von liebenswürdigstem Charakter — wie sich ja das bei einem wirklich gebildeten Officier von selbst versteht — von gediegenem Wissen in seinem speciellen Fache und von umfassender Geistesbildung. Während seiner mehr als dreißigjährigen Dienstzeit nahm er nicht nur praktisch Theil an allen Festungsbauten, welche seit etwa 1840 bis 1870 in Oesterreich errichtet wurden, sondern bildete auch als vieljähriger Professor der Fortification an der Ingenieurakademie den größten Theil des militärischen Nachwuchses im Geniecorps heran. In den Feldzügen 1848 und 1849 in Italien und Ungarn erwarb er sich den Orden der eisernen Krone dritter Classe. Als Schriftsteller in seinem Fache thätig, gab er heraus: „Die Lehre vom graphischen Defilement der Feld- und permanenten Befestigungen, nach einem Manuscripte des weil. Generalmajors Ludwig von Wüstefeld, zum Gebrauche der k. k. Genieakademie bearbeitet“, mit einem Atlas in Imp.-Qu.-Fol., 24 Pläne enthaltend (Wien 1865, Seidel und Sohn, gr. 8⁰., XIX und 211 S.); — „Andeutungen für die Ausarbeitungen eines Befestigungsprojectes. Nach einem Manuscript des Verfassers Ludwig von Wüstefeld, bearbeitet von Andr. T. v. T.“, mit einem Atlas von 8 (lith.) Plänen in Qu.-Gr.-Fol. (Wien 1872, Seidel und Sohn, IX und 120 S., gr. 8⁰.). Nach Andreas Tunkler's Tode gab Alfred Ritter Tunkler von Treuimfeld, Hauptmann im Geniecorps, wahrscheinlich des Verstorbenen Sohn, in Druck heraus: „Die permanente Fortification. Nach den hinterlassenen Schriften des k. k. Genieobersten Andreas Tunkler von Treuimfeld.“ Mit 15 (lith.) Plantafeln in Qu. gr. 4⁰. (Wien 1874, Seidel und Sohn, gr. 8⁰., III und 351 S.). In einem der Nekrologe, die man dem Verblichenen widmete, wird auch eines von demselben verfaßten Lehrbuchs der Befestigungskunst gedacht, welches, in viele fremde Sprachen übersetzt, von militärischen Autoritäten als epochemachendes Werk anerkannt, in den höheren Militärschulen Italiens und Rußlands als Lehrbuch eingeführt ist. Den bibliographischen Titel dieses letztgenannten Werkes konnte ich nirgends auffinden.

Thürheim (Andreas Graf.) Gedenkblätter aus der Kriegsgeschichte der k. k. österreichisch-ungarischen Armee (Wien und Teschen 1880, K. Prochaska, gr. 8⁰.) Bd. II, S. 393. — Allgemeine Zeitung (Augsburg, Cotta, 4⁰.) 1873, S. 1140. — Neue Freie Presse (Wiener polit. Blatt) 1873, Nr. 3075, Morgenblatt.

**Tunner**, Joseph Ernst (Historienmaler, geb. zu Obergraden bei Köflach in Steiermark am 24. September 1792, gest. zu Graz am 10. October 1877). Joseph Tunner, welcher zu Obergraden ein Werk besaß, das noch heute den Namen Tunnerhammer führt, schickte seinen Sohn Joseph Ernst, den Nagler irrthümlich Karl tauft, auf das Gymnasium in Graz, wo derselbe zu gleicher Zeit die Zeichenakademie besuchte. Sodann kam der Sohn nach Wien, wo er an der Hochschule die zwei philosophischen Jahrgänge hörte und zugleich seine Malerstudien an der Akademie der bildenden Künste fortsetzte. An letzterem Institute befreundete er sich bald mit Führich [Bd. V, S. 5], Kupelwieser [Bd. XIII, S. 392], W. A. Rieder [Bd. XXVI, S. 107] und anderen später zu Künstlerruhm gelangten Besuchern desselben. Und er fühlte sich zur Kunst in so hohem Maße hingezogen, daß es ihm unmöglich wurde, seinem ihm nach des Vaters Tode zum Vormund bestellten älteren Bruder Peter zu willfahren, welcher ihn für das Studium der Technik, die in Oesterreich ein sicheres und lohnendes Auskommen hoffen lasse, zu bestimmen gedachte. Als nach einem halbjährigen weiteren Verbleiben in Wien, wo er fleißig im Belvedere Gemälde der besten Meister copirte und auch theoretisch für die Künstlerlaufbahn sich vorbereitete, ihm vom Bruder aufs Neue vorgestellt wurde, daß er als Künstler zeitlebens ein Hungerleider bleiben werde, erwiderte Joseph: „Jetzt lasse ich meinen Pinsel um eine Million nicht mehr. Laß Du mich nur für die Kunst sorgen, und die Kunst wird auch für mich sorgen“. Dabei war Tunner auf sich selbst angewiesen und bestritt die nicht unbedeutenden Auslagen für seine Ausbildung unter mannigfachen Entbehrungen ganz aus den kärglichen durch Bildnißmalen erworbenen Mitteln. Von Wien begab er sich zu einem kürzeren Aufenthalte nach Kärnthen, von da nach Triest, überall zahlreiche Porträte malend, dann nach Venedig, Florenz und Pisa, an den letzteren Orten einige Zeit, um Studien zu machen, verweilend, bis er endlich das Ziel seiner heißesten Wünsche: Rom erreichte. Dort konnte er, seinem mächtigen Kunstdrange folgend, sich ganz dem Studium der alten Meister mit aller Hingebung und der ihm eigenen Ausdauer widmen. Zwanzig Jahre währte sein ununterbrochener Aufenthalt in der ewigen Stadt, welche er auch später immer wieder und stets auf längere Zeit besuchte, so daß diese Zeiträume im Ganzen wieder fünf Jahre ausmachen. Leider sind wir über seinen Aufenthalt in Rom und sein Schaffen daselbst, wo er unbestritten die glänzendste Zeit seines Lebens sah, nur unvollkommen unterrichtet. Wir wissen nur, daß er sich dort mit den hervorragendsten Künstlern, als: Overbeck, Cornelius, Heinrich Heß, Schnorr, Steinle, Philipp Veit, mit Thorwaldsen und vielen anderen Malern innig befreundete und auch von ihnen als Künstler hochgehalten wurde; dann daß er Fresken und Historienbilder wie auch viele Bildnisse malte, und daß zahlreiche Aufträge, ebenso ehrenvoller als auch lohnender Art, von Frankreich, England, Rußland und Polen an ihn ergingen. Außer dieser Thatsache haben wir von seinen Arbeiten in Rom nur sehr lückenhafte Kunde. So z. B. wissen wir, daß der damalige österreichische Botschafter Graf von Lützow in Rom von des Künstlers Hand eine Madonna besaß, welche er als die Perle seiner Sammlung erklärte. Seiner hervorragenden Leistungen wegen wurde Tunner in den von Papst Gregor XVI. zu Rom gegründeten Künstlerverein dei Virtuosi im Pantheon aufgenommen, und zwar zugleich mit dem Maler Ingres, dem damaligen Director der französischen Akademie in Rom. Die Aufnahme in diesen Verein, der es sich zur Aufgabe machte, die besten Kräfte der bildenden Kunst der katholischen Kirche zuzuführen, hatte ihre nicht geringen Schwierigkeiten. In der Kirche des Pantheon, an den Stufen des Altars, leistete Tunner den üblichen Eid, seine Kunst nur der Kirche zu widmen. Bildnisse waren selbstverständlich dabei nicht ausgeschlossen. Wir bemerken dies ausdrücklich, weil sich daraus die künstlerische Richtung Tunner's, die ihm ein und das andere Mal von der Kritik vorgeworfen wurde, ganz einfach erklärt. Im Jahre 1838 vollendete er ein drei Klafter hohes Altarblatt für die Antoniuskirche in Triest. Es stellt den „Erlöser am Kreuze“, zu dessen Füßen Maria, Johannes und Magdalena, dar. Das Bild fand die rühmlichste Anerkennung. Eine ungemein günstige Besprechung desselben brachten die Zeitschrift „Adria“, Triest 12. September 1838, und die von Schickh-Witthauer redigirte „Wiener Zeitschrift für Kunst, Theater u. s. w.“. Die warme Kritik in letzterem Blatte soll aus der Feder des nachmals berühmten Gelehrten Karajan [Bd. X, S. 467] geflossen sein, der sich dabei der Chiffre P. bedient hätte. Und dieses Lob blieb nicht ohne Einfluß auf Tunner's spätere Lebensstellung. Es war nämlich um jene Zeit der Director der Bildergalerie und Zeichenakademie in Graz Joseph August Stark [Bd. XXXVII, S. 217] gestorben, und es galt, seinen Posten neu zu besetzen. Daß der Localpatriotismus des edlen steirischen Dichters Gottfried Ritter von Leitner [Bd. XIV, S. 344] bei dieser Gelegenheit erwachte und auf diese Stelle gern einen Steiermärker berufen gesehen hätte, begreift sich um so leichter, als dieser Poet Karajan's Bericht über das Altargemälde in der Triester Antoniuskirche gelesen, welcher mit den Worten schließt: „daß die Verehrung dieses Werkes mit den Jahren steigen und mit Freuden namentlich der Steiermärker in späten Zeiten davor ausrufen wird: das hat mein Landsmann gemacht". Obwohl nun Leitner von dem Künstler selbst nichts Näheres wußte, als daß derselbe ein Steiermärker sei und gewöhnlich in Rom lebe, so richtete er doch an denselben ein Schreiben, worin er ihm bekannt gab, daß die durch Todesfall erledigte Stelle zu besetzen sei, und zwar schrieb er, ohne sich zu nennen, um nicht in seiner Eigenschaft als ständischer Secretär in Tunner Hoffnungen zu erwecken, die sich am Ende vielleicht nicht erfüllen mochten, zu denen aber der Anlaß gegeben war, weil das Schreiben von dem Künstler als eine indirecte Aufforderung der Stände selbst hätte angesehen werden können. Tunner, der, um sich über die Verhältnisse genauer zu unterrichten, von Triest, wo er damals weilte, eigens nach Gratz reiste, zeigte, obwohl er sich mit dem Landeshauptmann Ignaz Grafen Attems, seinem einstigen Schulgenossen, mit dem ständischen Verordneten von Thinnfeld [Bd. XLIV, S. 234] und dem steiermärkischen Gouverneur Grafen Wickenburg über diese Angelegenheit berieth, doch nichts weniger als Lust, sich um den Posten zu bewerben. Erst als Graf Wickenburg bald danach, auf einer Reise begriffen, nach Rom kam und ihm das Versprechen gab, mit allen Kräften dahin zu trachten, daß der gänzliche Mangel an Kunstsinn in Steiermark nach und nach gehoben und so einem von edelstem Streben durchdrungenen Künstler der Boden behufs weiteren Wirkens möglichst geebnet werde, erst da entschloß er sich in Bewerbung zu treten. Seine Eingabe in Form eines Briefes, datirt von Rom 28. November 1835, gelangte mit einem k. k. Präsidialschreiben vom 18. December 1838 an die steirischen Stände. Er bewarb sich aber nicht einfach hin um den Posten, sondern stellte seine Bedingungen, und zwar verlangte er entsprechende Räumlichkeiten, eine vollständige Einrichtung der Akademie, mit allen für den Elementarunterricht wie für höhere Zeichenkunst nöthigen Vorlagen und einer hinreichenden Auswahl an guten und tüchtigen Originalen in der Blumen-, Landschafts- und Figurenzeichnung; ferner, da er für seine Person sich doch nur auf die höhere Ausbildung schon vorgeschrittener Zöglinge beschränken könne, die Anstellung eines eigenen Unterlehrers, über dessen Fähigkeit und Verwendung er sich die Entscheidung vorbehalten müsse; endlich, um mit den Fortschritten der Kunst auf gleicher Höhe zu bleiben, wozu sich ihm aber in Gratz bei den bestehenden Verhältnissen keine Aussicht darbiete, die Bewilligung und die Mittel zu Kunstreisen in den jährlichen Ferien. Dagegen verpflichtete er sich, die Anleitung der höheren Classe selbst zu besorgen, die Oberaufsicht über die Elementarclasse gewissenhaft zu führen, von seinen Ferienreisen eine oder mehrere Zeichnungen als Originale für die Akademie mitzubringen, um die Sammlungen derselben zu vervollständigen und zu bereichern, für die Erhaltung der vorhandenen Gemälde Sorge zu tragen und die neu hinzukommenden und etwa beschädigten für die Aufstellung wieder in Stand zu setzen und alle seine eigenen Kunsterzeugnisse in der Akademie öffentlich auszustellen, und wenn sie ihm zur Verfügung stehen, seinem Vaterlande zunächst anzubieten. Diese Eingabe hatte Tunner dem außerordentlichen österreichischen Botschafter in Rom, dem Grafen von Lützow übergeben, welcher dieselbe unter Beilegung eines Schreibens der insigne congregazione de' Virtuosi al Pantheon a di 29. Luglio 1838, worin des Malers hohe Verdienste um die Kunst ehrenvolle Würdigung fanden, mit folgenden Worten glossirte: „Ich halte es für meine Pflicht, Tunner das Zeugniß zu geben, daß er diese Stelle nicht nur als ein Steiermärker, sondern vielmehr noch in Anbetracht seiner erprobten Talente im hohen Grade würdig sei. Tunner erfreut sich in Rom, wo er während seines vieljährigen Aufenthaltes so manche treffliche Kunstleistungen zu Tage förderte, des ungetheilten Beifalls der hiesigen sowohl als fremden Künstler ersten Ranges. Sein Ruf ist übrigens zu sehr begründet, als daß ich es für nöthig halte, mich hierüber weitläufiger zu verbreiten. Dasselbe gilt von seinen übrigen ehrenwerthen Eigenschaften". Indem nun Tunner's Eingabe mit dieser Einbegleitung des kaiserlichen Botschafters den amtlichen Weg machte, war das Endergebniß die mit ah. Entschließung vom 31. März 1840 erfolgte Ernennung des Malers zum Director der städtischen Kunstakademie in Gratz, die Zusicherung eines jährlichen Reisepauschales von 300 fl. und die Schaffung einer Unterlehrerstelle mit dem Jahresgehalte von 400 fl. Noch in demselben Jahre trat er seinen Posten in Gratz an. Er ging sofort daran, die Akademie und die Galerie, welche er mangelhaft bestellt und theilweise in Unordnung vorfand, in allen Theilen möglichst zu vervollständigen und zu sichten. Die Kunstschule enthielt mitunter ganz fremdartige Gegenstände, welche ausgeschieden, dafür durch zweckentsprechende Kunstblätter ersetzt werden mußten. Aus der Galerie sollten alle schlechten Copien, Aquarellen und Kupferstiche entfernt und an deren Stelle gute Gemälde geschafft werden. Nun aber bestand die systemisirte Jahresdotation für beide Zweige der Anstalt in nur 200 fl., mit welcher Summe ein Ankauf werthvoller Bilder nimmer erzielt werden konnte. Aber Tunner brachte es durch seine persönlich freundschaftlichen Beziehungen zu dem Custos der kaiserlichen Galerie im Wiener Belvedere Peter Krafft [Bd. XIII, S. 106] dahin, daß der Gratzer ständischen Galerie die namhafte Anzahl von sechzig werthvollen Gemälden leihweise zum Gebrauche überlassen wurden. Eine andere nicht minder werthvolle Wohlthat kam der Akademie dadurch zu Statten, daß er derselben 26 Kisten, angefüllt mit höchst werthvollen, nach antiken Statuen angefertigten Gypsabdrücken, womit ihm sein Freund Prokesch-Osten [Band XXIII, S. 349], damals Gesandter in Athen, ein Geschenk machte, großmüthig überließ. Ebenso vermittelte er durch seine fortgesetzte eifrige Verwendung bei anderen ihm befreundeten Kunstgenossen der Anstalt im Laufe der Jahre viele Spenden im Werthe von mehreren tausend Gulden, wodurch dieselbe allmälig in einen ihrem Zwecke und den Anforderungen der Kunst entsprechenden Zustand versetzt wurde. Schon im ersten Jahre seiner Thätigkeit an der Akademie, 1840, bewerkstelligte er am Ende des Studiencurses die dann alljährlich wiederholte öffentliche Ausstellung der Schülerarbeiten, wodurch er den Eifer der Zöglinge belebte und das Interesse des Publicums für die Akademie wesentlich steigerte. Einen anderen ungemein glücklichen Gedanken führte er ferner dadurch aus, daß er im Winter 1842 durch Errichtung eines besonderen Lesecabinetes auch die theoretische Ausbildung der seiner Leitung anvertrauten Kunstjünger auf dem Wege einer systematisch geleiteten Lecture zu fördern suchte. Der innerösterreichische Industrieverein bot diesem trefflichen Unternehmen seinerseits die Hand, indem er bereitwilligst alle, auch die kostspieligsten Werke über Kunst überhaupt und deren einzelne Zweige insbesondere herbeizuschaffen sich bemühte. Dieses Lesecabinet wurde von den Schülern zweimal in der Woche, Dienstag und Samstag Abends von 5 bis 7 Uhr besucht, wo Tunner nebst dem Lehrer der Elementarzeichnung ihnen die besten Zeichnungen vorzüglicher Kunstwerke erläuterte. In der Folge nahm er beim Neubau der ständischen Realschule Einfluß auf Vermehrung der Räumlichkeiten der Akademie um zwei Säle und zwei Corridore. Bald darauf führte er auch das vor ihm nicht gepflegte Zeichnen nach Gypsabgüssen ein, zu welchem Zwecke er bewirkte, daß ständischerseits kunstmäßige Statuen und Büsten angeschafft und dadurch die bereits vorhandene Sammlung ergänzt wurde. Zur höheren Ausbildung von Malern und Bildhauern erlangte er in späterer Zeit auch die Bewilligung eines jährlichen Geldbetrages zur Bezahlung von lebenden männlichen Modellen. Und so war es Tunner, der die ihm anvertraute Anstalt von der Zeichenschule, als welche er sie übernommen, erst zu einer Akademie der Künste umgeschaffen hat. Die Einrichtung dieses Institutes war in jeder Hinsicht eine so mustergiltige, daß Künstler aus Wien, Prag, Pesth derselben das vollste Lob spendeten. Aus Innsbruck wurden eigens zwei Professoren nach Gratz gesendet, um hier Erfahrungen zu sammeln und die Innsbrucker Akademie nach dem Muster der Gratzer einzurichten. Ueber die Aufgabe eines Galeriedirectors und dessen Amtspflichten gibt Tunner selbst in einem lesenswerthen, „Das Amt des landschaftlichen Galeriedirectors" betitelten Aufsatze, welcher in der „Gratzer Tagespost" vom 16. März 1870 erschien, wichtige und beherzigenswerthe Winke und Aufschlüsse. Dieser Aufsatz und noch ein zweiter: „Idealismus, Realismus und Materialismus in der Malerei" [abgedruckt ebenda 17. und 24. April 1870, Nr. 102 und 107] sind die einzigen, welche aus seiner Feder geflossen und seinen Standpunkt in der Kunst kennzeichnen. Solche Bemühungen um das seiner Leitung anvertraute Kunstinstitut sollten auch nicht vergeblich sein. Durch die Bereicherung und musterhafte Ordnung der Galerie wurde die Theilnahme des Publicums geweckt, welche sich zunächst in dem gesteigerten Besuche derselben zeigte. Als auch Tunner die zweifelhaften Segnungen der Recensentengunst an sich erfahren hatte, verlangte er, bei Gelegenheit einer im Jahre 1868 geplanten Reorganisirung der Gratzer Bildergalerie und Zeichenakademie, daß eine competente Commission die Einrichtungen der Akademie, sowie der Galerie vom Standpunkte des Unterrichtes und der Kunst prüfe. Demzufolge wurde der damalige Director der Wiener Akademie Christian Ruben [Bd. XXVII. S. 200] nach Gratz beordert; derselbe nahm in alle Theile der Anstalt genaue Einsicht und stellte dem Künstler das glänzendste Zeugniß über dessen Leitung aus. Wir haben bisher bei der Stellung des Künstlers als Director der Akademie verweilt, weil dieselbe bei der Umgestaltung, welche sie von dem Augenblicke an erfuhr, als er ihre Leitung übernahm, ein wesentliches Moment seiner Thätigkeit durch eine Reihe von vierthalb Jahrzehnten bildet. Kehren wir nun zu dem Künstler selbst zurück. Daß wir über seinen Aufenthalt in Rom nur höchst mangelhaft unterrichtet sind, haben wir bereits bemerkt. Daß er während der zwanzig Jahre, welche er daselbst ununterbrochen verweilte, von 1820—1840, viel beschäftigt war, wissen wir aus Berichten mehrerer seiner Kunstgenossen, welche mit ihm zugleich dort lebten. Leider existiren von seiner Hand über seine eigenen Arbeiten keine Aufzeichnungen. Es befinden sich in seinen Zeichenbüchern wohl unzählige Compositionen und Skizzen, doch ist nirgends angegeben, welche davon ausgeführt wurden und wohin sie bestimmt waren. Das Werthvollste, im Besitze seiner Witwe, möchte wohl eine Folge von fünfzehn Blättern [42 Centim. breit, 29 Centim. hoch] Originalzeichnungen der Sculpturen von Gruppen auf der Colonna Trajana in Rom sein. Er hatte diese Zeichnungen in den Dreißiger-Jahren nach Ueberwindung vieler Schwierigkeiten und Fährlichkeiten als der Erste von der Trajanssäule selbst abgenommen, und da diese Sculpturen schon sehr vom Zahne der Zeit zernagt sind, so ist ihre Copie, die Tunner in meisterhafter Weise ausgeführt, von nicht geringem Kunstwerthe. Glücklicher sind wir daran, wenn wir von den Arbeiten, die er während seines langjährigen Aufenthaltes in Steiermark vollendete, berichten sollen, denn über dieselben liegen uns zuverlässige Angaben vor. Des großen Triestiner Altarbildes haben wir schon gedacht. Dasselbe wurde dem Künstler mit 3000 fl. honorirt. In Gratz befinden sich von seiner Hand in der Domkirche: „Die fünf klugen Jungfrauen unter dem Schutze Mariens" (2 Schuh hoch), ein Votivbild des Künstlers; — in der Grabenkirche am Hochaltar: „Johannes der Täufer als BusspredIger" (2 Schuh hoch, 300 fl.); — in der Barmherzigenkirche: „Wunderbare Brodvermehrung durch Johann von Gott" (300 fl.), — „Petrus auf dem Meere gehend" — und eine „Schmerzhafte Mutter Gottes", die beiden letzteren unentgeltlich gemalt; — in einer Capelle der Schulschwestern: „Eine h. Familie"; — bei den Franciscanern zwei Fahnenbilder: „Jesus segnet die Jungfrauen" und „Die unbefleckte Empfängniss Mariä"; — in der Kirche zum guten Hirten vier Altarbilder: „Die heilige Anna", — „Christus mit den Kindern", — „Magdalena zu den Füssen des Erlösers", — „Der gute Hirte" (Preis für alle zusammen 400 fl.); — im Mutterhaus der barmherzigen Schwestern drei Transparentbilder als Kirchenfenster: „Mariä Geburt", — „Mariä Opferung", — „Englischer Gruss", — ferner „Vincenz de Paula" und „Der h. Joseph" (zusammen 500 fl.); — auch hat Tunner die an der Domkirche zu Gratz befindlichen Fresken künstlerisch restaurirt; leider wurde der untere Theil derselben theils durch Mauerfraß, von dem die Steinwand durchdrungen ist, theils durch Hagel stark beschädigt; dagegen hat sich ihre obere Hälfte, wohin der Mauerfraß nicht gedrungen ist, gut erhalten; — außerhalb Gratz sind von seinen Werken zu nennen: in Hausmannstätten bei Fernitz im Ganzen zweiundzwanzig Bilder, und zwar: bei fünf Altären je zwei, im Presbyterium vier Kirchenväter, auf der Kanzel die vier Evangelisten, am Plafond des Presbyteriums vier Fresken; für sämmtliche Bilder mit Einschluß der eigenen Auslagen des Künstlers für Blindrahmen, Leinwand, Farben u. s. w. 400 fl.; — im Stift Rein: „Ein h. Bernhard, die Madonna um Schutz für seinen Orden anflehend"; — in Marburg in der Aloisiuskirche das Hochaltarbild: „Der h. Aloisius als Beschützer der vier Facultäten"; in der bischöflichen Capelle: „Eine unbefleckte Empfängniss Mariä"; — zu St. Peter nächst Marburg: ein ganzer „Kreuzweg", vierzehn Bilder; — außerdem: „Der gute Hirt", — „Der h. Joseph", — „Der h. Franciscus", — „Madonna mit dem Kinde", — „Das Herz Mariä", — „Der h. Cyrill und Methodius" (transparent); — zu Gabersdorf bei Leibnitz: „Ein sterbender h. Joseph", — eine „Unbefleckte Empfängniss", — „Rosenkranzbild", — „Madonna mit dem Kinde", — ein „*Ecce homo*"; — zu Lipsch am Bogau: „Ein sterbender h. Joseph", — „Die hh. Jacobus und Johannes", — „Die h. Theresia", — „Grablegung Christi", — „*Ecce homo*"; — zu St. Joseph bei Lanach: „Der h. Joseph als Fürbitter für die Gemeinde", Hochaltarbild; — zu Storé bei Pettau: „Die h. Barbara", — „Der h. Florian", — „Rosenkranzmadonna mit Heiligen"; — in Maria-Neustift: „Der sterbende Franz von Assisi"; — zu St. Joseph bei Cilli: „Die h. Grablegung"; — zu Neuhaus: „Der englische Gruss"; — zu Gleichenberg in der von dem Grafen Wickenburg erbauten Kirche, in dessen Auftrag das Hochaltarbild: „Die h. Mutter Gottes mit dem Jesuskinde auf dem Schoose, umgeben von den Namenspatronen des Stifters und seiner Gemalin, dem h. Matthias und der h. Emma"; die Familie des Stifters ist auf diesem Gemälde in Porträtähnlichkeit betend dargestellt; das schöne Bild wurde später lithographirt und in vielen Tausenden von Exemplaren verkauft; — im Refectorium der den Gottesdienst in dieser Kirche besorgenden Franciscaner befindet sich auch ein Wandgemälde Tunner's: „Den h. Franciscus" vorstellend; — zu Tuchern bei Cilli: „Der h. Stephan, Märtyrer"; — in St. Aegyden: „Der h. Aegydius"; — in Cellnitz: „Ein englischer Gruss" (Fresco), — „Die h. Margaretha", — „Der h. Stephan"; — in Vorau: ein vollständiger „Kreuzweg", vierzehn Bilder; — zu Friedau: ein ebensolcher; — zu St. Johann bei Herberstein: ein „*Ecce homo*"; — zu Köflach: „Jesus sendet auf die Fürbitte Mariä die Engel zum Schutze der Menschen aus"; es ist dies Tunner's letztes Bild, welches er 1870 vollendete, als er bereits 78 Jahre zählte. Außer diesen Gemälden sind von seiner Hand zahlreiche historische Compositionen und Bildnisse im Besitze von Privaten; dem Herausgeber dieses Lexikons sind bekannt: eine „h. Margaretha", 1820 auf der Jahresausstellung bei St. Anna in Wien, wohl eines der ersten Bilder des zu jener Zeit achtzehnjährigen Künstlers; — ferner in den Monatsausstellungen des österreichischen Kunstvereines im Jänner 1852: „Die Poesie bei den Hirten" (700 fl.), im Besitze des Barons von Mensi; — „Christus unter den Schriftgelehrten"; — „Bianca Capello als Herzogin von Florenz die Bürgerkrone von Venedig empfangend", zwei Concursskizzen; — im März 1867: „Die Gerechtigkeit und die Weisheit", Allegorie; Tunner entwarf dieses Bild für den Sitzungssaal des steirischen Landtages, es kam aber nicht zur Ausführung dieser Skizze. Ferner schmückte er die Kirche zu Laukh am Rhein unweit Düsseldorf mit einem Bilde des „h. Stephan". Aus dem Werke: „Christliches Kunststreben in der österreichischen Monarchie" kennen wir eine 1839 von Faust Herr unter F. Leybold's Leitung lithographirte „Mutter Gottes mit dem Kinde zwischen dem h. Matthäus und der h. Magdalena" (in Qu.-Fol.), wovon das Original sich im Besitze der Gräfin von Lincker, geborenen von Árvay, befindet. Das von Eichens gestochene Bild: „Madonna mit dem Kinde, eine vornehme Familie in Verehrung desselben" (gr. Fol.) möchten wir für das im Auftrage des Grafen Wickenburg für die Gleichenberger Kirche gemalte Altarbild halten. Im Besitze des Hofrathes Weiß von Weißenfels in Wien befindet sich: „Die Thätigkeit der barmherzigen Schwestern bei den Sträflingen". Auch veröffentlichte Tunner 1865 ein Album von Maria-Zell, in welchem auf neun von ihm gezeichneten, von Emphinger, Schöninger und Reichart in reinem und kräftigem Tondrucke ausgeführten Blättern das Gnadenbild, die Säulenstatue, das Schatzkammerbild und die Stickereien auf dem Meßgewande des Königs Ludwig in trefflicher Nachbildung gegeben sind. Von seinen Bildnissen, deren sich zahlreiche im Besitze der steirischen Aristokratie und der Gratzer Bürgerschaft befinden, nennen wir nur jene des Grafen und der Gräfin Wickenburg, Letztere, wie sie ihr prachtvolles Haupthaar schlichtet, des Grafen Brandis, Moriz von Kaiserfeld's, der Frau Anna Bayer, des Dichters Gottfried Leitner und der Gemalin desselben. Was nun die künstlerische Bedeutung Tunner's betrifft, so ist dieselbe eine ungewöhnlich hohe, und wenn wir darüber in den Werken über Kunst und Künstler wenig oder gar keinen Aufschluß finden, so trifft die Schuld nicht den Maler, dessen Werke immer der vollsten Beachtung werth waren, sondern nur Diejenigen, die über Kunst schreiben und einen Meister solchen Ranges gar nicht kennen. Suchen wir doch in H. A. Müller's „Biographischem Künstler-Lexikon der Gegenwart" (Leipzig 1882, 8°.) [in der Suite der Meyer'schen Fach-Lexika] seinen Namen vergebens! Was Nagler über ihn schreibt, ist zu dürftig, aber charakterisirt, wenngleich mit wenigen Worten, den großen Künstler: „Tunner", sagt er, „schloß sich mit tiefem Gefühle der religiösen Richtung der Historienmalerei an und wurde in Rom durch das Studium der älteren italienischen Meister nur noch mehr bestärkt, so daß er jetzt zu den vorzüglichsten Malern der religiösen Schule Deutschlands gehört. Seine Werke offenbaren einen schlichten frommen Sinn. Sein Streben geht auf Einfachheit und echte Frömmigkeit". Tunner erstrebte stets, jede Effecthascherei vermeidend, treue Wiedergabe des Gegenstandes; jedes Bild mußte, und er selbst sprach dies oft aus, wahr sein und eben durch die Wahrheit allein den Beschauer zu fesseln vermögen. Dieses Streben, diese gewissenhafte Wiedergabe findet sich auf allen seinen Werken, selbst auf jenen aus seiner letzten Lebenszeit; mochten sie nun historische Darstellungen oder Porträte sein, er blieb der Wahrheit treu bis zum Ende seines künstlerischen Schaffens. Bezeichnend für Tunner ist es auch, daß er sich nie selbst copirte, sondern, wenn er denselben Gegenstand, z. B. einen Christus oder eine Madonna, mehrmals malen mußte, aus seinem Pinsel jedesmal ein in seinen Einzelheiten neues Bild hervorging. Wie bedeutend der Künstler bereits in den Dreißiger-Jahren gewesen, erfahren wir aus einem uns vorliegenden Briefe des gefeierten Nestors der religiösen Kunst in Deutschland Eduard von Steinle, welcher anläßlich eines Bildes, das im Jahre 1835 sich im Besitze von Schikh in Wien befand, wörtlich schreibt: „Dieses Bild überraschte mich so sehr und sprach mein Inneres dermaßen an, daß es mir lange Zeit, nachdem ich es gesehen, immerwährend vorschwebte. Ich kann es nicht sagen, welchen Trost mir dieses Bild gewährte, indem ich in demselben so klar und deutlich jene Gediegenheit und Tiefe, die uns in den alten Meistern so ehrwürdig entgegentritt, wieder aufleben sah; und ich glaube ganz gewiß, daß dieses Bild zu den wenigen gehört, die dem so häufigen Plunder unserer leichtsinnigen Zeit gleichsam einen Todesstreich versetzen und über denselben ein fürchterliches Urtheil aussprechen. Gepriesen sei der Herr, der auch in der Kunst, die als ein Licht in seinem Hause zu leuchten bestimmt ist, Kräfte sich entwickeln läßt, die gleichsam dem Feinde auf den Nacken treten und seine Werke zu nichte machen. Zugleich aber freut es mich auch sehr, daß der Besitzer des Bildes den Werth desselben so sehr anerkennt und es so sehr liebt, daß er sich nicht getraute, es auf die heurige Ausstellung (1835) zu geben, in Furcht, es möchte bei Leuten Gefallen finden, denen er es seiner Stellung nach nicht ausschlagen könnte". Wie bescheiden, wie in seinem Schaffen als Künstler und Lehrer und in seinem glücklichen Familienkreise alles Genügen findend Tunner war, beweist die Thatsache, daß die Brust des Mannes, der als Maler von solcher Bedeutung ist, kein Orden des Auslandes und der Heimat schmückte. Es könnte Leute geben, die sich von den niederen Preisen, welche der Künstler für seine Bilder erhielt, dürften verleiten lassen, auf seine künstlerische Bedeutung zu schließen. Das wäre in der That der falscheste Schluß! Nicht nur, daß ihm für seinen Antonius die respectable Summe von 3000 fl. bezahlt wurde, nicht nur dieser Umstand spricht für den Kunstwerth seiner Arbeit, man muß es auch besonders betonen, daß er nicht Nuditäten für reiche Mäcene, sondern meist Altar- und Heiligenbilder für arme Gemeinden malte, denen er nicht selten die Gemälde schenkte, oder doch nur so gering berechnete, daß Leinwand, Farbe, Blindrahmen und das Uebrige mit der verlangten Summe gedeckt war. Da Tunner todt ist und wir Wastler's steirisches Künstlerlexikon genau kennen, so glauben wir nicht zu viel zu sagen, wenn wir Tunner den bedeutendsten Maler Steiermarks nennen, da uns aber dadurch doch sein hoher Werth nicht genügend bezeichnet ist, noch hinzufügen, daß er zu den bedeutendsten religiösen Malern unserer Zeit zählt. Schließlich noch ein Weniges über des Künstlers Familienverhältnisse. Tunner vermälte sich im Jahre 1842 mit Marie, der Tochter seines älteren Bruders Peter, eben desselben, der ihn vom Wege der Kunst auf jenen der Technik hinwies, und Schwester des berühmten Geologen und Bergmannes Peter Tunner, dessen Lebensskizze S. 127 mitgetheilt ist. Aus dieser Ehe entsprangen vier Töchter, deren zwei im zartesten Alter starben, über die beiden anderen, Marie und Sylvia, vergleiche den besonderen Artikel S. 124. Die Witwe mit ihrer Tochter Sylvia lebt in Gratz. Der Künstler, dessen Tod bei der hohen Achtung, welche er in allen Kreisen der Gratzer Bevölkerung genoß, große Theilnahme erregte, liegt auf dem St. Petersfriedhofe in Gratz begraben.

Nagler (G. K. Dr.). Neues allgemeines Künstler-Lexikon (München 1839, E. A. Fleischmann, 8°.) Bd. XIX, S. 150. — Frankl (Ludw. Aug.). Sonntagsblätter (Wien, 8°.) III. Jahrg. (1844), S. 549. — Wiener Zeitschrift für Kunst, Literatur, Theater und Mode (Wien, 8°) 26. November 1833, Nr. 142: „Maler Tunner". — Gratzer Montags-Zeitung vom 19. November 1877, Nr. 38, S. 302. — Die Künstler aller Zeiten und Völker u. s. w. Begonnen von Professor Fr. Müller, fortgesetzt und beendet durch Dr. Karl Klunzinger und A. Seubert (Stuttgart 1864, Ebner und Seubert, gr 8°.) Bd. III, S. 715 [mit der famosen Quellenangabe 1836—1844, such, Aportel! such]. — Schreiner (Gustav Dr.). Grätz (Gratz 1843, 8°) S. 463—468. — Das Vaterland (Wiener polit. Blatt) 1861, Nr. 20: „Gallait in Gratz". — Hermann (Heinrich). Handbuch der Geschichte des Herzogthums Kärnthen in Vereinigung mit den österreichischen Fürstenthümern (Klagenfurt 1860, Leon, 8°.) Bd. III, 3. Heft: „Culturgeschichte Kärnthens vom Jahre 1790 bis 1857 (1859) oder der neuesten Zeit", S. 234. — Wastler (Joseph) Steirisches Künstler-Lexikon (Gratz 1883, gr. 8°.) S. 170. [Ohne den Werth und die Verdienstlichkeit der Wastler'schen Arbeit schmälern zu wollen, so erscheint uns denn doch der Artikel Tunner, im Hinblicke auf die Bedeutenheit des Künstlers, zu ungenügend. Auch ist es uns nicht bekannt und halten wir die Angabe, daß Tunner in Prag unter Führich's Leitung gemalt habe, für unrichtig.] — Handschriftliche Mittheilungen des Herrn Gottfried Ritter von Leitner, dem ich für seine unermüdliche Gefälligkeit, mit welcher er auf meine vielen Fragen freundlichsten Bescheid gab, hier meinen verbindlichsten Dank ausspreche.

**Porträt.** Lichtbild, ein Jahr vor Tunner's Tode (1876) aufgenommen im photographischen Atelier von J. B. Rottmayer und Zinsl, Gratz und Triest (Visitkartenformat).

**Tunner**, Marie (Tonkünstlerin, geb. zu Gratz am 15. April 1844, gest. ebenda am 20. October 1870). Sie schrieb unter dem Pseudonym Eugen Eisenstein, welchen Namen sie wohl gewählt haben mochte im Hinblick auf die in der Familie Tunner vererbte Beschäftigung mit dem Eisenwesen in Steiermark. Eine Tochter des berühmten Historienmalers Joseph Ernst [s. d. S. 115] und eine Nichte des berühmten Bergmannes Peter Ritter von Tunner (vergl. S. 127 die Stammtafel), genoß sie im Hause ihres kunstsinnigen Vaters die sorgfältigste Erziehung, erlernte Latein, so daß sie die römischen Classiker in der Ursprache las, und widmete sich auch mit ganzer Hingebung der Tonkunst, für welche sie von frühester Jugend schon hervorragende Begabung zeigte. Für die Entfaltung und Heranbildung ihres musikalischen Talentes bot ihr das elterliche Haus, in welchem mit aller Liebe Kammermusik gepflegt wurde, die trefflichsten Hilfsmittel. Als Tochter eines idealen Künstlers wurde sie von allem Anfang mit den Schönheitsgesetzen und den Regeln der Kunst im Allgemeinen vertraut und hatte dieselben auch praktisch angewendet in den Werken ihres Vaters täglich vor Augen. Zunächst suchte sie diese allgemeinen Regeln in ihrem eigenen Fache, der Musik, besonders auf dem Claviere zum Ausdruck zu bringen. Die stylgetreue Auffassung der vorzüglicheren Componisten durch mustergiltig reine Technik in möglichster Vollendung vorzuführen, war das Ziel, welches sie sich vorgesteckt hatte. Doch nicht nur bei der Musik, sondern auch in der Beurtheilung der verschiedenartigsten Werke der bildenden und darstellenden Kunst nahm sie sich jene Gesetze zum Anhaltspunkt, und auf diese Weise bildete sie sich selbst eine „Vergleichende Aesthetik der Kunst", indem sie die eine durch die andere zu erklären, zu ergänzen und festzustellen suchte. Aber sie beschränkte sich nicht blos auf solche theoretische Studien, sie ging noch weiter und strebte auch nach praktischer Seite in diesem Sinne zu wirken. So veranstaltete sie, wie ein in den Quellen angeführter größerer Aufsatz Hammerling's berichtet, in ungewöhnlicher Art Concerte. Wie sie nämlich sämmtliche Nummern eines solchen allein zu spielen pflegte, gab sie nun ihren Zuhörern ein gedrucktes Programm in die Hand, in welchem sie denselben ausdrücklich zu Gemüthe führte, was sie bei jedem Tonstücke künstlerisch zu empfinden und wie sie es aufzufassen hätten. Dann ging sie noch einen Schritt weiter, indem sie die Kirchenmusik zu reformiren und den Choral an Stelle des Kirchenorchesters zu setzen versuchte. Ein gewiß ebenso beachtenswerther als praktischer Gedanke, da es doch viel leichter ist, gute, wenigstens anhörbare Gesangstimmen, als halbwegs erträgliche Instrumentisten zusammenzubringen. Man braucht ja nur eine Orchestermusik in einer Landkirche anzuhören, um für die Idee des Chorals gewonnen zu werden. Marie stellte daher selbst einen Chor kunstsinniger Genossinen zusammen und ließ sich keine Mühe verdrießen, um die Pfarrkirchen der Stadt Gratz ihrem Plane geneigt zu machen, den Kampf mit den Bläsern und Geigern aufnehmend. Nun, sie gewann auch Terrain, aber zuletzt scheiterte ihr Plan an dem mit Erbitterung vertheidigten alten Rechte der Geiger und Bläser und an dem conservativen Friedensbedürfnisse der Chorregenten und Pfarrverweser. Daß es bei dem Allem nicht an Angriffen auf die Dame fehlte, daß ihr Thun und Trachten als wunderlich bezeichnet und bespöttelt wurde, begreift sich bei dem beschränkten Zustande der menschlichen Natur von selbst, aber da es der Künstlerin bei ihren gesunden Ideen nur um die Sache und nicht um ihre Person zu thun war, kümmerte sie sich nicht darum, was die Leute von ihr redeten. Ueberhaupt in ihrem ganzen Wesen wahr und offen, buhlte sie weder um die Gunst eines Menschen, noch hielt sie je mit ihrer eigenen Ueberzeugung zurück, sondern sprach dieselbe vielmehr rückhaltslos gegen Jedweden aus. So genial in ihrem Wesen, so bedeutend in ihrer Kunst, sie glänzte nicht und suchte auch gar nicht zu glänzen. Und wie in einer Vorahnung eines baldigen Todes raffte sie sich zu einer That zusammen, welche als das Werk einer 26jährigen Jungfrau unsere Bewunderung herausfordert. Sie schrieb ihre Gedanken über Musik und zunächst über das Pianospiel in einem Werke nieder, welches unter dem Titel: „Die Reinheit des Claviervortrages. Dem Idealismus in der Tonkunst gewidmet, von Eugen Eisenstein" (Gratz 1870, Leuschen und Lubensky, 12°., XIII und 200 S.) ein halb Jahr vor ihrem Hingange erschien. Nach einem einleitenden Vorworte beginnt sie mit dem „Standpunkt des Claviers", geht auf eine „Darstellung des schönen Clavierspiels" über, worauf die Charakteristiken desselben in den Heroen des Clavierspiels: Mozart, Haydn, Beethoven, Mendelssohn, Bach, Scarlatti, Schubert, Weber, Ontlow, Chopin und Schumann folgen. Den Abschluß bilden zwei Abhandlungen über den „künstlerischen Vortrag" und den „Adel des Styles". Einerseits um den Standpunkt, den sie in der Frage des Clavierspiels einnimmt, zu kennzeichnen, und anderseits eine Probe ihres energischen markigen Styls zu geben, lassen wir sie selbst sprechen: „Von Seite der Componisten hat das Clavier zu allen Zeiten eine durch Meisterwerke ausgedrückte Hochachtung erfahren, und zwar reichen diese Zeiten bis in die Kinderjahre des Instrumentes hinauf. Bach, der tiefsinnige Meister der Orgel, hat dem Claviere nichts Geringeres als die Temperatur gegeben. Diese, dem Instrumente erst eigentliche Lebensfähigkeit verleihende Wohlthat beschloß er mit der Composition seiner unsterblichen 48 Präludien und Fugen. Haydn, der große Oratoriendichter und Vater des Streichquartetts, war es, welcher der Claviersonate die Fassung gab. Er schrieb viele Sonaten, worunter reizende Stücke. Mozart, der geniale Mehrer der Oper, schrieb viele Claviersonaten, deren bedeutendere Nummern Werke voll süßer Anmuth von unvergänglicher Schönheit sind. Beethoven, der große König der Symphonie, schuf 32 Claviersonaten, von denen fast alle höchst schwungvoll, die größeren aber unter des Meisters vorzüglichste Werke überhaupt zu rechnen sind. Schubert, der ideale und unerschöpfliche Liedercomponist, schrieb für Clavier mehrere Sonaten, dann zahlreiche kleinere Stücke, alle voll der schönsten Empfindung. Schumann, der für Chor und Orchester so thätige phantasievolle Tondichter, gab dem Claviere zahllose Werke von den verschiedensten Größen, Charakteren und Fassungen, doch alle voll sinniger Gedanken und romantischen Schwunges. Nebst diesen Tonschöpfern sind es der funkensprühende Scarlatti, der kräftige Clementi, der geschmackvolle Hummel, der strahlende Weber, der elfenhafte Mendelssohn, der träumerische Field, der schwärmerische Chopin, der plastische Brahms, der thaufrische Gade, der phantastische Kirchner, der elegische Henselt und viele Andere, welche, durch die Kraft ihres schaffenden Talentes zur Herrschaft über alle Instrumente und Singstimmen berufen, wohl nicht von Ideenarmut, sondern von reiner Neigung bewogen wurden, dem Claviere eine so reiche Menge der schönsten Gedanken anzuvertrauen, ja noch überdies wie Einige aus ihnen thaten, die Kunst des Claviervortrages zur Lebensaufgabe zu erwählen". Möge diese charakterisirende Stelle genügen, wir müßten ganze Seiten ausschreiben, wollten wir die ungemein geistvollen, originellen und zutreffenden Gedanken anführen, welche dieses doppelt merkwürdige Buch enthält, einmal dadurch, daß es einen Gegenstand behandelt, der so reichen Inhalt kaum ahnen läßt, dann wieder dadurch, daß ihn ein Weib, und zwar mit einer Klarheit und Durchsichtigkeit behandelt, die uns geradezu in Erstaunen setzen. Bemerkenswerth bei solchem Reichthum der Ideen ist nur der eine Mangel, daß der Fürst des Clavierspiels, in der Gegenwart der Reformator in der Behandlung dieses Instruments, Franz Liszt, in dem ganzen Buche auch nicht einmal genannt wird. Sollte das Absicht sein? Schon lange vor dem Erscheinen dieses Werkes trug **Marie Tunner** den Todeskeim in einem im Verborgenen wühlenden tückischen Herzübel in sich, welches sich während ihres Lebens nur in einer ungewöhnlichen Erregbarkeit kund gab. So war sie denn auch heiter erregt in jener Stunde, als bei fröhlichem Tischgespräch die Hand des Todesengels sie plötzlich berührte. — Wie **Marie** erhielt auch die jüngere Schwester **Sylvia** eine sehr sorgfältige Erziehung, die sich gleichfalls auf die Erlernung der lateinischen Sprache erstreckte, in welcher auch sie die römischen Classiker liest. Neben der Liebe zur Musik, welche Sylvia mit ihrer Schwester theilte, zeigte sie ein ausgesprochenes Talent für die Malerkunst, in welcher sie sich zur Freude ihres Vaters unter dessen unmittelbarer Leitung auch zu einem hohen Grade der Vollendung ausbildete. Doch übt sie die Kunst nur zu ihrem Vergnügen aus. In Folge dessen gelangt von ihren Arbeiten nichts in die Offentlichkeit, und können wir aus Mittheilungen eines Freundes nur einer „Madonna mit einem schlafenden Jesuskinde im Schooße“ gedenken, wovon sie in jüngster Zeit eine Copie für ihre Mutter ausführte, und des „Bildnisses eines Mönches“, das die Künstlerin nach einer Photographie mit großer Vollendung ausgeführt hat. Sylvia lebt mit ihrer Mutter in Gratz.

Neue Freie Presse, Abendblatt vom 27. März 1874: „Eine Idealistin der Tonkunst“. Von Robert Hammerling.

**Tunner**, Peter Ritter von (k. k. Hofrath und emeritirter Director der k. k. Bergakademie in Leoben, geb. zu Untergraben bei Köflach am 10. Mai 1809). Der Sohn eines Gewerkes, welcher das noch heute unter dem Namen „Tunnerhammer“ bekannte, im Besitze der Vordernberg-Köflacher Montan-Industrie-Gesellschaft befindliche Hammerwerk mit einem gegenwärtig kaum mehr als Ruine kenntlichen Eisenhochofen in Salla, einer im Köflacher Decanat gelegenen Ortschaft, besaß, vollendete er seine technischen Studien 1831 am Wiener Polytechnicum. Unter der Leitung seines Vaters, der mittlerweile als Verwalter des Eisenhochofens in Turrach in fürstlich Schwarzenberg'sche Dienste übergetreten war, eignete er sich bald eine werthvolle Praxis an und wurde dann selbst Verweser des Hammerwerkes Katsch bei Murau in fürstlich Schwarzenberg'schen Diensten. Gleich in den ersten Jahren gelang es ihm, in diesem relativ beschränkten Wirkungskreise solche Erfolge zu erreichen, daß Erzherzog Johann auf den jungen Mann aufmerksam wurde, und als bald darauf eine montanistische Fachschule am Joanneum zu Gratz ins Leben trat, erhielt Peter Tunner auch wirklich am 21. März 1835 von den steiermärkischen Ständen die Professur der Berg- und Hüttenbaukunde an derselben. Um den ebenso strebsamen als in seinem Fache tüchtigen jungen Professor in seinem Berufe zu fördern, gestatteten ihm die Stände einen mehrjährigen Aufenthalt in Deutschland, Schweden, England, Belgien, in der Schweiz und in Italien, damit er sich über das Montan- und Hüttenwesen genannter Länder an Ort und Stelle durch

## Stammtafel der Familie Tunner.

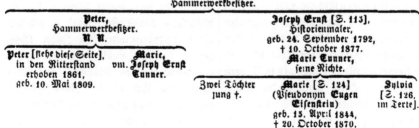

**Joseph Tunner,**
Hammerwerkbesitzer.

**Peter,**
Hammerwerkbesitzer.
**N. N.**

- **Peter** [siehe diese Seite], in den Ritterstand erhoben 1861, geb. 10. Mai 1809.
- **Marie,** vm. **Joseph Ernst Tunner.**

**Joseph Ernst** [S. 113],
Historienmaler,
geb. 24. September 1792,
† 10. October 1877.
**Marie Tunner,**
seine Nichte.

- Zwei Töchter jung †.
- **Marie** [S. 124] (Pseudonym **Eugen Eisenstein**) geb. 13. April 1844, † 20. October 1870.
- **Sylvia** [S. 126, im Texte].

den Augenschein unterrichte. Indessen wurde der Beschluß gefaßt, die Fachschule nach Vordernberg in die unmittelbare Nähe der obersteirischen Haupteisenwerke zu übertragen, und als daselbst das Lehranstaltsgebäude errichtet war, eröffnete Tunner im November 1840 seine Vorlesungen über Bergbau und Hüttenkunde. Er besaß die ungemein glückliche Gabe, aus dem reichen Schatze seines durch gründliche Studien, tüchtige Praxis und aus den Anschauungen auf Reisen gewonnenen Wissens das Beste und Brauchbarste seinen Schülern in klarer, allgemein verständlicher Weise mitzutheilen. Bei seiner Beharrlichkeit, verbunden mit regstem Fleiße und dem Streben, dem vorgesteckten Ziele möglichst nahe zu rücken, dann bei dem stetigen engsten Verkehr mit jedem Einzelnen seiner Schüler, erwarben diese in der verhältnißmäßig kurzen Frist eines zweijährigen Curses einen solchen Grad von besonders praktischer Ausbildung im Bergbaue und Eisenhüttenwesen, daß die steiermärkisch-ständische montanistische Lehranstalt zu Vordernberg nach wenigen Jahren einen weitverbreiteten Ruf als Schule des Eisenhüttenwesens gewann und ihr Schüler aus allen Theilen des In- und Auslandes zuströmten. Tunner selbst aber begründete durch seinen regen Verkehr mit den montanistischen Autoritäten Oesterreichs, Deutschlands, Schwedens und Englands und durch seine schriftstellerischen Leistungen im Gebiete seines Wissenszweiges immer fester seinen Ruf als ausgezeichneter Fachmann. Als die politisch-nationalen Wirren des Jahres 1848 das Verbleiben der deutsch-österreichischen Studenten an der Bergakademie zu Schemnitz in Ungarn unmöglich machten, benützte die Regierung die bestehende steirisch-ständische Lehranstalt zu Vordernberg als provisorische Staatsakademie. Der äußerst günstige Erfolg dieses Provisoriums, sowie der immer schärfer hervortretende Gegensatz der cis- und transleithanischen Zustände bewogen dann die Staatsverwaltung zur bleibenden Umbildung der Vordernberger bisher ständischen Lehranstalt in ein Staatsinstitut. Dieses wurde in Folge der Verhandlungen mit den steirischen Ständen als k. k. Montan-Lehranstalt in Leoben an der Mur gegründet und am 3. März 1849 Tunner zum Director derselben ernannt. Ueber ein Vierteljahrhundert, bis über die Mitte der Siebenziger-Jahre bekleidete er diese Stelle, in der Zwischenzeit, und zwar am 15. November 1858 zum Sectionsrathe, am 3. März 1864 zum Titular-, am 3. April 1871 zum wirklichen k. k. Ministerialrathe ernannt. Was nun seine Lehrthätigkeit anbelangt, so geben mehrere Hundert Schüler, welche über das In- und Ausland als Werksbesitzer, Directoren, Ingenieure u. s. w. zerstreut, selbst schon mitunter hohe Stellungen und Ruf sich erworben haben, Zeugniß von seiner einfluß- und erfolgreichen Thätigkeit. Aber er beschränkte sich nicht auf diese allein, er nahm fortwährend den regsten Antheil an der praktischen Durchführung aller Neuerungen und Verbesserungen im Montanwesen überhaupt, namentlich aber in der Eisen- und Stahlindustrie, und an jedem epochemachenden Fortschritte war er als Vertheidiger, Rathgeber u. s. w. stets in hervorragender Weise betheiligt. Besondere Verdienste erwarb er sich um die Stahlfabrication. Im Jahre 1846 gab er die erste publicistische Anregung zur Bereitung von Glühstahl aus Roheisen, und ihm ist die 1854 erfolgte praktische Durchführung dieses Verfahrens zu danken, welche auf die Entkohlung des Roheisens durch anhaltendes Glühen mit Sauerstoff abgebenden Körpern basirt ist. Im Jahre 1853 rief er zu Eibiswald und Neuberg die Puddelstahlfabrication mit durchgreifendem Erfolge ins Leben. Das Bessemer-Verfahren, nach dessen Erfinder so benannt, brachte zuerst Tunner, und zwar im Jahre 1863, auf dem fürstlich Schwarzenberg'schen Werke zu Turrach in Anwendung. Nicht nur die österreichische Regierung und inländische Gesellschaften und Werkbesitzer, sondern auch das Ausland holte häufig von Tunner Gutachten und Beurtheilungen ein und machte davon Gebrauch. Von 1867 bis 1871 saß er durch das Vertrauen der Wähler des Stadtwahlbezirkes Leoben als Abgeordneter der Städte und Industrialorte Leoben, Vordernberg, Eisenerz und Trofaiach in dem steirischen Landtage, von welchem er am 10. April 1867 in das Abgeordnetenhaus des Reichsrathes entsendet wurde, wo er immer als fester Anhänger der verfassungsfreundlichen Partei wirkte. Als es sich darum handelte, den Eisenerzer Erzberg nicht in ausländische Hände gerathen zu lassen, war die Bildung der Actiengesellschaft „Innerberger Hauptgewerkschaft" wesentlich seinen Bemühungen mit zu verdanken. Die Leobener Bergschule für Heranbildung von Hutleuten und Aufsehern aus dem Arbeiterstande, welche sich seit ihrer Gründung 1869 in anerkennendster Weise bewährte, wurde wesentlich nur durch ihn bei der Regierung und den einzelnen Gewerken zuwege gebracht. Werfen wir noch einen Blick auf Tunner's wissenschaftliche Thätigkeit, so begegnet er uns in Fachblättern oft mit Abhandlungen aus seiner Feder. Von seinen selbständig im Druck erschienenen Werken nennen wir: „Bericht über jene Gegenstände der Londoner Welt-Industrie-Ausstellung von 1862, die den metallurgischen Processen angehören. Nebst einer kritischen Beleuchtung der betreffenden Processe und der dabei benützten Materialien, Apparate und Maschinen" (Wien 1863, Tendler und Comp., gr. 8°., mit in den Text gedruckten Holzschnitten und zinkogr. Tafeln in Fol., V u. 136 S.); auch im zwölften Bande der neuen Folge seines „Berg- und hüttenmännischen Jahrbuchs; — „Die Walzenkaliberirung für die Eisenfabrikation" (Leipzig 1867, Felix, gr. 8°., XII und 94 S., mit in den Text gedruckten Holzschnitten und 10 Steintafeln in Fol.); — „Die Zukunft des österreichischen Eisenwesens, insbesondere der Roheisenerzeugung" (Wien 1869, Faesy und Frick, gr. 8°., III und 48 S.); — „Ueber die Eisenindustrie Russlands. Bericht an Se. Hohe Exc. den Herrn Finanzminister von Reutern über eine im Sommer 1870 im Auftrage der kaiserlich russischen Regierung ausgeführte Reise nach dem Ural und Südrussland" (St. Petersburg 1871, Ricker, gr. 8°., 46 S.); — „Russlands Montan-Industrie, insbesondere dessen Eisenwesen. Betrachtet nach der Industrie-Ausstellung zu St. Petersburg und einer Bereisung der vorzüglichsten Hüttenwerke des Urals im Jahre 1870", mit fünf lith. Tafeln in gr. Fol. (Leipzig 1871, Felix, gr. 8°., VII und 207 S.). 1850 gab er auch das „Jahrbuch der steiermärkisch ständischen Montan-Lehranstalt zu Vordernberg" heraus, von welchem die späteren Jahrgänge unter dem Titel: „Berg- und hüttenmännisches Jahrbuch der k. k. montanistischen Lehranstalt zu Leoben" (Wien, bei Tendler, gr. 8°.) erschienen. Er führte dasselbe bis zum neunten Bande (inclusive) [1860] fort, worauf es als „Berg- und hüttenmännisches Jahrbuch der k. k. Montan-Lehranstalten zu Leoben und Przibram und der k. k. Bergakademie zu Schemnitz" unter der Redaction von Joh. Grimm fortgesetzt wurde. Auch in den „Jahrbüchern der k. k. geologischen Reichs-Anstalt“ ist Tunner durch mehrere Mittheilungen vertreten, diese sind: „Dachschiefer von Turrach“ [Bd. IX, S. 228]; — „Eisenstein-Lagerstätten der alpinen Grauwacke“ [Bd. V, S. 383, Anmerkung]; — „Erzlagerstätte zu Paak“ [Bd. VIII, S. 439]; — „Kieslager an der Zinkwand“ [Bd. IV, S. 465]; — „Neuberger Puddlingstahl und Tyres“ [Bd. III, a, S. 201]; — „Bericht über den montanistisch-metallurgischen Theil der Pariser Ausstellung“ [Bd. VII, S. 198 und 364]; — „Pflanzenschiefer und Anthracit der Stang-Alpe“ [Bd. IX, S. 214]. Ungemein schätzbare Mittheilungen aus seiner Feder enthalten noch die verschiedenen Ausstellungsberichte, so der von Dr. Jonák herausgegebene „Bericht über die allgemeine Agricultur- und Industrie-Ausstellung zu Paris 1855“ im ersten Bande, S. 8 u. f.: „Ueber Markscheiderische Karten, Pläne und Modelle“, S. 98—155: „Ueber Roh- und Stabeisen und Stahl“, S. 155 bis 176: „Ueber gemeine Metalle außer Eisen, und edle Metalle“, und der daselbst mitgetheilte Bericht über Bergbaubetrieb, Schurfarbeiten, Bohrverfahren, Hauerarbeiten, Abbau, Wasser- und Wetterführung (S. 13—68) von Fr. Schmitt ist nach Materialien von Rittinger und Tunner gearbeitet; dann schrieb Letzterer in Dr. J. Arenstein's „Oesterreichischem Bericht über die internationale Ausstellung in London 1862“ den Abschnitt (S. 17 bis 67) über Rohmaterialien des Hüttenwesens. So hervorragende Leistungen brachten Tunner auch mannigfache Auszeichnungen und Ehren. Seine Majestät der Kaiser verlieh ihm 1861 den Orden der eisernen Krone dritter Classe und 1874 das Comthurkreuz des Franz Joseph-Ordens, ebenso schmückten ihn Sachsen, Schweden, Württemberg, Rußland, Preußen, Bayern, und zwar letztere drei zu wiederholten Malen, mit ihren Decorationen; auf allen Industrie- und Weltausstellungen, von jener zu Wien 1845 angefangen, dann 1851 und 1862 in London, 1854 in München, 1855 und 1867 in Paris, 1873 in Wien, war er eines der einflußreichsten und thätigsten Mitglieder der Jury, und ein nicht geringer Theil der Anerkennung, welche die österreichische Industrie bei diesen Gelegenheiten errang, ist seinem entschiedenen Eintreten für dieselbe zu verdanken. Viele Vereine und gelehrten Gesellschaften des In- und Auslandes sendeten ihm ihre Diplome zu, und die Stadt Leoben in Steiermark wählte ihn zu ihrem Ehrenbürger.

Exner (Wilh. Franz Dr.). Beiträge zur Geschichte der Gewerbe und Erfindungen Oesterreichs von der Mitte des achtzehnten Jahrhunderts bis zur Gegenwart (Wien 1873, 8°.). Erste Reihe: „Rohproducte und Industrie“, S. 14 und 368.

**Tunyogi**, Joseph (Geschichtsforscher, Ort und Jahr seiner Geburt unbekannt, gest. zu Klausenburg in Siebenbürgen im Jahre 1852). Ein Sproß der ungarischen (Szolnoker) Familie der Tunyogi von Csapó — eine zweite Familie Tunyogi ab eadem erlosch bereits zu Beginn des siebzehnten Jahrhunderts — bekleidete er die Stelle eines Professors der Rechte am reformirten Collegium zu Klausenburg und wurde 1832 zum Mitgliede der königlich ungarischen Akademie der Wissenschaften in Pesth erwählt. In Stunden der Muße in die Geschichte seines Vaterlandes sich vertiefend, veröffentlichte er von Zeit zu Zeit die Ergebnisse seiner Forschungen. So brachten die zu Klausenburg erschienenen „Erdélyi Történelmi Adatok" im dritten Bande (1858), Seite 330: „Bethlen Gábor levele Szentpáli Kornis Ferenc udvarhelyszéki királybiróhoz", d. i. Gabriel Bethlen's Brief an Franz von Szentpál-Kornis, Königsrichter des Udvarhelyer Stuhles; — Seite 331: „Mehemet basa levele Bethlen Istvánhoz", d. i. Mehemet Pascha's Brief an Stephan Bethlen; — S. 344: „Mehemet basa levele Bethlen Gábor erdélyi fejedelemhez", d. i. Mehemet Pascha's Brief an Gabriel Bethlen, Fürsten von Siebenbürgen; — S. 335 u. f. „Ibrahim basa levele Nagy Pál Sebös és Lugas várak bánjához", d. i. Ibrahim Pascha's Brief an Paul Nagy, Befehlshaber der Festungen Sebös und Lugas; — und S. 341: „Eghri István tábori jelentése Bethlen Gábor fejedelemhez", d. i. Stephan Eghri's Kriegsbericht an den Fürsten Gabriel Bethlen. Die reiche handschriftliche Sammlung Tunyogi's wurde von der ungarischen Regierung angekauft und befindet sich im ungarischen Nationalmuseum zu Pesth.

Értekezések a történettudományok köréból (Pesth 1867 u. f) Bd. I (1867 bis 1870), Bd. V, S. 1: „Tunyogi Cs. József, kolozsvári ref. jogtanár felott tartott emlékbeszéd". Irta Szilágyi Ferenc.

**Tupy**, Karl Eugen (čechisch. Schriftsteller, geb. zu Kardašow Řečic in Böhmen am 14. Jänner 1813, gest. zu Zwierzyniec bei Krakau im März 1881). In der čechischen Literatur bekannt unter dem Pseudonym Boleslaw Jabloňský. Ein Müllerssohn, besuchte er, von sechs Kindern das älteste, in zartem Alter die Pfarrschule seines Geburtsortes und that sich bald unter seinen Mitschülern hervor, besonders durch den Eifer, mit welchem er Bücher las. Als der Ortscaplan und Katechet P. Paták Karls geistige Anlagen und Talente erkannte, unterwies er denselben aus freien Stücken in der deutschen Sprache, und selbst als er kurz danach auf eine andere Pfarre versetzt wurde, behielt er den Unterricht des lernbegierigen Knaben im Auge. Nachdem dieser die Hauptschule in Pisek beendet hatte, brachte er ihm die Anfangsgründe der lateinischen Sprache bei und begab sich dann im Jahre 1826 mit dem 13jährigen Jungen nach Neuhaus, einem im Budweiser Kreise gelegenen Städtchen, wo er ihn in das Gymnasium einschreiben ließ. Schon in der vierten Gymnasialclasse begann Karl Verse zu schreiben, und zwar zunächst in deutscher Sprache. Der Supplent K. Hruby, der später nach Amerika auswanderte, war der Erste, welcher dem jungen Scholaren und dessen Mitschülern in nationaler Richtung die Augen öffnete, ihnen aus J. J. Jungmann's [Bd. X, S. 319] čechischer Chrestomathie „Slověsnost" einzelne Stücke vorlas und ihnen čechische Bücher zum Lesen auslieh. Aus eigener Wahl las Tupy dann Chateaubriand's „Atala" in Jungmann's und die „Idyllen" Gesner's in Hanka's Uebersetzung und bildete daran sein eigenes ästhetisches Gefühl. Nachdem einmal die Liebe zur Muttersprache und vaterländischen Literatur in ihm geweckt war, befreundete er sich auch mit seinem Mitschüler Wenzel Filipek [Bd. IV, S. 228], der sich in der Folge gleichfalls als schöngeistiger čechischer Schriftsteller einen Namen erwarb. In den Humanitätsclassen wurde der strebsame Jüngling durch Professor Dubsky in das Verständniß höherer Dichtungsarten, so unter Anderem der Sonette Kollár's [Bd. XII, S. 325] eingeführt, nebenbei bildete er seinen Geist an der Lectüre deutscher Bücher, welche in der Gymnasialbibliothek reichlich vorhanden waren, und Schiller und Mathisson vor Allen sagten seiner jugendlichen Phantasie zumeist zu. Nach beendeten Gymnasialstudien ging er im Jahre **1832** mit seinem Freunde Filipek nach Prag. In dieser Metropole, als dem Zusammenflusse alles geistigen Lebens und vornehmlich dem Centralpunkte der eben sich regenden und dehnenden nationalen Gefühle, erschlossen sich ihm neue Ziele, denen er auch mit dem ganzen Feuereifer der Jugend zustrebte. Dort wurde er mit dem schon damals als Dichter geschätzten Cajetan Tyl bekannt und veröffentlichte in dessen schöngeistiger Zeitschrift „Jindy a Nyní“, d. i. Einst und Jetzt, eine ersten poetischen Versuche, für welche sich ihm dann noch die Spalten der Zeitschrift „Květy“, d. i. Blüten, öffneten. Dabei hörte er fleißig die Vorlesungen über čechische Sprache und Literatur, welche Johann Nejedly [Bd. XX, S. **165**] hielt, und las mit allem Eifer čechische Bücher, die er in der Universitätsbibliothek in reichster Auswahl vorfand. Von den Vorlesungen an der Universität zogen ihn vor allen jene über Philosophie und ihre Geschichte, sowie über Aesthetik an. Seine Studiengenossen waren Strobach [Bd. XL, S. **55**], der nachmalige Reichstagspräsident, und Franz Trojan [Bd. XLVII, S. **236**], aber auch mit den meisten damals in Prag lebenden Schriftstellern und Dichtern wurde er theils bekannt, theils befreundete er sich mit ihnen. Dem Willen seiner Eltern entsprechend, welche ihn für den geistlichen Stand bestimmt hatten, trat er dann nach beendeten philosophischen Studien **1834** in das Prämonstratenserstift auf dem Strahow in Prag. Daselbst bekam er einen Klosterbruder zum Zellengenossen, der, in der Musik tüchtig bewandert, mit den lebendigen Liedern, welche er vortrug, nicht ohne Einfluß blieb auf die weitere Entwickelung des Dichters und mit seinem tiefen ergreifenden Spiele neue Gefühle im Herzen des jungen Mannes weckte. Aber noch hatte Tupy das Noviziat nicht beendet, als er, des Klosterlebens überdrüssig, zur nicht geringen Enttäuschung seines Novizenmeisters, eines sonst vorurtheilsfreien und in seiner Stellung von Allen geliebten Priesters, das Stift verließ. Um diese Zeit schrieb er auf Grund einer Volkssage sein Gedicht: „*Tři zlaté vlasy*“, d. i. Drei goldene Haare, welches, in der Zeitschrift „Květy“ abgedruckt, zuerst die gesteigerte Aufmerksamkeit auf den jungen Poeten lenkte. Mit zwei Collegen Schohaj [Bd. XXXI, S. **200**] und Vrtatko begann er nun das Studium der Rechte, trat aber nebenbei unter Cajetan Tyl's Leitung im Cajetaner Hause und dann unter jener Stepanek's [Bd. XXXVIII, S. **205**] im ständischen Theater in den čechischen Vorstellungen als Dilettant auf; auch wurde er ein fleißiger Mitarbeiter der Zeitschrift „Květy“, welche er nach Tyl's Abgange, im Verein mit Jaroslav Pospišil [Bd. XXIII, S. **138**] einige Zeit redigirte. Im Jahre **1837** erschien auch auf seine Veranlassung und unter seiner Redaction der belletristische Almanach „Vesna“, d. i. Der Frühling. Die nächste Absicht Tupy's ging nun dahin, sich ausschließlich der Schriftstellerei zu widmen, aber die Aussichten für diesen Beruf standen nichts weniger als günstig; dazu gesellte sich die nicht zu beschwichtigende Betrübniß seiner Eltern, daß er den geistlichen Stand verlassen, und endlich das Zureden seiner Freunde im Stifte Strahow, und alles dies zusammengenommen führte ihn zur Freude seiner Eltern, wie seiner Stiftsbrüder, ins Kloster zurück. Am 16. April 1838 legte er das Gelübde ab, und nachdem er die theologischen Studien beendet hatte, empfing er am 1. August 1841 die Priesterweihe. In der Einsamkeit des Klosters rief die Erinnerung an die weltliche Freiheit seine „Pisní milosti“, d. i. Liebeslieder, ins Leben. Von dieser Zeit an schrieb er nicht mehr unter seinem wahren Namen, sondern unter dem Pseudonym Boleslaw Jabloňsky, den er auch ferner beibehielt. Schon während seiner theologischen Studien begann er seine Dichtung „Moudrost otcovská“, d. i. Väterliche Weisheit, zu schreiben. Diese Arbeit, vornehmlich aber seine nächtlichen Studien meist philosophischer Werke hatten ihn endlich so angegriffen, daß seine Gesundheit schwer litt und er lange noch in den Nerven die Nachwehen seines Leidens empfand. Im vierten Jahre seiner theologischen Studien, 1841, veranstaltete er eine Sammlung seiner Dichtungen. [Die bibliographischen Titel seiner Werke folgen auf S. 134.] Im Sommer 1843 trat er in die Seelsorge, und zwar zunächst als Caplan in Radonic, wo die schöne Gegend, der Verkehr mit gleichgesinnten Landsleuten, namentlich mit dem dortigen Pfarrer, ihm den Aufenthalt sehr angenehm machten. Aus besonderem Eifer unterrichtete er die Jugend in drei Classen in der Christenlehre und anderen Lehrgegenständen und legte für dieselbe und für das Volk überhaupt eine ziemlich reiche Büchersammlung an. Dabei war er als guter Prediger in der ganzen Umgegend bekannt. In Radonic schrieb er auch das Andachtsbuch „Die Rose von Sion“, welches sich bald mehrerer Auflagen erfreute. Auch bereitete er dort die zweite stark vermehrte Auflage seiner Gedichte, welche 1846 erschien, zum Druck vor. Da trat mit dem Jahre 1847 im Leben Tupy's ein Umschwung ein, welcher für dessen ganze Zukunft entscheiden sollte. Die Aebtissin des Prämonstratenserklosters auf dem Zwierzyniec in Krakau verlangte nämlich von dem Prälaten des Strahower Stiftes einen Geistlichen seines Ordens, damit sie nach dem Tode des letzten Norbertiners, einem alten Privilegium ihres Klosters gemäß, für ihre Abtei und die damit verbundene Pfarre einen geeigneten Candidaten präsentiren könne. Abt Zeidler stellte sofort Tupy als Candidaten auf, von der Ueberzeugung geleitet, daß derselbe bei der gründlichen Kenntniß der čechischen Sprache sich jene der polnischen leicht und bald aneignen werde. Mit schwerem Herzen verließ nun Tupy seine ihm lieb gewordene Stelle und betrat am 26. Juni 1847 den Boden Krakaus, das kurz vorher noch Freistadt gewesen. Das Krakauer Consistorium, welches mit allen ihm zu Gebote stehenden Mitteln dahin arbeitete, daß ein Weltgeistlicher, und dazu ein Pole, das in Rede stehende Beneficium erlange, stellte dem neu angekommenen Fremdlinge alle nur denkbaren Hindernisse entgegen. Aber mit Hilfe des Grafen Moriz Deym, welcher im Gebiete von Krakau als k. k. Hofcommissär fungirte, blieb Tupy der Sieger und erhielt am 21. October 1847 die Jurisdiction zur Ausübung der geistlichen Obliegenheiten und Verrichtungen auf dem Zwierzyniec. Sofort wurden ihm auch noch zwei Capläne zur Aushilfe beigegeben, aber erst 1854, nachdem alle seine Bitten, von dem Abte in das Strahower Stift zurückberufen zu werden, unerhört geblieben waren, fand seine Einkleidung als Propst von Zwierzyniec statt. Indessen hatten ihn auch die Krakauer genauer kennen zu lernen Gelegenheit gehabt und ihn bald ganz als den ihrigen erkannt und anerkannt, so daß man im Laufe der Jahre ihm eine Würde um die andere verlieh. So wurde er 1855 zum bischöflichen Commissär des Klosters von Zwierzyniec, 1856 zum geistlichen Rathe des Ehegerichtes, 1857 zum Aufseher und Visitator der katholischen Schulen, 1860 auch zu jenem der protestantischen und israelitischen, 1863 zum Examinator, Prosynodalrichter und Vicedechanten der Stadt Krakau, 1866 zum Ehren- und 1867 zum wirklichen Mitglied und Referenten des Consistoriums ernannt. Ueberdies ist er Mitglied der Krakauer gelehrten Gesellschaft und mehrerer anderer Vereine in Krakau und Böhmen. Wir werfen nun noch einen Blick auf Tupy's literarische Thätigkeit und zählen seine Schriften auf. Die Titel derselben sind: *„Vesna. Almanach pro květouci svět“*, d. i. Der Frühling. Almanach für die blühende Welt. Drei Jahrgänge mit zwei Zeichnungen (Prag 1837 u. f., J. H. Pospischil); — *„Básně“*, d. i. Gedichte (Prag 1841, J. Spurný, gr. 16⁰., 190 S.); — *„Druhé vydání rozmnožené“*, d. i. Zweite vermehrte Auflage (Prag 1846, 16⁰., 353 S.); — *„Třetí rozmnožené vydání“*, d. i. Dritte vermehrte Auflage in drei Bändchen: 1. Salomon; 2. Epische Dichtungen; 3. Lyrische Gedichte (ebd. 1856, Spurný, 16⁰., 342 S.); — *„Čtvrté značně rozmnožené vydání“*, d. i. Vierte beträchtlich vermehrte Auflage (ebd. 1864, Pospischil, 16⁰., 418 S.); — *„Staročeské i novější písně vyňaté z Růže sionské, modlitební knihy“*, d. i. Alt- und neučechische Lieder, genommen aus dem Andachtsbuche „Die Rose von Sion“ (Prag 1844, W. Šťastný, 12⁰.); — *„Růže sionská. Katolická modlitební kniha pro vzdělané paní a panny, z části dle Kersecka, z časti původně“*, d. i. Die Rose von Sion. Katholisches Gebetbuch für erwachsene Jungfrauen und Frauen... (ebd. 1846, 8⁰., zweite Auflage 1852, dritte Auflage 1867); — ferner übersetzte er E. A. Förster's Anleitung zum Generalbaß ins Čechische unter dem Titel: „Navedení k generálnímu bassu“ (Prag 1835, Marco Berra); Saffenreuter's „Triumph des Kreuzes“. Sechs geistliche Reden unter dem Titel: „Vítězství kříže. Šestero duchovních řečí...“ (Prag 1844) und gab heraus: „Slova vděčnosti a lásky od rozličných spisovatelů“, d. i. Worte des Dankes und der Liebe von verschiedenen Schriftstellern (Prag 1836, Jeřabek, 12⁰.). Einiges hat Tupy auch in schöngeistigen Blättern seines engeren Vaterlandes Böhmen, in den „Květy“, d. i. Blüten im „Wlastimil“, im „Časopis pro kat. duchowenstwo“, d. i. Zeitschrift für die katholische Geistlichkeit, und im „Časopis českého muzeum“, d. i. Zeitschrift des böhmischen Museums, veröffentlicht. Tupy ist Vollblutčeche, was ihn jedoch nicht hindert, mit den Polen, deren Sprache er sich so zu eigen gemacht hat, daß er sie ebenso wie das Deutsche zu schreiben vermag, zu sympathisiren. Als Dichter zählt ihn Wenzig zu den vorzüglichsten čechischen Poeten, besonders im lyrischen und didaktischen Fache. Wessen Geisteskind er sonst ist, bewies sein Verhalten, als das Fest in Königinhof im Jahre 1867 statthatte. Von Krakau aus übersendete er nachstehendes Telegramm nach Königinhof: „Für ein Lied der Königinhofer Handschrift alle meine Lieder; ich knie vor dem Staube, in welchem sie gefunden wurde“.

So ein katholischer Priester, der doch nur vor Gott knien soll. Zum Schlusse sei noch bemerkt, daß eine stattliche Anzahl von Tupy's Liedern von den verschiedenen čechischen Compositeuren, wie J. A. Bergmann, Chmeliček, L. v. Dietrich, Gerner, Havlasa, Lirs, Kaván, Nápravnik, Pivoda, Preißler, Procházka, Zvonař, Martinovský, Šťastný, Hnilička in Musik gesetzt ist.

Wenzig (Joseph). Blicke über das böhmische Volk, seine Geschichte und Literatur... (Leipzig 1855, Brandstetter 8°.) S. 137. — *Jungmann (Joseph)*. Historie literatury české, d. i. Geschichte der čechischen Literatur (Prag 1849, F. Řivnáč, schm. 4°). Zweite von W. W. Tomek besorgte Aufl., S. 644 u. f. — *Šembera (Alois Vojtech)*. Dějiny řeči a literatury československé. Vek novější, d. i. Geschichte der čechoslavischen Sprache und Literatur. Neuere Zeit (Wien 1868, gr. 8°.) S. 300. — Světozor (Prager illustrirte Zeitung) 1868, Nr. 32, S. 312: „Karel E. Tupy (Boleslav Jabloňský)". — Květy, d. i. Blüten (Prager illustrirtes Blatt) 1870, Nr. 18, S. 137. — *Uhlíř (Jos.)*. Kriticky rozbor epickych basní Bol. Jablonského", in einem Schulprogramm.

**Porträte.** 1) Unterschrift: „Boleslav Jabloňský". Kreslil V. Maixner. Auch in den oben angeführten „Květy". — 2) Unterschrift: „Boleslav Jabloňský (K. Eug. Tupy)". Kreslil Kriehuber. Auch im oben angeführten „Světozor".

Hier sei auch in Kürze des wackeren Kanoniers **Franz** Tupy (geb. zu Rattay in Böhmen im Jahre 1835) gedacht. In den Volks-, dann in den Batterieschulen vorgebildet, wurde derselbe 1866 Vormeister. Er befand sich im genannten Jahre bei der Nordarmee, Batterie Nr. 10 des Ritter von Schmidt-Artillerie-Regiments Nr. 9. In der Schlacht bei Königgrätz am 3. Juli im rechten Arm schwer verwundet, hing der Brave, ohne sich erst verbinden zu lassen, den verstümmelten Arm in die Schnüre seiner Montur und blieb, seine Functionen mit dem linken Arm verrichtend, bis zum Schlusse der Schlacht bei der Batterie. [Hoffinger (Johann von). Lorbeer und Cypressen von 1866. Nordarmee (Wien 1868, Prandel, 12°.) S. 123.]

**Turányi,** Karl von (Componist, geb. in Ungarn 1806, gest. in Aachen 1872). Der Sproß einer ungarischen Adelsfamilie, über welche selbst Iván Nagy in seinem trefflichen Adelswerke „Magyarország családai" u. s. w. nur sehr spärliche Nachweise zu liefern vermag. Ueber Turányi's Lebens- und Bildungsgang, über seine Lehrer, namentlich jene in der Musik, wissen wir gar nichts. Es ist uns nur bekannt, daß er von 1842 bis 1857 als städtischer Capellmeister in Aachen wirkte. Er war seinerzeit ebenso als Componist wie als Clavierspieler nichts weniger denn unbedeutend. Er schrieb etliche Orchesterwerke, von denen eine 1845 in Kassel aufgeführte Jubelouverture vielen Beifall erhielt, außerdem Trios, Pianoforte- und Gesangsstücke, welche reiche Begabung und großes Geschick in der Composition bekundeten und ebenso Beifall als Verbreitung fanden. Im Stich ist Manches von seinen Arbeiten erschienen, leider kennen wir davon nur: „Pannoniens Blüten, drei ungarische Nationalmelodien für das Pianoforte", als Opus 14 bezeichnet, dann einen „Ungarischen Marsch" und „Zwei Lieder für vierstimmigen Frauenchor, wovon Partitur und Stimmen erschienen sind", die letzten zwei Compositionen ohne Opuszahl. In den lexikalischen Werken über Tonkunst und Tonkünstler von Gaßner, Schladebach-Bernsdorf und selbst in dem neuesten, vom bibliographischen Institute in Leipzig 1882 herausgegebenen, von H. Riemann bearbeiteten „Musik-Lexikon" glänzt Turányi durch seine Abwesenheit.

Ein **Martin** Turányi aus einer im Szabolcser Comitate Ungarns seßhaften Familie lebte im vorigen Jahrhunderte. Erst Domherr zu Preßburg, wurde er 1754 Domherr des Graner Capitels, in welcher Eigenschaft er 1773 starb. Er stiftete für die Pfarrei zu Joka und für Alumnen des St. Stephan-Seminars mehrere ewige Messen und vermehrte den Armenfond durch ein Capital, welches er unter die Verwaltung seines Capitels stellte. [Memoria Basilicae Strigoniensis anno 1856 die 31. Augusti consecratae (Pestini 1856, Kozma et Beimel, schm. 4°) S. 170]

**Turazza**, Domenico (Naturforscher, geb. zu Malcesine in der Provinz Venedig am 30. Juli 1813). Das Gymnasium und das Lyceum besuchte er zu Verona, dann widmete er sich an der Hochschule Padua dem Studium der mathematischen Wissenschaften. Dem Lehramte sich zuwendend, erhielt er ein solches 1836 als Professor der Mathematik am Lyceum zu Vicenza, kam 1840 als Professor der beschreibenden Geometrie an die Universität zu Pavia und 1842 als Professor der Geodäsie und Hydrometrie an jene zu Padua. 1853 übernahm er an letzterer die Lehrkanzel der rationellen Mechanik und praktischen Hydraulik. In seinem Fache auch schriftstellerisch thätig, gab er außer zahlreichen Abhandlungen, welche in den Denkschriften und Sitzungsberichten verschiedener gelehrter Akademien Italiens abgedruckt sind, selbständig heraus: „*Intorno all'uso dei compartimenti disegnati alla ricerca del valore numerico di un dato integrale*“ (Milano 1855, 4°.); — „*Intorno alla questione, se e quando l'arginamento dei Fiumi possa essere causa d'algamento del loro letto*“ (Padova 1855, 8°.); — „*Teoria dinamica del Calorico*“ (Venezia 1859); — „*Intorno alla ipotesi della metamorfosi delle potenze naturali e della conservazione delle forze*“ (Venezia 1861, 4°.); — „*Di alcuni problemi spettanti alla teoria dinamica del Calorico*“ (Venezia 1862, 4°.) [auch in den „Memorie dell'I. R. Istituto Veneto di scienze, lettere ed arti“, vol. X, p. 3]; — „*Intorno alla teoria del moto permanente dell'acqua nei canali e nei Fiumi, con applicazioni protiche alla stima delle portate ed ai rigurgiti*“ (Venezia 1862, 4°.) [auch in den obengenannten „Memorie“, vol. X, p. 3]; — „*Del moto di un corpo rotondo pesante, fisso ad un punto dal suo asse di figura, oppure giacente sopra di un piano*“ (Venezia 1863) [auch in den schon erwähnten „Memorie“, vol. XI, p. 1]; — „*Il moto dei sistemi rigidi*“ (Padova 1868); — „*Elementi di Stabilità dei Sistemi rigidi*“ (Padova 1875); — „*Trattato di idraulica pratica*“ (Padova 1879), von welch letzterem Werke binnen kurzer Frist drei Auflagen nöthig geworden sind.

**Turbain**, C. (Erzgießer, Ort und Jahr seiner Geburt unbekannt). Zeitgenoß. Er arbeitet in Wien, wo er sich durch den Guß verschiedener Medaillen und Monumente vortheilhaft bekannt gemacht hat. So goß er seit 1879 die von Scharff modellirte, von Schwarz ciselirte Medaille auf den Grafen Zichy, den Begründer des orientalischen Museums; — die von Tautenhayn und Scharff anläßlich der fünfundzwanzigjährigen Vermälungsfeier Ihrer Majestäten des Kaisers Franz Joseph und der Kaiserin Elisabeth im Auftrage der Stadt Wien ausgeführte Huldigungsmedaille, durch ihre Größe (6½ Zoll im Durchmesser) ein wahres Unicum unter den Medaillen; — das von Kundmann modellirte Beethoven-Monument, und das von Zumbusch ausgeführte Maria Theresien-Monument. Turbain befolgt beim Gießen der Kunstwerke eine Methode, die ebenso einfach als sachgemäß ist, da der Plastiker in dem ausgeführten Gusse sein Modell als treues

Spiegelbild wieder findet, ohne daß aufgezwungenes Nacharbeiten, Abglätten und sonstiges überflüssiges Putzwerk nöthig wird, welches die Feinheiten des künstlerisch individuellen Vorganges ertödtet und dem ursprünglichen Schöpfer der Sculptur die Sorge aufladet, daß eine fremde Hand, fremder Geschmack und fremde Empfindung ihm den Blütenstaub von der Blume schließlich abstreife. Wir verweisen bezüglich des von Turbain eingeschlagenen Verfahrens, welches er im Gegensatze zu dem früher befolgten, der Erste, in Wien einführte, und welches anfangs nichts weniger als verstanden, sondern vielmehr getadelt wurde, bis die Weltausstellungen, welche den Blick geschärft hatten, es in seiner ganzen Gediegenheit erkennen ließen, auf Kábdebo's „Oesterreichisch-ungarische Kunst-Chronik", in deren drittem Bande, Nr. 1, S. 15, im Berichte über das Beethoven-Monument, Turbain's Methode erläutert wird. Anläßlich der Vollendung des Beethoven-Monuments im April 1880 erhielt der Künstler das goldene Verdienstkreuz mit der Krone. Seinem Namen nach, den wir auch Tourbain geschrieben fanden, scheint er ein Franzose oder Belgier zu sein.

Kábdebo (Heinrich Dr.). Oesterreichisch-ungarische Kunst-Chronik (Wien, 4°.) Bd. I (1878/79), Nr 8, S. 123, Nr. 9, S. 135; Bd. II (1879), S. 29; Bd. III (1879), Nr. 1, S. 15; Bd. IV (1880), Nr. 2, S. 20, und Bd. V (1881), Nr. 16, S. 147.

**Turcsányi**, Emmerich von (k. k. Huszarenmajor, geb. in Ungarn, Geburtsjahr unbekannt, gefallen bei Hanau am 30. October 1813). Ein Sproß der ungarischen Adelsfamilie Turcsányi ab eadem und wahrscheinlich ein Sohn Georg Turcsányi's aus dessen Ehe mit Maria geborenen Csery. In jungen Jahren trat er in ein vaterländisches Huszaren-Regiment und diente 1809 als Major im 2. Huszaren-Regimente, damals Michael Baron Splény, welches seiner heldenmüthigen Bravour und Tapferkeit wegen rühmlichst bekannt war. Den Feldzug genannten Jahres in Italien machte dasselbe im Armeecorps des Erzherzogs Johann mit und kämpfte darauf auch in Ungarn. Mit Eintritt der Waffenruhe rückte es nach seiner Stabsstation Nagy-Enyed in Siebenbürgen ab, welche es beim Beginne der Operationen des Feldzuges 1813 verließ, um nach Deutschland zu marschiren, wo es im October dieses Jahres der unter den Befehlen des königlich bayrischen Generals der Cavallerie Grafen Wrede stehenden österreichisch-bayrischen Armee zugetheilt wurde. Am 30. genannten Monats fand die Schlacht bei Hanau statt. Abends gegen fünf Uhr brachte die feindliche Reiterei durch ihre Uebermacht die alliirte bayrisch-österreichische Cavallerie auf dem linken Flügel zum Weichen. In diesem bedenklichen Augenblicke warf sich Oberst Baron Geramb mit einigen Escadrons des Regiments dem vordringenden Feinde entgegen, und hieb mit solchem Nachdrucke ein, daß die folgenden Cavallerie-Abtheilungen Zeit gewannen, auf dem gefährdeten Punkte einzutreffen und dem weiteren Vordringen des Gegners Einhalt zu thun. Die rückgängigen Bewegungen des linken Flügels nach Hanau deckte das Regiment im Vereine mit Schwarzenberg-Uhlanen so kräftig, daß die verfolgende feindliche Gardecavallerie möglichst aufgehalten wurde. Bei dieser Gelegenheit bezahlte Major Turcsányi, welcher sich neben dem Obersten Baron Geramb und dem Oberstlieutenant Schmidt durch seine Tapferkeit auf das rühmlichste hervorthat, seinen Muth mit dem Leben. Der Verlust, den das Regiment in dieser Schlacht außerdem erlitt, war groß: 27 Mann und 69 Pferde todt, 61 Mann 53 Pferde verwundet, 13 Mann 15 Pferde gefangen genommen und 18 Mann 18 Pferde vermißt.

Thürheim (Andreas Graf). Gedenkblätter aus der Kriegsgeschichte der k. k. österreichisch-ungarischen Armee (Wien und Teschen 1880, K. Prochaska, gr. 8°) Bd. II, S. 148, unter Jahr 1813.

Von Trägern dieses Namens sind noch erwähnenswerth: 1. Ein v. Turcsányi, dessen Taufnamen wir nicht kennen, diente 1809 als Rittmeister bei Stipsics-Husjaren Nr 10. Im vierten Armeecorps unter Feldmarschall-Lieutenant Fürsten Rosenberg focht das Regiment vom 5. bis 12. Juli dieses Jahres in der Schlacht bei Wagram, in welcher Turcsányi den Opfertod für das Vaterland starb. [Thürheim (Andreas Graf). Die Reiter-Regimenter der k. k. österreichischen Armee (Wien 1862, F. B. Geitler, gr. 8°.) Bd. II: „Husjaren", S. 270.] — 2. Ein **Franz** Turcsányi (geb. 1755, gest. zu Kaschau 27. December 1858) empfing 1798 die Priesterweihe und starb, über hundert Jahre alt, als Mitglied des Kaschauer Domcapitels und Großpropst. Hohe Frömmigkeit, treue Pflichterfüllung und werkthätige Menschenliebe wurden ihm nachgerühmt [Religio (Pesther Kirchenblatt, 4°.) 1858, Nr. 30: „Nekrolog".] — 3. **Johann** Turcsányi (geb. in Ungarn 16. December 1793, gest. zu Raab am 17. Jänner 1860), von protestantischen Eltern, studirte 1816 in Jena, wurde nach seiner Rückkehr in die Heimat Rector an der evangelischen Schule in Raab und blieb es 42 Jahre lang, bis an sein Lebensende. Er stand als Schulmann in hohem Ansehen. — 4. Ein anderer **Johann** Turcsányi beschäftigt sich mit der ungarischen Kalligraphie und Stenographie und gab „Szépirási példányok a magyar szép és folyóirás alapos megtanulására magyar és német szöveggel. Két füzet", d. i. Vorlegeblätter zur gründlichen Erlernung der ungarischen Schön- und Schnellschrift mit ungarischem und deutschem Texte, zwei Hefte (Pesth 1863, Lauffer, Fol.) heraus. — 5. Ein **Julius** Turcsányi widmete sich topographischen Arbeiten über sein Vaterland, deren einige er auch in Gust Emich's „Großem Bilder-Kalender" (Nagy képes naptára) 1860 und 1864 über Visegrad veröffentlicht hat. — 6. Ein **Joseph** Turcsányi war Domherr und Abt. In dem zu Gran erschienenen Kirchenblatte „Magyar Sion", d. i. Ungarisches Sion, findet sich im zweiten Jahrgange, 1864, S. 79, sein Nekrolog. — 7. Ein **Ludwig** Turcsányi gab eine „Vorschule der ungarischen Sprache. Ein Lese- und Uebungsbuch..." (Preßburg, Wigand, 8°.) heraus, von welcher 1864 bereits die fünfte verbesserte Auflage, sowie eine čechische Uebersetzung, ausgeführt von Jos. Prohaska unter dem Titel: „Školka řeči uherské kniha k čitání a cvičení" (Güns 1846, Reichard und Sohn), eigens für Bergleute bearbeitet, erschienen ist. — 8. Ueber einen anderen **Ludwig** Turcsányi enthalten die bei Landerer und Heckenast in Pesth erschienenen, von Victor Hornyánszky herausgegebenen „Protestantischen Jahrbücher" im zweiten Jahrgange (1855), S. 137, einen „Nekrolog". — 9. Auch Iván Nagy in seinem ungarischen Adelswerke: „Magyarország családai czimerekkel és nemzékrendi táblákkal", Bd. XI, S. 343—347 gibt Nachrichten über einige Adelsfamilien des Namens Turcsányi.

**Turek**, Maximilian von (Major in der kaiserlich mexicanischen Armee, geb. zu Wiener-Neustadt am 31. Jänner 1832). Im September 1843 trat er in die Wiener-Neustädter Militär-Akademie, aus welcher er Anfangs August 1849 als Lieutenant m. G. zu Großfürst Michael-Infanterie Nr. 37 ausgemustert wurde. Unmittelbar darauf nahm er an der Belagerung von Venedig Theil. Am 2. Mai 1851 kam er als Oberlieutenant zu Württemberg-Husjaren Nr. 11, rückte im Mai 1856 zum Rittmeister zweiter Classe vor und machte als solcher den Feldzug 1859 in Italien mit. Im Jahre 1861 trat er in den zeitlichen Ruhestand. Als aber die Errichtung einer mexicanischen Legion aus Anlaß der Berufung des Erzherzogs Max Ferdinand auf den mexicanischen Kaiserthron stattfand, nahm Turek 1865 kaiserlich mexicanische Dienste, und zwar als Major im 2. National-Cavallerie-Regimente Aguas-Calientes. In dieser Charge betheiligte er sich an der Expedition in die Sierra del Norte und an die Küste von Papoutla und leitete von Anfang Juni 1866 die Vertheidigung der Plantagendistricte von Matamoros Ycuzar und Chiautla. Für die bei diesen Anlässen bewiesene Tapferkeit und Umsicht zeichnete ihn Kaiser Maximilian mit dem Ritterkreuz des Guadeloupe-Ordens aus. Nach Auflösung und Entlassung des österreichischen freiwilligen Corps nahm auch Turek seinen Abschied aus der Nationalarmee und kehrte 1867 nach Oesterreich zurück, wo er wegen gänzlich zerrütteter Gesundheit in den bleibenden Pensionsstand als Rittmeister erster Classe übernommen wurde. Als solcher lebte er im Jahre 1870 zu Gran. So weit Svoboda in dem in den Quellen bezeichneten Werke. Die neuesten k. k. Militär-Schematismen der österreichischen Armee führen einen Obersten und einen Rittmeister Turek, Beide mit dem Taufnamen Maximilian an, und Letzterer befindet sich in Zutheilung bei dem k. k. Kriegsarchiv in Wien. Wir haben in diesem Letzteren wohl unseren mexicanischen Major zu suchen.

Svoboda (Johann). Die Zöglinge der Wiener-Neustädter Militär-Akademie von der Gründung des Institutes bis auf unsere Tage (Wien 1870, Geitler, Lex.-8°.) Sp. 826.

Hier ist noch des Prager Primators **Nicolaus Franz** Turek von Rosenthal und Sturmfeld zu gedenken, der sich als heldenmüthiger Vertheidiger der Stadt Prag gegen die Schweden im Jahre 1648 ein Anrecht auf bleibende Erinnerung erworben hat. 1634 in den Prager Stadtrath gelangt, wurde er bei der Rathserneuerung am 26. October 1643 als Primator definitiv bestätigt. Schon im Jahre 1639, als der Schwedengeneral Banner die Alt- und Neustadt nebst dem Wyšehrad bestürmte, führte Turek im Auftrage der königlichen Statthalterei als Oberstwachtmeister das Commando über die neun Altstädter Compagnien und ward im Kampfe gegen die Schweden schwer und gefährlich verwundet. Ungleich mehr that er sich aber hervor, als 1648 Prag neuerdings von denselben heimgesucht wurde. Der schwedische Unterfeldherr Graf Johann Christoph von Königsmark erschien am 26. Juli in unmittelbarer Nähe der Stadt. Bis zum 3. November hielt sich dieselbe gegen alle Erstürmungsversuche Königsmark's, sowie später des schwedischen Feldzeugmeisters Württemberg. Wir verweisen bezüglich der Vorgänge auf die quellenmäßige Darstellung des Geschichtsforschers Erben in dessen unten angegebenem Werke. Mit der Belagerung Prags 1648 fand der 1618 begonnene unglückselige dreißigjährige Krieg sein Ende, welcher über Europa und insbesondere über die schöne und an Kunstschätzen reiche Hauptstadt Böhmens so viel Elend brachte. Kaiser Ferdinand gab ihr seine Freude über die glücklich überstandene fünfzehnwöchentliche harte Belagerung zu erkennen und verlieh ihr mit k. k. Hofkanzleidecret ddo. Wien 23. December 1648 und kaiserlichem Majestätsbrief ddo. Preßburg 20. April 1649 große und äußerst wichtige Gnaden und Rechte, welche Erben in dem erwähnten Werke S. 105 und 106 der Reihe nach aufzählt. Turek aber wurde mit sämmtlichen Magistratspersonen sammt ihren Nachkommen beiderlei Geschlechts in den Wladykenstand erhoben und ihm mit Diplom ddo. Preßburg 26. März 1649 nebst vermehrtem und verbessertem Wappen das Prädicat „von Sturmfeld und Rosenthal“ verliehen; überdies sandte ihm der Kaiser als Zeichen seiner besonderen Huld eine goldene Medaille mit seinem Bildnisse. Turek wurde in den Jahren 1643, 1653, 1656, 1659 und 1663 unter die Zahl der obersten Landessteuereinnehmer gewählt und fungirte 1669 als Mitglied der ständischen Deputation für die Ermittlung der Contributionsschuldigkeit ansässiger Unterthanen. Eine kaiserliche Resolution vom Jahre 1662 entschied: daß der an Turek verliehene Wladykenstand auf den Ritterstand zu beziehen sei, und wurde ihm deshalb ddo. Wien 27. October 1662 ein eigenes Diplom ausgefertigt, in Folge dessen er sich fortan des ritterlichen Titels bediente. Auch erhielt er ddo. Wien 6. Februar 1670 den kaiserlichen Rathstitel. Ueberdies führte er seit 1649 den Titel eines Oberstwachtmeisters der bürgerlichen Compagnien, welche Würde fortan bei dem städtischen Primat verblieb, auch hatte seitdem der jeweilige Primator Siegel und Schlüssel der Stadt in Verwahrung. Turek, in den letzten Jahren schon immer leidend, starb zu Prag am 31. October 1672 und wurde in der Teynkirche vor dem Altare der h. Muttergottes, für den er selbst das Bild von Skreta hatte malen lassen, beigesetzt. Die Familie Turek von Rosenthal und Sturmfeld ist bereits zu Beginn des achtzehnten Jahrhunderts erloschen. [Erben (Karl Jaromir). Die Primatoren der königlichen Altstadt Prag (Prag 1858, G. Haase Söhne, 8°.) S. 94–119: „Nicolaus Turek von Sturmfeld und Rosenthal". — Blažák (Franz). Der altböhmische Adel und seine Nachkommenschaft nach dem dreißigjährigen Kriege. Historisch-genealogische Beiträge (Prag [1866], Styblo, 12°.) S. 145. — Slovník naučný. Redaktoři Dr. Frant. Lad. Rieger a J. Malý, d. i. Conversations-Lexikon. Redigirt von Dr. Franz Lad. Rieger und J. Malý (Prag 1872, J. L. Kober, Lex.-8°.) Bd IX, S. 654 und 655. — **Porträt.** Dasselbe, in Oel gemalt, befindet sich im neuen Sitzungssaale des Magistratsgebäudes in Prag.]

**Turini**, auch **Turrini**, Ferdinand (Compositeur, geb. zu Salò bei Brescia 1749, Todesjahr unbekannt). Man nannte den in Rede Stehenden auch Bertoni l'orbo und Bertoncino, nach seiner Mutter, einer Schwester des berühmten Capellmeisters von San Marco in Venedig, Ferdinand Bertoni, dessen Schüler er sowohl in der Theorie, als im Orgelspiele war. Anfänglich als Cembalist an einem der vielen Theater Venedigs angestellt, schrieb er einige Buffaopern und auch Kirchenmusikstücke, die ein nicht gewöhnliches Compositionstalent bekunden. Im Alter von 23 Jahren bereits erblindete er — nach Anderen wäre er blind zur Welt gekommen, was jedoch unrichtig ist, denn Caffi in seiner „Storia della Musica sacra nella già Cappella ducale di San Marco in Venezia" schreibt wörtlich von dem großen musikalischen Genius und der Kunst Turini's „malgrado l'acerba sventura che di veder più la luce nel fior dell'età gl'interdisse". Später kam er trotz seiner Blindheit als Organist an die Kirche Santa Giustina in Padua, an welcher er ein Vierteljahrhundert als solcher wirkte und ebenso wegen seines schönen Spiels wie seiner Compositionen von Einheimischen und Fremden bewundert wurde. Die beginnenden Kriegswirren vertrieben ihn von dort, und er begab sich 1800 nach Brescia, wo er von Unterrichtsstunden kümmerlich seinen Lebensunterhalt bestritt, bis er starb. Die Zeit seines Todes ist nicht bekannt. 1812 — damals 63 Jahre alt — lebte er noch. 1808 ward zu Brescia noch ein Miserere seiner Composition aufgeführt, welches großen Beifall fand. Auch sind sonst noch mehrere Intermezzi und Cantaten von ihm bekannt, welche von Kennern, darunter selbst von dem großen Hasse bewundert wurden.

Gerber (Ernst Ludwig). Historisch-biographisches Lexikon der Tonkünstler u. s. w. (Leipzig 1792, Breitkopf, gr. 8°.) Bd. II, Sp. 692. — Gaßner (F. S. Dr.). Universal-Lexikon der Tonkunst. Neue Handausgabe in einem Bande (Stuttgart 1849, Fr. Köhler, schm. 4°.) S. 130, unter Bertoni.

Auch sonst ist noch der Name Turini für Oesterreich bemerkenswerth. 1. So erscheint ein **Anton** Turini als der erste Buchdrucker der Stadt Triest. In einem Schreiben aus dem Jahre 1624 an den Rath derselben macht A. Turini, der bis dahin in Capodistria lebte, das Anerbieten, sich in Triest niederzulassen und eine Druckerei daselbst zu begründen, worauf ein zustimmender Bescheid erfolgte. Nun begann Turini sein Geschäft, das aber gar nicht gedeihen wollte, so daß er im Jahre 1633 dem Rathe anzeigte, er werde, wenn man ihm die Geldunterstützung von

50 Lire, welche ihm sogleich bei seiner Niederlassung für jedes Jahr zugesichert wurde, und die man ihm mit einem Male zu entziehen drohte, wirklich entziehe, nach Laibach übersiedeln. Man scheint ihm die Unterstützung belassen zu haben, denn er blieb in Triest. Turini, welcher 1643 starb, hatte die Bruderschaft dell'immaculata concezione della beata Vergine Maria in Triest zum Erben seiner Druckerei eingesetzt. Von den aus derselben hervorgegangenen Schriften nennen wir: „Bericht über eine Reise der Kaiserin Eleonore durch das Veronesische", vor seiner Uebersiedlung aus Capodistria daselbst 1622 gedruckt; — in Triest gab er heraus: „Statuta inclytae Civitatis Tergestae", mit nebenstehender italienischer Uebersetzung, ein Band in 4°., 364 S., gedruckt im Jahre 1625; — „Commentari della guerra passata in Friuli ed Istria", von dem Patrizier Biagio Rith di Kollenburg, ein Band in 4°., 294 S., gedruckt im Jahre 1629; — „Le rime di Giov. B. Brati giustinopolitano", gedruckt 1629, — und „Orazione di Bartolo Verci", gedruckt 1629, außerdem gerichtliche Acten u. dgl. m. Der gelehrte Alterthumsforscher Dr. Kandler behandelte den wenig vom Glücke begünstigten Turini in einer besonderen Monographie, welche unter dem Titel: „Antonio Turini primo stampatore in Trieste nel 1625 e Giovan Maria Petreuli detto Manarutta, scrittore delle prime storie di Trieste date alle stampe" (Triest 1860) erschien. Die „Triester Zeitung", 1860, Nr. 191 und 193, gibt im Feuilleton: „Der erste Buchdrucker und der erste Geschichtsschreiber Triests" einen ausführlichen Auszug der Kandler'schen Schrift. — 2. Ein **Francesco** Turini (geb. zu Prag 1590, gest. zu Brescia 1656) war ein tiefgelehrter Contrapunctist und Canonist und ein Sohn des Gregorio, von dem weiter unten die Rede ist. Frühzeitig verlor er seinen Vater durch den Tod, und nun nahm Kaiser Rudolph II. des verwaisten Knaben sich an, schickte ihn nach Rom und Venedig, um ihn dort bei den besten Meistern in der Musik unterrichten zu lassen, und ernannte ihn zu seinem Kammerorganisten. Mehrere Jahre stand Turini in diesem Dienste, bis er als Domorganist nach Brescia berufen wurde, wo er auch im Alter von 66 Jahren starb. Er hat mehrere bedeutende Tonwerke durch den Druck veröffentlicht, so: „Misse a 4 e 5 voci a Capella", Op. 1 (Venedig, typ. Gardano); — „Motetti a voce sola da potersi cantare in Soprano, in Contralto, in Tenore ed in Basso" (Brescia; 2. Aufl. Venedig 1629); — „Madrigali a 1, 2, 3 con sonate a 2, 3"; — „Motetti commodi in ogni parte"; — „Madrigali a cinque con Violini e Chittarone" (Vened. 1624); — „Ein vierstimmiges Messenwerk a capella" (Venedig 1643); in diesem letzteren Werke kommt der künstliche Canon vor, welcher von Händel hundert Jahre später, durch dessen Kunst vermehrt, noch einmal als Instrumentalfuge benützt und von Burney in dessen „Tagebuch einer musikalischen Reise durch Frankreich und Italien" (Hamburg 1772, Göschen, 8°.) im dritten Theile, S. 321, eingerückt wurde. — 3. **Gregor** (geb. in Brescia um 1560, gest. zu Prag um 1600), der Vater des Vorigen, war ein trefflicher Sänger und Zinkenbläser. In seiner Eigenschaft als Musicus hatte er an den Höfen verschiedener italienischer Fürsten gedient. Endlich folgte er einem Rufe an den Hof des Kaisers Rudolph II., wo er aber in seinen besten Jahren starb. Im Druck sind von ihm erschienen: „Cantiones admodum devotae cum aliqvot psalmis Davidicis in Ecclesia Dei decantandis ad quatuor aequales voces" (Venedig 1589); — „Teutsche Lieder nach Art der welschen Milanellen mit vier Stimmen" (Frankfurt um das Jahr 1610). [Zedler'sches Universal-Lexikon, Bd. XLV, Sp. 1899 und 1900. — Gaßner (F. S. Dr.). Universal-Lexikon der Tonkunst. Neue Handausgabe in einem Bande (Stuttgart 1849, Fr. Köhler, Lex.-8°.) S. 847.]

**Turinský**, Franz (čechischer Poet, geb. zu Podiebrad in Böhmen, am 16. November 1796, gest. zu Prag am 4. September 1852). Der Sohn bürgerlicher Eltern, erhielt er seine erste Ausbildung in seiner Vaterstadt, dann ging er nach Prag, wo er Philosophie und die Rechte studirte und durch die damaligen Vertreter der nationalen Richtung und Dichtung Hýbl, Hanka [Bd. VII, S. 301], Chmela, Macháček [Band XVI, S. 200], Tomsa [Bd. XLVI, S. 117] u. A. in die čechische Literatur und Poesie eingeführt wurde. Nach Abschluß der Rechtsstudien im Jahre 1820 trat er in den Staatsdienst und fungirte zunächst als Gerichtsactuar zu Libochovič im Leitmeritzer Kreise, hierauf als Justitiär zu Mikulov in Mähren. Nach mehrjähriger Thätigkeit an letzterem Orte wurde er nach Saar im Iglauer Kreise an der böhmischen Grenze übersetzt, worauf er als Ober-Justitiär nach Libochovič zurückkam. Bei der neuen Gerichtsorganisation im Jahre 1849 erfolgte seine Ernennung zum Kreisrichter in Pürglitz. Seit längerer Zeit kränkelnd, begab er sich im Sommer 1852 nach Königgrätz; um sich einigermaßen zu stärken, beabsichtigte er nach Olmütz und dann nach Wien zu reisen; aber auf ärztlichen Rath stand er von diesem Vorhaben ab und wendete sich nach Prag, wo jedoch seine Schwäche bald so zunahm, daß er bettlägerig wurde und endlich auch in den ersten Tagen des September im Alter von 56 Jahren seinem Leiden erlag. Seine Leiche wurde von Prag nach Königgrätz überführt und auf dem Friedhofe daselbst beigesetzt. Schon während seiner Studienjahre beschäftigte sich Turinský mit schriftstellerischen Arbeiten. Vornehmlich auf dem Gebiete der Lyrik thätig, veröffentlichte er seine Gedichte bereits 1816 in Hybl's „Rozmanitostý", dann im „Zvěstovatel", in den „Rozličnosty", im „Časopis česk. Muzeum" u. s. w., und J. Jungmann nahm bei der Zusammenstellung seines Volksbuches „Slovesnost" etliche Stücke des jungen Dichters in dasselbe auf. Indeß blieb der größere Theil der lyrischen Dichtungen Turinský's damals in Handschrift, nur einige wurden nach seinem Tode in der belletristischen Zeitschrift „Lumír" abgedruckt. Dagegen gelangten mehrere seiner dramatischen Dichtungen durch die Presse in die Oeffentlichkeit, und zwar zunächst: *„Angelina. Truchlohra ve 4 dějství"*, d. i. Angelina. Trauerspiel in 4 Aufzügen" (Königgrätz 1821, J. H. Pospišil, 8°.), dies Werk erregte bei seinem Erscheinen namentlich durch die schwungvolle Sprache Aufsehen und galt zu jener Zeit mit Pollak's [Bd. XXIII, S. 78] Dichtung: „Vznešenost přírody", d. i. Erhabenheit der Natur, als ein wahres Musterstück der neueren čechischen Poesie. Der durch seine zahlreichen Uebersetzungen von Opernlibretten und Dichtungen Goethe's und Schiller's bekannte S. Macháček [Bd. XVI, S. 200] übertrug 1827 dieses Drama Turinský's ins Deutsche, und das Original erschien 1840 in zweiter Auflage. Auf „Angelina" folgte: *„Virginie. Truchlohra ve 4 dějství"*, d. i. Virginia. Trauerspiel in 4 Aufzügen (ebd. 1841, 8°.), und zuletzt erschien: *„Pražané roku 1648. Dramatická báseň v pateru dějství"*, d. i. Die Prager im Jahre 1648. Dramatische Dichtung in fünf Aufzügen (Prag 1848, Selbstverlag, 8°.). Auch mehrere dramatische Arbeiten hat Turinský im Manuscript hinterlassen, so: „Záviš Vítkovec z Růže", d. i. Zawis Vitkovec von Rosenberg, Trauerspiel in 5 Aufzügen, von welchem ein Bruchstück im Jahre 1822 in den „Rozličnosty", dem belletristischen Beiblatte der „Prazské noviny", zum Abdruck gelangte; ferner „Vladika Mirovít", d. i. Der Vladika Mirovit, Trauerspiel in 5 Aufzügen; — „Chorinsky", Trauerspiel; — „Alžběta Přemyslidna", d. i. Elsbeth, die Přemyslidin, Trauerspiel; — „Przémysl Otakar", Trauerspiel. Alle diese Stücke zeichnen sich durch schwungvolle Sprache aus, aber ihr überwiegend lyrischer Charakter macht sie weniger zur Aufführung geeignet und läßt sie mehr als Buchdramen erscheinen. Während seiner Krankheit, vornehmlich in seinen letzten Lebenstagen vertraute Turinský den ihn besuchenden Freunden, welche Hindernisse ihm bei der Herausgabe seiner dramatischen Arbeiten in den Weg gelegt wurden. Für Kotzebue's Mörder, den Jüngling Sand, empfand er eine so große Sympathie, daß er mit ein paar Freunden dessen Grab in Mannheim aufsüchte. Er wurde deswegen zur Verantwortung gezogen, entging aber durch Hilfe seiner Freunde den weiteren Folgen, die bei den damaligen Verhältnissen sehr unangenehm für ihn hätten ausfallen können. Als Mensch wie als Beamter war Turinský in hohem Grade geachtet. Als Mensch in der Gesellschaft beliebt, erhob er sich durch sein poetisches Gemüth über das Niveau der Gewöhnlichkeit; als Richter in hohem Grade rechtlich, war er insbesondere der Beschützer alter Leute, denen ihre Kinder bezüglich des den Eltern gebührenden Ausgedings Hindernisse in den Weg legten und die übernommenen Verpflichtungen zu schmälern oder sonst zu beanständen versuchten. Seiner Gerechtigkeit wegen war er so bekannt, daß von weitem die Leute kamen, um seinen Rath einzuholen. Ueberall, wo er in amtlichem Berufe wirkte, hat sich sein ehrenvolles Andenken erhalten. In den Bewegungen des Jahres 1848 stand er unter den Vorkämpfern für die Rechte und die Selbstständigkeit seines Volkes; er wurde auch von der nationalen Partei als Candidat für den Landtag in Aussicht genommen, mußte aber zuletzt seinem Gegencandidaten, dem Dr. Hamm aus Komotau, weichen. 1862 begingen einige nationale Heißsporne die mit befremdlicher Pietät in Scene gesetzte zehnjährige Feier seines Todes; aber eine Abtheilung Windischgrätz-Dragoner machte dieser Demonstration ein rasches Ende. Die in Zeitschriften zerstreuten Gedichte Turinský's hat dessen jüngster Sohn Moriz, dem Wunsche des verewigten Vaters gemäß, gesammelt herausgegeben, sie sind in dem von Kober verlegten Sammelwerke „Národní biblioteka“, d. i. Nationalbibliothek, erschienen. Unser Dichter verheiratete sich zweimal, zuerst mit einer verwitweten Bilimek, die ihm zwei erwachsene Töchter ins Haus brachte, deren eine mit dem damaligen Magistratsrathe Ignaz Streit, späteren Präsidenten des k. k. Oberlandesgerichtes in Prag und Freiherrn sich vermälte. In zweiter Ehe verband er sich mit Elsbeth geborenen Viravska, die er mit sieben unmündigen Kindern als Witwe zurückließ.

Wenzig (Joseph). Blicke über das böhmische Volk, seine Geschichte und Literatur... (Leipzig 1855, Brandstetter, 8°.) S. 142. — *Jungmann (Joseph).* Historie literatury české, d. i. Geschichte der čechischen Literatur (Prag 1849, F. Řiwnáč, schm. 4°.). Zweite von W. W. Tomek besorgte Auflage, S. 645. — **Růže. Almanah na rok 1860. Sestavili i vydali Frant. Schwarz a E. H. Lipnicky**, d. i. Rosen. Almanach auf das Jahr 1860. Zusammengestellt und herausgegeben von Franz Schwarz und E. H. Lipnicky (Prag, Pospíšil, 12°.) S. 129—130: „František Turinský“, von K.(arl) S (abina?) — **Slovník naučný. Redaktoři Dr. Frant. Lad. Rieger a J. Malý**, d. i. Conversations-Lexikon. Redigirt von Dr. Franz Lad. Rieger und J. Malý (Prag 1872, J. L. Kober, Lex.-8°.) Bd. IX, S. 639. — Svetozor (Prager illustrirtes Blatt, Fol.) 1874, Nr. 28.

**Porträt.** Holzschnitt ohne Angabe des Xylographen nach einer Zeichnung, welche Joseph Mukařovský auf Grund einer Photographie abgenommen, im obengenannten „Světozor“.

Hier sei noch erwähnt: 1. **Wenzel** Turinský (gest. zu Prag 1. Mai 1786), der zuletzt als Viertelhauptmann bei dem regulirten Prager Magistrate bedienstet und im Jahre 1771 in der Prager Metropolitankirche als Tenorist und im Strahow als erster Violinist angestellt

war. Dlabacz widmet ihm eine etwas ausführlichere Darstellung [Dlabacz (Gottfried Johann) Allgemeines historisches Künstler-Lexikon für Böhmen und zum Theile auch für Mähren und Schlesien (Prag 1815, Gottlieb Haase, 4°.) Bd. III, Sp. 285.] — 2. Ein Maler Turinský, nach der Schreibung seines Namens ein Böhme oder Mährer, den wir in allen Werken über Kunst und Künstler in Oesterreich und im Auslande vergebens suchten. Uns ist er aus einer Bilderauction bekannt geworden. Am 26. April 1870 fand nämlich zu Wien im Schönbrunnerhause (Tuchlauben Nr. 8) die Auction von Originalgemälden statt, welche einer Sammlung des Jos Karl Lauer, Secretärs der k. k. mährisch-schlesischen wechselseitigen Brandschaden-Versicherungsgesellschaft in Brünn, angehörten; in dieser befand sich ein Bildchen: „Mädchen mit der Kerze", Halbfigur (Leinwand, Höhe 29 Zoll, Breite 24 Zoll) von Turinský. Der darüber erschienene bei C. Gerold's Sohn gedruckte Auctionskatalog (Alex Posonyi: XXI. Wiener Kunstauction) enthält S. 18, Nr. 111, bei dem Bilde die Bemerkung: „Interessantes Bildchen in Feuermüller's Manier".

**Turkovits.** Diesen Namen führen mehrere ausgezeichnete Officiere der kaiserlichen Armee, welche theils im Kampfe für das Vaterland bluteten, theils den Heldentod für dasselbe starben. 1. Ein **Alfred** von Turkovits (geb. 1841, gest. 1866), Oberlieutenant im Prinz Gustav von Wasa-Infanterie-Regimente Nr. 60, wurde im italienischen Feldzuge 1859 bei Magenta im rechten Oberschenkel verwundet und erhielt für bewiesene Tapferkeit das Militär-Verdienstkreuz mit der Kriegsdecoration. Im Jahre 1866 rückte er mit dem Regimente neuerdings ins Feld und ward im Gefechte bei Nachod am 27. Juni 1866 durch drei Gewehrkugeln abermals verwundet; er gerieth dann in preußische Gefangenschaft, in welcher er, am rechten Oberschenkel amputirt, auch starb. — 2. Des Vorigen Bruder **Gebhard** diente in der k. k. Kriegsmarine und machte den Feldzug 1864 gegen die Dänen als Seecadet mit. In Folge schwerer Verwundung im Seegefechte bei Helgoland am 10. Mai 1864 verlor er den linken Oberschenkel. Wegen seines ausgezeichneten Verhaltens wurde er mit der goldenen Tapferkeitsmedaille decorirt und überdies zum Linienschiffsfähnrich befördert. Später trat er in Pension und nahm seinen Aufenthalt in Preßburg. — 3. Ein Bruder der beiden Vorgenannten, **Edmund** von Turkovits, soll 1866 Oberlieutenant im Uhlanen-Regimente Graf Trani Nr. 13 gewesen sein. Von ihm meldet die „Neue Freie Presse" 1866, Nr. 697, er habe auch den Feldzug 1866 in Böhmen mitgemacht, sei dort verwundet worden und 36 Stunden ohne Verband und Labung auf dem Kampfplatze gelegen. Dieser Nachricht entgegen muß bemerkt werden, daß das Uhlanen-Regiment Trani im Jahre 1866 gar nicht auf dem Kriegsschauplatze in Böhmen, sondern auf jenem in Italien und in Tirol stand und daselbst auch sehr rühmlich kämpfte; daß also ein Oberlieutenant Edmund Turkovits von diesem Regimente nicht in Böhmen, vielleicht aber in Italien gefochten haben kann. Zur Zeit dient jedoch ein Edmund Turkovits in der kaiserlichen Armee, und zwar als Rittmeister erster Classe im Huszaren-Regimente König von Württemberg Nr. 6. Vielleicht findet hier eine Namensverwechslung statt. — 4. Auch ist ein **Eduard** Turkovich anzuführen, der schon im Jahre 1848 als Oberlieutenant im Gradiscaner Grenz-Infanterie-Regimente Nr. 8 diente, mit diesem in den Feldzügen 1848 und 1849 in Italien kämpfte und für sein ausgezeichnetes Verhalten daselbst das Militär-Verdienstkreuz mit der Kriegsdecoration erhielt. Später trat er zur Gendarmerie über und war im Jahre 1863 Rittmeister erster Classe im 8. Gensdarmerie-Regimente. — 5. Schließlich diente ein Turkovits, dessen Taufnamen wir nicht kennen, 1859 als Oberlieutenant im Infanterie-Regimente Gustav Prinz Wasa Nr. 60, machte mit demselben den Feldzug in Italien mit und erhielt auch für sein ausgezeichnetes Verhalten das Militär Verdienstkreuz. Die Vorgenannten unterscheiden sich in der Schreibung ihrer Namen nur durch die Endbuchstaben. Die drei Brüder Alfred, Gebhard und Edmund, sowie der Letzte, dessen Taufnamen wir nicht kennen, schreiben sich mit ts: Turkovits; Eduard dagegen mit ch: Turkovich, woraus wir schließen, daß die drei Ersten und der Letzte ungarischer, Eduard dagegen slavischer Abkunft sein dürfte. Doch waltet in dieser Schreibung kein festes Gesetz vor, da man den Einzelnen hier und dort auch mit ć, ch, ts, tz, cs geschrieben findet.

Thürheim (Andreas Graf). Gedenkblätter aus der Kriegsgeschichte der k. k. österreichischen Armee (Wien und Teschen 1880, K. Prochaska, Lex.-8°.) Bd. I, S. 427, unter Jahr 1859; Bd. II, S. 417, unter Jahr 1864; S. 583, unter den Jahren 1848 und 1849. — Neue Freie Presse (Wiener polit. Blatt) 1866, Nr. 697, in der Rubrik: „Kriegsmiscellen".

Noch sei des Ungarn **Michael** Turkovics gedacht, der zur Zeit des Fürsten Apafi, um die Mitte des siebzehnten Jahrhunderts, 1648 bis 1663 lebte. Er war Bürger zu Klausenburg und gab das Werk des englischen Theologen William Perkins: „Casus conscientiae libri tres" in ungarischer Uebersetzung unter dem Titel: „A lelkiismeretnek akadékiról" (Amsterdam 1648, 12°.) und das Originalwerk: „Tanácsi tükör", d. i. Der Rathsspiegel (Hermannstadt 1663, 4°.) heraus. [Magyar irók. Életrajz-gyüjtemény. Gyüjték Ferenczy Jakab és Danielik József, d. i. Ungarische Schriftsteller. Sammlung von Lebensbeschreibungen. Von Jacob Ferenczy und Joseph Danielik (Pesth 1856, Gustav Emich, 8°.). Zweiter (den ersten ergänzender) Theil, S. 356. — *Nagy (Iván).* Magyarország családai czimerekkel és nemzékrendi táblákkal, d. i. Die Familien Ungarns mit Wappen und Stammtafeln (Pesth 1860, Moriz Ráth, 8°) Bd. XI, S. 347 und 348.]

**Turkowski**, Fabian (Piarist, geb. im Krakauer Gebiete am 3. December 1741, gest. zu Siedlec 1804). Er trat 1760, 19 Jahre alt, zu Podolince in den Orden der frommen Schulen ein. Dessen Regeln gemäß unterrichtete er in den Piaristenschulen zu Rzeszow, Lukow und im Collegium Konarski zu Warschau. Später begleitete er den jungen Grafen Ossoliński [Bd. XXI, S. 114] auf dessen Reisen ins Ausland. Im Jahre 1778 ließ er sich säcularisiren und erhielt die Propstei zu Mąkobodie in Podlasien. Er war ein gewandter Poet, und seine einzeln gedruckten Gelegenheitsdichtungen fanden seinerzeit weite Verbreitung im Lande. Er schrieb aber auch sehr gelungene geistliche Lieder, welche noch heute vom Volke in den Kirchen gesungen werden. Von seinen größeren selbständigen Werken erwähnen wir: *„Epigrammata Jana Owena z łacińskiego"* (Warschau 1773, 12°.), eine polnische Uebersetzung der Sinngedichte des berühmten Epigrammatisten Joh. Owen, und *„Pieśni i hymny kościelne dla użytku pospolitego"*, d. i. Kirchenlieder und Gesänge zu allgemeinem Gebrauche (Warschau 1795, 8°.). Der gelehrte Propst starb im Alter von 63 Jahren.

*Horányi (Alexius).* Scriptores piarum Scholarum liberaliumque artium magistri, quorum ingenii monumenta exhibet — (Budae 1809, 8°.) Pars II, p. 760.

**Túrnogradska**, Josipina, Pseudonym für Josephine **Toman** [siehe Band XLIV, S. 243].

**Turnowska**, Anna, siehe: **Rajska**, Anna [Bd. XXIV, S. 298]. Daselbst ist in der siebenten Zeile der Biographie der Name Tarnowska in Turnowska zu berichtigen.

**Turóczi**, Ladislaus (gelehrter Jesuit, geb. zu Unghvár in Ungarn am 28. Mai 1682, gest. zu Tyrnau 8. Februar 1765). Nach Horányi der Sproß einer ungarischen Adelsfamilie, über welche wir jedoch in Iván Nagy's Adelswerke (Magyarország családai) vergebens nähere Kunde suchen. Im Alter von 16 Jahren trat er in den Orden der Gesellschaft Jesu ein, in welchem er, während er die Gelübde ablegte, auch seine Studien fortsetzte und dann die philosophische und theologische Doctorwürde erlangte. Nun im Lehramte verwendet, trug er auf dem Gymnasium zu Tyrnau Dichtkunst, auf jenem zu Kaschau Redekunst und an der Universität Tyrnau philosophische und theologische Disciplinen, im Ganzen durch dreizehn Jahre vor. Danach wirkte er mehrere Jahre als Regens am Seminar zu Tyrnau, später als Rector an jenen zu Fünfkirchen und Erlau und zuletzt als Lehrer der Väter der dritten Probation zu Neusohl durch vierzehn Jahre. Hochbejahrt zog er sich von seinem Lehrberufe nach Tyrnau zurück, wo er im Alter von 82 Jahren das Zeitliche segnete. Turóczi war auch schriftstellerisch thätig und gab in lateinischer Sprache eine Reihe von Werken theologischen, historischen, mathematischen Inhalts heraus, deren Titel in chronologischer Folge sind: „*Lilia in Virgineas sacri amoris flammulas ad Castalios Parnassi Tyrnaviensis fontes explicata*“ (Tyrnaviae 1709, 12⁰.); — „*Illibatus virginis conceptus...*“ (ib. 1711, 4⁰.); — „*S. Ignatius litterarum instaurator litteras pietate illustrans Panegyres duo*“ (ib. 1714 et 1715); — „*Stratagemata Martis Hungarici*“ (ib. 1716, 12⁰.), umfaßt die Zeit von 377 bis 1704 und wird irrthümlich von Einigen dem Jesuiten Michael Bednari zugeschrieben, selbst Stoeger führt es ebensowohl unter Bednari's als Turóczi's Werken auf; — „*Rhetorum Collegii Cassoviensis Orationes*“ (ib. 1716); — „*Gemmae latinitatis ex Tursellino et aliis quam plurimis Autoribus collectae*“ (Cassoviae 1716, 12⁰.); — „*Comitia Regnorum ac Provinciarum Hungariae in Palatio Reginae eloquentiae celebrata*“ „Cassoviae 1716, und Tyrnaviae 1718, 12⁰.); — „*Ecclesia catholica toto terrarum orbe de idolatria, haeresi et schismate ab ortu suo ad nostra tempora triumphans*“ (Tyrnaviae 1717); — „*Prima humani generis Philosophia, numerorum scientia, veteri doctrina novo methodo exposita*“ [seu Arithmetica] (Cassoviae 1720, 12⁰.); — „*Philosophia naturae genio, artis ingenio jucunda*“ (Cassoviae 1720, 12⁰.); — „*Arithmetica faciliori methodo data et eruditionibus illustrata*“ (ib. 1727); — „*Oratio in anno saeculari Canonisationis S. S. Ignatii et Francisci Xaverii*“ (ib. 1722, 4⁰.); — „*Lilietum Aloysianum. Rosetum Stanislaianum olim ad D. Ignatii S. J. conditoris Manresam plantatum ac enatum etc. etc.*“ (Tyrnaviae 1727); — „*S. Aloysius et Stanislaus S. J. heroicis facinoribus et beneficiis par nobile fratrum... Oratio panegyrica*“ (ib. 1727, Fol.); — „*Hungaria cum suis Regibus compendio data*“ (Tyrnaviae 1729, Fol.); — „*Nova editio a Nic. Schmidt S. J. aucta et a Stephano Katona S. J. ad nostra tem-*

*pora continuata*" (ib. 1768, 4°.). Dieses letztere Werk, besonders in seiner Ergänzung von dem Jesuiten Nic. Schmidt [Bd. XXX, S. 308, Nr. 91] und mit seiner Fortsetzung von dem Jesuiten Steph. Katona [Bd. XI, S. 35] wird von Horányi als „opus praestantissimum" bezeichnet, und auch nach Fejér ist Turóczi als Lateiner „scriptor elegantissimus".

*Stoeger (Joh. Nep).* Scriptores Provinciae Austriacae Societatis Jesu (Viennae 1855, 4°.) p. 371 [nach diesem gestorben am 8. Februar 1763]. — *Fejér (Georgius),* Historia Academiae scientiarum Pazmaniae Archi-Episcopalis ac Transylvaniae regiae literiaria (Budae 1835, 4°.) S. 23 und 63 [nach diesem gest. am 7. Februar 1765]. — Scriptores facultatis theologicae, qui ad c. r. scientiarum universitatem Pestinensem ab ejus origine a 1635 ad annum 1858um operabantur (Pestini 1859, Jos. Gyurian, 8°.) p. 35. — *Horányi (Alex.).* Memoria Hungarorum et Provincialium scriptis editis notorum etc. (Posonii 1777, A. Loewe, 8°.) p. 468.

Turóczi, auch öfter Turócz und mit einem **h**: Thurócz und Thuróczy geschrieben, ist ein Name, den mehrere ungarische Adelsfamilien führen. Es sind die Turócz von Szent-Mihályi, die Turócz von Ludbreg, die Turócz von Raksan und Andere, unter denen einige in der ungarischen Geschichte eine hervorragende Rolle spielen. 1. Die Turócz von Ludbreg, nach ihrem Ahnengute so genannt, hatten ihren Stammsitz in der Kreutzer Gespanschaft Croatiens. Ihr Stammvater **Andreas** war 1412 Geheimschreiber bei König Sigmund, sein Sohn **Benedict** 1449 Obergespan der Kreutzer Gespanschaft, 1464 und 1465 Erzhofthürhüter bei König Matthias; ein **Georg** war 1475—1492 königlicher Obermundschenk; ein **Bernhard** erhielt 1496 von König Wladislaus II. die Erneuerung seines Wappens; **Benedict,** der auch aus dem Ludbreger Hause stammte, wurde 1614 an Stelle des Thomas Erdödy zum Ban von Croatien, Dalmatien und Slavonien ernannt und segnete als solcher 1616 das Zeitliche. Mit seinem Sohne **Nicolaus,** der unverehelicht starb, und seiner Tochter **Barbara,** die sich mit Wolfgang Erdödy vermälte, erlosch dieses Geschlecht. — 2. Die Turócz von Szent-Mihályi nennen einen **Stephanus** de Turócz oder Thuroch ihren Stammvater, woraus ihre Abstammung aus der Thuróczer Gespanschaft, in welcher diese Familie blühte, sich erklärt. Stephans Enkel **Peter,** der um das Jahr 1414 lebte, galt als Gelehrter, man nannte ihn Petrus litteratus de Turócz; sein Sohn **Johann,** der sehr in Gunst bei dem mächtigen Könige Ungarns Matthias stand, wurde 1468 Kronfiscal, 1470 beeideter Notar der Thuróczer Abtei, 1488 königlicher Protonotar; er war Theolog, Geschichtsschreiber, Rechtsgelehrter und ein gewandter Redner. Seine „Chronica Hungariae" erschien zuerst 1488 zu Augsburg bei Erhard Ratdolt. Diese ungemein seltene Ausgabe mit den Bildnissen der Könige im Holzschnitte und am Schlusse mit dem Datum: Impensis siquidem Theobaldi feger conciuis Budensis anno salutifere incarnatiõis millesimo q̃adringentesimo octogesimo octauo tertio Nonas Junii, ist mit gothischen Typen gedruckt, ohne Custoden und Seitenzahl, mit der Signatur a bis y in 4°, im Ganzen 172 Blätter Ein Exemplar, mit vielen illuminirten Holzschnitten versehen, auf Pergament gedruckt, von Ungarns großem Wohlthäter, dem Palatin Erzherzog Joseph, um 1000 fl. angekauft, besitzt das ungarische Nationalmuseum. Eine zweite Ausgabe erschien noch im nämlichen Jahre zu Brünn: In inclita terre Morauie civitate Brunẽsi lucubratissime impressa finit felicius. Anno salutis M.LLLL.LXXXVIII die XX. Martij. Auch mit den Bildnissen der Könige im Holzschnitte. Mit goth. Majuskel ohne Custoden und Seitenzahl, mit der Signatur a bis x, im Ganzen 168 Bl. Auch diese Ausgabe ist, wie die im nämlichen Jahre in Venedig gedruckte, eine bibliographische Seltenheit. Später wurde diese Chronik, welche vom Hunnenkönig Attila beginnend bis zur Krönung des Königs Matthias fortgeführt ist, öfter nachgedruckt, so in Bongarsius' „Rerum hungaricarum scriptores" Seite 1—198, in Georg J. Schwandtner's „Scriptores rerum hungaricarum" S. 39—291 und endlich separat in Wien im Jahre 1766 bei Thomas Trattner. Johann hatte zwei Söhne und eine Tochter, **Barbara,** welche sich mit Peter Juhos von Pencz vermälte Von seinen beiden Söhnen eiblühten dem Einen, **Peregrin**, drei Töchter: **Sophie, Anna** und **Katharina**, und mit ihnen bereits erlosch dieser Zweig. Der andere Sohn, **Nicolaus**, welcher 1517 von Stephan Bathory die Güter Tót, Próna und Szutsán in der Thuróczer Gespanschaft erhielt, wurde 1515 Protonotar des königlichen Stellvertreters in Gerichtssachen, 1528 Obersthofmeister bei König Ferdinand I. und Thuróczer Obergespan, in letzterer Eigenschaft bis zu seinem 1537 erfolgten Tode verbleibend. Mit Nicolaus erlosch der Mannesstamm der Turócz von Szent-Mihályi, denn mit seiner Frau Margarethe Zabláth hinterließ er nur eine Tochter **Martha**, welche das Gut Szutsán ihrem Gatten Lorenz Nyáry zubrachte, dessen Familie, deren Stammmutter Martha Turócz ist, es zur Stunde noch besitzt. [*Zuittinger (David)*. Specimen Hungariae litterariae virorum eruditione clarorum etc. etc. (Francofurti et Lipsii 1711, J. G. Kohl, 4°.) S. 392. — Bel in der Vorrede zu Schwandtner's Scriptores... — *Horányi (Alex.)*. Memoria Hungarorum et Provincialium scriptis editis notorum (Viennae 1776, A. Loewe, 8°.) Tom. III, p. 464.] — 3. Außer diesen Adelsfamilien Turócz mit dem berühmten Chronisten Ungarns Johann sind noch etliche Personen des Namens Turócz erwähnenswerth. So der Priester der Gesellschaft Jesu **Joseph** Turóczi (geb. zu Preßburg 22. Februar 1704, gest. zu Raab 15. Juni 1764), der zu Erlau, Tyrnau und Kaschau das Lehramt versah, Kanzler zu Tyrnau, Büchercensor zu Preßburg, College des Ordensvorstandes zu Wien und zuletzt Rector zu Raab war. Von ihm erschien im Drucke: „Panegyris D. Francisco Xav." (Tyrnau 1729, 12°.) und „D. Ignatius de Lojola optime de Theologia meritus..." (ebd. 1732, 12°.). [*Stoeger (Joh. Nep.)*. Scriptores Provinciae Austriacae Societatis Jesu (Viennae 1855, schm. 4°.) S. 371.] — 4. **Michael** Turóczi, gleichfalls dem Jesuitenorden angehörig, lebte im siebzehnten Jahrhundert. Er trug zu Kaschau Dicht- und Redekunst vor und gab folgende Schriften heraus: „Labores laureati" (Kaschau 1695, 4°.) und „Lilietum immaculatae conceptae B. V. Mariae sive Album Austriaco-Marianum" (Leutschau 1696 8°.). [*Fejér (Georgius)*. Historia Academiae scientiarum Pazmaniae Archi-Episcopalis ac Transylvaniae regiae literaria (Budae 1835, 4°.) p. 36.] — 5. **Joseph** Turóczy (geb. zu Klokow in Syrmien 1790, gest. zu Kaschau am 10. Mai 1870), Sohn eines Officiers, betrat gleichfalls die militärische Laufbahn, und zwar als Cadet im 34. Infanterie-Regimente, in welchem er durch 30 Jahre bis zu seiner Beförderung zum Hauptmann diente. Er that sich durch seine Tapferkeit in den Schlachten bei Aspern und Wagram 1809, wo er schwer verwundet wurde, dann im russischen Feldzuge 1812 und in den Befreiungskriegen 1813—1815 hervor. Im Jahre 1851 erhielt er den Majorscharakter und eine Schwarzenberg-Veteranen-Stiftung. [Oesterreichisch-ungarische Wehrzeitung (Wien, gr. 4°) 1870 Nr. 60] — 6. Endlich sei noch einer steirischen Adelsfamilie, der Freiherren von Turozi gedacht, welche wohl mit den ungarischen Turóczi von Ludbreg im Zusammenhang stehen dürften: denn ein **Benedict** Turóczi — Schmutz bezeichnet ihn als Huszarenhauptmann an der windischen Grenze — erhielt am 23. Jänner 1614 die steirische Landmannschaft. Nun war im Jahre 1616 ein Benedict Turóczi von Ludbreg Bán von Croatien, Dalmatien und Slavonien. Ob nicht der Schmutz'sche Baron Benedict Turóczi und der ungarische Bán Benedict Turóczi eine und dieselbe Person sind? [Schmutz (Carl). Historisch-topographisches Lexikon von Steiermark (Gratz 1823, Andr Kienreich, 8°.) Bd. IV, S. 233. — *Nagy (Iván)*. Magyarország családai czimerekkel és nemzékrendi táblákkal", d. i. Die Familien Ungarns mit Wappen und Stammtafeln (Pesth 1860, M. Ráth, gr. 8°.) Bd. XI, S. 187 bis 190 und S. 348 und 362. — Tudományos gyüjtemény, d. i. Wissenschaftliche Sammlung, 1821, 5. Heft.]

**Turowski**, Kasimir Joseph (polnischer Schriftsteller, geb. zu Przemysl in Galizien 1813). In seinem Geburtsorte besuchte er die Schulen, dann widmete er sich auf seinem elterlichen Besitz der Landwirthschaft und schrieb nebenbei Poetisches und Landwirthschaftliches, wie es ihm der Augenblick eingab und er damit zu nützen oder seinem schriftstellerischen Drange Luft zu machen glaubte. So gab er nach und nach heraus: *„Pierwiast-*

*kowe płody*", d. i. Erstlingsfrüchte (Przemyśl 1829); — „*Kilka pieśni strojem Dawida*", d. i. Einige Gesänge in der Weise Davids (ebd. 1831); — „*Pisemka*", d. i. Kleine Schriften (Lemberg 1835, 12°.); — „*O urzadzeniu i zarządzie dobr*", d. i. Von der Einrichtung und Verwaltung der Güter (Lemberg 1844); — „*Uwagi nad niektóremi pismami poetów ludu*", d. i. Betrachtungen über einige Schriften der Volksdichter (ebd. 1846); — „*Dodatek do zbioru pieśni ludu*", d. i. Anhang zur Sammlung der Volkslieder (ebd. 1846); — „*Krótka nauka dla ekonomów*", d. i. Kurzer Unterricht für Landwirthe (ebd. 1847), Sonderabdruck aus dem landwirthschaftlichen Wochenblatt (Tygodnik roln. przemysł.); — „*O wzajemnem ubezpieczeniu się od szkód*", d. i. Von der wechselseitigen Schadenversicherung (Sanok 1855). Von **1860—1862** war er verantwortlicher Redacteur der Wochenschrift „Niewasta", d. i. Die junge Frau, welche zu Krakau erschien und mit Beiträgen der namhaftesten Schriftsteller Polens, wie Estreicher, Servatiński, Siemieński u. A. unterstützt wurde. Nach Eingang dieses Blattes gründete er im Juni 1863 ein neues unter dem Titel „Kronika", d. i. Die Chronik, welches aber auch nach einiger Zeit seines Bestandes zu erscheinen aufhörte. Indeß alle die vorbenannten Bücher und Zeitschriften, die er herausgegeben, haben seinen Namen lange nicht in der polnischen Literatur so volksthümlich gemacht, als ein Unternehmen, welches, einen ungemein glücklichen Gedanken in sich bergend, nämlich die Popularisirung der nationalen Literatur, sich alsbald einer allgemeinen Theilnahme erfreute. Es war derselbe, nur in dem engeren Kreise seines Volkes durchgeführte Gedanke, den später Reclam der Jüngere in Leipzig mit der Verbreitung der Weltliteratur in Deutschland in seiner „Universal-Bibliothek" so glücklich verwirklichte. Wir meinen nämlich das Sammelwerk, das unter dem Titel: „*Biblioteka polska wydania Kazimierza Józefa Turowskiego*", d. i. Polnische Bibliothek, herausgegeben von Kasimir Joseph Turowski, zu erscheinen begann. Diese Bibliothek enthielt Werke der älteren polnischen Literatur, welche schon ungemein selten und etwa nur in Bibliotheken noch zu finden waren, in neuen sehr wohlfeilen Ausgaben und zu so niedrigen Preisen, daß sie auch der minder Bemittelte, wenn er Lust und Liebe zur Lecture und namentlich für vaterländische Literatur besaß, sich leicht anschaffen konnte. Diesen Gedanken, den Turowski nun zur Ausführung brachte, hatten vor ihm schon Andere gefaßt und auch zu verwirklichen versucht, aber der Erfolg blieb aus, und das Unternehmen wurde, kaum begonnen, auch schon wieder aufgegeben. Turowski gerieth auf diese Idee, nachdem er — wir wissen nicht wie — um sein ganzes Vermögen gekommen. Das Unternehmen war für ihn eine Lebensfrage. Er ging daher so bald als thunlich ans Werk und begann 1855 zu Sanok mit der Herausgabe der „Biblioteka", er gewann auch bald eine beträchtliche Zahl Abnehmer, welche sich durch übertriebene Versprechungen verlocken ließen. Als aber die Wahl der Druckwerke sich als eine wenig glückliche zeigte, und die Versprechungen überhaupt nicht eingehalten wurden, kehrte auch das getäuschte Publicum dem Herausgeber den Rücken, und das Unternehmen ging abwärts. Nun übersiedelte Turowski mit seiner „Biblioteka" nach Przemyśl, aber auch hier hielt er sich mit derselben nicht lange. In Sanok waren doch **104** Hefte erschienen, in Przemysl aber brachte er es gar nur auf **16**, und so faßte er vorerst den Gedanken, die Fortsetzung des Werkes von Wien aus zu versuchen. Dieser Plan kam jedoch nicht zur Ausführung, und so begab sich Turowski nach Krakau, wo ihm denn auch die werkthätige Unterstützung der Presse die Fortsetzung seines Unternehmens ermöglichte. Daselbst gewann er auch an Marcell Jawornicki und Gustav Czernicki zwei ebenso uneigennützige als verständige Theilnehmer für dasselbe, und nun begann **1858** die Herausgabe einer neuen Serie der „Biblioteka polska", welche jedes Jahr sechzig fünf Bogen starke Hefte der wichtigsten und interessantesten nationalen Schriftsteller Polens brachte. Es sei nur beispielsweise von diesen Editionen der Wiederdruck von Paprocki's „Herby Rycerstwa polskiego", d. i. Die Wappen der polnischen Ritterschaft (Krakau **1858**, kl. 4⁰., **964** Seiten Text, CLXII Seiten Register und Berichtigungen und 13 Seiten Paprocki's Leben und Schriften) genannt, eines Werkes, welches für Polens Personen- und Adelsgeschichte, Heraldik und Genealogie von großem Werthe und in seiner Originalausgabe gar nicht mehr aufzutreiben ist. Unter diesen neuen Verhältnissen gewann das Unternehmen Leben, Beachtung und entwickelte sich zusehends. Turowski begnügte sich jedoch nicht mit dieser allmäligen, wenngleich stetigen Entwickelung des Verlages, er wollte rasch seiner Firma Glanz und Bedeutung verschaffen. Diese Ueberstürzung, verbunden mit dem Umstande, daß das Unternehmen **1860** in die Hände des Banquiers Kirchmaier, eines finanziellen Roué, überging, brachte dasselbe immer tiefer, immer mehr in Verfall, und im Jahre **1862** hörte die „Biblioteka polska" mit dem sechzehnten Hefte auf zu erscheinen. Ueber die weiteren Geschicke des Unternehmens und des Unternehmers haben wir nichts in Erfahrung gebracht.

Encyklopedyja powszechna, d. i. Allgemeine polnische Real-Encyklopädie (Warschau 1867, Orgelbrand, gr. 8⁰.) Bd. XXV, S. 753.

Noch sind anzuführen: 1. **Anton Michael** Turowsky (geb. zu Nikolsburg in Mähren 1763, Todesjahr unbekannt). Ein Sohn des fürstlich Dietrichstein'schen Archivars und Bibliothekars Ignaz Turowsky, beendete er die Humanitätsclassen in Nikolsburg, die philosophischen Studien in Olmütz, die rechtswissenschaftlichen in Wien, wo er auch den Doctorgrad erlangte, sich der Advocatenpraxis widmete und zuletzt als Hof- und Gerichtsadvocat wirkte. Von ihm ist erschienen die „Abhandlung über die Natur und Grenzen der Pracht" (Wien 1789, 8⁰.). In der Cerronischen Bibliothek, welche später in den Besitz der mährischen Stände gelangte, wurden aber von seinen in Handschrift hinterlassenen Arbeiten aufbewahrt: „Miscellen geschichtlichen, moralischen und anderen Inhalts". [Czikann (Joh. Jac. Heinrich). Die lebenden Schriftsteller Mährens. Ein literarischer Versuch (Brünn 1812, J. G. Traßler. 8⁰.) S. 182.] — 2. Ferner zwei Maler **Johann** und **Joseph** Turowsky, die wir in allen Werken über Kunst und Künstler vergebens suchen. Ueber Beide berichtet uns der fleißige Wolny in seiner „Kirchlichen Topographie Mährens". Nach ihm ist Johann Turowsky aus Prerau gebürtig und ein Wiener „Akademiker". Der Pfarrer Martin Faukal zu Krönau bei Olmütz ließ von dem Künstler im Jahre 1812 ein Altarbild, den „h. Aegydius" vorstellend, zwei Schuh hoch, einen Schuh breit, um 235 fl. malen. Zwei andere Altarblätter für Seitenaltäre der Krönauer Kirche sollte Turowsky später ausführen. Derselbe vollendete auch für die Pfarre Alt-Ptin in Mähren das Hochaltarbild, den „Bischof Martin" vorstellend, um 120 fl. — 3. **Joseph** Turowsky, gleichfalls ein „Wiener Akademiker", malte 1849 das Hochaltarbild „Mariä Heimsuchung" für die Pfarrkirche zu Sugdoll (Ainsersdorf) in Mähren um 200 fl. C. M. [Wolny (Georg). Kirchliche Topographie von Mähren (Brünn, Gastl, Lex.-8°.) Olmützer Diöcese, Bd. I, S. 306; Bd. II, S. 405 und 408]

**Turra,** Elisabeth, siehe: **Camminer-Turra,** Elisabeth [Bd. II, S. 245].

**Nachträgliche Quellen.** *Dandolo (Girol.).* La caduta della Repubblica di Venezia ed i suoi ultimi cinquant'anni. Studii storici (Venezia 1855, Pietro Naratovich, 8°.) p. 424 und Appendice, p. 105.

**Turri** ist der Name mehrerer Künstler. Ein lombardischer Blumenmaler aus der österreichischen Zeit **Giuseppe** Turri beschickte die Mailänder Ausstellung des Jahres 1856 in der Brera mit einem Oelbilde: *„Un mazzo di fiori"*. Canadelli's unten in den Quellen erwähntes „Album esposizioni" meldet aber auch von einem gleichnamigen Landschaftsmaler: „Varj quadri di paesaggio esposero pure il Fasanotti, il Turri e l'Haimann", der jedenfalls ein von dem Blumenmaler verschiedener Künstler sein muß, da wenige Zeilen weiter auch des Letzteren in der Stelle „la pittura degli animali, de' fiori e delle frutte che è un arte affatto casalinga ebbe eccellenti cultori nel Meda, nel Drisaldi, nel Turri, nel Barucco, nel Lanfranchi e nel Rossi" besonders gedacht ist. — Wichtiger für uns ist der Wiener Blumenmaler **Peter** Turri, und zwar wegen der Art der Ausführung seines Bildes. Peter Turri erscheint 1828 auf der Jahresausstellung der k. k. Akademie der bildenden Künste in Wien, und zwar mit einem „Enkaustischen Blumengemälde", also mit einer Ausführung, die damals noch völlig neu war. In den Ausstellungen der folgenden Jahre begegnen wir dem Künstler nicht mehr, wie denn überhaupt die Mailänder und der Wiener Maler in den Werken über Kunst und Künstler Oesterreichs und Italiens nicht vorkommen.

Album esposizioni di belle arti in Milano ed altre città dedicato a Sua Maestà Elisabetta Amalia di Baviera Imperatrice d'Austria (Milano Gius. Canadelli, 4°.) Anno XVIII, p. 118. — Esposizione delle opere di belle arti per l'anno 1856 (Milano 1856, Giac. Pirola, 12°.) p. 21. — Kunstwerke, öffentlich ausgestellt im Gebäude der österreichisch-kaiserlichen Akademie der bildenden Künste bei St. Anna im Jahre 1818 (Wien, A. Strauß' sel. Witwe, kl. 8°.) S. 13, Nr. 11.

**Turriani,** Michael, siehe: **Della Torre-Valsassina,** Michael Graf [Bd. III, S. 223]; siehe ferner auch die längeren genealogischen Artikel: **Thurn-Taxis** [Bd. XLV, S. 67—84] und **Thurn-Valsassina** [ebd., S. 94—116], da einzelne Mitglieder derselben, wie überhaupt diese Familien selbst, in italienischen Quellen sehr häufig unter dem Namen Turriani erscheinen.

**Turrini,** siehe: **Turini,** Ferdinand [S. 140 dieses Bandes].

**Turski,** Felix Paul (Bischof von Krakau, geb. am 14. Jänner 1729, gest. zu Krakau am 31. März 1800). Der Sproß einer polnischen Adelsfamilie, ging er, in seinem Vaterlande wissenschaftlich vorgebildet, nach Rom, wo er den theologischen Studien oblag. Nach seiner Rückkehr in die Heimat erhielt er eine Domherrenstelle in Gnesen, dann eine solche in Warschau, später wurde er von Mliczko, dem Propste von Gnesen, zu dessen Coadjutor erwählt. Gegen Ende der Regierung Augusts III. zum Official von Warschau ernannt, erhielt er die reiche Propstei Międzyrzyce in Podlachien, die ihm auch bei seiner Erhebung zum Bischof verblieb. Als Präses des Tribunals der Krone begrüßte er 1764 in der St. Johanneskirche zu Warschau den neuerwählten König Stanislaus Poniatowski namens der Geistlichkeit mit einer lateinischen Rede, auf welche derselbe gleichfalls in lateinischer Sprache erwiderte. Am 24. Jänner 1765 wurde er vom Könige zum Nachfolger Valentin Węzyk's auf den Bischofstuhl von Chełm berufen, von welchem er seinem nahen Verwandten Wałłowicz 1769 in der Bischofswürde von Luck in Wolhynien folgte. Gewöhnlich residirte er in Janow am Bugflusse, von wo er zu den Berathungen des Reichstages in Warschau fuhr, an denen er lebhaften Antheil nahm, in allen wichtigen Angelegenheiten zur Sache sprechend. Endlich am 2. Juni 1790 zum Bischof von Krakau erhoben, bekleidete er als solcher der Letzte die Würde eines Fürsten von Siewiersk, denn nach seinem Tode wurde dasselbe von dem vierjährigen Landtage zu den Krongütern eingezogen. Die hohe Achtung, welche man dem allgemein beliebten Prälaten von allen Seiten entgegenbrachte, war eine wohlverdiente. Nicht minder als Kirchenfürst denn als Staatsmann immer an seinem Platze, erwies er sich in seinen Landtagsreden als gewandter Politiker, der wichtige Fragen mit Tact und geschäftlicher Umsicht zu behandeln verstand, wenngleich er das Schicksal seines Landes, das eben in dieser Zeit, zunächst freilich durch eigene Schuld, aus der Reihe selbständiger Staaten gestrichen wurde, nicht zu verhindern vermochte. Seine auf dem vierjährigen Warschauer Landtage gehaltenen Reden erschienen sowohl in der Sammlung der Reden desselben, als auch in Separatausgabe Auch sind seine Hirtenbriefe aus den Jahren 1765, 1790 und 1792 im Druck herausgekommen.

*Łetowski (Ludwik).* Katalog biskupów, prałatów i kanoników krakowskich, d. i. Verzeichniß der Bischöfe, Prälaten und Domherren von Krakau (Krakau 1852, Universitätsdruckerei, 8°.) Bd III, S. 257.

**Turski**, Johann Cantius (polnischer Schriftsteller, geb. zu Krakau 1832, nach Anderen 1833, gest. ebenda im Frühlinge 1870). Nachdem er das Gymnasium in Krakau beendet hatte, bezog er daselbst die Universität. Unschlüssig in der Wahl seines Berufes, entschied er sich zunächst für die Jurisprudenz, aber schon nach zwei Jahren gab er dieselbe wieder auf, um sich den philosophisch-historischen Studien zu widmen. Schon als Knabe hatte er seinen Vater durch den Tod verloren, und als ihm einige Jahre später auch die Mutter starb, stand er ganz auf sich selbst angewiesen, allein im Leben. Namentlich der Verlust der Letzteren, die ihm doch noch in den ersten Jünglingsjahren hilfreich zur Seite gestanden, ging ihm sehr nahe, was bei seiner ohnehin zu großer Weichheit und Wehmuth hinneigenden Gemüthsanlage nicht ohne Einfluß auf sein ganzes Wesen blieb, das sich den Kampf ums Dasein selbst recht schwer machte. Dabei in Krakau geboren und erzogen, also ein Krakauer Kind, hing er an dieser Stadt mit einer solchen Innigkeit, daß er es wo anders nie lange aushielt und oft zum Schaden seiner materiellen Verhältnisse immer wieder an die Stätte seiner Geburt zurückkehrte. Diese Sehnsucht nach Krakau, nach seinem geliebten Krakau, spiegelt sich auch mehr oder weniger stark in allen seinen Werken. Als es endlich galt, sich des Lebensunterhaltes wegen nach einer Stellung umzusehen, nahm er eine solche im Seminar zu Tarnow an, doch gab er sie, unvermögend, sich in die geistlichen Verhältnisse hineinzufinden, in kürzester Zeit wieder auf. Er ging nach seiner Vaterstadt zurück, aber bald entblößt von Existenzmitteln, trat er einen Erzieherposten auf dem Lande an. Schon damals beschäftigte er sich mit poetischen und verwandten Arbeiten, welche ihm vielleicht bei seiner Vertiefung in die Welt der Gedanken und Phantasien über die Abhängigkeit seiner Stellung hinweghalfen. Nach Krakau zurückgekehrt, erweckte er mit seinem Werke: „Der Künstler ohne Ruhm“ — die bibliographischen Titel der Schriften Turski's folgen weiter unten — einiges Aufsehen. Die erste Auflage dieser Dichtung wurde von seinen Collegen und der Universitätsjugend aufgekauft. Nun nahm er eine Lehrerstelle am Gymnasium zu Sącz an. Aber auch von hier vertrieb ihn sein Verhängniß nur zu bald. In Folge eines Briefes, den ein wegen Theilnahme an den politischen Umtrieben Verdächtiger an ihn geschrieben, wurde er verhaftet und ins Krakauer Gefängniß gebracht, aus welchem man ihn erst nach einigen Monaten wegen Unzulänglichkeit der Beweise entließ. Die Kerkerluft, so schreibt einer seiner Biographen, blieb aber nicht ohne schädigenden Einfluß auf Turski's Gesundheit, denn seit dieser Zeit begann er zu kränkeln, ohne sich je wieder ganz erholen zu können. Aus der Haft erlöst, trat er bei der Redaction der durch Kas. Joseph Turowski [S. 148] eben ins Leben gerufenen Zeitschrift „Niewiasta“, d. i. Die junge Frau, als Mitarbeiter ein. In derselben erschienen nun aus seiner Feder Erzählungen, Novellen und andere Arbeiten, zugleich aber lieferte er verschiedene kleinere Artikel für die „Gwiazdka Cieszyńska“, d. i. Das Sternlein von Teschen, ein damals ziemlich stark verbreitetes polnisches Blättchen, das sich die Polonisirung Schlesiens angelegen sein ließ. Die nun folgenden Jahre 1862 bis 1864 gestalteten sich als die mühund drangsalvollsten des jungen Schriftstellers. Er schrieb für Warschauer und Lemberger Journale Correspondenzen, welche als Eintagsfliegen ihrem Verfasser weder literarischen Ruhm, noch auch ausgiebige materielle Vortheile brachten. Zugleich ließ er ein paar größere selbstständige Arbeiten erscheinen, wie die Romane „Das Leben ohne Zukunft“; — „Große Anfänge“, die ihm aber auch nur ein verhältnißmäßig geringes Einkommen verschafften, wei ein Schriftsteller, welcher eben ums tägliche Brod schreiben muß, nicht selten der Habsucht der Verleger preisgegeben ist, die für Kanarienvogelfutter Elephantenleistung verlangen. Aber Turski ermattete nicht und hielt sich so lange als möglich in Krakau, welches er erst verließ, als ihm da alle Erwerbsquellen versiegten. Im Jahre 1865 übersiedelte er nach Warschau, wo er für verschiedene Blätter, wie der „Bazar“, die „Kłosy“, d. i. Die Aehren, ein illustrirtes Warschauer Blatt, für den „Tygodnik illustrowany“, d. i. Das illustrirte Wochenblatt, u. a. fleißig arbeitete und durch ein Monodrama „Ostatnie chwile Stanczyka“, d. i. Die letzten Augenblicke des Hofnarren Stanczyk, welches in Johann Krolikowski einen meisterhaften Darsteller fand, auch die Aufmerksamkeit weiterer Kreise auf sich lenkte. Jetzt, da sich seine materiellen Verhältnisse einigermaßen besserten, folgte er auch dem Rufe seines Herzens und vermälte sich 1866 mit Lydia Filipi, einem Mädchen, das aus einer geachteten Krakauer Künstlerfamilie stammte. In dieser Ehe fand er denn auch die wenigen Lichtblicke seines Lebens, dessen Kampf jedoch lange noch nicht beendet war. Wieder zog es ihn mit aller Macht nach seinem geliebten Krakau, wo er sich wie früher ausschließlich auf schriftstellerischen

Erwerb angewiesen sah. In dieser Zeit trat er mit seinem für die große Menge berechneten Volksgedicht „Anton Morawski" auf. Aber auch diese Gattung schriftstellerischer Thätigkeit erwies sich nicht als lohnbringend, und so suchte er denn, weniger seinetwegen, als um das Loos seiner Frau zu sichern, nach einer bleibenden Anstellung, welche er auch in einem Gymnasiallehrerposten zu Kolomea in Galizien fand. Dabei war er noch als Redacteur eines Blattes thätig, das, während er es in Kolomea redigirte, in Czernowitz herauskam; es führte den Titel „Ogniwa", d. i. Der Funken. Aber der anstrengende Lehrerdienst, verbunden mit dem unter erwähnten Verhältnissen aufreibenden Redactionsgeschäfte, wozu sich noch seine unaustilgbare Sehnsucht nach der alten Krönungsstadt gesellte, ließ ihn nicht lange auf dem sicheren Posten ausharren. Obwohl von seinen Schülern, seinen Collegen und der Bevölkerung geliebt, legte er doch das Lehramt nieder und kehrte Ende 1868, einstweilen mit Urlaub, um seine sehr angegriffene Gesundheit zu kräftigen, nach Krakau zurück. Daselbst schrieb er nun wieder für Zeitschriften, mitunter auch ein paar selbständige Werke und fand endlich als ständiger Mitarbeiter des politischen Journals „Kraj", d. i. Das Land, eine gesicherte Stellung. Auch als ihn sein immer zunehmendes Leiden bereits ans Zimmer fesselte, schrieb er noch zu Hause für das Blatt. Der nahende Frühling befreite ihn endlich aus der Zimmerhaft, zu der ihn die Aerzte verurtheilt hatten, und mit der wiedererwachenden Natur schien auch seine Lebenskraft aufs Neue zu erwachen. Aber es war nur ein letztes Aufraffen derselben, mit verstärkter Gewalt trat sein Uebel auf und warf ihn aufs Krankenlager, von dem er nicht mehr sich erheben sollte. Im Alter von 38 Jahren wurde er vom Tode dahingerafft. Im Druck sind von Turski selbständig erschienen: „*Artysta bez slawy*", d. i. Der Künstler ohne Ruhm (Krakau 1859, 16$^{0}$.), eine Erzählung in Versen; — „*Kulig*", d. i. Die Möve. Eine Erzählung (ebd. 1859); — „*Ukryty klejnot*", d. i. Das verborgene Kleinod (ebd. 1860), eine Uebersetzung des englischen Dramas des Cardinals Wiseman in gereimten Versen; — „*Wielkie poczatki*", d. i. Große Anfänge, zwei Bände (Lemberg 1861); — „*Poezye*", d. i. Gedichte (Krakau 1862, Wywialkowski, kl. 8$^{0}$.); — „*Mistrz Twardowski historyjka dla dzieci*", d. i. Meister Twardowski, eine kleine Geschichte für Kinder (Bochnia 1862, 12$^{0}$.); „*Abecadlnik historiczny*", d. i. Historisches Abc-Buch (Krakau 1862), bei Herausgabe dieses Werkes bediente sich Turski des Namens Lucian Siemieński [Bd. XXXIV, Seite 257], wohl mit Gestattung des Trägers desselben; — „*Życie bez jutra, powieść*", d. i. Das Leben ohne Zukunft, eine Erzählung (Krakau 1864, 8$^{0}$.); — „*Szopka krakowska, komedya dla dzieci*", d. i. Krakauer Krippenspiel, eine Komödie für Kinder (Krakau 1865, 16$^{0}$.), erschien wie der oberwähnte Meister Twardowski ohne Namen; — „*Wielkie poczatki. Powieść w 2 częściach zlożona z obrazków i wspomnień krakowskich*", d. i. Große Anfänge. Eine Erzählung in zwei Abtheilungen, zusammengestellt aus Krakauer Bildern und Erinnerungen (Lemberg 1865, Wild, 8$^{0}$.); — „*Dalecy krewni. Powieść spólczesna*", d. i. Die weiten Anverwandten. Erzählung aus der Jetztzeit (Lemberg 1866, 8$^{0}$.); — „*Ocalona. Powieść*", d. i. Die Gerettete. Eine Erzählung (Warschau 1866), war vorher im Warschauer Blatt „Bazar“ abgedruckt; — „*Antoni Morawski, rzeżnik konfederat. Historja prawdziwa*“, d. i. Anton Morawski, der Metzgerconföderat. Eine wahre Geschichte (Krakau 1868, 8⁰.); — „*Zofija hrabianka. Powieść*“, d. i. Gräfin Sophie. Eine Erzählung (Lemberg 1870, 8⁰.). Außer diesen erschien eine große Menge Erzählungen und Novellen, historische Skizzen u. d. m. in den verschiedenen schöngeistigen Blättern seines Vaterlandes, von denen wir außer den bereits in der Lebensskizze genannten noch anführen: „Dzwon“, d. i. Die Glocke, ein Lemberger Blatt; „Przyjaciel dzieci“, d. i. Der Kinderfreund; „Bluszcz“, d. i. Der Epheu; „Opiekun“, d. i. Der Beschützer; „Mrówka“, d. i. Die Ameise. Nicht unbedeutend ist sein literarischer Nachlaß, welcher mehrere historische Skizzen, wie Hedwig, Marie Mniszech, Marie Kasimira, aus einer Serie von Frauengestalten aus der polnischen Geschichte, „Die letzten Augenblicke Stanislaus Augusts“, ein Drama, „Der Kuß des Oberpolizeimeisters“, ein Gedicht, „Gordyjan“, ein Gedicht, und noch manches Andere enthält. Turski's Arbeiten sieht man die Art ihrer Entstehung an — er schrieb, um zu leben — aber nichts destoweniger verrathen sie ein nicht ungewöhnliches Erzählertalent. Auch seine Poesien enthalten schöne Einzelheiten, zeigen Schwung und Phantasie, verfallen aber mit einem Male in gereimte Prosa. Wäre er auf des Lebens sonniger Höhe gestanden, er würde bei seinen seltenen Geistesanlagen Tüchtiges geleistet haben.

**Turszky**, Johann August Freiherr von (k. k. Feldzeugmeister und Präsident des allgemeinen Militär-Appellationsgerichts, geb. zu Teschen in Schlesien 1778, gest. zu Wien am 23. Jänner 1856). Bei der Mittellosigkeit seines mit neun Kindern gesegneten Vaters, welcher als Kreiscommissär in Teschen lebte, sah sich Turszky nur durch die Verleihung eines Teuffenbach'schen Stipendiums in den Stand gesetzt, sich den Wissenschaften zu widmen. An den Hochschulen Wien und Prag studirte er mit Auszeichnung und betrat Ende 1768 als beeideter Auditoriatspracticant bei dem Hofkriegsrathe in Wien seine militärische Laufbahn. Am 1. Jänner 1801 wurde er Auditor bei dem neu errichteten 63. Infanterie-Regimente Erzherzog Joseph (zur Zeit Nr. 55). Nachdem er bis zum 25. August 1805 in dieser Eigenschaft, mittlerweile zum Oberlieutenantauditor vorrückend, gedient hatte, vertauschte er das militärische Richteramt mit dem Degen und wurde 1805 als Hauptmann in den Generalstab eingereiht und bei der Armee in Italien verwendet. Im März 1806 in gleicher Eigenschaft zu Jordis-Infanterie Nr. 59 versetzt, leistete er in der Friedensepoche die ersprießlichsten Dienste bei der militärischen Vermessung von Croatien und kam dann im April 1809 wieder zum Generalstabe und zur Armee des Erzherzogs Johann in Italien. Am 1. Jänner 1810 zu Franz Karl-Infanterie zurückversetzt, wurde er in diesem Jahre bei der Grenzregulirung an der Save, im nächstfolgenden bei der militärischen Aufnahme im Banat und in Siebenbürgen, und 1813 und 1814, zum dritten Male dem Generalstabe zugetheilt, bei dem Armeecorps des Generals Tomassich [Bd. XLVI, S. 76], welches zur Wiedereroberung von Dalmatien bestimmt war, verwendet. Hier versah er die Dienste eines Chefs des

Generalstabes. Vom October 1813 bis Ende 1814 war Dalmatien vollständig in den Händen der Kaiserlichen. Zara, Ragusa, Klissa, die Forts St. Nicolo bei Sebenico und Lessina, dann Knin, erstere drei nach bedeutendem Widerstande, wurden mit sehr ansehnlicher Artillerie und sonstigen Vorräthen erobert. Das Verdienst, dem österreichischen Scepter in so kurzer Zeit ein Land unterworfen zu haben, in dem nicht nur die in die festen Plätze verlegten französischen Truppen zu bekämpfen, sondern auch die kriegslustigen Bewohner zu gewinnen und endlich die in der Bocche di Cattaro eingenisteten Montenegriner zu vertreiben waren, gebührt Turszky nicht weniger, als seinem Chef, und Kaiser Franz anerkannte die Leistungen des Ersteren durch die Verleihung des Ritterkreuzes vom Leopoldorden und durch die Ernennung zum Major (22. September 1814). Nach dem Friedensschlu-e 1814 wurde Turszky beauftragt, die Inseln Lissa, Curzola, Calamatta, Mezzo und Giuppana von den Engländern zu übernehmen. Kaum war diese Mission 1816 beendet, als er die Zutheilung bei der Militär - Justiznormaliencommission in Wien erhielt. Hier verblieb er bis zum Jahre 1824. In der Zeit seiner Commandirung zu Wien zum Likkaner- und Gradiskaner-Grenzregimente transferirt, kam er unter Beförderung zum Oberstlieutenant am 24. Mai 1824 wieder in das St. Georger-Regiment zurück, wo er im September 1829 zum Obersten und Regimentscommandanten ernannt wurde. Im Juli 1830 an die Spitze des Oguliner-Regiments gestellt, rückte er im December 1834 zum Generalmajor auf und erhielt die Brigade und das Festungscommando in Ragusa, bald darauf die Brigade in Zara, wo er sehr oft die Stelle des commandirenden Generals vertrat. Als im Jahre 1838 die Montenegriner ihren räuberischen Gelüsten durch Einfälle in das Gebiet von Cattaro folgten, wurde Turszky Commandant der Streitkräfte, welche diese Frevler züchtigen sollten. Er entledigte sich seiner Aufgabe mit bestem Erfolge und blieb berathend und einflußnehmend zur Seite des Gouverneurs Feldzeugmeisters Grafen Lilienberg. Als dieser am 6. Februar 1840 starb, sah sich Generalmajor Turszky zum Verweser des Civil- und Militärguberniums in Dalmatien erhoben. Sein erster Erfolg war 1841 die Beilegung der Grenzstreitigkeit mit den ruhelosen, räuberischen Montenegrinern, wodurch ihren plündernden Einfällen für lange Zeit Einhalt gethan wurde. Turzsky ward in Anerkennung dessen am 10. Jänner 1842 außer der Tour zum Feldmarschall-Lieutenant und geheimen Rath, dann auch zum wirklichen Civil- und Militär-Gouverneur jener Provinz ernannt, welcher Ernennung bald darauf (22. Mai 1844) die Verleihung der Inhaberstelle des 62. Infanterie-Regiments folgte. Durch die Art und Weise der Leitung dieser Provinz sicherte er sich eine bleibende Erinnerung in dem bis dahin von widrigen Geschicken heimgesuchten Lande. Als im Jahre 1847 bei der herrschenden Theuerung die Noth aufs Höchste stieg, leuchtete er mit seiner Gemalin in der Mildthätigkeit als Muster voran; sie gaben den Leidenden viel und mehr als sie geben konnten; er fragte nicht, ob seine Mittel mit dem Drange nach Wohlthun im Verhältniß standen, geholfen sollte der heimgesuchten Bevölkerung werden, und das geschah, wenngleich mit eigener Aufopferung. Der bloße Gedanke, das Elend zu mildern, Verzweifelnde zu trösten, Bedrängten beizustehen, beseelte Turszky, der hier an seines Monarchen Statt zu handeln sich berufen sah. Kaiser Ferdinand anerkannte dieses opferwillige Verhalten am 20. Jänner 1848 durch Verleihung des Ordens der eisernen Krone erster Classe. In der schweren Epoche des Jahres 1848 verstand es Turszky, durch Klugheit und Mäßigung die revolutionäre Brandfackel von seiner Provinz ferne zu halten; die Ordnung wurde keinen Augenblick gestört. Aber unter der Wucht der Ereignisse hatte auch die körperliche Kraft des Generals gelitten, und er bat aus dieser Veranlassung um Enthebung von dem Gouverneursposten. Am 7. December 1848 verließ er das Land, um in Graz in stiller Zurückgezogenheit seine Tage zu beschließen; aber kaum dort angelangt, erhielt er den Ruf nach Wien, den erledigten Posten des Präsidenten beim allgemeinen Militär-Appellationsgericht provisorisch zu versehen. Zwei Jahre danach wurde er wirklicher Präsident und im April 1854 Feldzeugmeister. Bis an sein Lebensende waltete er seines hohen Richteramtes. Nach längerer Krankheit starb er im hohen Alter von 78 Jahren. Schon mit Diplom vom 29. October 1818 war Turszky den Statuten des Leopoldordens gemäß in den erbländischen Ritterstand erhoben und mit ah. Entschließung vom 18. März 1819 dieser Adelsgrad auf seinen Neffen und Adoptivsohn Joseph Turszky, jetzigen Obersten a. D., übertragen worden. Im Jahre 1848 hatte er gleichzeitig mit der Verleihung des Ordens der eisernen Krone erster Classe den Freiherrenstand erlangt. Als Mensch, Soldat und Staatsmann steht Freiherr von Turszky als wahres Musterbild da, das Nachahmung verdient.

Militärische Zeitung (Wien, gr 4°.) 1856, Nr. 10: „Trauerklänge an der Gruft... des Feldzeugmeisters Barons Turszky u. s. w." Von Louise Baronin Rechenberg. — Dieselbe, 1856, Nr. 12, S. 95: „Nekrolog". — Oesterreichischer Militär-Kalender für das Jahr 1857. Herausgegeben von J. Hirtenfeld (Wien 1857, kl. 8°.) S. 253.

**Turteltaub**, Wilhelm (Arzt und Schriftsteller, geb. zu Rzeszow in Galizien am 25. März 1816). Ein Sohn wohlhabender Eltern, welche in Rzeszow lebten — der Vater war, wenn Herausgeber dieses Lexikons nicht irrt, daselbst Arzt — erhielt er schon zu Hause eine sorgfältige Erziehung und bezog, neun Jahre alt, die lateinischen Schulen. Nebenbei betrieb er fleißig Sprachen und Musik und las Alles, was ihm eben unter die Hände kam: Campe, Chimani, Cramer's Ritter- und Geistergeschichten und gar die „Zwölf schlafenden Jungfrauen", mit denen in der Hand er einst von seinem Hofmeister auf dem Stallboden schlummernd gefunden wurde. Als er dann eines Tages zur Ferienzeit nach Lemberg kam — der ersten größeren Stadt, die er sah — zog vor Allem das Theater, das ihm einmal zu besuchen erlaubt worden, seine Aufmerksamkeit auf sich. Nun ging es an die Lectüre von Theaterstücken, nach Rzeszow zurückgekehrt, las er Kotzebue ganz durch, zugleich aber, obgleich er erst zwölf Jahre zählte, versuchte er selbst ein Stück zu schreiben. Nichts Anderes als eine Nachahmung von Kotzebue's „Sorgen ohne Noth" war dieses Erstlingswerk, in welchem er mehrere Notabilitäten seiner Vaterstadt persiflirte, und der in dem Stücke auftretende Magister war eine Caricatur seines eigenen Hofmeisters. Das wohlverdiente Honorar für dieses Machwerk bestand in mehrtägigem Zimmerarrest. Nun kam Schiller an die Reihe, dessen

Werke sich glücklicher Weise in der kleinen Stadt, in welcher Turteltaub lebte, noch auftreiben ließen, während, als er über Goethe und Lessing gehen wollte, er dieselben in der ganzen Stadt vergebens suchte. Durch das allmälig ersparte Geld war er im Stande, sich das Brockhaus'sche Lexikon anzuschaffen, aber zum Ankaufe von Goethe's Werken reichten seine Mittel nicht hin. Da führte ein günstiger Zufall den Grafen Franz Stadion nach Rzeszow. Derselbe kam als Kreiscommissär dahin und miethete sich bei Turteltaub's Eltern ein. Nun machte Wilhelm alsbald die Bekanntschaft des leutseligen und leicht zugänglichen Grafen, welcher dem wißbegierigen Jüngling seine reiche Bibliothek zur ferneren Ausbildung zu Gebote stellte, und Turteltaub machte von dieser Gestattung auch ausgiebigen Gebrauch. Im Jahre 1830 begann er die philosophischen Studien; durch die Lecture lateinischer und französischer Classiker angeregt, versuchte er sich nun selbst in kleineren Gedichten und war unerschöpflich in der Erzeugung dieser mißrathenen Kobolde, welche später von ihrem eigenen Vater dem Flammentode überliefert wurden. Einiges jedoch veröffentlichte er in der „Mnemosyne", dem Beiblatte der deutschen „Lemberger Zeitung", welches eine Fülle historischen, cultur- und literarhistorischen Materials brauchbarster Art über Galizien enthält, aber heute nur noch in sehr schadhaften Exemplaren in Bibliotheken aufzutreiben ist. Ende 1832, erst siebzehn Jahre alt, kam Turteltaub nach Wien, um sich daselbst den medicinischen Studien zu widmen. Ebersberg, einer der österreichischen Redacteure, der sich mit Wohlwollen und Theilnahme aufstrebender Talente anzunehmen pflegte, öffnete ihm, der Erste, die Spalten seines „Zuschauers", und bald erschienen Turteltaub's Arbeiten auch im „Wanderer", „Sammler", in der „Theater-Zeitung", sämmtlich Blätter, welche im Vormärz mit unhonorirten Beiträgen ihre Spalten zu füllen liebten. Seine Geistesproducte trugen durchwegs ein humoristisch-satyrisches Gepräge. 1835 kam sein erstes selbständiges Buch heraus: „Wiener Fresco-Skizzen", welches die Wiener Presse freundlich beurtheilte, während es Seidlitz in seinem Werke „Die Poesie und die Poeten in Oesterreich im Jahre 1836" mit aller Entschiedenheit verurtheilt. Um jene Zeit war Saphir nach Wien gekommen. Turteltaub machte sich mit ihm bekannt und wurde bald ein fleißiger Mitarbeiter in dessen daselbst begründetem belletristischen Blatte „Der Humorist", in welchem er neben allerlei humoristisch-satyrischen Kleinigkeiten auch mit kritischen Aufsätzen debutirte, die nicht eben seine Stärke waren. Erst zwanzig Jahre alt, warf er sich bereits auf das dramatische Feld, und 1836 entstand seine einactige Posse „Der Nachtwandler bei Tage", welche im Leopoldstädter Theater beifällige Aufnahme fand. Im nächstfolgenden Jahre brachte er seinen ersten Versuch in der Localposse zur Aufführung. Das Stück, mit dem Titel: „Nur Eine löst den Zauberspruch", wurde in Wien viele Male, dann auf allen Provinzialbühnen und auch auf einigen Theatern des Auslandes gegeben. Es erschien auch im Drucke unter dem Titel: „Nur Eine löst den Zauberspruch oder: Wer ist glücklich? Zauberposse mit Gesang in drei Abtheilungen" (Wien, Wallishausser, 1837) und wurde später in dem von Turteltaub herausgegebenen Sammelwerke „Wiener Volksbühne. Taschenbuch localer Spiele", welches 1839 bei Wallishausser, gr. 12°., erschien, zugleich mit Nestroy's „Eulenspiegel" und

J. E. Gulden's „Der Waldbrand" aufgenommen. Dagegen erlebte eine zweite Posse, welche er der vorigen folgen ließ, betitelt: „Mit oder ohne Zauberei", im Josephstädter Theater zu Wien eine vollständige Niederlage. Im Jahre 1840 erlangte Turteltaub die medicinische Doctorwürde, er widmete sich nun der ärztlichen Praxis und kam 1841 nach Rzeszow als Stadtphysicus, in welcher Stellung er viele Jahre wirkte. Indessen blieb er auf schöngeistigem Gebiete nicht unthätig, schrieb ab und zu ein Stück, welches er auch zur Aufführung brachte, so die Lustspiele: „Der Abenteurer" und „Der Jugendfreund", welche beide im k. k. Hofburgtheater in Scene gingen und dann als Manuscript gedruckt durch den Lemberger Theaterdirector Pellet zu beziehen waren. Im Jahre 1848 übergab er der Direction des Wiedener Theaters sein Stück: „Das Daguerreotyp", um, wie er sagte, auf allen Wiener Bühnen debutirt zu haben. Es sind darunter nur die vormärzlichen gemeint. Mit Vorerwähntem erscheint Turteltaub's schriftstellerische Thätigkeit als abgeschlossen, denn nach dem Achtundvierziger-Jahre begegnen wir ihm nirgends auf dem Gebiete der Literatur. Die verschiedenen Literaturgeschichten von Gottschall, Laube, Menzel u. s. w., selbst der so vollständige Kurz, kennen seinen Namen nicht; ebensowenig ist er in den Schriftsteller-Lexikons und Bücherkatalogen zu finden. Als praktischer Arzt war er zu Rzeszow in verdienstlichster Weise thätig und erhielt in Würdigung dessen bereits 1843 die goldene Civil-Verdienstmedaille mit dem Bande. Ob Turteltaub, der zur Zeit 67 Jahre alt wäre, noch lebt, ist dem Herausgeber dieses Lexikons nicht bekannt. Im Staatsschematismus, in welchem er nach seiner Eigenschaft als Stadtphysicus stehen müßte, kommt er nicht mehr vor. Im Jahre 1840 hatte er sich in Lemberg mit der Tochter des Landesadvocaten Claar vermält.

(Gräffer Franz). Jüdischer Plutarch oder biographisches Lexikon der markantesten Männer und Frauen jüdischer Abkunft aller Stände, Zeiten und Länder (Wien 1848, 8°.), zweites Alphabet oder zweiter Band, S. 239. — Seidlitz (Julius Dr.) Die Poesie und die Poeten in Oesterreich im Jahre 1836 (Grimma 1837, J. M. Gebhardt, 12°.) Bd. 1, S. 171 — Pietznigg. Mittheilungen aus Wien (Wien, kl. 8°.) 1835, Bd. III, S. 180 u. f.: „Turteltaub's Wiener Frescoskizzen". Von Günzburg.

Ein Alois Turtltaub (geb. zu Marburg in Steiermark um 1760) erlangte 1786 an der Wiener Hochschule die juridische Doctorwürde und veröffentlichte aus diesem Anlasse die Abhandlung: „Die Vortheile des Naturrechts für Menschen überhaupt, für Völker, Regenten, Unterthanen und Rechtsgelehrte insbesondere" (Wien 1786, mit Baumeister'schen Schriften, 8°.)

**Tuscany**, Maria (Landschaftsmalerin, Ort und Jahr ihrer Geburt unbekannt). Zeitgenossin. Die Künstlerin lebt in Prag und mag wohl mit den in den Quellen erwähnten zwei Trägern dieses Namens in verwandtschaftlicher Beziehung stehen. Wo sie ihre Ausbildung in der Malerkunst erlangte, ist uns nicht bekannt, und vermuthen wir nur, daß es in Prag geschehen sei. Ihrer ersten Arbeit begegnen wir in der März-Ausstellung 1871 des österreichischen Kunstvereines, in welcher ihr Oelbild: „Eine Gebirgslandschaft" (150 fl.) zu sehen war. Dann erschien sie noch in der Jänner-Ausstellung 1872 desselben Vereines mit einer „Partie aus Obersteiermark" (240 fl.). Beide Male ist sie im Katalog als Malerin aus Prag bezeichnet. Auf das Vorgesagte beschränkt sich unsere Kenntniß über diese Künstlerin, über welche wir vergeblich nach näheren Daten suchen.

Verzeichnisse der Monatsausstellungen des österreichischen Kunstvereines (Wien, gedruckt bei Zamarski, 8°.) 220. Ausstellung (März 1871), Nr. 37; 227. Ausstellung (Jänner 1872, Nr. 94.

1. Das Andenken eines Pragers Namens Johann Tuscany hat sich durch eine Medaille erhalten, welche Miltner's in den Quellen genanntes Medaillenwerk beschreibt und darstellt. Die Aversseite zeigt einen Genius, der eine zwischen Blumen aufgestellte Säule bekränzt. Die Umschrift lautet: „DEIN SCHVTZGEIST — KRÆNZE DEINE TAGE“. In der unteren Ecke des Sockels liest man: „F.(ranz) ST.(uckhart) F.(ecit)‘ Medailleur in Prag. Auf der Reversseite steht in neun Linien folgende Inschrift: „DEM BESTEN | VATER | ZV SEINEM | 57ten GEBURTSTAG | GEWIDMET VON | SEINEM DANKBAREN SOHN | J. W. TUSCANY | PRAG DEN 18. DEC: | 1807“. Diese Silbermedaille wiegt 5/8 Loth. Johann Tuscany, geb. zu Cremona am 18. December 1750, war Besitzer der Herrschaft Nadějkov, des Gutes Jungfer-Teinitz und des Prager Hauses Nr. C. 859—II in der Kolowratstraße und starb zu Prag am 13. Februar 1835. Zu seinem 57 Geburtstage widmete ihm die beschriebene Medaille sein einziger Sohn Johann Wenzel Tuscany, Großhändler in Prag, geb. am 10. October 1777, gest. zu Nadějkov am 3. September 1839. [(Miltner, später Sacher-Masoch). Beschreibung der bisher bekannten böhmischen Privatmünzen und Medaillen. Herausgegeben von dem Vereine für Numismatik zu Prag. Mit Abbildungen (Prag 1852, 4°.) S. 656, CLXXXIX und Tafel LXVIII, Nr. 580.] — 2. Ein J. Tuscany ist Verfasser der nachstehenden Monographie: „Studien über die Grundprincipien der neueren deutschen Berggesetzgebungen mit besonderer Rücksichtnahme auf die bevorstehende Revision des allgemeinen österreichischen Berggesetzes“ (Klagenfurt 1875, Bertschinger und Heyn, Lex.-8°.), welche vorher in der „Zeitschrift des berg- und hüttenmännischen Vereines für Kärnthen erschienen war.

**Tusch**, Johann (Maler, geb. in Wien 1726, nach Anderen 1738, gest. ebenda 1817). Nagler nennt ihn einen Maler aus Tirol, der, nachdem er in Italien seine Studien vollendet hatte, in Wien sich niederließ, wo er zahlreiche Bildnisse, aber auch historische Compositionen malte. Zuletzt bekleidete Tusch die Stelle eines Custos der k. k. Gemäldegalerie und starb als solcher im hohen Alter von 79 Jahren. Von seinen Arbeiten ist nur sehr wenig bekannt. Die k. k. Belvederegalerie enthält in der modernen Abtheilung: „Das Bildniss seiner Mutter als alte Frau mit einem weissen Kopftuche“, auf Leinwand gemalt, 41·5 Centim. hoch, 37 Centim. breit. In der historischen Kunstausstellung, welche 1877 von der k. k. Akademie der bildenden Künste in Wien zur Feier der Eröffnung des neuen Gebäudes veranstaltet wurde, befand sich, außer vorgenanntem Bilde aus der Belvederegalerie, auch noch das „Bildniss einer alten Frau mit einem Ducaten in der Hand“, Brustbild 47·5 Centim. hoch, 39 Centim. breit. Andere Arbeiten des Künstlers, und zwar durchgehends Bildnisse, sind aus Stichen, welche nach denselben ausgeführt wurden, bekannt, so der „Herzog Albert von Sachsen-Teschen“, gest. von P. Ricci (Fol.); — „J. A. Brambilla, kais. Hofchirurg“, gest. von J. C. Mannsfeld (8°.); — „Graf J. J. von Maguire“, gest. von Zucchi (Fol.); — „Graf Pellegrini, österreichischer Marschall“, geschabt von N. Rhein (Fol.); — „Johanna Sacco, berühmte Schauspielerin“, gest. von C. Kohl (kl. Fol.); — „Landschaftsmaler Wuttky“, geschabt von Pichler (Fol.). Herausgeber dieses Lexikons dürfte kaum fehl gehen, wenn er den im vierten Bande des Nagler'schen „Künstler-Lexikons“, S. 31, als geschickten Porträtmaler aus Kufstein oder Rattenberg aufgeführten Johann Dusch, welcher sich in Wien aufhielt, wo er unter Director Rosa Galerie-Inspector war, für unseren Custos Tusch hält. In dieser Vermuthung wird er auch durch Leman's „Tirolisches Künstler-Lexikon“ (Innsbruck 1830) bestärkt, worin S. 43 ein Maler Johann Dusch angeführt ist, nach welchem Clemens Kohl das Porträt der Madame Sacco, aber etwas matt gestochen hat.

Nagler (G. K. Dr.). Neues allgemeines Künstler-Lexikon (München 1839, E. A. Fleischmann, 8°.) Bd. XIX, S. 171. [Da Tusch nach Nagler im Jahre 1817, im 79. Jahre gestorben, so würde er nach ihm 1738 geboren sein.] — Tschischka (Franz). Kunst und Alterthum im österreichischen Kaiserstaate (Wien 1836, Fr. Beck, gr. 8°.) S. 44 und 404 [nach diesem geb. 1726]. — Krafft (Albrecht). Die moderne Schule der k. k. Gemäldegalerie (Wien 1837, A. Pichler's Witwe und Sohn, 8°.) S. 28 [nach diesem geb. in Tirol 1738]. — Engert (Erasmus). Verzeichniß der Gemälde moderner Schule, welche zur k. k. Gemäldegalerie im Belvedere zu Wien gehören (Wien 1871, Gerold's Sohn, 8°.) S. 36 [nach diesem geb. 1638, gest. in Wien 1817, wonach er 179 Jahre alt geworden wäre!!].

1. An den Namen unseres obigen Künstlers klingt jener **Hans Sigmund** Tuschl's an, eines Kunsttischlers, der in der zweiten Hälfte des sechzehnten Jahrhunderts lebte und durch seine im Speisezimmer des fürstbischöflichen Schlosses zu Velthurns in Südtirol ausgeführten Arbeiten Zeugniß gibt, auf welcher Höhe einst das Kunsthandwerk gestanden. Staffler schreibt darüber: „Ein Zimmer, das Fürstenzimmer genannt, vom Bischofe Andrea von Oesterreich mit großem Kostenaufwande vollendet, nimmt die besondere Aufmerksamkeit in Anspruch, die ebenso zierliche als kunstreiche Holzmosaik an den Seitenwänden und am Plafond — ein Werk des Tischlermeisters Sigmund Tuschl — dürfte in einem anderen Schlosse Tirols nicht wieder gefunden werden“. Wände und Oberdecke sind mit Fladerholz in verschiedenen Füllungen ausgeführt, und diese sind mit in gebeiztem Holze eingelegten Vögeln, Blumen und Laubwerk in bestem Geschmacke verziert und das Leistenwerk daran durchaus vergoldet. [Staffler (Joh. Jac.). Das deutsche Tirol und Vorarlberg. Topographisch mit geschichtlichen Bemerkungen (Innsbruck 1847, Fel. Rauch, 8°.) Bd. II, S. 690.] — 2. Auch ist erwähnenswerth **Thaddäus** Tuschl (geb. 1768, gest. zu Leitomischl in Böhmen am 24. December 1864). Er war, als er starb, Oberst a. D. und einer der ältesten Krieger der k. k. Armee denn er zählte 96 Jahre. Er hatte die Freiheitskämpfe mit Auszeichnung mitgemacht und mehrmals Wunden davongetragen. Im Infanterie-Regimente Nr. 21 dienend, wurde er bei Gelegenheit der Expedition nach Neapel 1821 Oberstlieutenant und trat im folgenden Jahre mit dem Charakter eines Obersten in den Ruhestand. Man rühmte überdies an ihm eine seltene Gedächtnißstärke und einen frischen Humor, der ihn selbst im hohen Alter nicht verließ. [Der Kamerad (österreichisches Soldatenblatt, 4°.) 1865, Nr. 2.]

**Tuß**, Heinrich (Bildhauer, Ort und Jahr seiner Geburt unbekannt), Zeitgenoß. Ueber diesen Künstler, der nach der einen Leistung, welche von ihm in die Oeffentlichkeit gelangte, auf einer sehr vorgeschrittenen Stufe stehen muß, ist nichts Näheres bekannt. Im Jahre 1867 wurden in Wien drei Skizzen zu einem Schubert-Denkmal ausgestellt, welche von drei namhaften österreichischen Bildhauern: Kundmann, Pilz und Wiedemann herrührten, aber nicht befriedigten, da in jeder derselben wohl realistisch treu die an sich unschöne Gestalt Schubert's vorgestellt war, ohne jedoch in irgend etwas den großen Liedercomponisten erkennen zu lassen, der Schubert war. Nun stellte der Bildhauer Heinrich Tuß im October 1867 im k. k. österreichischen Museum den Entwurf zu einem Schubert-Denkmal aus, auf welchen Kenner die Aufmerksamkeit des Publicums lenkten. Im Gegensatze zu den drei genannten Künstlern faßte Tuß den unsterblichen Meister der Töne in idealer Weise auf: denn die sinnende Stellung des auf einem Felsen befindlichen

Tondichters entspricht ganz dem Bilde, das unsere Phantasie aus den Melodien seiner Lieder gestaltet, wobei noch die volle Möglichkeit gegeben ist, die größte Porträtähnlichkeit im Detail auszuführen. Ueber fernere Arbeiten und Erfolge unseres Künstlers, dessen Entwurf, wie bekannt, nicht angenommen wurde, sind wir nicht unterrichtet. In Ausstellungen des österreichischen Kunstvereines und auch in der Weltausstellung des Jahres 1873 in Wien war er durch kein Werk vertreten.

Wiener Zeitung. 1867, Nr. 243, S. 149, in der „Kleinen Chronik": „Schubert-Monument".

**Tussenʒ,** Karl (Priester der Gesellschaft Jesu, geb. zu Oedenburg in Ungarn am 11. Mai 1711, gest. zu Wien 24. August 1761). Im Alter von 18 Jahren trat er in den Orden der Gesellschaft Jesu ein. An den Grammaticalclassen in Gratz lehrte er einige Jahre, aber nicht, wie Dr. Peinlich berichtet, von 1733—1786, also durch 53 Jahre, was ja schon deshalb unmöglich ist, da er bereits 1761 starb. Er mochte etwa 3—4 Jahre in Gratz gelehrt haben, als er seiner bedeutenden Rednergabe wegen von seinen Oberen für das Predigtamt ausgewählt wurde, welches er dann mehrere Jahre in Preßburg und Wien ausübte. Zum kaiserlichen Hofprediger berufen, wirkte er in dieser Eigenschaft durch fünfzehn Jahre. Mehrere seiner Kanzelvorträge sind als Gelegenheitsreden im Druck erschienen, so seine Lobrede auf die h. Katharina von Ricci anläßlich ihrer Heiligsprechung (Wien 1747); seine Rede, als Barbara von Hotowitz als Ursulinernonne eingekleidet wurde (ebd. 1744); seine Lobrede auf den h. Augustin, anläßlich der Einkleidung der Schwester Angela (früher Anna Rothhelfer) als Ursulinernonne (Preßburg 1750), und seine Rede bei der Einkleidung der Josepha von Rebenstein als Ursulinernonne u. s. w. Seine, wie Stoeger berichtet, vollständig ausgearbeiteten und des Druckes würdigen Kanzelvorträge hat er in Handschrift hinterlassen, und werden dieselben wohl im Archive der Jesuiten in Wien aufbewahrt.

*Stoeger (Joh. Nep.).* Scriptores Provinciae Austriacae Societatis Jesu (Viennae 1855, Lex.-8°.) p. 372. — Peinlich (Richard). Geschichte des Gymnasiums in Gratz (Jahresbericht des k. k. ersten Staatsgymnasiums in Gratz von 1869) S. 79 [außer der in der Lebensgeschichte angeführten Unrichtigkeit ist noch als Tussenʒ's Geburtsort Preßburg statt Oedenburg angegeben].

**Tutschek,** Franz, siehe: **Tuczek,** Vincenz [S. 76 im Text].

**Tuvora,** Joseph (Zeitungsschreiber, geb. zu Neutra in Ungarn 1811, gest. in Wien 16. Juni 1871). Ueber seine Abkunft und Jugendzeit fehlen nähere Nachrichten, denn im Fragmente seiner Selbstbiographie, das unter dem Titel: „Ein politisches Lebensschicksal aus Alt-Oesterreich" in Häfner's „Constitution" erschienen ist, beginnt er erst mit seinem sechzehnten Jahre, indem er erzählt, daß er zu dieser Zeit Vorliebe zur Diplomatie gefaßt habe, aber mit seinem Ansinnen, sich derselben widmen zu wollen, schnöde zurückgewiesen worden sei. Zur Diplomatie, habe man ihm auf sein Begehren erwidert, gehöre Reichthum und Geburt, er in seinen Verhältnissen möge sich nach einer Stellung umschauen, die ihm möglichst bald Brod verschaffe. „Seit jenem Augenblicke", schreibt er, „schwur ich diesem System Haß". Er lieferte nun eine Zeit lang Theater-Recensionen für die Bäuerle'sche

„Theater-Zeitung", dichtete Localpossen, wie „Die Reise nach der blauen Insel" u. a., hetzte sich durch ein „ganz und gar harmloses Unternehmen", betitelt „Die Mücken" (Wien 1841, bei Hirschfeld), Polizei und Censur an den Hals, sandte dann ernstere Aufsätze über vaterländische Zustände und Verhältnisse in Biedermann's „Deutsche Monatschrift", außerdem zahllose Correspondenzen, drei- bis viertausend! an die „Kölnische Zeitung" unter dem Pseudonym Mocsi, an den „Nürnberger Correspondenten", die Leipziger „Allgemeine Zeitung", und ließ bei Hoffmann und Campe in Hamburg „Anonyme Briefe aus Wien" erscheinen. Nebstbei unterhielt Tuvora, welcher k. k. Beamter im Münz- und Bergwesen war, allerhand mysteriösen Verkehr mit verschiedenen Gesandtschaften, nach seiner Angabe mit der französischen, nach der richtigeren Ebeling's mit russischen Agenten, denen er Berichte und werthvolle Winke über die offenkundigen Geheimnisse der österreichischen Mißzustände lieferte. Lange trieb er diesen Unfug, ohne daß man den Urheber kannte, endlich aber kamen die Behörden doch dahinter, und „Tuvora", schreibt Ebeling, „hätte vielleicht für seine nach Petersburg wandernden Berichte und Anekdoten aus den hohen und höheren Kreisen der Residenz freie Wohnung auf dem Spielberg bekommen, wenn es nicht Rußland gewesen wäre, dem er seine Gefälligkeiten darbrachte, und dessen Agenten in Oesterreich ebenso viel Macht handhabten, als der Großmogul der Polizei Sedlnitzky". Strafen konnte man ihn also nicht(!), in die Karten sollte er ebenfalls nicht länger bequem schauen, so versetzte man ihn nach dem bureaukratischen Paragraph: promoveatur ut amoveatur mit erhöhtem Gehalte und Charakter als Münzbeamten nach Schemnitz. Wie Freiherr von Helfert berichtet, kam Tuvora mit ah. Entschließung vom 16. October 1847 als Materialverwalter des Münzamtes nach Kremnitz, gerieth aber, im Verdachte „panslavistischer" Neigungen und Umtriebe, bei den vormärzlichen Liberalen in Mißcredit. Diesen Argwohn zu zerstreuen, war, wie es den Anschein hat, der vorzüglichste Zweck des oberwähnten Fragmentes seiner Selbstbiographie in der „Constitution", welches überfließt von Ausfällen gegen das Metternich-Sedlnitzky'sche System, gegen den „sauberen Allianzklee", den er (Tuvora) „ausreuten" wolle, gegen das „herz- und seelenlose Treiben" einer veralteten Diplomatie, „die an dem dürren Knochen eines einzigen Begriffes, dem sogenannten europäischen Gleichgewichte, eigensinnig nagte". „Jetzt aber gelte es zu wirken", so schloß er seine Ansprache, „muthig, rasch und offen. Heil dem freien Oesterreich! Heil seinem guten constitutionellen Kaiser! Was Frankreich im Jahre 1830 nicht erlangen konnte, einen Thron mit volksthümlichen Institutionen umgeben, wir werden, wir müssen ihn bekommen." In der That gelang es ihm auch, binnen Kurzem unter seinen Berufsgenossen eine günstige Meinung, ein gewisses Ansehen für sich zu gewinnen. Ebeling rühmt die Eleganz und Gewandtheit der Feder Tuvora's und bezeichnet ihn als einen freien Geist, der die Gebrechen des Staates und die Persönlichkeiten des ancien régime mit Strenge zu geißeln, ihre Blößen mit ätzender Lauge zu übergießen verstanden [solche Menschen in einem Staate sind dessen größte Gebrechen], doch habe er nicht in die Revolution gepaßt. Gleich nach Ausbruch der Achtundvierziger Bewegung verließ Tuvora seine Stelle in Kremnitz und ging nach

Wien, wo er zunächst in Häfner's „Constitution" schrieb. Am 11. April 1848 trat er aber von diesem Blatte zum „Freimüthigen", den Mahler ins Leben gerufen, über, und zwar in der Eigenschaft als Redacteur des politischen Theiles. Ebeling glossirt diesen Uebertritt mit folgenden Worten: Tuvora war ein Mensch, der jede Frage nur aus dem Gesichtspunkte des Geldes betrachtete, und so associirte er sich mit dem „Freimüthigen" für ein sehr hohes Honorar, das ihm Mahler garantiren mußte. Dieses Blatt, dessen Hauptaufgabe es war, die Landbevölkerung aufzureizen und in sein Lager zu ziehen, erschien anfänglich in Großquart, dann aber in einem Formate, das es zum größten Journale Wiens machte. Tuvora, schreibt Ebeling, trug sich mit der chimärischen Hoffnung, in den neuen status quo als Finanzminister einzutreten (!!!) und sah den schmutzigen Canal des „Freimüthigen" als den besten Weg an, diese Höhe zu erklimmen! Der aufreizende Ton des Blattes gewann demselben in der hoch erregten Zeit bald viel Interesse, und die Briefe gegen das reiche Capitel von Klosterneuburg wurden in den vielen Tausenden von Exemplaren nicht gelesen, sondern gierig verschlungen. Da kam der Tag, an welchem der Kaiser das unheimlich gewordene Wien verließ, um sich nach Innsbruck zu begeben. Es war der 18. Mai. Kaum hatte Tuvora am Morgen genannten Tages von der Flucht des Kaisers erfahren, so warf er sich eiligst in seine Kleider, bestieg eine Miethkutsche und jagte sofort in Wiens radicalste Vorstadt Gumpendorf, wo er mit seinem Compagnon Häfner, der ein Gleiches gethan, die Republik proclamirte. Nach des Letzteren eigenem Ausspruche war es ihr Plan, mit 30.000 Vorstadtgarden und Proletariern die sogenannte Staatskanzlei und die daranstoßenden Localitäten der Regierung für Niederösterreich, sowie die Staatsdruckerei und mit Hilfe der Menge, auf deren zahlreiches Zuströmen sie rechneten, sämmtliche Ministerialgebäude zu besetzen, für den gewaltsam entführten Kaiser eine provisorische Regierung mit dictatorischen Vollmachten einzurichten, zahlreiche Verhaftungen vorzunehmen, allsogleich Abgeordnete an das ungarische Ministerium, an den eben damals in Prag tagenden Slavencongreß, an das deutsche Parlament und an die Mailänder provisorische Regierung zu senden, Revolutionscommissäre für alle Landestheile zu bestellen und alle Völker Oesterreichs einzuladen, Abgeordnete zu einem Völkercongreß nach Wien zu schicken. Aber der seit jeher slavisch angehauchte Tuvora und sein College Häfner hatten die Rechnung ohne das Wiener Volk gemacht, das, sobald es den Ernst der Situation erkannte, wie mit einem Zauberschlage umgewandelt war. Ein mittlerweile an die Straßenecken angeschlagener von Becher, Tausenau, Ribarz und Löbenstein unterzeichneter Aufruf an ihre Mitbürger, worin sie vorschlugen, sich an den Erzherzog Johann, den damals populärsten Prinzen des Kaiserhauses, mit der Bitte zu wenden: daß er das Staatsruder provisorisch ergreife und die Monarchie dem Abgrunde entreiße, der sie zu verschlingen drohe, wurde von den erbitterten Leuten abgerissen. In Sechshaus und Gumpendorf trieben mittlerweile Tuvora und Häfner ihr Unwesen, riefen vom Fiacre an die Vorübergehenden hinab, daß, nachdem der Kaiser Stadt und Land verlassen habe, nichts übrig bleibe, als die Republik einzuführen, dabei theilten sie Zettel mit einer Ministerliste aus, an deren Spitze Joseph Tuvora als Minister des Aeußeren und Conseilspräsident, Häfner als Minister des Inneren zu lesen waren. Einige Zeit hörte man ruhig zu, endlich aber eilten Einige, welche dieser Revolutionsspuk nicht verblüffte, auf die Bezirkshauptwache der Nationalgarde im Eszterházy'schen Palais, um die Aufrührer festnehmen zu lassen. Den Verhafteten eilte das Volk nach, um sie zu massacriren, und Schlögl gedenkt in seinem köstlichen Buche „Wienerisches" der ergötzlichen Begegnung Beider mit dem Grafen Sándor. Häfner und Tuvora wurden nun in sicheren Gewahrsam gebracht, zuerst ins bürgerliche Zeughaus, dann ins Polizeigebäude und von da in das in der Alservorstadt gelegene Criminalgebäude. Nach kurzem summarischen Verhör beschloß das Gericht ihre Versetzung in Anklagestand wegen Hochverraths, gegen welchen Beschluß Tuvora wie Häfner den Recurs anmeldeten. Beide läugneten hartnäckig, die Republik ausgerufen zu haben: es sei nur die constitutionelle Monarchie und eine provisorische Regierung gewesen, wofür sie ihre Bemühungen eingesetzt hätten. Gritzner's bei Schabelitz in Zürich 1867 erschienenes „Flüchtlingsleben" straft diese Behauptung Lügen und berichtet, daß Häfner's Ziel in der That die Republik gewesen sei. Aber der 26. Mai, der Tag der ersten Barricaden in Wien, brachte Beiden ihre Befreiung. Die Aufregung war in der Zwischenzeit durch fremde Elemente, die sich mit jedem Tage mehr in Wien eingeschlichen hatten, genährt worden. Der eigentliche Wiener Geist kam immer mehr und mehr abhanden. Das Ministerium zeigte sich auch den Zeitverhältnissen nichts weniger denn gewachsen. Am 26. Mai stürmte denn eine bis an die Zähne bewaffnete Schaar Studenten und Arbeiter, Gritzner an der Spitze, nach dem Trattnerhofe, in die Wohnung Pillersdorff's, des damaligen Ministers des Inneren, und verlangte von demselben einen Befehl zur Freilassung Häfner's und Tuvora's. Der terrorisirte Pillersdorff stellte den Befehl aus, und nun stürmte diese „Schaar der gesetzlichen Ordnung" durch die Stadt über das Glacis zum Criminalgebäude, wo die Gefangenen aus ihren Zellen geholt, auf die Schultern gehoben und lärmend im Triumphe in die Stadt gebracht wurden. Dann veröffentlichten Beide eine Erklärung, welche nichts als Unwahrheiten enthielt, und worin sie Alles, dessen man sie beschuldigte, als Verleumdung hinstellten. Nun arbeitete Tuvora am „Freimüthigen" fort, erscheint auch als Hauptmitarbeiter auf dem am 16. Juni 1848 zum ersten Male ausgegebenen von A. J. Becher redigirten „Radicalen" und seit 6. August (Nr. 107) in Gemeinschaft mit Isidor Heller als Redacteur des „Freimüthigen", auf dem als verantwortlicher Redacteur Mahler genannt ist. Da brachten die verhängnißvollen Octobertage eine überraschende Wendung im Leben und Handeln Tuvora's. Der radicalste aller Radicalen, der Republikaner von Gumpendorf, der Alles, was schwarzgelb war, wie damals Alles hieß, was zur gesetzlichen Ordnung hielt, mit Stumpf und Stiel ausrotten wollte, war eines schönen Octobertages, als Wien von den Serezanern Jelačić's bedroht wurde, in dessen Lager übergegangen, hatte Alles, was er bis dahin verbrochen, schwer zu bereuen erklärt und seinen Uebergang vom Radicalismus zum ekelsten Servilismus einfach mit den

Worten entschuldigt: „Ich konnte nicht anders, die Erscheinung (Jelačić's) war zu ritterlich". Die Bestürzung, die Wuth der Blätter, denen Tuvora durch seine frühere journalistische Thätigkeit angehört hatte, mit deren Sinnen und Trachten er vollkommen vertraut war, und die sich durch die rückhaltslosen Enthüllungen eines Eingeweihten entlarvt sahen, kannte keine Grenzen. Tuvora's Erklärung erschien in der zweiten Hälfte des October im Gratzer „Herold" und ging aus diesem Journal in andere über. Die Wiener Blätter aber fielen schonungslos über ihn her. Der „Freimüthige" brachte einen Artikel: „Tuvora der Renegat", der „Radicale" einen aus S. Engländer's-Feder, betitelt: „Die Speculanten der Freiheit", in welchem die Entrüstung über den Abtrünnigen sich zu manchen falschen, ganz unberechtigten Anklagen verirrte. Wir waren bisher ausführlicher in der Schilderung der damaligen Zustände, um die ganze Jämmerlichkeit des Individuums zu kennzeichnen, das in denselben zu den Hauptacteurs zählte und, mit einem Male das Gewand wechselnd, die entgegengesetzte Rolle spielte. Wir können uns nun im Folgenden ganz kurz fassen. Tuvora blieb seitdem bis an sein Ende, wie ein gewiegter Kenner Wienerischer Verhältnisse und Persönlichkeiten schreibt, „ein Mitfresser an der officiösen Krippe, ein Lohnschreiber für jegliches System, der mit allen Parteien schwanzwedelte und liebäugelte, vor jedem Ministerium katzenbuckelte, verachtet und gemieden von allen charakterfesten Menschen". Nebenbei soll er Börsegeschäfte und Volkswirthschaftliches getrieben und sich — während er in Saus und Braus lebte und fürstlich wohnte, von Freund und Feind für sein Thun und Lassen gut bezahlt — nicht wenig - dabei herausgeschlagen haben, denn als er starb, meldeten die Journale von einem beträchtlichen Vermögen, das er seinen Erben hinterlassen. Daß er übrigens in die politischen Verhältnisse oft tief eingeweiht und besser unterrichtet war, als die Diplomaten selbst, dafür spricht die Thatsache, daß er nach einer vollendeten politischen Mission in Paris, im Jahre 1858, entgegen den Hübner'schen Versicherungen, bei der Behauptung beharrte, daß Frankreich an Oesterreich den Krieg erklären werde, wie es denn auch wirklich geschah. Dies und das geflügelte Wort, welches ihm in den Mund gelegt wird: „Es wundere ihn, wie Jemand ein Fleisch anderswo als bei Sacher essen könne", ist das Bleibende seines Wirkens, denn seine Flugschrift: „Was nun? Ein politisches Gutachten" (Wien 1866, literar.-artist. Anstalt von C. Dittmarsch, 8°.) war schon dadurch gekennzeichnet, daß sie seinen Namen an der Spitze trug.

Helfert (Joh. Alex. Freiherr von). Die Wiener Journalistik im Jahre 1848 (Wien 1877, Manz, gr. 8°.) S. 36, 62, 70, 79, 81, 119, 218—220, 233 und Zahl 103, 218 und 417. — Derselbe. Geschichte Oesterreichs vom Ausgange des Wiener October-Aufstandes 1848 (Prag 1872, Tempsky, gr. 8°.) Bd. III: „Die Thronbesteigung des Kaisers Franz Joseph I.", S. 235 und Anhang, S. 118, Nr. 236. — Ebeling (Friedrich W.). Zahme Geschichten aus wilder Zeit (Leipzig 1851, Chr. Ernst Kolmann, gr. 12°.) S. 93 und 104. — Oesterreichischer Parnaß, bestiegen von einem heruntergekommenen Antiquar (Frey-Sing, bei Athanasius und Comp. [Hamburg, Hoffmann und Campe], 8°.) S. 41. — Smets (Moriz). Das Jahr 1848. Geschichte der Wiener Revolution (Wien 1872, Waldheim, 4°.) Bd. II, S. 212—216. — Neues Wiener Tagblatt, 1871, Nr. 166: „Joseph Tuvora". — Magazin für Literatur des Auslandes (Leipzig, 4°.) 1864, Nr. 37, S. 580. — Neue Freie Presse (Wiener polit. Blatt) 18. Juni 1871, Nr. 2446, in der „Kleinen Chronik".

Ein jüngerer Bruder des Obigen ist **Franz** Tuvora (geb. zu Neutra in Ungarn, vergiftete sich und seine Familie am 3. April 1866). Am 2. Juli 1848 erscheint er in Nummer 51 des seit 28. März herausgegebenen, von Joseph Rank redigirten „Volksfreund" als interimistischer Redacteur. Besonders den Redacteur Ebersberg, der das schwarzgelbe Banner in jenen nichts weniger als ungefährlichen Tagen mit anerkennenswerther Beharrlichkeit und Ueberzeugungstreue hochhielt, ersah er sich zur Zielscheibe der ehrenrührigsten Angriffe. Nach der Revolution verschwand er für einige Zeit aus der Oeffentlichkeit und tauchte dann als Begründer einer Zeitungs-Correspondenz auf, welche er zu privaten, aber nichts weniger als ehrenhaften Zwecken ausbeutete. Dann veranstaltete er mancherlei Vergnügungszüge, welche ihm reichliche Einnahmen verschafften. Einmal wieder arrangirte er einen solchen für eine Gesellschaft von Orientreisenden. Er nahm das Reisegeld der ihm Vertrauenden im Vorhinein in Empfang und brachte die Pilger nach Jerusalem, aber als es galt, dieselben in die Heimat zurückzuführen, da stellte es sich heraus, daß er die ganze Summe bereits für sich verbraucht hatte. Die Vergnügungszügler ins heilige Land mußten sich endlich in ihrer Noth behufs ihrer Heimbeförderung an die k. k. österreichische Gesandtschaft wenden, welche denn auch die arg Betrogenen heimbringen ließ. Diesem ehrlosen Treiben setzte er aber durch seine letzte ruchlose That die Krone auf, als er im Jahre 1866, von materieller Noth gedrängt, sich, seine Frau und drei erwachsene Kinder durch Gift umbrachte. Es ging ein Schrei der Entrüstung durch die Wiener Bevölkerung, welchem Friedrich Uhl in einem Feuilleton der „Neuen Freien Presse", 1866, Nr. 576, beredten Ausdruck geliehen hat.

**Tuzer**, Anton, später mit dem Klosternamen Dismas (Franciscanermönch und Schulmann, geb. in Unterinn, einem Pfarrdorfe auf dem Rittnerberge bei Bozen, am 28. October 1779, gest. zu Kaltern am 29. September 1856). Der Sohn eines Bauern, der längere Zeit aus Gefälligkeit die Stelle eines Lehrers zu Signat versah, zeigte er Lust zum Studium und wurde von seinem Firmpathen Ant. Lang, dem Beneficiat zu Unterinn, für das Gymnasium vorbereitet. Im September 1790 trat er in das Gymnasium zu Bozen ein. Da er sich durch großen Fleiß auszeichnete, bekam er Knaben zum Unterrichte, und einer derselben war der nachmals so berühmte P. Joachim Haspinger [Bd. VIII, S. 34 u. f.]. 16 Jahre alt, begann er das Studium der Philosophie, da er jedoch eine Hauslehrerstelle in der Stadt Bozen erhielt, so lag er demselben privatim ob. Aber die kriegerischen Wirren des Jahres 1795 vertrieben die Familie, in deren Haus er eingetreten war, nach Untervintl, und er folgte ihr dahin und blieb dort, bis die Flüchtigen nach Bozen zurückkehrten. Im Herbst 1796 begab er sich zur öffentlichen Fortsetzung seiner philosophischen Studien nach Innsbruck. Auch dieses Jahr war ein sehr bewegtes, und die Tiroler Studenten zogen gleichfalls ins Feld, aber Tuzer selbst war zu schwächlich, um mitkämpfen zu können. Im Sommer 1797 beschloß er die philosophischen Studien und nachdem er reiflich überlegt, Andere um Rath befragt hatte und endlich mit sich selbst einig geworden war, trat er am 5. März 1798 zu Innsbruck in den Franciscanerorden, seinen bisherigen Taufnamen Anton nunmehr mit dem Klosternamen Dismas vertauschend. Noch vor Vollendung des Probejahres wurde er für ein Lehramt in Hall bestimmt. Erst neunzehn Jahre alt und kaum von schwerer Krankheit genesen, begab er sich im Herbst 1798 dahin, um seinen Posten zu übernehmen, auf welchem er über ein volles halbes Jahrhundert bis 1849 thätig blieb. Indessen setzte er auch seine theologischen Studien fort und erlangte am 14. November 1802 in Brixen die

Priesterweihe. Nun versah er nicht nur das Lehramt, sondern fungirte auch als Krankenpater und Conventprediger und leistete daneben durch drei Jahre die monatliche seelsorgerliche Aushilfe in Telfes und die sonn- und festtägliche Frühmesse in Rum. Im Sommer 1806 erhielt er den Auftrag, an das Gymnasium in Bozen zu übersiedeln. Daselbst aber war seines Bleibens nicht lange, denn die bayrische Regierung, in den Besitz des Landes Tirol gelangt, hob mehrere Gymnasien, darunter auch jenes in Bozen, auf. Nun kam Tuzer von seinen Oberen die Weisung zu, sich als Lector der Theologie nach Schwaz zu begeben. Mit dem Vortrage der Kirchengeschichte bei den Ordensklerikern betraut, unternahm er es, die in dem vorgeschriebenen Lehrbuche von Matthias Dannenmayer [Bd. III, S. 160] enthaltenen Entstellungen zu berichtigen, die citirten Stellen in den Quellen selbst einzusehen und mit Benützung der bewährtesten Auctoren aus alter und neuer Zeit Ergänzungen zu verfassen. So entstand ein ziemlich ansehnliches Compendium der Kirchengeschichte in lateinischer Sprache, das auf mehrfaches Verlangen hätte gedruckt werden sollen. Während aber dasselbe einer prüfenden Durchsicht unterzogen wurde, brach 1809 die Erhebung in Tirol aus und die Veröffentlichung des Werkes unterblieb. Als der berühmte Schwazer Franciscaner P. Herculan Oberrauch [Bd. XX, S. 462] am 22. October 1808 starb, schrieb Tuzer dessen Nekrolog, den er an Feilmoser, Professor der Theologie in Innsbruck, schickte. Ein zweiter größerer Nekrolog, den er auf Verlangen des Appellationsrathes A. Di Pauli verfaßte, kam als Manuscript in verschiedene Hände und erschien jedesmal umgearbeitet in Waitzenegger's „Gelehrten-Lexikon", im „Nationalkalender" für 1824 von Stapf und endlich als selbstständige Arbeit in zwei Auflagen von Theophilus Nelk (P. Adalbert Woibl). Das Jahr 1809 war für Tuzer und dessen Klosterbrüder eine Zeit schwerer Prüfungen, über welche sein Biograph P. Orgler ausführlich berichtet. Als dann nach der glorreichen Befreiung des Landes 1809 das in Bozen früher bestandene Gymnasium wieder hergerichtet wurde, erhielt er die Weisung, sich dahin zu begeben, um die Lehrstelle für Poesie zu übernehmen. Aber nun kamen wieder schwere Tage, als im Mai 1810 die Grenzbestimmung und Besitzergreifung Südtirols durch das Königreich Italien und gleich darauf die Aufhebung der Capuciner- und Franciscanerklöster erfolgte. Aber auch die nächsten Jahre waren für seinen Orden wie für ihn selbst eine Zeit vieler Drangsale, obgleich die Bewohner Bozens ihm und seinen Mitbrüdern schöne Beweise von Theilnahme und Mildthätigkeit gaben. Endlich, als am 10. October 1813 die ersten österreichischen Truppen in die Stadt eingerückt waren und die Schlacht bei Leipzig die letzten Besorgnisse verscheucht hatte, kamen bessere Tage. Am 18. Februar 1814 bezogen die Franciscaner wieder ihr Kloster in Bozen, aber Tuzer's Gesundheit war in Folge der ausgestandenen Mühseligkeiten und Entbehrungen in den letzten Jahren so geschwächt, daß er endlich in eine schwere Krankheit verfiel, von welcher er erst nach mehrmonatlichem Siechthum wieder langsam genas. Als dann 1815 die neue österreichische Schulordnung — theils Fach-, theils Classenlehrersystem — ins Leben trat, übernahm er zu Bozen in den zwei Humanitätsclassen Rhetorik und Poesie, den Unterricht in der Geschichte und Geographie und für das Gymnasium das Amt des Katecheten. Auch wurde er auf dem in dem letztgenannten Jahre abgehaltenen Provinzialcapitel als Guardian für das Kloster in Bozen bestimmt; und als im Frühjahr 1816 der Gymnasialpräfect erkrankte, übernahm er noch die Präfectur. Nachdem er dieselbe ein Jahr provisorisch versehen hatte, erfolgte im Mai 1817 seine definitive Ernennung zum Präfecten. Auf dem Ordenscapitel 1824 zum Provinzial gewählt, trat er nun ein Amt an, welches rücksichtlich der durch die stürmische Vergangenheit und durch die politischen Umwälzungen zerrütteten Verhältnisse des Ordens seine ganze Thätigkeit und Umsicht in Anspruch nahm. Aber er löste seine Aufgabe mit bestem Erfolge, und als die Regierung gegen das philosophische Hausstudium der Regularen Bedenken trug, war es die von ihm verfaßte Schutzschrift, welche dasselbe für den Orden rettete; jedoch mußten die jeweiligen Lectoren sich an der Universität mit Erfolg der Prüfung unterzogen haben. Diese Einrichtung bestand bis zum Jahre 1849. Während seines Provinzialates erhielt Tuzer auch von der Regierung den Auftrag, das Gymnasium Hall ganz mit Franciscanern zu besetzen und zugleich provisorisch die Präfectenstelle zu übernehmen. So verließ er nach 16jährigem Aufenthalte in Bozen diese Stadt, um nach Hall zu übersiedeln. 13 Jahre blieb er in letzterem Orte, wo er, wie anfänglich festgestellt, nur zwei Jahre bleiben sollte. In diese Zeit fällt auch die Herstellung eines Hospizes für die Franciscaner in Innsbruck, deren dortiges Kloster im Jahre 1783 aufgehoben worden war. Allmälig aber stellte sich das Bedürfniß eines eigenen Hauses für die Ordensmitglieder immer dringender heraus. Daß ein solches endlich genehmigt und bis zum September 1842 auch hergestellt ward, ist ausschließlich das Verdienst der rastlosen Bemühungen Tuzer's nach dieser Richtung. Im Jahre 1833 wurde er von der Last des Provinzialates befreit, aber bei seiner Kenntniß der Ordensverhältnisse in allen wichtigen Fragen zu Rathe gezogen. 1838 übernahm er mit Beschluß des Ordenscapitels wieder die Präfectur in Bozen; dann zum vierten Male zum Provinzial gewählt, wirkte er in dieser Eigenschaft bis 1842, worauf er sich bis 1848 ausschließlich seinem Gymnasium widmen konnte. Nachdem er am 18. Jänner 1848 das Ordensjubiläum gefeiert hatte, führte er auch in diesem bewegten Jahre die Präfectur des Gymnasiums mit solcher Umsicht, daß das Schuljahr ohne Störung am gewöhnlichen Termin, Ende Juni, geschlossen wurde. Auch führte er das beschwerliche Amt noch bis Anfang Juni 1849 fort, aber die Durchführung der neuen Gymnasialreform war für den nunmehr 70jährigen Greis eine zu schwere Aufgabe. Ein Leiden, welches sich schon seit längerer Zeit fühlbar gemacht hatte, trat stärker auf und zwang ihn zur Niederlegung des Präfectenamtes, und er zog sich zur Herstellung seiner Gesundheit in das stille Kloster zu Kaltern zurück. Für seine vieljährige Thätigkeit im Schul- und Klosterwesen erhielt er von Seiner Majestät am 4. Jänner 1850 die große goldene Civil-Ehrenmedaille pro piis meritis, welche ihm auch in Anwesenheit Seiner kaiserlichen Hoheit des Erzherzogs Rainer und der Söhne desselben zu Bozen in feierlichster Weise von dem k. k. Bezirkshauptmann an die Brust geheftet wurde. Am 10. August 1852 feierte Tuzer in Bozen seine Secundiz.

Als Schulmann hat er wenig seines Gleichen, und in einer Geschichte des Schulwesens in Tirol nimmt er eine ehrenvolle Stelle ein. Von seinen Schriften ist wenig im Druck erschienen, doch in seinem Nachlasse befanden sich: eine Geschichte des Gymnasiums in Hall, im Auftrage des Guberniums verfaßt; — dann eine „Historia provinciae tyrolensis ord. Franciscanorum per omnes 12 annos, quibus Dismas Tuzer fuit Provincialis"; — „Historicae et topographicae notitiae de conventibus et hospitiis Franciscanorum tyrolensium"; — „Necrologium provinciae, in quo vita virorum majoris celebritatis narratur"; — „Chronicon Provinciae tyrolensis ord. Franciscanorum ab anno 1765 usque ad 1836 inclusive", im Auftrage des Ordensgenerals niedergeschrieben; — „Collectanea pro continuatione praedicti Chronici ab anno 1837 usque ad 1854". In diesen Aufzeichnungen sind mit besonderer Sorgfalt alle Elementarereignisse und abnormen Witterungsverhältnisse notirt. Tuzer starb im Alter von 77 Jahren, von denen er 59 im Orden verlebte, in welchem er 3 Jahre Guardian, 6 Definitor, mehrere Jahre Custos, 12 Provinzial und 51 Jahre als Lector, Professor, Katechet und Präfect im Lehramte wirkte; als Schulmann im hohen Grade verdienstvoll, als Mensch verehrungswürdig, war er als Priester und Mönch eine Zierde seines Standes.

Orgler (Flavian P.). P. Dismas Tuzer Ord. S. Francisci, emeritirter, mit der großen goldenen Civil-Verdienst-Medaille decorirter Gymnasialpräfect und Exprovinzial der nordtirolischen Ordensprovinz [Separatabdruck aus dem Gymnasial-Programm von Hall im Jahre 1881] (Innsbruck 1881, Wagner'sche Druckerei, gr. 8°.). — Bozener Zeitung, 4. October 1856, Nr 79: „Kaltern, 1. October".

**Tverdich**, Marcus (Franciscanermönch, geb. zu Pupualta, einem Dorfe auf der Insel Curzola in Dalmatien im Jahre 1733, gest. im Geruche der Heiligkeit zu Rimini am 24. August 1785). Ein in Dalmatien seines frommen Lebenswandels wegen wie ein Heiliger verehrter Franciscanermönch. Die Umstände, unter welchen er im Alter von 52 Jahren starb, waren so bemerkenswerth, daß förmlich Protokolle darüber aufgenommen wurden. Als ihm 48 Stunden nach eingetretenem Tode der Chirurg am Arme die Ader schlug, sprang das Blut in hellem Strahle empor, und die versammelten Gläubigen fingen es in weißen Tüchern auf. Ebenso ließ sich ungeachtet des Hochsommers kein Leichengeruch verspüren, und im Gegensatze zur gewöhnlichen Leichenstarre zeigten sich die sämmtlichen Gliedmaßen noch biegsam. Der Ruf seiner Frömmigkeit war im Lande so verbreitet, daß aus Nah und Fern Alles herbeiströmte, um den Todten noch einmal zu sehen. Dreimal mußte das Ordensgewand von Neuem dem Leichname angezogen werden, denn die in Massen herbeigeströmten Leute rissen zum Andenken an den Mönch, den sie für einen Heiligen ansahen, Stücke des Gewandes ab, um sie als Reliquie mit nach Hause zu nehmen, und auch das vierte Ordenskleid würde demselben Geschicke verfallen sein, wenn man nicht den Leichnam endlich in eine besondere Capelle übertragen und dem öffentlichen Besuche entzogen hätte. Ueber die protokollarische Aufnahme aller außerordentlichen Umstände, welche mit der Beisetzung des Padre Marco di Curzola, wie Marcus Tverdich im Volksmunde hieß, verbunden waren, gibt das unten angegebene Werk authentische Aufschlüsse. Tverdich hatte 35 Jahre im Orden gelebt. Seine feierliche Bestattung erfolgte zu Rimini in der Kirche des Convents S. Maria delle Grazie, und zwar in der Apostelcapelle. Der Sarg wurde mit einer lateinischen Inschrift versehen, welche Fabianich mittheilt, und über die Bestattung ein besonderes Protokoll aufgenommen.

*Fabianich (Donato P.).* **Storia dei frati minori dai primordi della loro istituzione in Dalmazia e Bosnia fino ai giorni nostri** (Zara 1864, Fratelli Battara, gr. 8°.) Parte II, vol. 2, p. 110—114.

**Tvrdy,** Franz Xaver (Rechtsgelehrter, geb. zu Nepomuk in Böhmen um 1760, gest. zu Prag 24. April 1827). Der Sohn eines Bürgers und Lohgerbers zu Nepomuk, widmete er sich nach gründlicher Vorbildung dem Studium der Rechte, nach dessen Abschlusse er im October 1784 als Conceptspraktikant bei dem Prager Fiscalamte in den Staatsdienst trat. 1786 Ingrossist, im folgenden Jahre Actuar und 1794 Adjunct, kam er 1801 als Rath zum Prager Stadt- und Landrechte. In allen diesen Stellungen zeigte er sich als tüchtiger gediegener Beamter, so daß er 1806 zum Rath und Referenten im böhmischen Gubernium berufen wurde. Im nächsten Jahre erfolgte seine Ernennung zum Studienreferenten und Landescommissär bei der philosophischen Facultät der Prager Hochschule. Endlich Anfangs 1827 zum Vicepräsidenten des Stadt- und Landrechtes in Prag ernannt, wirkte er in dieser Eigenschaft bis zu seinem noch im Frühlinge desselben Jahres erfolgten Tode. Auch als Schriftsteller war Tvrdy thätig, und erschien von ihm die „Pragmatische Geschichte der böhmischen Freisassen“ (Prag 1804, 8°.), eine diesen bisher dunklen Gegenstand mit großer Sachkenntniß und Gründlichkeit behandelnde Monographie, und „System der Verlassenschaftsabhandlung für den Civilstand“, erster Theil (ebd. 1805, Scholl, 8°.), wovon aber nur dieser erste Band erschienen ist. Tvrdy, ein Sohn čechischer Eltern, und zu einer Zeit lebend, in welcher Männer wie Pelzl, Prochaska, Tham, Kramerius, Tomsa, Rulik und Andere für die Wiederbelebung der nahezu vergessenen nationalen Sprache mit allen ihnen zu Gebote stehenden Mitteln thätig waren, machte sich auch nach seiner Weise, namentlich in Beamtenkreisen, für die Förderung seiner Muttersprache auf das eifrigste verdient. Mit Pavlovský, Hněvkovský, Nejedly, ja selbst mit Jungmann im engeren Verkehre, gewann er immer mehr und mehr Interesse für die heimische Literatur. Als er noch Fiscaladjunct war, 1794—1802, arbeitete er darauf hin, daß im Amts- und Intelligenzblatte der „Prager Zeitung“ die gerichtlichen Erlässe und Kundmachungen in der Muttersprache erschienen; sowie er während seines Dienstes beim Landesgerichte und Gubernium darauf Bedacht nahm, daß Leuten, welche der deutschen Sprache nicht mächtig waren, die Bescheide in ihrer Muttersprache ertheilt und in derselben auch die Unterhandlungen mit ihnen geführt wurden. So bewährte sich denn Tvrdy, wie es in einem der ihm gewidmeten Nachrufe heißt, bis an sein Lebensende „als echter Altčeche und wahrer Förderer der čechischen Sprache“.

Noch ist einiger Personen des Namens Tvrdy zu gedenken, so 1. eines zweiten **Franz Xaver** Tvrdy, welcher, aus Blatno in Böhmen gebürtig, dem geistlichen Stande sich widmete. Er wurde Domarchidiakon, dann Domdechant in Altbunzlau, ferner Weihbischof von Hippo und starb als Suffragan des Prager Erzbischofs im Jahre 1779, eben als er in der Minoritenkirche zu St. Jacob in der Altstadt Prag eine Jüdin taufte. Nach Dlabacz fiele sein Todestag auf den 22. Mai, nach Frint auf den 2. März genannten Jahres. Ersterer rühmt Tvrdy als einen vortrefflichen Sänger und Musikus, hinzufügend, daß derselbe bei jeder Gelegenheit sein Glück der Tonkunst verdankte und deswegen gern die arme musikalische Jugend unterstützte. [Dlabacz (Gottfried Johann). Allgemeines historisches Künstler-Lexikon für Böhmen und zum Theile auch für Mähren und Schlesien (Prag 1815, Haase, 4⁰.) Bd. III, Sp. 286. — Frint (Anton). Die Geschichte der Bischöfe und Erzbischöfe von Prag (Prag 1873, Calve, 8⁰.) S. 313, Nr. 19.] — 2. **Georg** Tvrdy (geb. zu Žilin in der Trencsiner Gespanschaft Ungarns am 5. Juli 1780, gest. zu Neutra 23. November 1865). Nachdem er das Gymnasium seines Geburtsortes besucht hatte, kam er auf das bischöfliche Lyceum in Neutra und widmete sich auf den Rath des Bischofs Fr. Fuchs dem Studium der Theologie. Im Jahre 1803 zum Priester geweiht, trat er in die Seelsorge ein, indem er bei einem ihm verwandten Pfarrer Caplansdienste versah. 1806 erhielt er die Pfarre zu Bišola, im Frühjahre 1808 jene zu Puchov, an beiden Orten als ausgezeichneter Prediger sich bald die Liebe seiner Gemeinde erwerbend. 1816 wurde er Archidiakon und 1827 Vorsitzender des Consistoriums in Neutra, 1832 wirklicher Canonicus an der Kathedrale dieser Stadt, daselbst Rector des Seminars und Director der Anstalt für ausgediente Pfarrer und Deficienten. 1835 erlangte er die Würde eines Abtes der h. Maria von Jást zugleich mit jener eines Erzpriesters von Hradne. 1844 zum Synodalrichter und Custos der Neutraer Hauptkirche, 1847 zum Cantor derselben ernannt, wurde er 1859 zum Lector-Canonicus des Neutraer Capitels erhoben. Ueber 40.000 fl. verwendete der edle Prälat zu wohlthätigen Zwecken, nicht gerechnet die großen Summen, welche er armen Studenten für ihr Fortkommen angedeihen ließ. [Praha, d. i Prag (Prager illustrirtes Blatt) 1868, Nr. 5, S. 79: „Juraj Tvrdy“. — **Porträt.** Unterschrift: „Juraj Tvrdy“. Holzschnitt in vorbenanntem „Praha“, S. 65.] — 3. Der Obstzüchter **Johann** Twrdy lebte in der ersten Hälfte des laufenden Jahrhunderts als Schloßgärtner zu Prödlitz in Mähren. Als 1836 der Oberstkanzler Graf Mittrowsky bezüglich einer rationelleren Pflege des noch zu wenig gewürdigten und beachteten und doch wegen des Ertrages an Frucht und sonstiger guter Eigenschaften so beachtenswerthen Johannisbeeren- (Ribis-) Strauches Preise von 50 und 25 fl ö. W. für Einsender der schönsten und größten Trauben und der dazu gehörigen Abhandlungen aussetzte, ging aus dieser Concurrenz auch Joh. Twrdy als Gewinner hervor. Ueberdies mit der Cultur der Rebe beschäftigt, schrieb er einen diesbezüglichen Aufsatz, welcher im Jahrgange 1843 des von der mährisch-schlesischen Gesellschaft zur Beförderung des Ackerbaues u. s. w. herausgegebenen Landwirthschafts-Kalenders unter dem Titel: „Meine Erfahrungen im Weinbau mit Rücksicht auf Knecht's Rebenschnitt“ erschien. Seine Abhandlung über die Pflege der Johannisbeere wurde aber 1839 in den „Mittheilungen der k. k. mährisch-schlesischen Gesellschaft für Ackerbau u. s. w.“ veröffentlicht

**Twrdy**, Johann, siehe: **Tvrdy**, Franz Xaver [siehe die erste Spalte dieser Seite Nr. 3].

**Tyl**, Cajetan (čechischer Novellist und Dramatiker, geb. zu Kuttenberg in Böhmen am 4. Februar 1808, gest. zu Pilsen ebenda am 11. Juli 1856). Er gab auch einige Schriften unter dem Pseudonym Miroslav Kutnohorský heraus. Von seinem Vater, welcher 1850 als Regimentsmusikus im Infanterie-Regimente Fröhlich (Nr. 28, nachmals Benedek) starb, frühzeitig in der Musik unterrichtet, trat er in Kuttenberg bei der Maschek'schen Schauspielergesellschaft als Singknabe auf, und so erwachte in ihm der nachher unbesiegbare Drang zum Theater. Der bewältigende Eindruck der mit so vielen gothischen Kirchen und Gebäuden prangenden, an glänzenden Erinnerungen und romantischen Sagen reichen Bergstadt Kuttenberg bestimmte des lebhaften, reichbegabten Knaben Richtung zur Romantik. Schon in seinem dreizehnten Jahre verfaßte Tyl ein Ritterschauspiel und hatte die Freude, dies sein Erstlingsproduct von einer fahrenden Truppe aufgeführt zu sehen. Als er die Grammaticalclassen des Gymnasiums zu Prag besuchte, machte er die Bekanntschaft des böhmischen Dichters Karl Winařický (damals Alumnus, dann Dechant zu Moldauteyn) und setzte unter dessen freundlicher Unterweisung seine poetischen Versuche in böhmischer Sprache eifrig fort. Zu jener Zeit war Königgrätz ein Hauptpunkt der neuerwachten patriotischen Literaturbestrebungen, dort wirkte der thätigste der damaligen Verleger böhmischer Bücher, Joh. Hostiwit Pospíšil [Bd. XXIII, S. 137], (geb. 1785 zu Kuttenberg), dort lehrten die bekannten rastlosen böhmischen Schriftsteller Joseph Chmela und Wenzel Klicpera [Bd. XII, S. 88], dort bestand ein festes Dilettantentheater, auf welchem unter des Letzteren Leitung gute böhmische Vorstellungen gegeben wurden, dahin zog es Tyl mit Macht, er ging nach Königgrätz, die Humanitätsclassen zu beenden, wurde Professor Klicpera's Schüler und empfing von ihm so manche fruchtbare Anregung zu seiner weiteren literarischen Thätigkeit. Als Gymnasiast schrieb er einen Ritterroman, welcher bei Tureček in Leitomischl wie ein Volksbuch, mit groben Holzschnitten, erschien. Nachdem er die philosophischen Studien in Prag verlassen hatte, folgte er, ob seiner ungewöhnlichen Begabung unter den damaligen Literaturfreunden bereits bekannt, seiner unwiderstehlichen Neigung für das Theater und betrat im Jahre 1829 bei einer reisenden Gesellschaft zu Pilsen zum ersten Male die Bretter. Eine eigenthümliche Fügung des Geschickes wollte es, daß er seine Theaterlaufbahn nach siebenundzwanzig Jahren in dieser Stadt beschließen mußte, wohin er auch bei der letzten Anwesenheit Seiner Majestät des Kaisers Franz, bereits ein vielgenannter Literat, berufen worden, um eine zu Ehren des Monarchen veranstaltete böhmische Theatervorstellung zu leiten. Bis 1831 verweilte er bei verschiedenen Schauspielergesellschaften, namentlich in Baiern und Schlesien, zuletzt bei der bekannten Truppe der Mad. Faller. 1831 kehrte er auf Veranlassung seines Oheims mütterlicherseits, welcher Hauptmann im Infanterie-Regimente Graf Latour war, nach Prag zurück und wurde in Kürze Fourier im k. k. Generalcommando daselbst, indeß sein literarischer Eifer, noch mehr aber die Sucht, als Schauspieler, zumal als solcher in seiner Muttersprache, für die sein Herz so sehr erglühte, wirken zu dürfen, lockte ihn bald aus seiner amtlichen Laufbahn, und so trat er denn auch 1833 im k. ständischen Theater zu Prag unter dem Namen Skalný zum ersten Male als čechischer Mime auf. 1834 gründete er in Verein mit Amerling [Bd. I, S. 30] im ehemaligen Cajetanerkloster in der Kleinseite ein böhmisches Dilettantentheater, welches unter seiner Leitung durch einige Jahre nicht ohne große Theilnahme des Publicums bestand. Als sich das Unternehmen auflöste, wendete er seine Kräfte dem ständischen Theater wieder zu. Mittlerweile hatte er den Höhepunkt seines literarischen Rufes erreicht, er hatte sich durch seine Betheiligung an „Jindy a Nyní“ (1838), d. i. Einst und Jetzt, und durch die geistige Leitung der „Květy“, d. i. Blüten (von 1834 ab), schnell zu einem Nebenbuhler Čelakowský's in der Journalistik und als dieser vom Schauplatze abtrat, zum Tonangeber in der böhmischen Tagespresse emporgeschwungen; seine Novellen wurden eine Lieblingslectüre des böhmischen Volkes — das Schooskind der čechischen Nation pflegte man ihn zu nennen — er galt für das Haupt der jungböhmischen Literaturpartei, bis im Jahre 1846 Karl Havlíček [Bd. VIII, S. 98] als Journalist auftrat und durch seine scharfe Kritik des von der Matice preisgekrönten Romans „Poslední Čech“ (Der letzte Böhme) Tyl's Autorität mächtig erschütterte. Tief verletzt, zog sich derselbe immer mehr von der eigentlichen Journalistik zurück und wendete nun seine Hauptthätigkeit dem Theater zu. Nebenbei rief er bei Pospíšil eine populäre Zeitschrift „Pražský posel“, d. i. Der Prager Bote, ins Leben, welche er durch einige Jahre fortsetzte. Er bewährte sich in derselben als ein echter Volksschriftsteller; seine Aufsätze waren überaus verständlich, klar, lebendig geschrieben und trafen den Weg in die Herzen, und das Blatt erfreute sich unter Tyl's Redaction auch großer Theilnahme. Director Hofmann hatte unseren Dichter als Dramaturgen für das böhmische Theater engagirt, jedoch mit der drückenden Klausel, jährlich so und so viel Theaterstücke und Uebersetzungen für die Bühne zu liefern, durch welchen Umstand der ohnehin schnell producirende Autor zu einer übermäßigen Eilfertigkeit im Arbeiten gezwungen wurde. Einen wichtigen Abschnitt im Leben Tyl's machte das Jahr 1848, welches ihn zuerst in die Reihen des Prager Nationalausschusses, dann als Abgeordneten in den constituirenden Reichstag zu Wien und Kremsier beförderte, auf dem er sich zur Rechten hielt, aber keine hervorragende Stelle einnahm. In Kremsier schrieb er seine Tragödie „Jan Hus“, welche durch ihren Stoff wohl ungewöhnliches Interesse erregte, wenn sich auch der Bau im Ganzen an Samuel Schier's älteres Stück anlehnte. Nach Auflösung des Reichstages nahm er mit allem Eifer seinen Dramaturgenposten wieder auf, die Donnerstagsvorstellungen boten ihm einen neuen Wirkungskreis, aber ein Verkennen der Wünsche des Publicums und andere Umstände, die nicht vor das Forum der Oeffentlichkeit gehörten, waren die Ursachen, daß er die in seine Eigenschaft als Leiter des böhmischen Theaters gesetzten Erwartungen nicht zu erfüllen vermochte. Mit Hofmann's Direction hatte auch die dramaturgische Laufbahn Tyl's am Prager Theater ein Ende; er übernahm eine reisende Gesellschaft, welche unter Kula's Direction im südlichen Böhmen herumzog, reorganisirte dieselbe und gestaltete sie zu einer exclusiv böhmischen um. Dasselbe that er ein Jahr später zu Königgrätz mit der Gesellschaft des Directors Zöllner, als deren artistischer Leiter er in eine tödtliche Krankheit verfiel, welcher er in der besten Manneskraft erlag. Seine Gesellschaft erfreute sich tüchtiger Mitglieder, soliden Rufes und eines den Verhältnissen trefflich anpassenden Repertoires und erwarb sich allenthalben die Achtung des Publicums. — Tyl's literarische Thätigkeit war eine umfassende. [Die bibliographischen Titel seiner Schriften folgen S. 176.] Eines seiner Hauptverdienste war, daß er Frische und Leben in die böhmische Belletristik brachte; wenn er auch von dem Vorwurf ephemerer Seichtheit nicht immer freizusprechen ist, war doch sein Wollen, so lange er allein stand und keinerlei Einflüssen unterlag, trefflich und energisch, sein Geist von schönen Gedanken erfüllt. Seine Verdienste als populärer Schriftsteller sind unbestritten, überdies war er reiner, formglatter Stylist. Das Feld, auf welchem er unstreitig das Gediegenste leistete, war die

Erzählung. Seine erzählenden Schriften erschienen nur zum geringeren Theile gesammelt, die meisten sind in böhmischen Zeitschriften und Almanachen zerstreut. Die bedeutendsten darunter sind: „Rozina Ruthardova“ und „Kutnohorský dekret“, d. i. Das Kuttenberger Decret, beide in Kuttenbergs glänzender und bewegter Vorzeit spielend, „Der Alchymist“, „Der Theaterdirector“, „Kusy mého srdce“, d. i. Stücke meines Herzens, u. a. m. Der preisgekrönte Roman „Poslední Čech“, d. i. Der letzte Čeche, war leider eine seiner weniger genügenden Arbeiten. Als dramatischer Dichter that Tyl nicht wenig für die Bereicherung des böhmischen Repertoires, an dramatischer Productivität kann sich nur Klicpera mit ihm messen. Große Theaterkenntniß und ein leicht fließender Dialog zeichnen Tyl als Dramatiker zuvörderst aus, jedoch leiden seine dramatischen Werke an Leichtfertigkeit im Entwurfe und an Seichtheit und Manierirtheit, so daß ihn einer seiner Biographen als den böhmischen Raupach bezeichnen zu müssen glaubt. Seine besten Leistungen im dramatischen Fache sind unstreitig seine bürgerlichen Schauspiele und seine Volksstücke; das böhmische Ausstattungsstück im modernen Sinne hat er allein geschaffen. Von seinen böhmischen Originalstücken, welche meistentheils im Druck vorliegen, nennen wir die Trauerspiele und Dramen: „Der blinde Jüngling“; — „Brunswik oder Schwert und Löwe“; — „Čestmír“; — „Johannes Hus“; — „Das Blutgericht oder die Kuttenberger Bergknappen“; — „Die blutige Taufe oder St. Wenzel und Drahomira“; — „Die Schweden vor Prag“; von seinen bürgerlichen Schauspielen und Volksstücken: „Frau Marianna, die Mutter des Regiments“; — „Des Brandstifters Tochter“; — „Der Banqueroutier und die Krämerin“; — „Ein Prager Flamländer“; — „Ein armer Gaukler“; von seinen Possen und Zauberspielen: „Die Fidlowačka“; — „Der Dudelsackpfeifer von Strakonic“; — „Das hartköpfige Weib“; — „Jörgens Vision“; — „Der Satan auf der Erde“ und „Die Waldjungfrau“. Außerdem war er als Uebersetzer unendlich thätig; unter seine besten Uebersetzungen zählen Deinhardstein's „Hans Sachs“, Raupach's „Schleichhändler“ und „Robert der Teufel“, Vogel's „Erbvertrag“, Hebbel's „Genofeva“ u. a. m. Auch mit einer Uebersetzung des Goethe'schen „Faust“, von der jedoch nur Fragmente bekannt wurden, war Tyl lange vor Kolár beschäftigt. An demselben Tage, an welchem er starb, wurde sein letztes Buch, eine Uebersetzung des Töpfer'schen Lustspiels „Rosenmüller und Finke“, bei Jaroslaw Pospíšil als das 20. Bändchen der böhmischen Theaterbibliothek ausgegeben. Am wenigsten hat er sich als lyrischer Dichter versucht, doch sind einige seiner Lieder, darunter der Text zu dem Couplet „Kde domov můj“, und einige seiner Declamationsstücke tief ins Volk gedrungen. Als Meisterstück böhmischer Uebersetzungen werden einige Gedichte Ferdinand Freiligrath's in Tyl's treuer und formglatter Version bezeichnet. Nach seinem Tode zeigte es sich, wie lebendig die Erinnerung an ihn im Volke sich erhält. Zehn Jahre nach seinem Hinscheiden, 1866, feierte man sein Andenken durch eine Festvorstellung, für welche sein „Dudelsackpfeifer aus Strakonic“ ausgewählt und deren Reinertrag zur Hälfte seinen Hinterbliebenen übermittelt wurde. Sein Geburtshaus in Kuttenberg ward mit einer Gedenktafel, sein Grab in Pilsen mit einem sinnigen Denkmal geschmückt. — Und eigene Ironie des Schicksals, sein böswilliger Gegner, der ihm den herbsten Kummer im Leben bereitet hatte, Karl Havlíček, folgte ihm zwei Wochen später ins Grab nach.

I. **Uebersicht der im Druck erschienenen Arbeiten des Schriftstellers Cajetan Tyl.** „Statný Beneda, aneb založení proboštví Vyšehradského. Historická povídka z XI. stol.", d. i. Die Gründung der Propstei Wyšehrad. Historische Erzählung aus dem 11. Jahrhundert (Leitomischl 1830, Turecek, 8⁰.), erschien unter dem Pseudonym Miroslaw Kutnohorský. — „Svátky na Vyšehrade. Obraz dávnověkosti", d. i. Die Feste auf dem Wyšehrad. Ein Gemälde aus alter Zeit (Prag 1838, Pospíšil, 8⁰.) Sonderabdruck aus dem Almanach „Vesna" 1838. — „Domácí rozepře od Kocebue, weselohra w 1 jedn.", d. i. Der häusliche Zwist. Lustspiel in 1 Act (Prag 1836), auch in der Zeitschrift „Květy" 1836. — „Jeden za wšecky. Dramatický žert w 1 jedn.", d. i. Einer für Alle. Dramatischer Scherz in 1 Act (ebd. 1836), auch in der Zeitschrift „Kvety" 1836 und zuletzt im 12. Heft des „Divadelní Ochotník". — „Rozina Ruthardova. Historická povídka", d. i. Rosine Ruthard. Historische Erzählung (Prag 1839, Jarosl. Pospíšil, 8⁰.). Sonderabdruck aus dem Almanach „Vesna", d. i. Der Frühling, 1839. — „Běda lhářům aneb kuchtík biskupa Welehradského, dle Grillparcerowy weselohry: Weh' dem, der lügt", d. i. Wehe dem Lügner oder der Küchenjunge des Bischofs von Welehrad u. s. w. (Prag 1840, 8⁰.), auch in den „Květy" 1839. — „Kníže ďabel. Romantická povídka dle Raupacha vzdělaná", d. i. Fürst Teufel, eine romantische Erzählung nach Raupach (Königgrätz 1842, 8⁰.). — „Poslední Čech. Novela. Dva svazky", d. i. Der letzte Čeche. Novelle. Zwei Theile (Prag 1844, Calve, gr. 16⁰.). — „Masopust. Kukátko, postavené v hluku a tísni pražského života", d. i. Der Fasching. Ein Bild aus dem Prager Leben (Prag 1844, Pospíšil, 16⁰.), vorher im Jahrgang 1839 der „Květy". — „Cestující společnosti herecké", d. i. Die wandernde Schauspielergesellschaft (Prag 1845, Pospíšil), Sonderabdruck aus dem Jahrgang 1845 der „Květy". — „Dva bratři aneb: Český jazyk moje škoda. Strakatina z opravdového života", d. i. Zwei Brüder oder die čechische Sprache mein Schaden. Ein Mosaikbild aus dem wirklichen Leben (Prag 1845, Pospíšil, 8⁰.), vorher im Jahrg. 1845 der „Květy". — „Srdce a svět, aneb: Milenka a manželka, činohra v 5 jedn. od K. Guckova", d. i. Welt und Herz oder Geliebte und Frau, Schauspiel in 5 Aufzügen von Karl Gutzkow (Prag 1845, 8⁰.). — „Slepý mládenec. Romantická činohra ve třech odděleních", d. i. Der blinde Jüngling. Romantisches Drama in 3 Abtheilungen (Prag 1847, Pospíšil, 12⁰.). — „Pražská děvečka a venkovský tovaryš, aneb Paličova dcera. Činohra v pěti jednáních", d. i. Das Mädchen von Prag und der Geselle vom Land oder die Tochter des Brandstifters. Drama in 5 Aufzügen (Prag 1847, Pospíšil, 8⁰.). — „Krvavý soud, aneb: Kutnohorští havíři. Činohra v pěti jednáních", d. i. Das Blutgericht oder die Kuttenberger Bergknappen. Drama in 5 Aufzügen (Prag 1848, 12⁰.) — „Vojta chudý čeledín. Čtení pro lid", d. i. Veit der arme Knecht. Erzählung für das Volk. Von Jerem. Gotthelf (Prag 1848, 12⁰.). — „Jan Hus. Dramatická báseň v pěti odděleních", d. i. Johann Hus. Dramatisches Gedicht in 5 Abtheilungen (Prag 1849, Gabriel, 8⁰.), auch im 5. Heft des „Výbor spisův dramatických" (1869). — „Dekret Kutnohorský. Povídka z dějin domácích", d. i. Das Kuttenberger Decret. Erzählung aus der vaterländischen Geschichte (Prag 1858. 12⁰). — Dann in den Sammelwerken: „Thalia česká. Sbírka her divadelních, původních i přeložených, uspořádána od J. K. Tyla. Pět svazků", d. i. Čechische Thalia. Sammlung originaler und übersetzter Theaterstücke, zusammengestellt von J. K. Tyl. 5 Hefte (Prag 1837—1841, W. Spinka, nachmals Wenzel Heß, 8⁰.). Darin sind von Tyl theils original, theils übersetzt: im 1. Heft: „Hans Sachs", von Deinhardstein; „Der Findling", von Tyl; im 2.: „Čestmír", von Tyl; im 3.: „Die Schleichhändler" von Raupach; im 5.: „Mutter und Tochter", von Töpfer; „Die Liebe im Eckhaus", von Calderon. — In der „Biblioteka divadelní. Vydává Jarosl. Pospíšil", d. i. Theater-Bibliothek. Herausgegeben von Jar. Pospíšil (Prag 1852 u. f., 12⁰.) im 10. Heft: „Obě šelmy. Dramatický žert v 1 jednání", d. i. Beide sind Schelme. Dramatischer Scherz in 1 Act; — im 12. Heft: „Bankrotář. Obraz ze života měšťanského ve 4 jednáních“, d. i. Der Banqueroutier. Gemälde aus dem Stadtleben in vier Aufzügen; — im 18. Heft: „Paní Marjánka, matka pluku. Původní činohra ve 4 jednáních“, d. i. Frau Marianne, die Regimentsmutter. Originalschauspiel in 4 Aufzügen; — im 20. Heft: „Penkava a Čížek. Veselohra v 3 jednáních dle Dr. K. Töpfera“, d. i. Finke und Zeisig. Lustspiel in 3 Aufzügen, nach Töpfer (wahrscheinlich dessen „Rosenmüller und Finke“); — im 22. Heft: „Sládkova dcera. Činohra v 5 jednáních s dohrou v 1 jednání dle Karol. Birch-Pfeifferové“, d. i. Die Lebzeltersstochter (Pfefferrösslein). Schauspiel in 5 Aufz., mit einem Nachspiel; — im 26. Heft: „Strakonický dudák. Národní báchorka se zpěvy ve 3 jednáních“. d. i. Der Dudelsackpfeifer von Strakonic. Volksmärchen mit Gesang in 3 Aufz.; — im 27. Heft: „Vdovec. Veselohra v 1 jednání. Dle Deinhardsteina“, d. i. Der Witwer. Lustspiel in 1 Act, nach Deinhardstein; — im 29. Heft: „Pražský flamendr. Obraz ze života měšťanského ve 4 jednáních“, d. i. Der Prager Taugenichts. Gemälde aus dem städtischen Leben in 4 Aufzügen; — im 32. Heft: „Dareba. Fraška ve 3 jednáních. Dle Kaisera“, d. i. Ein Lump. Posse in 3 Acten. Nach Friedrich Kaiser; — im 33. Heft: „Muka chudé ženy. Činohra ve 4 jednáních. Z francouzského Fel. Pyata“, d. i. Die Qualen einer armen Frau. Schauspiel in 4 Aufz. Aus dem Französischen des Felix Pyat; — im 37. Heft: „Tvrdohlavá žena. Původní báchorka ve 3 jednáních“, d. i. Das hartköpfige Weib. Originalmärchen in 3 Aufzügen; — im 46. Heft: „Jeneral a professor. Veselohra ve 4 jednáních od Dr. A. Raupacha“, d. i. General und Professor. Lustspiel in 4 Aufzügen, von Dr. Raupach [ob hier nicht eine Verwechslung mit Gutzkow's „Zopf und Schwert“ vorliegt?]; — im 52. Heft: „Palićova dcera. Činohra v 5 jednáních“, d. i. Des Brandstifters Tochter. Drama in 5 Aufz.; — im 64. Heft: „Jiříkovo vidění. Báchorka se zpěvy a tanci v 5 oddeleních“, d. i. Georgs Gesicht. Märchen mit Gesang und Tanz in 5 Abtheilungen; — im 79. Heft: „Krvavé křtiny čili: Drahomíra a její synové. Romantický obraz z dávných dějin českých v 4 odděleních“, d. i. Die Bluttaufe oder Drahomira und ihre Söhne. Romantisches Bild in 4 Abtheilungen aus der alten Zeit Böhmens; — im 88. Hefte: „Nalezenec. Veselohra ve 2 jednáních“, d. i. Der Findling. Lustspiel in 2 Aufzügen; — im 90. Heft: „Žižka z Trocnova. Obraz z českých dějin v 5 oddeleních“, d. i Žižka von Trocnow. Ein Bild aus der böhmischen Geschichte in 5 Abtheilungen; — im 94. Heft: „Lesní panna. Kouzelná hra ve 4 oddelení se zpěvy“, d. i. Die Waldnymphe. Zauberspiel in 4 Abtheilungen mit Gesang; — „Dva lístky. Veselohra v 1 jednání. Dla A. Kotzebua“, d. i. Zwei Billets. Lustspiel in 1 Act, nach Kotzebue; — im 101. Heft: „Chudý kejklíř. Charakterní obraz ze života s hudbou, zpěvem a tancem ve 3 jednáních“, d. i. Der arme Gaukler. Charakterbild aus dem Leben. Mit Musik, Gesang und Tanz, in 3 Aufz.; — im 105. Heft: „Měšťané a študenti aneb: Oblehnutí Prahy od Švédů. Historický obraz v 6 jednáních“, d. i. Bürger und Studenten oder die Belagerung Prags durch die Schweden. Historisches Gemälde in 6 Aufz. — Im „Divadelní Ochotník. Repertorium pro milovníky soukromých divadel“. d. i. Theaterdilettant. Repertorium für Freunde der Privattheater. Herausgegeben von J. N. Boleslavský (Prag 1867) im 8. Heft: „Čert na zemi. Národní báchorka v 3 jednáních“, d. i. Der Teufel auf Erden. Volksmärchen in 3 Aufz.; — im 9. Heft: „Umělcové na pouti. Slavnostní předehra“, d. i. Die Künstler auf Wanderschaft. Festvorspiel; — im 10. Heft: „Kněz a voják aneb bitva u kláštera Skalického. Obraz ze života se zpěvy ve 3 jednáních dle Kaisera volno vzdelal“, d. i. Priester und Soldat oder die Schlacht beim Skalizer Kloster. Lebensbild mit Gesang in 3 Aufz. Frei nach Kaiser; — im 13. Heft: „Poslední desetník. Kouzelná fraška ve 3 oddeleních“, d. i. Das letzte Zehnkreuzerstück. Zauberposse in 3 Aufzügen; — im 16. Heft: „Faust druhý. Veselohra v 5 jednáních“, d. i. Faust der Zweite. Lustspiel in 5 Aufz.; — im 17. Heft: „Spanilá Savojanka. Činohra ve 3 oddeleních s předehrou“, d. i. Die schöne Savoyardin. Schauspiel in 3 Abtheilungen mit Vorspiel; — im 19. Heft: „Enšpigl. Každou chvíli jiné čtveráctví. Fraška se zpěvy ve 4 jednáních od Nestroya“, d. i. Eulenspiegel oder Schabernack auf Schabernack. Posse mit Gesang in 4 Acten, nach Nestroy. — Ferner erschienen zwei Sammlungen seiner Schriften, und zwar die erste unter dem Titel: „Sebrané spisy", d. i. Gesammelte Schriften (Prag 1844, erzbischöfliche Druckerei, 12⁰.), wovon aber nicht mehr denn vier Theile herausgekommen; dann druckten Kober und Markgraf in Prag 1857 u. f. auch seine gesammelten Werke unter dem gleichen Gesammttitel: „Sebrané spisy" in 14 Theilen oder 55 Heften, wovon einzelne Partien unter besonderen Titeln ausgegeben wurden, und zwar: „Kusy mého srdce. Povídky, novely, obrazy, nástiny a arabesky", d. i Stücke meines Herzens. Erzählungen, Novellen, Bilder, Schattenrisse und Arabesken (Prag 1857, 8⁰.), der Gesammtausgabe 1. und 2. Theil; dann „Drobnější povídky novověké", d. i. Kleinere moderne Erzählungen (Prag 1858, 8⁰.), der Gesammtausgabe 6. und 7. Theil; — „Drobnější povídky historické", d. i. Kleinere historische Erzählungen (ebd. 1858 und 1859), der Gesammtausgabe 9. bis 12. Theil und „Drobnější povídky prostonárodní", d. i. Kleinere volksthümliche Erzählungen (ebd. 1859, 8⁰.), der Gesammtausgabe 14. Theil. Ueberdies redigirte er in den Jahren 1834 bis 1836 die „Kvety ceské", d. i. Čechische Blüten, welche Pospíšil in Prag verlegte; in den Jahren 1840 u. f. den „Vlastimil. Přítel osvěty a zábavy", d. i. Der Vaterlandsfreund. Der Freund für Aufklärung und Unterhaltung, dessen Redaction nach ihm K. B. Storch übernahm, und in den Jahren 1846 und 1847 den „Pražský posel", d. i. Der Bote aus Prag. Ferner haben sich noch von Tyl's čechischen Uebersetzungen, Bearbeitungen fremder Stücke und auch heimischer Originale, welche nicht im Druck erschienen sind, auf dem Repertoire erhalten: sein berühmtestes Drama „Fidlovačka", schon 1833 aufgeführt, „Fortunats Abenteuer zu Wasser und zu Land"; „Ali Baba"; „Das Leben im Traum", von Grafen Schirnding; „Johann Nepomuk"; „Kaiser Joseph", von Barry; „Das Fest der Handwerker"; „Genofeva" von Hebbel; „Johann Gutenberg", Schauspiel in 3 Aufz., von Charlotte Birch-Pfeiffer; „Abenteuer einer Neujahrsnacht", in der Bearbeitung nach Zschokke's Erzählung von Gerle; „Die Belagerung Pilsens", Schauspiel in 3 Aufz., von Fischer; „Faust", Drama in 5 Aufz., von Klingemann; „Caspar der Thoringer", Schauspiel in 5 Aufz.; „König Lear", von Shakespeare; „Der Erbvertrag", Trauerspiel in 2 Abtheilungen von Vogel; „Preziosa", romantische Oper von ebendemselben; „Skreta", Lustspiel von Prof. Swoboda, für die Prager Bühne umgearbeitet; „Die neuen Amazonen", Posse von Told und noch einige andere.

II. **Cajetan Tyl's Porträte.** 1) Unterschrift: facsimilirt „Wsechny kroky naše musí wésti | Láska k národu a jeho štěstí | Jos. Kaj. Tyl". J. Bekel lith. w Praze 1844 (Fol.). — 2) Unterschrift: „Josef Kajetan Tyl" (kreslil Jos. Scheiwl), im „Svetozor", 1868, Nr. 17, S. 139, Holzschnitt. — 3) Lithographie in dem čechischen von Bellmann in Prag herausgegebenen Kalender für 1858: „Cesko moravská Pokladnice". — 4) Unterschrift: „Josef Kajetan Tyl | narozen dne 4. února 1808, zemřel dne 11. července 1856". Lechleitner sc. (8⁰).

III. **Gedenktafel.** An jenem Hause in Kuttenberg, in welchem Tyl zur Welt kam, hat die Pietät seiner Landsleute es veranlaßt, daß eine Gedenktafel mit seinem Medaillonbildniß angebracht wurde. Eine Abbildung seines Geburtshauses mit dieser Gedenktafel, welche die Umschrift: „Kde domov můj Zde se narodil Josef Kajetan Tyl 4. února 1808" zeigt, enthält die „Rodinná kronika", d. i. Nationale Chronik (Prag, 4⁰.) 1862, S. 45.

IV. **Grabdenkmal.** Dasselbe befindet sich auf dem Pilsener Friedhofe, auf welchem Tyl bestattet liegt. Auf einem steinernen Sockel steht, an eine abgestumpfte, mit den Emblemen des Dramas (zwei Larven) versehene Säule gelehnt, der Genius der Poesie, in der Linken einen Lorbeerkranz haltend. Das Denkmal haben Freunde der Tyl'schen Muse anfertigen lassen. Von dem Maler A. König ist der Entwurf, Bildhauer A. Wildt führte denselben in Stein aus. Neruda's Zeitschrift „Obrazy života", d. i. Bilder des Lebens (Prag 4⁰.), bringt im Jahrgange 1859, S. 180 eine Abbildung des Denkmals.

V. **Zur ästhetischen Kritik Cajetan Tyl's.** Wir geben im Nachstehenden eine Würdigung des Dichters, welche aus einer **čechischen** Feder stammt. Tyl steht unter den čechischen Schriftstellern der neueren Aera in vorderster Reihe, und was er geworden, ist er durch sich selbst geworden; er hat sich aus Noth und Elend zu nicht gewöhnlicher literarischer Bedeutung erhoben, und nur Noth und Elend haben es verschuldet, daß er nicht ein vollendeter Classiker seiner Nation geworden, wozu alle Elemente in ihm lagen. Mit der Gründung der Zeitschrift „Kvéty“, d. i. Die Blüten, welche er selbst einige Jahre leitete, an welcher er aber noch immer vorwiegend sich betheiligte, nachdem er die Redaction niedergelegt hatte, brachte er neues Leben in die bis dahin ziemlich inhaltlose čechische Literatur. Im Vereine mit mehreren jungen Talenten, wie Langer [Bd. XIV, S. 111], Tupy [S. 131 dieses Bandes], Erben [Bd. IV, S. 60], Sabina [Band XXVIII, S. 6] und dem weitaus genialsten Mácha [Bd. XVI, S. 193], schuf er die moderne Richtung der čechischen Literatur, schlug die Anhänger der alten abgelebten Formen aus dem Felde und machte das Leben der böhmischen Gesellschaft, wie es sich in höheren und niederen Kreisen abspielt, zum Stoffe des heimischen Romans und der Erzählung. Er hatte es eine Zeit lang mit einem bedeutenden Gegner, mit Čelakowský [Bd. II, S. 2—] zu thun, aber dieser, sobald er die Berechtigung der neuen Wendung in der Literatur anerkannte, räumte selbst das Feld. Frühzeitig, und zwar früher als das Gebiet der Novelle und Erzählung, betrat Tyl jenes der dramatischen Dichtung. Mit der Uebersetzung des „Hans Sachs“ von Deinhardstein beginnend, brachte er dann seine „Belagerung von Pilsen“. Zum Benefiz eines Freundes hatte er, fünfzehn Jahre alt (1833), sein erstes Originaldrama: „Wyhon Dub“ geschrieben, es aber ungeachtet der beifälligsten Aufnahme als ungenügend verbrannt. Nun aber folgte Stück auf Stück, Erzählung auf Erzählung, und die Periode von 1836 bis 1846 war eigentlich die Blütezeit seines Schaffens, denn in dieselbe fallen seine schönsten Erzählungen, Novellen und Romane, und unter den letzteren sind seine historischen die gelungensten. 1846 gerieth er wegen seines preisgekrönten Romanes „Der letzte Čeche“ mit dem damaligen Redacteur der „Wčela“, d. i. Die Biene, Karl Havlíček in eine ernste, höchst unerquickliche Polemik, welche zur Folge hatte, daß er von nun ab keinen Roman mehr schrieb und sich ausschließlich der Bühne zuwandte. Er dichtete zwar noch einige kleinere Novellen, war auch als Journalist und Redacteur des „Prager Boten“ (Pražský posel) geraume Zeit thätig und suchte vornehmlich auf die Bildung der unteren Volksschichten einzuwirken, wobei er sich auch als ganz gewandter und tüchtiger Volksschriftsteller erwies. Aber die Hauptsache blieb ihm doch immer die Bühne, besonders von dem Tage ab, an welchem er unter Director Hofmann die mühevolle Stelle eines Dramaturgen der čechischen Bühne übernahm. Nun wurde seine Lage eine peinlichere, weil die Ränke der Rivalen und der ihm feindseligen Coterien, welche sogar seine unglückseligen häuslichen Verhältnisse zu ihrem Vortheile auszubeuten suchten, ihm seine Stellung allmälig so sehr verleideten, daß er endlich den Entschluß faßte, Prag zu verlassen, und denselben auch ausführte. So organisirte er denn in der Doppelabsicht, das čechische Theater auf dem Lande zu heben und Kräfte für das ins Leben zu rufende Nationaltheater heranzubilden, eine in ihrer Art gute und anständige Wander-Schauspielergesellschaft. Mit derselben zog er herum, bis er in Wodnian lebensgefährlich erkrankte, und als er in diesem Zustande von Wodnian nach Pilsen kam, erlag er daselbst im kräftigsten Mannesalter seinen Leiden. Konnte Tyl als Romandichter nicht durchgreifen, so hat er für die Hebung der čechischen Bühne mehr geleistet, als Jemand vor ihm und neben ihm, wenngleich er als Mime selbst sich nicht über die Mittelmäßigkeit erhob. Er bereicherte das Repertoire mit einer großen Anzahl guter Uebersetzungen und geschickter Bearbeitungen deutscher und französischer Stücke besserer Gattung. Er schrieb viele Originalarbeiten und darunter vornehmlich treffliche Volksstücke; Manches leider trägt in Folge seiner dramaturgischen Verpflichtungen das Gepräge der Eilfertigkeit. Als Lyriker war er bedeutungslos, wenngleich einige seiner Lieder, wie sein „Kde domov mûj“ von Skroup und andere von Zvonař und Hovorka in Musik gesetzt worden sind. Sein Styl war elegant, faßlich, lebendig und voll schöner Gedanken, er ging von Herzen zu Herzen. Besonders durch Anschmiegung an nationale Ideen und Gewohnheiten verstand es Tyl, die von ihm dargebotenen Geistesfrüchte auch dann anlockend zu machen, wenn sie nicht im eigenen Garten gewachsen. Er hat das Verdienst, der Schöpfer der čechischen Conversationssprache zu sein, er war es, der die Grenzen des čechischen Lesepublicums ungemein erweiterte, er war es, der durch seine Schriften und nebenbei durch Anregung und Belebung der sogenannten Besedy (musikalisch-declamatorische Unterhaltungen und Kränzchen) zur Weckung des Interesses für čechische Bestrebungen am meisten beitrug. In Folge seiner Beliebtheit gelangte er auch in den Reichstag, in welchen er aber ganz und gar nicht paßte, wie denn auch seine Gegenwart in demselben spurlos vorüberging. Ungeachtet ihn Neigung und Geschick zum Schauspiele hinzog, so war er doch bedeutender in seinen Novellen und historischen Erzählungen, ja hätte er mit den Theatern weniger zu thun gehabt, wären seine Verhältnisse weniger drückend gewesen, er würde der Walter Scott der čechischen Literatur geworden sein. Als Mensch nicht ohne Schwäche, als Redacteur nicht ohne Fehler, als Literat nicht ohne Eifersüchteleien, hat er doch nie jene Verfolgungen verdient, welche sein Abtreten von der Prager čechischen Bühne und seine Entfernung von Prag veranlaßten, und deren gehässiger Charakter jetzt erst, da den Dichter längst die Erde deckt, in seiner ganzen Abscheulichkeit an den Tag kommt. Nach Tyl's Abgange verfiel das čechische Theater, und eben Diejenigen, die über ihn abzusprechen das Recht sich anmaßten und dann in seine Aufgabe sich theilten, haben zu dem Beweise ihrer Unfähigkeit auch noch den ferneren geliefert, daß sie gar nicht im Stande waren, ihn zu ersetzen.

VI. **Quellen zur Biographie. a) Deutsche.** Bohemia (Prager polit. und Unterhaltungs-Blatt, 4°.) 1856, Nr. 165, Beilage, S. 70 und 71; 1862, Nr. 97, S. 960. — (Czartoryski). Monatschrift für Theater und Musik. Redigirt von den Verfassern der „Recensionen" (Wien, Klemm, 4°.) II. Jahrg. (1856), S. 473. — Erinnerungen (Prager Monatsblatt, 4°.) 1856, S. 255: „Todesfälle". — Jordan. Slavische Jahrbücher (Leipzig, gr. 8°.) 1843, S. 161 und 165. — Laibacher Zeitung, 1856, Nr. 183. — Magazin für Literatur des Auslandes. Redigirt von Lehmann (Leipzig, 4°) 1864, S. 396. — Oesterreich im Jahre 1840. Staat und Staatsverwaltung, Verfassung und Cultur (Leipzig 1840, Otto Wigand, gr. 8°) S. 328. — Tagesbote aus Böhmen (Prag) 1856, Nr. 195: „Joseph Cajetan Tyl". — Wanderer (Wiener polit. Blatt) 1856, Nr. 326, im „Feuilleton". — **b) Slavische.** Česko-moravská Pokladnice. Kalendář na rok 1858, d. i. Čechisch-mährisches Schatzkästlein. Kalender auf das Jahr 1858 (Prag, Kellmann, 4°.) S. 95. — *Filipek (Václav).* Jos. Kaj. Tyl jeho snažení a působení životopisný nástin, d. i. Jos. Caj. Tyl, seine Bedeutung und seine Wirksamkeit (Prag 1859, Kober, 8°.), bildet auch das Schlußheft seiner „Gesammelten Werke" (Sebrané spisy). — Horník. Almanah Kutnohorský, d. i. Der Bergmann. Kuttenberger Almanach (Prag 1862, Bedrich Stybl, 12°) S. 134: „Jos. Kaj. Tyl". Von Fr. Mašina — *Jungmann (Jos.).* Historie literatury české, d. i. Geschichte der čechischen Literatur (Prag 1849, Řiwnáč, 4°.). Zweite, von W. W. Tomek besorgte Ausgabe, S. 643. — *Lichard (Daniel).* Časník... na 1857, d. i. Jahrbuch für 1857 (Wien, 8°.) S. 209 bis 213: „Joseph Cajetan Tyl". Von V. P. Poděbradský. — Lumír (Prager belletr. Zeitschrift, gr. 8°) Jahrg. 1856, S. 691, 733, 764 und 787: „J. K. Tyl". — Dieselbe, Jahrg. 1862, S. 430 u. f.: „Z Kutné Hory"; d. i. Aus Kuttenberg. — Obrazy života. Red. Neruda, d. i. Bilder des Lebens. Redigirt von Neruda (Prag, 4°.) 1859, S. 330: „Literatury". — *Přecechtel (Rup. Dr.).* Rozhled dějin českoslovanské literatury a životopisy českoslovanských výtečníkův, d. i. Ueberblick der Geschichte der čechoslavischen Literatur und Biographien hervorragender Čechoslaven. Zweite Ausgabe (Kremsier 1872, 12°.) S. 184 u. f. — Rodinná kronika (Prager illustr. Zeitung, 4°.) 1862 Nr. 4, S. 45: „Památce Tylove", d. i. Dem Andenken Tyl's. — Slovník naučný. Redaktoři Dr. Frant. Lad. Rieger a J. Malý, d. i. Conversations-Lexikon. Redigirt von Dr. Franz Lad. Rieger und J. Malý (Prag 1872, J. L. Kober, Lex.-8°) Bd. IX, S. 675. — *Sojka (Jan Eraz.).* Naši mužové. Biografie a charakteristiky mužův slovanských, d. i. Unsere Männer. Biographien und Charakteristiken slavischer Männer (Prag 1862, A. Renn, 12°.) S. 312—365: „Josef Kajetan Tyl". — Světozor (Prager illustr. Zeitung, Fol.) 1868, Nr. 17, S. 166 und Nr. 18: „Josef Kajetan Tyl".

**Tymolski,** Fabian (Componist, geb. in Lemberg am 14. Jänner 1828, Beamter der k. k. Steueradministration zu Lemberg). Ein ungemein fruchtbarer Tanzcomponist, dessen Werke in Lemberg fast sämmtlich im Verlage von Karl Wild erschienen sind und bald das zweite Hundert — die letzte

Opuszahl ist 195 — erreichen werden. Viele seiner Compositionen sind vergriffen und ihre Titel in Musik-Katalogen gar nicht aufzufinden. Sein erstes bei Peter Piller lithographirtes Opus waren „*Cinq Mazurs*“, welche im Winter 1844/45, also vor nahezu 40 Jahren, herauskamen. Von Tymolski's übrigen Compositionen sind mir bekannt: „Albinen- und Carolinen-Polka“ (1846); — „*Polka d'amitié*“ (1855); — „*Mazury poświęcone Feliksowi Lipińskiemu*“, d. i. Mazuren, Felix Lipiński gewidmet; — „*Les murmures des rivières de la Galicie; Polonaise et 4 Mazurs*“; — „*Les étoiles de la nuit. 4 Maz. et une Polka*“, Op. 12; — „*Na pamiatkę pobytu we Lwowie Antoniego Katskiego, pianisty króla pruskiego. Mazur*“, d. i. Zum Andenken an den Aufenthalt in Lemberg des Anton Kątski, Pianisten des Königs von Preußen, Op. 17; — „*Krakowskie wesele. Mazur*“, d. i. Krakauer Hochzeit, Op. 26 (1854); — „*Pepita-Polka*“, Op. 27 (1854); — „*Polka tremblante*“, Op. 35; — „*Nikodemowi Biernackiemu. Okrężne Mazury*“, d. i. Dem Andenken des Nicodemus Biernacki [auch ein Violinvirtuos], Op. 39 (1856); — „*Trois Mazurs et une Polka-Mazurka*“, Op. 42; — „*A. M. Alois Sebera. Polka tremblante*“, Op. 44; — „*Słuchaczom Techniki Mazur*“, Op. 45; — „*Cieniom Adama Mickiewicza. Polonez żałobny*“, d. i. Der Asche des Dichters Adam Mickiewicz. Trauer-Polonaise, Op. 40; — „*Śpiewy galicyiskie. Quadrille sur des chansons galiciennes*“, d. i. Galizische Lieder, Op. 43; — „*Dawne dzieje. 3 Mazury*“, d. i. Einstige Hoffnungen. Drei Mazuren, Op. 46; — „*Śpiewy rossyjske. Kadryle*“, d. i. Russische Lieder. Quadrillen, Op. 47; — „*Bałamutka. Polka-Mazurka*“, d. i. Die Schwägerin. Polka Mazur, Op. 48; — „*Ostatnia nadzieja. Polka tremblante*“, d. i. Die letzte Hoffnung, Op. 49; — „*Bratnie splećmy koło! 3 Mazury*“, Op. 50; — „*Kominkowe marzenie moje. Kadryle*“, d. i. Meine Träumereien am Kamin. Quadrillen, Op. 51; — „*Chwila zachwytu. Polka Mazurka*“, d. i. Der Augenblick des Entzückens. Polka Mazur, Op. 52; — „*Danaż dana notka znana. 3 Mazury*“, Op. 53; — „*Lotem motyla. Polka tremblante*“, d. i. Mit den Schwingen des Falters. Polka tremblante, Op. 54; — „*Pamięci F. Chopinu. Polonez*“, d. i. Dem Andenken Chopin's. Polonaise, Op. 55; — „*Sny dziewicy. Kadryle*“, d. i. Mädchenträume. Quadrillen, Op. 57; — „*Trzpiotka. Polka tremblante*“, d. i. Die Flatterhafte. Polka tremblante, Op. 58; — „*Czarodziejka. Polka Mazurka*“, d. i. Die Zauberin, Polka Mazur, Op. 59; — „*Nad Wisłą. 3 Mazury*“, d. i. An der Weichsel, 3 Mazurs, Op. 60; — „*Echo przeszłości. Polonez*“, d. i. Echo der Vergangenheit, Op. 62; — „*Wytamy was! Marsz z melodyi narodowych*“, d. i. Wir grüßen Euch! Marsch aus polnischen Melodien, Op. 76; der Krakauer Schützengesellschaft gewidmet; — „*Marsz z pieśni hebrajskich*“, d. i. Marsch nach hebräischen Liedern, Op. 77; — „*Cztery Kolomyjki*“, d. i. Vier russische Nationaltänze (Kolomejken), Op. 78; — „*Heska Česka. Polka*“, d. i. Die schöne Čechin. Polka, Op. 79; — „*Kadryle własnego pomysłu*“, d. i. Original-Quadrille, Op. 80, — „*Mazury 3 najulubieńszych śpiewów polskich*“, d. i. Mazuren aus den beliebtesten polnischen Liedern, Op. 81; — „*Niemasz tańca nad Mazura a więc wiara daley hury Mazury*", d. i. Ueber den Mazur gibt es keinen Tanz..., Op. 82; — „*Kwiaty rodzinne. Kadryle ze śpiewów narodowych*", d. i. Heimische Blüten. Quadrille aus polnischen Liedern, Op. 83; — „*Pamięci Marcina (Lelewego) Borelowskiego. Polonez*", d. i. Dem Andenken des M. L. Borelowski, Op. 84; — „*Polonez*", d. i. Polonaise, Op. 85; — „*Wszyscy wraz. Mazury*", d. i. Alle zugleich. Mazur, Op. 86; — „*Nuż w prysiudy. Cztery kolomyjki*", Op. 88; — „*Lotne czajki. Dumki*", d. i. Fliegende Kibitze. Ukrainisches Trauerlied, Op. 89; — „*Przy świetle księżyca. Kadryle*", d. i. Beim Schimmer des Mondes. Quadrille, Op. 90; — „*Marsz z pieśni ruskich*", d. i. Marsch aus ruthenischen Liedern, Op. 91; — „*Donato-Polka*", Op. 92; — „*Polonez*", Op. 98; — „*Z pod rodzinnéj strzechy. Mazury*", d. i. Aus der elterlichen Hütte. Mazur, Op. 99; — „*Ręka w ręke*", d. i. Hand in Hand, drei Krakowiaken, ein ukrainisches Lied und vier Kolomejken, Op. 100; — „*Patti-Polka*", Op. 101; — „*Z pod ciemniej Gwiazdy. Mazury*", d. i. Unterm dunklen Stern. Mazuren, Op. 102; — *Praznik; dumka i kolomejki*", d. i. Kirchweih; Dumka und Kolomejken, Op. 103; — „*Skarga Weterana; polonez*", d. i. Die Klage des Veteranen, Op. 124; — „*Janowi Matejce: Na kopcu; polonez*", d. i. An Johann Matejko, Op. 131; — „*Choć bieda to choć; Mazur*", d. i. Fort mit Schaden, Op. 132; — „*Berz Petre na rozum; dumka i kolomyjki*", Op. 135; — „*Przy kądzieli. 4 krakowiaki*", d. i. Bei der Kunkel. 4 Krakowiaken, Op. 138; — „*Pamięci Aleksandra hr. Fredro*", d. i. Dem Andenken des Grafen Alexander Fredro, Op. 150; — Darf ich bitten? Walzer", Op. 165; haben bis in die Wiener Orgeln ihren Weg gefunden; — „*Na jubileusz Kraszewskiego i Boleslawita. Polones*", d. i. Zum Jubiläum Kraszewski's und Boleslawita's, Op. 168; — „*Naj bude jak buwaló, Dumka i Kolomyjki*", Op. 186; damit hat Tymolski das traurige Losungswort des Exministers Grocholski in Tönen glossirt; — „*Polsce kwiaty. Kadryle ze śpiewów narodowych*", d. i. Polnische Blüten. Quadrillen nach polnischen Volksliedern, Op. 189; — „Gebet zur Sobieski-Feier", Op. 194, — und „*Zjednoczenie. Polonez na pamiątkę 300 letniéj Unii*", d. i. Die Vereinigung. Polonaise zur Erinnerung an die dreihundertjährige Union; erschien im Jahre 1869 ohne seinen Namen. Tymolski behauptet im Gebiete des polnischen Tanzes, namentlich des Mazurs, nahezu seit vier Jahrzehnten in Galizien und Krakau fast allein das Feld. Und diese Unerschöpflichkeit in der Composition, in welcher er thatsächlich auch mit seltenem Geschicke den nationalen Rhythmus und Typus zu treffen versteht, war auch die Ursache, daß ihm von Seite des Lemberger Industrie-Ausstellungs-Comités im Jahre 1877 das Anerkennungsdiplom verliehen wurde.

Theils nach eigenen handschriftlichen Vormerkungen, theils nach Mittheilungen des Verlegers der Tymolski'schen Compositionen Herrn Karl Wild, dem ich hier gern meinen verbindlichsten Dank ausspreche.

**Tyn**, Emanuel (čechischer Schriftsteller, geb. zu Nachod in Böhmen am 16. August 1825, gest. in Prag 22. Februar 1870). Nachdem er das Gymnasium in der Prager Altstadt besucht hatte, begann er das Studium der Theologie, welches er nach dem dritten Jahre aufgab, um sich dem Lehrfache zu widmen. In Budweis wurde er zunächst Supplent am Gymnasium und das Jahr darauf wirklicher Professor zu Kaschau in Ungarn. Aus dieser Stadt in gleicher Eigenschaft nach Olmütz, von da nach Pesth übersetzt, trat er in Folge der Magyarisirung der Mittelschulen in Disponibilität. Nach einiger Zeit erhielt er eine Professur in Troppau und im Jahre 1865 eine solche in Prag am Altstädter Gymnasium, wo er bis 1869 wirkte. Tyn galt als gründlicher slavischer Philolog, als welcher er sich auch mit seinem Werke: *„Časoslovo české ve významu a bohatosti svých tvarův“*, d. i. Das čechische Zeitwort, seine Bedeutung und der Reichthum seiner einfachen und Präpositions-Formen (Prag 1866, Řiwnáč, 8⁰.) bethätigte. Außerdem schrieb er, obgleich bereits durch Krankheit ans Bett gefesselt: *„Padesáte žalmů v rýmu novověkém“*, d. i. Fünfzig Psalmen in modernen Reimen (Pilsen 1869, K. Mansch, 8⁰.), eine Arbeit, welche von der Kritik mit Wärme aufgenommen wurde.

Slovník naučný. Redaktoři Dr. Frant. Lad. Rieger a J. Malý, d. i. Conversations-Lexikon. Redigirt von Dr. Franz Lad Rieger und J. Malý (Prag 1872, J. L. Kober, Lex.-8⁰.) Bd. IX, S. 679.

**Tyrchowski**, Nicolaus (Schulmann, geb. in Galizien 1785, gest. zu Krakau 1863). Das Gymnasium und die Universitätsstudien beendete er in Krakau, dann widmete er sich dem Lehrfache, in welchem er von 1817 bis 1833 am St. Barbara-Lyceum zu Krakau als Professor der Mathematik wirkte. Im Jahre 1833 zum Rector des St. Anna-Lyceums daselbst ernannt, verblieb er in dieser Stellung bis 1852, in den Mußestunden, welche ihm sein Beruf übrig ließ, für vorgerücktere Schüler die Pädagogik vortragend. Nachdem er sein Lehramt niedergelegt hatte, widmete er den Rest seines Lebens dem Wohle der Menschheit, und zwar als Krakauer Stadtrath bei der Abtheilung für Wohlthätigkeitsanstalten. Tyrchowski galt als ein tüchtiger Lehrer, als ein gründlicher Pädagog und wurde von der Jugend, seinen Collegen und Zeitgenossen geliebt und geachtet. Sein Andenken als Bildner vieler Tausend Schüler lebte lange noch fort, als er selbst nicht mehr war. Bekannt ist von seinen schriftstellerischen Arbeiten nur die Beschreibung des Lyceums von St. Anna in Krakau (Opis liceum sw. Anny w Krakowie), welche in Maczyński's „Denkwürdigkeiten Krakaus“ (Pamiatky z Krakowa) erschien. — Des Vorigen Sohn **Wladislaw** (geb. in Krakau 1820) besuchte die Schulen am Lyceum zu St. Anna in Krakau und beendete die philosophischen und medicinischen Studien an der jagiellonischen Universität daselbst, an welcher er 1844 mit der Inaugural-Dissertation über den Weichselzopf, die er dann auch veröffentlichte, die Doctorwürde der Medicin und Chirurgie erlangte. Nun besuchte er zur weiteren Ausbildung die Hochschulen in Berlin und Paris und fungirte nach seiner Rückkehr aus der Fremde zwei Jahre als Adjunct der Lehrkanzel für Geburtshilfe an der Universität in Krakau. 1850 wurde er zum Spitalsarzt in Plock und zum Mitglied des Staatssanitätsrathes ernannt, und 1861 erhielt er nach abgelegtem Concurse die Professur der Geburtshilfe an der dortigen medicinisch-chirurgischen Akademie, von welcher er später an die Warschauer Hochschule berufen wurde. An derselben bekleidet er gegenwärtig mit der Dekanswürde der ärztlichen Abtheilung die Stelle eines Mitgliedes des königlichen Sanitätsrathes und des obersten Rathes für Wohlthätigkeitsanstalten. Durch den Druck hat Tyrchowski bereits folgende Werke veröffentlicht: „*De Trichomate quod vulgo plica polonica appellatur*“ (Krakau 1844, 8⁰.), ursprünglich als Concursaufgabe in polnischer Sprache ausgearbeitet, worauf ihm von der Krakauer Sanitätssection die Mittel angewiesen wurden, dem Ursprunge dieses Uebels in Polen nachzuforschen; — „*O epidemijach cholerycznych w Plocku*“, d. i. Von den Choleraepidemien in Płock (Warschau 1860, 8⁰.) und „*Rys polozvictwa praktycznego*“, d. i. Grundriß der Geburtshilfe (Krakau 1861, 8⁰.).

**Tyroler**, J. (Kupferstecher, Ort und Jahr seiner Geburt unbekannt). Ein sehr geschickter Kupfer- und Stahlstecher, arbeitete er in den Vierziger-Jahren in Pesth. Kein Künstler-Lexikon gibt von ihm Kunde, auch in den sehr reichhaltigen Verzeichnissen der Maler, Kupferstecher, Schriftsteller, welche sich zu Ende der „Geschichte Oesterreichs“ von Alexander Patuzzi (Wien bei Wenedikt, schm. 4⁰.) befinden, kommt sein Name nicht vor. Herausgeber dieses Lexikons besitzt von diesem Künstler, der sich durch einen zarten und doch kräftigen Stich auszeichnet, mehrere Blätter, Bildnisse und andere Darstellungen, welche eine feste, sichere Hand im Stiche und Geschmack in der Ausführung bekunden. Die Bildnisse sind: „Erzherzog Stephan“, mit dem Facsimile des Namenszuges István. Bezeichnet: Tyroler sc., gedruckt bei Tyroler, Beilage zum „Ungar“ 1747; — „Lola Montez“, bez.: Tyroler, Verlag des „Ungar“ 1847; — „Papst Pius II.“ (Aeneas Sylvius), bez.: Tyroler J. mecz. (gedruckt in Pesth bei Frey 1853); — „Michael Szilágyi“, bez.: Tyroler mecz. Pest (Pesth 1858, Frey), vorgenannte Blätter sämmtlich in 4⁰.; die anderen Blätter zeigen folgende Unterschriften: „Zwei „„Löwen““ in ihrer Behausung“, Beilage zum „Ungar“ 1846 (kl. Qu.-Fol.), zwei junge Leute machen Toilettevorbereitungen, der Eine sucht die Schäden seiner schlissigen Halsbinde zu verbergen, der andere schwärzt mit Tinte die Blässen seines alten Hutes; — „Maria“ (4⁰.), eine ungarische Frauengestalt, Bruststück; — „Sarolta“ (4⁰.), ein Landmädchen, gleichfalls Bruststück; — „Der Carneval in Rom“, Verlag des „Ungar“ 1847 (4⁰.); — „Park und Restaurationsgebäude im Steinbruch nächst der Eisenbahn“, Verlag des „Ungar“ 1847 (4⁰.); — Ein Blatt ohne Unterschrift, offenbar eine Caricatur auf Franz Liszt [Bd. XV, S. 247] zu Gunsten des Nationalökonomen Friedrich List, der sich das Leben nahm. Es zeigt den erschossenen List auf dem Boden liegend, daneben die Zeichen des Mangels und der Armut, während neben ihm Franz Liszt Clavier spielt und über Beiden der Dämon Gold mit einer Hand Franz Liszt den vollen Beutel entgegenhält, mit der anderen leeren aber auf den todt daliegenden Friedrich List weist. Gleichfalls im Verlag des „Ungar“ 1847 (4⁰.). Das Blatt athmet boshafte Animosität gegen den Tonheros, der damals eben im Zenith seines Ruhmes stand und blos auf die Namensähnlichkeit hin in perfider Weise mit dem unglücklichen Nationalökonomen in Correlation gebracht wird, zu dem er sonst in gar keiner Beziehung steht. Sämmtliche Blätter sind in Pesth gestochen.

**Tyrrell**, Agnes (Tonkünstlerin, geb. zu Brünn 1848). Die Tochter des englischen Sprachlehrers Heinrich Tyrrell in Brünn, wurde sie von dem nachmaligen Stadtrathe Wilhelm Kunst daselbst 1854, sechs Jahre alt, als vielversprechende Clavierschülerin aufgenommen, und in kürzester Zeit entwickelte sich ihr ganz außerordentliches musikalisches Talent. Allmälig von den Elementen zu den Werken hoher Kunst übergehend, verband sie bald mit einer ebenso vollendeten Technik eine geistvolle Auffassung der Werke der verschiedenen Meister, welche sie vortrug. So spielte sie denn schon als zehnjähriges Mädchen öffentlich Compositionen von Beethoven, Mendelssohn u. s. w. mit durchschlagendem Erfolge und trat seither in vielen theils von anderen Künstlern, theils von ihr selbst veranstalteten Concerten auf, sich als eine eminente Pianistin bewährend. Im Jahre 1859 drang ihr Lehrer in sie und ihre Eltern, daß sie zur weiteren künstlerischen Ausbildung das Conservatorium in Wien besuche. Doch kam sie erst später dahin, kehrte aber auch schon nach kurzer Zeit wieder heim, nachdem sie vor den ersten Meistern Proben abgelegt hatte, in denen ihre Kunst als technisch vollendet anerkannt wurde. Nun widmete sie sich mit allem Eifer auch der Theorie ihrer Kunst, lernte Gesang und Violinspiel und brachte es in beiden zu großer Vollendung. In letzterer Zeit warf sie sich auf die Composition, und so hat sie denn Mehreres, zumeist Kammermusikstücke componirt. Als Pianistin besitzt sie einen warmen, seelenvollen Anschlag, welcher besonders in den Cantilenen und getragenen Stellen zur vollen Wirkung gelangt, eine von geläutertem Geschmacke und richtigem Verständnisse zeugende Auffassung, wobei sie von einem erstaunlichen musikalischen Gedächtnisse unterstützt wird, welches sie in den Stand setzt, die schwierigsten Werke der größten Meister auswendig so sicher vorzutragen, als wenn sie dieselben vom Blatt weg spielte.

d'Elvert (Christian Ritter). Geschichte der Musik in Mähren und Oesterreichisch-Schlesien mit Rücksicht auf die allgemeine, böhmische und österreichische Musikgeschichte (Brünn 1873, gr. 8⁰.) S. 185 und 186.

**Tyrš**, Miroslav (Turnmeister sämmtlicher Turnvereine Böhmens, geb. zu Tetschen in Böhmen am 17. September 1832). Nachdem er das Gymnasium auf der Prager Kleinseite besucht hatte, begab er sich seiner schwächlichen Gesundheit wegen in die Turnanstalt des Rudolph Stefani in Prag, wo er zwar in der Kräftigung seines Körpers nicht eben große Fortschritte machte, dagegen aber das Wesen der Turnkunst kennen lernte und nun ihr eifrigster Förderer wurde. 1850 bezog er die Prager Hochschule, wo er sich anfangs den rechtswissenschaftlichen, dann den medicinischen Studien zuwendete, endlich sich aber für die philosophischen entschied und in diesen die naturwissenschaftlichen und geographischen Disciplinen mit besonderem Eifer pflegte. Alsdann ließ er sich in ein paar Turnanstalten Prags aufnehmen, in denen er bald eine besondere Fertigkeit in der Theorie und Praxis des Turnens erlangte. Auch betrieb er von philosophischen Disciplinen die Aesthetik und Alterthumskunde, insofern beide ihm einen Zusammenhang mit dem Turnwesen darboten. 1860 erlangte er in Prag die philosophische Doctorwürde, und im folgenden Jahre arbeitete er mit seinen Genossen aus der Turnanstalt an der Gründung eines Turnvereines. Er selbst entwarf die Statuten, und so trat derselbe unter dem Namen „Sokol“, d. i. Der Falke, der ihm von Professor Emanuel

Tonner [Bd. XLVI, S. 128, im Texte] gegeben wurde, ins Leben. Die erste am 16. Februar 1862 abgehaltene Generalversammlung des „Sokol“ wählte Tyrš zum Vorstandstellvertreter, nachdem man schon früher auf dessen Vorschlag Fügner zum ersten Vorstand ernannt hatte. Oberster Leiter, welche Stelle Tyrš gegenwärtig im Turnwesen Böhmens einnimmt, wurde er nach Uebersiedelung des Vereines in die Apollo-Räumlichkeiten. Die ganze Organisation des „Sokol“ und der mehr als hundert Turnvereine, welche sich allmälig in Böhmen und Mähren, ja aus böhmischen Angehörigen selbst in Amerika bildeten, ist Tyrš' Werk. Die Turnübungen finden in Folge seiner Anregung in čechischer Tracht statt. Um das Turnwesen in anderen Ländern kennen zu lernen, unternahm er, von dem Vereine „Svatobor“ unterstützt, eine Reise, und nach seiner Rückkehr von derselben im Jahre 1868 hielt er im wissenschaftlichen Vereine (Umělecká beseda) einen Vortrag über hellenische Bildhauerkunst, in welcher eben die Schönheit der körperlichen Formen am meisten zum Ausdruck kommt, wodurch der Nachweis des innigen Zusammenhanges des Turnens mit der Kunst von selbst gegeben ist. Seine Bemühungen, eine Generalversammlung sämmtlicher Turnvereine Böhmens zu bewerkstelligen, scheiterte aus leicht begreiflichen Gründen an dem Verbote der Behörden. Nachdem W. Křížek das Mandat als Abgeordneter des Taborer Wahlkreises niedergelegt hatte, wurde Tyrš von letzterem in den Landtag gewählt, und in demselben unterzeichnete er die bekannte Declaration. Im Uebrigen förderte er mit allen ihm zu Gebote stehenden Mitteln bei jeder Gelegenheit die nationale Sache. Durch diese aufreibende Wirksamkeit hatte er bei seiner ohnehin schwächlichen Gesundheit seine Nerven so sehr überreizt, daß er auf Rath der Aerzte sich in die Schweiz begeben mußte. Indessen war er auch nach wissenschaftlicher Richtung nicht unthätig geblieben, und nach Vollendung mehrerer philosophischer Arbeiten eben im Begriffe, sich für eine Docentur der Aesthetik an der technischen Anstalt in Prag zu habilitiren, ergriff ihn das Leiden so mächtig, daß er sich genöthigt sah, wieder auf Reisen zu gehen. Von seinen Werken ist besonders hervorzuheben: *„Základy tělocviku“*, d. i. Grundzüge der Gymnastik (Prag 1867), welche Schrift zwar eine Ergänzung des Werkes „Kronika práce“ bildet, aber auch für sich allein herausgegeben wurde und ein reiches Material ebenso der Turn-, als auch der Fechtkunst enthält; da ferner Tyrš bezüglich der technischen Ausdrücke für beide schöpferisch auftrat, hat er auch in lexikographischer und philologischer Hinsicht seine Verdienste. In den Jahren 1865, 1866 und 1867 redigirte er auch den „Statisticko-historický přehled jednot Sokolských pro 1865, 1866 a 1867“, d. i. Statistisch-historische Uebersicht der Sokol- (Turn-) Vereine für 1865, 1866 und 1867 (Prag, bei Kober), dessen Reinertrag dem Gründungsfonde des Prager Turnvereines gewidmet wurde. Die Titel seiner übrigen literarischen Arbeiten sind: *„České velení a názvosloví vojenské dle reglementů a polní služby c. k. pěchoty rakouské“*, d. i. Böhmisches Commando und Militär-Terminologie für den Feldienst der k. k. Fußtruppen (Prag 1867, Gregr, 8°.); — *„Cvičení Sokolská“*, d. i. Turnübungen, zusammengestellt von M. Tyrš (Prag 1867, Kober, mit 8 Tafeln in 4°.), die Zeichnungen sind von A. König ausgeführt; — *„Německo-české názvosloví *tělocvičné dle Ravensteina nove a úplně spracováno*", d. i. Deutsch-böhmische Terminologie der Gymnastik. Nach Ravenstein neu und vollständig bearbeitet (Prag 1868, Kober), dabei befindet sich auch die böhmisch-französische Terminologie der Fechtkunst nach Lübke; — in Gemeinschaft mit Major Em. von Friedberg und Karl Prohazka bearbeitete er auch die dritte Serie des „*Atlas názorný k slovníku naučnému*", d. i. Anschauungs- und Bilder-Atlas zum čechischen Conversations-Lexikon, welcher das Kriegswesen (Válečnictví polné a vojenství) enthält und mit 29 Tafeln Abbildungen ausgestattet ist; — dann erschienen noch: „*Hod Olimpický*", d. i. Olympische Spiele (Prag 1869, E. Gregr, 8°., mit einer Karte); — im Jahre 1868 begann er in Gemeinschaft mit Franz Čermák die Herausgabe des „*Sborník Sokolský*", d. i. Turn-Almanach (Prag, Kober, 8°.) und der „*Základové tělocviku*", Sešit 1—2 s 128 vyobrazeními, d. i. Anfangsgründe des Turnens, drei Hefte mit 128 Abbildungen (Prag 1869 bis 1870, Kober, 8°.). Tyrš besitzt um die Entwickelung des böhmischen Turnwesens, welches sich unter seiner Oberleitung zu seltener Vollendung aufgeschwungen hat, große Verdienste, denn die Höhe, auf welcher sich dasselbe zur Zeit befindet, ist ausschließlich das Werk seines rastlosen Eifers, seiner Ausdauer und Energie. Er hat darin allmälig die Elemente eines nationalen, im ganzen Lande verbreiteten, auf ein einheitliches Commando abgerichteten Heeres geschaffen, welches auf einen Ruf schlagfertig dasteht. Möchten denn doch auch die Deutschen zur Bildung ähnlicher Vereine sich aufraffen, um, wenn der Augenblick gekommen, ebenso schlagfertig dazustehen.

**Tysiewicz**, Johann (Maler, geb. im Stanislawower Kreise Galiziens im Jahre 1815). Die Schulen besuchte er in Stanislawow und Lemberg, und da er von früher Jugend ebenso Neigung wie Talent zur Kunst zeigte, kam er, unterstützt von einigen Edelleuten seines Vaterlandes, in das Atelier des damals im Zenith des Schaffens stehenden Porträtmalers Amerling in Wien. Bei diesem arbeitete er bis 1842. In der Jahresausstellung der k. k. Akademie der bildenden Künste in Wien 1841 war von seiner Hand das erste Oelbildniß zu sehen. Eine „Maria Magdalena". 1843 ausgestellt und später in den Besitz des Grafen Breuner gelangt, lenkte zuerst die Aufmerksamkeit des kunstsinnigen Publicums auf den Maler. Das Bild ist nichts weiter als die in Maria Magdalenas Gestalt umgeformte „Orientalin" Amerling's, eines Effectbildes, welches namentlich durch seine Beleuchtung zu wirken bestimmt war. Immerhin aber zeigte Tysiewicz lebendigen Farbensinn in jenem Gemälde, zu welchem die Menge förmlich wallfahrtete, so daß der Künstler für einige Zeit der Held des Tages war. Es wurde ihm auch die Auszeichnung zutheil, mehrere Mitglieder des kaiserlichen Hauses zu malen. Nun unternahm er eine große Reise, besuchte Constantinopel, Berlin, Dresden, Warschau, dann München und Paris, an letzteren zwei Orten längere Zeit verweilend; dann ging er nach Rom, wo er seinen bleibenden Aufenthalt nahm. Von seinen Arbeiten gelangte nur wenig in die Oeffentlichkeit, so in die Monatsausstellungen des österreichischen Kunstvereines im November 1855: „Ein maurisches Mädchen" (350 fl.) und im Juli 1856: „Ein h. Paulus", „Ein h. Petrus" und ein „Weiblicher Studienkopf", letzterer Aquarell. Ob der Künstler noch lebt, ist dem Herausgeber dieses Lexikons unbekannt. In Werken über Kunst und Künstler suchen wir Tysiewicz vergebens.

Slovník naučný. Redaktořl Dr. Frant. Lad. Rieger a J. Malý, d. i. Conversations-Lexikon. Redigirt von Dr. Franz Lad. Rieger und J. Malý (Prag 1872, J. L. Kober, Lex.-8°) Bd. IX, S. 683

**Tyssowski,** Joseph (Dictator von drei Tagen, 22. bis 25 Februar 1846, im Freistaate Krakau, geb. in Galizien um das Jahr 1811, gest. zu Washington in Nordamerika am 6. April 1857). Der Vater, welcher als Beamter in Diensten der k. k. Regierung stand, starb, als der Sohn erst neun Jahre zählte, und hinterließ seine Frau mit drei unversorgten Kindern. Die Hinterbliebenen mußten ihren Unterhalt mit der kleinen Pension von zweihundert und etlichen Gulden bestreiten. Unter solchen Verhältnissen sah sich Joseph, seit er das Gymnasium besuchte, nicht nur auf Selbststudium angewiesen, sondern auch gezwungen, das geringe Witwengehalt seiner Mutter durch Unterrichtertheilen zu vergrößern. Dadurch aber gewann der Knabe an Selbstständigkeit und sein Geist auch Neigung zu poetischem Schaffen, welche sich bald in verschiedenen Reimereien Luft machte. „Im Alter der Illusionen“, wie er selbst in einem 1841 an den Lemberger Gubernialpräsidenten Baron Krieg gerichteten Bittgesuche schreibt — er war damals 19 Jahre alt — überraschte ihn die polnische Revolution. Die Sucht, auch als Held zu glänzen, tausend Anlockungen, die Einem zu jener Zeit in Wort und Schrift, in der Schule und auf der Gasse und besonders in Kaffeehäusern begegneten, mitunter auch der Wunsch, der mütterlichen Zuchtruthe zu entschlüpfen, kämpften so lange in seinem Herzen gegen das Pflichtgefühl des Sohnes, bis Joseph im März 1830 unter dem Vorwande, zu seinem Namenstage eine Landpartie zu machen, die Erlaubniß seiner Mutter erwirkte, auf zwei Tage nach Winniki, einer unweit Lemberg gelegenen Ortschaft, zu gehen. Statt nach Winniki begab er sich nun mit einigen Gulden in der Tasche nach Zamosc. Etwas über ein Jahr machte er das revolutionäre Treiben mit, dann kehrte er gegen den Monat Mai 1831 in zerlumpter Soldatenkleidung heim. Die Erfahrungen dieses einen Jahres schienen nicht ganz ohne Eindruck auf ihn geblieben zu sein, denn vor einer kreisamtlichen Commission, welche den jungen Rebellen verhörte, erklärte er, daß er seine Fehler bereue und nun bereit sei, sein Blut in jedem Augenblicke unter Oesterreichs Fahnen zu verspritzen. Diese seine reumüthige Haltung mochte wohl auch mit Rücksicht auf seine Jugend die Commission bestimmen, milde mit ihm zu verfahren, denn es wurde ihm einstweilen nur der Besuch der Lemberger Universität untersagt und ihm bedeutet, daß er drei Jahre lang von seinem jeweiligen Aufenthaltsorte sich ohne Wissen der Polizei nicht zu entfernen habe. So machte er sich denn bereit, zur Fortsetzung seiner Studien nach Wien zu gehen, und um die Zeit bis zum Beginne des Studienjahres auszufüllen, so wie auch um einiges Geld zur Reise nach dieser Universitätsstadt zu erwerben, trat er in die Kanzlei bei einem Lemberger Advocaten ein und übernahm die Erziehung der zwei Söhne eines polnischen Edelmannes Namens Cajetan Leo Karnizki, welchen er auch mit polizeilicher Erlaubniß nach Lubunic in Polen begleitete. Nachdem er sich endlich sein Reisegeld erspart hatte, begab er sich Ende September 1841 nach

Wien, wo er die Rechte studirte und der ihn fortwährend beobachtenden Polizei keinen Anlaß gegen ihn einzuschreiten bot. Im Gegentheil, sein Verhalten war ein so musterhaftes, daß er sogar die Befreiung vom Collegiengelde und die Befugniß zur Ertheilung des Privatunterrichtes in den Gymnasialschulen erhielt. Unter solchen Verhältnissen beendete er die Rechtsstudien, erlangte die juridische Doctorwürde, dann die Befugniß, juridischen Privatunterricht zu geben, und wurde zuletzt als Practicant bei der Wiener k. k. Hofkammerprocuratur aufgenommen. Während dieser ganzen Zeit seines Aufenthaltes in Wien auf sich selbst angewiesen, war er als Erzieher und Lehrer in verschiedenen Familien und Anstalten daselbst thätig, so unterrichtete er die Söhne des k. k. Kriegscommissärs von Mammer, trat dann als Lehrer in die Privat-Erziehungsanstalt des Herrn Hock ein, übernahm ferner die Erziehung des Sohnes des Banquiers Bacher und nach einiger Zeit jene des Sohnes der damals in Wien sich aufhaltenden russischen Edelfrau Grabianczyna. Endlich kam er als Gesellschafter in das Haus des Grafen Johann Adam von Traun-Abensberg. Dieser gewann ihn bald so lieb, daß er, obgleich ihm Tyssowski seine ganze Vergangenheit mittheilte, demselben doch den Unterricht seines Sohnes in den rechtswissenschaftlichen Studien übertrug, ihm auch zur Erlangung des Doctorats verhalf, ihn dann später noch in Lemberg mit nicht unerheblichen Summen unterstützte und ihm überhaupt sonst viele Beweise seines Vertrauens und seines Wohlwollens gab. Tyssowski blieb im Hause des Grafen Traun, bis ihn die Verhältnisse seiner Familie in Lemberg dahin abriefen. Wiederholte Versuche, dieselbe nach Wien zu bringen, scheiterten, und so war er denn genöthigt, selbst zu ihr zurückzukehren. Er gab aus diesem Anlaß seinen Staatsdienst auf und trat in Lemberg bei einem Advocaten ein. Und nun begann eine trostlose Zeit für ihn, denn wie er auch seine Kräfte anstrengte, um seine Familie zu erhalten, es reichte nicht, und dazu gesellte sich noch als weiteres Unglück, daß er die Appellationsprüfung nicht bestand. Angestrengte Arbeit und Verdruß über dieses Mißgeschick warfen ihn aufs Krankenbett. Nach seiner Genesung arbeitete er wieder in einer Advocatenkanzlei, gab nebenbei Unterricht, theils in verschiedenen Lehrgegenständen, theils in der französischen Sprache, hielt, von seiner Mutter und seinen Geschwistern unterstützt, Kostknaben, und als sich unter diesen Umständen seine Verhältnisse besser gestalteten, heiratete er eine Cousine, die eltern- und vermögenslose Waise Antonie Leska, aus reiner Zuneigung. Er wurde nun mit einem reichlichen Gehalte Secretär auf dem fürstlich Sanguszko'schen Schlosse Gomnisk bei Tarnow. Nachdem er dritthalb Jahre auf diesem Posten thätig gewesen, vertauschte er denselben mit der noch vortheilhafteren Stelle eines Güterinspectors des Grafen Kuczkowski auf Zassow, einige Meilen von Tarnow gegen die Weichsel zu. In dieser Stellung befand er sich noch, als im Februar 1846 die polnische Revolution ausbrach. Ueber die Pläne und Anstalten derselben, sowie über die Ursachen — reine Zufälle — des Mißlingens unterrichtet uns die Schrift: „Aus dem Tagebuche eines Officiers der westgalizischen Armee" ganz ausführlich. Wie bekannt, war Krakau der Herd des Aufstandes, und da die österreichische Regierung von der Bewegung ganz überrascht und also völlig unvorbereitet war, so geschah es, daß die von österreichischen Truppen nur in höchst ungenügender Weise besetzte Stadt schon am 25. Februar von diesen in Folge der in Massen herbeiströmenden Aufständischen geräumt werden mußte. Unsere Quelle gibt ein recht anschauliches und sachgetreues Bild der damaligen Zustände. Der Senatspräsident Abbé Schindler brachte sich in Sicherheit, die übrigen Senatsmitglieder wollten nicht mehr Senatoren, sondern einfach Bürger heißen, und so bildete sich im Hause des Grafen Jos. Wodzicki unter dessen Vorsitz ein Sicherheitscomité, dessen ganze Thätigkeit in Abfassung einer Proclamation sich concentrirte, und welchem schon nach kaum drei Stunden ein Ende gemacht wurde. Nach acht Uhr Abends erschien auf dem Rathhause unser Held, der vor Jahren vor einer kreisamtlichen Commission seinen Jugendirrthum bereuend, erklärt hatte, sein Blut in jedem Augenblicke unter Oesterreichs Fahnen zu verspritzen, Jean Tyssowski, in Gemeinschaft mit Ludwig Gorzkowski und Alexander Grzegorzewski in polnischen Nationalschärpen an der Spitze von mehr als dreihundert uniformirten Krakusen und löste das erwähnte Comité mit der Eröffnung auf: daß sie in Folge einer in Paris am 21. Jänner gehaltenen Sitzung von der allgemeinen Verschwörung mit der Nationalregierung bestellt worden seien, worauf das Comité vom Ruder zurücktrat und die oberste Gewalt unbeanständet in die Hände der obengenannten Drei überging. In dem sogenannten grauen Hause, auf welchem sofort die polnische Nationalfahne aufgesteckt wurde, schlug die neue Regierung ihren Sitz auf und rief die Revolutionsbehörden ins Leben. Noch am 22. Abends und am 23. Vormittags erschienen ihre Beschlüsse oder Manifeste. Der Regierungsadvocat Piemierzik las dieselben vom Balcon des grauen Hauses ab, und die zahlreich versammelten Krakusen leisteten an Ort und Stelle den Eid. Diese Manifeste wurden nun gedruckt und in zahllosen Exemplaren in alle Provinzen versendet, fanden aber, wie es sich bald zeigte, nur sehr geringen Anklang. Die Unfähigkeit der neuen Regierung trat nur zu bald zu Tage. Statt, wie unsere Quelle schreibt, den kostbaren ersten Augenblick der Bestürzung der österreichischen Behörden auszunützen, den abziehenden General Collin, der sich für seine Fehler später verantworten mußte, mit allen Rebellenhaufen nachdrücklichst verfolgen zu lassen und die Revolution energisch im ganzen Lande zu verbreiten, statt die nöthigsten Gesetze und Anordnungen zu allgemeinen Aufgeboten und Kriegsrüstungen zu erlassen, begann man zunächst mit Cabalen gegen die eben ins Leben tretende Regierung und beschränkte sich nebenbei auf einige kirchliche und damit im Zusammenhange stehende finanzielle Operationen. So wurden denn Gebete vertheilt, Messen, Processionen zum Danke für den glorreich vertriebenen Feind (!), Schauspiele für den Sieg des polnischen Schwertes (!) angeordnet. Der Vicar Solarski aus Bobrok, ein geborener Revolutionär, wie die Mehrzahl der polnischen Capläne und Vicare, weihte öffentlich in der Marienkirche auf dem Ring die Waffen zum Kampfe für „die Ideen der neuen Zeit". Alsdann wurden für die „Sache des Vaterlandes" die Cassen, das Silber, die Kirchengefäße der Geistlichkeit nebst patriotischen Opfern von Privaten in Empfang genommen. An alledem hatte der Dictator an und für sich keinen eigentlichen Antheil. Erst mit dem Manifeste, welches er am 25. Februar erließ, trat er werkthätig auf den Schauplatz der Revolution. Dieses Manifest ist aber auch in jeder Hinsicht bemerkenswerth. Ueberschrieben: „An alle Polen, welche lesen können", lautet es: „Einem Jeden, der nur lesen kann, befiehlt der Dictator, sobald er diese Proclamation in die Hände bekommt, die Stadteinwohner zusammenzurufen und an sie mehr oder weniger mit diesen Worten so überzeugend als möglich zu sprechen, daß das Volk den Zweck der Revolution klar auffasse und fühle. Polnisches Volk! Die in der Republik Polen ausgebrochene Revolution hebt jeden Frohndienst, Grundzins und jede Abgabe auf, so daß also die Grundstücke, für welche ihr bis jetzt irgendwelche Dienste geleistet, auch Zinsen zu geben verpflichtet waret, von nun euer unbedingtes Eigenthum werden, dessen ihr euch, wie es euch gefällt, bedienen könnt. Wer euch zum Frohndienst oder zu Abgaben zwingen sollte, wird bestraft werden. Diejenigen, welche keine Grundstücke besitzen, Knechte und Wirthsleute, und besonders Diejenigen, welche im Heere der Republik kämpfen, werden von den Nationalgütern, sobald der Freiheitskampf beendet sein wird, bezahlt werden. Für die Handwerker werden Nationalwerkstätten angelegt, wo der Arbeitslohn zweimal größer sein wird, als der, welchen sie jetzt erhalten. Die Regierung hebt alle Privilegien, den Adel und den Druck auf und erklärt alle Menschen als gleich. Also deines Wohles wegen, polnisches Volk, ist die Revolution ausgebrochen, sie gibt dir die Rechte wieder, die dir entrissen wurden. Ueberall, o Volk, mache das, was du gehört hast, bekannt und gedenke: daß es deine Pflicht ist, deine Rechte zu vertheidigen, wie auch ein jeder Pole sie vertheidigen wird gegen die kaiserlichen Oesterreicher, als auch Preußen und Russen und gegen einen Jeden, der diese Rechte entreißen wollte uns, dem Volke, uns den Bauern, uns den Polen. Krakau am 25. Februar 1846. Tyssowski. Eduard Dembowski, Secretär des Dictators." Dies ist das wichtigste Schriftstück, welches der Dictator von drei Tagen erlassen und worin er Alles gethan hat, um der Revolution, die noch sehr schwach auf den Beinen war, das Gehen zu erleichtern. Die nächsten Versuche bestanden darin, Galizien von Oesterreich loszureißen. Zu diesem Zwecke war schon am 23. Februar von Krakau eine Insurgentenabtheilung aufgebrochen und hatte am 24. das von Truppen entblößte Wieliczka genommen, sich in die dortigen Cassen getheilt, den Aufruhr bei einem solennen Hochamt der längst gewonnenen Geistlichkeit feierlichst verkündigt, sich aus den für die „Krakauer Ideen" bestochenen Grubenarbeitern und anderen Gleichgesinnten verstärkt und war dann auf Bochnia losgerückt. Trotz dieser Fortschritte gab es eine Partei der Aufständischen, welcher der Dictator nicht energisch genug handelte, und so geschah es denn, daß auch dieser zweiten Regierung nach dreitägiger Dauer, am 26. Februar, der Garaus gemacht wurde. Der Professor der allgemeinen Geschichte und Literatur an der Krakauer Universität Michael Wiszniewski, dessen wir in diesem Lexikon noch gedenken werden, trat mit mehreren Gleichgesinnten, darunter der bekannte Hilar Meciszewski [Band XVII, S. 229], der Krakauer O'Connell genannt, zu einer Partei zusammen, welche eine Gegenrevolution beschloß. Sein Anhang bestand meist aus Männern des Schulfaches und aus Studenten. An ihrer Spitze stürzte er Nachts um

2 Uhr in das Zimmer des Dictators Tyssowski und klärte diesen über die Wünsche der Nation und die seinigen ziemlich unsanft auf. Tyssowski läßt einige Worte wie Rebell und Landesverräther hören, wird aber in der Fortsetzung seiner Rede durch ein Pistol unterbrochen, welches Wiszniewski's Sohn ihm auf die Brust setzt, worauf er seine Dictatorstelle niederlegt, welche Wiszniewski aufnimmt. Das Volk war bei Anbruch des Morgens in nicht geringem Grade erstaunt, an allen Straßenecken zu lesen: man sei seinen Wünschen zuvorgekommen und habe Wiszniewski in Folge des Rücktrittes Tyssowski's zum Dictator erwählt. Noch mehr aber erstaunte es, als gleich darauf ein Manifest folgenden Inhaltes erschien: „Der Dictator an das polnische Volk! Die heute früh bekannt gemachte Entsagung der Macht zu Gunsten Michael Wiszniewski's erkläre ich als durch Verrath und Waffen erzwungen. In Folge dessen übergebe ich Michael Wiszniewski dem Revolutionstribunal. Krakau am 26. Februar 1846. Tyssowski, Dictator". Nun geschah es, daß Wiszniewski weder um das Revolutionstribunal, noch dieses um Jenen sich kümmerte. Da beide Parteien gleich stark an Zahl, aber auch gleich unfähig zur Durchführung ihrer Aufgabe waren, so blieben auch ihre Häupter, zu denen Tyssowski wie Wiszniewski sich selber creirt hatten, eine Weile neben einander bestehen, wodurch die Rebellion nicht eben gefördert wurde. Indessen nahte die Nemesis mit ihrem zermalmenden Schritte. Oesterreicher und Russen waren im Anmarsche begriffen, Benedek, der Falke von der Weichsel, wie ihn das dichtende Volk treffend bezeichnete, eilte von Lemberg herbei. Die beiden Dictatoren wollten mit General Collin, der inzwischen mit Verstärkungen erschien, unterhandeln, aber dieser erklärte als braver Soldat, daß er mit Rebellen nicht unterhandle, und so suchten sie mit ihrem bewaffneten Anhange das Weite und überließen Krakau seinem Schicksale und der Gnade des Siegers. In kurzer Zeit fiel Tyssowski in die Hände der kaiserlichen Regierung. Und wie schon einmal, so spielte er auch jetzt die Rolle des Reuigen, und machte ganz umständliche Geständnisse, wodurch er sich seine Haft und sein Loos erleichterte. Eine eigentliche Verurtheilung erfolgte nicht, es wurde nur seine Auswanderung nach Amerika eingeleitet. In der That langte er auch zu Anfang des Monats März 1847 unter Polizeiaufsicht in Triest an. Dort erhielt er namhafte Geldmittel zur Ueberfahrt, welche in Begleitung seiner Gattin auf dem Schiffe „Vulcan" stattfand, überdies ließ ihm die kaiserliche Regierung auch bei seiner Landung auf amerikanischem Boden eine namhafte Summe bei dem österreichischen Geschäftsträger in Washington Herrn von Gerold anweisen. Später erfuhr man von dem dreitägigem Dictator der Republik nur seinen Tod, der ein Decennium danach zu Washington erfolgte. Wenn man das Leben dieses Verschwörers, und zwar nach dessen eigenen Aufzeichnungen kennen gelernt, so stellt man sich unwillkürlich die Frage, wie es geschehen konnte, daß dieser Mensch, der schon einmal die Gnade des Kaisers erprobt und ihm seine Treue für die Zukunft auf das feierlichste gelobt hatte, wie dieser Mensch, der nach mannigfachen Kämpfen mit dem Schicksale sich endlich eine schöne und gesicherte Existenz errungen, seine einträgliche Stellung, sein Weib, seine hilflose Mutter einer politischen Chimäre opfern und eine Regierung, der er nicht

lange vorher mit allen denkbaren Dankesphrasen geschmeichelt, zum zweiten Male so erbärmlich betrügen konnte? Es gibt nur eine Antwort darauf. Der Tarnower Bezirk war seit jeher der polnische Revolutionswinkel und vielleicht noch gefährlicher als Krakau, wo unter den Fittigen des Freistaates der Samen der Rebellion leicht in Blüte und Frucht schießen konnte. Dorthin kam Tyssowski in dem Augenblicke, als seine Verhältnisse sich günstiger zu gestalten begannen, und einmal in den Schlingen der unverbesserlichen adeligen Tarnower Verschwörer, fehlten ihm Muth und Wille, sich denselben zu entreißen, und so spielte er die klägliche Rolle des dreitägigen Dictators, welche mit der Verbannung aus seiner Heimat und mit dem Tode fern von der heimatlichen Erde, weit über dem Ocean ihr Ende fand.

Allgemeine Zeitung (Stuttgart, Cotta, 4°.) 31. Jänner 1847, Beilage Nr. 31; 6. Februar 1847, Beilage Nr. 37; 18. Februar 1847, Nr. 49: „Aus dem Tagebuche eines Officiers der westgalizischen Armee, I—III" [mit den inhaltreichsten und interessantesten Aufschlüssen über die polnische Rebellion im Februar 1846.] — Dieselbe, 13. März 1847, Nr. 72: „Joseph Tyssowski".

**Tyszkiewicz**, Zdislaw Graf (Mitglied des Abgeordnetenhauses des österreichischen Reichsrathes, geb. in Galizien 1838). Der Sproß einer alten lithauischen Familie, über deren Ursprung und einzelne hervorragende Persönlichkeiten die Quellen [siehe die Nebenspalte] näheren Nachweis geben. Ein Sohn des Grafen Georg Heinrich Theodor (geb. 1797) aus dessen Ehe mit Felicie geborenen Gräfin Werszowiec-Rey, erhielt er seine wissenschaftliche Ausbildung zu Löwen in Belgien. Nach der Rückkehr ins Vaterland nahm er auf seinem Gute Werynia in Galizien bleibenden Aufenthalt, daselbst sich der Landwirthschaft widmend. Sein Heimatsbezirk Kolbuszowa wählte ihn in die Bezirksvertretung, und letztere, deren Obmann er gegenwärtig ist, sendete ihn in den galizischen Landtag. Als im Jahre 1878 das Mitglied des Abgeordnetenhauses Ludwig Graf Wodzicki in das Herrenhaus berufen wurde, wählten die galizischen Landgemeinden der Bezirke Rzeszow, Kolbuszowa u. s. w. den Grafen Tyszkiewicz zu ihrem Vertreter im Reichsrathe.

**Porträt.** Holzschnitt. In der Bildnißgruppe der Abgeordneten des österreichischen Reichsrathes, welche in der von Zamarski in Wien verlegten „Neuen illustrirten Zeitung" VIII. Jahrg. (1880) Nr. 22 dargestellt war.

**Zur Genealogie der Grafen Tyszkiewicz.** Die Tyszkiewicz sind eine der reichsten und angesehensten Adelsfamilien in Polen. Ursprünglich in Lithauen ansässig, zogen sie sich später, überall großen Grundbesitz erwerbend, nach Kleinrußland, Congreßpolen und Galizien. Ihr Uebertritt zum Christenthum und ihr Adel datirt nicht über den Anfang des fünfzehnten Jahrhunderts zurück. Ein polnischer Heraldiker bemerkt aus diesem Anlasse: um die Wappen- und Adelsanmaßungen einiger lithauischer Familien auf ihr rechtes Maß zurückzuweisen, genüge es zu sagen, daß der Adel, wie man solchen in der europäischen Gesellschaft auffaßt, seine Wiege im Ritterthume (chevalerie) des Mittelalters habe. Das Christenthum war eine der ersten Bedingungen und die Grundlage alles Adels. Daher könne auch der Adel der lithauischen Familien nur von der Zeit datiren, in welcher derselbe christlich wurde. Jene Vorrechte und jene Vorzüge, welche sie vor dieser Zeit genossen, haben keinen Adelswerth, wie man einen solchen auch nicht den Titeln des Kaisers Soulouque, des Grafen von Marmelade und des Marquis von Confiture, als den privilegirten Classen der Neger auf Haiti beimessen kann. Also erst im fünfzehnten Jahrhunderte verlieh man der Familie Tyszkiewicz die Wappeninsignien des polnischen Adelsgeschlechtes Leliwa (den goldenen Halbmond, zwischen dessen Hörnern der goldene Stern schwebt), welche ursprünglich die Herren und Grafen von Tarnow und dann noch die Granowski von Großpolen, die Melsztin, die Pilecki, Sieniawski und Andere führten. Aus dem Grunde erscheint auch die Familie Tyszkiewicz nicht in dem als Adelsbuch Polens geltenden „Paprocki“. Einer ihrer Vorfahren, der gegen das Ende des fünfzehnten Jahrhunderts lebte, führte den Namen **Timotheus**, popularisirt Tyszko, und gab seiner zahlreichen Nachkommenschaft den Namen Tyszkiewicz, der ja ebensoviel bedeutet als Sohn oder Abkömmling des Tyszko, und dessen sich diese Familie seither bedient. Die Abkunft von Monwid, dem ältesten Sohne Gedymin's Großherzogs von Lithauen, deren sich die Familie rühmt, kann urkundenmäßig nicht erwiesen werden. Doch sei dem, wie ihm wolle, die Familie ist sehr alt, und Anton Alois Misztolt schreibt in seiner „Historia domus Sapiehanae“ wörtlich: „Tyzzkieviciorum antiqua et illustris Domus, utitur Armis Leliwa, initia sua referendo ad Calinicum. Calinicus scilicet Myszkowicz Swidrigielonis et Volatimiris ducis Kijoviensis primus et mareschallus; Capitaneus Putiwlensis et Zwinigrodensis inter caeteros filios etiam Ducem Exercituum Ducatus Kijoviensis Timotheum protulit, a quo clarissima Tyszkieviczorum (qui et Skuminii dicuntur) familia prodiit. Plurimis senatorum subselliis, variis ministeriis et officiis Ministrorum, Magni Ducatus Lituaniae adornata ad praesens usque saeculum legitur. Cujus praecelsos proceres si numerare deberemus, non unius paginae et folii id esset. Enarrati illi longo ordine in Okolski et aliis authoribus leguntur“. Sie hatten große Reichthümer aufgehäuft, allmälig in Lithauen mächtigen Einfluß erlangt und die höchsten Stellen und Aemter im Lande bekleidet. Des Geschlechtes besondere Bedeutung datirt aber aus neuerer Zeit, als zwei Mitglieder desselben, **Louis** Tyszkiewicz, Großnotar von Lithauen, und **Vincenz**, Großreferendar, mit der damals regierenden Familie in nähere Verbindung traten, indem sie zwei Nichten des Königs Stanislaus Poniatowski zu Gemalinen nahmen. Die Eine: Constance Poniatowska, Tochter Kasimirs Fürsten Poniatowski, Großkanzlers der Krone, heiratete den Einen der Genannten; die Zweite: Maria Theresia, Tochter des Andreas und Schwester des Joseph Fürsten Poniatowski, der in der Elster bei Leipzig (October 1813) ertrank, wurde von dem Anderen als Gattin heimgeführt. In Anbetracht des Besitzthums der Herrschaft Lohojsk, auf Grund deren sie ihren Grafentitel ansprechen, und in ihrer Eigenschaft als Erben der Familie Kalenicki, von welcher sie abzustammen vorgeben, erlangten die Tyszkiewicz zu wiederholten Malen in Polen, Sachsen, Rußland und Oesterreich die Bestätigung des Grafentitels. Nach ihren genealogischen Nachweisen wäre Fürst Basil Kalenicki, Wojwode von Smolensk, ein Urenkel des oben erwähnten Monwid, Herzogs zu Slonim und Kiernow, von König Sigismund I. am 17. Februar 1516 als Graf von Lohojsk und Berdyczew-Tyszkiewicz anerkannt und diese Anerkennung wiederholt in den Jahren 1537, 1572, 1629 und 1769 in Polen, von Oesterreich 1787, von Rußland 1823 und 1839 und endlich von Sachsen am 8 November 1871 bestätigt worden. Die Familie breitete sich allmälig sehr aus und theilte sich in mehrere Zweige. Bemerkenswerth ist es, daß nur einer dieser Zweige, und zwar jener, dessen Chef **Marcell Adam** Graf Tyszkiewicz ist, im genealogischen Almanach der gräflichen Häuser stehend aufgeführt wird. Eine Stammtafel dieses Geschlechtes zu entwerfen, mußte ich aufgeben, da mir alle zu einer solchen Ausführung unentbehrlichen Documente fehlen. — Die Familie ist von dem Momente, da sie in die Geschichte eintritt, eine glänzende, und erscheint ihr Namen in den Reihen der Kriegshelden, Hof- und Staatsmänner, Kirchenfürsten und Gelehrten. Im sechzehnten Jahrhunderte finden sich die Tyszkiewicz öfter unter den Paladinen ihrer Könige, unter den Kämpfern gegen die Türken und Tataren, noch öfter aber begegnet man ihren Namen, seitdem das durch eigene Schuld um seine Selbständigkeit gebrachte Polen immer wieder neue Erhebungsversuche unternahm, um das Joch von sich abzuschütteln und seine frühere Unabhängigkeit wieder zu erlangen. Mehrere Tyszkiewicz opferten für ihre Vaterlandsliebe das Leben, wie **Kasimir, Heinrich** und Andere. Einem **Ludwig** Tyszkiewicz begegnen wir als Unterzeichner der Reglements der sämmtlichen Fuß- und Reitertruppen und der Leibgarde des Königs und glauben, ihn, ohne fehl zu gehen, als den eigentlichen Organisator des stehenden Heeres in Polen, welches früher vielmehr aus einzelnen Aufgeboten zusammengesetzt war, betrachten zu dürfen. Andere wieder erschienen als ebenso einflußreiche wie gewandte Organisatoren des Aufstandes, wie **Thaddäus** und **Vincenz**. Unter den Räthen der Krone, theils im unmittelbaren Dienste derselben, theils als Vertreter in Verhandlungen mit anderen Nationen oder als Ablegaten in den Reichs- und Landtagen, nennen wir: **Johann, Johann Anton, Theodor, Zdislaw**; nicht minder ruhmvoll glänzt der Name der Grafen Tyszkiewicz unter den Würdenträgern der Kirche, wofür **Anton**, der Bischof von Źmujdź, der würdige **Georg**, Bischof von Wilna, und als energischer Vertreter des Katholicismus wider den Protestantismus der Jesuit **Georg** anzuführen sind. Als Förderer der Wissenschaft in verschiedenen Richtungen, sei es in der schöngeistigen oder in der Alterthumskunde oder in der Kenntniß fremder Länder, nehmen aber die Tyszkiewicz eine achtunggebietende Stelle ein, wie es **Constantin, Eustach, Michael** und Andere beweisen. — Die Frauen des Hauses, Zierden ihres Geschlechtes, gehören den edelsten Familien ihrer Heimat an, wir nennen nur die Namen: Poniatowski, Wisniowiecki, Plater, Wollowicz, Krzyzanowski, Krakowski. — Nach Grundbesitz und Reichthümern zählen die Tyszkiewicz zu den ersten Familien Polens. Es gehören ihnen ansehnliche Herrschaften und Güter in Lithauen, im südlichen Rußland und in Galizien. Im Jahre 1833 besaßen sie noch in Lithauen: die Herzogthümer Birze und Wołożyn (zusammen 17 Städte, 63 [illegible] mit 34.200 Einwohnern); die Grafschaften [illegible] Abele, [illegible] (zusammen 47 Herrschaften mit [illegible] Einwohnern); im südlichen Rußland: die Grafschaften Bialerol, [illegible] (zusammen 19 Herrschaften mit [illegible] Einwohnern); in Oesterreich-Galizien [illegible] (zusammen [illegible] Herrschaften [illegible]) [illegible] Die [illegible] dieser Familie [illegible] Mitglieder [illegible] 1863 [illegible] 1864 [illegible]

[illegible] Bd. XXV, S. [illegible]

heraldisches Handbuch zum genealogischen Taschenbuch der gräflichen Häuser (Gotha 1855, Justus Perthes, 32°.) S. 1022. — Gothaisches genealogisches Taschenbuch der gräflichen Häuser (Gotha, Justus Perthes, 32°.) Jahrg. 1857, S. 834; Jahrg. 1866, S. 944 und Jahrg. 1873, S. 880. — Notices sur les familles illustres et titrées de la Pologne (Paris 1867, A. Franck, 8°.) p. 189 et 237.]

II. **Denkwürdige Sprossen des Grafenhauses Tyszkiewicz.** 1. **Alexander Skumin** lebte in der ersten Hälfte des siebzehnten Jahrhunderts unter der Regierung Sigmunds III. von Polen. Sein Vater Michael, ein berühmter Kriegsmann seiner Zeit, fand den ritterlichen Tod auf dem Schlachtfelde bei Wollmar in Liefland. Nachdem Alexander seine Vorbildung in der Heimat genossen hatte, ging er auf Reisen, besuchte Deutschland, die Niederlande und Frankreich, wo er wissenschaftlicher Studien halber längere Zeit sich aufhielt. In Paris erlangte er auch die juridische Doctorwürde, bei welcher Gelegenheit eine gelehrte Abhandlung von ihm im Druck erschien. Nun kehrte er ins Vaterland zurück, zog aber sofort in den Krieg, den König Sigmund III. führte, und gerieth in Gefangenschaft, in welcher er mehrere Jahre schmachtete. In derselben übersetzte er die Tragödien Seneca's ins Polnische, doch scheint seine Arbeit nicht im Druck herausgekommen zu sein, da nur die Uebersetzung der Tragödien Seneca's von dem Dominicaner J. A. [illegible], welche zu Thorn 1696 gedruckt wurden, bekannt ist. Dagegen erschien sein lateinisches Gedicht [illegible] „Felix [illegible]" [illegible] im Druck. — 2. **Anton** ([illegible] 17[illegible] [illegible] 1762), [illegible] diebus 4., 5. et 6. Septembris celebrata (Wilno 1752, 4⁰.). Seine statistische Beschreibung von Żmujdz hinterließ er in Handschrift. — 3. **Antoinette** Gräfin Tyszkiewicz, eine Schwester des in Galizien 1792 geborenen Grafen Vincenz [S. 201, Nr. 18], war als treffliche Zeichnerin bekannt. Sie hatte sich in der Zeichenkunst bereits um das Jahr 1795 in Dresden ausgebildet. Auch führte sie mit Geschick die Radirnadel, und ihre mit Figuren staffirten Landschaften werden von Kennern gerühmt. Unter Anderem kennt man von ihr eine Radirung, die malerische Ansicht der Kirche von Grodno vorstellend. Das Blatt ist bezeichnet: *Atte Tyszkiewicz fec.* Außerdem fanden sich von ihrer Hand noch landschaftliche Radirungen aus dem Jahre 1802 vor. — 4. **Constantin** Graf Tyszkiewicz, Zeitgenoß und Bruder des Grafen Eustach, ist ein verdienstvoller Archäolog und Geograph, der sich namentlich die Erforschung Lithauens und Klein-Reussens angelegen sein läßt. Vornehmlich beschäftigte ihn die Erforschung der Quellen des Flusses Wilia. Er legte auch eine Flußkarte desselben an, ließ sie durch den Geometer Szanter zeichnen und gab sie in 12 Tafeln mit 62 Abbildungen heraus. Dann bereiste er das ganze Land Lithauen, um alle alten Burgen, Schlösser, Vogteien und Höfe, dann alte Grabhügel u. s. w. in Augenschein zu nehmen, zu untersuchen und zu beschreiben. Auch ließ er auf eigene Kosten die Denkmäler der heimischen Kupferstichkunst (Pomniki rytownictwa krajowego) drucken, der erste Band (4⁰.) erschien 1858; ein zweiter bereits vollendeter harrt noch der Veröffentlichung. Sonst noch hat er herausgegeben: „Wiadomość historyczna o zamkach i horodyszczach w Litwie i Rusi", d. i. Historische Nachricht von den Schlössern und Burgen in Lithauen und Klein-Reussen (Wilna 1859) und „O Kurhanach w Litwie i zapadnoj Rusi", d. i. Von den Grabhügeln in Lithauen und im nördlichen Reussen (ebd. 1865). — 5. **Eustach** (geb. auf dem elterlichen Gute Łohojsk am 6. April 1814), ein Sohn des Grafen Pius aus dessen Ehe mit Auguste geborenen Gräfin Plater, beschäftigt sich gleich seinem Bruder Constantin [Nr. 4] mit der Alterthumskunde und findet im eigenen Vaterlande das Hauptfeld seiner Forschungen. Dabei humanen Bestrebungen nicht fremd, ist er seit 1840 als Curator über die Schulen im Bezirke Borysow, seit 1847 als solcher über das Staatsgymnasium zu Minsk gesetzt und steht als Schutzherr dem Invalidenvereine von Wilna vor. Er sammelte im Lande überall die Reste aus vergangenen Zeiten, wo er sie fand, und legte dann ein großes Museum von Alterthümern an. Im Jahre 1855 ernannte ihn die archäologische Commission von Wilna zu ihrem Präsidenten und zum Curator des Museums von Wilna, und nun brachte er alle seine Sammlungen demselben zum Geschenke dar. Außer mehreren archäologischen, seine Heimat betreffenden Werken erschienen von ihm: „Pan Choroszcza, obrazek z przeszłości", d. i. Herr Choroszcza, ein Gemälde aus der Vergangenheit (Wilna 1842); — „Druga żona; powiastka", d. i. Die zweite Frau. Erzählung (ebd. 1844); — „Listy z Szwecyi tomi 2", d. i. Briefe aus Schweden, 2 Bände (ebd. 1846); — „Rękopism księdza Bagińskiego", d. i. Das Manuscript des Geistlichen Bagiński (Wilna 1854); — „Karola X. Gustava króla Szwedzkiego trofea", d. i. Karl Gustavs Königs von Schweden Trophäe (ebd. 1856); — „Frydrych Bachström. Ustęp z życia księcia Hironima Fl. Radziwilla", d. i. Friedrich Bachström. Episode aus dem Leben des Fürsten Hieronymus Florian (ebd. 1863); — „Obrazy domowego pożycia na Litwie", d. i. Bilder des häuslichen Lebens in Lithauen (Warschau 1865, 8⁰., mit Holzschnitten); — „Nasze strony. Obrazek litewski", d. i. Unsere Partei. Bild aus Lithauen (Krakau 1871, 8⁰.); — „Vincenty Marewicz, studium obyczajowe", d. i. Vincenz Marewicz, eine Charakterstudie (Warschau 1870); — „Zrodła do dziejów Kurlandji i Semigallii z czasów Karola, królewicza polskiego księcia saskiego", d. i. Quellen zur Geschichte von Kurland und Semigallien aus den Zeiten Karls, polnischen Kronprinzen und Herzogs von Sachsen (Krakau 1870, 8⁰., mit Tafeln in 4⁰.); — „Einige Worte zur Erklärung der im Mitauischen Museum aufbewahrten alterthümlichen Siegelstempel" (Riga 1870, 8⁰.); — „Słup nowożeńców, z podania ludu", d. i. Die Säule der Neuvermälten, aus der Ueberlieferung des Volkes (Warschau 1871); „Sammlung von Medaillen, welche sich auf die Geschichte der Länder und Städte der ehemaligen Republik beziehen und von ihrer ersten Theilung bis zum Tode des Kaisers Nicolaus I. geprägt sind (1772—1855). Aus dem Polnischen übersetzt von O. K." Riga 1871, 4⁰., X und 78 S. und 36 Tafeln); — „Archeologia na Litwie", d. i. Die Alterthumskunde in Lithauen (Krakau 1872, 8⁰.); — „List mieszkańca lasów do pana J. J. Kraszewskiego", d. i. Brief eines Waldbewohners an Herrn J. J. Kraszewski (Wilna 1873, 12⁰.); — „Groby rodziny Tyszkiewiczów", d. i. Gräber der Familie Tyszkiewicz. Vieles von seinen Arbeiten ist in Zeitschriften zerstreut gedruckt. Nicht blos daheim sind seine Verdienste um die Alterthumskunde bekannt und gewürdigt, auch im Auslande sind sie nicht fremd, wofür die Diplome zeugen, mit denen ihn die gelehrten Gesellschaften und Vereine zu Kopenhagen, Stockholm, Riga, Posen, Krakau, Mainz, Bauzen u. s. w. beehrten. [„Eustachy hrabia Tyszkiewicz i jego prace. Napisał Dr. Stanisław Krzyżanowski, poprzedził kilkoma słowy Stanisław Kunasiewicz", d. i. Eustach Graf Tyszkiewicz und seine Arbeiten. Geschrieben von Dr. Stanisl. Krzyżanowski. Mit einem Vorwort von St. Kunasiewicz (Lemberg 1873, 12⁰.). — *Rycharski (Łucyan Tomasz).* Literatura polska w historyczno-krytycznym zarysie, d. i. Polnische Literatur in historisch-kritischem Abriß (Krakau 1868, J. M. Himmelblau gr. 8⁰.) Bd. II, S. 322. — *Woycicki (K. Wł.).* Historyja literatury polskiej w zarysach, d. i. Geschichte der polnischen Literatur in Umrissen (Warschau 1846, G. Sennewald gr. 8⁰.) Band IV, Seite 485. — 6. **Georg** Tyszkiewicz (geb. 1571, gest. zu Krakau am 11. August 1625). Sein Vater, gleichfalls Georg mit Vornamen, war Wojwode von Brzesk und ein rühmlichst bekannter Ritter seiner Zeit, die Mutter eine geborene Wołłowicz. Den ersten Unterricht erhielt er bei den Jesuiten in Wilna, dann kam er nach Rom, wo er 1593 in ihren Orden trat. Nach seiner Heimkehr erlangte er die theologische Doctorwürde und wirkte zu Kalisz, Wilna, Posen und Lublin in verschiedenen Fächern des Lehramtes. In schweren Zeiten versah er die Stelle des Regens in den Collegien seines Ordens zu Thorn, Kalisz, Posen und Krakau, wurde Secretär der Provinz, Instructor der Zöglinge der dritten Probation und starb, 54 Jahre alt, als Regens der ganzen polnischen Ordensprovinz. Als Gelehrter und strenger Ordensmann allgemein bekannt, war er ein heftiger Widersacher aller Andersgläubigen und ein immer streitbarer Kämpfer gegen dieselben. Zur Zeit der Zwistigkeiten seines Ordens mit der Krakauer Hochschule glänzte er als einer der bedeutendsten Vertheidiger seiner Gesellschaft gegen die wider dieselbe erhobenen Angriffe und Beschuldigungen. Die Titel seiner Schriften sind: „Responsio ad famosum libellum contra Patres S. J., qui inscribitur: Concilium de recuperanda et stabilienda pace Reipublicae" (Krakau 1640, 4⁰.), herausgegeben unter dem Pseudonym Nicolaus Ziemecki; — „Nowiny z Torunia, o gwałtownem zabronieniu przez heretyki nabożeństwa i processyj katolickich, roku p. 1614 od jednego katolika", d. i. Nachrichten aus Thorn über die gewaltsame Störung der katholischen Feier und Procession durch die Häretiker im Jahre 1614. Von einem Katholiken (o. O., 4⁰.) anonym; — „Responsio Georgii Tyszkiewicz S. J. ad libellum famosum cujusdam anonymi Thorunensis Patrocinium Veritatis litterarum Thorunensium falso inscriptum" (Krakau 1615, 4⁰.), dieses Werk, welches auch im zweiten Bande der von Sim. Fr. Hahn herausgegebenen „Monumenta vetera et recentia inedita" (Braunschweig 1726) aufgenommen ist, schreibt Maciejowski in seinem „Polnischen Schriftthum" (Pismennictwo polskie, Bd. III, S. 83) irrigerweise einem Autor Namens Łaszczow zu. Auf die in genanntem Werke von Tyszkiewicz erhobenen Beschuldigungen entgegneten die Evangelischen mit einer Vertheidigungsschrift, betitelt: „Obrona prawdy listów z miasta Torunia", d. i. Abwehr der Wahrheit gegen die Nachrichten aus Thorn (o. O. u. J.), worauf der streitbare Jesuit mit folgender Schrift erwiderte: „Vindiciae doctrinae S. J. a calumniis patroni Thorunensium anonymi autore Georgio Tyszkiewicz" (Krakau 1616, 4⁰.). Noch schrieb er „De perfectione" (ebd. 1624, zweite Ausgabe Cöln 1626, 12⁰.), ein Buch voll scholastischer Spitzfindigkeiten; und „Theologia antilogica Lutheranorum et Anthologia Calvinistarum seu Contradictiones de rebus fidei, quas Lutherani et Calvinistae in suis propositionibus concordes discordes admittunt" (ebd. 1624, zweite Aufl. Cöln 1627, 4⁰.). — 7. **Georg** (gest. 17. Jänner 1656) ist einer der bedeutendsten kirchlichen Würdenträger des alten Polen. Ein Sohn des lithauischen Vicekanzlers und Wojwoden von Brzesk Eustach Johann Tyszkiewicz aus dessen Ehe mit Sophie geborenen Fürstin Wiszniowiecki, wurde er zunächst im Elternhause, dann in Krakau unter der Leitung seines Oheims, des Jesuiten Georg [siehe den Vorigen] erzogen, welcher ihn zum Eintritt in den geistlichen Stand bewog. Kaum zum Priester geweiht, erhielt er auch durch Einfluß seines Oheims ein Canonicat in Krakau. Als derselbe zum Provinzial der lithauischen Ordensprovinz aufrückte, begab sich der junge Domherr, der übrigens gründliche Kenntnisse und eine seltene Rednergabe besaß, nach Wilna, wo er 1626 Canonicus, dann Custos und Erzdiakon wurde. Der Bischof daselbst, Eustach Wollowicz, gewann den jungen geistvollen Priester bald lieb und erhob ihn in kurzer Zeit zum Weihbischof von Meton und zum Suffragan von Wilna. Durch den weiteren Einfluß seines Oheims sah Tyszkiewicz auch bald die Aufmerksamkeit König Sigmunds III. auf sich gerichtet. Vom Bischof Wollowicz auf die im Juni 1628 zu Piotrkow abgehaltene Provinzialsynode entsendet, entfaltete er daselbst eine große und ersprießliche Thätigkeit und erstattete, zurückgekehrt, seinem bischöflichen Oberhirten Bericht über die Vorgänge auf dieser Versammlung. Bald danach wurde er von König Wladislaus auf den erledigten Bischofssitz von Żmujdz berufen und auf demselben von Papst Urban VIII. mit der Bulle vom 23. December 1633 bestätigt. Sein erstes Augenmerk richtete er darauf, die ziemlich im Argen liegende Kirchenzucht seiner Diöcese zu heben. Zu diesem Zwecke bereiste er öfter den ganzen Sprengel und nahm dabei in alle Schäden Einsicht, berief eine Diöcesan-Synode nach Worń, auf welcher er selbst den Vorsitz führte, beseitigte viele unnöthige Ceremonien und Bräuche, welche sich im Laufe der Zeit zum Schaden der Kirche eingeschlichen hatten, und ertheilte neue ersprießliche Vorschriften. Unter ihm erstarkte von Neuem der Katholicismus in seiner Diöcese, erstanden mehrere Klöster, namentlich des Dominicanerordens, dem er seine besondere Gunst zuwandte, und mit allem Eifer förderte er das kirchliche Leben. Aus seiner bischöflichen Residenz begab er sich oft auf den Warschauer Landtag oder zum Könige. Letzterer, der ihn besonders hochschätzte, schickte ihn 1638 als Legaten an Papst Urban VIII., und wiederholt sandten ihn die königlichen und lithauischen Stände nach Rom, insbesondere um die Canonisation des h. Stanislaus Kostka zu erwirken. Der Papst, der die geistige Bedeutenheit des Bischofs alsbald erkannte, zeichnete ihn in vielfacher Weise aus, ernannte ihn zu seinem Hausprälaten, zu seinem beständigen Thronassistenten, zum Leiter der liefländischen Missionen, zum bleibenden Administrator des Bisthums von Pilten in Kurland, mit dem Auftrage, die von den Evangelischen gewonnenen Kirchen wieder der katholischen Kirche zurückzuverschaffen. Nach seiner Rückkehr von Rom wurde er von König Wladislaw IV. mit noch anderen Abgesandten auf den nach Thorn einberufenen Congreß der Katholiken und Protestanten gesendet, wo das sogenannte Colloquium charitativum stattfand, bei welchem er unter den theologischen Doctoren beider Confessionen den Vorsitz führte. Als dann im Jahre 1634 der Erzbischof und Primas Matthias Lubieński [Bd. XVI, S. 105, Nr. 3] eine Provinzial-Synode nach Warschau einberief, ernannte derselbe unseren Tyszkiewicz zum zeitlichen Leiter des Capitels. Der Thorner Congreß blieb im Ganzen für die Kirche resultatlos, aber für seine Person erntete Tyszkiewicz den selbst von den Protestanten ihm zuerkannten Ruhm, während der ganzen Zeit der Verhandlungen mit ebenso viel Würde, als christlicher Demuth und Liebe dieselben geleitet und sich auch gegen die Andersdenkenden in humaner Weise betragen zu haben. Als nun Bischof Abraham Wojna starb, würdigte König Johann Kasimir die hohen Verdienste unseres Kirchenfürsten, daß er ihm am 26. März 1649 das Bisthum Wilna verlieh, worauf Tyszkiewicz von Papst Innocenz X. am 8. December desselben Jahres darin bestätigt wurde. In schwerer Zeit übernahm er das neue Bisthum, der schwarze Tod verbreitete in der Diöcese allgemeinen Schrecken, die unglücklichen Kosaken- und Tatarenkriege verwüsteten das Land, und mit ihnen stellten sich Hungersnoth und Elend ein. Mitten unter diesen Verhältnissen residirte Bischof Tyszkiewicz in Wilna, seine oberhirtlichen Pflichten übend, das verzagte Volk durch sein eigenes Beispiel ermunternd und aufrichtend. Als die Noth 1654 ihren Höhepunkt erreichte, berief er eine Diöcesan-Synode nach Wilna, um mit den auf ihr versammelten Dechanten und Pröpsten über die Bedürfnisse der Bevölkerung und über die Mittel zu berathen, durch welche der allgemeine Jammer möglichst gemildert und gebannt werde. Erst als das Unglück immer mächtiger hereinbrach, als die Kosaken und Tataren bis vor Wilna sich herangewagt, übergab er die geistliche Leitung dem Canonicus Kleczkowski, um sich an den Hof des Prinzen Thronfolgers zu begeben, wo er aber gleich darauf erkrankte und schon nach wenigen Tagen starb. Tyszkiewicz war ein ebenso energischer als gottesfürchtiger Kirchenfürst, verehrt von seiner Geistlichkeit und von seinen Gemeinden. Für seine Kirche that er viel, er restaurirte die Kathedrale und erbaute mehrere Gotteshäuser, sie mit allem Erforderlichen ausstattend. Als Deputirter des Fiscal-Tribunals gedenken seiner die Constitutionen der Jahre 1633, 1634, 1635 und 1637. Im Druck gab er heraus: „Synodus Dioecesana Mednicensis seu Samogitiae A. D. 1636 d. 13. Mensis Januarii celebrata“ (o. O. 1636, 4°.). [*Łętowski (Ludwik).* Katalog biskupów, prałatów i kanoników krakowskich, d. i. Verzeichniß der Bischöfe, Prälaten und Domherren von Krakau (Krakau 1853, Universitätsdruckerei, 8°.) Band IV, S. 174 u. f.] — 8. **Heinrich** Graf Tyszkiewicz betheiligte sich an der Erhebung seines Vaterlandes, welche im Jahre 1861 begann. In der Truppe unter Koziełła wurde er im Gefechte bei Władyka an der Ilia am 23. Mai 1863 schwer verwundet und gerieth in Gefangenschaft. Ein Kolbenschlag, den ihm ein russischer Soldat versetzte, zerschmetterte ihm das Hirn. Nach Stupnicki's „Imionospis“ wäre Heinrich Graf Tyszkiewicz bei der Deckung eines Rückzugs lithauischer Insurgenten gefallen. [Pamiątka dla rodzin polskich. Krótkie wiadomości biograficzne o straconych na rusztowaniach, rozstrzelanych, poległych na placu boju i t. d. Zebrał i ułożył Zygmund Kołumna, z wstępem napisanym przez B. Bolesławitę. Część druga, d. i. Andenken für die polnischen Familien. Kurze biographische Nachrichten der in dem Aufstande Verschollenen, auf dem Kampfplatze Erschossenen oder Gebliebenen. Gesammelt und zusammengestellt von Sigmund Kołumna u. s. w. Zweite Abtheilung (Krakau 1868, 8°.) S. 285. — *Stupnicki (Hippolyt).* Imionospis poległych i straconych ofiar powstania roku 1863 i 1864, d. i. Namensliste der im Aufstande der Jahre 1863 und 1864 erlegenen und gefallenen Opfer (Lemberg 1865, Poremba, 8°.) S. 89.] — 9 **Johann** (geb 1570, gest. zu Wilna 1642), ein Sohn des Nowgoroder Wojwoden Theodor, wurde im Auslande erzogen. Nach seiner Heimkehr begab er sich 1607 auf den Landtag, um auf demselben mit der Opposition zu verhandeln, und zu den Besprechungen wegen Erleichterung der Schifffahrt auf dem Niemen. Dann kämpfte er bei Choczym und gab daselbst Beweise großer Tapferkeit. Nun bekleidete er nach und nach höhere Staatsämter: 1620 wurde er Schreiber von Lithauen, darauf Starost von Nowgorod und Jurbor, ferner Wojwode von Mścisław, 1625 solcher von Trocki, und 1641 erhielt er die Wojwodschaft von Wilna. Er nahm die Union an, die er mit Entschiedenheit vertheidigte, und veröffentlichte aus diesem Anlasse die Schrift: „List do Boreckiego i Smotryckiego przeciwko cerkwie wshodniej“, d. i. Schreiben an Borecki und Smotrycki wider die orientalische Kirche (o. O. u. J., 4°), welche auch in dem von W. Rutski herausgegebenen Werke: „Sowita wina“, d. i. Doppelte Schuld (1621) erschien; in Handschrift aber hinterließ er ein Werk, betitelt: „Pastor Oecumensis“. Potocki schreibt in seiner „Centuria virorum“ über Johann Tyszkiewicz, daß derselbe dem königlichen Throne stets treu zur Seite blieb, zur Zeit der Zebrzydowski'schen Fehden für die Rechte der Krone entschieden einstand und tapfer gegen Gustav und die Schweden kämpfte. Dubowicz aber gedenkt in seiner Leichenrede auf Tyszkiewicz, daß derselbe mit fünf Sendungen nach Preußen betraut wurde, sowie mit mehreren Missionen nach Liefland, welche er sämmtlich mit großem Erfolge vollführte. Tyszkiewicz's Verhandlungen mit Schweden und sein Tagebuch aus dem Jahre 1625 sind im fünften Bande (S. 1—77) der von Wójcicki herausgegebenen Bibliothek alter polnischer Schriftsteller („Biblijoteka starozpisarzy polskich“) abgedruckt. Das Tagebuch wurde von den Schweden als Beute mitgeschleppt, und Albertrandy schrieb es in schwedischen Bibliotheken nach dem Originale ab. Die Rede, welche Tyszkiewicz beim Begräbnisse Christoph Sapieha's, Schreibers des Großfürstenthums Lithauen, hielt, findet sich in Danejkowicz's polnischer Redehalle („Swada polska“) im sechsten Bande, S. 40. Johann liegt in der von ihm selbst erbauten Gruft in der h. Dreifaltigkeitscapelle zu Wilna begraben. — 10. **Johann Anton** (gest. 1649), ein Bruder Georgs [S. 197, Nr 7], war zuerst Mundschenk,

1642 Marschall des Tribunals und später Kronschatzmeister von Lithauen. In der Folge wurde er Starost von Wilkomir und Opolsk, zuletzt Hofmarschall von Lithauen. Er war ein Mann von seltener Rednergabe und großer Energie, zeichnete sich in den Feldzügen unter dem Fürsten **Wisniowiecki** aus und wurde seiner Umsicht und Klugheit wegen zu mehreren öffentlichen Diensten verwendet. **Danejkowicz** theilt in seinem Werke „Polnische Redehalle“ (**Swada polska**) mehrere der von **Johann Anton** öffentlich gehaltenen Reden mit. — 11. **Kasimir** Graf (geb. zu Buczacz im Stanislawower Kreise Galiziens am 2. Juni 1843). Gleich mehreren Mitgliedern seiner Familie schloß er sich der Erhebung seines Volkes in den Jahren 1861 u. f. an und trug in einem Gefechte am Flusse Tania am 6. Mai 1863 so schwere Wunden davon, daß er denselben schon am 8. d. Mts. zu Cieszanow erlag. [**Pamiątka dla rodzin polskich** u. s. w. S. 284. — *Stupnicki (Hippolyt).* **Imionospis** u. s. w. S. 89.] — 12. **Ludwig** lebte in der zweiten Hälfte des achtzehnten Jahrhunderts und war polnischer Hetman des Großfürstenthums Lithauen. Als solcher ist er unterzeichnet auf folgenden drei im Jahre 1786 gedruckten Reglements: „**Regulamen służby obozowéy i garnizonowéy dla całego woyska oboyga narodów**“, d. i. Reglement für den Lager- und Garnisonsdienst für die ganze Armee beider Nationen (Warschau 1786, Hofdruckerei, 286 und 148 S., 8°.); — „**Regulamen exercerunku dla Brygad Kawaleryi narodowéy i pułków przedniéy straży woyska oboyga narodów**“, d. i. Reglement für die Cavallerie-Brigaden und die Regimenter des Vorpostendienstes für die Armee beider Nationen (ebd. 1786, 8°., 511 S.) und „**Regulamen exercerunku dla Regimentów koronnych Gwardyi I. K. Mci koronney y W. X. Lit.**“, d. i. Exercier-Reglement für die Garde-Regimenter der Leibwache der königlichen Krone Polen und des Großfürstenthums Lithauen (ebd. 1786, 431 S., 8°.). [*Zebrawski (Teofil).* **Bibliografija pismienictwa polskiego z działu Matematyki i Fizyki**, d. i. Bibliographie des polnischen Schriftthums auf dem Gebiete der Mathematik und Physik (Krakau 1873, K. Mońkowski, gr. 8°.) S. 473, Nr. 1901, 1902 und 1903.] — 13. **Maria** vermälte Graf **Tyszkiewicz**, Schwester des in der Elster bei Leipzig in der großen Völkerschlacht am 19. October 1813 ertrunkenen Joseph Anton Fürsten **Poniatowski**, dessen Sarkophag aus schwarzem Marmor von Dębno sich in der St. Stanislauscapelle der Schloß- oder St. Wenzeslauskirche auf dem Wawel in Krakau befindet, wohin **Poniatowski's** zuerst von Leipzig nach Warschau transportirte Leiche aus letzterer Stadt im Jahre 1817 übertragen wurde. Den Sarkophag, der den Sarg einschließt, ließ **Maria** 1829 von dem Bildhauer Ferdinand **Kuhn**, einem gebürtigen Krakauer, anfertigen [*Grabowski (Ambrozy).* **Kraków i jego okolice. Opisał historycznie...**, d. i. Krakau und seine Umgebung. Historisch beschrieben (Krakau 1830, Jos. Czech, 8°.) S. 121, Anmerkung 3. — Dasselbe Werk, 5. Aufl. (Krakau 1866, Friedlein) S. 361, Anmerkung 43] — 14. **Michael**. Ob derselbe der Grafenfamilie **Tyszkiewicz** angehört, kann Herausgeber dieses Lexikons nicht sagen. **Michael** ist ein Zeitgenoß und als Reisender und Jagdliebhaber bekannt. Er durchzog Egypten und Nubien und beschrieb diese Länder in einem Prachtwerke, dessen erster Theil unter dem Titel: „**Dziennik podróży po Egypcie i Nubii**“, d. i. Tagebuch einer Reise durch Egypten und Nubien (Paris 1863, 8°.) erschienen ist. Der zweite Theil wird wohl in der Frist von 1863 bis 1883 schon im Druck herausgekommen sein. — 15. **Thaddäus** (geb. in Samogitien im letzten Viertel des vorigen Jahrhunderts) ist ein Sohn des Grafen **Stanislaus Tyszkiewicz**. Von Jugend an dem Waffendienste sich widmend, focht er schon 1794 unter **Kosciuszko** als Adjutant des Generals **Jasiński**. Im Jahre 1807 Commandant der Ehrengarde **Napoleons**, wohnte er an dessen Seite der Schlacht bei Preußisch-Eylau (7. und 8. Februar g. J.) bei. In der Schlacht von Friesland erhielt er das polnische Kreuz virtuti militari. 1809 Oberst-Commandant eines polnischen Lancier-Regiments, stieg er 1812 zum General auf und erhielt das Commando der zweiten Cavallerie-Brigade unter dem Prinzen **Poniatowski**. Nach der Schlacht von Smolensk mit dem Orden der Ehrenlegion decorirt, wurde er bei Miedyn schwer verwundet, auf dem Schlachtfelde zurückgelassen, von den Russen aufgefunden und nach Astrachan gebracht, wo er bis zum Sturze **Napoleons** blieb. Nach dem Abschlusse des Friedens erfolgte seine Ernennung zum Senator-Castellan des Königreiches Polen. Im Jahre 1828 befand er sich unter jenen Mitgliedern des Senates, welche derselbe entsendete, um den Proceß der in der Angelegenheit der patriotischen Gesellschaft compromittirten Bürger zu beleuchten. Die Revolution vom 29. November 1830 überraschte den Grafen auf seinen Gütern zu Swisłocz in Lithauen. Die erste Zeit hindurch verhielt er sich abwartend und blieb, von den Russen scharf beobachtet, auf seinem Schlosse. Nach einigen Monaten aber trat er zur Insurrection über, und zwar dazu aufgefordert vom General Chłapowski, an den er sich dann anschloß. Nach dem Uebergange über den Niemen hielt er sich im Hauptquartiere Gielgud's auf. Nun wurde er zum Präsidenten der provisorischen höchsten Regierung ernannt, als welcher er die Insurrection daselbst zu organisiren und sich Hilfstruppen zu verschaffen suchte. Aber er hatte mit zu großen Schwierigkeiten zu kämpfen, um diese Aufgabe in dem durch die Russen vom Hauptherde des Aufstandes abgeschnittenen Lande vollkommen lösen zu können. Die Schlacht von Wilna, welche die Polen verloren, verschlimmerte seine Lage. Er schloß sich dem flüchtigen Gielgud an und erreichte mit ihm nach einigen Wechselfällen die preußische Grenze, welche Beide überschritten. Er ging dann nach Paris. Seine weiteren Geschicke sind uns unbekannt. Er starb zu Paris 1852. [Straszewicz (Jos.). Die Polen und die Polinen der Revolution vom 29 November 1830 (Stuttgart 1832—1837. G. Schweizerbart, 8°.) S. 224. — Derselbe. Les Polonais et les Polonaises de la Révolution du 29 Nov. 1830 (Paris 1832, A. Pinard, Lex.-8°.). — **Porträt.** Unterschrift: Facsimile des Namenszuges. Lithographirt von de Villain (gr. 8°.).] — 16. **Theodor** (gest. 1616), ein Sohn des Johann Skumin Tyszkiewicz, ging 1577 als Gesandter nach Moskau, wurde 1582 Viceschatzmeister von Lithauen, 1579 Wojwode von Novgorod, als welcher er 1616 starb Ueber seinen Sohn Johann siehe die besondere Lebensskizze [S. 199, Nr. 9]. — 17. **Therese** Gräfin Tyszkiewicz. Das biographische Lexikon, welches unter dem Titel: „Biographie nouvelle des Contemporains ou Dictionnaire historique et raisonné de tous les hommes qui, depuis la révolution française, ont acquis de la célébrité. Par M. M. A. V. Arnault, A. Jay, E. Jouy, J. Norvins" (Paris, libr. historique, 8°.) 1820—1825 erschien, führt im XX. Bande S. 111 eine Gräfin Therese Tyszkiewicz an. Diese Dame bezeichnet es als Nichte des Königs Stanislaus August von Polen, als Schwester des in der Elster bei Leipzig im Jahre 1813 ertrunkenen Fürsten Poniatowski und als Gattin eines Grafen Vincenz Tyszkiewicz. Es rühmt ihr die warmen Sympathien für Frankreich und die Franzosen nach; gedenkt ihrer besonderen Vorliebe für französische Sprache und Literatur, der Gastfreundschaft, welche sie während der politischen Wirren den französischen Verbannten ohne Rücksicht auf deren politische Meinungen in ihrem Hause zu Warschau erzeigte. Auch wies es auf einen schönen Zug der Gräfin hin, welchen Abbé Delille in einer Anmerkung zu seinem Gedichte „La pitié" erzählt. Nach gedachtem Lexikon hätte Therese in ihrer Jugend den Grafen Vincenz Tyszkiewicz geheiratet, aber bald darauf von demselben sich trennen müssen. Wir bemerken vor Allem, daß es keine polnischen Grafen des Namens Tyszkiewicz gibt, wohl aber deren, welche sich Tyszkiewicz nennen; also bezieht sich das ganze hier Gesagte auf eine Gräfin Therese Tyszkiewicz, die demnach eine Schwester der Marie Tyszkiewicz ist, deren bereits S. 200 unter Nr. 13 gedacht wurde. — 18. **Vincenz** Graf Tyszkiewicz (geb. in Galizien 1795) trat nach beendeten Studien in Kriegsdienste und machte die Feldzüge 1809 und 1812 mit. Nach der Entscheidung des Schicksals seines Vaterlandes im Jahre 1814 nahm er Theil an allen geheimen Verbindungen der Polen. Später als Mitglied der russischen Verbindung vom Jahre 1825, deren Häupter Pestel, Bestuschew, Rylejew und Andere den Henkertod starben, sowie als Mitglied der polnischen Gesellschaft Lukasinski's wurde er zu achtmonatlicher Haft verurtheilt, welche er in Lemberg verbüßte. Aus derselben entlassen, begab er sich zu seinem Bruder Heinrich, der zu jener Zeit Adelsmarschall von Kiew war, und nachdem er sich vermält hatte, ließ er sich 1827 bleibend in Podolien nieder. Dort lebten die Erinnerungen an das alte Polen ungeschwächt, wenn auch im Geheimen fort. Als daher der Aufstand vom 29. November 1830 ausbrach, blieb auch Podolien nicht zurück. Bald warf man die Augen auf Tyszkiewicz, denn die Verfolgungen, die er im Jahre 1826 erlitten, waren kein Geheimniß, und die Wahl eines Chefs der allgemeinen Insurrection fiel daher auf ihn. Er weigerte sich wohl, dieselbe anzunehmen, aber man drang in ihn, und um nicht in der Stunde, wo es galt, für die

Sache des Vaterlandes einzutreten, als feige zu erscheinen, gab er nach, behielt sich aber vor, im Augenblicke, wenn er Alles organisirt habe und man zur That schreiten müsse, die Oberleitung in die Hände eines Fähigeren niederzulegen. Als es sich um die Ernennung eines Chefs für die podolische Insurrection handelte, verfiel eine große Partei wieder auf Tyszkiewicz, während in einem anderen Bezirke Johann Sulatycki gewählt wurde. Um nicht durch Zwiespalt der Sache zu schaden, verzichtete der Graf auf seine Wahl, sich freiwillig seinem Competenten unterordnend und den Eid der Treue leistend. Als aber später sich Umstände einstellten, welche Sulatycki hinderten, die Wahl anzunehmen, trat Tyszkiewicz als Hauptorganisator von ganz Podolien und der Ukraine auf. Oczeretna, das Gut seines Bruders, wurde nun der Mittelpunkt der podolischen Erhebung, deren Haupt er selbst war. Nach dem Einzuge des Generals Dwernicki in Volhynien erhob sich ganz Podolien. Da aber erschien an der galizischen Grenze ein gewisser Major Chruszikowski, der sich für einen Agenten der polnischen Regierung ausgab und auch bald einigen Anhang gewann. So gab es jetzt zwei Parteien in einem Momente, wo Einigkeit und Einheit vor Allem noth that. Zum Ueberflusse waren die Befehle Chruszikowski's nur geeignet, Verwirrung hervorzurufen, statt auf ein Zusammenwirken der Erhebung hinzuarbeiten. In Folge dessen geschah es, daß statt der allgemeinen Erhebung, die an einem Tage, am 5. Mai 1831 erfolgen sollte, der Aufstand an vielen Punkten vor dem anberaumten Tage isolirt zum Ausbruche kam. Hiedurch war die ganze Insurrection dem Zufall preisgegeben und den Russen es leicht gemacht, dieselbe zu bewältigen. Tyszkiewicz legte, da sich im Augenblicke an der Sache nichts ändern ließ, sein Commando nieder, und als überall russische Truppen ins Land brachen, galt es, sich durch die Flucht zu retten. Ein Fräulein Wyslocka verhalf ihm zu Bedientenkleidern und in diesen entkam er glücklich auf galizisches Gebiet. Auch hier entging er allen Nachforschungen, und so kehrte er bald darauf nach Polen zurück, wo er zum Adjutanten des Oberbefehlshabers und später zum Abgeordneten seines Districts bei der Nationalversammlung in Warschau ernannt wurde. Als Landbote war er auch Mitglied der Deputation, welche das Verhalten des Generals Skrzynecki zu untersuchen hatte. Später theilte er das Schicksal des Reichstages und flüchtete mit den Mitgliedern desselben nach Preußen, von wo er nach Sachsen ging. Im Jahre 1832 begab er sich mit Erlaubniß der österreichischen Regierung auf seine Güter in Galizien. Als aber 1833 neue Verschwörungen gegen die russische Regierung angezettelt wurden und man ihn der Theilnahme an denselben verdächtigte, mußte er, obgleich er sich allen Umsturzplänen gegenüber theilnamslos verhalten, dieselben sogar als unausführbar und nur ihren Urhebern Verderben, dem Lande aber kein Heil bringend bezeichnet hatte, dennoch Galizien verlassen. Und so begab er sich im Winter 1833 mit seiner Familie nach Belgien. Seine ferneren Geschicke sind uns unbekannt. [Straszewicz (Joseph). Die Polen und die Polinen der Revolution vom 29. November 1830 (Stuttgart 1832 u. f., E. Schweizerbart, gr. 8⁰.) S. 457: „Graf Vincenz Tyszkiewicz". — Derselbe. Les Polonais et les Polonaises de la révolution du 29 Novembre 1830 etc. (Paris 1832, Pinard, Lex. 8⁰.). — Conversations-Lexikon der neuesten Zeit und Literatur. In vier Bänden (Leipzig 1834, Brockhaus, gr. 8⁰.) Bd. IV, S. 678 [nach diesem ist Graf Tyszkiewicz im Jahre 1795, nach Straszewicz 1792 geboren]. — **Porträt.** Unterschrift: Facsimile des Namenszuges. Darunter in lateinischer Schrift: W. Tyszkiewicz. Lith. de Villain, gr. 8⁰.). — 19. **Zdislaw,** siehe die besondere Lebensskizze [S. 193]. — 20. Ein Graf Tyszkiewicz, dessen Taufname nicht bekannt ist, fand als Officier im polnischen Insurrectionscorps Jeziorański's am 6. Mai 1863 im Gefechte bei Kobylanka den Tod. [Pamiątka dla rodzin polskich u. s. w. S 284.] — 21. Endlich ein Tyszkiewicz, dessen Taufnamen wir gleichfalls nicht anzugeben wissen, fiel in der polnischen Insurrection, als Cavallerieofficier in der Abtheilung des Generals Bosak, am 24. November 1863 bei dem Angriffe auf die Stadt Opatow. [Pamiątka dla rodzin polskich u. s. w. S. 284.]

**Wappen der Grafen Tyszkiewicz.** In Roth ein geharnischter säbelschwingender Reiter auf blau gesatteltem, mit goldener Garnitur versehenem silbernen Pferde (Sanguszko); die linke Seite des Reiters schützt ein länglich runder, golden eingefaßter blauer Schild, in welchem ein goldener Mond erscheint, zwischen dessen Hörnern ein ebenfalls goldener Stern eingestellt ist (Leliwa). Auf dem Schilde ruht die Grafenkrone, auf welcher sich ein Helm erhebt, aus dessen Krone ein natürlicher Pfauenwedel emporwallt, der mit dem oben beschriebenen Halbmond und dem Sterne belegt ist. Die Helmdecken sind blau, mit Gold unterlegt.

**Tzetter**, auf seinen eigenen Stichen auch **Czetter** Samuel (Kupferstecher, geb. in Ungarn, in der zweiten Hälfte des achtzehnten und zu Beginn des neunzehnten Jahrhunderts lebend). Er arbeitete theils in Ofen, theils in Wien. Ueber seinen Bildungsgang und seine Lebensverhältnisse fehlen uns alle Nachrichten. Er ist uns nur durch einige Arbeiten, theils Bildnisse, theils andere Compositionen, bekannt, welche eine nicht gewöhnliche Fertigkeit in Behandlung des Grabstichels bekunden. Von seinen größeren Blättern nennen wir: „Der Traum", gegenseitige Copie nach A. Dürer's seltenem, in Nagler's Künstlerlexikon Bd. III, S. 533 angeführtem Blatte. Es stellt dar: rechts einen auf der Bank neben dem Ofen sitzenden Mann, wie ihm der Dämon mit dem Blasebalge Träume einflößt; in der Mitte des Blattes ein stehendes nacktes Weib und einen auf Stelzen gehenden Amor. Ohne Dürer's Zeichen, links im Rande: Tzetter, rechts 1786. Man findet dieses Blatt gewöhnlich mit abgeschnittenem Rande. Die dritte Kachel der vorderen Seite des Ofens zeigt eine Birne, welche im Dürer'schen Originale fehlt; — „Christus am Kreuze", Consummatum est. C. le Brun pinx. Sam. Tzetter sc. 1793 (Fol.); — „Alexandre et Campaspe". Ébauché par P. P. Rubens, gravé par Tzetter" (Fol.); — „Triumphus Veneris", nach A. Maulpertsch (Qu.-Fol.), im Besitz der k. k. Akademie der Künste in Wien, von welcher es auch in der historischen Ausstellung des Jahres 1877 ausgestellt wurde. Von seinen Bildnissen besitze ich deren theils selbst in meiner Sammlung (in derselben die mit einem Stern (*) bezeichneten), theils sind mir bekannt: *Joh. Christian v. Engel | k. k. Consistorialrath &c. | geb. zu Leutschau d. 17. Oct. 1770. Unter dem Medaillon des Bildnisses: Siegl pinx. Sculps. Viennae 1805. Sam. Czetter Hungarus. Am unteren Rande der Kupferplatte: Wien in der Camesinaischen Buchhandlung (4°.); — *Bildniß im Medaillon (Brustbild im pelzverbrämten Schnürrock mit dem Ordensstern auf der Brust); unter dem Medaillon: Felsenlandschaft, eine weibliche Gestalt mit einer Mauerkrone auf dem Haupte, in der Rechten einen Stab haltend, von dessen oberem Ende ein fabelhaftes Thier wie ein Flachswickel herunterhängt, die Linke lehnt auf einem auf ein Postament aufgestellten Schilde. In letzterem: Daciae | Proconsu | li; im Postament: Ob | promotas | literas | p. | Kovachich. Unter dem Bildrande: sculp. Viennae Sam. Czetter Hungarus (Lex. 8°.), es ist das Bildniß des Fürsten Nicolaus Eszterházy; — *Medaillonbildniß ohne Unterschrift, nur am unteren Medaillonrande: Tzetter sculp. 1797 (8°.), stellt einen Ungarn im Schnürrock dar, die rechte Hand ist auf einen Tisch gestützt, auf welchem die Mütze mit Federbusch steht; die linke Hand hält ein Buch, in dessen Blättern der Zeigefinger steckt; — *Medaillonbildniß, ohne Namen. Unter dem Medaillon in gerader Linie: Nec vixit male, qui natus moriensque fefellit. Horat. Knapp unter dem Medaillonrande: Batta Lampi pinxit 1785. Sam. Czetter sculpsit Viennae (gr. 8°.): — *Medaillonbildniß; in dem mit einem Lorbeerreisern umschlungenen Gürtel: Sam. S. R. I. Com. Teleki de Szek. S. C. R. M. Camer. & Consil. Stat. A. Int. Cancellar. Aul. Transilv. etc. Com. Supr. Bihar. Aet. LVII. Darunter in einer Tafel: Incorrupta fide. Secundis temporibus dubiisque rectus. Unter dem Bildrande: Sam. Tzetter Hungarus sc. 1796; — ein anderes Bildniß des Fürsten Nicolaus Eszterházy: Blanchart effigiem pinxit Romae 1795. A. Ch. Kallianer del. Sam. Czetter Hungarus sculps. Viennae 1804: — Bildniß des H. von Condé zu Gran, als Titelblatt der „Hungaria in Parabolis“ Ofen 1804. Tzetter's oder Czetter's Bildnisse sind sämmtlich mit großer Sorgfalt ausgeführt, nach denselben scheint er sich unter John oder Weiß gebildet zu haben. Der Stich ist sauber, Schatten und Licht fein vertheilt, das Charakteristische der Physiognomien mit Schärfe ausgedrückt. Nach den Unterschriften der Bildnisse scheint er vorzugsweise in Wien gearbeitet zu haben. Uebrigens sind seine Blätter, wenn nicht gerade selten, so doch auch nicht häufig.

Nagler (G. K. Dr.), Neues allgemeines Künstler-Lexikon (München 1835 u. f., E. A. Fleischmann, 8°.) Bd. III, S. 233 unter Czetter; Bd. XIX, S. 183 unter Tzetter.

# U.

**Ubelli von Siegburg**, Wenzel (k. k. Oberlandesgerichts-Präsident, geb. zu Prag am 20., nach Anderen 21. Mai 1798, gest. zu Brünn am 29. Jänner 1863). Der älteste Sohn des k. k. Kämmerers und Hofrathes bei dem Appellationsgerichte in Prag, Wenzel Michael Freiherrn Ubelli, aus dessen Ehe mit Gabriele Gräfin Wratislaw von Mitrovicz, trat er nach beendeten juridisch-politischen Studien im September 1819 bei dem k. k. böhmischen Landrechte in Prag in den Staatsdienst und wurde 1821 Auscultant bei dem k. k. Stadt- und Landrechte ob der Enns, in welcher Eigenschaft er dann in Triest bei dem Stadt- und Landrechte, der Prätur, dem k. k. Mercantil- und Wechselgerichte und dem Seeconsulat und zuletzt bei dem k. k. Bezirksgerichte in Veglia diente. Im October 1826 als Criminalactuar an das Triester Stadt- und Landrecht versetzt, rückte er daselbst 1827 zum Rathsprotokollisten auf. 1829 fungirte er als Rath bei dem k. k. Stadt- und Landrechte, dem Wechsel- und Mercantilgerichte und dem Seeconsulat in Rovigno, 1833 aber in gleicher Eigenschaft bei dem Triester Stadt- und Landrechte, von welchem er 1839 als Rath an das k. k. Appellationsgericht in Brünn kam. Daselbst wurde er nach zehnjähriger Wirksamkeit Ende December 1849 zum Landesgerichts-Präsidenten befördert und gelegentlich der Gerichtsorganisirung im Jahre 1854 als solcher bestätigt. Für seine vortreffliche Dienstleistung von Seiner Majestät mit dem Ritterkreuz des Leopoldordens ausgezeichnet, erhielt er bei seinem Uebertritte in den Ruhestand den Titel eines Oberlandesgerichts-Präsidenten. Bekannt war im ganzen Lande die geschäftliche Tüchtigkeit des Präsidenten, und mit seinem leutseligen Benehmen, welches ihm das Vertrauen der Bevölkerung gewann, verband er einen unentwegbaren Gerechtigkeitssinn. Der Ruf dieses letzteren war so verbreitet im Lande, daß öfters Bauerndeputationen aus den entferntesten Gegenden Mährens nach Brünn kamen, um sich bei ihm Raths zu erholen oder ihre Streitigkeiten durch ihn schiedsrichterlich schlichten zu lassen. Freiherr Ubelli hatte sich am 12. Februar 1829 mit Johanna geborenen Gräfin Kustosch von Zubří und Lipka vermält, welche ihm einen Sohn und drei Töchter, die sämmtlich aus der Stammtafel ersichtlich sind, schenkte. Mit seinem Sohne Wenzel erlosch diese Linie der Freiherren Ubelli im Mannesstamme, und das Geschlecht pflanzte des Freiherrn Wenzel Bruder Wilhelm fort, dessen Sohn Oskar (geb. 24. December 1847) gegenwärtig Chef der Freiherren Ubelli von Siegburg ist.

Brünner Zeitung, 1863, Nr. 31, im Feuilleton: „Nekrolog".

*Zur Genealogie der Freiherren Ubelli von Siegburg.* Die Ubelli, aus Bergamo und

Brescia im Lombardischen stammend, nannten sich daselbst Obelli, welcher Name erst mit ihrer Uebersiedlung auf österreichischen Boden in Ubelli überging. Ein **Martin** Obelli war 1529 Provveditore zu Brescia, ein **Agostino** Obelli, mit dem unsere Stammtafel anhebt, 1543 Procurator dieser Stadt. Letzterer starb 1584 und hinterließ aus seiner Ehe mit Bellina Volpi einen Sohn **Daniel**, der nach Deutschland übersiedelte. Daniels mit Maria Surti erzeugter Sohn **Ignaz** kam nach Prag in Böhmen, wo er, als Fortificationsarchitekt beschäftigt, mit Diplom ddo. Wien 11. Juli 1641 von Kaiser Ferdinand III. die Anerkennung und Bestätigung seines alten Adels erlangte. Sein Sohn **Liborius Wenzel** — ob aus erster oder zweiter Ehe, ist nicht bekannt — bekleidete die Stelle eines General-Feldkriegscommissärs und erhielt mit Diplom ddo. Wien 9. Jänner 1705 und 12. October 1712, Liborius Wenzels Brüder: **Daniel Leopold** und **Ignaz Andreas Wenzel** aber mit Diplom ddo. Prag 5. November 1703 den erbländisch-böhmischen Ritterstand mit dem Prädicate „von Siegburg" und unter Einem das Incolat von Böhmen. Ignaz Andreas Wenzels Sohn **Ignaz Sigmund Liborius** erlangte mit Diplom ddo. Wien 13. November 1772 den erbländisch-böhmischen Freiherrenstand. Dieses ersten Freiherrn Ubelli von Siegburg Sohn **Wenzel Michael**, k. k. Kämmerer und Hofrath bei dem Appellationsgerichte, hatte aus seiner am 20. November 1793 geschlossenen Ehe mit Gabriele geborenen Gräfin Wratislaw von Mitrovicz sechs Söhne und zwei Töchter (siehe die Stammtafel). Von den Ersteren pflanzten **Wenzel**, **Wilhelm** und **Procop** das Geschlecht fort. Freiherr Wenzel, der nachmalige Oberlandesgerichts-Präsident, erhielt von seiner am 12. Februar 1829 ihm angetrauten Gemalin Johanna geborenen Gräfin Kustosch von Zubří und Lipka wohl männliche und weibliche Nachkommenschaft, aber die erstere erlosch bereits mit seinem einzigen Sohne **Wenzel**, vormaligem kaiserlich mexicanischen Oberlieutenant, welcher um das Jahr 1870 ledigen Standes starb. Freiherr Wilhelm war zweimal vermält, aber nur aus seiner zweiten, am 25. September 1841 geschlossenen Ehe mit Johanna Gräfin Wratislaw-Netolitzky stammen Kinder, und zwar: **Gabriele** (geb. 1842) und **Oswald** (geb. 24. December 1847), zur Zeit Chef des freiherrlichen Geschlechtes Ubelli von Siegburg. Wenzel Michaels dritter Sohn Procop, welcher sich am 11. November 1841 mit Maria Lankitsch von Hornitz verehelichte, besitzt von derselben nur eine Tochter: **Maria Maximiliana** (geb. 16. Juli 1846). — Was die Würden und Aemter der Ubelli betrifft, so standen die Sprossen dieser Familie meist in österreichischen Staats- und Kriegsdiensten, sie bekleideten in denselben höhere Stellen, wie **Liborius Wenzel**, der General-Feldkriegscommissär, **Wenzel Michael**, welcher Hofrath bei dem Prager Appellationsgerichte war, **Wenzel**, der als Oberlandesgerichts-Präsident, und **Wilhelm**, welcher als k. k. Landrath starb; andere Sprossen wieder standen in den Reihen der kaiserlichen Armee, und wie wir aus des Grafen Andreas Thürheim unvergleichlichen „Denkblättern aus der Kriegsgeschichte der k. k. österreichischen Armee" erfahren, diente ein Baron Ubelli von Siegburg um die Mitte des vorigen Jahrhunderts als Major im Infanterie-Regimente Nr. 18 und that sich am 21. September 1759 im siegreichen Gefechte bei Meissen, in welchem er auch verwundet wurde, so glänzend hervor, daß er in der betreffenden Relation unter den Helden des Tages genannt wurde. Ein anderer Baron Ubelli kämpfte als Major im Infanterie-Regimente Ludwig Graf Thürheim Nr. 25 mit Auszeichnung am 14. October 1758 in der Schlacht bei Hochkirch, erlag aber bald danach den schweren Wunden, die er aus derselben davontrug. Leider kennen wir nicht die Taufnamen dieser beiden Helden. **Procop** Freiherr von Ubelli, k. k. Hauptmann, ein Bruder des Oberlandesgerichts-Präsidenten Wenzel, dessen Lebensskizze S. 205 mitgetheilt ist, stiftete einen Betrag von 50 fl., deren fünfpercentige Interessen jährlich der älteste und bestconduisirte, oder ein in den Jahren 1848 und 1849 verwundeter Mann des Infanterie-Regiments Nr. 28 erhält. — Was die Ehen des Hauses Ubelli betrifft, so holten sich die Söhne desselben ihre Frauen aus den vornehmsten Geschlechtern des böhmischen Adels, wie denn auch die Töchter in altadelige Familien heirateten, und wir begegnen in der Stammtafel den Namen der Geschlechter: Beroldingen, Deym, Klenau, Kustosch, Meraviglia-Crivelli, Mattencloit, Wratislaw u. s. w.

**Wappen der Freiherren Ubelli von Siegburg.** Quadrirter Schild mit Mittelschild. 1 und 4: in Silber ein doppelter schwarzer, gekrönter

# Stammtafel der Freiherren Ubelli von Siegburg.

**Agostino Ubelli,**
1543 Procurator zu Brescia, † 1584.
**Bellina Volpi.**

**Daniel.**
**Maria Surti.**

**Ignaz,** 1641 Bestätigung des alten Adels,
† 16. October 1702.
1) **Margaretha Bertoni.**
2) **Margaretha Lukawezky** von **Lukawez.**

---

**Daniel Leopold,** 1703 Ritter, † 1724.

**Liborius Wenzel,** 1705 Ritter, † 1716.

**Ignaz Andreas Wenzel,** 1703 Ritter, † 1722.
1) **Theresia** von **Finoni.**
2) **Barbara** von **Reitzenstein.**

---

**N. N.,** Major im k. k. Infanterie-Regimente Nr. 25, ⚔ † 1758.

**Emanuel,** 1746—1760, Appellations-Präsident in Prag.

**Ignaz Sigmund Liborius,** 1772 Freiherr, geb. 15. Juli 1714, † 6. December 1784.
**Anna Elisabeth** Freiin von **Freyenfels** geb. 11. April 1719, † 18. Juni 1789.

---

**Ignaz** geb. 17. Mai 1753, †.

**Wenzel Michael** geb. 27. September 1761, † 6. Mai 1832.
**Gabriele** Gräfin **Wratislaw** von **Mitrovicz** geb. 14. August 1773, †.

**Johann Joseph** geb. 16. October 1762, † 11. November 1821.
**Anna Maria** Freiin **Deym** von **Strzitec** † 1801.

**Anna Maria** geb. 1769, † 1817, vm. **Anton** Graf **Klenau** und **Janowitz** † 1816.

---

Kinder des Wenzel Michael:

**Wenzel** [S. 205] geb. 20., n. A. 21. Mai 1798, † 29. Jänner 1863.
**Johanna** Gräfin **Kustosch** von **Zubři** und **Lipka** geb. 29. Mai 1801, † 13. Nov. 1836.

**Anton Joh. Nep.** geb. 10. August 1795, † 1. Juni 1830.
**Rosalia Radics** de **Almas** geb. 17. Juli 1799.

**Wilhelm** geb. 8. Juli 1799, † 8. April 1865.
1) **Aloisia** Gräfin **Beroldingen,** Witwe des Grafen **Rudolph Pace,** geb. 24. Juli 1798, † 6. Juli 1838.
2) **Johanna** Gräfin **Wratislaw** v. **Netoliczky** geb. 26. Mai 1807.

**Josepha,** Prager Stiftsdame, geb. 25. Jän. 1801.

**Procop** geb. 14. August 1802, † 25. Jänner 1875.
**Marie Lankitsch** von **Hornitz** geb. 6. Februar 1819.

**Franz Seraph** geb. 20. März 1804, † 7. Sept. 1844.

**Ludwig** geb. 17. Nov. 1806, † 19. Februar 1858.

**Maria Anna** geb. 29. Juli 1810, vm. **Ladislaus** Graf **Meraviglia-Crivelli** † 24. Sept. 1866.

---

Kinder des Wenzel:

**Wenzel** geb. 21. Februar 1830, †.

**Maria,** Brünner Stiftsdame, geb. 20. Sept. 1831.

**Johanna,** Prager Stiftsdame, geb. 30. October 1833.

**Gabriele** geb. 30. Jänner 1838, vm. **Reichard** Freiherr von **Mattencloit.**

Kinder des Wilhelm (aus 2. Ehe):

**Gabriele** geb. 11. Oct. 1842.

**Oswald** geb. 24. Dec. 1847.

Kind des Procop:

**Maria Maximiliana** geb. 16. Juli 1846.

---

*) Die punktirten Linien deuten an, daß die verwandtschaftliche Stellung der darunterstehenden Namen nicht ganz festgestellt ist.

Adler; 2 und 3: in Blau ein silberner, einwärtsspringender Löwe. Das Herzschild zeigt in Blau einen schwarzen, goldgewaffneten und mit der Reichskrone bedeckten Adler. Auf dem Hauptschilde ruht die Freiherrenkrone, auf welcher sich drei Turnierhelme erheben. Die Krone des mittleren trägt den doppelten schwarzen Adler; aus jener des rechten wie des linken Helmes wächst ein silberner Löwe, der in der rechten Pranke ein Schwert, in der linken einen Lorbeerkranz hält. Die Decken des mittleren Helmes sind schwarz, die der beiden anderen blau, sämmtlich mit Silber unterlegt.

**Ubicini,** Giulio (Landschaftsmaler, Ort und Jahr seiner Geburt unbekannt). Ein Lombarde von Geburt, der zur Zeit der österreichischen Regierung in den Fünfziger-Jahren wiederholt auf den Ausstellungen der Brera in Mailand durch Werke seines Pinsels vertreten war. Auf jener des Jahres 1852 wird er neben den Marinemalern Bartezzati, Wolf und Gamba rühmlich erwähnt. 1854 debutirte er daselbst mit einer Landschaft, 1855 mit drei größeren Landschaftsbildern: „Die Heide"; — „Ansicht des Monte Rosa von Lago di Varese aus beim Morgenroth" und „Sonnenuntergang", von denen die beiden letzteren auch auf der Ausstellung 1856 zu Venedig zu sehen waren. In den Werken über Kunst und Künstler der Gegenwart suchen wir vergebens den Namen dieses Malers.

*Elena (Giuseppe).* Guida critica all'esposizione delle belle arti in Brera per l'anno 1854 (Milano, Franc. Pagnoli, 12°.) p. 34. — Album esposizioni di belle arti in Milano ed altre città d'Italia (Milano, Canadelli, 4°.) anno XIV (1852), p. 164.

Ein **Giovanni** Ubicini lebte 1812 als Kupferstecher in Mailand und arbeitete in den zwei ersten Decennien unseres Jahrhunderts in Gemeinschaft mit seinem Bruder für den Verlag von Sante Vallardi in genannter Stadt. Er stach Bildnisse hervorragender Zeitgenossen, wie jene Napoleons I., des Kaisers Franz I. von Oesterreich, des Königs Hieronymus von Westphalen u. A.

**Uboldi,** Carlo (Compositeur, geb. in Mailand 1780, Todesjahr unbekannt). Er wird hie und da irrig Ubaldi geschrieben. Zu Beginn des laufenden Jahrhunderts als Gesanglehrer am Mailänder Conservatorium thätig, hat er Mehreres in Musik gesetzt, und von seinen Compositionen sind folgende bei Ricordi in Mailand erschienen: *„22 Solfeggi per Contralto"*, welche den zweiten Band der bei Ricordi verlegten „Nuova Collezione di Solfeggi progressivi composti da classici autori" bilden; — *„Prima Pastorale"*; — *„Seconda Pastorale"*, beide für die Orgel. In Ricordi's weltberühmter musikalischer Manuscriptensammlung befinden sich von ihm eine „Sinfonia in *Fa*"; das Gesangstück „Care pupille amate" und die Arie für Tenor: „Nel mirar quel viso bello". Von seinen größeren ungedruckten Arbeiten sind bekannt die Oper: *„Siroe rè di Persia"* mit großem Erfolg in Turin gegeben, und die zwei Cantaten *„Ero e Leandro"* und *„Eloisa ed Abelardo"*.

Catalogo delle opere publicate Dall'I. R. Stabilimento Nazionale Privilegiato di Calcografia, Copisteria e Tipografia musicali di Tito di Gio. Ricordi in Milano (Milano 1855, lex. 8°.) Volume primo p. 13, 596, 739, 743 e 746.

1. Ein zweiter **Carlo** Uboldi (geb. 1821) gehört unseren Tagen an. Er bildete sich zur Zeit der österreichischen Regierung in Mailand zum Bildhauer aus und ist daselbst als solcher noch thätig. Unter seinen Figuren wurden vornehmlich „Die Wäscherin", ein ganz reizendes Mädchen, und „Der Musikant" gerühmt. Auf der Wiener Weltausstellung 1873 war er in der Kunsthalle, Abtheilung Italien, durch eine liebliche Statue „Das Echo" vertreten. — 2. Im ersten Viertel des laufenden Jahrhunderts lebte zu Mailand

ein geschickter Mechaniker, Namens **Paul Uboldi**, der mehrere nützliche Maschinen erfand, so 1821 einen verbesserten Strumpfwirkerstuhl, wofür er in Venedig die silberne Medaille erhielt; für eine Zuthat an diesem Stuhle, wodurch derselbe auch zu Tüll, zu sehr breiten Voiles, zu Entoilages u. d m. tauglich wurde, bekam er 1822 bei der Preisvertheilung in Mailand die silberne Aufmunterungsmedaille. 1828 erfand er einen neuen Strumpfwirkerstuhl, auf welchem wie auf einem Webestuhle gearbeitet wurde, und worauf auch Jacquart's Vorrichtung angebracht war. Bei der Preisvertheilung g. J. in Mailand ward ihm dafür die goldene Aufmunterungsmedaille verliehen. [Systematische Darstellung der neuesten Fortschritte in den Gewerben und Manufacturen... Mit besonderer Rücksicht auf den österreichischen Kaiserstaat. Herausgegeben von Stephan Ritter von Keeß und W. C. W. Blumenbach (Wien 1829, C. Gerold, gr. 8°.) Bd. I, S. 504; Bd. II, S. 782]

**Uchatius**, Franz Freiherr (k. k. Feldmarschall-Lieutenant und Erfinder der nach ihm benannten Uchatius-Kanone, geb. zu Theresienfeld in Niederösterreich am 20. October 1811, gest. im Arsenal zu Wien am 4. Juni 1881). Der Sohn eines k. k. Straßenbaucommissärs, welcher sich durch Erfindung einer Sämaschine bekannt machte, trat er, 18 Jahre alt, aus dem Wiener-Neustädter Gymnasium als Cadet in das 2. k. k. Artillerie-Regiment, erhielt in der Schule des Bombardiercorps seine mathematisch-technische Ausbildung und zählte nicht nur zu den begabtesten, sondern auch eifrigsten und tüchtigsten Zöglingen. Seine Neigung für chemisch-physikalische Studien war so lebhaft, daß er, um in dieselben sich auch praktisch einzuleben, nach Beendigung des mathematischen Curses in der chemisch-physikalischen Lehranstalt zwei Jahre lang die Dienste eines Laboranten versah und dann noch in derselben als Adlatus des Professors weitere vier Jahre verblieb. Von 1841 an, da er als Feuerwerker in die k. k. Geschützgießerei übersetzt wurde, beschäftigte er sich neben rein wissenschaftlichen Studien fortdauernd mit der Lösung gewisser Fragen der Erzeugung und Prüfung von Geschützmetallen und Schießmitteln. Die Erfindung, welche seinen Namen später weit über die Fachkreise und die Marken seines österreichischen Vaterlandes hinaus bekannt machte, beruhte also nicht auf einer zufälligen Entdeckung, sondern ist die Frucht eifriger, auf wissenschaftlicher Grundlage basirender, durch ein Menschenalter fortgesetzter Forschung. In Anerkennung seines wissenschaftlichen Eifers und seines regen Strebens wurde er 1843 zum Lieutenant befördert; von da an aber ging das Avancement nur langsam vorwärts. Er machte die Feldzüge 1848 und 1849 in Ungarn und Italien mit, und erst nach achtzehnjähriger Dienstzeit wurde er trotz aller Befähigung und trefflicher Verwendung 1860 zum Major, zehn Jahre später, 1870, zum Obersten befördert. 1871 erfolgte seine Ernennung zum Commandanten der Geschützgießerei im Arsenal, und nun hatte er den Boden für jene Wirksamkeit gefunden, die ihm einen dauernden Ehrenplatz in den Reihen der Männer sichert, mit deren Namen die Geschichte der österreichischen Artillerie verknüpft ist, neben einem Jos. Wenzel Liechtenstein [Bd. XV, S. 156], Augustin [Bd. I, S. 90] und Hauslab [Bd. VIII, S. 90]. Wir bemerkten bereits, mit welchem Eifer er noch als Feuerwerker Naturwissenschaften studirte, und in der That war es Uchatius, welcher schon 1838 der Erste in Wien gelungene Versuche mit der Daguerreotypie anstellte und auch Lichtbilder auf Papier zu Stande brachte; im Jahre 1844, als Lieutenant, erfand er einen Directionszünder für Granaten und führte in den kaiserlichen Artilleriewerkstätten eine quantitative Bestimmungsmethode des Kohlenstoffes in Roheisen ein, welche bedeutende Verbesserungen bei der Erzeugung eiserner Kanonen ermöglichte. Als 1849 bei der Belagerung Venedigs das österreichische Artilleriesystem wegen zu geringer Tragweite der Geschütze sich unzureichend erwies, construirte er zum Bombenwerfen für sehr große Distanzen papierne Montgolfièren, die sich vorzüglich bewährten. 1856 trat er mit einer Stahlerzeugungsmethode (Uchatius-Stahl) auf, die zu jener Zeit mit der Bessemer-Methode rivalisirte. Für seine Pulverprobe und seinen im Jahre 1864 construirten ballistischen Apparat wurde er zum correspondirenden Mitgliede der kaiserlichen Akademie der Wissenschaften ernannt. Durch seine umfassenden Kenntnisse auf dem Gebiete der Metallurgie und durch viele seit längerer Zeit her von ihm angestellte Versuche mit der Verbesserung der Geschützbronze war er in den Stand gesetzt, in der sogenannten Hart- oder Stahlbronze, an deren Herstellungsverfahren bereits seitens deutscher und französischer Techniker, sowie des russischen Artillerieobersten Lawrow mit Erfolg gearbeitet worden war, ein Geschützrohrmaterial zu bieten, welches in mancher Beziehung dem Gußstahle fast gleichkommt, um 75 Procent billiger als dieser ist und durch dessen Verwendung Oesterreich-Ungarn bei seiner wenig vorgeschrittenen Stahlindustrie vom Auslande als Bezugsquelle unabhängig bleiben konnte. Die Constructionsverhältnisse des Geschützes entnahm er theilweise den von Fr. Krupp in Essen gelieferten Versuchsmodellen, und die österreichisch-ungarische Regierung bewilligte Letzterem eine Geldentschädigung für die Benützung seiner Constructionsidee. Um die Geschoßfrage machte sich Uchatius durch seine Ringhohlgeschosse, die seitdem auch in anderen Artillerien Anwendung gefunden haben, wesentlich verdient. Im Jahre 1874 stieg er zum Generalmajor, 1879 zum Feldmarschall-Lieutenant auf, auch wurde er für seine glänzende Erfindung nach der „Wiener allgemeinen Zeitung" vielseitig belohnt, indem ihm die Delegationen ein Geschenk von 100.000 fl. votirten, während ihm der Kaiser den Orden der eisernen Krone zweiter Classe, das Commandeurkreuz des St. Stephansordens und mit letzterem die Geheime Rathswürde verlieh. Nach der Zeitschrift „Die Heimat" dagegen wäre Uchatius für seine Erfindung von Seite des Staates keineswegs entsprechend belohnt worden. „Nur Seine Majestät der Kaiser hatte ihm aus seiner Privatschatulle eine Jahreszulage von 2000 fl. ausgeworfen. Eine Dotation aus Staatsmitteln war nicht erfolgt. Und doch würde Freiherr von Uchatius, wenn er aus der Armee ausgetreten wäre und seine Erfindung industriell verwerthet hätte, ein Vermögen sich erworben haben". Als dann am 4. Juni 1881 die Katastrophe seines Selbstmordes erfolgte, da erregte dieses Ereigniß in der Residenz ungeheueres Aufsehen. Es war am genannten Tage Nachmittags kurz vor 3 Uhr, als der Diener des Generals dessen im zweiten Stocke des Commandanturgebäudes im Arsenale gelegenes Arbeitszimmer betrat und seinen Herrn mitten in demselben ausgestreckt auf dem Boden in einer Blutlache liegend fand. Er schlug sofort Lärm, und mehrere Officiere und der im nämlichen Stockwerke wohnende Arsenaldirector Feldmarschall-Lieutenant Freiherr von Tiller eilten herbei. Sogleich zu Hilfe gerufene Aerzte constatirten, daß sich Feldmarschall-Lieutenant **Uchatius** aus einem Revolver eine Kugel in die linke Seite der Brust geschossen habe. Die Kugel hatte das Herz mitten durchbohrt und den augenblicklichen Tod des Generals herbeigeführt. Neben der Leiche lag die Waffe, ein sechsläufiger Revolver, auf dem Boden. Nun wurde nach den Motiven der That des siebzigjährigen Greises, die jedenfalls ungewöhnlicher Art sein mußten, geforscht, denn es fand keine Zeile sich vor, welche über seinen letzten Entschluß hätte Aufschluß geben können. Nach einer damals in den militärischen Kreisen lebhaft besprochenen Version mochte **gekränktes Ehrgefühl** dem General die Waffe in die Hand gedrückt haben. Man brachte in Erfahrung, daß er am Vormittag im Reichskriegsministerium mehrere Stunden sich aufgehalten, dann gegen zwei Uhr in das Arsenal gefahren sei. Daselbst habe er sich sofort in seine Wohnung begeben und in derselben seinem Leben ein Ende gemacht. Als das traurige Ereigniß ruchbar wurde, beschuldigte die erregte öffentliche Meinung ziemlich unverhohlen die Gegner des Generals, daß sie ihn in den Tod getrieben hätten. Ein Journal, welches, so lange er lebte, nicht eben zu seinen Gönnern gehörte, brachte die That mit dem Umstande in Verbindung, daß die Kriegsverwaltung die Uchatius-Geschütze fallen gelassen und die Einführung des **Krupp**'schen Systems in unserer Armee beschlossen habe. Das Blatt führte das ganze Ereigniß auf eine Personalfrage zurück und schloß seinen längeren Artikel mit einer Anschuldigung der Kriegsverwaltung, indem es ausruft: „Das österreichische Volk sagt: Gebt mir heraus diesen Todten!“ Es ist dies eine grausame Anschuldigung, und eine vollständige Aufklärung dieser Affaire wird kaum jemals erfolgen. Eine bald nach der That veröffentlichte „authentische“ Mittheilung berichtet, daß seitens der maßgebenden Behörden gegen den General die vollste Rücksicht geübt worden sei und die Ursache des Selbstmordes darin zu suchen wäre, daß er selbst an dem Gelingen seiner Versuche, schwere Küstengeschütze herzustellen, wie man solche von ihm verlangt hatte, verzweifelte. Thatsache ist nun das Folgende: Es wurde noch kurz vor dem Tode des Generals mittels kaiserlicher Entschließung die Einführung der schweren Belagerungskanonen aus Stahlbronze genehmigt, worin man einen Beweis finden wollte, daß man in den maßgebenden Kreisen keine Vorurtheile gegen den General gehegt habe. Jedoch die vier großen für Pola bestimmten Geschütze wurden bei **Krupp** in Essen bestellt und höchstens in dieser Thatsache könne Feldmarschall-Lieutenant **Uchatius** eine Zurücksetzung erblickt haben. Der Vorwurf, den man erhebt, **Uchatius** habe nicht die verdiente Anerkennung gefunden, wird als ein unberechtigter abgelehnt. Daß er zahlreiche Gegner, ja Feinde besaß, ist nicht zu bezweifeln, und daß er wohl viel unter der bei uns leider üblichen Nörgelsucht und dem Mißtrauen gegen jedes heimische Genie zu leiden hatte, kann nicht in Abrede gestellt werden. Gerade Jene aber, welche früher am heftigsten opponirten, wenn ein Antrag auf eine Entschädigung des Erfinders gestellt wurde, erhoben den meisten Lärm, als die That des Generals bekannt wurde. Daß man an dem Todten gesündigt habe, zweifelte man nicht mehr, nachdem die verschiedenen Stimmen im Publicum nach dem Ereigniß laut geworden, und ein gut gesinntes Blatt nimmt keinen Anstand, den Ausspruch zu thun: daß daran die in Oesterreich waltenden Verhältnisse Schuld tragen, deren Ursache in der Geschichte zu finden — man lese die Biographien von Traun, Eugen von Savoyen u. A. — und welche es mit sich bringen, daß die großen und hervorragenden Talente des Kaiserstaates stets mehr zu bemitleiden als zu beneiden sind. Auf dem Gebiete, auf welchem Uchatius als Erfinder so verdienstvoll gewirkt, war er auch schriftstellerisch thätig, und wir haben von ihm folgende Druckschriften zu verzeichnen: „Ueber krystallisirte Massen von Blei, Zink und Zinn", in den Sitzungsberichten der mathematisch-naturwissenschaftlichen Classe der kaiserlichen Akademie der Wissenschaften [Bd. I, S. 204]; — „Apparat zur Darstellung beweglicher Bilder an der Wand", mit 1 Tafel [ebd., Bd. X, S. 482]; — „Praktische Methode zur Bestimmung des Salpetergehaltes im Schießpulver", mit 1 Tafel [ebd., Bd. X, S. 748 u. f.]; — „Pulverprobe", mit 2 Tafeln [ebd., Bd. LII, 2. Abtheilung, S. 6 u. f.]; — „Einige Veränderungen an vorgenannter Pulverprobe", mit 1 Tafel [ebd., Bd. LVI, 2. Abtheilung, S. 380 u. f.]. Und nun, ehe wir die Lebensskizze des Generals abschließen, kehren wir noch einmal zu Uchatius dem Menschen zurück, der sich uns nicht nur als Erfinder einer fürchterlichen Mordwaffe, sondern auch als gemüthlicher sinniger Poet darstellt, welcher Umstand in seinen Biographien gar nicht erwähnt wird. Der ernste Mann der Wissenschaft, der dienststrenge Soldat bemühte sich im hohen Alter in liebevoller Weise um seine in Geist und Körper aufstrebenden Enkel und suchte ihre Denkkraft in Räthselspielen zu üben und zu schärfen. Und so hat er eine stattliche Sammlung von Räthselaufgaben veranstaltet und dieselben anderthalb Jahre vor seinem Tode, Weihnachten 1879, in C. Gerold's Commissionsverlag, ohne sich zu nennen, unter dem Titel: „Nüsse für Weihnachten 1879, 230 neue Räthsel" erscheinen lassen (vergl. Näheres in den Quellen S. 213). Das Leichenbegängniß des Generals, dessen allgemeine Beliebtheit bekundend, gestaltete sich ungemein feierlich. Außer zahlreichen anderen militärischen Notabilitäten betheiligten sich an demselben der Artillerieinspector Erzherzog Wilhelm und der General der Cavallerie Herzog von Württemberg. Der Arsenaldirector Feldmarschall-Lieutenant Freiherr von Tiller führte den Conduct. Der General wurde auf dem Centralfriedhofe im eigenen Grabe beigesetzt. Er hinterließ aus seiner Ehe mit Freifrau Anna einen Sohn Franz, angestellt bei der k. k. privilegirten Staatseisenbahn, und zwei Töchter, Marie Freiin Uchatius und Hermine vermälte Major Travniček.

Allgemeine Zeitung (Augsburg, Cotta, 4°.) 1870, Nr. 131, S. 2001: „Die Uchatius-Geschütze". — Dieselbe, 1875, Nr. 259, Beilage [ein Dr. Karl Künzel macht in einer Broschüre „Ueber Bronzelegirungen und ihre Verwendung für Geschützrohre und technische Zwecke" dem General Uchatius die Erfindung — doch ohne Erfolg — streitig]. — Dieselbe, 1875, S. 4061 a, 5381 b; 1881, S. 2283, 2302—2303, 2308, 2328 b. — Der Aufmerksame (Gratz, 4°.), 1856, Beilage zur „Gratzer Zeitung", Nr. 268: „Ueber den Uchatius-Gußstahl". — Bericht über die allgemeine Agricultur- und Industrieausstellung zu Paris im Jahre 1855. Herausgegeben unter der Redaction von Dr. Eberhard, A. Jonák (Wien 1857/58, Staatsdruckerei, 8°.) II. Bd., 15. Classe, Stahl und Stahlwaaren, S. 4, 5, 6, 7, 8, 9, 10, 12, 15, 16. — Fremden-Blatt. Von Gust. Heine (Wien, 4°.) 1875, Nr. 287, Abendblatt: „Krupp und Uchatius"; 1876, Nr. 58: „Das Geheimniß der Uchatius-Kanonen"; in der Nummer vom 1. März: „Uchatius-Kanonen in Spandau". — Gratzer Zeitung, 1857, Nr. 275, im Feuilleton: „Die Uchatius'sche

Stahlerzeugung und ihre neuesten Fortschritte". — Die Heimat, redigirt von Emmer (Wien, 4⁰.), Bd. VI, Nr. 38, 2. Theil, 1881. — Illustrirtes Unterhaltungsblatt, 1878, S. 171, 179. — Illustrirte Zeitung (Leipzig, J. J. Weber, kl. Fol.) 65. Bd., 4. September, 1875. Nr. 1679: „General von Uchatius, Erfinder der österreichischen Stahlbronzekanone". — Neue Freie Presse, 1881, Morgenblatt, Nr. 6024, S. 6; Nr. 6025, S. 3—4; Nr. 6026, S. 4—6. — Neue Illustrirte Zeitung (Wien, bei Zamarski) 1875. Nr. 21: „Uchatius-Geschütze"; Nr. 25: „Das neue österreichische Feldgeschütz"; 1878, Nr. 43: „Die Uchatius-Granate; 1879, Nr. 23: „Uchatius-Kanonen als Schiffsgeschütze". — Neues Münchener Tagblatt, 1881, Nr. 157. — Nürnberger Correspondent, 1881, Nr. 285, 288. — Oesterreichischer Soldatenfreund. Von Hirtenfeld (Wien, 4⁰.) 1849, S. 101. — Der Sammler (Augsburg, 4⁰.) 1875, Nr. 104, S. 4—5; 1881, Nr. 71. — Schwäbischer Merkur, 9. November 1856, S. 1875: „Die neue Stahlerzeugungsmethode des Generals Uchatius". — Theater-Zeitung. Von Adolph Bäuerle (Wien, gr. 4⁰.) 1849, Nr. 158: „Aus Venedig" [über die von den Brüdern Uchatius erfundenen Luftballons]. — Wiener Abendpost 7. Juni 1881, Nr. 128. — Wiener Allgemeine Zeitung, 5. Juni 1881, Nr. 455: „General von Uchatius"; Nr. 456: „Feldmarschall-Lieutenant Uchatius", in jeder der drei Tagesnummern; Nr. 457: „Zum Selbstmord des Feldmarschall-Lieutenants Uchatius"; im Leitartikel: „Krupp und Uchatius"; im Abendblatt: „Feldmarschall-Lieutenant Uchatius"; im Leitartikel des Morgenblattes; Nr. 458: „Uchatius-Kanonen"; Nr. 460: „Feldmarschall-Lieutenant Freiherr von Uchatius"; Nr. 461: „Feldmarschall-Lieutenant Freiherr von Uchatius"; in der Nummer vom 15. Juni 1881: „Uchatius-Stahlbronze". — Die Presse (Wiener polit. Blatt) 1881, Localanzeiger zu Nr. 154.

**Porträte und Chargen.** 1) Holzschnitt in der Leipziger „Illustrirten Zeitung", 1875, Nr. 1679. — 2) Charge von Klič in den „Humoristischen Blättern" (Wien, Fol.) 12 August 1877, Nr. 33. — 3) Porträt von C. v. Stur im Witzblatte „Der Floh", 27. Juni 1875, Nr. 26. — 4) Charge von Laci von F.(recsay) im Witzblatt „Die Bombe" (Wien, Fol.) 20. Juni 1875, Nr. 24. — 5. Holzschnitt nach einer Zeichnung von F. W(eiß) in der „Neuen Illustrirten Zeitung" (Wien, Zamarski, Fol.) 9. November 1879, Nr. 7.

**Freiherr Uchatius als Räthseldichter.** Es ist bezeichnend, den General, Naturforscher und Mathematiker auf einem Gebiete anzutreffen, auf welchem man wenigstens Menschen der zwei letztgenannten Kategorien nicht oft zu begegnen pflegt. General Uchatius dichtet aber nicht Lyrisches, Episches, Romantisches, nein, Räthsel. Und das hängt mit dem Mathematiker, mit dem strengen Denker enge zusammen. Wie er in seinen wissenschaftlichen Forschungen nach den Formeln und festen Gesetzen sucht, womit er seine Probleme erhärten will, so schlägt sein Geist in den Stunden der Muße einen analogen, nur minder anstrengenden Weg ein und fördert metaphysische Constructionen für Kinderköpfe zu Tage, um durch sie die Denkkraft der Kleinen zu schärfen und spielend zu den strengen Gesetzen der Logik anzuleiten. Und wie er die Sache sicher anzupacken und doch gut lesbar darzustellen versteht, dafür mögen einige Proben sprechen: 1) Wie heißt das, was nicht schmeckt, nicht riecht, | Du sperrst es ein und siehst es nicht, | Es drückt dich, ohne daß du 's fühlst, | Du trinkst es, ohne daß du 's willst; | Es ist so zart, so fein und weich | Und stark doch, einem Riesen gleich. — 2) Es ist so leicht und doch so schwer, | Und golden ist sein Grund. | Kannst du 's erlernen gar nicht mehr, | Nimm Wasser in den Mund. — 3) Es ward uns zum Geschenk gegeben, | Man kann 's nicht kaufen und nicht erben, | Wir sind 's gewohnt, und das macht 's eben, | Daß wir, eh' wir es lassen — sterben. — Eine eigenthümliche Beziehung gewinnt unter den Umständen, welche den Tod des edlen Denkers begleiten, das nachstehende Anagramm: 4) So wie es ist, und umgekehrt | Hat dieses Wort fast gleichen Werth, | Vergänglich ist 's in beiden Fällen | Und läßt nicht in die Ferne seh'n. | Willst du den Kopf dir nicht zerschellen, | Mußt du mit Vorsicht weitergeh'n. Die Auflösungen der vier angeführten Räthsel sind: 1) Luft, 2) Schweigen, 3) das Leben, 4) Leben — Nebel.

Vielleicht ein Verwandter des Generals Franz Freiherrn Uchatius ist **Joseph** Uchatius,

Verfasser des Werkes: „Die Kunstfeuerwerkerei zu Lande. Basirt auf wissenschaftlichen Principien und mit besonderer Berücksichtigung einer leichtfaßlichen, alle Details der Ausübung umfassenden Anweisung zur Verfertigung sowohl einzelner Feuerwerksstücke als ganzer Feuerwerke jeder Größe. Mit 14 lith. Tafeln (in qu. gr. 4°.)" (Wien 1848, Tendler und Comp., XXXII und 482 S., gr. 8°.).

**Uchazy**, August (Landtagsabgeordneter, Geburtsjahr unbekannt, gest. zu Reichenberg in Böhmen am 19. August 1870). Ueber das Leben dieses um das öffentliche Gemeinwesen vielverdienten Mannes wissen wir nichts, und das Positive, das wir aus einer gedruckten Grabrede auf den Dahingegangenen erfahren, ist wenig genug. Wir entnehmen daraus, daß er in der Vollkraft seines Lebens vom Tode dahingerafft wurde, daß er allein im Leben gestanden und mit ihm seines Namens Gedächtniß erlischt. Die bezeichnendste Stelle dieses Nachrufes aber ist: „daß Uchazy die Idee des geistigen Fortschrittes mit klarem Kopfe erfassend und starker Seele verfolgend, diesem erhabenen Zwecke seine Zeit und seine Kräfte mit edler Uneigennützigkeit und aufopfernder Ausdauer gewidmet. Ein echter Sohn seiner Zeit, die ihn geboren, machte er zum Wahlspruch seines Lebens: Wirken und Schaffen; unermüdlich thätig, arbeitete er in jenen Körperschaften, in welche das ehrende Vertrauen seiner Mitbürger ihn berufen, mochten dieselben die Geschicke des Vaterlandes oder die Interessen der Gemeinde berathen, sowie in jenen zahlreichen Vereinen, welche er zum Theile selbst mit der ihm angeborenen schöpferischen Kraft in das Leben gerufen, oder denen er als eifriges Mitglied und umsichtiger Berather treu zur Seite gestanden, mochten dieselben ihren verschiedenen Zwecken zufolge die Ausbildung politischreifer Staatsbürger, die Heranziehung eines mannhaften Geschlechtes durch körperliche Erkräftigung, die Hebung der Bildung im Arbeiterstande, die Förderung des Nationalwohlstandes durch Beseitigung elementarer Gefahren oder die Veredlung des Gemüthes durch die Schöpfungen der edlen Sangeskunst bezielen". Leider erfahren wir weder den Boden, auf welchem, noch die Namen der Körperschaften, in denen Uchazy gewirkt, noch auch die Namen der Vereine, welche er zum Theile selbst ins Leben gerufen hat. Und das alles konnte so leicht, nur mit dem Aufwande von wenigen Zeilen und zur Sicherung des Namens für die Culturgeschichte geschehen! Wir vermuthen nur, daß Böhmen im Allgemeinen und zunächst Reichenberg der Mittelpunkt der vielseitigen und ersprießlichen Thätigkeit des in Rede Stehenden gewesen sei. Schließlich sei noch erwähnt, daß derselbe die Schrift: „Das österreichische provisorische Gesetz zur Errichtung von Handels- und Gewerbekammern vom 26. März 1850" (Reichenberg 1851, Bened. Pfeiffer, gr. 8°., III und 408 S.) herausgegeben hat.

Nachruf des Herrn J. U. Dr. Ign. Sieber, gesprochen am Grabe des verstorbenen Herrn J. U. Dr. August Uchazy am 21. August 1870 (Reichenberg 1870, im Verlage des Verfassers, 8°., 4 S.). — Neue Freie Presse (Wien) 1870, Nr. 2152, in der „Kleinen Chronik".

**Udvardy**, Ignaz (gelehrter Theolog, geb. zu Pápa im Veszprimer Comitate Ungarns am 1. August 1810). Iván Nagy in seinem ungarischen Adelswerke: „Magyarország családai czimerekkel és nemzékrendi táblákkal" gedenkt wohl in zwei Zeilen einer ungarischen Adelsfamilie Udvardy, ob aber der obige Ignaz und der folgende Johann derselben angehören, ist aus seiner Mittheilung nicht ersichtlich. Ignaz besuchte das Gymnasium in Táta und legte dann die philosophischen Jahrgänge als Seminarist in Tyrnau zurück. Da er sich dem geistlichen Berufe widmen wollte, so wurde er 1828 auf das Centralseminar in Pesth geschickt, wo er die theologischen Studien beendete. Erst 22 Jahre alt, versah er anfänglich, 1832, ein Predigtamt und trug dann als Supplent zu Veszprim Kirchengeschichte vor. 1833 erlangte er die theologische Doctorwürde und noch im nämlichen Jahre die Priesterweihe. 1835 erfolgte seine Ernennung zum Professor der Kirchengeschichte in Veszprim und zugleich zum Beisitzer des Rathes über Ehen- und Ordensgelübde. 1849 nahm er den Ruf als bischöflicher Kanzleidirector an, entsagte aber dieser Stelle schon im nächsten Jahre, und beschränkte sich ausschließlich auf sein kirchengeschichtliches Lehramt. Im Jahre 1847 wurde er Mitglied der Pesther theologischen Facultät. Außer mehreren in Fachblättern enthaltenen theologischen Abhandlungen gab er folgende selbstständige Werke heraus: *„A romai ker. kath. egyházi jogtan“*, d. i. Römisch-katholische Kirchenrechtslehre (Buda 1843, 2. Aufl. Veszprim 1846), von der Pesther theologischen Facultät eines Stiftungspreises für würdig befunden; — und *„A protestantismus köztörténeti fejleménye különös figyelemmel Magyar- s Erdélyországra“*, d. i. Die allgemeine geschichtliche Entwickelung des Protestantismus mit besonderer Rücksicht auf Ungarn und Siebenbürgen (1847). Ob Ignaz Udvardy noch lebt, ist uns nicht bekannt; im Staatsschematismus kommt sein Name nicht mehr vor.

*Toldy (Ferencz).* A magyar nemzeti irodalom története a legrégibb idöktöl a jelenkorig rövid elöadásban, d. i. Geschichte der ungarischen National-Literatur von den ältesten Zeiten bis auf die Gegenwart (Pesth 1864 bis 1865, Gustav Emich, gr. 8°.) S. 305 und 306.

**Udvardy**, Johann (landwirthschaftlicher Schriftsteller, geb. zu Zamoly im Stuhlweißenburger Comitate 1799). Die unteren Schulen besuchte er in Stuhlweißenburg und Pápa, dann begab er sich zur Fortsetzung seiner Studien nach Pesth, wo er 1821 das Diplom als Ingenieur erlangte. In dieser Eigenschaft trat er noch im nämlichen Jahre auf der Herrschaft des Grafen Johann Eszterházy in dessen Dienste, in welchen er so ersprießlich wirkte, daß er schon 1827 zum Ehreningenieur seines Comitates ernannt wurde. 1828 übersiedelte er ins Heveser Comitat, wurde Ehreningenieur des Erlauer Domcapitels, der Güter des Barons Ladislaus Orczy und des letztgedachten Comitates. Zugleich war er in seinem unmittelbaren Berufe und auf manchen mit demselben verwandten Gebieten schriftstellerisch thätig. Außer seinen zahlreichen in Fachblättern abgedruckten Abhandlungen und Aufsätzen sind von ihm in Druck erschienen: *„Gazdasági földmérö avagy együgyü és világos utmutatás arra etc. etc.“*, d. i. Der landwirthschaftliche Geometer u. s. w. (Stuhlweißenburg 1825, Paul Szommer, mit 14 Tafeln); — *„Gazdasági vizmérö avagy együgyü és világos utmutatás arra etc.“*, d. i. Der landwirthschaftliche Hydrometer (Wassermesser) u. s. w. (ebd. 1827, mit 6 Tafeln); — *„Gazdasági regulatiók tüköre a pallérozott mezei gazdaságnak kalauzául etc.“*, d. i. Spiegel landwirthschaftlicher Regulirungen u. s. w. (Pesth 1828, Trattner-Károlyi, 8°.); — *„Élet Pesten“*, d. i. Das Leben in Pesth (Pesth 1832), und im Manuscript hinterließ er die magyarische Uebersetzung der „Tunisias“ von Ladislaus Pyrker. Im Jahre 1832 erwählte ihn die ungarische Akademie der Wissenschaften zum correspondirenden Mitgliede, und ein Gleiches that der Frauendorfer Gartenverein.

Ujabbkori Ismeretek Tara, d. i. Ungarisches Conversations-Lexikon (Pesth, 8°.) Bd. VI, S. 417. — *Toldy (Ferencz)*. A magyar nemzeti irodalom története a legrégibb időktöl a jelenkorig rövid elöadásban, d. i. Geschichte der ungarischen National-Literatur von den ältesten Zeiten bis auf die Gegenwart (Pesth 1864—1865, Gustav Emich, gr. 8°) S. 275, 278 und 427. — Bibliotheca hungarica historiae naturalis et matheseos. Magyarország természettudományi és mathematikai konyvészete 1472—1875. Készitették Szinnyei József (Vater) és Dr. Szinnyei József (Sohn) (Budapesth 1878, schm. 4°.) Sp. 804 und 805.

Die neuere ungarische Literatur zählt zwei Udvardy unter den lyrischen Poeten und Novellisten, und zwar gab ein **Géza** Udvardy einen Band lyrischer Dichtungen, betitelt: „Költemények“ (Pesth 1865, Heckenast, 12°.), und ein **Vincenz** (nach Anderen Victor) Udvardy eine Novellensammlung unter dem Titel: „Dicsöség és szerelem. Beszély gyüjtemény két kötetben“, d. i. Ruhm und Liebe. Novellen in zwei Bänden (Pesth 1865, Pfeiffer, 8°.) heraus.

**Udvarnoky** von **Kis-Joka**, Eduard (k. k. Generalmajor, geb. zu Cilli in Steiermark am 19. September 1810). Obgleich in Steiermark geboren, vermuthlich der Sohn eines zu jener Zeit in Cilli stationirten Militärs, gehört er einer ungarischen Adelsfamilie an, über welche wir jedoch in Iván Nagy's Adelswerke „Magyarország családai“ vergeblich nach näheren Aufschlüssen suchen, wiewohl unter ihren Mitgliedern (siehe die Quellen) sich mehrere über das Niveau des Gewöhnlichen erheben. Eduard trat im October 1822 zur militärischen Ausbildung in die Wiener-Neustädter Militärakademie ein, aus welcher er am 7. October 1829 als Fähnrich zu Kinsky-Infanterie kam. In seinem Range vorrückend, wurde er im März 1831 Lieutenant, im April 1840 Oberlieutenant, im August 1846 Capitänlieutenant und im Mai 1848 Hauptmann. In letzterer Eigenschaft machte er die Feldzüge 1848 und 1849 in Italien mit. Am 3. September 1854 zum Major bei Erzherzog Ernst-Infanterie Nr. 48 befördert, focht er als solcher im Feldzuge 1859 in Italien. Am 29. Februar 1860 stieg er zum Oberstlieutenant bei König von Belgien-Infanterie Nr. 27, am 1. Juli 1862 zum Commandanten des Infanterie-Regiments Freiherr von Sokcevic Nr. 72 und am 30. September desselben Jahres zum Obersten im Regimente auf. Als solcher focht er im brudermörderischen Feldzuge 1866 gegen die Preußen. Für sein ausgezeichnetes Verhalten in der Schlacht bei Solferino 1859, in welcher er den Obersten seines Regiments, Karl Omolski von Boneza den Heldentod fürs Vaterland sterben sah, wurde er mit dem Orden der eisernen Krone dritter Classe ausgezeichnet. Am 31. October 1868 zum Brigadier bei der 18. Truppendivision ernannt, rückte er am 29. October 1869 zum Generalmajor vor. Gegenwärtig lebt er als unangestellter Generalmajor zu Gratz.

Die Familie Udvarnoky von Kis-Joka zählt außer obigem Generalmajor noch einige denkwürdige Sprossen: 1. **Albert** Udvarnoky de Kis-Joka (geb zu Preßburg in Ungarn 1794, gest. zu Wien am 22. Jänner 1870). Derselbe diente im 6. Huszaren-Regimente 18, in der ungarischen Leibgarde 21 Jahre. In seinem Regimente, in welchem er die Befreiungskriege 1813—1815 gegen Frankreich mitmachte, stieg er bis zum Obersten auf, in der königlich ungarischen Leibgarde bis zum Premier-Wachtmeister. — 2. **Julius** Udvarnoky dient in der kaiserlichen Armee zur Zeit als Oberlieutenant im 2. Genie-Regimente. Als solcher focht er 1878 im bosnischen Occupations-Feldzuge und wurde für sein wackeres Verhalten mit dem Militär-Verdienstkreuze ausgezeichnet. — 3. **Ludwig** Udvarnoky lebte im ersten Viertel des laufenden Jahrhunderts in Wien, wo er die Stellen eines Hofagenten bei der königlich ungarischen und siebenbürgischen Hofkanzlei, eines Agenten Seiner kaiserlichen Hoheit des Erzherzogs Joseph, nachmaligen Palatins, und eines Landes- und Gerichts-Advocaten bekleidete. Außerdem beschäftigte er sich mit Mineralogie und besaß in seiner Wohnung in Wien (Spiegelgasse Nr. 1097) eine Mineraliensammlung, welche als eine Sehenswürdigkeit der Kaiserstadt galt. Nach Werner's System geordnet, zählte die Sammlung 1300 Stück, zum Theile Schau-, zum Theile Ladenstücke. Das unten angeführte Werk von F. H. Böckh gibt eine ausführlichere Darstellung der reichen Sammlung, deren Besichtigung der Besitzer gern gestattete. [Oesterreichisch-ungarische Wehr-Zeitung (Wien, gr. 4°.) 1870, Nr. 10, in der Rubrik: „Sterbefälle“. — Thürheim (Andreas Graf). Gedenkblätter aus der Kriegsgeschichte der k. k. österreichisch-ungarischen Armee (Wien und Teschen 1880, Prochaska, Lex.-8°.) Bd. I, S. 322, unter Jahr 1859; Bd. II, S. 393, unter Jahr 1878. — Böckh (Franz Heinrich). Wiens lebende Schriftsteller, Künstler und Dilettanten im Kunstfache, dann Bücher-, Kunst- und Naturschätze und andere Sehenswürdigkeiten dieser Haupt- und Residenzstadt (Wien 1821, B. Ph. Bauer, 12°.) S. 141.]

**Uebelacker**, Franz (gelehrter Mönch, lebte in der zweiten Hälfte des achtzehnten Jahrhunderts, Ort und Jahr seiner Geburt wie seines Todes unbekannt). Zu Anfang der Achtziger-Jahre noch Benedictiner in der schwäbischen Abtei Petershausen, trat er später aus dem Orden, von den Gelübden desselben dispensirt. Um die Mitte der Achtziger-Jahre privatisirte er in Wien, dann aber lebte er von einer kaiserlichen Pension zu Freiburg im Breisgau, welches damals zu Vorderösterreich gehörte. Er beschäftigte sich mit Naturwissenschaften und schrieb Einiges in dieser Richtung, aber er trat auch polemisch gegen seinen früheren Stand auf. Die Titel seiner Schriften sind: „System des Carlsbader Sinters unter Vorstellung schöner und seltener Stücke; sammt einem Versuch einer mineralischen Geschichte desselben und dahin einschlagenden Lehre über die Farben; in vier Abtheilungen mit 30 illum. KK.“ (Erlangen 1781—1784 [Heyden] gr. 8°., 24 Thlr.); — „Entwurf der gemeinen und höheren Schulen in den hochfürstlich Fürstenbergischen Ländern“ (Donaueschingen 1783, 8°.); — „Des Herrn Faujas de Saint-Fond Beschreibung der Versuche mit der Luftkugel, welche sowohl die Herren von Montgolfier als Andere aus Gelegenheit dieser Erfindung in Frankreich gemacht haben; aus dem Französischen. Mit einer Abhandlung, wodurch erwiesen wird, dass ein teutscher Physiker vom XIV. Jahrhundert der Urheber dieser Erfindung sey“ (Wien 1784, gr. 8°.); es ist das eine Uebersetzung des Werkes: „Description des expériences de la machine aérostatique de MM. Montgolfier et de celles auxquelles cette découverte a donné lieu etc.“ von Faujas de Saint-Fond. Dieser war einer der Verwalter der königlichen Gärten in Paris und ein berühmter Geolog seiner Zeit, der insbesondere über den Vulcanismus der Gegend von Andernach am Rhein und dessen Umgebung geschrieben hat. Uebelacker trat nun in seiner Uebersetzung für die Priorität der Deutschen in der Frage über die Erfindung des Luftballons ein; — „Der von seinem Ursprunge an bis auf diese Stunde in seiner Blösse dargestellte Mönch oder Frage: Was sind die Prälaten? Antwort: Sie scheinen, was sie nicht sind, und sind, was sie nicht scheinen“ (Wien 1784, 8°.); dieses Pamphlet, das bei seinem Erscheinen nicht ger'nge Aufregung in den betheiligten Kreisen erregte, gab Uebelacker unter dem Pseudonym Joh. Kleeraub, dem Anagramm seines eigenen Namens, heraus. Auf eine gegen vorgenannte Schrift erschienene Abwehr antwortete er mit folgender: „Des Herrn Abbé Uebelacker abgenöthigte Ehrenrettung oder Beantwortung der Mönchsbroschure: Was sind die Reichsprälaten und wie sind sie es worden?" (Leipzig 1785, 8°.). Damit verschwindet Uebelacker vom literarischen Schauplatze, und sind wir über seine ferneren Geschicke nicht unterrichtet. Zu Beginn des laufenden Jahrhunderts muß er wohl noch am Leben gewesen sein, weil er in Jos. Georg Meusel's „Lexikon der vom Jahre 1750 bis 1800 verstorbenen teutschen Schriftsteller" nicht aufgenommen ist.

**Ueberacker.** Die Grafen Uiberacker, deren Namen öfter auch Ueberacker geschrieben wird, siehe unter der von der Familie selbst angenommenen Schreibweise Uiberacker.

**Ueberfelder,** Anton (Pfarrer und Dialektforscher, geb. zu Olsa bei Friesach am 5. Juni 1803, gest. zu Tiffen in Kärnthen am 5. September 1860). Nachdem er die theologischen Studien beendet hatte, wirkte er mehrere Jahre als Caplan, dann als Spätprediger bei St. Peter und Paul in Klagenfurt. Um das Jahr 1845 wurde er Pfarrer zu Tiffen und fünf Jahre später Bürgermeister der großen Gemeinde Steindorf. Was Ueberfelder in beiden Stellungen seinen Pfarrkindern und seiner Gemeinde gewesen, steht mit warmherzigen Worten geschildert in dem Seite 219 in den Quellen angeführten Nekrologe. Er war ein ausgezeichneter Homilet, und nicht selten kamen die Leute aus Klagenfurt zu den geistvollen, milden und melodiösen Kanzelreden, mit welchen er besonders bei festlichen Anlässen in der Pfarrkirche zu Feldkirchen die Andächtigen fesselte. Obwohl schon alternd und seit längerer Zeit kränkelnd, besuchte er doch von seinem Pfarrsitze am Berge die meist verstreuten noch höher gelegenen Orte seiner Pfarre mit immer gleicher Unverdrossenheit, wie er denn überhaupt die schweren Pflichten der Seelsorge, am Krankenbette, im Beichtstuhle, in rast- und geräuschloser Stille übte. Als Bürgermeister trat sein humaner Sinn in besonderer Liebenswürdigkeit hervor. Galt es in den schweren kriegerischen Zeiten, dem so vielen Mühen und Entbehrungen ausgesetzten Soldaten ein schützendes Obdach und freundliche Pflege durch Einquartierung zu bereiten, da fragte er nicht danach, ob es ein Sohn Germaniens oder der Puszta, ein feuriger Huszar oder ein slavischer Krieger war, die Leute fanden alle und immer gute Unterkunft und treffliche Verpflegung. Dieses weltliche Amt trug ihm nichts ein, aber er übte es mit solcher Gewissenhaftigkeit wie sein beschwerliches Pfarramt, und sein Nachruf bezeichnet ihn als einen der tüchtigsten und verdientesten Gemeindevorstände, die es je gegeben hat. Ueberdies war er ein Wohlthäter der Bedürftigen und gab, wenn es in der Armen- und Gemeindecasse fehlte, aus Eigenem. Doch auch kenntnißreich und ein Freund seines Volkes, vertiefte er sich in Forschungen über dessen Sprache. Er war der Erste, der besonders die in Mittelkärnthen gebräuchlichen volksthümlichen Ausdrücke sammelte und sie nicht nur auf das Reindeutsche zu reduciren und zu erklären, sondern auch ihre Wurzeln oft sehr sinnreich aus der deutschen verwandten oder aber aus fremden Sprachen nachzuweisen suchte.

Wenn er auch von M. Lexer durch dessen spätere musterhafte Arbeiten überholt worden ist, so schmälert dies nicht im Mindesten sein Verdienst, und sein von dem langjährigen Redacteur der „Klagenfurter Zeitung“ Simon Martin Meyer herausgegebenes „Kärnthnerisches Idiotikon“ (Klagenfurt 1862, Leon, VIII und 262 S., kl. 8°.) bleibt ein schönes Denkmal seiner sprachlichen Forschungen und seines philologischen Scharfsinns. In früherer Zeit bekundete er sich durch seine trefflichen Acrosticha als einen gewandten und sicheren Lateiner. In dem Nachrufe, der den würdigen Mann mit aller Wärme des Herzens feiert, heißt es an einer Stelle: „O, es wird wohl Niemand lächeln, daß so viel Aufhebens geschehe um einen schlichten Priester. Aber welch ein Priester!“ Wenn man bei solch einem Manne des Hocuspocus gedenkt, mit welchem durch den in böswilligster Weise ausgedehnten Culturkampf die Gemüther von Millionen tief erbittert werden und der sittlichen Verlotterung Thür und Angel sich öffnet, da möchte man doch — — — —

Carinthia (Unterhaltungsbeilage der „Klagenfurter Zeitung“) 50. Jahrg., 6 October 1860, Nr. 20: „Anton Ueberfelder, Pfarrer in Tiffen, todt“. Von Dr. L. Wenger. — Hermann (Heinrich). Handbuch der Geschichte des Herzogthums Kärnthen in Vereinigung mit den österreichischen Fürstenthümern. III. Band, 3. Heft: Culturgeschichte Kärnthens vom Jahre 1790 bis 1857 (1859) oder der neuesten Zeit (Klagenfurt 1860, Leon, 8°.) S. 204.

**Ueberlacher**, Gregor (Arzt und Fachschriftsteller, Ort und Jahr seiner Geburt, wie seines Todes unbekannt). Er lebte in der zweiten Hälfte des achtzehnten und zu Beginn des neunzehnten Jahrhunderts und übte als Physicus der Leopoldstadt in Wien seine ärztliche Praxis aus. Er machte sich besonders um die Verbreitung der Impfung, welche er überdies eingehenden Studien unterzog, sehr verdient und war überhaupt ein gelehrter Arzt, dessen Feder wir nachstehende Schriften verdanken: „Untersuchungen über das Scharlachfieber“ (Wien 1789, Schaumburg und Comp., gr. 8°.); — „Ueber die Grundlosigkeit der ersten Schilderung der Röthel- oder Rindesflecken von den Arabern“ (ebd. 1803, 8°.); — „*De vaccina antivariolosa epitome, in qua duplex ejus species naturalis seu febrilis et artificialis seu non febrilis ex propriis et alienis experientiis et observationibus exhibetur*“ (Wien 1807, A. Doll, 8°., maj.) — und „Nachricht über die Wirksamkeit und Nützlichkeit der Kuhpockenimpfung mit dem Schorfe“ (Wien 1807, 8°.).

*Engelmann (Wilhelm).* Bibliotheca medico-chirurgica et anatomico-physiologica (Leipzig 1848, W. Engelmann, gr. 8°.) S. 390.

**Ueberstreicher**, ...... (Maler, Ort und Jahr seiner Geburt unbekannt, lebte in der zweiten Hälfte des achtzehnten Jahrhunderts). Dieser Künstler mit dem für einen Maler verhängnißvollen Namen soll zu Salzburg gelebt und gearbeitet haben. Doch suchen wir in Benedict Pillwein's „Biographischen Schilderungen oder Lexikon salzburgischer theils verstorbener, theils lebender Künstler...“ Salzburg 1821, kl. 8°.) vergeblich seinen Namen. Wir finden Ueberstreicher nur bei Nagler erwähnt, der von demselben berichtet, daß er „Maler zu Salzburg war und sich durch historische Bilder bekannt machte, deren er für Kirchen malte, sowohl in Oel als in Fresco“. Der berühmte Maler Johann Baptist Ritter von Lampi [Bd. XIV, S. 57], als er 1768 in Salzburg weilte, war sein Schüler.

berg, trat dann in die französische, später in die österreichische Armee, in letzterer zum Major vorrückend. Als solcher aus den Reihen derselben getreten, privatisirte er in der Niederlausitz. Er ist Verfasser des Werkes: „Woher die Landschaft Oberlausitz den Namen und die Hoheit eines Markgrafthums habe?" (Wittenberg 1732, 4°.). — 3. **Max F. G.** von Uechtritz schrieb eine „Reise durch das südliche Preußen und Oesterreich", die auch unter dem Titel: „Kleine Reisen eines Naturforschers" (Breslau 1820. J. F. Korn, 8°) erschien. — 4. Ein **August** Freiherr von Uechtritz diente 1843 als Rittmeister bei Hardegg-Kürassieren Nr. 8. Das Regiment kämpfte 1849 in Ungarn. Im Gefechte bei Verpéleth, während der Schlacht von Kapolna, stritt es, vom Feldmarschall-Lieutenant Schlik persönlich angeführt, mit Auszeichnung und trug namhafte Verluste davon. Rittmeister Baron Uechtritz ward durch einen Schuß tödtlich verwundet und starb nach mehrtägigem schmerzlichen Leiden. [Thürheim (Andreas Graf). Die Reiter-Regimenter der k. k. österreichischen Armee (Wien 1862, F. B. Geitler, gr. 8°.) Bd. I: „Kürassiere und Dragoner", S. 209.] — 5. Endlich **Rudolph** Freiherr Uechtritz, Doctor der Philosophie und Zeitgenoß, im „Gothaischen genealogischen Taschenbuche der freiherrlichen Häuser" nicht ersichtlich. Als Botaniker in weiteren Kreisen bekannt, hat er sich namentlich Ungarn zum Objecte seiner Forschungen auserkoren. Die „Oesterreichische botanische Zeitschrift", redigirt von Dr. Skofitz, enthält mehrere, mitunter umfangreiche Arbeiten des Freiherrn Rudolph, und zwar: „Botanische Excursion in die Central-Karpathen" [Bd. VII, S. 342, 351, 360, 368, 374 und Bd. XIV, S. 383]; — „Oxytropis Carpatica n. sp." [Bd. XIV, S. 216 und 218]; — „Bemerkungen über einige Pflanzen der ungarischen Flora" [Bd. XVI, 1866, S. 209, 243, 281 und 313]; — „Zur Flora Ungarns" [Bd. XXI, 1871, S. 186, 233, 262, 306 und 340]; — „Thlaspi banaticum, eine neue Species der ungarischen Flora" [1873, Nr. 6]; — überdies auch Correspondenzen [Bd. XIV, S. 223, 383 und Bd. XV, S. 120]. [Kanitz (Aug.). Versuch einer Geschichte der ungarischen Botanik. Aus dem XXXIII. Bande der „Linnaea" besonders abgedruckt (Halle 1865, Schwetschke, 8°.) S. 247, Nr. 283.] — Es gibt auch Freiherren Uichtritz von Steinkirchen; es ist dies der Beiname des vorerwähnten Bürgermeisters von Lauban. Von diesen Freiherren dienten mehrere in der kaiserlichen Armee. Ob dieselben nur ein durch die Schreibung des Namens sich unterscheidender Zweig der Familie Uechtritz sind, oder ob sie eine Familie für sich bilden, läßt sich ohne Einsicht in Familienurkunden nicht festsetzen, wenn auch mit ziemlicher Wahrscheinlichkeit anzunehmen ist, daß beide Zweige eines Stammes seien.

**Uerményi**, siehe: **Ürményi**.

**Uetz**, Adalbert (Maler, geb. in Wien 7. Februar 1807, gest. in Gratz 2. Mai 1864). Der Sohn eines Hofkoches, widmete er sich der Malerei und machte seine Studien in derselben an der k. k. Akademie der bildenden Künste zu Wien. Im Jahre 1833 ging er nach Gratz und erwarb in dem nahen Waltendorf ein Haus, dessen Façade er mit Fresken ausschmückte. 1835 restaurirte er die Stucchi und Fresken im Mausoleum Ferdinands II. Vornehmlich als Decorationsmaler thätig, arbeitete er als solcher in der Burg, sowie im Palais des Erzherzogs Johann, im Cursaal zu Sauerbrunn, im Coliseum zu Laibach, in der Kirche zu Gleichenberg u. s. w. Auch das „Coliseum" in Gratz wurde ganz von ihm decorirt, und zu dem Eisfeste, welches er im Winter 1841 in diesem Vergnügungslocale arrangirte, modellirte er mit eigener Hand die Büsten großer Männer in Eis. Von seinen in Wien ausgeführten Arbeiten heben wir noch die Malereien in der Kirche des allgemeinen Krankenhauses hervor. Ein kurzer Nekrolog rühmt dem Maler Uetz nach, daß derselbe in Gratz eine allgemein geachtete und beliebte Persönlichkeit gewesen sei.

Wastler (Joseph). Steirisches Künstler-Lexikon (Gratz 1883, Verlag Leykam, 8°.) S. 171. — Wiener Zeitung, 1864, Nr. 115, S. 401.

Noch sind erwähnenswerth: 1. Ein Neffe des Obigen, **Julius** Uetz, seines Zeichens gleichfalls Maler. Er lebte von 1860 bis 1863 in

Gratz, schmückte daselbst die Decken des Circus (des heutigen Stadttheaters) mit Scenen des römischen Circus. — 2. Frau **Karoline** Uetz, vielleicht eine Verwandte der beiden Vorgenannten. Sie errichtete im Jahre 1873 eine Waisenstiftung von 60.000 fl. mit der Verfügung, daß von den Interessen mit der Zeit für je ein Waisenkind eine Einlage von Einhundert Gulden bei der Sparcasse gemacht, das bezügliche Büchel sodann im k. k. Depositenamte hinterlegt, die Interessen Zins auf Zins belassen und das so angesammelte Capital den Betreffenden im Falle der Verehelichung oder beim Antritte eines Geschäftes oder Gewerbes ausgefolgt werde Stirbt aber ein Waisenkind früher noch, so soll das Geld nicht an dessen allfällige Angehörigen, sondern wieder an ein anderes Waisenkind übergehen. [Neue Freie Presse, 24. April 1873, im Localbericht.]

**Uexküll-Gyllenband**, Alfred Graf (k. k. Oberstlieutenant, geb. 3. März 1838 zu Stuttgart, gest. 7. Juli 1877). Ein Sohn des königlich württemberg'schen Obersthofmeisters Karl Aug. Wilhelm Grafen Uexküll aus dessen Ehe mit Mathilde geborenen Gräfin von Fries, trat er in die kaiserliche Armee und wurde 1863 Rittmeister im Prinz Alexander zu Württemberg-Huszaren-Regimente Nr. 11. Hierauf zum Generalstabe übersetzt, machte er in demselben den Feldzug gegen die Dänen 1864 mit und erhielt für sein ausgezeichnetes Verhalten das Militär-Verdienstkreuz mit der Kriegsdecoration. Später, 1866, wurde ihm der Orden der eisernen Krone dritter Classe mit der Kriegsdecoration verliehen. Nachdem er hierauf als Militärattaché mehrere Jahre bei den Gesandtschaften in Berlin, Paris und Constantinopel in Verwendung gestanden, kam er wieder zu dem Generalstabe in Wien. Zuletzt diente er als Oberstlieutenant in der niederösterreichischen Landwehr-Dragoner-Escadron Nr. 1. Während er als österreichischer Militärbevollmächtigter 1870 bei der kaiserlichen Gesandtschaft in Berlin fungirte, gerieth er mit dem Grafen von Hohenthal wegen eines zärtlichen Verhältnisses mit dessen Schwester, welche zu jener Zeit Hofdame bei der Kronprinzessin war, in Conflict, der zu einem Duelle führte, in welchem er von seinem Gegner eine Verwundung davontrug, die jedoch ohne weitere Folgen blieb. Als er im besten Mannesalter von 38 Jahren starb, hieß es in einem ihm gewidmeten Nachrufe, „daß er ein intelligenter, äußerst strebsamer Officier gewesen, dessen Verlust in der Armee tief beklagt wurde“. Der Graf ward im Jahre 1871 von Seiner Majestät noch mit dem Ritterkreuze des Leopoldordens ausgezeichnet, außerdem hatte er 1864 von Mecklenburg-Schwerin das Militär-Verdienstkreuz und von Preußen den Kronenorden dritter Classe mit den Schwertern, dann aber von Württemberg, Frankreich, Belgien, Rußland und Schweden Decorirungen erhalten. Im Jahre 1871 vermälte er sich mit Valerie geborenen Gräfin von Hohenthal (geb. 30. Mai 1841, gest. zu Güns in Ungarn im März 1878), und stammen aus dieser Ehe: Albertine, Alexandrine, Karoline und Nicolaus (geb. zu Güns 14. Februar 1877). — Des Vorigen Bruder, Graf **Alexander** (geb. 2. October 1836) dient gleichfalls in der k. k. Armee, und zwar seit 15. December 1876 als Oberst und Commandant des Dragoner-Regiments Alfred Fürst Windischgrätz Nr. 14.

Neue Freie Presse, 1870, Nr. 1932: „Berliner Welt und Halbwelt“; 1877, Nr. 4627, Abendblatt, S. 1 — Presse (Wiener polit. Blatt) 1877, Nr. 184. — Fremden-Blatt. Von Gustav Heine (Wien, 4°.) 1870, Nr. 48.

**Ugarte**, Alois Graf (Staatsmann und Ritter des goldenen Vließes, geb.

1749, gest. zu Gratz am 18. November 1817). Der zweitgeborene Sohn des Grafen Johann Nepomuk aus dessen Ehe mit Marie Wilhelmine Rabutin Gräfin Souches, erhielt er 1760—1768 in der theresianischen Ritterakademie seine wissenschaftliche Ausbildung, trat nach beendeten Studien sofort in den Staatsdienst und wurde schon 1769, erst zwanzig Jahre alt, Appellationsrath in Böhmen. Später kam er als Gubernialrath nach Galizien, 1786 als Hofrath an die vereinte Hofstelle in Wien, in welcher Eigenschaft er einen nachahmungswerthen Freimuth darlegte. Am 30. Mai 1786, gelegentlich der Vorlage der Conduitetabellen über die galizischen Verwaltungsbeamten, die er als ihr ehemaliger Vorgesetzter persönlich kannte, bemerkte er als Hofkanzleireferent: Bei mancher Schilderung Seitens des Landeschefs habe sichtlich Leidenschaft mitgesprochen; es sei die Anordnung einer Strafe wider die Vorgesetzten nothwendig, die sich eine falsche Darstellung erlauben, und im Betretungsfalle wäre über sie das Nämliche zu verfügen, was der von ihnen Verleumdete sonst zu erdulden Gefahr liefe. Leider hatte der Antrag keinen nennenswerthen Erfolg. Nach dem Erscheinen des Patentes vom 14. August 1787 wurde Graf Ugarte Gubernator in Mähren und Schlesien und Landeshauptmann in Mähren. Bei Gelegenheit der Krönung Kaiser Leopolds II. in Böhmen erhielt er die geheime Rathswürde. Fünfzehn Jahre wirkte er in verdienstlichster Weise als Gouverneur in Mähren, als aber bei der neuen Organisirung der obersten Behörden die galizische Hofkanzlei aufgehoben, dagegen die vereinigte Hofkanzlei nebst der Hofkammer und der obersten Justizstelle ins Leben gerufen wurde, ernannte ihn Kaiser Franz 1802 zu seinem obersten Kanzler. Im Jahre 1805 fungirte der Graf bei der Wahl des Erzherzogs Rudolph, 1811 bei jener des Grafen Trauttmannsdorff zum Olmützer Erzbischof als k. k. Hofcommissär; 1807 erhielt er wegen seiner eifervollen Dienstleistung in Kriegszeiten das Großkreuz des St. Stephansordens. Im Jahre 1813 wurde er mit Belassung in seiner Anstellung als böhmischer und österreichischer Oberstkanzler zum Staats- und Conferenzminister ernannt, übernahm auch interimistisch das Präsidium des Finanzdepartements, von welchem er aber im September 1814, als Graf Stadion die Leitung der Finanzen antrat, unter Bezeugung der ah. Zufriedenheit und um sich als Oberstkanzler ganz der inneren Administration widmen zu können, wieder enthoben ward. Für seine Wirksamkeit in den nun folgenden Kriegen zum Sturze der Napoleonischen Gewaltherrschaft und zur Erkämpfung eines dauernden Friedens wurde ihm vom Kaiser das goldene Civil-Verdienstkreuz, eine nur sehr Wenigen verliehene Auszeichnung, zutheil. Auch machte er sich als Landesgubernator von Mähren, da er als solcher zugleich Protector der mährisch-schlesischen Landwirthschaftsgesellschaft war, nicht nur durch Förderung der Schafzucht sehr verdient, worin er auf seiner Herrschaft Jaispitz und den unter seiner Vormundschaftsverwaltung befindlichen Gütern Krawska, Brendlitz und Rossitz mit gutem Beispiele voranging, sondern auch durch eine in Krawska eingerichtete Meierei mit Tiroler Rindvieh. Als er im Herbst 1817 dem Landesherrn entgegeneilte, erkrankte er in Gratz und starb daselbst in Folge eines eingetretenen Brandes im Alter von 68 Jahren. Wiederholt hatte der Kaiser den treuen und verdienstvollen Diener am Krankenbette besucht und vor seiner Abreise, wenige Tage vor dem Tode des Grafen, demselben die höchste Auszeichnung verliehen, die der Oesterreicher aus den Händen seines Monarchen empfangen kann: den Orden des goldenen Vließes, begleitet von den gnädigsten Ausdrücken kaiserlicher Huld und Zufriedenheit. Graf Alois war seit 12. Mai 1777 mit Maria Josepha geborenen Gräfin Czernin, Sternkreuzordens- und Palastdame Ihrer Majestät der Kaiserin, vermält. Da er aus dieser Ehe keine Kinder hatte, so setzte er letztwillig den minderjährigen Sohn Joseph seines Neffen Grafen Maximilian zum Haupterben ein, welcher in Folge dessen im Jahre 1829 den Besitz der Herrschaft Jaispitz antrat.

Patriotisches Tagblatt (Brünn) 1802, Nr. 73—75. — Brünner Zeitung, 1817, S. 1293 und 1313.

**Porträt.** Lithographie eines Ungenannten. Im Postament, auf welchem sich seine in der Gubernatorsuniform ausgeführte, ins Profil gestellte, von vier Frauengestalten bekränzte Büste erhebt, liest man: „Aloys Graf von | und zu | Ugarte | Maehri: Schles | Landes | Gubernator" (4°).

I. **Zur Genealogie der Grafen Ugarte.** Dieselben stammen aus Spanien, wie es denn daselbst und in den spanisch-amerikanischen Colonien heute noch mehrere denkwürdige Personen dieses Namens gibt, so den berühmten **Antonio** Ugarte, der es vom Lohnbedienten bis zum spanischen Staatsrath brachte, 1827 königlich spanischer Gesandter in Turin war und als solcher 1830 starb. In entsetzlicher Weise denkwürdig aber ist der Padre Ugarte im spanischen Amerika, welcher die im Briefkasten an der Jesuitenkirche zu Sanjago eingelegten, an die himmlische Gnadenmutter adressirten Briefe, in denen die gläubige Bevölkerung ihre Wünsche und Gebete an dieselbe niederlegte, in Empfang nahm, vor dem Hochaltare öffnete und sich zum Dienste des Briefboten zwischen der Mutter Gottes und ihren Schutzbefohlenen herabließ, indem er diese sonderbare Correspondenz las und die darin enthaltenen Bitten zur Kenntniß der Gnadenmutter zu bringen vorgab. Am 8. December 1863 veranstaltete er zu Ehren der Mutter Gottes wieder eine ungemein prächtige Feier, bei welcher an 20.000 Flammen theils aus Oel, theils aus flüssigem Gas (Paraffin) die Kirche erleuchteten. In der siebenten Abendstunde, eben vor Beginn der Marienfeier, brach durch eine der zahllosen Lampen Feuer aus, und in kurzer Zeit stand die ganze von Besuchern vollgedrängte Kirche in einem Flammenmeere. Die Zahl der Verbrannten konnte nie festgesetzt werden. Am 9. December wurden 164 Wagenladungen von Cadavern und halbverkohlten Menschenresten auf den Friedhof von Sanjago gebracht. Im Ganzen sollen über 2000 Menschen verbrannt sein. Padre Ugarte, als Veranstalter dieser Marienfeier und als Briefbote der Mutter Gottes, wurde von den Gerichten in Sanjago zur Verantwortung gezogen. Waldheim's „Illustrirte Blätter" gaben im Jahrgange 1864, S. 61, 237 und 264 ausführliche Darstellungen dieser grauenvollen Katastrophe mit Ansichten des Brandes der Kirche und dem Bildnisse des Padre Ugarte. Ob zwischen diesen spanischen und spanisch-amerikanischen Ugarte und dem in Oesterreich seßhaften Grafengeschlechte ein verwandtschaftlicher Zusammenhang vorhanden, steht dahin. Es fehlen über die in Spanien spielende Vergangenheit der Ugarte alle Quellen, und wir können die Geschichte dieses Geschlechtes nur von dem Zeitpunkte an verfolgen, als der erste Ugarte, **Peter** mit Vornamen, sich in Wien niederließ, wo er zuletzt zur Zeit Kaiser Leopolds I. die Stelle eines Stadtcommandanten bekleidete. Peter ist es auch, der 1654 den Freiherren-, 1676 den Grafenstand, 1662 das Incolat des mährischen, 1667 jenes des böhmischen Herrenstandes, sowie sein Ururenkel **Alois** am 15 November 1807 die steirische Landmannschaft, in die Familie brachte. Durch die Erwerbung von Groß-Meseritsch seinerseits im Jahre 1676 geschah es, daß sich die Grafen Ugarte auch Freiherren von Groß-Meseritsch schrieben, wie denn später, nachdem Graf **Maximilian** durch seine Heirat mit Gabriele Gräfin von Lützow die Güter Meldemann und Blankard erworben, die Ugarte auch den Namen Meldemann mit dem ihrigen — Ugarte-Meldemann — verbanden Die in Oesterreich seßhaften Ugarte sehen wir, den Ersten dieses Geschlechtes, den Grafen **Peter**, und dann den Grafen **Clemens** ausgenommen, welche beide in der österreichischen Armee dienten, ausschließlich im kaiserlichen Staatsdienste thätig. Der Kirche widmete sich in Oesterreich kein Ugarte. Im Staatsdienste bekleideten sie hohe Würden und Aemter, so waren die beiden Grafen **Alois** Gouverneure verschiedener Provinzen Oesterreichs und der ältere von ihnen oberster Kanzler der vereinigten Hofkanzlei in Wien, ein Mann von seltener Pflichttreue und einem Freimuthe, wie er in bureaukratischen Kreisen nicht zu häufig sich findet, ein Mann, der nicht nach oben kroch und nach unten trat, sondern gegen die Ungebührlichkeiten der Hohen Front machte und dagegen Einsprache erhob. Sein Kaiser schmückte ihn auch mit dem höchsten Ehrenzeichen, das er zu verleihen hat, mit dem goldenen Vließe. Ob die Ugarte den Künsten und Wissenschaften hold gewesen, darüber ist nichts bekannt, nur der letzte Ugarte, mit welchem der Mannesstamm dieses Geschlechtes vor einem Jahrzehnt erlosch, that sich in der Sportswelt, welche aber mit Kunst und Wissenschaft nichts gemein hat, mit solcher Passion hervor, daß in den betreffenden Kreisen sein früher Tod allgemein beklagt wurde. Auch von bedeutenden Stiftungen zu humanen Zwecken wissen wir wenig zu berichten; was darüber zu sagen ist, wird in den einzelnen biographischen Skizzen getreu erwähnt. — Was endlich die Frauen dieses Geschlechtes anbelangt, seien es die Töchter des Hauses, welche in fremde Familien hineinheirateten, oder die Töchter jener Geschlechter, aus denen sich die Ugarte Lebensgefährtinen auserkoren, so gehören sie den vornehmsten noch blühenden oder bereits erloschenen Adelsfamilien an, und wir begegnen darunter den Namen der Bubna, Bukuwka, Czernin, Hausperský, Klebelsberg, Lodron, Lützow, Chotek, Rochow, Stackelberg, Souches, Windischgrätz, Werdenberg und Anderer. Was endlich den stark wechselnden Grundbesitz dieses Hauses betrifft, der theils auf freiwilligen Verkäufen der eigenen Güter und im Ankaufe neuer oder auf Erwerbung durch Erbschaft und Heirat beruht, so ist dessen in den Lebensskizzen der Einzelnen nach quellenmäßigen Daten Erwähnung geschehen. [Oesterreichische National-Encyklopädie von Gräffer und Czikann (Wien 1837, 8°) Bd. V, S. 438. — Notizenblatt der historisch-statistischen Section der k. k. mährisch-schlesischen Gesellschaft zur Beförderung des Ackerbaues, der Natur- und Landeskunde. Redigirt von Christian Ritter d'Elvert (Brünn, 4°.) Jahrg. 1870, Nr. 1, S. 1: „Zur mährisch-schlesischen Adelsgeschichte. XXXVIII. Die Grafen von Ugarte". — Historisch-heraldisches Handbuch zum genealogischen Taschenbuch der gräflichen Häuser (Gotha 1855, Just. Perthes, 32°.) S. 1026. — Schönfeld (Ignaz Ritter von) Adels-Schematismus des österreichischen Kaiserstaates. Im Verein mit mehreren Freunden dieses Faches herausgegeben — (Wien 1824 C. Schaumburg und Comp., 8°) S. 123]

II. **Besonders denkwürdige Sprossen des Grafenhauses Ugarte.** 1. **Alois**, der oberste Hofkanzler [siehe die besondere Biographie S. 223] — 2 **Alois**, der Gouverneur von Mähren und Schlesien [siehe die besondere Biographie S. 230] — 3. **Clemens** (geb. 28. September 1798, gest. 1 December 1842), jüngster Sohn des Grafen Johann Wenzel aus dessen Ehe mit Maria Anna geborenen Gräfin Windischgrätz. Von 1804 bis 1815 in der theresianischen Ritterakademie, welche zunächst für adelige Zöglinge, die sich dem Civilstaatsdienste widmen wollen, bestimmt ist, wissenschaftlich ausgebildet, trat er, seiner Neigung für den Soldatenstand folgend, in die kaiserliche Armee, in welcher er rasch von Stufe zu Stufe vorrückte und zuletzt Oberst bei Fürst Schwarzenberg-Uhlanen Nr. 2 wurde. In dieser Stellung bekleidete er das Amt eines Dienstkämmerers bei Seiner kaiserlichen Hoheit dem Erzherzog Ludwig. Er hatte sich mit der Tochter des Großhändlers Kaan verlobt, erschoß sich aber unmittelbar vor der Trauung. — 4. **Johann Nepomuk** (gest. 11. Juni 1756), ein Sohn des Grafen Franz Ernst Dominik — ob aus dessen erster mit Maria Rebecca geborenen Gräfin Bubna von Littitz oder zweiter mit Maria Magdalena geborenen Freiin von Kustosch geschlossener Ehe, ist nirgends ersichtlich — bekleidete die Stellen eines kaiserlichen Rathes, Kämmerers und Landrechtsbeisitzers. Aus dem Nachlasse seines stark verschuldeten Schwiegervaters Karl Joseph Rabutin Grafen von Souches erkaufte er am 20. November 1743 von dessen Töchtern: Maria Anna, welche unverehelicht blieb, und **Maria Wilhelmine**, seiner Gemalin, um 200.000 fl. rheinisch die

# Stammtafel der Grafen Ugarte.

**Peter**, 1654 Freiherr, 1676 Graf, † 1692.
**Theresia Eleonore** Gräfin **Saar (Zdiar)** † 1705.

- **Peter.** **Eleonore Katharina** Gräfin **Werdenberg.**
  - **Franz Ernst Dominik**, 1713 böhmischer Graf, † 6. Juli 1713.
    1) **Maria Rebecca** Gräfin **Bubna** und **Littiz**, verwitwete **Wenzel Franz** Graf **Kokorzowa.**
    2) **Maria Magdalena** Freiin **Kustosz** zu **Zubrzy** und **Lippa.**
    - **Johann Nep.** [4] † 11. Juni 1756. **Mar. Wilhelmine Rabutin** Gräfin **Souches.**
      - **Johann Wenzel** [5] geb. 1748, † 27. October 1796. **Maria Anna** Gräfin **Windischgrätz** geb. 17. September 1765, † 1831.
        - **Maximilian** [7] geb. 1781, † Juli 1832. **Gabriele** Gräfin **Lützow** geb. 25. Mai 1786, † 2. Mai 1830.
          - **Louise** geb. 24. April 1803, vm. Graf **Constantin Lodron.**
          - **Joseph** geb. 26. October 1804, † 27. Juli 1862. 1) **Helene** Gräfin **Stackelberg** geb. 20. August 1820, † 12. Febr. 1843. 2) **Elisabeth** Freiin **Rochow** geb. 14. Mai 1822.
            - **Gabriele** geb. 11. Juni 1848, vm. **Carlo** Conte **Lovatelli.**
            - **Maximilian** [8] geb. 13. Mai 1851, † 3. Februar 1873.
            - **Anna** geb. 1. Mai 1855, vm. **H. Baltazzi.**
        - **Alois** [S. 230] geb. 9. März 1784, † 23. April 1845. **Ernestine** Gräfin **Croyer** geb. 6. Juli 1782, † 15. Jänner 1839.
          - **Louise** geb. 16. März 1813, vm. 1) **Wilhelm** Graf **Chotek** † 1850. 2) **Clemens** Freiherr von **Gudenau** † 18. Jänner 1857.
        - **Maria Anna** geb. 1788, †.
        - **Wenzel Karl** †.
        - **Josepha**, savoy'sche Stiftsdame, geb. 4. Nov. 1789.
        - **Philippine** geb. 5. April 1796, †.
        - **Clemens** [3] geb. 28. Sept. 1798, † 1. December 1842.
      - **Alois** [S. 223], Ritter des goldenen Vließes, geb. 1749, † 18. November 1817. **Maria Josepha** Gräfin **Czernin** geb. 21. December 1748, †.
      - **Maria Leopoldine** † 18. December 1800, vm. **Procop** Graf **Klebelsberg** † 17. Jänner 1819.
      - **Maria Anna** geb. 1737, † 21. Februar 1798, vm 1) **Johann Nep.** Freiherr **Hanspersky** von **Fanal** † 1791. 2) **Johann Bapt.** Graf **Mittrowsky** v. **Nemischl** † 9. Jänner 1812.
      - Noch zwei Kinder jung †.
    - **Franz Ferdinand.**
    - **Maria Katharina**, vm. **Franz Anton** Freiherr **Bukuwka** von **Bukuwky.**
- **Maria Maximiliana** † 1711, vm. **Franz Karl** Graf **Zaruba.**

im Znaimer Kreise gelegene Herrschaft Jaispitz, welche seitdem im Besitze der Familie geblieben ist. Aus seiner Ehe entsprossen sechs Kinder, von welchen Johann Wenzel das Geschlecht fortpflanzte, Alois [siehe dessen Biographie S. 223] kinderlos starb, die Töchter Maria Leopoldine und Maria Anna aber in die Familien Klebelsberg, Hausperský und Mittrowský heirateten [vergleiche die angeschlossene Stammtafel]. — 3. **Johann Wenzel** (geb. 1748, gest. am 27. October 1796), ein Sohn des Grafen Johann Nepomuk aus dessen Ehe mit Maria Wilhelmine Rabutin Gräfin von Souches und ein Bruder des Ritters vom goldenen Vließe Grafen Alois [siehe diesen S. 223], genoß wie die meisten männlichen Sprossen der Familie Ugarte seine wissenschaftliche Ausbildung in der theresianischen Ritterakademie in Wien, in welcher er von 1760 bis 1768 verweilte. Er ward 1777 zum Rathe bei der niederösterreichischen Regierung, anläßlich der Gerichtsorganisirung vom Jahre 1782 zum niederösterreichischen Appellationsrathe, aber schon mit Decret vom 13. September d. J. zum Hofrathe bei der obersten Justizstelle ernannt und als solcher dem böhmischen Senate zugewiesen. 1787 folgte er dem verstorbenen Freiherrn von Gebler [Bd. V, S. 118] in der Vicekanzlerwürde der vereinigten Hofstelle, 1790 wurde er geheimer Rath, 1791 Obersthofmeister der Erzherzogin Marie Clementine, Oberstmusikgraf und Director des Hoftheaters, 1794 bekleidete er die Stelle des niederösterreichischen Oberstlandrichters und Präsidenten der niederösterreichischen Landrechte, 1795 jene des niederösterreichischen Appellationsgerichts-Präsidenten. In der Vollkraft seines Lebens, 1796, erst 48 Jahre alt, wurde er vom Tode hingerafft. Der Graf vermehrte ansehnlich den Grundbesitz seines Hauses durch den Ankauf des Religionsfondsgutes Krawska, des Studienfondsgutes Brenditz, beide im Znaimer Kreise gelegen, sowie des Olmützer erzbischöflichen Lehengutes Rzikowitz. Aus seiner Ehe mit Maria Anna geborenen Gräfin Windischgrätz hatte er vier Söhne: Maximilian, Alois, Wenzel Karl und Clemens, und drei Töchter: Maria Anna, Josepha und Philippine. Ueber die Söhne Maximilian Alois und Clemens siehe die betreffenden besonderen Artikel. [Maasburg (M. Friedrich von). Geschichte der obersten Justizstelle in Wien (1749—1848), größtentheils nach amtlichen Quellen bearbeitet (Prag 1879, J. B. Reinitzer und Comp., 8°.) S. 27 105 und 129.] — 6 **Joseph** (geb 26. October 1804, gest. 27 Juli 1862), der einzige Sohn des Grafen Maximilian [siehe den Folgenden] aus dessen Ehe mit Gabriele geborenen Gräfin von Lützow, widmete sich der diplomatischen Laufbahn und bekleidete zuletzt die Stelle eines außerordentlichen Gesandten am königlich württembergischen Hofe, trat aber 1849 aus dem Staatsdienste. Von seinem Großoheim erbte er die Herrschaft Jaispitz und nach seinem 1832 verstorbenen Vater die Hälfte von Roßitz, die andere Hälfte brachte er von seiner Schwester Louise, vermälten Constantin Graf Lodron, 1833 käuflich an sich. 1844 veräußerte er die ganze Herrschaft Roßitz um eine Million und sechzigtausend Gulden Conventionsmünze an Baron Sina. Das gemeinschaftliche Lehengut Rzikowitz hatte die Familie bereits 1842 verkauft. Am 15. Jänner 1842 vermälte sich Graf Joseph mit Helena geborenen Gräfin von Stackelberg (geb. 20. August 1820). Nach deren (am 12. Februar 1843) erfolgtem Tode schritt er (am 24. Juni 1845) zur zweiten Ehe, mit Elisabeth Rochow, Tochter des königlich preußischen Generals und Gesandten am St. Petersburger Hofe Theodor Freiherrn von Rochow. Innerhalb der Jahre 1823—1830 ließ er auf seiner Herrschaft Jaispitz eine neue Pfarrkirche und ein neues Schloß, 1835 aber bei der alten Kirche eine Familiengruft erbauen; außerdem errichtete er eine Stiftung jährlicher vierhundert Gulden für Lehrer und Gehilfen zur Emporbringung der Schulen in Jaispitz. Zu Anfang der Sechziger-Jahre saß Graf Ugarte im Abgeordnetenhause des österreichischen Reichsrathes. Im Juli 1862 stürzte er bei einem Spazierritte vom Pferde und starb bald darauf an den Folgen dieses Unfalles. Aus seiner zweiten Ehe überlebten ihn drei Kinder Gabriele, Anna und Maximilian. Die beiden Töchter heirateten [siehe die Stammtafel], und der Sohn Maximilian wurde, noch nicht 24 Jahre alt, auf der Reise vom Tode hingerafft. [**Porträt.** Lithographie ohne Angabe des Zeichners, 4°.] — 7. **Maximilian** (geb. 1781, gest. im Juli 1832), ältester Sohn des Grafen Johann Wenzel aus dessen Ehe mit Maria Anna geborenen Gräfin Windischgrätz und Bruder der Grafen Alois [siehe diesen S. 230] und Clemens [S 226,

Nr. 3]. erhielt während der Jahre 1797 und 1798 seine Ausbildung in der theresianischen Ritterakademie, trat dann in den Staatsdienst, wurde 1806 böhmischer Gubernialsecretär, bald danach wirklicher Gubernialrath in Böhmen, 1817 Hofrath beim galizischen Gubernium, zog sich aber ins Privatleben zurück. Von seiner Tante Maria Anna, welche von ihrem ersten Gatten Johann Nep. Freiherrn von Hausperský die Herrschaft Rossitz im Brünner Kreise ererbt hatte, zum Haupterben eingesetzt, gelangte er zu dieser Besitzung. Durch seine am 21. Juni 1802 mit Gabriele geborenen Gräfin Lützow (geb. 23. Mai 1786, gest. 2. Mai 1830) geschlossene Ehe erwarb er die Güter Meldemann und Blankard, in Folge dessen die Familie Ugarte sich auch Ugarte-Meldemann schrieb. Als im Jahre 1819 in Brünn das Franzensmuseum ins Leben trat, sicherte der Graf diesem Institute jährlich zwanzig Klafter weichen Holzes von seiner Herrschaft Rossitz zu. Aus seiner Ehe stammen eine Tochter Aloisia, später vermälte Constantin Graf Lodron, und ein Sohn Joseph, welcher 1829 die von seinem Großoheim Grafen Alois, Ritter des goldenen Vließes, ererbte Herrschaft Zaispitz antrat. — 8. **Maximilian** (geb. 13. Mai 1831, gestorben zu San Remo in Sardinien am 3. Februar 1873), ein Sohn des Grafen Joseph aus dessen zweiter Ehe mit Elisabeth Freiin von Rochow. In den letzten Tagen des Jänner 1873 begab sich der Graf nach Italien, wo er mit seiner Mutter in San Remo zusammentraf. Kurz nach seiner Ankunft daselbst erkrankte er an einem Scharlachfieber, dem er in wenigen Tagen erlag. Der Graf, von dem es in einem kurzen Nachruf hieß, „daß sein Tod in den Kreisen der Sportswelt warme Theilnahme erwecken werde, da er als ebenso lebenslustiger wie liebenswürdiger Cavalier bekannt war“, hatte, als er starb, sein 24. Lebensjahr noch nicht vollendet. Er war der Chef des Hauses, der letzte männliche Sproß des Geschlechtes Ugarte, welches gegenwärtig nur noch in weiblichen Sprossen, nämlich in des Grafen Mutter Elisabeth, dessen zwei Schwestern Gabriele und Anna und der Cousine des Vaters desselben, der Gräfin Louise, dem Namen nach aber nur in der Mutter fortblüht. [Wiener Salonblatt (gr. 4°.), VI. Jahrg., 27. Februar 1873, Nr. 9: „Maximilian Ugarte“. — **Porträt.** Nach einer Photographie aus dem Atelier des Dr. Székely, gezeichnet von Jg. Eigner, Angerer und G. ch.(emitypirt) [auch in vorbenanntem Salonblatt] — 9. **Peter** (gest. 1692), der erste Ugarte, der nach Oesterreich kam; 1639, während des dreißigjährigen Krieges, diente er bereits in der kaiserlichen Armee Er stieg zum Capitän auf und ward in Würdigung seiner Tapferkeit 1634 von Kaiser Ferdinand III. in den Freiherrenstand erhoben. Als Oberstwachtmeister der Stadtquardi in Wien erhielt er von Kaiser Leopold I. am 29. März 1662 das Incolat des Herrenstandes in Mähren, 1667 aber jenes in Böhmen. Am 24. October 1662 kaufte er das Gut Budischkowitz im Znaimer Kreise, 1663 das öde mit Holz und Gesträuch verwachsene Dorf Strashof, welche beiden Besitzungen er 1678 wieder um 31.000 fl. veräußerte. Er rückte dann zum Oberstlieutenant der Wiener Stadtquardi vor und kaufte 1668 von der kaiserlichen Kammer das Gut Großwetschwar in Böhmen und am 16 October 1676 die Herrschaft Groß-Meseritsch im Iglauer Kreise um 139.500 fl., wonach sich die Ugarte auch Freiherren von Groß-Meseritsch schrieben. Am 12. November 1676 wurde Freiherr Peter Ugarte als Obrister, Kämmerer, Hofkriegsrath und Obristlieutenant der Stadtquardi in den Grafenstand des h. römischen Reiches erhoben, und noch im Jahre 1679 bekleidete er die Stelle eines Stadtcommandanten von Wien. Er war mit Theresia Eleonore, Tochter des Franz Adam Euseb Zdiarsky, Reichsgrafen von Saar (Zdiar) vermält, der seine Güter an seine fünf Töchter, welche in die gräflichen Häuser Sternberg-Hyserle, Carretto, von Millesimo, Ugarte und Magnis geheiratet hatten, vererbte und 1670 die männliche Linie seines Geschlechtes schloß. Aus seiner Ehe mit Theresia Eleonore hatte Graf Peter Ugarte eine Tochter Maria Maximilana (gest. 1711), vermälte Franz Karl Zarub Freiherr von Hustiřan, und einen Sohn Peter, welcher mit seiner Gemalin Eleonore Katharina geborenen Gräfin von Werdenberg das Geschlecht fortpflanzte.

III. **Wappen.** Dreimal senkrecht, zweimal quer getheilt (12 Felder). 1. In Roth zwei schräge sich kreuzende, mit den Bärten oben auswärts gekehrte goldene Schlüssel, begleitet von vier goldenen Herzen. 2. In Gold fünf (2, 1, 2) grüne Blätter. 3. Auf Hermelin ein kleiner rother Schild mit dem goldenen Buchstaben R belegt. 4. In Grün eine vierblättrige silberne Rose unter einem silbernen Schildeshaupte, worin drei schwarze Adler neben einander zu sehen sind. 5. In Silber auf grünem Boden ein grünender Eichbaum, an dessen Stamm zu jeder Seite ein schwarzer Hund aufspringt. 6. Von Gold und Schwarz spitzenweise quer getheilt. 7. Quadrirt: a und d in Roth drei (2, 1) silberne Münzen, b und c in Silber ein rothes Kreuz. 8. Von Gold und Schwarz spitzenweise quer getheilt, unten auf Schwarz drei silberne Henkelkrüge nebeneinander. 9 und 10 (vereinigt). Von Roth und Gold quadrirt und in jedem dieser beiden Felder gegen einander gekehrt ein Greif von gewechselten Tincturen; in der hinteren Pranke hält der zur Rechten ein gezücktes blankes Schwert und in jener zur Linken eine rothe Rose an grünem Stiele. 11. In Silber ein ausgebogenes rothes Kreuz mit fünf (1, 3, 1) goldenen Münzen belegt. 12. In Blau ein goldenes Andreaskreuz, beseitet von vier goldenen Münzen. Ueber dem Ganzen eine Marquiskrone. Schildhalter. Zwei goldene Greife.

**Ugarte**, Alois Graf (Staatsmann, geb. nach dem genealogischen Taschenbuche am 9. März 1784, nach der österreichischen Encyklopädie 1787, gest. 25. April 1845). Ein Sohn des Grafen Johann Wenzel aus dessen Ehe mit Maria Anna geborenen Gräfin Windischgrätz und Neffe des 1817 verstorbenen Staats- und Conferenzministers Alois Grafen Ugarte, trat er 1797, dreizehn Jahre alt, in die k. k. theresianische Ritterakademie, in welcher er durch dritthalb Jahre auch die Dienste eines k. k. Edelknaben versah. Nach seinem Austritte aus diesem Institute, 1800, begann der kaum sechzehnjährige Jüngling die politische Diensteslaufbahn als Conceptspracticant bei dem Znaimer Kreisamte. Im October 1801 zur Dienstleistung bei der mährisch-schlesischen Landesstelle berufen, kam er im October 1803 als überzähliger Secretär zum k. k. Landesgubernium in Venedig und ging im Februar 1805 zum mährisch-schlesischen Landesgubernium zurück. In der kritischen Zeit der Anwesenheit des Feindes in Brünn entwickelte er in seiner Dienstleistung bei dem damals bestandenen Hofcommissariate solche Umsicht und Energie, daß er von Kaiser Franz 1807 zum unbesoldeten mährisch-schlesischen Gubernialrathe ernannt wurde. 1814 erhielt er die Bestimmung als zweiter Rath der kaiserlichen Generalintendantur der italienischen Armee, jedoch unter Vorbehalt des Rücktrittes in seine vorige Stelle. Für seine Verdienste in dieser Kriegsepoche sah er sich zuerst im Jahre 1810 mit dem Ritterkreuze des Leopoldordens, im August 1814 aber mit dem silbernen Kreuze des eben für in dieser Zeit erworbene Verdienste gestifteten Civil-Ehrenzeichens belohnt. 1815 ward er zum wirklichen besoldeten Hofrathe bei der k. k. Hofkammer Ministerial-Banco-Hofdeputation, Finanz- und Commerzhofstelle ernannt. Nach achtjähriger Dienstleistung auf diesem Posten erfolgte am 6. April 1823 seine Ernennung zum Vice-Präsidenten bei dem k. k. böhmischen Landesgubernium. 1827 wurde er geheimer Rath, noch im nämlichen Jahre Präsident der ob der Ennsischen Landesregierung zu Linz und dann mit ah. Entschließung vom 29. November 1834 Gouverneur in Mähren und Schlesien, in welcher Stellung er, 61 Jahre alt, das Zeitliche segnete. Graf Ugarte zählt zu den verdienstvollen Staatsmännern der vormärzlichen Periode, welche ihr rasches Aufrücken in hohe Dienstposten nicht blos ihrer vornehmen Abstammung, sondern vielmehr dem Eifer, der Energie und dem Tacte verdanken, welche sie auf den Posten entwickeln, auf die sie gestellt worden. Wenn wir auch nicht in die panegyrischen Hymnen einstimmen, welche in amtlichen Blättern nach seinem Hingange laut wurden, es bleibt noch immer genug übrig, um sein Andenken als das eines verdienstvollen Staatsmannes, der es mit seinen Pflichten ernst nimmt, lebendig zu erhalten. Sein Ruf als solcher veranlaßte auch 1834 seine Ernennung zum Spruchmann des damals zusammengestellten deutschen Bundesschiedsgerichtes, dessen Mitglieder durch Charakter und Gesinnung ausgezeichnete, durch mehrjährigen Dienst, hervorragende Kenntnisse und Geschäftsbildung erprobte Männer sein sollten. Ebenso lakonisch als zutreffend charakterisirt d'Elvert den Grafen als einen besonderen Förderer der bevorzugten Standesclassen und als dem schriftstellernden Beamtenthum abhold; nun, es ist ja bekannt, daß im Vormärz der Mensch erst beim Baron anfing, und auch Verfasser dieses Lexikons fand noch im Nachmärz lange nicht und findet auch heute noch nicht immer Verständniß für seine Arbeit. Im Uebrigen war Graf Ugarte ein umsichtiger und thätiger Geschäftsmann und noch mehr: ein schöpferischer Geist. In seiner Stellung als oberösterreichischer Landespräsident gab er den Anstoß zu ebenso guten als verdienstlichen Einrichtungen und Anstalten, die Stadt Linz erhielt zu seiner Zeit ein Taubstummen- und Blindeninstitut, der Irrenanstalt wurde ein Garten zugewiesen, das Gebärhaus in einem eigenen Gebäude untergebracht und durch wesentliche Verbesserungen vervollkommnet; die Landstraßen wurden mit Bäumen bepflanzt, die Straßen in der Stadt erweitert und geebnet, mehrere hölzerne feuergefährliche Gebäude abgebrochen, jedoch die Eigenthümer dafür entschädigt; der Festrazische Volksgarten ward ganz nach dem Muster des Wiener neu angelegt, die Donaubrücke um zwei Seitengänge rechts und links für Fußgeher erweitert, der Landungsplatz an der Donau längs der Stadt mit einem gepflasterten Damm versehen, die Mauer längs der Promenade mit einem Akazienspalier bedeckt, eine Schwimmschule, ein kaltes Bad errichtet, die Straßenbespritzung durch freiwillige Beiträge eingeführt. Auch begann man damals schon mit dem Bau der Canäle, zu welchem die Landstände auf zwanzig Jahre je 20.000 fl. gegen ratenweise Rückzahlung ohne Interessen vorstreckten. An der Entstehung des Landesmuseums, 1833 u. f., welches gegenwärtig unter der Leitung des Malers Kaiser trefflich prosperirt, hatte der Graf nicht unwesentlichen Antheil. Als er dann zum Landesgouverneur von Mähren und Schlesien ernannt, seinen Sitz in Brünn aufschlug, bildete auch diese Stadt mit dem ganzen Lande den Gegenstand seiner gedeihlichen Fürsorge. Unter ihm nahm die Verbesserung der Landstraßen stetigen Fortgang, für die Verschönerung der Hauptstadt wirkte er durch Anlagen auf dem Franzensberge, im Augarten, auf der Bastei und dem Glacis, ferner durch bessere Pflasterung, Beleuchtung und Reinhaltung der Straßen und Plätze, auch ließ er sich die Vervollkommnung und Erweiterung der Humanitätsanstalten angelegen sein. Graf Ugarte hatte sich am 3. Juni 1810 mit Ernestine gebornen Gräfin von Troyer (geb. 6. Juli 1782, gest. 15. Jänner 1839), Palastdame der Kaiserin, vermält. Aus dieser Ehe ging nur eine Tochter Louise (geb. 16. März 1813) hervor, welche sich zuerst (7. Juni 1836) mit dem oberösterreichischen Regierungs- und mährisch-schlesischen Gubernialrathe Wilhelm Grafen

von Chotek und nach dessen 1850 erfolgtem Tode mit Clemens Freiherrn von Gudenau verheiratete. Sie wurde am 18. Jänner 1857 wieder Witwe und erbte nach ihres Vaters Tode die Güter Krawska und Brenditz.

Neuer Nekrolog der Deutschen (Weimar B. F. Voigt, 8⁰) XXIII. Jahgr. (1845), 1 Theil, S 312, Nr. 90. — Brünner Zeitung, 1845, Nr. 162 u. f. — Moravia (Brünner belletr. Blatt, 4⁰.) 1845, Nr 65: „Znaims Klage am Sarge u s. w." — d'Elvert (Christian Ritter). Notizenblatt der historisch-statistischen Section der k. k. mährisch-schlesischen Gesellschaft für Beförderung des Ackerbaues u s. w. (Brünn, 4⁰.) Jahrg. 1870, S. 4, im Artikel: „Die Grafen von Ugarte".

**Porträt.** Unterschrift: „Aloys | Graf von und zu Ugarte, | Präsident | der k. k. Landes-Regierung und der Herren- | Stände des Erzherzogthums Oesterreich | ob der Enns". Ohne Angabe des Zeichners und Stechers, gr. 8⁰. (Neidl sc. ?) in John'scher Punktirmanier, selten.

**Ugazy**, Vitus (Erfinder mehrerer landwirthschaftlichen Maschinen, geb. im letzten Viertel des achtzehnten Jahrhunderts, gest. 1840). Ueber seinen Lebens- und Bildungsgang sind wir sehr mangelhaft unterrichtet. Er war im Jahre 1817, als er mit seiner Fruchtsäemaschine auftrat, k. k. Straßenbaucommissär in Wiener Neustadt. In den Mußestunden, welche sein amtlicher Beruf ihm übrig ließ, beschäftigte er sich mit Constructionen landwirthschaftlicher Maschinen, welche theils die mühevolle Feldarbeit erleichtern, theils dieselbe fördern sollten. Am 30. August 1817 nahm er zuerst ein achtjähriges Privilegium auf eine Säemaschine, deren Beschreibung das in den Quellen angeführte Keeß-Blumenbach'sche Werk enthält. Zugleich stellte er eine neue, mit einem Pfluge versehene Maschine und eine zum Anbaue größerer Samengattungen bestimmte auf, welch letztere er Stupfmaschine nannte. Beide wurden in der Folge durch vollkommenere Maschinen verdrängt. Am 17. Mai 1827 erhielt er ein fünfjähriges Privilegium auf eine von ihm erfundene Rollmange, welche sowohl im Kleinen zum Gebrauche bei der Hauswäsche, als auch im Großen für Färbereien, Leinwand- und Zeugmanufacturen verwendbar war und überhaupt als sehr praktisch sich bewährte. Endlich erfand er noch eine Dreschmaschine nach dem Stampfsysteme. Ueber Ugazy's verschiedene Säemaschinen berichtet Exner: „Bei der Construction derselben war ihm, wie dem von Vielen höher gestellten Fellenberg die chinesische Säemaschine bekannt. Die Ugazy'schen Säemaschinen dienten durch mehrere Jahre zu vergleichenden Anbauversuchen in und außer Oesterreich. Ugazy hat seine Säemaschinen, seine Dreschmaschinen und seine Schollenbrecher in nett ausgeführten Werkzeichnungen hinterlassen, nur von seiner Fruchtschneidemaschine besitzen wir außer einer kurzen Mittheilung keine näheren Nachrichten. Sein Schollenbrecher hat sich außerhalb Oesterreichs als ein sehr wirksames Ackergeräth Anerkennung und Verbreitung verschafft und die Grundform für die heute übliche Ringelwalze abgegeben. Herr Schober beschreibt die Ugazy'sche Schollenwalze in seiner „Landwirthschaftlichen Geräthschaftskunde", welche 1846 bei Dietze in Anclam erschienen ist. Ugazy's Verdienste um die Erfindung landwirthschaftlicher Maschinen erregen um so mehr unsere Theilnahme, als derselbe nur während der kurz bemessenen freien Stunden seinem Erfindungstriebe nachhängen konnte". Im Druck erschien von ihm nur die „Vollständige, auf Versuche und

Erfahrung gegründete Abhandlung über den Anbau der Getreidesamen, hinsichtlich der ihnen zuträglichen Tiefe und des Flächenraumes, in welchem sie zuverlässig gedeihen und zum höchsten Ertrage gebracht werden. Mit Tabellen und 3 KK." (Wien 1822 [Heubner] gr. 8°.). Ugazy starb im hohen Alter.

Systematische Darstellung der neuesten Fortschritte in den Gewerken und Manufacturen und des gegenwärtigen Zustandes derselben... Mit besonderer Rücksicht auf den österreichischen Kaiserstaat. Herausgegeben von Stephan Ritter von Keeß und W. C. W. Blumenbach (Wien 1830, Karl Gerold, 8°.) Bd. I, S. 279 u. f und S. 756 u. f. — Beiträge zur Geschichte der Gewerbe und Erfindungen Oesterreichs von der Mitte des achtzehnten Jahrhunderts bis zur Gegenwart. Herausgegeben von der Generaldirection (der Weltausstellung 1873 in Wien), redigirt von Prof. Dr. Wilhelm Franz Exner (Wien 1873, Braumüller, gr. 8°.). Erste Reihe, S. 50 und 54. — Centralblatt für die gesammte Landescultur. Herausgegeben von der k. k. patriotisch-ökonomischen Gesellschaft im Königreich Böhmen. Redigirt von Alois Borrosch (Prag 4°.) 1860, Nr 26: „Zur Geschichte der Erfindung der Mähmaschine"

**Uggeri**, Angelus (Architekt, geb. zu Gerra nächst Pizzighettone in der Lombardei am 14. April 1754, gest. am 11. October 1837). Bis zum fünfzehnten Jahre besuchte er das Collegium der Jesuiten zu Cremona. Während er daselbst in den gewöhnlichen Unterrichtsgegenständen nicht recht vorwärts schritt, zeigte er in mechanischen Arbeiten eine ganz ungewöhnliche Begabung. Aus dem Colleg trat er in die von der Kaiserin Maria Theresia ins Leben gerufene ikonographische Schule ein, in welcher er nebst der Geometrie auch das Zeichnen der fünf Säulenordnungen nach Vignola erlernte. Nicht ohne Einfluß blieben auf ihn auch die Vorträge des Malers Manfredini in Cremona, der sich besonders im Decorationsfache einen guten Ruf erworben hatte. In seinem Drange nach weiterer Ausbildung begab sich Uggeri nun nach Mailand, wo er auf der Akademie der bildenden Künste mit allem Eifer Perspective und zuletzt Architectur studirte. Giocondo Albertolli [Bd. I, S. 11], ein trefflicher Ornamentenzeichner, Bildhauer und Architekt in Mailand, und Bianconi, zu jener Zeit Secretär an der Brera, nahmen sich des talentvollen Jünglings, der indessen den geistlichen Beruf erwählt und die Priesterweihe empfangen hatte, mit aller Theilnahme an und förderten ihn in seinen Arbeiten und Bestrebungen. Als damals von der Kunstakademie in Parma ein Preis ausgeschrieben ward, trat auch Uggeri in Bewerbung um denselben und war so glücklich, ihn zu erringen. Eine schwere Krankheit brachte ihn bald danach an den Rand des Grabes. Genesen ging er zur Kräftigung seiner Gesundheit heim nach Cremona und von dort für einige Zeit nach Brescia, kehrte aber zuletzt wieder nach Mailand zurück. Daselbst vertiefte er sich nun ganz in architektonische Studien. Während eines Besuches der unfern von Cremona gelegenen Stadt Codogno erhielt er die Aufforderung, den Entwurf und die Pläne zu einem Theater zu machen, man bezeichnete ihm jedoch jenes in Monza als das Muster, nach welchem er im Ganzen vorzugehen hätte. Er unterzog sich dieser Aufgabe und führte sie auch im Allgemeinen nach dem Wunsche seiner Auftraggeber aus, that aber doch dabei so viel aus Eigenem hinzu, daß sich schon in dieser Arbeit sein schöpferischer, nach guten Mustern gebildeter Genius kundgibt. Indessen unterhielt er fortwährend innigen Verkehr mit dem schon erwähnten Secretär der Kunstakademie Bianconi und mit dem als Gelehrten und Kunstforscher hochgeschätzten Conte Gian Rinaldo Carli, auch Carli-Rubbi [Bd. II, S. 281] genannt, dessen Scharfblick bald die ungewöhnliche Begabung Uggeri's erkannte. Durch Carli wurde nun auch der junge Maler dorthin gewiesen, wo sich ihm für seinen Geist und sein Schaffen die wahren Pforten eröffneten, nämlich nach Rom, wohin er sich denn 1788 begab. Es lag anfänglich in seiner Absicht, drei Jahre in der Tiberstadt zu verweilen; aber sobald er sich daselbst in das Studium der monumentalen Bauten vertieft hatte, hielt es ihn wie mit Zauberkraft an die ewige Stadt gefesselt, und sie wurde seine zweite Heimat, welche er nur ab und zu verließ, um seine Angehörigen und Freunde in Oberitalien, vornehmlich in seinem Geburtsorte und in Mailand zu besuchen. Seine erste größere Arbeit, die er in Rom unternahm, war die Herausgabe des Bianconi'schen Werkes über die Circusse, an welcher der Autor selbst durch den Tod verhindert ward. Er setzte sich zur Ausführung seines Vorhabens mit dem Advocaten Don Carlo Fea in Verbindung, und Beide vereint bewerkstelligten die Ausgabe in einem Foliobande, welcher 1789 erschien und von Uggeri dem Papste Pius VI. gewidmet wurde. Die Arbeit fand in Fachkreisen verdienten Beifall, namentlich die Sorgfalt der Zeichnungen Uggeri's, deren er einige beigefügt hatte. Ermuthigt durch den glücklichen Erfolg dieser ersten Arbeit, schritt er nun rüstig an die zweite ungleich wichtigere, welche seinen Namen im Gebiete der Kunst in den weitesten Kreisen bekannt, ja berühmt machte. Es sind die „Giornate pittoriche degli edificii antichi di Roma e de' suoi contorni“ gemeint, welche 1800 zu erscheinen begannen, und an die sich dann als ergänzender Anhang die „Giornate pittoriche degli edificii antichi de' circondari di Roma“ anschlossen. Das Ganze führte er bis zum dreißigsten Bande fort und lieferte damit ein wahres Musterstück künstlerischen Fleißes, Geschmackes und wissenschaftlicher Gründlichkeit. Insbesondere war es die berühmte Malerin Angelica Kauffmann [Bd. XI, S. 44], welche ihn zu dieser Arbeit aufmunterte und nicht selten mit dem durch ihre Kunstanschauungen geläuterten Rathe unterstützte, weshalb Uggeri ihr auch aus Dankbarkeit den ersten Band des Werkes zueignete. Dasselbe, mehr als 600 gestochene Blätter und etwa 300 Ansichten enthaltend, beschreibt in chronologischer Ordnung die Bauten der Renaissance mit dem zehnten Jahrhundert beginnend bis zum fünfzehnten und sechzehnten und begleitet diese Bauperiode mit den interessantesten architektonischen und geschichtlichen Bemerkungen. Eine andere Arbeit Uggeri's betitelt sich „Sulla soppraposizione degli ordini nell'architettura civile“ und ist abgedruckt im zweiten Theile des ersten Bandes der „Atti dell'Accademia di archeologia“, welcher 1824 erschien. Sein letztes Werk endlich ist die „Illustrazione della Basilica Ulpia“ (Roma 1833, mit 45 Tafeln). Außer der schon erwähnten Angelica Kauffmann stand Uggeri in engerem, oft freundschaftlichem Verkehre mit Appiani [Bd. I, S. 55], Agincourt, Canova [Bd. II, S. 251], Zoega, Visconti, Guattani, Parini [Bd. XXI, S. 299], Giuseppe Del Rosso, Folchi, Nobile [Bd. XX, S. 376], Luigi Cardinali und Anderen. Die Accademia Clementina in Bologna nahm ihn unter ihre Ehrenmitglieder auf, ebenso die Accademia di Archeologia in Rom, dann war er Ehrenprofessor der Architectur an der päpstlichen Accademia di San Luca, Ehrenmitglied der k. k. Akademie der bildenden Künste in Wien und ordentliches Mitglied für die Abtheilung der schönen Künste der Società italiana seit deren Stiftung. Im Jänner 1813 zum zweiten Conservator an der Vaticana ernannt, verzichtete er bald auf diesen Posten, worauf ihn Leo XII. zum Secretär der Specialcommission für den Wiederaufbau der Basilica di S. Paolo an der Via ostiense berief. Zur Zeit der Krönung Napoleons in Mailand ließ dieser sich den berühmten Architekten vorstellen, und auch Kaiser Franz gab ihm während seines Besuches in Mailand Beweise seiner kaiserlichen Huld. Mit König Anton, mit Maximilian und anderen Prinzen des sächsischen Königshauses stand Uggeri in lebhaftem Verkehre, und sie holten beim Ankaufe von Kunstwerken immer zuvor seinen Rath ein. So hochgeehrt nicht minder ob seines würdigen priesterlichen Wandels, als ob seiner Kenntnisse, die durch seine Bescheidenheit erhöhten Werth gewannen, erreichte der Gelehrte und Künstler das hohe Alter von 84 Jahren. Er wurde in der Kirche Sant'Andrea delle Fratte beigesetzt, und die Commission für den Wiederaufbau der Basilica di San Paolo, deren Secretär er gewesen, ordnete die Errichtung eines Denkmals zur bleibenden Erinnerung an ihn auf dem öffentlichen Friedhofe des Campo verano an.

Diario di Roma, 1837, Nr. 83, Elogio di Angelo Uggeri scritto da Luigi Moreschi. — *Tipaldo (Emilio de)*. Biografia degli Italiani illustri nelle scienze, lettere ed arti del secolo XVIII e de' contemporanei ecc. (Venezia 1837, tipogr. di Alvisopoli, gr. 8⁰.) volume V, p. 323. — Nagler (G. K. Dr.). Neues allgemeines Künstler-Lexikon (München 1835 u. f., E. A. Fleischmann, 8⁰) Bd. XIX, S. 214.

**Porträt.** Gezeichnet von Giuseppe Ferrari, gestochen von Luigi Barocci. Auch im „Album“, Anno IV (Roma 1837) 39. Heft.

**Ugoni,** Camillo Literarhistoriker, geb. in Brescia am 8. August 1784, gest. auf seiner Villa zu Pontevico bei Brescia am 13. Februar 1855 und nicht, wie es meist angegeben steht, 1856). Ein Sohn Marc Anton Ugoni's aus dessen Ehe mit Katharina Maggi, erhielt er unter der Leitung der ehrwürdigen Padri Somaschi seine erste Erziehung. Später besuchte er das Collegio de' nobili zu Parma, eine ihrer gelehrten Professoren wegen in besonders gutem Rufe stehende Lehranstalt. Nach beendeten Studien in seine Vaterstadt zurückgekehrt, widmete er sich daselbst zunächst literarischen Arbeiten, zu welchen er in dem nicht kleinen Kreise wissenschaftlich gebildeter Männer, welche damals in Brescia lebten, nicht geringe Aufmunterung fand. Das dortige Athenäum, eine Vereinigung von Männern, welche Kunst und Wissenschaft nach deren verschiedenen Richtungen förderten, nahm ihn bald unter seine Mitglieder auf, und in dieser Versammlung debutirte Ugoni mit einer italienischen Uebersetzung der „Ars poetica“ des Horaz und mit mehreren anderen literarischen Arbeiten. Die nächste größere Arbeit, welcher er sich unterzog, war eine Uebersetzung der Werke des Julius Cäsar. Als er im Jahre 1811 mit Monti zusammen von der Stadt Brescia als Abgeordneter an Napoleon gewählt wurde, um demselben in Paris die Glückwünsche der Nation für die Errichtung des Königreiches Italien darzubringen, legte er dem Kaiser sein Manuscript des Cäsar mit der Bitte vor, das Werk ihm widmen zu dürfen. Die Antwort des Imperators auf diese Bitte war die Verleihung des Baronates an Ugoni. Nun begab sich der Gelehrte zur Erweiterung seiner Kenntnisse auf Reisen: durch sein Vaterland, die Schweiz, Deutschland und England, wo er überall mit den ersten Männern der Wissenschaft in persönlichen Verkehr trat. Nach seiner Heimkehr von seinen Landsleuten gefeiert, wurde er zum Präfecten des k. k. Lyceums und zum Präsidenten des Athenäums ernannt. In dieser Zeit faßte er den Gedanken, das Werk seines Landsmannes Gianmaria Mazzuchelli, die in gelehrten Kreisen sehr geschätzte „Storia degli scrittori d'Italia" fortzusetzen, und trug diesen Plan seinen Collegen im Brescianer Athenäum vor. Da er jedoch von Seite derselben hiezu keine Ermunterung fand, so vertauschte er seinen ersten Plan mit einem anderen nicht minder verdienstlichen, aber nicht so umfangreichen, nämlich mit einer Fortsetzung der „Storia letteraria" von Corniani [Bd. III, S. 5]. Diese Arbeit, betitelt: „Della letteratura italiana nella seconda metà del secolo XVIII" (Milano 1820 bis 1822), enthält in drei Bänden die biographisch-literarisch-ästhetischen Essays, und zwar im ersten Bande über *Giuseppe Tartini, *Ruggero Giuseppe Boscovich, Francesco Algarotti, Antonio Genovesi, *Gasparo Gozzi, Gian Carlo Passeroni, Giuseppe Baretti, Appiano Buonafede, Prospero Manara, Paolo Gagliardi; im zweiten Bande über Giacinto Sigismondo Gerdil, *Saverio Bettinelli, Giambat. Roberti, *Gianrinaldo Carli, Adeodato Turchi, *Giambattista Borsieri, Ferdinando Galiani, Pietro Verri und *Giuseppe Parini; im dritten Bande über Giuseppe Torelli, *Carlo Gozzi, Francesco Milizia, *Melchiore Cesarotti, Carlo Giovanni, Maria Denina, Girolamo Pompei, *Girolamo Tiraboschi und Luigi Lanzi [von den mit einem Sternchen (*) Bezeichneten bringt auch unser Werk Biographien]. Jede Biographie schildert in drei Abtheilungen zuerst das Leben, dann die Werke und zuletzt den Charakter des Schriftstellers. Das Werk athmet eine fast antike Ruhe, bekundet die gründlichsten bibliographischen Kenntnisse und eine tiefe Vertrautheit mit Arbeiten der behandelten Autoren. Von anderen Arbeiten Ugoni's sind noch bekannt: „Saggi sul Petrarca", eine Uebersetzung aus dem Englischen, und „Vita di Giuseppe Pecchio"; aus seinem Nachlasse wurde noch eine Fortsetzung seines Werkes: „Della letteratura italiana" in einem Bande herausgegeben, so daß das Ganze aus vier Bänden besteht. Was die weiteren Lebensschicksale Ugoni's betrifft, so verließ er 1821 aus Furcht vor Verfolgungen der Polizei, da er sich wohl von politischen Intriguen nicht ganz fern gehalten, seine Vaterstadt und lebte viele Jahre im freiwilligen Exil in England und in der Schweiz ausschließlich seinen wissenschaftlichen Studien. 1838 kehrte er in Folge einer Amnestie wieder heim und hielt sich nun von allen politischen Angelegenheiten fern. Die Bewegungspartei in Italien will Ugoni absolut zu einem ihrer Anhänger, ja Führer machen. Er war aber nichts weniger als das. Ob er der damaligen österreichischen Regierung im Herzen ergeben gewesen, kann Niemand sagen, den äußeren Schein wahrte er sorgfältig. An den Geburtstagen des Kaisers Ferdinand I. erschien er immer in seiner Galauniform beim feierlichen Gottesdienste, und wenn ihn der eine oder der andere Patriot darüber vorwurfsvoll interpellirte, dann entgegnete er gelassen:

„Vengo ad offrire il mio granellino d'incenso pel buon sovrano che m'ha ridonato la patria". Als sich im Jahre 1848 in Brescia bei Ausbruch der Bewegung in Italien eine provisorische Regierung bildete, versuchte man ihn zum Mitgliede derselben zu pressen. Aber er lehnte jeden darauf abzielenden Antrag fest und entschieden ab. Alle Versuche, ihn als ein Mitglied der Giovine Italia darzustellen, sind also hinfällig. Ugoni, von der herrschenden Regierung in seinen Studien durch nichts beeinträchtigt, ließ sich nicht fortreißen und lebte ausschließlich seinen literarischen Forschungen. Er starb im Alter von 72 Jahren auf seinem bei Brescia gelegenen Landgute, und wird ihm auch die Aureole eines Verschwörers versagt bleiben müssen, die eines Literarhistorikers ersten Ranges bleibt ihm immerdar.

*Ugoni (Camillo).* Della letteratura italiana nella 2. metà del secolo 18. Opera postuma, Bd IV (1857), p. 439—556: „Della vita e degli scritti di Cam. Ugoni". — La Sferza. Gazzetta lombardo veneta (Brescia, kl. Fol.) Anno VI, 20. Marzo 1855: „Cronaca locale. Camillo Ugoni". — *Odorici (Federico).* Camillo Ugoni. Biografia (Brescia 1855) [wurde in der „Sferza", 1855, Nr. 31, wegen mannigfacher Unrichtigkeiten, namentlich bezüglich des politischen Verhaltens Ugoni's angefochten] — Giornale dell'I. R. Istituto lombardo (Milano, 4°.) Bd. IX (1857), S. 503.

**Porträte.** 1) Unterschrift: „Camillo Ugoni". Unter dem Brustabschnitt: I^h. Lips n. d. N. gez. u. gest. (8°) [schönes lebensvolles Blättchen, den Gelehrten im besten Mannesalter darstellend]. — 2) Unterschrift: Facsimile des Namenszuges „Camillo Ugoni". C. Moriggia dis. F. Caporali inc. (gr. 8°.). — 3) Brodtmann lith. (Fol.).

**Uhl,** Alois, siehe: **Uhle,** Alois [S. 242 dieses Bandes].

**Uhl,** Eduard (Bürgermeister der Reichshaupt- und Residenzstadt Wien, geb. daselbst am 12. December 1813). Der Sohn eines wohlhabenden Arztes, wurde er nach Beendigung der humanistischen Studien von seinem Vater zum Eintritt in die Dienste des Wiener Magistrats bewogen. Nach des Vaters Tode aber zog er sich, seiner Neigung, auf dem Gebiete der Naturwissenschaft sein Wissen zu erweitern, folgend, ins Privatleben zurück, nebenbei nur an einzelnen industriellen Unternehmungen sich betheiligend. Als mit der Bewegung des Jahres 1848 ein Umschwung in den politischen Verhältnissen des Kaiserstaates eintrat, zählte auch er zu jenen Männern, welche an der freiheitlichen Umgestaltung Oesterreichs den lebhaftesten Antheil nahmen und in diesem Sinne im Kreise ihrer Mitbürger wirkten. Sein warmes Einstehen für die Rechte bürgerlicher Freiheit und Gleichheit erwarb ihm auch das Vertrauen weiterer Kreise, er wurde zunächst von der Nationalgarde des Bezirkes Josephstadt zum Hauptmann ernannt und ging dann aus den im September 1848 vorgenommenen Wahlen in den Wiener Gemeinderath als Gewählter hervor. Im harten Kampfe mit der nach den Octobertagen herrschenden Reaction, unter welcher Wohldienerei, Spionage, kurz alle niedrigen Eigenschaften der menschlichen Natur die politischen und gesellschaftlichen Verhältnisse in der Residenz geradezu unerträglich machten, stand er treu auf der Seite der liberalen Partei, die in jenen bedenklichen Tagen nicht gerade leichtes Spiel hatte. Wegen dieser Haltung von den Reactionären und Clericalen, die zusammen Hand in Hand gingen, angefeindet, unterlag er seinen Gegnern, als auf Grund der neuen Gemeindeordnung vom 9. März 1850 Neuwahlen vorgenommen wurden. Da unter dem Ministerium Bach keine Ergänzungswahlen in den Gemeinderath stattfanden, so hatte er keine Gelegenheit, den Kampf mit seinen Gegnern aufzunehmen, und wirkte daher außerhalb des Gemeinderathes, so weit dies bei den politischen Verhältnissen, die sich in einer von Servilismus, Reaction und Severinismus gewebten Zwangsjacke unsicher bewegten, nur immer möglich war, im Sinne der Wiederherstellung verfassungsmäßiger staatlicher Einrichtungen. Als aber in Folge des politischen Umschwunges nach dem unglücklichen Kriege 1859 dann im Jahre 1861 an Stelle der unfreien Zustände das öffentliche Leben neue, würdige, den Forderungen der Zeit entsprechende Formen annahm, blieb auch der Wiener Gemeinderath davon nicht unberührt, und es fanden Wahlen in denselben statt, welche aus freier Ueberlegung und im Hinblick auf das öffentliche Wohl aus dem Vertrauen der Bürger hervorgingen. Nun war auch für Uhl der Augenblick erschienen, der ihm die Gelegenheit bot, wieder in das öffentliche Leben einzutreten, und bei den Neuwahlen desselben Jahres wurde er von den Wählern des Bezirkes Josephstadt — seines Wohnsitzes — mit großer Majorität neuerdings in die Gemeindevertretung berufen, welcher er seit dieser Zeit ununterbrochen angehört. Mit den örtlichen Verhältnissen auf das vollkommenste vertraut, leistete er nun seiner Vaterstadt in einer der wichtigsten Perioden ihrer Entwickelung in fast geräuschloser, aber ersprießlicher Weise hervorragende Dienste. In genauer Kenntniß von den Bedürfnissen der Commune betheiligte er sich mit dem lebhaftesten Interesse an allen Reformen auf dem Gebiete der Gemeindeverwaltung, in welcher er sich durch seinen klaren Blick und sein verständiges Urtheil schon in den ersten Jahren seiner Thätigkeit einen beträchtlichen Einfluß erwarb. Seine praktischen Kenntnisse, sein ausdauerndes Schaffen und Wirken äußerten sich zunächst in den organisatorischen Arbeiten in Bezug auf die Geschäftsführung des Gemeinderathes und Magistrates und in den verschiedensten Zweigen der städtischen Verwaltung. Mit besonderem Eifer betheiligte er sich an den Arbeiten zur Versorgung Wiens, dessen Wassermagel jährlich fühlbarer wurde, mit gesundem Wasser aus der Hochquellenleitung, an jenen der Donauregulirung, sowie zur Verbesserung der Communicationen und erwies sich dabei als eine der schätzenswerthesten Kräfte der Wiener Gemeindevertretung. In politischen Fragen hielt er fest an seinen freisinnigen Grundsätzen und war stets der warme Verfechter eines starken, mächtigen und geeinigten Oesterreich unter Führung der Deutschen. Im Gemeinderathe zählte er zu den Gründern der Mittelpartei, welche sich die Aufgabe gestellt hatte, das große Programm der Neugestaltung Wiens mit Energie durchzuführen. Dabei genoß er aber wegen seines maßvollen, leidenschaftslosen Verhaltens die Achtung der übrigen Parteien im Gemeinderathe. Durch viele Jahre bekleidete er in demselben das Amt eines Schriftführers und wurde 1876 zum Bürgermeister-Stellvertreter gewählt. In dieser Eigenschaft erwarb er sich durch seine Urbanität und sein offenes Herz für die Noth sehr bald auch in den weitesten Kreisen der Wiener Bevölkerung die wärmsten Sympathien. Nach Newald's Rücktritte anläßlich der Folgen des Ringtheaterbrandes in Wien 1881 wurde Uhl unter den schwierigsten Verhältnissen — am 9. Februar 1882 — fast einstimmig zum Bürgermeister gewählt und höheren Ortes in dieser Eigenschaft bestätigt. In Würdigung seiner vieljährigen um die Großcommune Wien erworbenen Verdienste zeichnete ihn Seine Majestät der Kaiser am 17. April 1870 mit dem Ritterkreuze des Franz Joseph-Ordens, im Jahre 1879 mit dem Orden der eisernen Krone dritter Classe aus.

Herzliche Worte an den allgemein verehrten Hauptmann Herrn Eduard Uhl zu seiner Genesungsfeier dargebracht von der 6. Compagnie, IX. Bezirk (Wien 1848, Klopf und Eurich, 2 Bl., 8°.). — Die neuen Väter der Groscommune Wien, hervorgegangen aus der freien Wahl und dem Vertrauen ihrer Mitbürger im Jahre 1861. Von Moriz Bermann und Franz Evenbach (Wien 1861, Beck und Comp., 8°.) S. 58.

Porträt. Holzschnitt. P. sc. Zeichnung von F. W.(eiß) in einem Wiener Blatte.

**Uhl**, Friedrich (Schriftsteller, geb. zu Teschen in Schlesien am 14. Mai 1825). Der Sohn eines Verwalters auf den Gütern des Erzherzogs Karl in Schlesien, erhielt er seine wissenschaftliche Vorbildung zunächst auf dem Gymnasium zu Teschen, dann auf jenem zu Troppau, welches er 1842 mit dem Zeugniß der Reife verließ, um an der Hochschule Wien Philosophie zu studiren. Dem daselbst sich bald der Schriftstellerei Zuwendenden begegnen wir zuerst in Dr. L. A. Frankl's „Sonntagsblättern", dem geachtetsten vormärzlichen Journale der Residenz, in welchem Uhl 1845 mit einer „schlesischen Dorfgeschichte" [S. 313] debutirte, worauf noch im nämlichen Jahrgange die Artikel: „Fürst Liechtenstein" [S. 532] und „Der Ficofage" [S. 1102] folgten; der Jahrgang 1846 brachte von ihm zwei „Märchen" [S. 337 und 515], „Der Mann mit dem Leierkasten" [S. 388], dann eine Folge ethnographischer Skizzen: „Aus dem Banate" [S. 1137, 1167, 1195]; der Jahrgang 1847: „Märchen aus dem Weichselthale" [S. 185], „Aus dem Banate" [S. 27]. 1847 erschien das erste selbständige Werk Uhl's unter dem Titel: „Märchen aus dem Weichselthale" (Wien, Groß und Bianchi, 12°.), mit Illustrationen von Michael von Zichy und Anderen. Dasselbe ist Ludwig August Frankl, der einige Proben daraus in den „Sonntagsblättern" aufgenommen hatte, und Adalbert Stifter gewidmet und fand bei der Neuheit des Gegenstandes und der netten Behandlung des Stoffes eine sehr freundliche Aufnahme. Auch war Uhl um diese Zeit im Hause des Freiherrn Vesque von Püttlingen als Erzieher thätig. Im Bewegungsjahre 1848 begegnen wir ihm auf lyrischem Gebiete. Ein in zwei Auflagen bei Klopf und Eurich (8°.) erschienenes Flugblatt enthält sein schönes Gedicht: „Für die Bürger, die am Montag den 13. März 1848 in Wien gefallen", welches dann öfter noch nachgedruckt wurde. Ein anderes: „Schwarz-Roth-Gold", folgte in den letzten Apriltagen, wenn ich nicht irre, in Glöggl's „Musik-Zeitung". Dasselbe ist der Gräfin Therese Mittrowsky, geborenen Gräfin Wrbna, gewidmet und von S. Sulzer in Musik gesetzt. Die bedeutendste poetische Kundgebung Uhl's in jenen Tagen sind aber seine in Rank's „Volksfreund" [1848, Nr. 35, S. 142; Nr. 36, S. 147; Nr. 37, S. 151; Nr. 38, S. 155, und Nr. 39, S. 159] erschienenen „Neuesten Erzeugnisse der čechischen Literatur": die čechischen Schmählieder: I. „Das Lied Kuranda", II. „Das Lied vom deutschen Parlamente", III. „Was doch der Čeche treiben mag", IV. „Nach der Schlacht am weißen Berge", V. „Ha, sie riefen uns nach Frankfurt". Er übertrug diese Lieder aus dem Čechischen und schrieb in einem kleinen Vorworte dazu unter Anderem Folgendes: „Ich überlasse es den Lesern, nach diesen Liedern auf den Culturzustand der Čechen zu schließen, und will ein Čeche werden, wenn das ganze deutsche Volk nur einen Theil eines solchen Schatzes besitzt“. Schließlich in den letzten Augusttagen debutirte er auch mit einem Nationalgardenliede, das unter dem Titel: „Lied der fünften Compagnie“ als Flugblatt in vier Auflagen, in der vierten mit dem Schlusse: „Der fünften Schottenviertel-Compagnie gewidmet von ihrem Mitgliede“, erschien. Auf journalistischem Gebiete treffen wir Uhl, als es im Reichstage zur Erörterung über die Zulassung der Journalisten zu den Verhandlungen desselben gekommen war. In dieser Angelegenheit, welche einiger journalistischer Indiscretionen wegen mit einem Male zu einer sensationellen Tagesfrage aufgebauscht wurde, stellte Sigfried Kapper zunächst den Antrag, an den Reichstag einen Protest zu richten, der durch alle Zeitungen veröffentlicht werde. Wie Freiherr von Helfert in seiner Schrift: „Die Wiener Journalistik im Jahre 1848“ schreibt, war dieser Protest, mit dessen Abfassung man den Antragsteller Kapper nebst Niederhuber, Tausenau, Zang und Uhl betraut hatte, äußerst burschikos gehalten. Als dann am 11. Juli g. J. das Vereinsblatt der Deutschen in Oesterreich: „Schwarz-Roth-Gold“ mit dem Motto: „Deutschland, Deutschland über Alles, über Alles in der Welt“ unter Dr. L. von Löhner's Redaction zu erscheinen begann, befand sich in dem Redactionscomité neben Dr. Kuh, Joseph Rank, Schöpf und Dr. Robert Zimmermann auch Friedrich Uhl. Schon bei der zweiten Nummer fiel das Motto weg, bei der siebenten zeichnete Löhner nicht mehr als Redacteur, mit der eilften, welche am 15. August herauskam, hörte das Blatt zu existiren auf. Als die Frucht einer bereits im Jahre 1846 unternommenen mehrmonatlichen Reise in Ungarn gab dann Uhl nachstehende Werke heraus: „Aus dem Banate. Landschaften mit Staffagen. Mit einer Ansicht der Herkulesbäder (in Holzschnitt) und 1 (in Kupfer gest. und col.) Karte des Banates“ (Leipzig 1848, Weber, 8°., 233 S.) und „An der Theiss. Stillleben“ (Leipzig 1851, F. A. Brockhaus, 8°., X und 230 S.). Von 1848 ab war er ununterbrochen journalistisch thätig, von 1861 — 1865 als Chefredacteur des Parteiblattes „Der Botschafter“, und im Jahre 1872 wurde ihm unter gleichzeitiger oder doch bald danach erfolgter Verleihung des Regierungsrathstitels die Redaction der amtlichen „Wiener Zeitung“ übertragen, in welcher Stellung er sich zur Stunde noch befindet. In dieser Zeit sind auch aus seiner Feder folgende größere Werke erschienen: „Die Theater-Prinzessin. Roman“ 3 Bände (Wien 1863, Gerold, 16°., 494 S.); — „Das Haus Fragstein. Roman“ (Wien 1878, 8°.); — und „Die Botschafterin. Roman“ 2 Bände (Berlin 1880, Gebrüder Paetel, 8°.). Ueber Uhl's Romane urtheilt ein Kritiker: Sie gehören zu den tüchtigsten der neuesten Zeit in realistischer Richtung. Steht er auch an Spannkraft und Reiz den gleichartigen Erzeugnissen der Franzosen nach, den Sittenbildern Feuillet's oder Daudet's, so übertrifft er sie an gewissenhafter Treue, an innerer Wärme, an dichterischem Gehalte. Seine Romane sind Zeichen und Zeugen der Zeit, culturhistorische Documente, aus denen die Enkel lernen, wer und wie ihre Großeltern gewesen, illustrirte Bücher der Chronika, welche die politische Geschichte ergänzen, erläutern, coloriren. Und da die Geschichte der Wiedergeburt Oesterreichs und seiner Kaiserstadt zu den interessantesten Capiteln aus dem gewaltigen Epos des neunzehnten Jahrhunderts zählt, so sind aus dieser Geschichte geschöpfte Romane um so willkommener, je mehr die darin handelnden Personen mit Callot'scher Feinheit, mit Teniers'scher Lebenswahrheit gezeichnet sind". Ueber Uhl als Lyriker bemerkten wir schon oben Einiges. Vor 1848 begegnen wir ihm als solchem nur ein paar Male in Frankl's „Sonntagsblättern", auch veröffentlichte er in J. Gabriel Seidl's „Gedenke Mein" für 1848 sein Gedicht „Drei Rosen"; eine Sammlung seiner Gedichte aber ist nie erschienen. Doch nicht blos in seiner Eigenschaft als Schriftsteller haben wir Friedrich Uhl's zu gedenken. Er ist auch Sammler alterthümlicher Objecte, und seine Villa im Orte Mondsee, einer von den Wienern sehr besuchten Sommerfrische Oberösterreichs (und nicht, wie so oft zu lesen: des Salzkammergutes), ist ein kleines Museum alterthümlicher Geräthe, von Kästen, Credenzen, Oefen, Spiegeln, Reliefs, Wandleuchtern, Trinkgefäßen, Majoliken u. s. w. Der bewährte Kenner von dergleichen, Jacob von Falke, hat diese Sammlung in der Wiener illustrirten Zeitschrift: „Die Heimat" in dem Artikel „Mondsee" ausführlich beschrieben und seine Darstellung nebst Abbildungen einer gothischen Eisenthür aus dem fünfzehnten Jahrhundert und eines Renaissancekastens aus dem sechzehnten Jahrhundert, mit einer Ansicht der von dem Wiener Architekten Karl Stattler im Renaissancestyle erbauten Villa Uhl's begleitet. Seit 5. Jänner 1874 ist Friedrich Uhl Ritter des Ordens der eisernen Krone dritter Classe.

Brümmer (Franz). Deutsches Dichter-Lexikon. Biographische und bibliographische Mittheilungen über Dichter aller Zeiten. Mit besonderer Berücksichtigung der Gegenwart (Eichstätt und Stuttgart 1877, Krüll'sche Buchhandlung, kl 4°.) Bd. II, S 440. — Allgemeine Zeitung (Augsburg, Cotta, 4°.) Beilage vom 3. Februar 1878, Nr. 34: „Wiener Früchteln". — Dieselbe, Beilage 26. Mai 1880, Nr. 147: „Zur deutschen Romanliteratur". — Magazin für Literatur des Auslandes. Von J. Lehmann (Leipzig, 4°.) 1864, Nr. 37, S. 580 und 1865, S. 101.

Noch sind anzuführen. 1. **Christoph** von Uhl. Er wohnte im Jahre 1683 der zweiten Belagerung Wiens durch die Türken bei. Als nämlich viele Zünfte und Innungen in eigenen Compagnien zusammentraten, so die Fleischhauer und Brauknechte unter Hauptmann Adam Sigmund Schmidt von Ehrenhaus, die Bäcker unter Hauptmann Johann Adam Loth, der auf der Löwelbastei am 17. August 1683, erst 34 Jahre alt, den Heldentod für's Vaterland fand, die Schuster unter Hauptmann Johann Wilhelm von Rudolphi, vereinigten sich die noch übrigen ledigen Burschen, über 300 an Zahl, in zwei Compagnien, deren eine Johann Kaufmann, die andere Christoph von Uhl befehligte. — 2. **Ferdinand** Uhl (geb. in Steiermark 1805, gest. zu Marburg daselbst im Sommer 1864). Er gehört einer Familie an, in welcher Großvater, Vater und Sohn eine ausführlichere Mittheilung verdienten, doch scheiterten meine Bemühungen, mir nähere Nachrichten über die Betreffenden zu verschaffen. Ferdinands Großvater, in den Zwanziger-Jahren des laufenden Jahrhunderts Pächter der Herrschaft Tüffer in Steiermark, ein in der dortigen Gegend hochangesehener Mann, den auch Erzherzog Johann sehr schätzte und mit seinem Vertrauen beehrte, war eines der ersten und vorzüglichsten Mitglieder der von Letzterem gegründeten steiermärkischen Landwirthschaftsgesellschaft, und sein von Wachtl gemaltes Bildniß gehört zu jener Porträtsammlung, welche der Erzherzog anfertigen und im Saale des ständischen Musterhofes in Gratz aufstellen ließ. Da aber die Stände später den Musterhof verkauften, so sollen diese Bildnisse und darunter auch jenes Uhl's in die Vereinskanzlei übertragen worden sein. Uhl wurde in Würdigung seiner Verdienste vom Kaiser Franz mit der großen goldenen Civil-Verdienstmedaille ausgezeichnet. Sein Enkel, der obige Ferdinand, trat bei dem Eisenbahndienste in Steiermark ein und starb im Alter von 59 Jahren als Bahnamts-Expeditor zu Marburg. Wie sehr er in dieser Stellung sich der Werthschätzung seiner Vorgesetzten erfreute, beweist der Umstand, daß zu seinem Leichenbegängnisse die Bahnbeamten der Stationen gegen Triest und Marburg durch den Marburger Stationsvorstand telegraphisch eingeladen wurden und dieselben trotz des ungünstigen Wetters auch zahlreich erschienen. In früheren Jahren war Ferdinand Uhl auch Mitarbeiter des „Aufmerksamen", der Unterhaltungsbeilage der „Gratzer (amtlichen) Zeitung" und der in der Hauptstadt Steiermarks herausgegebenen „Tagespost". [(Hofrichter). Arabesken. Reise-, Zeit- und Lebensbilder aus Steiermark (Gratz 1866, Fr. Ferstl, kl. 8°.) Heft II, S. 58. — Correspondent aus Untersteiermark (Marburger Localblatt, kl. Fol.) 1864, Nr. 141, im Feuilleton.] — 3. **Karl** Uhl (geb. zu Monswirth nächst Wien am 21. August 1738, gest. 8. März 1794). Nach Stoeger soll der in Rede Stehende zu Monswirth nächst Wien geboren sein. Einen Ort dieses Namens können wir nirgends finden. Vielleicht ist darunter Mannswörth gemeint? Im Alter von 17 Jahren trat Uhl in den Orden der Gesellschaft Jesu ein, in welchem er zu Gratz seine höhere wissenschaftliche Ausbildung erlangte und dann zu Passau einige Jahre Logik und Metaphysik vortrug. „Ordine sublato", schreibt Stoeger, „Viennae Operarium egit". Was damit gemeint ist, können wir nicht mit Bestimmtheit sagen, doch vermuthen wir, daß Uhl nach Aufhebung des Ordens in der Seelsorge verwendet wurde. Im Druck sind von ihm zwei Fest- und Lobreden auf den heiligen Aegydius, Landespatron der Steiermark (Wien 1774, 4°.) und auf den h. Johann Nepomuk (ebd. 1779, 4°.) erschienen. — 4. **Leopold** Uhl (geb. in Wien 14. October 1720, Todesjahr unbekannt) trat 1738 in den Orden der Gesellschaft Jesu ein, in welchem er vorerst seine Studien beendete und dann der Folge nach zu Ofen, Neusohl, Schemnitz, Gran viele Jahre hindurch im Predigtamte verwendet wurde. Im Druck ist von ihm ohne Angabe seines Namens erschienen: „Catholico-Evangelicae Doctrinae de septem Sacramentis Neosolii per annum propositae" (Tyrnaviae 1755, typ. academ., 4°.). [*Stoeger (Joh. Nep.)*. Scriptores Provinciae Austriacae Societatis Jesu (Viennae 1855, schm. 4°.) p. 374.] — 5. Ein Uhl, dessen Taufnamen wir nicht kennen, kämpfte 1788 als Rittmeister im Dragoner-Regimente Prinz Eugen von Savoyen gegen die Türken. Am 7. October g. J. zeichnete er sich bei Praedial am Tömöser Passe besonders aus, indem er mit einem Zuge seiner Escadron einen Trupp Türken angriff, warf und über anderthalb Stunden weit im Thale gegen Milu verfolgte, so daß sein Name im Armeebefehl ehrenvoll genannt wurde. [Thürheim (Andreas Graf). Gedenkblätter aus der Kriegsgeschichte der k. k. österreichisch-ungarischen Armee (Wien und Teschen 1880, Prochaska, Lex.-8°.) Bd. II, S. 113, unter Jahr 1788, und S. 118, unter gleichem Jahre.]

**Uhle**, Alois (Schriftsteller, geb. um 1780, gest. zu Lemberg 1849). Er heißt nach dem „Slovník naučný" eigentlich Uhl. Das Gymnasium, die philosophischen und rechtswissenschaftlichen Studien beendete er in Prag. Zum Lehrfache übergehend, wirkte er von 1807 bis 1815 als Professor der Geschichte zu Neuhaus in Böhmen, 1816 bis 1825 als Professor der Humanitätsclassen in Pisek, dann kam er als Director an die deutsche Realschule in Lemberg, in welcher Stellung er bis zu seinem 1849 erfolgten Tode verblieb. Ein sehr unterrichteter, in den deutschen, in den classischen und den slavischen Sprachen gründlich bewanderter Mann, entwickelte er im Schulfache Eifer, Umsicht und Energie mit solchem Erfolge, daß man sich über seine mitunter sonderlingsartigen Schrullen hinwegsetzte. Der neueren čechischen Literatur stellte er anfänglich sich feindselig gegenüber und veröffentlichte ein gegen dieselbe gerichtetes Libell in der im Jahre 1812 herausgegebenen Zeitschrift „Bohemia für gebildete Böhmen", welche es nicht über das erste Heft hinausbrachte. In dieser

Abhandlung häufte er alle Schmach auf das čechische Volk und dessen Sprache, und natürlich blieben auch Jene nicht ungerupft, welche sich die Förderung des heimischen Schriftthums angelegen sein ließen. In Folge dessen wies ihm auch der Dichter Kollár in seinem epischen Gedichte: „Die Tochter des Ruhmes" (Sláwy dcera) einen Platz in der slovenischen Hölle an. Ueberdies antwortete auf Uhle's Schmähschrift und die darin enthaltenen Unbilden Jungmann in seinen „Anfangsgründen der schönen Wissenschaften" (Prvotiny pěkného umění, 1813, p. 46) mit dem Aufsatze: „Slovo k statečnému a blahovzdělanému Bohemariusovi", d. i. Ein Wort an den mannhaften und wohlgebildeten Bohemarius. Und diese scharfe und energische Abwehr Jungmann's machte, wie Uhle's Biograph R(ybičk)a im „Slovník naučný" berichtet, auf den Zurechtgewiesenen einen so tiefen und nachhaltigen Eindruck, daß sich der bisherige Schimpfer und Blasphemist der čechischen Literatur in ihren wärmsten und begeisterten Verehrer und Förderer umwandelte. Uebrigens führt Ra für Uhle's Bekehrung das Zeugniß L. Čelakowský's [Bd. II, S. 315] an, welcher in den Jahren 1817 und 1818 zu Pisek unter Uhle studirte und von demselben berichtet, daß er einer von Jenen war, welche in ihm die Liebe für die vaterländische Sprache und Literatur weckten. Während seines vieljährigen Aufenthaltes in Lemberg widmete Uhle die wenige Zeit, welche ihm sein angestrengter Beruf als Schulmann übrig ließ, sprachlichen Studien, namentlich der slavischen Idiome. Wie sein Biograph berichtet, hatte er in dieser Zeit viele čechische Lieder gedichtet, welche in den Mund der damals zahlreich in Galizien in den verschiedenen kaiserlichen Aemtern und namentlich im Schulfache angestellten Böhmen übergingen und sich wohl bis auf den heutigen Tag erhalten haben können, während man vielleicht gar keine Ahnung mehr hat, daß Uhle ihr Verfasser ist. Nur einige wenige dieser Lieder sind im „Časopis českého Museum", d. i. Čechische Museumszeitschrift [1832, im 4. Heft]: „Písně o české wlasti w Polště zpíwané", d. i. Lieder von der böhmischen Heimat, in Polen gesungen, abgedruckt. Unser Gelehrter beschäftigte sich neben sprachlichen auch mit ethnographischen und historischen Studien, und wenn ich nicht irre, sind manche seiner dahin einschlägigen Arbeiten in dem deutschen Lemberger Unterhaltungsblatte „Mnemosyne", welches zu jener Zeit Professor Canaval redigirte, enthalten. Von selbständig herausgegebenen Schriften Uhle's verzeichnen wir die folgenden: „Bündige Denklehre, als Vorschule zur Lehre von der schriftlichen Darstellung in der unteren und mittleren Prosa" (Lemberg 1825, Piller, 8°.); — „Tagebuch Lembergs vor und nach Erstürmung desselben durch den schwedischen König Karl XII. im Jahre 1704" (Wien 1829, 8°.) und „Die Klanggrenzen zwischen der böhmischen und polnischen Sprache" (1830), eine mit philologischem Scharfsinn durchgeführte Arbeit. Wir bedienen uns der Schreibung Uhle, weil der Träger dieses Namens sich selbst so schrieb.

**Uhlefeld**, siehe **Ulefeld**.

**Uhlich** a S. Elisabetha Gottfried (gelehrter Piarist, geb. zu St. Pölten in Niederösterreich 16. Jänner 1743, gest. zu Lemberg in Galizien am 13., nach Anderen 30. Jänner 1794). Sechzehn Jahre alt, trat er in den Orden der frommen Schulen ein, in welchem er, während er dem Lehramte oblag, zugleich seine eigenen Studien fortsetzte. Fünf Jahre ertheilte er in der Normalschule Unterricht, zwei Jahre in den Grammaticalclassen, dann kam er an die theresianische Militär-Akademie in Wiener-Neustadt, an welcher er durch drei Jahre wirkte. Von dort in das Collegium zu St. Joseph in Wien berufen, lehrte er daselbst drei Jahre Rhetorik, dann hielt er ein Jahr im Emanuelischen Stifte Vorträge über Styl und sechs Jahre im Löwenburgischen Convict zu Wien über Universalgeschichte. 1785 erfolgte seine Ernennung zum Professor der Numismatik und Diplomatik an der Universität in Lemberg, an welcher er nahezu ein Decennium wirkte, bis zu seinem Tode, von welchem er in der Vollkraft seines Lebens im Alter von 51 Jahren ereilt wurde. Uhlich war ein ungemein fleißiger und vielseitiger Schriftsteller, aber seine Werke finden sich nirgends vollständig verzeichnet. Das Folgende dürfte die erste vollständige Uebersicht derselben sein: „Auszug aus der Bibliothek der schönen Wissenschaften" (Wien 1767, 8°.); — „Neuntägige Andacht zu Ehren des grossen Wundermanns Sebastiani, des Rochi, des Jos. Calasanzii sammt den Tagzeiten" (Krems 1768, 8°.); — „Unterhaltungen für Freunde des guten Geschmacks, eine Wochenschrift" (Linz 1769, 8°.); — „Geistliche Lieder zum Gebrauche der k. k. Militär-Akademie" (Wiener-Neustadt 1770, 8°.); — „Die Trajanerinnen, ein Gedicht in drey Gesängen" (ebd. 1770, 8°.); — „Einige kleine Singspiele" (ebd. 1773 und 1774, 8°.); — „Der Theresien-Orden, ein Singspiel in einem Aufzuge, den Generalen und Officieren der k. k. Armeen" (ebd. 1774, 8°.); — „Apollo unter den Hirten, ein musikalisches Schäferspiel" (ebd. 1775, 8°.); — „Das Leben der heiligen Agatha, ein Heldengedicht aus Prosa und Versen abwechselnd" (1775, 8°.); — „Die Sicilianische Vesper, Trauerspiel in drei Aufzügen" (Gratz 1775, 8°.); — „Croatiens Opfer bei der Ankunft Ihro kais. Majestät Josephs des Zweiten, dargestellt von den frommen Schulen in Karlstadt" (Warasdin 1775, 8°.); — „Wochenblatt für die innerösterreichischen Staaten", drei Bände (Wien 1776, 8°.); — „Das Füllhorn" (ebd. 1776, 8°.); ein 1809 erschienenes Buch desselben Titels möchte wohl mit diesem identischer Wiederabdruck sein? — „Chrysantus und Doria oder der unerschütterliche Christ. Trauerspiel in 5 Aufz." (ebd. 1776, 8°.); — „Trauerlied auf den Tod der M. Langin" (Wien 1777); — „Abriss der Universalhistorie zum Gebrauche der Vorlesungen in dem Löwenburgischen Kollegium..." (ebd. 1778, 8°.); — „Geschichte des Bayerischen Erbfolgekrieges, nach dem Tode des letzten Kurfürsten Maximilian Joseph vom 30. December 1777 bis zum 12. Mai 1779" (Prag 1779, 8°.); — „Die historischen Hilfswissenschaften als ein Anhang zu der Universalhistorie, zum Gebrauch der Vorlesungen" (ebd. 1780, 8°.); — „Von dem Ursprunge und den mystischen Bedeutungen der Kirchen-Ceremonien in der heiligen Charwoche" (Wien 1780, 8°.); — „Rede auf den Eintritt Ihrer k. k. Majestät Marien Theresiens im Löwenburgischen Collegio..." (ebd. 1781, 8°.); — „Das Leben Marien Theresiens in einem Auszuge nebst einer genealogischen Tabelle aller durchlauchtigsten Abkömmlinge" (ebd. 1781; 2. Aufl. 1782, 8°.); — „Lebensgeschichte der Heiligen, aus den ältesten und bewährtesten Urkunden gesammelt, 4 Bände oder 12 Stücke auf alle Monate des Jahres" (Prag und Wien 1782, 8°.); — „Geschichte der zweyten türkischen Belagerung Wiens bey der hundertjährigen Gedächtniss-Feyer herausgegeben, mit Kupfern und zwei Plänen" (ebd. 1783, Sonnleithner, 8°., 230 S.); — „Oesterreichische Geschichte zum Gebrauche der studirenden Jugend", I. und II. Band (ebd. 1783 und

1784, 8⁰.); — „Geschichte der ersten türkischen Belagerung Wiens im Jahre 1529 aus gleichzeitigen Schriftstellern und Tagebüchern gesammelt von ...“ (ebd. gedruckt mit Binzischen Schriften, 1784, 8⁰., 150 S., mit einem Plane von Wien und einem Kupfer); — „Kirchengebräuche der beweglichen katholischen Festtage. Ein Anhang zur Lebensgeschichte der Heiligen“ (Wien und Prag 1784, 8⁰.); — „*Praelectiones diplomaticae quas in usum auditorum suorum ex Gattero, Ekhardo et Grubero adornavit...*“ (Leopoli 1785, 8⁰.); — „*Praelectiones Numismaticae quas in usum auditorum suorum ex clar. Eckhelio aliisque adornavit* —“ (ibid. e. a., 8⁰.); — „Kristkatholisches Hauspostil“ (Lemberg 1788, 8⁰.); — „Die Belagerungen Belgrads von der Entstehung der Festung bis auf unsere Zeiten aus gleichzeitigen Schriftstellern historisch dargestellt“ (Lemberg 1790; 2. vermehrte und verbesserte Auflage Leipzig 1791, 8⁰., 105 S.); — „Versuch einer Numismatik für Künstler oder Vorschriften, wie auf alle Fälle Münzen im Römischen Geschmack zu entwerfen und historische Gegenstände in passende Allegorien einzukleiden sind“ (Lemberg 1792, Thomas Piller, 4⁰.). Wie aus vorstehendem Schriftenverzeichniß ersichtlich ist, war Uhlich ein Polyhistor; seine Schriften über die zwei Belagerungen Wiens, namentlich über die zweite, und über jene Belgrads sind schätzenswerthe Monographien. Seine „Numismatik für Künstler“ ist eine gründliche Studie und beim Entwurfe von Denkmünzen, bei welchem nicht immer mit der erforderlichen Akribie vorgegangen wird, sehr zu empfehlen. Er war als Lehrer sehr beliebt, und sein ganz unerwartet nach nur kurzem Leiden eingetretener Tod erweckte allgemeine Theilnahme.

*Horányi (Alexius).* Scriptores piarum Scholarum liberaliumque artium magistri, quorum ingenii monumenta exhibet — (Budae 1809, 8⁰.) Pars II, p. 762. — **Kábdebo** (Heinrich). Bibliographie zur Geschichte der beiden Türkenbelagerungen Wiens (1529 und 1683). Mit einer lithogr. Tafel und 50 Holzschnitten (Wien 1876, Faesy und Frick, gr. 8⁰.) S. 28, Nr. 94 und S. 79, Nr. 142. — **Kratter** (Franz). Briefe über den jetzigen Zustand Galiziens (Wien 1780, Wucherer) Bd. 1, S. 44—50. — (De Luca) Das gelehrte Oesterreich. Ein Versuch. Des ersten Bandes zweites Stück (Wien 1778, Trattner, 8⁰.) S. 229. — **Meusel** (Johann Georg). Lexikon der vom Jahre 1750 bis 1800 verstorbenen teutschen Schriftsteller (Leipzig 1815, Gerh. Fleischer, 8⁰.) Bd. XIV, S. 181 [nach diesem gestorben am 30. Jänner 1794]. — **Oesterreichische National-Encyklopädie** von Gräffer und Czikann (Wien 1837, 8⁰.) Bd. V, S. 460 [nach dieser geb. 16. Jänner 1743, gest. 13. Jänner 1794]. — **Schaller** (Jaroslaus). Kurze Lebensbeschreibungen jener verstorbenen gelehrten Männer aus dem Orden der frommen Schulen, die sich durch ihr Talent und besondere Verdienste u. s. w. ausgezeichnet haben (Prag 1799, Gerzebek, 8⁰.) S. 165.

**Uhlig von Uhlenau,** Gottfried (k. k. Oberstlieutenant, geb. in Böhmen 1802, gest. zu **Kaplitz** bei Budweis am 8. Mai 1874). Er diente 1843 als Hauptmann bei Palombini-Infanterie Nr. 36 und rückte 1849 zum Major im Regimente auf, für sein ausgezeichnetes Verhalten in den Kriegsjahren 1848 und 1849 mit dem Militär-Verdienstkreuze belohnt. Als Oberstlieutenant 1859 in den Ruhestand übertretend, zog er sich nach Kaplitz in Böhmen zurück, wo er im Alter von 72 Jahren starb. Auf militärischem, kriegsgeschichtlichem und belletristischem Gebiete schriftstellerisch thätig, gab er folgende Werke heraus: „Anleitung zum Exerziren. Für den Gebrauch der Nationalgarde zusammengestellt“ (Prag 1848, Haase Söhne, 12⁰., VIII und 233 S.); — „Thron, Bürger und Soldat. Historisch-romantisches Sittengemälde aus der Epoche des österreichischen Erbfolgekrieges" 4 Bände (Prag 1848, Calve, 8⁰., 659 S.); — „Das Kriegsjahr 1813 mit besonderer Berücksichtigung der Schlacht bei Kulm. Nach authentischen Quellen bearbeitet. Mit einem (lith.) Schlachtplane (in 3⁰.) und drei (lith.) Ansichten der Monumente bei Kulm" (Dresden 1863, Türk, gr. 8⁰., IV und 236 S.). In Würdigung seiner militärischen und schriftstellerischen Verdienste wurde Uhlig in den erbländischen Adelsstand mit dem Prädicat von Uhlenau erhoben. Außer dem österreichischen Militär-Verdienstkreuze besaß er Decorationen von Hessen, Preußen und Schwarzburg-Sondershausen.

Schramm-Macdonald (Hugo Dr.). Die Urne. Jahrbuch für allgemeine Nekrologie (Leipzig 1876. Theile, 8⁰.) II. Jahrg. (1874), S. 130.

Noch sei hier des Fürst Liechtenstein'schen Oberverwesers Uhlig in Kürze gedacht. Als nämlich Fürst Liechtenstein daran ging, die Höhle Weypustek bei Adamsthal in Mähren untersuchen zu lassen, betraute er Professor Kolenati [Bd. XII, S. 316] und Oberverweser Uhlig mit der Ausführung dieser Aufgabe, und Letzterer verfaßte darüber einen Bericht nebst einer detaillirten Karte, beide im „Jahresberichte des Werner-Vereines für 1852" enthalten. Der Jahresbericht für 1853 bringt überdies noch einen Vortrag Uhlig's über die genannte Höhle.

**Uhlik**, lies: **Uhlirz**, Johann Baptist (landwirthschaftlicher Schriftsteller, geb. zu Drozdič bei Pardubitz in Böhmen am 16. Mai 1830). Der Sohn des Landwirthes Georg Uhlik zu Drozdič, besuchte er die Schulen zu Königgrätz und bezog 1841 das polytechnische Institut in Prag, wo er sich zwei Jahre lang vornehmlich praktischen Disciplinen widmete. Hierauf bezog er die höhere landwirthschaftliche Anstalt Liebwerda bei Teschen und verlegte sich daselbst mit solchem Eifer auf das Studium des Ackerbaues und der damit in Verbindung stehenden Zweige, daß er die Aufmerksamkeit des Wirthschaftsrathes A. E. Komers [Bd. XII, S. 400], der damals Director der Ackerbauschule war, auf sich lenkte und ihn dieser zum Assistenten an derselben ernannte. Im Jahre 1858 legte er vor der k. k. Landwirthschaftsgesellschaft in Prag eine landwirthschaftliche Prüfung mit bestem Erfolge ab, und 1860 wurde er Adjunct an der Anstalt zu Liebwerda. Nachdem er sich 1861 einer Concursprüfung für die an derselben erledigte Professur der Landwirthschaft vor der genannten Gesellschaft unterzogen hatte, erhielt er den gedachten Posten. In dieser Stellung veröffentlichte er zahlreiche Fachartikel in čechischen landwirthschaftlichen Zeitschriften, vornehmlich aber in den von Kodym [Bd. XII, S. 201] redigirten „Hospodářské noviny", d. i. Landwirthschaftliche Zeitung. Von Liebwerda aus wohnte er oft den Versammlungen der verschiedenen in den einzelnen Kreisen Böhmens bestehenden landwirthschaftlichen Vereine bei. Im Jahre 1868 folgte er einem Rufe als Director der landwirthschaftlichen Schule zu Hracholusko bei Raudnitz, welche er zunächst erst organisirte. Zum Vorsitzenden des landwirthschaftlichen Vereines zu Raudnitz erwählt, hielt er nun häufig Vorträge in demselben, vertheilte čechische Bücher unter seine Zöglinge und die Vereinsmitglieder und wirkte so in seiner Richtung auf das ersprießlichste. Auch gab er in Raudnitz in Gemeinschaft mit dem landwirthschaftlichen Lehrer J. Rauvolf, welcher auch Secretär des landwirthschaftlichen Vereines war, das Werk heraus: *„Základy rozumného krmení dobytka a porovnání rozličné píce pro dobytek"*, d. i. Grundsätze einer vernünftigen Mästung des Hausviehs und Vergleichung der verschiedenen Futtergattungen für das Vieh. Dann ließ er in des Wirthschaftsrathes Komers Sammelwerke: „Pokrok v rolnictví“, des tüchtigen Landwirths und Declaranten Wenzel Kratochvil Beschreibung einer Musterwirthschaft (Popis vzorného hospodářství) erscheinen. Verschiedene Abhandlungen in deutscher Sprache veröffentlichte er in dem von Komers herausgegebenen „Jahrbuche“. Im Jahre 1867 übernahm er ein Lehramt an der landwirthschaftlichen Schule zu Chrudim, deren Director er gleichzeitig ist. Wie in Hracholusko, so organisirte er nun auch in Chrudim die Anstalt nach dem heutigen Stande der Landwirthschaft, die in neuerer Zeit in Folge des Fortschrittes der Naturwissenschaften einen großartigen Aufschwung genommen hat. Nach seinem Muster traten auch an anderen Orten landwirthschaftliche Vereine ins Leben oder wurden, wenn sie schon vorhanden waren, reorganisirt. Von anderen Schriften, welche Uhlik durch den Druck veröffentlichte, sind uns bekannt: *„Stručné poučení o štěpařství a o pěstování moruší v otázkách a odpovědích“*, d. i. Kurze Unterweisung über Maulbeerbaumzucht (Prag 1864, Pospíšil, 16⁰.); — *„Jak lze nejvyšší výnos cukrovky co do množství i co do jakosti docíliti?“*, d. i. Wie erzielt man den höchsten Ertrag der Zuckerrübe in Betreff der Quantität und Qualität? (Chrudim 1869); — *„Přednáška hospodářská již měl dne 6. května 1869 v Lomnici. Připojeno pojednání: Hnojná hodnota popele Hořenského v Semilsku“*, d. i. Landwirthschaftlicher Vortrag vom 6. Mai 1869 in Lomnitz. Abhandlung: Dungwerth der Asche von Hořensko bei Semil (Prag 1870, 8⁰.). Uhlik ist Mitglied zahlreicher landwirthschaftlicher Vereine Böhmens, Vorsitzender des Pardubitzer und Vorstandstellvertreter des landwirthschaftlichen Vereines zu Chrudim und Ausschuß des Bienenzuchtvereines daselbst.

**Uhlik**, Joseph (Schulmann und čechischer Schriftsteller, geb. zu Hořic in Böhmen am 2. September 1822). Der Sohn eines Kaufmannes zu Dašic, erhielt er den ersten Unterricht in der Schule daselbst. Von 1836 bis 1842 besuchte er das Gymnasium zu Gitschin, wo insbesondere der damalige Professor in den Humanitätsclassen Simon Karl Macháček [Bd. XVI, S. 200] nicht ohne Einfluß auf den strebsamen Jüngling blieb. Macháček, ein gründlicher Aesthetiker und selbst Poet, erweckte in seinem Schüler die Liebe zur heimischen Sprache und Literatur und namentlich zur Poesie. Schon zu dieser Zeit versuchte sich Uhlik, vornehmlich in den Fleißübungen, in poetischen Arbeiten, und mehrere derselben, wenn sie Macháček's Anerkennung gefunden, ließ er später im Drucke erscheinen. Nach beendeten philosophischen Studien bezog er die Prager Hochschule, wo er sich der Rechtswissenschaft widmete. Aber noch vor Abschluß derselben wendete er sich dem Lehrfache zu. In den Jahren 1846—1848 unterzog er sich nach den damaligen Vorschriften mehreren Concursprüfungen zur Erlangung einer Professur in den Gymnasial- oder Humanitätsclassen, und als 1849 Supplenturen für ein Lehramt der čechischen Sprache und Literatur an Gymnasien errichtet wurden, erhielt er eine solche in Gitschin. Nachdem er sich dann im Jahre 1850 einer Staatsprüfung, wie solche nach dem neuen Studienplane angeordnet worden, unterzogen hatte, wurde er noch in demselben Jahre wirklicher Professor am nämlichen

Gymnasium und blieb daselbst bis zum October 1860, wo er in gleicher Stellung an das Gymnasium auf der Prager Kleinseite kam. Gegenwärtig bekleidet er die Stelle eines Directors am k. k. II. Realgymnasium mit čechischer Unterrichtssprache in Prag. Schon im Jahre 1844 trat Uhlíř mit seinen literarischen Versuchen in der Zeitschrift „Včela", d. i. Die Biene, öffentlich auf, dann erschienen auch in Gymnasialprogrammen einige seiner Abhandlungen, von denen sein „Kritický rozbor epických básní Bol. Jablonského", d. i. Kritische Beleuchtung der epischen Gedichte von Bol. Jablonský [Boleslaw Jablonský ist der Pseudonym für Karl Eugen Tupy, siehe S. 131 dieses Bandes] und „Didaktické básně Salomonu", d. i. Salomons didaktische Gesänge, Erwähnung verdienen. Eine Sammlung seiner eigenen Gedichte — meist erotischen Inhalts — gab er unter dem Titel „*Básně*", (Prag 1858, Calve, 16⁰., 352 S.) heraus, indem er ihren Reinertrag für eine Studentenstiftung bestimmte. Ferner arbeitete er an einer Anthologie aus Ovid, welche er in metrischer Uebersetzung in seiner Muttersprache zur Herausgabe vorbereitete. Uhlíř war mit dem bereits am 21. März 1870 verstorbenen čechischen philosophischen Schriftsteller Jos. Dastich (geb. 27. Februar 1835) innig befreundet.

*Šembera (Alois Vojtěch).* Dějiny řeči a literatury československé. Věk novější, d. i. Geschichte der čechoslavischen Sprache und Literatur. Neuere Zeit (Wien 1868, gr. 8⁰.) S. 301. — Hanuš (I. J. Dr.). Kritische Blätter für Literatur und Kunst (Prag und Leipzig 1858, I. L. Kober gr. 8⁰.) II. Jahrg., 3. Bd., S. 68

Außer dem Schulmanne Joseph Uhlíř und dem Oekonomen Johann Baptist Uhlíř sind noch erwähnenswerth: 1 **Christian** Uhlíř, Wachtmeister im 2. Gendarmerie-Regimente, der sich bei einer Feuersbrunst, welche in der Nacht vom 1. auf den 2. April 1861 zu Kohljanowitz in Böhmen ausbrach, ganz besonders hervorthat An einem der schon in Flammen stehenden Häuser, in welchem alle Bewohner im tiefsten Schlafe lagen, öffnete er mit einem Kolbenschlage das Fenster, sprang in das brennende Gemach und brachte zuerst zwei Kinder aus den Flammen; dann drang er nochmals ins Haus und rettete, während hinter ihm die brennende Decke einstürzte, ein drittes Kind vom Feuertode. Er wurde dafür mit dem silbernen Verdienstkreuze ausgezeichnet. [Der Kamerad. Illustrirter österreichischer Militär-Kalender für 1863 (Wien, J. Dirnböck, 8⁰.) S. 183] — 2. **Katharina** Uhlirz, Malerin in Prag, von welcher in der Prager Kunstausstellung des Jahres 1860 „Blumen", in Oel gemalt, zu sehen waren. Weiteres über die Künstlerin wissen wir nicht

**Uhlmann,** Jacob (Mitglied der kaiserlichen Hofcapelle in Wien, geb. zu Wien am 19. December 1803, gest. ebenda 18. November 1850). Von seinem Vater Tobias, einem ausgezeichneten Holz-Blasinstrumenten-Verfertiger in Wien, erhielt er die erste Unterweisung im Clarinettspiele. Im Mai 1821 wurde er in das eben neu gegründete Conservatorium in Wien als Oboeschüler aufgenommen, wo er den gründlichen Unterricht des berühmten Oboevirtuosen Joseph Sellner [Bd. XXXIV, S. 68] genoß und so treffliche Fortschritte auf seinem Instrumente machte, daß er in kurzer Zeit im Orchester des priv. Theaters an der Wien als Oboist Anstellung fand. Bald lenkte er die Aufmerksamkeit des Hofcapellmeisters Weigl auf sich, und dieser engagirte ihn als Solospieler auf Oboe und englischem Horn für das k. k. Hofoperntheater nächst dem Kärnthnerthore. Durch sein virtuoses Spiel erhielt Uhlmann im Jänner 1825 einen Ruf nach Stuttgart, wo er mit königlichem Decret angestellt wurde. In den Jahren

1826 und 1827 spielte er im Orchester des Frankfurter Stadttheaters. Dort kamen ihm auch Anträge aus Nordamerika zu, denen er jedoch nicht folgte, da ihn mittlerweile sein Vater nach Wien zurückberief, damit er nun selbst die Leitung der Instrumentenfabrik übernehme. In seinem Geschäfte wirkte er mit allem Eifer und verschaffte demselben durch Verbesserung und Vervollkommnung der Instrumente einen solchen Ruf, daß nicht nur aus verschiedenen Ländern Europas, sondern selbst aus Nordamerika namhafte Bestellungen an ihn gelangten. Indessen wirkte er auch seit 1828 als Oboesolospieler wieder im Orchester des k. k. Hofoperntheaters nächst dem Kärnthnerthore. Zu Beginn des Jahres 1843 wurde ihm die Auszeichnung zutheil, an der kaiserlichen Hofcapelle in Wien als Oboist angestellt zu werden, und er blieb es bis zu seinem im besten Mannesalter von 47 Jahren erfolgten Tode. Gaßner schreibt über Uhlmann: „Als einer der ersten Sterne des berühmten Wiener Hofoperntheater-Orchesters glänzt der Oboespieler Uhlmann, dessen voller schöner Ton und die sichere Behandlung dieses schwierigen Instrumentes ihn zu einem der ersten jetzt lebenden Künstler seines Faches erheben". Ob Uhlmann für sein Instrument auch componirte, ist nicht bekannt, da er aber in den Dreißiger-Jahren damit concertirte, nicht unwahrscheinlich.

Köchel (Ludwig Ritter von). Die kaiserliche Hof-Musikcapelle in Wien. Von 1543 bis 1867. Nach urkundlichen Forschungen (Wien 1869, Beck, 8°.) S. 98, Nr. 1423; S. 101. Nr. 1496. — Hanslick (Ed.). Geschichte des Concertwesens in Wien (Wien 1869, Braumüller, gr. 8°.) S. 327. — Pohl (C F) Die Gesellschaft der Musikfreunde des österreichischen Kaiserstaates und ihr Conservatorium (Wien 1871 Braumüller, gr 8°), S 158 und 181.

**Uhlmann**, siehe auch: **Ullmann**.

**Uibelacker**, Franz, siehe: **Uebelacker**, Franz [S. 217 dieses Bandes].

**Uiberacker**, Wolfgang Christoph Graf (Staatsmann, geb. auf dem Graf Khevenhüller'schen Gute Kammer in Oberösterreich 1736, gest. zu Wien am 15. Mai 1801). Der einzige Sohn des Grafen Wolfgang Anton [S. 260, Nr. 21] aus dessen Ehe mit Johanna Katharina Elisabeth geborenen Gudenus, beendete er die Studien zu Salzburg und wurde 1756, erst zwanzig Jahre alt, salzburgischer Kämmerer und Hofrath. Bald darauf trat er bei der kurfürstlichen Regierung in Mainz, dann bei dem Reichskammergerichte zu Wezlar in amtliche Praxis. Von da begab er sich 1758 nach Wien, wo er als Reichshofrath auf der Gelehrtenbank — für die Adelsbank fehlten ihm die mütterlichen Ahnen — sich allmälig das Vertrauen Kaiser Josephs II. in so hohem Maße erwarb, daß ihn derselbe 1778 zum Vicepräsidenten des Reichshofrathes erhob. Im Jahre 1791 wurde er wirklicher Präsident und geheimer Rath. Später erlangte er durch die Ernennung zum Conferenzminister eine Auszeichnung, die vor ihm noch keinem Salzburger zutheil geworden. Nach dem 1774 erfolgten Tode seines Vaters übernahm er als einziger Erbe der Sighartstein'schen Linie das väterliche Erbgut zu Sighartstein, welches er jedoch, durch seinen amtlichen Beruf an Wien gefesselt, nicht selbst verwalten konnte. Er überließ daher die ökonomischen Besorgungen viele Jahre hindurch seiner Schwester Maria Clara, bis dieselbe in eine Geisteszerrüttung verfiel, an welcher sie 1797 starb. Durch diesen Umstand, noch mehr aber durch den

1800 erfolgten Einfall der Franzosen in Salzburg erlitt er in seinem Besitz beträchtlichen Schaden. Seit längerer Zeit leidend, traf er, da er unvermält geblieben und also keine Leibeserben hatte, seine letztwilligen Anordnungen. Er errichtete ein Fideicommiß, in welchem er seinen Vettern von der Pfongauer Linie: Wolfgang Hieronymus Amadeus und dessen jüngerem Bruder Wolfgang Joseph Alois, das Gut Sighartstein testamentarisch vererbte, dafür aber seine natürlichen Erben, die beiden Töchter seiner Schwester Maria Clara, Gräfinen Kletzl, durch die Summe von 72.000 fl. entschädigte. Der Graf war ein gelehrter Mann, der sich gern mit wissenschaftlichen Studien beschäftigte. Im Drucke gab er „Des Herzogs de la Rochefoucault moralische Maximen mit Anmerkungen. Aus dem Französischen“ (Wien und Leipzig 1784, 8⁰., 274 S.) heraus. Er starb zu Wien, 68 Jahre alt, an Entkräftung. Die Leiche wurde nach Kestendorf gebracht und daselbst in der Familiengruft beigesetzt. Mit Wolfgang Christoph erlosch die Sighartsteiner Linie. In seinem Nachrufe heißt es von ihm: „Belebt von dem reinsten und edelsten Eifer für die seiner Leitung anvertrauten Geschäfte, reich an Kenntnissen und Erfahrungen, eindringend und tief in seinem Urtheil über Menschen und Sachen, gelassen und ernst in seinen Handlungen und überhaupt in seinem ganzen Benehmen, füllte er sein hohes Amt nach allen Rücksichten aus. Er war seinen Pflichten so treu ergeben, daß sie selbst in seinen letzten Jahren, wo er mit körperlichen Schwächen und Leiden so sehr zu kämpfen hatte, seine Freude und Erholung waren. Er besuchte sogar in schwer leidendem Zustande, der auch seine kleinsten Bewegungen mühsam und qualvoll machte, die Sitzungen des Reichshofrathes beinahe unausgesetzt. Sein Privatleben war eine Reihe von Wohlthaten und Gefälligkeiten gegen Andere: denn die Güte seines Herzens war unerschöpflich. Ueberhaupt verlor an ihm die Welt einen der thätigsten Freunde und Beförderer alles Rechten, Guten und Schönen, der nicht nur dem Reichshofrathscollegium, das ihn verehrte und liebte, sondern Jedem, der die Eigenschaften seines Geistes und Herzens näher kannte, unvergeßlich sein wird“. Auch die Muse beklagte seinen Tod, wie eine anläßlich desselben gedruckt erschienene Elegie bezeugt.

Literaturzeitung, herausgegeben von Vierthaler, II. Jahrg. (1801), Bd. II, S. 350 [nennt den Grafen „nicht blos einen berühmten Geschäftsmann, sondern auch Gelehrten“]. — Schallhammer (L. F.). Süddeutschlands pragmatische Annalen der Literatur und Kunst (Salzburg 1803, gr. 4⁰.) Bd. I, S. 506 [daselbst heißt es von dem Grafen Uiberacker: „Unter den im ersten Jahre des neunzehnten Jahrhunderts merkwürdigen Verstorbenen zählt vorzüglich der durch Kopf und Herz gleich verehrungswürdige Patriot Wolfgang Christoph Graf von Uiberacker“]. — Wiener Zeitung vom 23. Mai 1801, Nr. 41.

**Porträte.** 1) Gestochen von Mansfeld (8⁰., auch vor seinem Buche: Larochefoucault's moralische Maximen). — 2) Unter dem Bilde: „Ipse etiam in magno“, J. Unterberger sc., J. Jacobé sc. (Kniestück in Roy.-Fol. Schwarzkunst. Auch vor aller Schrift. Selten.

I. **Zur Genealogie des Grafengeschlechtes Uiberacker.** Nach dem Ursprunge dieses Namens forschend, gelangten die Genealogen zu dem Schlusse, daß derselbe einem der beiden Pfarrdörfer Ueberackern an der Maisach und Ueberackern an der Salzach entlehnt sei. Beide Orte finden sich früh in Urkunden verzeichnet. Ersterer ist schon 821 unter dem Namen Uperacha als Besitzung des Hochstiftes Freysing bekannt; letzterer heißt in einer Urkunde vom Jahre 1195 Ueberacher. Die Kirche zu Ueberackern an der Salzach, etwas über ein halbes Tausend Schritte vom gleichnamigen Stammschlosse entfernt, soll im zwölften oder dreizehnten Jahrhundert entstanden sein, und zwar der Volksüberlieferung nach als ein Werk der nachmaligen Grafen Uiberacker. Die Lage der beiden Ortschaften, an Flüssen, in Verbindung mit Häusern und Gehöften an den entgegengesetzten Ufern, läßt nicht schwer auf den Ursprung des Namens selbst schließen, der überdies in älteren Urkunden gar mannigfaltig geschrieben erscheint, wie: Ubrechen, Oubrechen, Uperacha, Uberache, Ybrache, Iberachen, Ubrachen, Uberachn, und erst später, im fünfzehnten und sechzehnten Jahrhundert zu Uberacker, Ueberaecker und Ueberagher sich entwickelt. Die Etymologie aus den Wörtern „über" und „Ache" = Fluß, also jenseits des Flusses (gelegenes Schloß oder Pfarrdorf) ergibt sich von selbst. Die nächste Geltung dürfte die Annahme finden: die Familie habe ihren Namen der Ortschaft Ueberackern an der Maisach entlehnt und denselben ihrem neuerbauten Stammschlosse und der sich nach und nach bildenden Ortsgemeinde Ueberackern an der Salzach gegeben. Schließlich noch ein Wort über die heutige Schreibung dieses Namens, die in zwei Formen: Ueberacker und Uiberacker vorkommt. Herausgeber dieses Lexikons hat widerwillig für die letztere sich entschieden, aber auch nur aus dem Grunde, weil sowohl die Familie selbst, als auch das genealogische Taschenbuch der gräflichen Häuser dieselbe angenommen hat. — Was nun den Ursprung dieses Geschlechtes betrifft, so ist derselbe in Salzburg zu suchen und urkundlich bis in die erste Hälfte des eilften Jahrhunderts zurückzuführen, in welcher ein **Heinrich** — um 1032 — als der erste Uiberacker erscheint, der durch seine Frau Ursula Gunzner der Stammvater aller Folgenden wurde. Von Heinrich zweigt sich das Geschlecht bald in verschiedene Linien ab, und bis ins vierzehnte Jahrhundert ist nicht immer die Aufeinanderfolge der einzelnen Träger dieses Namens nachzuweisen, so daß wir in solchen Fällen auf der Stammtafel statt der scharf ausgezogenen Linien uns der punktirten zu bedienen genöthigt sehen. Doch reihen sich an Heinrichs Sohn **Albert I.** in ununterbrochener Generation **Otto I.**, **Otto II.**, **Hartneid**, **Erhard**, **Wolfhard II.**, **Johann II.**, **Wolfhard IV.**, **Virgil II.**, welch Letzterer der eigentliche Ahnherr der Sighartsteiner Hauptlinie ist. Sechs Generationen später spaltet sich dieselbe mit **Abrahams** Söhnen **Wolfgang Ehrenreich** und **Wolfgang Caspar** in zwei Linien, in die Pfongauer und Sighartsteiner. Letztere Linie, welche Wolfgang Caspar fortführt, blüht noch durch mehrere Generationen, bis sie im ersten Jahre des laufenden Jahrhunderts erlischt mit dem Staatsmann und Minister **Wolfgang Christoph**, welcher den Besitz von Sighartstein fideicommissarisch an seinen Vetter von der Pfongauer Linie **Wolfgang Hieronymus Amadeus** vererbt. Wolfgang Caspars Sohn **Wolfgang Dominik** bildet aber dann eine Nebenlinie, die Tittmoninger, welche in der dritten Generation mit **Wolfgang Hieronymus Franz Gaudenz** im Jahre 1781 ausstirbt. Dagegen blüht die von Wolfgang Caspars Bruder Wolfgang Ehrenreich gestiftete Pfongauer Linie bis auf die Gegenwart, in welcher Graf **Wolfgang Hieronymus Joseph** heute der Chef des Grafengeschlechtes der Uiberacker ist. Die angeschlossenen zwei Stammtafeln: I. mit der Sighartsteiner Haupt- und der Tittmoninger Nebenlinie und II. mit der heute noch blühenden Pfongauer Linie geben ein deutliches Bild der allmäligen Entwickelung dieses Geschlechtes. — Was nun die Standeserhöhungen dieses Hauses anbelangt, so finden wir die Uiberacker lange Zeit inmitten der edlen Geschlechter des Erzbisthums Salzburg, unter dessen Kirchenfürsten sie in verschiedenen Dienstverhältnissen, als Oberstjägermeister, Ceremonienmeister, Pfleger, Hauptleute u. s. w. standen. In diesem einfachen Adelsverhältnisse, schlechtweg als Ritter und Edle, aber immer in hohem Ansehen, erscheinen sie bis zu Beginn der zweiten Hälfte des siebzehnten Jahrhunderts, in welcher dann der salzburgische Oberstwachtmeister **Wolfgang Abraham** und sein Vetter **Wolfgang Ernst** von Kaiser Leopold II. mit Diplom ddo. Wien 9. April 1669 für sich und ihre Nachkommen den Freiherrenstand mit dem Prädicate von Sighartstein erhielten. Etwa zwei Jahrzehnte später, am 27. August 1688, gelangte derselbe Freiherr Wolfgang Abraham zur Grafenwürde, welche am 28. November 1694 von dem Salzburger Erzbischof bestätigt ward Dann erhielt auch Freiherr **Wolfgang Dominik** mit seinem Bruder **Wolfgang Sigmund**

und seinem Vetter **Wolfgang Max Cajetan** am 14. September 1711 von dem Kurfürsten Johann Wilhelm von der Pfalz während dessen Verwaltung des Reichsvicariates die gräfliche Würde, in welcher sie salzburgischerseits am 18. März 1712 anerkannt und bestätigt wurden. Der Zeitpunkt der salzburgischen Landmannschaft fällt bereits in das Jahr 1541. Ein Fideicommiß errichtete aber der Reichshofraths-Präsident und Minister Graf Wolfgang Christoph, der unvermält blieb und mittelst letztwilliger Verfügung seinem Vetter von der Pfongauer Linie Wolfgang Hieronymus Amadeus und dessen jüngerem Bruder Wolfgang Joseph das Gut Sighartstein vererbte. — Was die Aemter und Würden betrifft, welche die Grafen Uiberacker bekleideten, so standen Letztere vorherrschend in hochfürstlich salzburgischen, theilweise auch in bayrischen Diensten. Sie wurden mit verschiedenen Pflegerichaften und Hofdiensten am fürsterzbischöflichen Hofe betraut. Sie genossen in bevorzugtem Maße die Gunst der Erzbischöfe und Herzoge von Bayern; die Gunst der Ersteren erstreckte sich so weit, daß dieselben den Sprossen dieses Hauses vorzugsweise den Rupertusorden, ein mit Jahresbezügen dotirtes Ehrenzeichen, welches Erzbischof Johann Ernst aus dem Hause der Grafen Thun-Hohenstein [Bd. XLV, S. 39] im Jahre 1701 gestiftet, verliehen, und kaum eine salzburgische Adelsfamilie vorkommen dürfte, welche so viele Rupertus-Ordensritter aufzuweisen hat, als jene der Grafen Uiberacker. Sonst noch finden wir diese in höheren Diensten des Staates, der Kirche und des Heeres. Unter den Staatsmännern nennen wir **Johann Wolfhard VIII.**, der sich der Erste nach dem Schlosse Sighartstein schrieb, und welchen Erzbischof Matthäus Lang, einer der berühmtesten Kirchenfürsten seiner Zeit, wiederholt mit mehr oder minder wichtigen Sendungen nach Bayern betraute; dann **Virgil II.**, gleichfalls des Vertrauens seines Kirchenfürsten und des Adels sich erfreuend, so daß er in wichtigen Streitfällen zum Schiedsrichter gewählt, selbst als Abgeordneter in einer Streitsache des Herzogs Albrecht III. von Bayern nach Innsbruck entsendet wurde; vor Allem aber den Staatsminister und Präsidenten des Reichshofraths Grafen **Wolfgang Christoph**, der eine Zierde seines Geschlechts, ein Musterbild seines hohen Amtes und als Mensch wie Staatsmann gleich verehrungswürdig war. — Im Waffendienste erblicken wir zahlreiche Sprossen dieses Geschlechtes: **Alram I.**, **Wolfgang Ferdinand Theophil** und **Wolfgang Ernst Anton** verbluteten auf Schlachtfeldern; **Erhard, Ernst, Johann Wolfhard, Wilhelm I., Wolfgang Caspar, Wolfgang Ehrenreich, Wolfgang Sigmund, Wolfgang Abraham, Wolfgang Max Cajetan** standen entweder in salzburgischem oder bayrischem Kriegsdienst und zogen in dem einen oder dem anderen gegen die Türken ins Feld; insbesondere ruhmvoll aber erscheint der salzburgische Generalmajor Wolfgang Max Cajetan, der als Commandant von Kufstein auch in österreichischen Diensten stand und als Oberst seines Regiments bei der ruhmvollen Vertheidigung der Festung Freiburg im Breisgau in so wackerer Weise mitwirkte, daß ihm und seinem Regimente vom Prinzen Eugen ein offenes Zeugniß des Wohlverhaltens gegeben wurde. — Auch im Dienste der Kirche begegnen wir mehreren Sprossen dieses Hauses, und zwar als Pfarrer, Mönche, Aebte, Alle aber überglänzt Bischof **Georg** von Seckau, ein Kirchenfürst, weit voraus seiner Zeit, abhold allen Mißbräuchen, welche vornehmlich von Seite der Mönche in die Diöcese einzuschmuggeln versucht wurden, aber auch energisch seine bischöfliche Macht übend, wenn es galt, ihre Rechte zu schützen und die Kirchenzucht aufrecht zu erhalten. — Den Wissenschaften gegenüber verhielten sie sich nicht abhold, wenn auch von besonderer Förderung derselben bei der Familie nicht eben die Rede ist. Wohl galt der Reichshofraths-Präsident **Wolfgang Christoph** für einen gelehrten Mann, und daß er die Wissenschaft schätzte, beweist seine glossirte Uebertragung der Maximen von La Rochefoucault. Dagegen ist der Familie ein hohes Standesgefühl eigen, und dieselbe ist im Gegensatze zu so vielen Adelsfamilien, welche nicht nach der Vergangenheit fragen, darauf bedacht, für Aufzeichnungen einer Geschichte ihres Hauses zu sorgen, wie dies die Arbeiten des salzburgischen Historiographen Benignus Schlachtner und des Pfarrers Winkler bezeugen, während auf Initiative des gegenwärtigen Chefs des Hauses, des Grafen **Wolfgang Hieronymus Joseph**, eine auf sorgfältigem Quellenstudium beruhende Monographie über die Familie von dem durch mehrere bibliographische und culturhistorische Arbeiten über Salzburg bestens bekannten Nicolaus Huber vorbereitet wird. — Was die Frauen des Hauses betrifft, seien es nun die Töchter desselben, welche in fremde Familien heirateten, oder die Bräute, welche die Uiberacker sich aus fremden Geschlechtern holten, so begegnen wir hohen Namen des österreichischen, deutschen, Tiroler Adels, wie: Preysing, Taufkirchen, Prankh, Jörger, Losnitz, Lerchenfeld, Platz, Rehling, Haunsperg, Lodron, Khuenburg, Auer, Christalnigg, Eszterházy, Rudnianszky, Thun-Hohenstein. — Schließlich, was die Besitzungen der Familie anbelangt, so ist, obgleich dieselben nie eben sehr bedeutend gewesen, doch ihr Wechsel groß. Als Stammschloß gilt, wie schon im Eingange dieser genealogischen Uebersicht erwähnt, das an der Salzach unweit Braunau im heutigen Oberösterreich gelegene Schloß Ueberackern, von dem urkundlich nachweisbar ist, daß die Uiberacker daselbst bereits im eilften Jahrhundert hausten. Zu Beginn des zwölften Jahrhunderts kamen schon Uiberacker von Haslach vor, so genannt von ihrem Besitzthume Schloß Haslach bei Aschau. Als dann gegen Ende des vierzehnten Jahrhunderts (1394) die Erwerbung von Lichtenthan, und zwei Jahrzehnte später (1418) jene von Altenthan und die des Gutes Sigharting, sämmtlich im Salzburgischen, erfolgte, und so das Geschlecht daselbst sich seßhaft machte, gingen wohl die früher genannten Besitzungen durch Kauf in fremde Hände über. Wir wollen nun den weiteren häufigen Besitzveränderungen durch Kauf, Verkauf, Tausch u. s. w. meist keiner Güter, Höfe u. a. nicht weiter nachgehen — der wichtigeren geschieht bei den einzelnen Lebensskizzen Erwähnung. Im Jahre 1444 wurden die Uiberacker siegelfähig. Sigharting im Besitze Virgils ward zum Schlosse Sighartstein umgebaut, und die Uiberacker schrieben sich Herren von Sighartstein. Abraham I. erbte von seiner Mutter Margaretha geborenen Zott, einer reichen Gewerkenstochter aus Gastein, Antheile daselbst und erscheint nun auch als Gewerke; dann kaufte er am 29. März 1610 in Oberösterreich den lehenbaren Sitz Pfongau, nach welchem eine Linie der Uiberacker den Namen erhielt, als 1667 die Theilung von Sighartstein und Pfongau erfolgte. 1714 fand eine Erhöhung des Altenthan-Erbpfleg-Absentgeldes, das bis dahin 800 fl. betrug, auf 1200 fl. statt. In demselben Jahre baute Wolfgang Max das Schloß Sighartstein in dessen neuer — heutiger — Gestalt auf und erwarb 1723 gemeinschaftlich mit seiner Frau das in der Stadt Salzburg außerhalb des Andräbogens gelegene Zillernberghaus, das noch heute Eigenthum der Familie ist. 1754 erhob Erzbischof Sigmund III. Schloß Sighartstein nebst mehrerem Zubehör zu einer geschlossenen Hofmark, welche jedoch Graf **Wolfgang Joseph Alois** im Jahre 1820 der k. k. Regierung wieder anheimstellte. Wie Graf **Wolfgang Christoph** den Adelsitz Sighartstein seinem Hause dadurch erhält, daß er die Töchter seiner Schwester **Maria Clara** vermälten Graf von **Aetzl** mit 72.000 fl. abfindet, wird in seiner Biographie des Näheren berichtet; auch findet zu gleicher Zeit die Vereinigung der seit 1667 gesonderten Besitzungen Sighartstein und Pfongau statt, indem Graf Wolfgang Christoph, der Letzte der Sighartsteiner Linie, seinen Vetter **Wolfgang Hieronymus Amadeus** zum Fideicommißbesitzer von Sighartstein einsetzt. Durch Testament vom 27. November 1823 und 2. Mai 1827 der Frau **Maria Anna** geborenen Uiberacker, verwitweten von Mayrhofen auf Klebing erlangte Graf **Wolfgang Otto Joseph Hieronymus**, ein Sohn des Stiefbruders **Wolfgang Joseph Alois** der Erblasserin, den Edelsitz Klebing mit den incorporirten Gütern Guntering und Eggersdorf. Zur Zeit befinden sich die Grafen Uiberacker im Besitze des Fideicommißgutes Sighartstein, des Edelsitzes Klebing und des Uiberacker-Palais in der Dreifaltigkeitsgasse der Stadt Salzburg. — Ueber die Eigenthümlichkeit, daß von den Söhnen Abraham Uiberacker's und seiner Gattin Ursula Benigna geborenen Taufkirchen von Guttenburg und Ennsdorf ab alle späteren Uiberacker den Vornamen Wolfgang führten, vergleiche S. 266: „Der Name Wolfgang in der Familie Uiberacker". [**Quellen zur Geschichte der Grafen Uiberacker.** a) **Handschriftliche.** Benignus Schlachtner, salzburgischer Historiograph, „Genealogie der Grafen Uiberacker". — Winkler (Pfarrer in Kestendorf), „Ahnentafel und Genealogie der Grafen von Uiberacker". — Nicolaus Huber, „Stammtafel und genealogische Darstellung der Grafenfamilie Uiberacker in alphabetischer Folge" [diese mit vieler Sorgfalt und allem Fleiße ausgeführte Arbeit lag mir ihrem ganzen Inhalte nach vor und hat mir die Abfassung des Artikels wesentlich erleichtert Oeffentlich danke ich dafür dem fleißigen Verfasser, der mit seiner Abhandlung ein ebenso reiches als mitunter höchst interessantes Material zu einer Monographie des Hauses Uiberacker zusammengestellt hat. Freilich darf hiebei nicht übersehen werden, daß in glücklichem Verständniß des Werthes solcher Arbeiten der gegenwärtige Chef des Hauses Graf Wolfgang Hieronymus Joseph die Initiative gegeben und auch sonstige Hilfsmittel beigestellt hat Außer zahlreichen gedruckten Quellenschriften durchforschte und benützte Nicolaus Huber die Archive in Salzburg, und zwar das Archiv der k. k. Landesregierung, das Consistorialarchiv, das Archiv des Stiftes St. Peter, der k. k. Studienbibliothek, des städtischen Museums und des Stiftes Nonberg, ferner in Wien das Archiv des k. k. Ministeriums des Innern und das k. k. Haus-, Hof- und Staatsarchiv, in München das Reichsarchiv, das Archiv des k. bayrischen Kriegsministeriums und der k. bayrischen Staatsbibliothek, endlich das preußische Staatsarchiv in Düsseldorf] — b) **Gedruckte Quellen**. Salzburger Amts- und Intelligenzblatt, Jahrgang 1821, S. 621 u. f. — Bergmann. „Ueber den kaiserlichen Reichshofrath nebst dem Verzeichnisse der Reichshofraths-Präsidenten von 1559 bis 1806" in den Sitzungsberichten der kaiserlichen Akademie der Wissenschaften (in Wien) philosophisch-historische Classe Bd. XXVI, S. 187—215. — Mittheilungen der Gesellschaft für Salzburger Landeskunde (Salzburg, gr 8°.) Bd. XIII bis XVI in A. Doppler's „Auszügen aus den Originalurkunden des fürsterzbischöflichen Consistorialarchives zu Salzburg" [ein treffliches Register am Schlusse dieser Auszüge im XIV. Vereinsjahr (1874) erleichtert ungemein die Benützung dieser sorgfältig und mit großer Umsicht gearbeiteten Auszüge]. — Gärtner (Corbinian). Geschichte und Verfassung des 1701 errichteten Ruperti-Ritterordens (Salzburg 1802, 8°.) S. 186, 187, 191, 192, 193, 195, 201, 202. — Hochfürstlich salzburgischer Hofkalender oder Schematismus, Jahrg. 1774—1792. — Hellbach (Joh. Christian v.). Adels-Lexikon oder Handbuch über die historischen, genealogischen und diplomatischen... Nachrichten vom hohen und niedern Adel besonders in den deutschen Bundesstaaten... (Ilmenau 1826, B. F. Voigt, 8°.) S. 622 [nennt die Uiberacker kurzweg eine „bayrische Familie", was denn doch nicht richtig ist, denn sie ist eine vorherrschend salzburgische oder mit Hinblick auf die wenigen Sprossen, die in bayrischen Diensten gestanden, salzburgisch-bayrische Familie]. — Hoheneck (J. G. A. Freih.). Die löblichen Herrn Stände deß Ertz-Hertzogthumb Oesterreich ob der Enns (Passau 1727, Fol.) Bd. I, S. 386, 432, 476, 522; Bd. II, S. 28, 29, 162. — Kirchen- und Hofkalender, hochfürstlich salzburgischer, der Jahre 1726—1773 (Salzburg, 8°). — Kirchen- und Staatskalender, hochfürstlich salzburgischer, auf die Jahre 1793 bis 1798 (Salzburg, 8°.). — Kneschke (Dr.). Neues allgemeines deutsches Adels-Lexikon (Leipzig 1870, 8°.) Bd. IX, S. 329 u f. — Mittheilungen der k. k. Central-commission zur Erforschung und Erhaltung der Kunst- und historischen Denkmale (Wien, 4°) Band III, Seite 192; Band XVII, Seite CLXXXIV; neue Folge Band VI, Seite CIX und Band VIII, Seite 49. — Siebmacher's großes und allgemeines Wappenbuch (Nürnberg 1883, 4°.) Bd. IV, 6 Heft: „Der Salzburger Adel". — Gothaisches genealogisches Taschenbuch der gräflichen Häuser (Gotha, Justus Perthes, 32°.) für die Jahre 1846 und 1883. — Historisch-heraldisches Handbuch zum genealogischen Taschenbuch der gräflichen Häuser (Gotha 1855, Justus Perthes, 32°.) S. 1027. — (Walz Dr. und Frey, Maler). Die Grabdenkmäler von St. Peter und Nonberg zu Salzburg (Salzburg 1867—1874, gr. 8°.), auch in den Mittheilungen der Gesellschaft für Salzburger Landeskunde. Vereinsjahr VII—XIV [ein ausführliches Register gibt die näheren Nachweise]. — Mehrere andere Quellen, welche blos einzelne Mitglieder dieses Geschlechtes betreffen, sind bei den einzelnen Biographien angegeben.]

II. **Besonders bemerkenswerthe Sprossen des Grafenhauses Uiberacker. 1. Albert II.**, ein Sohn Ottos, lebte um die Mitte des dreizehnten Jahrhunderts und erzeigt sich mit seinem Vetter Otto als ein Wohlthäter des Klosters Michelbeuern an der Mattig in Oberösterreich. Filz in seiner „Geschichte des Benedictinerstiftes Michelbeuern" schreibt: „Albert Uiberacker und sein Vetter Otto geben 1267 zum Kloster Michelbeuern

10 Pfund Denar zum Heile ihrer Seelen". — 2. **Albert III.**, ein Sohn Meingotts, der fünfzehnte Abt des Benedictinerstiftes Michelbeuern, wird urkundlich bereits Anfang 1303 als solcher genannt und starb im Jahre 1322. Seine Begräbnißstätte in der Kirche dieses Stiftes zeigt ein in dem rechten Seitengange neben dem St. Anna-Altare auf dem Boden liegender Marmorstein, auf dessen Oberfläche der Geschlechtsname Uiberacker zu lesen ist, während auf der Rückseite in arabischen Ziffern die Jahreszahl 1322 steht. Ein rechts davon an der Wand befindlicher zweiter Marmorstein, durch welchen der alte schadhaft gewordene im Jahre 1551 ersetzt wurde, enthält die falsche Angabe: daß Michelbeuern die Begräbnißstätte des Geschlechtes der Uiberacker gewesen sei. Dem ist nicht so, nur die zwei Aebte Albert und Otto aus dem Geschlechte der Uiberacker, sonst aber kein Mitglied desselben, sind im Stifte Michelbeuern bestattet. [Filz (Fidel.). Geschichte des Benedictinerstiftes Michelbeuern S. 335 u. f.] — 3. **Alram I.**, ein Sohn Heinrichs, mit dem unsere erste Stammtafel anfängt, und der Ursula Gunzner, lebte im eilften Jahrhundert. Zauner's „Chronik" und Hansiz in seiner „Germania sacra" gedenken des in Rede Stehenden. Erzbischof Thiemo von Salzburg aus dem Geschlechte der bayrischen Grafen von Medling mußte um sein Erzbisthum mit dem Gegenbischof Berthold aus dem Hause der Grafen von Moßburg kämpfen. Am 6. December 1095 kam es zwischen den Streitenden bei Saldorf nächst Salzburg zur förmlichen Schlacht, in welcher Thiemo der Uebermacht seines Gegners unterlag. Zu den Rittern und Edlen, die ihre Treue, mit welcher sie zu Thiemo hielten, mit ihrem Blute besiegelten, gehörte auch Alram Uiberacker. Derselbe ist im Kloster Rott begraben. [Zauner, „Chronik von Salzburg" (Salzburg 1796, 8°.) Bd. I, S. 117. — Hansiz, „Germania sacra" Bd. II, S. 937. — (Salzburger) Amts- und Intelligenzblatt, 1821, S. 621—622. — 4. **Anna** (gest. 1551), eine geborene Uiberacker, deren Eltern wir nicht angeben können. Eine Zeitgenossin Sebastians I. [S. 258, Nr. 15], war sie die zweite Gemalin des berühmten Hans Jörger Freiherrn von Tollet, Erbland-Hofmeisters in Oesterreich ob der Enns. Nachdem sie Witwe geworden, vermälte sie sich mit Stephan von Losnitz zum Steeg, fürstlichem Rathe und Pfleger in Oberhaus. Sie wurde in der Herrencapelle des Domes zu Passau beigesetzt. [Mittheilungen der Centralcommission zur Erforschung und Erhaltung der Baudenkmale (Wien, 4°.) XVII. Jahrg. p. CLXXXIV.] — 5. **Erhard**, ein Sohn Hartneids von Uiberacker aus dessen Ehe mit Apollonia Pfäffinger, lebte um die Mitte des dreizehnten Jahrhunderts. 1257 fanden die Kämpfe statt anläßlich der Wahl Ulrichs zum Salzburger Erzbischof an Stelle des von den Domherren und Ministerialen seiner Verschwendung wegen ein Jahr vorher abgesetzten Philipp, eines Sohnes des Herzogs Bernhard von Kärnthen. Philipp leistete den hartnäckigsten Widerstand. Zu den tapferen Kämpfern, welche zur Seite des Domcapitels und des neu erwählten Ulrich standen, gehörte auch Erhard. Er war mit Hedwig von Wald vermält, und sein Sohn Wolfhard pflanzte dauernd das Geschlecht der Uiberacker fort. [Salzburger Amts- und Intelligenzblatt 1821, S. 621 u. f. — Zauner, Chronik von Salzburg (Salzburg 1796, 8°.) Bd. I, S. 283—292.] — 6. **Erhard** (gest. 9. Februar 1470). Seine Eltern sind nicht mit Bestimmtheit anzugeben, doch war er ein Zeitgenoß Wolfhards [S. 265, Nr. 36]. Im Jahre 1444 lebte er als Pfleger und Landrichter zu Hag, 1448—1469 als Pfleger zu Althofen in Kärnthen. In der Bartholomäuskirche zu Friesach in Kärnthen befindet sich in reicher Ausführung sein wappengeschmücktes Denkmal, mit Angabe seines Todestages, Apollonientag anno 1470. [Mittheilungen der Centralcommission zur Erhaltung und Erforschung der Baudenkmale (Wien, 4°.) neue Folge, Bd. VI, S. CIX und Bd. VIII, S. 49.] — 7. **Ernst IV.** (gest. 27. September 1486) ist ein Sohn Ernsts III. aus dessen Ehe mit Anna Wisperg und ein Bruder des Seckauer Bischofs Georg. Auf dem Landtage, den der Erzbischof Bernhard aus dem Hause von Rohr angesichts der Türken, welche bereits in Kärnthen raubten, sengten, und mordeten und das Salzburger Gebiet ernstlich bedrohten, auf den Freitag vor dem St. Leonhardstage 1473 einberufen hatte, erschien auch Ernst Uiberacker. Ueber seinen Tod berichten die „Mittheilungen der Gesellschaft für salzburgische Landeskunde" im „Chronologischen Verzeichniß aller auf den Friedhöfen St. Peter und Nonberg urkundlich

Beerdigten" [XIV. Vereinsjahr 1874, S. 474 unter Nr 810] wörtlich: „Ernestus Ueberacker, novus miles. Ille interfectus est in hastiludiis per militem Layminger monoculum transfossus cum spera". Sein Grabdenkmal, ziemlich wohlerhalten, befindet sich in der Margarethencapelle zu St Peter in Salzburg. Inschrift und Abbildung, sowie eine für die Geschichte des Hauses Uiberacker wichtige nähere Darstellung genealogischen Inhalts gibt Dr. Walz in seinem Werke: „Die Grabdenkmäler von St. Peter und Nonberg zu Salzburg" (Salzburg 1868, gr. 8⁰.) zweite Abtheilung, S. 119 u. f., Nr. 96, welches auch dem VIII. Vereinsjahre (1868) der Mittheilungen der Gesellschaft für Salzburger Landeskunde als Anhang beigegeben ist. Ernst Uiberacker's Ehe mit einer von Weidenberg blieb kinderlos. — 8 **Georg II.** (gest. zu Seckau am 30. Jänner 1477), ein Sohn Ernsts III. aus dessen Ehe mit Anna Wisperg und ein Bruder Ernsts IV. [S. 255, Nr. 7], erlangte nach beendeten theologischen Studien daraus die Doctorwürde, trat in die Seelsorge und wurde später Pfarrer von Pöls in Obersteiermark. Nachdem Bischof Friedrich von Seckau am 13 November 1452 das Zeitliche gesegnet hatte, folgte ihm noch im nämlichen Jahre Georg von Uiberacker in der bischöflichen Würde als Georg II. und als 21. Bischof von Seckau. Georgs Regierung ist durch mehrere bemerkenswerthe kirchliche Acte bezeichnet So erließ er am 20. Februar 1453 an alle Priester seiner Diöcese eine Verordnung, welche manchen Mißbräuchen steuerte, die sich in der Diöcese eingeschlichen hatten, unter Anderem untersagte er: jählings Gestorbene in Friedhöfen zu begraben, Spitäler, Geistliche und andere Leute in den Pfarren Sammlungen halten zu lassen, ohne Wissen und Willen der Pfarrer fremden Leuten aus anderen Pfarren die Sacramente (außer im äußersten Nothfalle) zu ertheilen. In einem späteren Schreiben erinnerte er an die Kirchensatzung: einmal im Jahre seinem eigenen Priester zu beichten und das h. Altarsacrament zu empfangen; gab auch für Ausnahmsfälle die Gestattung, daß für viele Sünden, von welchen sonst allein der Bischof lossprechen könne, fernerhin alle Pfarrer dies thun dürften; jedoch behielt er für besonders schwere Fälle dem Bischof die Lossprechung vor. Als auf den 18. April 1456 der Erzbischof Sigmund von Salzburg eine Synode einberief wegen der vielfachen Angriffe und Verletzungen der Kirchenimmunität, brachte auch Bischof Georg die Klage vor: daß einige Brüder des Ordens der Minderen des h. Franciscus in seinem Sprengel auf Laiengrunde ein Kloster ihres Ordens — es war das Kloster Lankowitz gemeint — aus eigener Verwegenheit und in Verachtung seiner Ordinationsmacht, ohne seine Zustimmung, zum beschwerendsten Eintrag und zur Beschädigung der Pfarrkirche, innerhalb deren Grenzen der bezeichnete Grund gelegen sei, und auch den übrigen umhergelegenen Pfarrkirchen zu nicht geringem Schaden aufzubauen begonnen und fortzubauen auch nach seiner Einsprache nicht aufhören. Auch sollen an vielen anderen Orten diese minderen Brüder Grund und Boden zu solchen Klöstern ohne Wissen der Ordinarien und gegen die canonischen Statuten erhalten Er brachte vor, daß die Bettelmönche gewisse kirchliche Functionen, als Lichtmeßkerzen-, Palm-, Fleisch- und Salzweihungen, von Haus zu Haus gehend, verrichteten und dafür Lebensmittel entgegennehmen. Das Tragen des hochwürdigsten Gutes gegen ein Ungewitter und das Segnen desselben erklärte er als einen eingerissenen Mißbrauch. Dies und noch Aehnliches brachte Bischof Georg gegen die Bettelmönche vor, „und sollten sie", fuhr er in seiner Rede fort, „eine heimliche apostolische Erlaubniß dazu nachweisen, wie er eine solche ihm zugesendete vorzulegen sich erbot, so möge die Synode deren Widerruf beim apostolischen Stuhle erwirken, denn es sei sehr zu befürchten, daß durch Toleriren dergleichen neuer Religiosen mit der Zeit die gänzliche Unterdrückung des Säcularclerus erfolgen werde". Im Jahre 1462 kam an Bischof Georg, wie zugleich an die Bischöfe von Freysingen und Chiemsee, die päpstliche Weisung, wegen Heiligsprechung des sel. Vitellius die Acten zu untersuchen. Als dann 1464 Kaiser Friedrich IV. von Papst Pius II. die Canonisation der h. Hemma, als Stifterin von Gurk, zu erwirken suchte, erhielt nebst dem Bischofe von Laibach und den Aebten von St. Lambrecht und Victring Bischof Georg den Auftrag zur Prüfung der Acten. Aber Türkenkrieg und andere politisch wichtigere Verhandlungen verhinderten die Ausführung dieser Angelegenheit Unter Bischof Georg siedelte sich 1466 der Predigerorden zu Gratz an. Am 2. Mai 1467 ertheilte der Kaiser dem Bischofe Georg von Seckau und allen Nachfolgern desselben die kaiserliche Gnade, im ganzen deutschen Reiche Notarien zu machen. Zu den Friedensverhandlungen, welche im Jahre 1470 zu Völkermarkt gepflogen wurden, erschien als Abgeordneter des Kaisers auch Bischof Georg. 24 Jahre regierte derselbe. Die Geschichte nennt ihn einen aufgeklärten Mann, der für das wahre Beste der Religion sehr thätig war. Ein Feind aller Mißbräuche, stand er energisch für die Aufrechthaltung der Rechte und Freiheiten seines Bisthums ein. Dabei erfreute er sich der besonderen Huld des Kaisers und der Salzburger Erzbischöfe: Sigismund aus dem Hause Volkersdorf und Burchard aus dem Hause Weißpriach, unter denen er regierte. Bischof Georg liegt in der Domkirche zu Seckau begraben. Die „Mittheilungen der k. k. Central-Commission zur Erforschung und Erhaltung der Baudenkmale" bringen im dritten Jahrgange (1858), S. 191 u. f. eine eingehende Beschreibung seines Grabdenkmals von Scheiger nebst Abbildung. [Leardi (Peter) Reihe aller bisherigen Erzbischöfe zu Salzburg, wie auch Bischöfe zu Gurk, Seckau, Lavant und Leoben u. s. w. (Gratz 1818, Alois Tusch, 8°.) S. 108, Nr. 21. — Schmutz (Karl). Historisch-topographisches Lexikon von Steiermark (Gratz 1822, Kienreich, 8°.) Theil III, S. 465, Nr. 21.] — 9. **Heinrich (I.)** lebte in der ersten Hälfte des eilften Jahrhunderts und ist der Erste seines Geschlechtes, der urkundlich (1032) erwähnt wird. Seine Gemalin Ursula Gunzner gebar ihm drei Söhne und eine Tochter; von Ersteren pflanzte Albert das Geschlecht fort. Nach dem „Necrologium", welches die Monumenta boica enthalten, besaßen die Uiberacker bereits 1074 ein eigenes Familienbegräbniß im Kloster Raitenhaslach im bayrischen Landgerichte Burghausen. — 10. **Johann Sebastian** (gest. 8. August 1591), ein Sohn Johann Wolfhards VIII. aus dessen Ehe mit Katharina von Alt- und Neu-Frauenhofen, war salzburgischer Kammerrath und Salzsteuereinnehmer, sowie Pfleger zu Alten- und Lichtenthan. Unter ihm häufte sich eine so große Schuldenlast auf Sighartstein, daß dieser Besitz wohl für immer der Familie verloren gegangen wäre, hätte nicht das Gewerksmitglied des Bergwesens in Gastein Abraham Zott, dessen Tochter Margaretha die Gemalin Johann Sebastians war, Sighartstein mit allem Zugehör 1585 seinem Schwiegersohne und den Seinen gerettet. Johann Sebastian starb 1591 zu Kestendorf, und seine Witwe Margarethe vermälte sich 1607 zum anderen Male, mit Hans Mayr, Gewerken in Gastein und Rauris. — 11. **Johann Wolfhard VIII.** (gest. nach 1575), ein Sohn Virgils IV. aus dessen Ehe mit Rosina von Preising, wurde Pfleger von Alten- und Lichtenthan, hochfürstlicher Rath und Landmann und nannte sich nach seinem Besitzthume Herr zu Sighartstein, welchen Namen seine Linie fortan beibehielt. Um Pfingsten 1525 brach in Salzburg in Folge von mancherlei Bedrückungen der höchst bedenkliche Bauernaufstand aus, der erst durch Zuzüge Sigismunds von Dietrichstein aus Steiermark eingedämmt und nachdem dieser gefangen genommen worden, durch Herzog Ludwig von Bayern und dessen Feldhauptmann Georg von Freundsberg völlig beigelegt wurde. Erzbischof Matthäus Lang war genöthigt, sich mit seinen Getreuen in die Veste Hohensalzburg zurückzuziehen. Unter diesen Getreuen, welche daselbst die Belagerung vom 5. Juni bis 1. September aushielten, befand sich auch Johann Wolfhard Uiberacker zu Sighartstein. Am 8. Juli 1530 erschien er mit vielen anderen Edlen im Gefolge des Erzbischofs auf dem Reichstage in Augsburg; am 3. Juni 1543 wurde er mit Matthias Alber zum bayrischen Kreistage in Ingolstadt wegen Einführung der Türkensteuer als Botschafter abgesendet; am 3. Jänner 1549 wohnte er dem bayrischen Kreistage zu Regensburg als salzburgischer Gesandter und im Monate Februar 1568 im Gefolge des Erzbischofs Johann Jacob Khuen von Belasy dem Beilager, welches Herzog Wilhelm von Bayern mit Renata herzoglichen Prinzessin von Lothringen feierte, bei. Mit seinem Vater Virgil nahm er an der grimmigen Fehde gegen den des Jagdfrevels geziehenen Bernhard von Dachsberg Theil. Sein Todesjahr ist nicht bekannt, doch kann es erst nach 1575 fallen, da er in diesem Jahre noch als Pfleger von Alten- und Liechtenthan urkundlich aufgeführt wird. Er hatte sich mit Katharina von Alt- und Neu-Frauenhofen vermält, welche ihm sieben Söhne und drei Töchter gebar (alle aus der I. Stammtafel ersichtlich). Von den Söhnen setzten Johann Sebastian und Johann Warmund ihr Geschlecht fort. Der Zweig des Letzteren erlosch schon in dessen Kindern; dagegen pflanzte Johann Sebastian das Geschlecht dauernd fort, und wurde sein Sohn Abraham der Stammvater der Pfongauer und Sighartsteiner

Linie. [Zauner (Judas Thadd.). Chronik von Salzburg (Salzburg 1798, Duyle, 8°.) IV. Theil, S. 395; V. Theil, S. 136, 244 und 271; VI. Theil, S. 368 und 400.] — 12. **Maria Anna Helene Eva** (geb. 15. December 1749, gest. 10 Juli 1827), eine Tochter Wolfgang Franz Antons aus dessen erster Ehe mit Maria Helene Freiin von Stirzl, vermälte sich mit Herrn von Mayrhofer, Adelgutsbesitzer von Klebing im königlich bayrischen Landgerichte Altötting. Ihre Ehe blieb kinderlos, und da ihr Gemal vor ihr starb, fiel der ganze Klebing'sche Gutsbesitz ihr zu, sie aber vererbte denselben an Wolfgang Otto, den Sohn ihres Stiefbruders Wolfgang Joseph Alois, mit testamentarischen Verfügungen ddo. 27. November 1823 und 2. Mai 1827. Von da ab sind die Grafen Uiberacker Freiherren zu Sighartstein auch Herren auf Klebing. — 13. **Otto I.** (gest. 1137), ein Sohn Alberts aus dessen Ehe mit Mathilde von Span, der wahrscheinliche Besitzer von Haslach zu Aschau in Oberösterreich, ist durch eine Stiftung bekannt, welche er für den Altar des h. Pankraz zu Ronshofen in Oberösterreich errichtete. Die Ueberlieferung meldet auch, daß er einem Turnier beigewohnt habe. Da nun das neunte Turnier 1119 zu Göttingen, das zehnte 1165 zu Zürich abgehalten wurde, Otto aber schon 1137 starb, so müßte er bei ersterem zugegen gewesen sein. Er hatte sich mit Kunigunde Kollmann vermält und liegt im Kloster Au begraben, während sich ihre Begräbnißstätte laut „Necrologium" 1180 zu Raitenhaslach befinden soll. [Pritz. Geschichte des aufgelassenen Stiftes der regulirten Chorherren des h. Augustin zu Ronshofen in Oberösterreich, im „Archiv für Kunde österreichischer Geschichtsquellen. Herausgegeben von der zur Pflege vaterländischer Geschichte aufgestellten Commission der kaiserlichen Akademie der Wissenschaften" (Wien, gr. 8°) Bd. XVII, 2. Hälfte, S. 339.] — 14. **Otto IV.**, ein Sohn Hartneids aus dessen Ehe mit Apollonia von Pfäffinger, erscheint in den Jahren 1283—1293 als der dreizehnte Abt von Michelbeuern. Es ging dies aus einem Grabsteine hervor, welcher das Wappen der Uiberacker und des Abtes Todestag, den 23. December 1293, zeigte, aber nach Filz' „Geschichte des Stiftes Michelbeuern" nicht mehr vorhanden ist. Sonderbarer Weise findet sich Ottos Name gar nicht im „Necrologium" verzeichnet. Dagegen kommt derselbe auf einer Schenkungsurkunde aus dem Jahre 1285 vor, nach welcher Gottfried von Dachsberg dem Kloster das Gut zu Oberthalhausen um einen jährlichen Zins gegeben habe, sowie auf mehreren Lehnsbriefen des Abtes, aus denen man Zahl und Namen seiner Conventualen kennen lernt. [Filz (Fidel). Geschichte des Benedictinerstiftes Michelbeuern, S. 330—331.] — 15. **Sebastian I.** (gest. zu Salzburg am 15. Juli 1571), ein Sohn Virgils IV. aus dessen Ehe mit Rosine von Preysing, bekleidete die Würde eines hochfürstlichen Oberstjägermeisters und erhielt 1555 mit seinem Bruder Johann Wolfhard [S. 257, Nr. 11] über die Sighartstein'schen Güter den erzbischöflichen Lehnsbrief. Im Jahre 1561 wohnte er dem feierlichen Einzuge des neuerwählten Erzbischofs Johann Jacob aus dem Hause Khuen von Belasy bei, welchen er dann anfangs Februar 1568 als Reisemarschall nach München zum Beilager des Herzogs Wilhelm in Bayern mit Prinzessin Renata von Lothringen begleitete. Sebastian starb unvermält und wurde in der Margarethencapelle zu St. Peter in Salzburg beigesetzt. Eine Beschreibung des noch heute daselbst befindlichen Grabmonumentes gibt Dr. Walz im untenbezeichneten Werke. [Walz (Dr.). Die Grabdenkmäler von St. Peter und Nonnberg zu Salzburg (Salzburg 1867, gr. 8°.). Erste Abtheilung. S. 231, Jahr 1371, Nr. 195.] — 16. **Ursula Benigna** geborene Freiin Taufkirchen zu Guttenburg und Ennsdorf, Gattin des hochfürstlich salzburgischen Oberststallmeisters Abraham Uiberacker, lebte in der ersten Hälfte des siebzehnten Jahrhunderts. Aus schwerer Gefahr — sie befand sich noch dazu eben in gesegneten Umständen — durch ihr Hündchen gerettet, gelobte sie mit ihrem Gatten, nach St. Wolfgang zu wallfahrten, derselbe aber traf die Verfügung, daß alle männlichen Sprossen des Geschlechtes Uiberacker fortan den Vornamen Wolfgang führen sollten [siehe über diesen Vorgang S. 266: „Der Name Wolfgang in der Familie Uiberacker"]. — 17. **Virgil II.** (gest. zu Salzburg Ostern 1456), ein Sohn Wolfhards IV. aus dessen Ehe mit Katharina von Stolharn, war in den Jahren 1421, 1439, 1441, 1448 und 1431 Hauptmann von Salzburg, 1432, 1443, 1447 und 1449 Verweser von Burghausen, 1447 zugleich Hauptmann daselbst. Er stand in hohem Ansehen und wurde in Folge dessen zum Schiedsrichter in wichtigen Streitfällen und sonstigen Vorkommnissen gewählt. Erzbischof Eberhard von Neuhaus sandte ihn mit Georg Thurner an den in Innsbruck weilenden Herzog Albrecht III. von Bayern, um denselben mit Georg Thorrer zu Hornstein auszusöhnen und diesem wieder zu seinen Gütern im Etschthal zu verhelfen, was auch vollkommen glückte. Am wichtigsten ist Virgils Erwerbung des Hofes Sigharting, welchen ihm Erzbischof Friedrich IV. aus dem Hause Truchseß von Enneberg 1442 gegen einen jährlichen Zins zu Erbrecht, 1444 aber zu Eigen verlieh. Den Hof Sighartstein verwandelte er bald in das heutige Schloß Sighartstein, und während er sich bisher Virgil der Uiberacker unterzeichnete, schreibt er sich der Erste: Herr auf Sighartstein und ist so der Stammvater der Uiberacker auf Sighartstein. Im Jahre 1710 wurde dann genanntes Schloß von Wolfgang Maximilian Grafen von Uiberacker in seine gegenwärtige villenartige Gestalt umgebaut und von Erzbischof Sigismund 1754 zur Hofmark erhoben. Wie Virgil für die Grabstätten seiner Familie Sorge trug und reichlich dotirte Stiftungen für Anniversarien zu Michelbeuern, Raitenhaslach und in den Klöstern Rott, Au, zu St. Peter und in Sighartstein machte, berichtet ausführlich die unten angeführte Quelle. Er war mit Kunigunde Aichperger vermält, und seine beiden Söhne Wolfhard VI. und Ernst III. pflanzten den Stamm fort. Aber der Zweig, welchen Wolfhard stiftete, erlosch schon in dessen Kindern, während die Nachkommenschaft Ernsts fortblühte. [(Walz Dr.). Die Grabdenkmäler von St. Peter und Nonnberg in Salzburg (Salzburg 1867, gr. 8⁰.). Erste Abtheilung S. 100 unterm Jahr 1456, Zahl 77, mit Abbildung des Grabdenkmals.] — 18. **Virgil IV.** (gest. 20. November 1532), ein Sohn Ernsts aus dessen Ehe mit Anna Wisperg, war Hauptmann zu Salzburg. Er erschien auf den Landtagen der Jahre 1473 und 1525. Besonders bekannt ist er durch seine Fehde mit Bernhard von Dachsberg zu Seeberg (Seewalchen), mit dem er ursprünglich wegen Jagdfrevels auf Tod und Leben im Streite lag. Im Schlosse Sighartstein finden sich noch die hierauf bezüglichen Gemälde mit beigefügten Inschriften vor, und der für Dachsberg bereitete eiserne Spitzenring ist noch in der dortigen Rüstkammer zu sehen, wie auch in Seeburg der für Virgil bestimmte Kerker. Doch fiel keiner dem andern in die Hände, und der Streit ging, durch Pflegschaftsstreitigkeiten genährt, auf die Nachkommen über. Virgil war mit Rosine von Preising vermält. Von seinen Kindern pflanzte Johann Wolfhard das Geschlecht fort. Virgil liegt in der Margarethencapelle zu St Peter in Salzburg begraben, wo sein gut erhaltenes Marmordenkmal noch heute sich befindet. Die unten citirte Quelle gibt eine sehr instructive Beschreibung desselben, sowie anziehende Bemerkungen über Wuchs und Körperbildung unserer Vorfahren auf Grund genauer Messungen der vorhandenen Rüstungen. [(Walz Dr.). Die Grabdenkmale u. s. w. Erste Abtheilung S. 181 u. f. unterm Jahre 1532, Nr. 149 mit Abbildung] — 19. **Wilhelm I.**, ein Sohn Johanns II. aus dessen Ehe mit Margarethe Egger, lebte im vierzehnten Jahrhundert. Das Jahresbuch der Augustiner zu Regensburg meldet von ihm, daß er zur Zeit Kaiser Ludwigs V. (?) [es gibt keinen deutschen Kaiser Ludwig V., der Letzte dieses Namens ist der Bayer Ludwig IV. 1314—1347] in einem Turnier daselbst gewesen, das Zeitliche gesegnet und in seines 1336 gleichfalls dort gestorbenen Vetters Berthold Ergoltsbach Gruft gelegt worden sei, wo ihm auch ein Gedächtniß gehalten wurde. — 20. **Wolfgang Abraham** (geb. 1640, gest. 13. October 1693), ein Sohn Wolfgang Caspars aus dessen Ehe mit Katharina Gräfin von Haunsberg und ein Bruder Wolfgang Sigmunds [S. 264, Nr. 33] und Wolfgang Dominiks [S. 261, Nr. 26], kam Studien halber 1651 nach Salzburg, trat dann in das salzburgische Regiment unter Obersten von Flettinger und zog mit demselben in den Türkenkrieg. Bald befehligte er eine eigene Abtheilung und that sich bei Camiso und Neusżereg so glänzend hervor, daß er zum Hauptmann aufrückte und der Erzbischof ihm den Kammerherrnschlüssel verlieh. Heimgekehrt vom Kriege, diente er seinem Fürsten und wurde salzburgischer Oberstwachtmeister, Rath, Civilhauptmann und Mitverordneter des Ritterstandes. Unter seiner Pflegerschaft zu Alt- und Lichtenthan (1667 bis 1680) brannte im letztgenannten Jahre das Pflegschloß Altenthan nebst mehreren Nebengebäuden nieder. Es wurde auch nicht mehr restaurirt, sondern 1699 ganz abgebrochen, und der Pflegersitz für die Beamten nach Neumarkt verlegt. Das hochfürstliche Aerar aber gab von da an den Altenthan'schen 1200 fl. betragenden Erbpflegegenuß oder Geldesersatz für den jeweiligen Aeltesten des Uiberacker'schen Mannesstammes. Wolfgang Abraham erhielt mit Diplom ddo. 9. April 1669 von Kaiser Leopold II. für sich und seine Nachkommen die Freiherrenwürde mit dem Prädicate von Sighartstein, 1688 die Reichsgrafenwürde, welche im folgenden Jahre salzburgischerseits bestätigt wurde. Aus seiner Ehe mit Maria Elisabeth Freiin von Lerchenfeld hatte er neun Söhne und zwei Töchter (siehe die Stammtafel). Nur einer der Söhne, Wolfgang Max Cajetan, pflanzte diese Linie fort. Wolfgang Abraham starb 1693, erst 53 Jahre alt; seine Gattin, welche 1712 das Zeitliche segnete, überlebte ihn um 19 Jahre. — 21. **Wolfgang Anton** (geb. 1700, gest. 10. October 1774), von der Sighartsteiner Linie, ein Sohn des Grafen Wolfgang Max Cajetan aus dessen Ehe mit Maria Clara Violanda Freiin von Gehböck, trat in österreichische Kriegsdienste ward 1727 Hauptmann, schied aber 1732 wieder aus den Reihen der kaiserlichen Armee. 1738 wurde er salzburgischer Hofkriegsrath und Landschaftsverordneter, 1756 Vice-Oberststallmeister. Zur Zeit des zweiten schlesischen Krieges ging er (1744) als Abgeordneter an den k. k. General Grafen Batthyány, um denselben zu bitten, die gleich bei Beginn des Krieges gesuchte Neutralität genau zu beobachten und das Erzstift mit den kaiserlichen Truppen nicht zu betreten. Nichts desto weniger rückten die kaiserlichen Truppen ins Land und besetzten alle an Oesterreich grenzenden Pfleggerichte. Im Jahre 1754 erhob Erzbischof Sigismund aus dem Grafenhause Schrattenbach das Schloß Sighartstein sammt mehreren Appertinentien zur geschlossenen Hofmark und verlieh dem Grafen darüber ein besonderes Diplom ddo. 26. Mai 1754. Ein von Wolfgang Anton gestiftetes Curatbeneficium in der Schloßkirche zu Sighartstein wurde vom Erzbischofe am 25. September 1765 bestätigt. Gegen den Willen der Familie vermälte sich der Graf mit Johanna Katharina Gudenus, einer Kaufmannstochter aus Wien, die ihm ein beträchtliches Vermögen zubrachte. Und die Aussöhnung mit der gräflichen Familie erfolgte erst, als jene seiner Frau in den Freiherrenstand erhoben wurde. Aus dieser Ehe gingen zwei Töchter und ein Sohn Wolfgang Christoph [S. 249] hervor, welcher unvermält blieb. — 22. **Wolfgang Benedict** (gest. 1733), von der Sighartsteiner Linie, ein Sohn des Grafen Wolfgang Abraham aus dessen Ehe mit Marie Elisabeth Freiin von Lerchenfeld, trat nach Beendigung seiner 1687 in Salzburg begonnenen Studien daselbst in den Theatinerorden. Er wurde Propst in seinem Stifte. Von ihm hat sich folgendes Werk erhalten: „Treuhertziger Seelen-Jäger, das ist: Inbrünstige Ermahnungen denen in der strengen Bueß deß Fegfeuers enthaltende Christglaubigen Seelen täglich mit außerlesenen Gebetteren, Litaney, Bueß-Psalmen vnd heylbringende Seufftzern, nach Anmuthung der beygesetzt-schönen Kupffern: wie auch mit Auffopferung der Gnugthuung vnd Erlangung von allen guten Werken mitleydentlich beyzuspringen ꝛc. Allen hierzu geneigten Gemüthern in beliebtester Kürtze, vorgestellt von **P. Dom. Benedicto Üeberackher, Salisb. Cleric. Regul. Theatino**" (Saltzburg, gedruckt bei Melchior Haan. In Verlag Ruperts Lorentz Hirt, Buchführern allda Bd. XII, S. 171 mit KK., 1708, 12°). Von diesem dem salzburgischen Dompropst Ernst Grafen von Scherffenberg gewidmeten Andachtsbuche, welchem das von F. A. Pfeffel in Wien gestochene Porträt dieses Prälaten als Titelbild beigegeben ist, verfaßte der Autor selbst eine italienische Uebersetzung, die in Rom unter folgendem Titel in Druck erschien: „**Il fedelissimo Cacciatore dell'anime. O sia ferventissima Esortazione a' fedeli viventi per sollievo de' Fedeli Defonti. Del P. Don Benedetto Yberakher, e dal medesimo trasportata nell'Italiano dedicata all'anime del purgatorio**" In Roma 1720, kl. 8°., mit KK.). — 23. **Wolfgang Caspar** (gest. 1667), ein Sohn Abrahams aus dessen Ehe mit Ursula Benigna von Taufkirchen, beendete seine Studien zu Salzburg und widmete sich dann gleich seinem Bruder Wolfgang Ehrenreich dem Waffendienste. Er zog zunächst in den niederländischen Krieg, darauf gegen den König von Schweden, und zwar als Feldpage Tilly's, unter welchem er Fähnrich, Lieutenant und zuletzt Hauptmann wurde. In der Folge diente er auch unter den Erzbischöfen Paris von Lodron und Guidobald von Thun als Landoberster und fungirte zugleich als Landmann und Verordneter der Ritterschaft. Im Jahre 1647 bereits führt er in der Salzburger Dompfarrmatrikel in seiner Eigenschaft als Copulationszeuge den Grafentitel. Er war mit Katharina Gräfin Haunsberg vermält, welche ihm acht Kinder gebar. Von seinen Söhnen pflanzten Wolfgang Sigmund, Wolfgang Dominik und Wolfgang Abraham das Geschlecht fort. Die Nachkommenschaft des Ersteren erlosch bereits in dessen Kindern; Wolfgang Dominik stiftete die Tittmoninger Nebenlinie, welche 1781 mit Wolfgang Hieronymus ausstarb; Wolfgang Abraham aber setzte die Sighartsteiner Linie fort. — 24. **Wolfgang Christoph,** siehe die besondere Biographie [S. 249]. — 25 **Wolfgang Dominik** (geb. 1636, gest. 19. Jänner 1713), ein Sohn Wolfgang Caspars aus dessen Ehe mit Katharina Gräfin von Haunsberg, ist der Stifter der Tittmoninger Linie. Er machte seine Studien zu Salzburg (1656), wurde hochfürstlicher Rath und Truchseß, fungirte 1681—1701 als Pfleger zu Tettelheim und Halmberg, dann als Urbarrichter zu Waging, endlich als Pfleger zu Kropfsberg und erhielt mit seinem Bruder Wolfgang Sigmund und seinem Vetter Wolfgang Max Cajetan im Jahre 1669 von dem Kurfürsten von der Pfalz während der Verwaltung des Reichsvicariates die Reichsgrafenwürde und 1712 von dem Erzbischof von Salzburg deren Bestätigung und Giltigkeit im salzburgischen Fürstenthume. Wolfgang Dominik war zweimal vermält, zuerst mit Maria Dorothea von Reßling, welche, ohne ihm Kinder geboren zu haben, nach dreijähriger Ehe 1687 starb. Die zweite Frau Maria Barbara Rosina Freiin von Platz schenkte ihm zwei Söhne: Wolfgang Joseph und Wolfgang Ludwig Anton und vier Töchter [vergleiche die Stammtafel]. Wolfgang Dominik ist der eigentliche Ahnherr der Tittmoning'schen Linie des Grafenhauses Uiberacker, welche sein zweiter Sohn Wolfgang Ludwig Anton, der diesen Zweig fortpflanzte, durch Erwerb der Herrschaften Oberweißbach und Hochbichl im Lungau begründete. Graf Wolfgang Dominik liegt mit seiner zweiten Gemalin in der Familiengruft zu Kestendorf begraben. Seine erste Frau ruht zu St. Peter in Salzburg. — 26. **Wolfgang Ehrenreich** (gest. 26. Juli 1646), ein Sohn Abrahams aus dessen Ehe mit Ursula Benigna von Taufkirchen, widmete sich, nachdem er in Salzburg (1622) studirt hatte, dem Waffendienste. Er focht unter Tilly zuerst als Fähnrich, dann als Hauptmann in mehreren Feldzügen in ehrenvoller Weise. Nach der Heimat zurückgekehrt, wurde er hochfürstlicher Rath, bestellter Rittmeister, Mitverordneter der Landschaft kleineren Ausschusses und lehnbarer Erbpfleger zu Alten- und Lichtenthan. 1640 begab er sich mit noch Anderen als Abgesandter des Erzbischofs Paris aus dem Grafenhause Lodron auf den Reichstag, welchen Kaiser Ferdinand III. auf den 26. Juli genannten Jahres nach Regensburg einberufen hatte, um dem landverderblichen langjährigen Kriege ein Ende zu machen. Als dann am 19 Mai 1645 der Aufstand im Zillerthal zuerst zu Fügen und dann zu Zell ausbrach, entsandte der Erzbischof den Doctor der Rechte Franz Cammerlor und Wolfgang Ehrenreich als Commissarien zur Prüfung und Beschwichtigung der Unruhen; doch wurden dieselben noch vor der Abreise Beider beigelegt. Wolfgang Ehrenreich, der mit Susanne Beatrix von Cosnitz vermält war, starb im schönsten Mannesalter von 37 Jahren. Von seiner Gattin, die ihn um 45 Jahre überlebte, hatte er nur einen Sohn, Wolfgang Ernst, den Stifter der Pfongauer Linie des Hauses Uiberacker. [Neue Chronik von Salzburg. Von Dr. Jud. Thad Zauner, fortgesetzt von Corbinian Gärtner (Salzburg 1816, Mayer, 8°.) II. (beziehungsweise VIII.) Theil, S. 190 und 200.] — 27. **Wolfgang Ernst Anton** (geb. 1718, gest. 28. April 1748), von der Pfongauer Linie, ein Sohn des Grafen Wolfgang Maximilian Anton aus dessen Ehe mit Anna Maria Ursula von Rost, trat 1736 in kurfürstlich bayrische Kriegsdienste als Fähnrich bei Preysing-Infanterie Als im folgenden Jahre der Kurfürst von Bayern dem Kaiser Karl VI. Hilfstruppen zu einem Feldzuge gegen die Türken schickte, zog Uiberacker als Lieutenant mit in den Krieg und rückte bis 1742 zum Hauptmann im Regimente vor. 1743 wurde er salzburgischer, 1746 kurbayrischer Kammerherr. Im Jahre 1748 befand er sich mit seinem Regimente in der Festung Mastricht, deren Belagerung der Marschall von Sachsen am 25. April begann. Graf Uiberacker, mit der Bewachung der Schanzpfähle des Bollwerkes Le Roi betraut, fiel daselbst am 28. April, von

[illegible]

— 28. **Wolfgang Ferdinand Theophil** [illegible]

— 29. **Wolfgang Hieronymus Amadeus** [illegible] Hieronymus Graf v. Uiberacker von Salzburg [illegible]. Cardinale, den 13. Decembre [illegible] (Salzburg, gedruckt bei Franz X. Duyle 1799, 4°). Ueber diese Schrift, welche er seinem Onkel Wolfgang Christoph [S. 249] widmete, schreibt die „Allgemeine Literatur-Zeitung“, 1799, Bd. II, S. 497 unter Anderem: „Die Disputirsätze enthalten das Vorzüglichste aus der praktischen Philosophie nach den Grundsätzen der kritischen Philosophie. Im ganzen Umfange sind Sätze dieser Art zum ersten Male auf der Universität zu Salzburg aufgestellt worden. Bei der Vertheidigung zeigte Herr Defendent Graf von Uiberacker Einsicht und Gewandtheit“. Auch der Styl der Schrift wird als gut gerühmt. 1803 trat der Graf bei der kurfürstlichen Regierung in Salzburg als Cessionär in den Staatsdienst. Im nächstfolgenden Jahre zum wirklichen Regierungssecretär ernannt, wurde er aus einer vielversprechenden Laufbahn 1806, erst 26 Jahre alt, durch den Tod abberufen. Das Wiener Haus-, Hof- und

[illegible] ging der Besitz von [illegible] auf dessen jüngsten Bruder Wolfgang Joseph Alois über.

— 30. **Wolfgang Hieronymus Joseph** (geb. 20. September 1823), von der Pienzenauer Linie, ein Sohn des Grafen Wolfgang Joseph Alois aus dessen Ehe mit Therese Freiin von Ruffin, studirte wie sein Bruder Wolfgang Otto, in München, Bamberg und Salzburg und kam 1844 in die theresianische Ritterakademie, welche er aber schon im nächsten Jahre wieder verließ, um als Cadet in das Chevauxlegers-Regiment Baron Kreß von Kressenstein Nr. 7 zu Kecskemét in Ungarn einzutreten. Als das Regiment, in welchem er im Juli 1847 zum Lieutenant und im Mai 1848 im Feldzuge gegen Ungarn 1848/49 zum Oberlieutenant vorrückte, bald darauf in ein Uhlanen-Regiment (Großfürst Alexander von Rußland Nr. 11) umgestaltet worden, kam er mit demselben 1852 nach Wien und stieg 1853 zum Rittmeister auf. Eine Kopfwunde nöthigte ihn, im Jahre 1855 in Pension zu gehen. Graf Wolfgang Hieronymus ist zur Zeit Senior des Hauses. Ein besonderes Verdienst des Grafen besteht darin, daß er alles auf seine Familie Bezügliche aufsuchen, sammeln, so die Materialien zu einer Familiengeschichte seines Geschlechtes zusammenstellen und einen auf authentische Urkunden basirten Stammbaum entwerfen läßt. Betraut mit der Ausführung dieser umfassenden und verdienstlichen Arbeit ist der bei der Salzburger Studienbibliothek bedienstete Nicolaus Huber, welcher bereits durch mehrere culturhistorische und bibliographische Schriften seine volle Eignung zu diesem Unternehmen bekundet hat. Herausgeber dieses Lexikons konnte zu seinem vorstehenden Artikel Herrn Huber's Vorarbeiten mit gutem Erfolge benützen. — 31. **Wolfgang Karl Philipp** (geb. 10. October 1732, gest. zu Seekirchen 1799), von der Sighartsteiner Linie, ein Sohn des Grafen Wolfgang Franz aus dessen Ehe mit Maria Rosa Freiin von Leonrod, widmete sich dem geistlichen Berufe, für welchen er im deutschen Collegium zu Rom, wohin ihn der Bischof von Augsburg sendete, seine Ausbildung erhielt. 1758 wurde er geistlicher Rath und Landmann der Salzburger Landschaft, dann Pfarrer zu St. Georgen bei Laufen, 1762 Pfarrer und Dechant in Seekirchen, wo er 37 Jahre als Wohlthäter der Armen und würdiger Seelenhirt wirkte. Er liegt in der Stiftskirche zu Seekirchen begraben, und sein Andenken hat sich durch ein gedrucktes Trauergedicht erhalten, das wohl gut gemeint, aber als Poem herzlich schlecht ist. — 32. **Wolfgang Max Cajetan** (gest. 22. Februar 1738), von der Sighartsteiner Linie, der vierte Sohn Wolfgang Abrahams aus dessen Ehe mit Maria Elisabeth Freiin von Lerchenfeld. Nachdem er 1679 in Salzburg seine Studien beendet hatte, übernahm er das Pflegeramt Werfen, widmete sich aber vornehmlich militärischen Wissenszweigen. Im Jahre 1700 diente er als Oberstwachtmeister bei Baron Spielhagen-Infanterie. Von Erzbischof Johann Ernst aus dem Hause der Grafen Thun 1702 zum wirklichen salzburgischen Kriegsrathe ernannt, wurde er Oberstlieutenant und 1705 Landschaftsmitverordneter. 1706 stellte das Erzstift Salzburg als Reichscontingent ein Infanterie-Regiment von 1500 Mann, welches sich das erste Mal durch Conscription ergänzte. Ueber dasselbe erhielt Wolfgang Max das Commando mit der Bestimmung nach Freiburg im Breisgau, und so wurde er mit Patent ddo. 3. September 1707 Oberst des Regiments und zugleich Vicecommandant der Stadt Salzburg. In Freiburg machte er unter dem Commandanten der Festung Feldmarschall-Lieutenant Harsch [Bd. VII, S. 386] die denkwürdige Vertheidigung derselben 1713 mit und betheiligte sich am 14. October d. J. an dem mörderischen Ausfalle, bei welchem sein Major Baron Rehling den Heldentod fand. Prinz Eugen anerkannte in einem besonderen Schreiben ddo. Rastatt 1. December 1713 das Wohlverhalten des Regiments und dessen Obersten, indem er es mit folgenden Worten: „Das gutte Compostement, so dasselbe während der Belagerung erwisen und seine Schuldigkeit prestirt hat" rühmt! Nachdem Wolfgang Max das stark decimirte Regiment nach dem Friedensschlusse von Rastatt 1714 in die Heimat zurückgeführt hatte, wurde er von Erzbischof Franz Anton aus dem Hause der Grafen Harrach zum Commandanten der Festung Hohensalzburg, sowie zum Landobersten und Kriegsdirector ernannt. Der Nachfolger in der erzbischöflichen Würde Leopold Anton aus dem Hause der Grafen Firmian erhob ihn im Jahre 1731 zum wirklichen geheimen Rathe. Als in Folge des berüchtigten Emigrationsedictes ein Aufstand befürchtet wurde, übernahm Wolfgang Max das Commando der zur Niederhaltung jeder Erhebung beorderten Truppen und führte dieselben nach Werfen. 1732 trat der Graf in das kaiserliche Heer, wurde Vice-Festungscommandant von Kufstein und erhielt in Würdigung seiner Verdienste 1733 die k. k. goldene Ehrenmedaille. 1735 erfolgte seine Ernennung zum salzburgischen Generalwachtmeister. Wenn wir noch einen Blick auf seine Familienverhältnisse werfen, so erscheint uns Wolfgang Max als ein Mehrer des Glanzes seiner Familie. Schloß Sighartstein baute er nach seiner Rückkehr aus Freiburg, 1714, ganz neu auf und verlegte das Familienbegräbniß aus einer Erdgruft in die Kirche zu Kestendorf. In Gemeinschaft mit seiner Gattin kaufte er 1723 das vordem Zillerndorf'sche Familienhaus in Salzburg, welches noch heute als Graf Uiberacker'sches Palais der Familie gehört. Unter ihm, und wohl durch ihn veranlaßt, arbeitete der salzburgische Historiograph Joseph Benignus Schlachtner der Familie Uiberacker historische Genealogie, welche sich noch als Manuscript im Besitze derselben befindet. Der Graf starb zu Salzburg im Jahre 1738; vermält war er mit Maria Clara Violanda Freiin von Geßböck, die, um ein Vierteljahrhundert ihn überlebend, im Alter von 96 Jahren starb. Beide sind in der Familiengruft zu Kestendorf beigesetzt. Sie hatten fünf Söhne und vier Töchter [vergleiche die I. Stammtafel] Von den Ersteren pflanzten Wolfgang Anton und Wolfgang Franz wohl das Geschlecht fort, doch beide von ihnen gestiftete Zweige erloschen schon in den nächsten Nachkommen. [Neue militärische Zeitschrift (Wien, 8°.) II. Jahrg. (1812), 3. Heft, S. 74—92: „Die Belagerung von Freiburg im Jahre 1713". Von Schels. — Mittheilungen der Gesellschaft für Salzburger Landeskunde (Salzburg, gr. 8°.) VII. Vereinsjahr, S. 29: „Das erzbischöflich salzburgische Kriegswesen". Von Schallhammer.] — 33. **Wolfgang Sigmund** (gest. zu Düsseldorf 1718), von der Sighartsteiner Linie, ein Sohn Wolfgang Caspars aus dessen Ehe mit Katharina Gräfin Haunsberg, trat in kurpfälzische Kriegsdienste, stieg um 1713 zum Major auf, später zum Obersten eines Infanterie-Regiments und zum Commandanten der kurpfälzischen Haupt- und Residenzstadt Düsseldorf, als welcher er den St. Hubertusorden erhielt. 1669 wurde er vom Kurfürsten Johann Wilhelm von der Pfalz zugleich mit seinem Bruder Wolfgang Dominik in den Grafenstand erhoben, welche Erhebung für Beide, sowie für ihren Vetter Wolfgang Mar Cajetan der Salzburger Erzbischof Franz Anton aus dem Hause der Grafen Lamberg im Jahre 1712 anerkannte und kundmachen ließ. Von dieser Zeit an schrieben sich die Uiberacker Reichsgrafen oder kurzweg Grafen von Uiberacker und Freiherren von Sighartstein und Pfongau. Wolfgang Sigmund hatte aus seiner Ehe mit Sophie Barbara von Tollerer eine Tochter und zwei Söhne, mit denen aber dieser Zweig des Grafenhauses Uiberacker erlosch. — 34. **Wolfhard I.** Dieses Uiberacker, der gegen Ende des zwölften und im ersten Viertel des dreizehnten hunderts lebte, gedenken die „Monumenta boica" (Bd. III, S. 216). Ob er mit dem im Nekrolog von Raitenhaslach unter dem Jahre 1180 angeführten Wolfherus identisch ist, und ob die Zahl 1180 eine irrige und statt derselben 1250 stehen sollte, muß dahingestellt bleiben. Im Jahre 1225 befand sich Wolfhard mit Erzbischof Eberhard II. von Salzburg aus der kärnthnerischen Familie der Truchseß zu Straubing, wo er zwischen Herzog Ludwig in Bayern und dem Bischofe Gebhard von Straubing einen Streit schlichtete. Man schildert ihn als einen sehr tapferen Ritter der sich der besonderen Gunst des genannten Fürsten erfreute Wenn er wirklich mit dem in den „Monumenta boica" erwähnten Wolfhard identisch ist, so war er ein Sohn Ottos I. aus dessen Ehe mit Kunigunde Kollmann. Seine eigene Ehefrau aber, deren Familienname unbekannt, hieß mit ihrem Vornamen Salome und gebar ihm zwei Kinder: Johann, mit Margarethe Pfäffinger, und Hedwig, mit N. von Wald vermält. Mit beiden Kindern scheint auch dieser Zweig der Uiberacker erloschen zu sein. — 35. **Wolfhard IV.** (gest. 1430), ein Sohn Johanns II. aus dessen Ehe mit Margaretha Egger. Die Salzburger Erzbischöfe, die auch weltliche Fürsten waren, hatten bisher sich oft als Autokraten geberdet und nicht immer nach Recht und altem Herkommen gewaltet. Besonders traf dieser Vorwurf die beiden Erzbischöfe Pilgrim II. aus dem Hause Puchheim und Gregorius aus jenem der Schenk von Osterwitz. Da dieselben besonders in Lehenschaften und bei Verheiratung der Töchter wider Willen der Eltern nicht immer, wie es bisher Brauch und Sitte war, vorgegangen, so traten nach dem Tode des letztgenannten Erzbischofs die weltlichen Stände, die Ritter und die Städte zusammen und verbanden sich untereinander, dem neuen Erzbischofe nicht eher zu huldigen, als bis dieser unter Verbürgung des Domcapitels sich verpflichte, allen ihren Beschwerden abzuhelfen. Ueber dieses Bündniß wurde nun am Sonntage vor Christi Himmelfahrt 1403 ein schriftlicher Act aufgesetzt und rings mit Siegeln behängt. Sie gaben ihm daher den Namen des „Igels", der um und um mit Stacheln umgeben ist, um damit anzudeuten, daß Niemand an demselben sich leicht vergreifen solle. Dies ist der berühmte Igelbund, dessen Satzungen in wörtlicher Uebersetzung im „Journal von und für Deutschland", 1785, Stück II, S 334 u. f., mitgetheilt sind. Einen richtigeren Abdruck aber bringt Zauner's „Chronik von Salzburg", Bd. II, S. 12 u. f. Diesem Bunde gehörte auch Wolfhard Uiberacker an. Mit Letzterem beginnt die Erwerbung der Erbpflegen Lichtenthan, die er 1394, und Altenthan, die er 1418 erhielt, und von denen die letztere fortwährend bei der Familie verblieb, in Würdigung der vielen Verdienste, welche sich die Uiberacker um die Salzburger Erzbischöfe erworben hatten und immer wieder erwarben. Die Pflegerschaft von Lichtenthan ging der Familie verloren, aber die Uiberacker führten den Titel beider lange noch, als sie schon nicht mehr Pfleger beider waren. Wolfhard ist auch der erste Uiberacker, der in Kestendorf bestattet liegt, wo ihm in der Kirche auch ein Monument gestiftet wurde. Er war mit Katharina von Stockharn aus Oesterreich vermält, die ihm sieben Söhne und eine Tochter gebar. Von den Söhnen pflanzten Virgil und Wolfhard den Stamm fort. Die Linie des Letzteren erlosch mit seinen Kindern, dagegen pflanzte Ersterer, der Stammvater der Virgil'schen Hauptlinie, bleibend das Geschlecht fort. — 36. **Wolfhard VI.** (gest. zu Salzburg 1481), ein Sohn Virgils II. aus dessen Ehe mit Kunigunde Aichperger, erhielt 1444 gemeinschaftlich mit seinem Bruder Ernst die Pflege Altenthan mit Schloß auf Lebensdauer, doch wurde festgesetzt, daß, wenn die Erzbischöfe nach dem Tode der Brüder das Lehen den Uiberackern entziehen sollten, sie 700 Pfund Pfennige, welche ungefähr auf den Bau der Feste verwendet wurden, herauszugeben hätten. Im Jahre 1462 ward beiden Brüdern und ihren männlichen Abkömmlingen durch den Erzbischof Burkhard aus dem Geschlechte der Weißpriach die Pflege sammt allem Zubehör, Bauhof und Zehent, jedoch gegen folgende Bedingungen zugesprochen: „Diese Veste, Pflege und das Landgericht zu behüten, keine neue Gerechtigkeit zu suchen einem jeweiligen Erzbischofe gehorsam und gewärtig zu sein, die Veste Altenthan als des Erzstiftes offenes Haus, jedoch auf Kosten und Zehrung des Erzbischofs gegen Jedermann zu öffnen, die Urbar- und Gerichtsleute mit ungewöhnlichen Neuerungen nicht zu beschweren, von obiger Veste aus ohne Willen der Erzbischöfe keinen Krieg anzufangen und wenn sie wegen gedachter Pflege an das Erzstift eine Forderung hätten, oder demselben einen Schaden zufügten, sich dem Ausspruche der erzbischöflichen Räthe zu unterwerfen". Nach dem Tode seines Bruders Ernst erhielt Wolfhard 1468 auch Lichtenthan, jedoch nur auf Lebenszeit. Als salzburgischer Rath erscheint er in den Jahren 1461, 1462 und 1479, und als Landmann ex ordine equestri finden wir ihn urkundlich auf dem Landtage von 1473. Mit seinem Vater Virgil II. bestätigte er 1451 und 1453 die Stiftungen zu Michelbeuern und Raitenhaslach und errichtete 1459 mit seinem Bruder Ernst eine neue für das Kloster Au. Er war mit Barbara Seybersdorff vermält, welche ihm zwei Söhne und eine Tochter gebar, die sämmtlich unvermält blieben. Sein Bruder Ernst aber pflanzte das Geschlecht der Uiberacker fort. Wolfhard liegt mit seiner Gattin bei St. Peter in Salzburg begraben, wo noch ihr Denkmal sich befindet, dessen Abbildung Dr. Walz in dem unten beschriebenen Werke mittheilt. [Zauner (Judas Thaddäus). Chronik von Salzburg (Salzburg 1798, Duyle) III. Theil, S. 126. — Walz (Dr.). Die Grabdenkmäler von St. Peter und Nonnberg zu Salzburg (Salzburg 1868, Verlag der Gesellschaft für Salzburger Landeskunde, gr. 8°.). Zweite Abtheilung, S. 110, unter Jahr 1481, Nr. 86. Ueber die Abbildung der leider ganz ordnungslos zusammengewürfelten Tafeln können wir nichts Näheres angeben, als daß sie sich auf einem Blatte mit jener des Grabdenkmals des Hans Preys von Pilgreinsgrein befindet.]

III. **Gruft und Denksteine des Grafenhauses Uiberacker.** Die älteste Begräbnißstätte der Uiberacker, von welcher wir Kenntniß haben, ist die im Kloster Raitenhaslach, wo ein Sproß dieses Geschlechtes bereits im Jahre 1074 beigesetzt ward; aber nahezu um dieselbe Zeit schon wurden mehrere Glieder dieser Familie in den Klöstern Rott und Au, sowie in der dem letzteren zunächst gelegenen Kirche zu Aschau, wo ihr das Schloß Haslach gehörte, zur ewigen Ruhe gebettet. Die Angabe älterer Genealogen, daß die Uiberacker ihre Begräbnißstätte im Stifte Michelbeuern besaßen, ist falsch und entsprang aus der Thatsache, daß in demselben zwei Aebte aus diesem Geschlechte bestattet sind; sonst aber liegt kein Uiberacker daselbst begraben. Als die Familie in den Besitz des Schlosses Sighartstein gelangte, verlegte sie ihre Erbbegräbnißstätte dahin, später aber nach Kestendorf. Viele ihrer Mitglieder aus der Zeit des fünfzehnten und der folgenden Jahrhunderte ruhen in der Margarethencapelle zu St. Peter in Salzburg, wo ihre herrlichen Grabdenkmäler sich noch befinden. Dr. Walz hat sie in dem in den Quellen näher bezeichneten Werke ausführlich beschrieben und Maler Frei die besonders durch ihre Ausführung hervorragenden treu gezeichnet. Endlich sei noch des schönen Grabmonuments in der Seckauer Domkirche, welches das Andenken des wackeren Bischofs Georg aus dem Hause Uiberacker bewahrt, hier gedacht. Begräbnißstätten einzelner Sprossen dieses Hauses befinden sich aber noch zu Mastricht, Düsseldorf, zu Friesach in Kärnthen, zu Passau und Regensburg in Bayern, am Nonnberg, zu Mülln in Salzburg, zu Anif, Mühldorf, Tittmoning und Klebing, an welchen Orten der eine oder andere Spross dieser Familie seinen Wohnsitz hatte.

IV. **Wappen der Grafen Uiberacker.** Alle drei Linien des Hauses, die Sighartsteiner, Tittmoninger und Pfongauer, hatten ein gemeinsames Wappen, geviertet mit Mittelschild. Letzteres ist roth und unten abgerundet mit einem abgekürzten, nach unten gerundeten blauen Pfahle (wohl das Stammwappen der Uiberacker). 1 und 4 zeigen in Schwarz zwei helle goldene Räder mit den Felgen so gegeneinander gekehrt, daß das eine Rad unten gegen die rechte, das andere aber oben gegen die linke Seite zu steht (Sighartstein?); 2 und 3 gleichfalls in Schwarz einen aus dem linken Seitenrande nach rechts hervorragenden, im Ellbogen eingebogenen nackten Arm, welcher in der geballten Faust eine gestürzte Keule trägt. Es ist die erste Vierung eines Wappens, der man in Salzburg begegnet. Das alte Wappen der Uiberacker, wie es in Siebmacher's Wappenbuch (neue Auflage Nürnberg 1883) 214. Lieferung, S. 70ᵃ abgebildet ist, führt im rothen Felde ein goldenes Ort. Auf dem Rande des Schildes ruht ein hoher, rother, golden gestülpter Hut, dessen goldener Knopf mit schwarzen Federn besteckt ist. Die Decken sind roth mit Gold unterlegt.

V. **Der Name Wolfgang in der Familie Uiberacker.** Ein Blick auf die Stammtafel derselben zeigt die auffallende Erscheinung, daß von den Söhnen Abrahams an, welcher zu Beginn des siebzehnten Jahrhunderts lebte, jeder männliche Spross des Hauses neben seinen anderen Taufnamen auch den Namen Wolfgang führt. Die Ueberlieferung gibt über diesen Umstand folgenden nicht uninteressanten Aufschluß. Abraham Uiberacker, der Gemal Ursula Benignas Freiin von Taufkirchen zu Guttenburg und Ennsdorf, sah sich in seiner Stellung als hochfürstlich salzburgischer Oberst-Stallmeister oft genöthigt, seine Frau zu verlassen, um sich an den Hof des Erzbischofs von Salzburg zu begeben. Einmal, als er wieder sich entfernen mußte, bezeichnete er seiner Frau, die schon sehr nahe der Entbindung war, genau die Zeit, ja die Stunde seiner Rückkehr. Bänger als sonst trennten sich dieses Mal die Gatten, die Frau beschlich es wie eine Ahnung, daß etwas Trauriges geschehen könne. Mit einer Sehnsucht ohne Gleichen harrte sie der Stunde seiner Rückkehr, und als diese kam, eilte sie dem geliebten Gatten entgegen, und um ihn zu überraschen, verbarg sie sich in einem gegen Neumarkt zu befindlichen Gehölz. Da traten plötzlich aus dem Dickicht etliche Wegelagerer, packten sie, ehe sie einen Hilfeschrei ausstoßen konnte, warfen sie zur Erde, rissen ihr die Kleider vom Leibe und banden sie an einen Baum. Was die Niedertracht der Strolche an der armen Edelfrau zu verüben gedachte, ist nicht auszusprechen. Als sie eben zur That schreiten wollten, fing das kleine Hündchen, das der Herrin gefolgt, jämmerlich zu bellen und zu winseln an. Dadurch ward ein großes, starkes Windspiel von der Meute des Schlosses herbeigelockt, aus welchem zugleich mehrere Leute folgten. Als die Strolche der Kommenden ansichtig wurden, ergriffen sie sofort die Flucht, die arme Edelfrau in ihrer hilflosen Lage lassend. Die nun Herbeigekommenen lösten die Bande der bewußtlos Daliegenden und labten sie mit Wasser. Nachdem sie sich vom schweren Schreck erholt und aufgerichtet hatte, wollte sie den Rückweg zum Schlosse antreten, da kam auch eben ihr Gemal daher, dem sie nun den ganzen Vorfall erzählte. Im tiefsten Dankgefühl über die Rettung beschlossen beide Gatten, nach St. Wolfgang zu wallfahrten und die Stunde dieser Rettung jährlich zu feiern. Der Freiherr aber traf die Verfügung, daß fortan jeder männliche Nachkomme ihres Geschlechtes den Namen Wolfgang führe, was auch bereits mit dem Erstgeborenen Wolfgang Dietrich seinen Anfang nahm. Das Andenken an diese Begebenheit ist aber noch in anderer Weise erhalten. Zwei Häuser in dieser Gegend heißen noch zur Stunde Holzhäus'l, und ein Ackergrund auf dem Berge führt den Namen Neubruch. Freiherr Abraham schenkte zum Gedächtniß an die Errettung seiner Frau aus so schwerer Gefahr den Bürgern um Neumarkt die ganze Gegend unter der Bedingung, den Wald auszuroden und in Felder umzuwandeln. So führt jetzt der Weg von Sighartstein nach Neumarkt mitten durch schöne Korn- und Weizenfelder und bewahrt bis zur Stunde das Andenken an den edlen Spender und die Ursache dieser Spende.

er, Fr von

r und er Linie

2.

t I.
1080

drich I.
112.

Adalb
111

orffer.

Otto II.
Sibilla

Wolfgang
1200.

Agnes 1215,
Ortlieb von

Fried
1290—

Alram
1312—1328.

häus
-1411.

Albert V.
1329.

V.

olph I.
—1439

Gebha
14

II. 140
mber 14
Wisperg

Margarethe I.,
Nonne,
1446—1477.

StII. [8]
52.

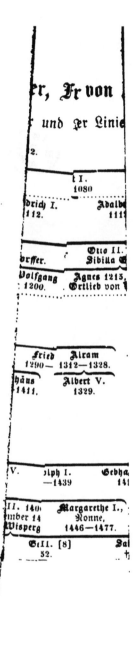

Sal
†

olfgang Ludwig Sebastian
geb. 29. Jänner 1783, †.

Maria Sidonia Susanna
geb 26. Februar 1684, †,
vm. N. Freiherr von Schaffmann.

Wolfgang Ernst
† 1710.

2

olfgang Franz
lexander
. 3. März 1777,
6. Nov. 1778.

2

Wolfgang Hieronymus Amadeus [29]
geb. 16. Sept. 1780,
† 7. Februar 1806.
Antonie Gräfin von Crystallnigg.

2

Wolfgang Franz Gandolph Felix
geb. 22 März 1782,
† 11. Juni 1783.

2

Wolfgang Joseph Alois
geb. 22. Dec. 1783.
† 9. Mai 1823.
Therese Freiin von Auffin
geb. 23. Sept. 1799, †.

oseph [30]
1823.

Maria Agnes
20. August 1857.

Wolfgang Joseph Fridolin
geb. 9. Juni 1860.

Adele
geb. 20. Mai 1867

te, auf welcher die ausführliche Lebensbeschreibung des Betreffenden steht.

**Uiberfelder, Uiberlacher, Uiberstreicher.** Diese Namen kommen auch in vorstehender Schreibung vor, siehe unter: **Uebelacker** [S. 217], **Ueberfelder** [S. 218], **Ueberlacher** [S. 219], **Ueberstreicher** [S. 219].

**Uiházy**, siehe **Ujházy**.

**Uirményi**, siehe **Ürményi**.

**Ujazdowski**, Thomas (Geschichtsforscher, geb. 1796, gest. zu Triest 1839). Frühzeitig verlor er durch den Tod seine Eltern Ambros Ujazdowski und Domicella geborene Galecka. Nachdem er seinen Unterricht in Piaristenschulen Ungarns genossen hatte, trat er in den Orden der Lehrmönche und übte in verschiedenen Schulen desselben das Lehramt, namentlich aus den Naturwissenschaften, aus. 1815 bezog er die Universität in Warschau, kehrte aber darauf zum Lehramte zurück und wirkte in demselben bis zu seinem Austritte aus dem Orden im Jahre 1820. Er trat bei der Procuratur in den Staatsdienst ein. Doch auch diesen gab er bald wieder auf, ging nach Krakau und besuchte dort von neuem die Universität. Zum Lehramte zurückkehrend, übte er dasselbe im Königreiche aus, redigirte nebenbei den „Pamiętnik Sandomirski", d. i. Die Gedenkblätter von Sandomir, und beschäftigte sich auf das eifrigste mit archäologischen und bibliographischen Arbeiten. 1831 übersiedelte er nach Galizien und verblieb daselbst mehrere Jahre. Dann begab er sich nach Triest, wo er im besten Mannesalter von 43 Jahren starb. Von oberwähnten „Pamiętnik Sandomirski" sind in den Jahren 1829 und 1830 zwei Bände zu Warschau erschienen, dann gab er noch heraus: „*Tandeciarz pismo bardzo pożyteczne dla rycerzy, prawników, gospodarzy, rzemieślników i. t. d.*", d. i. Allerlei [Tandeciarz heißt so viel wie Trödel, Herausgeber glaubt diesem Worte das Wort „Allerlei" substituiren zu dürfen], eine sehr nützliche Schrift für Ritter, Rechtsgelehrte, Landwirthe, Handwerker u. s. w. (ebd.), diese Schrift begann am 2. Jänner 1831 zu erscheinen, endete aber schon mit der 11. Nummer ihr Dasein; — „*Pomnik rycerstwa polskiego w wieku XV.*", d. i. Denkmal der polnischen Ritterschaft aus dem XV. Jahrhundert (Krakau 1835, mit einer Abbildung), auch im polnischen illustrirten Blatte „Der Volksfreund" (Przyjaciel ludu, 1839, Nr. 48).

Noch ist ein **Martin** Ujazdowski (gest. zu Krakau im Jahre 1599) bemerkenswerth. Derselbe war Doctor der Theologie, Pönitentiär und Sonntagsprediger an der Krakauer Kathedrale, überdies Professor der Beredtsamkeit an der Jagiellonischen Universität in Krakau und stand in so hohem Ansehen, daß er zehnmal zum Rector derselben gewählt wurde. Er gehörte dem Orden der Gesellschaft Jesu an und hat folgende Werke herausgegeben: „Aristotelis de arte rhetorica libri III Carolo Sigonio interprete" (Krakau 1577, 8°.); Ujazdowski schickte dieser Ausgabe eine gelehrte Vorrede voraus; — „In orationem Ciceronis post reditum in Senatum Commentarius" (ibid. 1577. 8°.). Auch soll er noch „Commentaria in Epistolam S. Pauli ad Romanos" und eine „Cosmographia Moscoviae et aliarum partium adjacentium" verfaßt haben, die aber nicht zum Druck gelangten, wenigstens kamen sie bisher nicht zum Vorschein. Dagegen wurden seine Gedichte in lateinischer Sprache in der Załuski'schen Bibliothek entdeckt. [*Paprocki (Bartosz).* Herby Rycerstwa polskiego Wydanie K. J. Turowskiego", d. i. Die Wappen der polnischen Ritterschaft. Von Barth. Paprocki. Ausgabe des K. J. Turowski (Krakau 1858, 4°.) S. 768.]

**Ujejski**, Calixt (Capitän der polnischen Aufständischen im Jahre 1863, geb. zu Michalowce im Czortkower Kreise Galiziens 1838, gest. im Gefechte an der Korytnica im Juni 1863). Der Sproß einer altadeligen Familie, über welche die Quellen S. 272 nähere Nachrichten enthalten. Seine Eltern Peter Ujejski und Henriette geborene Gräfin Koziebrodzki verlor er, da er noch ein Kind war. Als er ins Jünglingsalter trat, warf er sich mit einem wahren Feuereifer aufs Studium, vornehmlich auf jenes der Mathematik, daneben besonders für die militärische Laufbahn schwärmend. Dabei härtete er seinen Körper ab, indem er alle Mühseligkeiten ertragen lernte, starke Hitze, großen Durst und Hunger, und Märsche auf ungewöhnliche Entfernung unternahm: so ging er als Hörer des technischen Curses in Lemberg in einem Tage von da nach Belcz, eine Entfernung von mehr denn fünfzehn Meilen. 21 Jahre alt, verließ er 1859 die Heimat. Er wollte nach Italien, wo eben Oesterreich gegen das mit Frankreich vereinigte Sardinien kämpfte. In Constantinopel angelangt, erhielt Ujejski die Nachricht von dem Friedensschlusse bei Villafranca. Nun begab er sich nach Paris, wo er sich für den Soldatenstand vorbereitete; da er jedoch gründlich darin ausgebildet sein wollte, ging sein Bestreben dahin, in die Kriegsschule von St. Cyr aufgenommen zu werden. Nun aber konnte er die erforderlichen Geldmittel nicht erschwingen, und als er keinen anderen Ausweg zur Erreichung seiner Wünsche vor sich sah, trat er in die algierische Fremdenlegion. In derselben diente er zwei Jahre, wurde Unterofficier und kam als solcher in die Abtheilung der Eliten. Es war dies keine geringe Auszeichnung: denn die Fremdenlegion bestand aus lauter confiscirten Individuen, aus Abenteurern, Desperados, aus Soldaten jeder Nationalität, welche Grund gehabt hatten, ihrer Heimat den Rücken zu wenden u. dgl. m. Die Elite-Abtheilung dieser Legion war aber nur aus den Ausgezeichnetsten und Hoffnungsvollen zusammengesetzt. Mit bewunderungswürdiger Ausdauer überstand er die Strapazen des Dienstes, zu denen sich noch die versengende Hitze des dortigen Klimas gesellte; er ertrug Alles, wurde schwer krank, genas wieder, freilich die Spuren seines Leidens in einem hinfälligen Körper mitschleppend, aber er ertrug es und blieb im Dienste der Legion, bis dieselbe aufgelöst wurde, worauf er im Jahre 1862 in seine Heimat zurückkehrte. Als dann der polnische Aufstand ausbrach, hielt es ihn nicht länger daheim; er eilte sofort zu den Aufständischen. Mit Mieczyslaw Romanowski machte er sich auf den Weg ins Königreich, wurde aber bald angehalten und blieb sechs Tage in der Haft. Aus derselben entlassen, schlug er sich dann zur Abtheilung, welche unter Lelewel's Commando stand. Nach dem Gefechte bei Jozefów führte er die Abtheilung, bei welcher Romanowski gefallen war. Später kam er zum Trupp Jezioranski's als Capitän der Schützen. Ueberall, wo es nöthig war, kämpfte er mit Löwenmuth, besonders that er sich im Gefechte bei Chruslin hervor. Seinen letzten Waffengang machte er im Treffen an der Korytnica. Von zwanzig und mehr Wunden bedeckt, blieb er, wie der Adjutant Lelewel's berichtet, todt auf dem Wahlplatze. Das militärische Ehrenzeichen, welches ihm für seine Bravour vom Nationalrathe zuerkannt wurde, erhielt seine Familie zugesendet.

Dziennik Poznański, d. i. Posener Tagesblatt, 1863, Nr. 133 [nach diesem wäre er am 14. Juni g. J. gefallen]. — Czas,

d. i. Die Zeit (Krakauer polit. Blatt) 1863, Nr. 139 und 140 [nach diesem gefallen am 10. Juni 1863]. — Przyjaciel domowy, d. i. Der Hausfreund (Lemberg, 4°.) XIII. Jahrgang (1863), Nr. 80: „Kalikst Ujejski".

Porträt. Schlechter Holzschnitt im „Przyjaciel domowy", 1863, Nr. 80. Ohne Angabe des Zeichners.

**Ujejski,** Cornel (polnischer Poet, (geb. zu Boremniany im Czortkower Kreise Galiziens 4. Juni 1823). Ueber seinen Lebenslauf sind die Nachrichten sehr lückenhaft. Die Angabe, welche sich irgendwo findet, daß er anfangs der militärischen Laufbahn sich gewidmet habe, mag wohl auf einer Verwechslung mit einem Namensvetter beruhen, mit dem er nicht nur den Familien-, sondern auch den Taufnamen gemein hatte, denn in der That besuchte ein Cornel Ujejski (geb. zu Siedliszka in Galizien am 6. Juli 1809, also um volle 14 Jahre früher als unser Dichter) von 1820 bis 1828 die Wiener-Neustädter Militärakademie. Cornel trat, sechzehn Jahre alt, zuerst mit seinen lyrischen Dichtungen öffentlich auf. Im Jahre 1847 befand er sich in Paris, wo er Adam Mickiewicz kennen lernte und mit Julian Slowacki sich befreundete, der auf Cornels poetische Entwickelung nicht geringen Einfluß übte. Nun kehrte dieser nach Galizien zurück, widmete sich der Landwirthschaft und hielt sich bis zu seiner Verheiratung immer in der Umgegend von Lemberg auf. Seit dem Jahre 1858 lebte er auf dem Dorfe Zubrza, welches er von Seite des Lemberger Magistrates in Pacht hatte. Die Muße seiner landwirthschaftlichen Beschäftigung weihte er der Poesie. Diese brachte ihn auch einmal auf die Anklagebank. Es geschah dies wegen eines im Jahre 1862 gedruckten Gedichtes. In der schwungvollen, mit der ihm eigenen Begeisterung und Phantasie verfaßten Dichtung erzählt der Poet von einer Polin, um deren Hand sich ein russischer Oberst vergebens bewirbt. Nun fügt es sich, daß derselbe im Hause der Polin einen seiner Untergebenen, der einen politischen, daselbst verborgenen Flüchtling aufgreift, mit eigener Hand niederschlägt und hiedurch den Letzteren rettet. Diese That bestimmt die Polin, dem zuvor verschmähten Obersten die Hand zu reichen. Das Gedicht nun widmete Ujejski zwei russischen Officieren: dem Gardeofficier Patapow und dem Capitain Alexandrow. Ersterer ist derselbe Gardeofficier, welcher in Warschau bei einem Straßentumulte vor der Front seinen Degen zerbrach und dem General vor die Füße warf, wofür er kriegsrechtlich zum Tode verurtheilt und auch wirklich erschossen wurde. Alexandrow aber ist jener russische Capitain, welchem in Warschau die Leitung des Telegraphenamtes anvertraut war. Als in dieser Stadt 1862 große Menschenmassen sich zusammenrotteten, telegraphirte der Statthalter nach Petersburg, ob er streng einschreiten solle, die telegraphische Antwort lautete „mit aller Strenge". Alexandrow, welcher die Depesche empfing, änderte dieselbe in der Ausfertigung an den Statthalter in die Worte um: „mit aller Milde". Als dies entdeckt wurde, stellte man Alexandrow vor ein Kriegsgericht, welches ihn wegen „Verrathes im Dienste" zu zwanzigjähriger Festungsstrafe verurtheilte. Diese beiden Officiere feierte nun Ujejski in seinem Widmungsgedichte als „große Männer und Helden". Und dieserhalb erschien er in Lemberg vor dem Gerichtshofe. Er selbst vertheidigte sich energisch, und auch sein Vertheidiger Dr. Robakowski ließ es in seinem Plaidoyer an Versuchen, den Dichter als schuldlos hinzustellen, nicht fehlen. Aber dessenungeachtet wurde Ujejski des Vergehens der Anpreisung verbotener Handlungen nach §. 305 des österreichischen Strafgesetzes schuldig erkannt und gegen ihn die Strafe einwöchentlichen Arrestes, eventuell Geldstrafe von 40 fl. ausgesprochen. Je älter er wurde, um so mehr nahm seine Dichtung einen religiös-mystischen Charakter an, und diese Färbung haftet ihm auch an, wenn er sich irgendwo öffentlich zeigt, wobei sich bald die Gelegenheit zu reden, die er nie versäumt, darbietet. Als im Sommer die Lemberger Lehrerschaft das hundertjährige Geburtsjubiläum eines Unterrichtsrathes, der unter König Stanislaus Poniatowski gewirkt hatte, feierte, da sprach auch Ujejski seinen Trinkspruch, welcher folgendermaßen lautete: „Ich glaube an Polen, denn ich glaube an Gott; ich glaube an Gott, denn ich glaube an Polen. Gott und Polen sind nicht zwei verschiedene Glaubenslehren, sondern Eine Glaubenslehre. Ein Atheist, welcher gegen sein Vaterland Liebe zeigt, ist entweder ein seichter Mensch, ein unklarer Kopf, oder er heuchelt Patriotismus. Ein schlechter Pole kann auch kein aufrichtiger Verehrer Gottes sein und ist gewiß ein schlechter Mensch. Ich glaube an Polen, obwohl das heutige Geschlecht dessen nicht würdig, ich glaube daran, weil ich an die Verdienste unserer Ahnen, an die Tugend, Stärke und den Sieg unserer Nachkommen glaube". Diese beiden Episoden kennzeichnen ebenso den Poeten wie den Menschen Ujejski, und ein weiteres bezeichnendes Merkmal ist noch seine Feindseligkeit gegen den Dichter Vincenz Pol [Bd. XXIII, S. 40], welchem er trotz seiner nicht geringen Bedeutung als polnischer Poet doch lange nicht gleichkommt. Ursache und Ursprung dieser Gehässigkeit sind nicht bekannt; anfänglich waren beide Poeten mit einander befreundet, da griff mit einem Male Ujejski den Dichter des „Mohort" in dem zu Lemberg erscheinenden „Dziennik literacki", d. i. Literarisches Tageblatt, an und später in seinen zu Leipzig erschienenen „Briefen aus Lembergs Umgebung". In diesem Buche bildet die größere Partie der Artikel: „O Januszu i o panu Wincentym Polu", d. i. Von Janusz und dem Herrn Vincenz Pol, worin er mit aller nur denkbaren Bitterkeit und Gehässigkeit gegen Pol völlig ungerechtfertigte Vorwürfe erhebt. Während des 1863er Aufstandes gehörte Ujejski zu den eifrigsten Förderern der Bewegung und entzog sich der Verantwortung und Verhaftung nur durch die Flucht nach der Schweiz und nach Frankreich. Seither Festredner und Festdichter bei allen nationalen Feierlichkeiten, mehrmals in den galizischen Landtag, 1876 auch in den Wiener Reichstag gewählt, schloß er sich daselbst nach der bekannten Rede Hausner's gegen den Berliner Vertrag (November 1878) den sogenannten Secessionisten des polnischen Clubs an, veröffentlichte eine schwungvolle Erklärung zu Gunsten Hausner's und legte bald danach sein Mandat nieder. Diese Episode scheint ihn aber wieder zu dichterischem Schaffen angespornt zu haben. Denn nach längerem Schweigen veröffentlichte er 1880 „Dramatische Bilder", in denen er als treuer Anhänger jener poetisch-radicalen Richtung, welche den Aufstand von 1863 hervorrief, mit jugendlicher Frische gegen die realistische oder, wie er meint, materialistische Reaction protestirt, welche seit dem Scheitern des Aufstandes im polnischen Volksleben eingetreten ist. Noch sei bemerkt, daß der Dichter bereits mehrere Male Italien besucht hat. Die Titel der von ihm bisher herausgegebenen Werke sind: „*Pieśni Salomona, pieśń z pieśni*“, d. i. Die Lieder Salomons. Lied der Lieder (Posen 1846); — „*Skargi Jeremiego*“, d. i. Die Klagen des Jeremias (London 1847; Paris 1848; Leipzig 1862); — „*Kwiaty bez woni*“, d. i. Blumen ohne Duft (Lemberg 1848); — „*Zwiędle liście*“, d. i. Welke Blätter (ebd. 1849); — „Maraton“, erschien in den Jahren 1847 und 1848 in den Heften der Ossolińskischen Zeitschrift: „Biblioteka Ossolińska“; — „*Melodyje biblijne*“, d. i. Biblische Melodien (Lemberg 1852); — „*Poezye*“, d. i. Dichtungen (Petersburg 1857); — „*Rozbitki, prolog napisany dla sceny polskiej we Lwowie*“, d. i. Trümmer, Prolog, geschrieben für die polnische Bühne in Lemberg (ebd. 1857); — „*Artikuły dziennikarskie o scenie polskiéj we Lwowie*“, d. i. Tages-(Zeitungs)-Artikel über das polnische Theater in Lemberg (ebd. 1858); — „*Listy z pod Lwowa*“, d. i. Briefe aus der Umgebung Lembergs (Leipzig 1861), diese Briefe standen zuerst in der Lemberger Zeitschrift „Dziennik literacki“, der darin enthaltenen unwürdigen Angriffe auf den Dichter Vincenz Pol wurde schon oben gedacht; — „*Obrazy dramatyczne*“, d. i. Dramatische Bilder (Lemberg 1880). Nach Einigen sollen seine in den gesammelten Dichtungen enthaltenen „Tłomaczenia Szopena“, d. i. Worte zu Liedern Chopin's, auch im Sonderdrucke erschienen sein. Eine in der Brockhaus'schen „Biblioteka pisarzy polskich“ 1866 in Leipzig in zwei Bänden erschienene Auswahl seiner Gedichte hat der Autor selbst veranstaltet. Ujejski zählt zu den besseren polnischen Poeten der Gegenwart. Seine Muse ist durchwegs revolutionär und radical, wechselt aber nach der politischen Temperatur die Farbe. Anfangs sang er als Freund der ländlichen Bevölkerung, da es ja galt, diese für die Erhebung, die man vorbereitete, zu gewinnen. Und wenngleich selbst von Adel, gab er sich als einen Gegner desselben. Als die Erhebung mißlungen und jede Hoffnung auf eine neue vorderhand verschwunden war, schlug er den religiös-mystischen Ton an, Gott und Polen identificirend, Gott lasse zuletzt einen ehrlichen Polen nicht untergehen. Sein Schönstes bleiben immer die „Klagelieder des Jeremias“. Alles, was er später gedichtet, kommt diesen wirklich herrlichen und patriotischen Gedichten nicht nach. Trefflich sind auch seine „Worte zu Chopin's Liedern“, und in der Auswahl seiner Gedichte gibt es namentlich unter den biblischen mehrere Meisterstücke, wie: „Samson“, „Hagar in der Wüste“, „Rebeka“, „Moses vor dem Tod“. Von seinen übrigen Gedichten heben wir hervor: „Marathon“, „Auf den Tod des Adam Mickiewicz“, „Fragmente einer unvollendeten Beichte“. Er wäre der einzige Interpret der wunderbaren Zeichnungen Arthur Grottger's gewesen, und es ist nicht recht zu begreifen, wie seine Muse diesen Stoff sich hat entgehen lassen. Auch seine Gedichte „Po latach osmnastu“, d. i. Nach dem Achtundvierziger-Jahre, enthalten Prachtstücke. Einzelnes aus seinen Dichtungen, wie z. B. „Z dymem pożarów“, ist in den Volksmund übergegangen.

Bornmüller (Fr.). Biographisches Schriftsteller-Lexikon der Gegenwart. Die bekanntesten Zeitgenossen auf dem Gebiete der Nationalliteratur aller Völker mit Angabe ihrer Werke (Leipzig 1882, Verlag des bibliogr. Instituts, 8°.) [aus der Folge der Meyer'schen Fach-

Lexika], S. 734. — *De Gubernatis (Angelo)*. Dizionario biografico degli scrittori contemporanei ornato di oltre 300 ritratti (Firenze 1879, Le Monnier, gr. 8°.) p. 1014. — Encyklopedyja powszechna, d. i. Allgemeine polnische Real-Encyklopädie (Warschau 1867, Orgelbrand, gr. 8°.) Bd. XXV, S. 952. — *Nehring (Władisław)*. Kurs Literatury polskiéj, d. i. Lehrcurs der polnischen Literatur (Posen 1866, J. C. Żupański, gr. 8°.) S. 197 u. f. — *Bycharski (Lucian Tomasz)*. Literatura polska w historyczno-krytycznym zarysie, d. i. Die polnische Literatur im historisch-kritischen Abrisse (Krakau 1868, Himmelblau, gr. 8°.) Bd. I, S. 75; Bd. II, S. 116, 126, 175, 205 und 206. — Strzecha, d. i. Die Hütte (Wien, 4°.) 1868, S. 191: „Kornel Ujejski".

**Zur Genealogie der Familie Ujejski.** Die Ujejski zählen zu den älteren polnischen Adelsgeschlechtern. Paprocki führt drei Familien dieses Namens auf: die Ujejski von der Wappensippe Pogon, weitverzweigt im Krakauer Gebiete; die Ujejski von der Wappensippe Nowina alias Zlotogolenczyk, ein altes in der Krakauer Wojwodschaft seßhaftes Geschlecht, welches sich auch Wilkowic schrieb und manchen edlen Kämpen unter den Seinen besaß; und die ehemals im Posen'schen seßhaften Ujejski von der Wappensippe Gryf (Greif). Zu welcher der vorgenannten drei Geschlechter unsere zwei oben Angeführten, Calixt und Cornel Ujejski, gehören, sind wir bei dem völligen Mangel an Urkunden und sonstigen Daten außer Stande anzugeben. Die Ujejski gehören eben zum niederen polnischen Adel, der im Lande, das keinen Bürgerstand besaß, sondern nur Bauern und Juden hatte, ungemein zahlreich war und es noch ist, denn Edelmann ist Jeder, dessen Name auf ski endet.

1. Außer den zwei bereits Erwähnten ist noch des Bischofs **Thomas** Ujejski zu gedenken, der in einer Lebensskizze des Calixt Ujejski zugleich mit Cornel Ujejski als zu einer und derselben Familie gehörig bezeichnet wird. Thomas (geb. 1613, gest. zu Wilna 1. August 1689) folgte 1656 Vespasian Lanckoronski auf dem lateinischen Bischofstuhle in Kiew. Er wird als ein sehr eifriger Kirchenfürst gerühmt, der seine Diöcese mit Umsicht verwaltete, die Andersgläubigen durch Ueberzeugung zur römisch-katholischen Kirche zurückbrachte, auch die fernstgelegenen Orte des Sprengels besuchte, wo er predigte und die h. Sacramente spendete, Klöster, Armenhäuser und Spitäler erbaute. Die Armen nannten ihn ihren Vater, nicht selten entblößte er sich seiner eigenen Kleidung, um sie damit zu bedecken. Als Senator war er einer der eifrigsten und thätigsten im Rathe, und wo er eingriff, geschah es mit Umsicht und werkthätiger Theilnahme. In Sandomir gründete er ein Seminar und stattete es mit einem Stiftungscapitale damaliger 30.000 polnischer Gulden aus. Zuletzt legte er sein bischöfliches Amt nieder und trat 1677 im Profeßhause zu Wilna in den Orden der Gesellschaft Jesu, in welchem er durch zwölf Jahre bis zu seinem 1689 erfolgten Tode verblieb. 1821 wurde sein Leichnam von Wilna nach Żytomierz übertragen. Im Druck erschien von ihm: „Acta concernientia apparatum suae consecrationis" (Seeburgi in Warmia 1567). Ujejski's Leben hat der Jesuit Marcin Brictius ausführlich beschrieben und zu Brunsberg im Jahre 1706 herausgegeben. [Porträt im Kupferstich mit der Unterschrift: „Venerabilis P. Thomas de Rupniew Vieyski | ex Episcopo Chyowiensi et Czernihowiensi Religiosus | Soc. Jesu, Episcopali et Religiosa perfectione conspic. | Obiit Vilnae anno 1689 1. Aug. Aetatis 76 Societatis initae 12". Ohne Angabe des Zeichners und Stechers, 8°., sehr selten]. — 2. Ein **Apollinar** Ritter von Ujejski, der öfter, jedoch irrigerweise Ujeski geschrieben wird, trat in die kaiserliche Armee, stand 1843 als Oberlieutenant bei Hohenlohe-Langenburg-Infanterie Nr. 17, stieg dann zum Hauptmann im Marine-Infanterie-Bataillon, 1849 zum Major und Commandanten des Matrosencorps, 1852 zum Oberstlieutenant in demselben und 1863 zum Generalmajor und Marine-Truppeninspector auf. Für sein tapferes Verhalten im Feldzuge 1848, bei dem Vorrücken des Feldzeugmeisters Grafen Nugent vom Isonzo bis Verona im April und Mai, ward der damalige Hauptmann Ujejski belobt und schon im folgenden Jahre mit dem Orden der eisernen Krone mit der Kriegsdecoration ausgezeichnet.

**Ujfalussy**, Nicolaus (ungarischer Deputirter, Ort und Jahr seiner

Geburt unbekannt), Zeitgenoß. Ein Sproß der ungarischen Adelsfamilie Ujfalussy de eadem, die in der Szathmárer und Zempliner Gespanschaft ansässig ist. Er ist ein Sohn Joseph Ujfalussy's aus dessen Ehe mit Julie Toldy. Nicolaus war Mitglied des auf den 15. November 1841 nach Klausenburg einberufenen siebenbürgischen Landtages. Sein Auftreten bei den damaligen Deputirtenwahlen, obwohl sehr befremdend, läßt doch die nachherige Entwickelung der politischen Zustände in Ungarn-Siebenbürgen, welche mit der völligen Unterdrückung jeder Selbständigkeit Siebenbürgens und mit dessen Aufgehen in Ungarn enden sollten, bereits damals ahnen. In der Biographie des berühmten siebenbürgischen Staatsmannes Joseph Bedeus von Scharberg heißt es an einer Stelle wörtlich: „Es war damals (1841) als eine bisher unerhörte Thatsache aufgefallen, daß sich bei den Deputirtenwahlen in ungarischen Gerichtsbarkeiten (Siebenbürgens) liberale Wortführer aus Ungarn, deren Adel in Siebenbürgen nicht publicirt und von denen es bekannt war, daß sie in Siebenbürgen kein adeliges Besitzthum hatten, was ein gesetzliches Erforderniß zur Wahlberechtigung war: Rudolph Szunyogh, Ludwig Kovács, Niclas Ujfalussy um die Wahl beworben und — auch bei derselben durchgegriffen haben". Als dann der Landesgouverneur Joseph Graf Teleki [Bd. XLIII, S. 249] die Landtagsdeputation auf den 4. December 1843 nach Klausenburg einberief, befand sich unter den Mitgliedern derselben auch Ujfalussy, glänzte aber bei den Sitzungen, wie Bedeus berichtet, durch seine beständige Abwesenheit. Ferner war Nicolaus Ujfalussy auch Mitglied des ungarischen Landtages in Pesth im Jahre 1844, wo sich aber an ihm das Schicksal für sein unberechtigtes Erscheinen im Siebenbürger Landtage in fast monströser Weise erfüllte. Wie der kundige Croquist aus Ungarn berichtet, „ist im Szathmárer Comitate der Bürgerkrieg in Permanenz — man schlägt sich daselbst gegenseitig todt, ohne zu wissen warum". So hatte denn auch die liberale Partei bereits die Deputirten Kovács und Ujfalussy in den Pesther Landtag entsendet, als mit einem Male die Rückberufung Beider erfolgte, weil mittlerweile die conservative Partei obenauf gekommen war und statt der beiden Vorgenannten ihre Candidaten Uray und Gabónyi nach Pesth schickte. Der ungarische Croquist schildert diesen merkwürdigen parlamentarischen Vorgang und den Empfang der beiden conservativen Abgeordneten in Pesth, welche die liberalen ablösten, in höchst anschaulicher tragikomischer Weise. Die weiteren Vorgänge in Ujfalussy's parlamentarischem Leben sind nirgends verzeichnet. Auch sein Verhalten während der Bewegungsjahre 1848 und 1849 ist uns nicht bekannt. 1861 aber war er Vicegespan des Szathmárer, also desselben Comitates, in welchem er siebzehn Jahre früher eine so schmähliche Niederlage erlitten hatte. Er war zweimal vermält, zuerst mit Emilie Eötvös, dann mit Sarolta (Karoline) Gräfin Teleki. Im Jahre 1875 wurde er Ritter des königlich ungarischen St. Stephansordens. Gegenwärtig ist er Obergespan des Krassóer Comitates und Mitglied des obersten Disciplinargerichtes über die Präsidenten und Vicepräsidenten der königlichen Tafel, der Curie und den Kronanwalt.

Friedenfels (Eugen von). Joseph Bedeus von Scharberg. Beiträge zur Zeitgeschichte [illegible] im achtzehnten Jahrhundert (Wien 1778, [illegible] gr. 8°.) I. Theil, S. 181 und 187. — [illegible] Neue [illegible] 1844 [illegible] Bd. II, S. 237.

**Die ungarischen Familien Ujfalussy.** Es gibt mehrere Familien dieses Namens in Ungarn, so die [illegible] Ujfalussy, welche bereits zu Beginn des sechzehnten Jahrhunderts auftreten, die [illegible] Ujfalussy und die [illegible] Ujfalussy; [illegible] die Ujfalussy de[illegible] [illegible] **Nicolaus** mit dem [illegible] und die ebenfalls ausgestorbenen Grafen [illegible] Ujfalussy [illegible] die berühmte [illegible] **Judith** Ujfalussy angehört, eine Tochter des angesehenen [illegible] **Andreas**, lebte sie in dem [illegible] Jahrhunderte. Von ihren Schwestern **Susanna, Clara, Elisabeth** die jüngste [illegible] doch [illegible] sie alle Anträge aus und wählte das [illegible] unter den Nonnen zu St. Clara in Tyrnau [illegible] deren [illegible] sie zuletzt wurde. Dort in [illegible] des Klosters und in Lecture frommer Bücher verbrachte sie ihr Leben. Aus der böhmischen Sprache übertrug sie in die ungarische das Leben Jesu und Mariä, welches dann auch unter dem Titel: „Makula nélkül való tükör", d. i. Spiegel ohne Makel zu Ehren Mariens (Tyrnau 1712, neue Auflage 1722 und dann noch öfter) im Druck erschienen ist. [Allgemeine Theater-Zeitung. Von Adolph Bäuerle (Wien, gr. 4°.) 18. März (1845), Nr. 51: „Gelehrte Ungarinnen". Von J. Melzer. — Magyar irók. Életrajz-gyüjtemény. Gyüjték Ferenczy Jakab és Danielik József, d. i. Ungarische Schriftsteller. Sammlung von Lebensbeschreibungen. Von Jacob Ferenczy und Joseph Danielik (Pesth 1856, Gustav Emich, 8°.) Zweiter (den ersten ergänzender) Theil, S. 336. — *Horányi (Alexius)*, Memoria Hungarorum et Provincialium scriptis editis notorum (Viennae 1776, A. Loewe, 8°.) Tomus III, p. 476. — Remény, d. i. Die Hoffnung (Pesth) 1851, 2. Heft, S. 190. — *Nagy (Iván)*, Magyarország családai czimerekkel és nemzékrendi táblákkal, d. i. Die Familien Ungarns mit Wappen und Stammtafeln (Pesth 1860, M. Ráth, gr. 8°.) Bd. XI, S. 371 bis 383.]

**Ujfalvi de Mezőkövesd**, Karl Eugen (Sprachforscher, geb. in Wien am 16. nach Anderen am 18. Mai 1842). Seine ersten Jugendjahre verbrachte er auf dem in Siebenbürgen gelegenen Gute seines Vaters, eines ungarischen Edelmannes. Dem Militärstande sich widmend, wurde er im Jahre 1853 Zögling der Straßer, 1855 der Marburger Cadetenschule und kam aus letzterer 1857 als Zögling in die Wiener-Neustädter Militärakademie. Aus dieser ward er am 1. September 1861 als Lieutenant m. G. zu Savoyen-Dragonern Nr. 5 ausgemustert. Am 1. Jänner 1863 in gleicher Eigenschaft zu Mamula-Infanterie Nr. 25 übersetzt, blieb er in derselben bis zum 1. März 1864. Nun aber schien ihm die Soldatenlaufbahn doch nicht zu behagen, denn er trat am genannten Tage ohne Beibehalt des Officierscharakters aus dem Verbande der kaiserlichen Armee, um sich fortan ausschließlich wissenschaftlichen Studien zu widmen. Er bezog noch im nämlichen Jahre die Hochschule Bonn, wo er bis 1866 vornehmlich die sprachlichen Vorträge besuchte. Hierauf begab er sich auf größere Reisen und nahm 1867 seinen ständigen Aufenthalt in Paris. Im August 1868 legte er daselbst die zur Erlangung einer Lehrkanzel vorgeschriebenen Staatsprüfungen ab und sah sich im Jänner 1870 zum ordentlichen Professor der deutschen Sprache und Literatur am kaiserlichen Lyceum zu Versailles ernannt. Im Jahre 1872 wurde er von der französischen Regierung während der Ferien mit der Mission betraut, die Organisation der österreichisch-ungarischen Mittelschulen zu studiren. Während ihn der cisleithanische Minister von Stremayr mit größter Zuvorkommenheit empfing, ward ihm von Seite des ungarischen

adelige Szeklerfamilie, Ladislaus Kővári und Iván Nagy in den unten in den Quellen angegebenen Werken gedenken. Beide dieser Familie führen aber deren Stammreihe nicht weiter als bis zu Beginn unseres Jahrhunderts zurück. Aber weder der Eine noch der Andere finden für unseren berühmten Reisenden eine Stelle in der Stammesfolge, nennen auch gar nicht seinen Namen, obwohl er unzweifelhaft dieser Familie angehört. Dagegen finden wir bei Beiden Christine Ujfalvi und Alexander Ujfalvi erwähnt. 1. **Christine** (geb. 1761, gest. 19. Jänner 1819), eine Tochter des Kokelburger Oberstuhlrichters Samuel aus dessen Ehe mit Barbara Zombor, muß eine denkwürdige Dame gewesen sein, da ihr sowohl das ungarische Unterhaltungsblatt „Családi könyve", d. i. Familienbuch in seinem ersten Jahrgange (1855), S. 273, als auch „Kolozsv. N. Naptár", d. i. Klausenburger Kalender, I. Jahrgang (1865), S. 30, einen besonderen Artikel widmen. Leider konnte ich mir keine dieser Schriften zur Einsicht verschaffen. — 2. **Alexander** Ujfalvi aber erfreut sich auf Iván Nagy's Stammtafel der Bezeichnung: „híres vadász", d. i. berühmter Jäger, und er war auch, als er am 16. Juli 1866 durch eine Kugel seinem Leben ein Ende machte, der älteste und berühmteste Jäger Siebenbürgens. Physisches Leiden mag dem daselbst allgemein beliebten Greise die Todeswaffe in die Hand gedrückt haben. Er hinterließ in Aufbewahrung des Klausenburger Museums Memoiren, die außer seinen höchst interessanten Jagdabenteuern werthvolle Schilderungen seiner Zeit und der besonders bemerkenswerthen Persönlichkeiten derselben enthalten. Nach seiner letztwilligen Verfügung sollten sie erst fünfzehn Jahre nach seinem Tode eröffnet werden. Diese Frist wäre also bereits im Jahre 1881 abgelaufen. Der edle Greis hat auch noch durch andere Verfügungen ein Anrecht auf bleibende Erinnerung, denn er legirte dem Klausenburger Museum 5000 fl., der ungarischen Akademie, dem Klausenburger Nationaltheater, der Landwirthschaftsgesellschaft und dem reformirten Collegium je 500 fl. und außerdem zur Verschönerung des Klausenburger Friedhofes 200 fl. [*Kővári (László).* Erdély nevezetesebb családai, d. i. Siebenbürgens denkwürdige Familien (Klausenburg 1854, Barrau und Stein, gr. 8°.) S. 244. — *Nagy (Iván).* Magyarország családai czimerekkel és nemzékrendi táblákkal, d. i. Die Familien Ungarns mit Wappen und Stammtafeln (Pesth 1865, M. Ratz, gr. 8°), Bd. XI, S. 353 und 354.]

**Ujházy**, Johann Ferdinand (k. k. Oberstlieutenant, geb. zu Hollólomnitz in der Zips 1723, gest. zu Rizdorf am 23. Mai 1757). Ein Sproß der ungarischen Adelsfamilie Ujházy von Rozsnyóbánya, über welche wir in dem mehrerwähnten ungarischen Adelswerke von Iván Nagy „Magyarország családai" vergebens nach näheren Nachrichten suchen. Ein Sohn Johann Ujházy's aus dessen Ehe mit Susanna geborenen von Spilenberg, genoß er eine sorgfältige Erziehung im Elternhause und trat, 18 Jahre alt, seiner Neigung zum Soldatenstande folgend, in die kaiserliche Armee. Es war im Jahre 1741, als trotz beschworener pragmatischer Sanction Bayern, Preußen, Sachsen, Franzosen und Spanier in die österreichischen Erbländer einfielen, um die vorher beschlossene Theilung der österreichischen Staaten auszuführen! Vor der Hand kam es nicht dazu, sondern nur zu tüchtigen Niederlagen, welche Oesterreichs Heere den Widersachern beibrachten. Die Ungarn hatten damals zur Abwehr der Feinde sechs Kronregimenter neu errichtet. In das vom Zipser Comitate ausgerüstete trat Ujházy als Fähnrich ein und stieg in einer Stunde, nachdem er seine Waffentüchtigkeit erprobt, zum Lieutenant auf. Als solcher kam er in das Thomas Szirmay'sche Infanterie-Regiment Nr. 37, welches unter Commando des Prinzen Karl von Lothringen aus Oberösterreich nach Böhmen rückte, wo er sich bei der Belagerung von Prag, das seit 26. November 1741 die Franzosen besetzt hielten, zuerst auszeichnete. Dann trug er bei Plan an der pfälzischen Grenze durch seinen Muth am meisten zu einem sieg-

Siebenbürgens im neunzehnten Jahrhundert (Wien 1876, Braumüller, gr. 8°.) I. Theil, S. 121 und 147. — (Hugo Albert). Neue Croquis aus Ungarn (Leipzig 1844, J. B. Hirschfeld, 12°.) Bd. II, S. 237.

**Die ungarischen Familien Ujfalussy.** Es gibt mehrere Familien dieses Namens in Ungarn, so die Tökes-Ujfalussy, welche bereits zu Beginn des siebzehnten Jahrhunderts ausstarben; die Szkalkai oder Dúló-Ujfalussy und die Szilvás-Ujfalussy, beide gleichfalls erloschen; die Ujfalussy de eadem, über deren Sprossen **Nicolaus** wir oben Näheres berichteten, und die ebenfalls ausgestorbenen Grafen Divek-Ujfalussy, welchen die berühmte Clarissernonne **Judith** Ujfalussy angehört. Eine Tochter des angesehenen Freiherrn **Andreas**, lebte sie im siebzehnten Jahrhunderte. Von ihren Schwestern **Susanna, Clara, Elisabeth** die jüngste, wurde sie von Freiern viel umworben, doch schluz sie alle Anträge aus und wählte das stille Klosterleben, indem sie bei den Nonnen zu St. Clara in Tyrnau eintrat, deren Aebtissin sie zuletzt wurde. Dort in umsichtiger Leitung des Klosters und in Lecture frommer Bücher verbrachte sie ihr Leben. Aus der böhmischen Sprache übertrug sie in die ungarische das Leben Jesu und Mariä, welches dann auch unter dem Titel: „Makula nélkül való tükör“, d. i. Spiegel ohne Makel zu Ehren Mariens (Tyrnau 1712; neue Auflage 1722 und dann noch öfter) im Druck erschienen ist. [Allgemeine Theater-Zeitung. Von Adolph Bäuerle (Wien, gr. 4°.) 18. Jahrg (1825), Nr. 51: „Gelehrte Ungarinen“. Von J. Melzer. — Magyar irók. Életrajz-gyüjtemény. Gyüjték Ferenczy Jakab és Danielik József, d. i. Ungarische Schriftsteller. Sammlung von Lebensbeschreibungen. Von Jacob Ferenczy und Joseph Danielik (Pesth 1856, Gustav Emich, 8°). Zweiter (den ersten ergänzender) Theil, S. 356. — *Horányi (Alexius).* Memoria Hungarorum et Provincialium scriptis editis notorum (Viennae 1776, A. Loewe, 8°.) Tomus III, p. 476 — Kemény, d. i. Die Hoffnung (Pesth) 1851, 2. Heft, S. 190. — *Nagy (Iván).* Magyarország családai czimerekkel és nemzékrendi táblákkal, d. i. Die Familien Ungarns mit Wappen und Stammtafeln (Pesth 1860, M. Ráth, gr 8°.) Bd. XI, S. 371 bis 383.]

**Ujfalvi de Mezökövesd**, Karl Eugen (Sprachforscher, geb. in Wien am 16., nach Anderen am 18. Mai 1842). Seine ersten Jugendjahre verbrachte er auf dem in Siebenbürgen gelegenen Gute seines Vaters, eines ungarischen Edelmannes. Dem Militärstande sich widmend, wurde er im Jahre 1853 Zögling der Strasser, 1855 der Marburger Cadetenschule und kam aus letzterer 1857 als Zögling in die Wiener-Neustädter Militärakademie. Aus dieser ward er am 1. September 1861 als Lieutenant m. G. zu Savoyen-Dragonern Nr. 5 ausgemustert. Am 1. Jänner 1863 in gleicher Eigenschaft zu Mamula-Infanterie Nr. 25 übersetzt, blieb er in derselben bis zum 1. März 1864. Nun aber schien ihm die Soldatenlaufbahn doch nicht zu behagen, denn er trat am genannten Tage ohne Beibehalt des Officierscharakters aus dem Verbande der kaiserlichen Armee, um sich fortan ausschließlich wissenschaftlichen Studien zu widmen. Er bezog noch im nämlichen Jahre die Hochschule Bonn, wo er bis 1866 vornehmlich die sprachlichen Vorträge besuchte. Hierauf begab er sich auf größere Reisen und nahm 1867 seinen ständigen Aufenthalt in Paris. Im August 1868 legte er daselbst die zur Erlangung einer Lehrkanzel vorgeschriebenen Staatsprüfungen ab und sah sich im Jänner 1870 zum ordentlichen Professor der deutschen Sprache und Literatur am kaiserlichen Lyceum zu Versailles ernannt. Im Jahre 1872 wurde er von der französischen Regierung während der Ferien mit der Mission betraut, die Organisation der österreichisch-ungarischen Mittelschulen zu studiren. Während ihn der cisleithanische Minister von Stremayr mit größter Zuvorkommenheit empfing, ward ihm von Seite des ungarischen

Ministers Pauler ein so eigenthümlicher Empfang zutheil, daß die „Neue Freie Presse" [1872, Nr. 2885] darüber einfach berichtete: „Das Ganze sieht so aus, wie das Blatt „Hon" bemerkt, als ob der Minister das gebildete Ausland vom Einblick in die Mängel unseres Unterrichtswesens abschrecken wollte". Nach mehrjähriger Wirksamkeit in seiner Stelle zu Versailles wurde er 1875 Privatdocent an der orientalischen Akademie und unternahm als solcher 1876 im Auftrage der französischen Regierung eine Reise nach Central-Asien, welche ihn in die Reihe der bedeutendsten Forschungsreisenden erhob. Ujfalvi selbst hat das Resultat seiner Forschungsreise in einem größeren wissenschaftlichen Werke ausgearbeitet, wovon bereits vier Bände erschienen sind und noch weitere zwei folgen sollten. Nach seiner Rückkehr aus Central-Asien wurde er mit dem Vortrage der Geschichte, Geographie und Gesetzgebung des Orients an der Pariser orientalischen Akademie betraut und bald darauf zum ordentlichen Professor an derselben ernannt. Im Jahre 1880 ging er im Auftrage der französischen Regierung wieder nach Central-Asien. Der hauptsächliche Zweck dieser neuen Sendung war, das Thian-Sou-Gebirge zu durchforschen. Von dort aus schickte er an die ungarische geographische Gesellschaft in Budapesth öfter interessante Reiseberichte. Ujfalvi ist vielfach schriftstellerisch thätig, und die Titel seiner bisher erschienenen Werke sind: *„La langue magyare, son origine etc. etc."* (Versailles 1871); — *„La Hongrie, son histoire etc."* (ib. 1872); — *„Les migrations des peuples"* (ib. 1873); — *„Recherches sur le tableau ethnographique de la Bible"* (ib. 1873); — *„Mélanges altaiques"* (ib. 1874); — *„Le Kohistan, le Ferghanah et Kouldja"* (ib. 1878); — *„Le Syr-Daria, le Zerofchane et le pays des Septs-Rivières de la Sibérie"* (ib. 1879); — *„Les Bachkirs, les Vêpres"* (ib. 1880). Außer den vorbenannten Werken gab er „Vergleichende Studien der ugro-finnischen Sprachen", eine „Grammatik der finnischen Sprachen" (beide 1876) heraus, veranstaltete mit Desbordes-Valmore eine Auswahl magyarischer Dichtungen, und eine Uebersetzung ausgewählter Gedichte Petöfi's ins Französische, auch begann er bereits 1876 eine Uebertragung der „Kalewala". — Seine Gemalin Marie geborene Bourdon, eine geistvolle Pariserin, mit welcher er sich 1868 vermälte, begleitete ihn auf beiden Reisen nach Central-Asien und theilte mit ihm muthvoll alle Beschwernisse und Gefahren derselben. Einen Theil ihrer Reiseerlebnisse hat sie auch in dem Werke: *„De Pétersbourg à Samarkand, impressions de voyage d'une Parisienne par Mme. Marie de Ujfalvi"* (Paris 1879, Hachette und Comp., 8⁰.) anmuthig beschrieben. Dem Buche ist auch das Bildniß der graziösen Pariserin beigefügt.

Militär-Zeitung (Wien, 4⁰.) 22. Februar 1881, Nr. 15: „Ein Neustädter Zögling" [nach dieser geb. am 18. Mai 1842]. — Swoboda (Johann). Die Zöglinge der Wiener-Neustädter Militär-Akademie von der Gründung des Institutes bis auf unsere Tage (Wien 1870, Geitler, schm. 4⁰.) Sp. 997 [nach diesem geb. am 16. Mai 1842]. — *De Gubernatis (Angelo).* Dizionario biografico degli scrittori contemporanei ornato di oltre 300 ritratti (Firenze 1879, coi tipi dei successori Le Monnier, Lex.-8⁰.) S. 1013 [nach diesem geb. am 16. Mai 1842]. — Bornmüller (Fr.). Biographisches Schriftsteller-Lexikon der Gegenwart (Leipzig 1882, bibliogr. Institut, br. 8⁰.) S. 733.

**Ueber die Familie Ujfalvi.** Die Ujfalvi von Mezökövesd sind eine in Siebenbürgen ansässige Szeklerfamilie. Ladislaus Kővárÿ, sowie Iván Nagy in den unten in den Quellen angegebenen Werken gedenken Beide dieser Familie, führen aber deren Stammreihe nicht weiter als bis zu Beginn unseres Jahrhunderts zurück. Aber weder der Eine, noch der Andere finden für unseren berühmten Reisenden eine Stelle in der Stammesfolge, nennen auch gar nicht seinen Namen, obwohl er unzweifelhaft dieser Familie angehört. Dagegen finden wir bei Beiden Christine Ujfalvi und Alexander Ujfalvi erwähnt. 1. **Christine** (geb. 1761, gest. 19. Jänner 1818), eine Tochter des Kuchelburger Oberstuhlrichters Samuel aus dessen Ehe mit Barbara Sombor, muß eine denkwürdige Dame gewesen sein, da ihr sowohl das ungarische Unterhaltungsblatt „Család könyve“, d. i. Familienbuch, in seinem ersten Jahrgange (1853), S. 273, als auch „Kolozsv. N. Naptár“, d. i. Klausenburger Kalender, I. Jahrgang (1865), S. 30, einen besonderen Artikel widmen. Leider konnte ich mir keine dieser Schriften zur Einsicht verschaffen. — 2. **Alexander** Ujfalvi aber erfreut sich auf Iván Nagy's Stammtafel der Bezeichnung: „hires vadász“, d. i. berühmter Jäger, und er war auch, als er am 16. Juli 1866 durch eine Kugel seinem Leben ein Ende machte, der älteste und berühmteste Jäger Siebenbürgens. Physisches Leiden mag dem daselbst allgemein beliebten Greise die Todeswaffe in die Hand gedrückt haben. Er hinterließ in Aufbewahrung des Klausenburger Museums Memoiren, die außer seinen höchst interessanten Jagdabenteuern werthvolle Schilderungen seiner Zeit und der besonders bemerkenswerthen Persönlichkeiten derselben enthalten. Nach seiner letztwilligen Verfügung sollten sie erst fünfzehn Jahre nach seinem Tode eröffnet werden. Diese Frist wäre also bereits im Jahre 1881 abgelaufen. Der edle Greis hat auch noch durch andere Verfügungen ein Anrecht auf bleibende Erinnerung, denn er legirte dem Klausenburger Museum 5000 fl., der ungarischen Akademie, dem Klausenburger Nationaltheater, der Landwirthschaftsgesellschaft und dem reformirten Collegium je 500 fl. und außerdem zur Verschönerung des Klausenburger Friedhofes 200 fl. [*Kővári (László)*. Erdély nevezetesebb családai, d. i. Siebenbürgens denkwürdige Familien (Klausenburg 1854, Barran und Stein, gr. 8°.) S. 244. — *Nagy (Iván)*. Magyarország családai czimerekkel és nemzékrendi táblákkal, d. i. Die Familien Ungarns mit Wappen und Stammtafeln (Pesth 1865, M. Ráth, gr. 8°.) Bd. XI, S. 383 und 384.]

**Ujházy**, Johann Ferdinand (k. k. Oberstlieutenant, geb. zu Holló-Lomnitz in der Zips 1723, gest. zu Aszód am 23. Mai 1757). Ein Sproß der ungarischen Adelsfamilie Ujházy von Rozsnyóbánya, über welche wir in dem mehrerwähnten ungarischen Adelswerke von Iván Nagy („Magyarország családai“) vergebens nach näheren Nachrichten suchen. Ein Sohn Johann Ujházy's aus dessen Ehe mit Susanna geborenen von Spilenberg, genoß er eine sorgfältige Erziehung im Elternhause und trat, 18 Jahre alt, seiner Neigung zum Soldatenstande folgend, in die kaiserliche Armee. Es war im Jahre 1741, als trotz beschworener pragmatischer Sanction Bayern, Preußen, Sachsen, Franzosen und Spanier in die österreichischen Erbländer einfielen, um die vorher beschlossene Theilung der österreichischen Staaten auszuführen! Vor der Hand kam es nicht dazu, sondern nur zu tüchtigen Niederlagen, welche Oesterreichs Heere den Widersachern beibrachten. Die Ungarn hatten damals zur Abwehr der Feinde sechs Kronregimenter neu errichtet. In das vom Zipser Comitate ausgerüstete trat Ujházy als Fähnrich ein und stieg in einer Stunde, nachdem er seine Waffentüchtigkeit erprobt, zum Lieutenant auf. Als solcher kam er in das Thomas Szirmay'sche Infanterie-Regiment Nr. 37, welches unter Commando des Prinzen Karl von Lothringen aus Oberösterreich nach Böhmen rückte, wo er sich bei der Belagerung von Prag, das seit 26. November 1741 die Franzosen besetzt hielten, zuerst auszeichnete. Dann trug er bei Plan an der pfälzischen Grenze durch seinen Muth am meisten zu einem siegreichen Gefechte bei. Im Jahre 1743 stand das Regiment unter Befehl des Commandirenden Fürsten Christian von Lobkowitz in der Oberpfalz. Es wurde gegen die Neuburger und Amberger Mißvergnügten abgeschickt. Bei Züchtigung derselben that sich Ujházy hervor, indem er mit großer Umsicht und Klugheit einen Volksaufruhr im Ausbruche erstickte. Im nämlichen Jahre wohnte er auch der Belagerung von Ingolstadt bei. 1744 befehligte die sämmtlichen österreichischen Truppen, welche nach dem Elsaß vorrückten, General Graf Nádasdy. Zuerst übersetzten den Rhein die Regimenter Graf Forgách und Szirmay. Da war es Ujházy, der in der Nacht mit fünfzig Leuten den Franzosen ein halbes Hundert Schiffe wegnahm, für welche Waffenthat er das einstimmige Lob der anwesenden Generale erntete. Bei Einnahme der Städte Kron-Weißenburg und Zabern bewies er von Neuem seine Tapferkeit, insbesondere bei ersterer, wo er mit dem Szirmay'schen Regimente in der Avantgarde kämpfte. Als dann der Preußenkönig, welcher Kaiser Karl VII. versprochen hatte, ihm zum Besitze Böhmens zu verhelfen, plötzlich in dieses Land einbrach, mußte die österreichische Armee in Eilmärschen vom Rheine dahin zur Vereinigung mit der sächsischen Armee rücken. Beim Uebergang über die Elbe, den die Preußen den Oesterreichern zu verwehren suchten, kam es zum blutigsten Zusammenstoße, und Ujházy war es, der die Leute zum Ausharren ermuthigte und so zum Gelingen des Unternehmens wesentlich beitrug, wofür ihm im Armeebefehl volles Lob ausgesprochen und die Hauptmannscharge verliehen wurde. Neuerdings that er sich dann gegen Ende 1744 hervor, als das Regiment Szirmay, welches zu Neustadt in Oberschlesien lag, von dem Feinde gedrängt, an die mährische Grenze sich zurückziehen mußte. Auf diesem Rückzuge im Winter, wobei er die größten Strapazen zu erdulden hatte, bewährte er seltene Kaltblütigkeit, Ausdauer und Verwegenheit. In einem Gefechte bei Jägerndorf, wo die eingeschlossenen Preußen einen Ausfall versuchten, erfocht das Regiment Szirmay einen glänzenden Sieg, und Ujházy zählte zu den Helden des Tages. Als bald darauf Major Szentiványi [Bd. XLII, S. 89, Nr. 15] den Plan faßte, die feindliche Festung Kosel zu überfallen, befand sich unter den 400 Freiwilligen, welche sich zur Ausführung dieser Waffenthat bereit erklärten, auch Ujházy. Die Erstürmung gelang und die Besatzung wurde zusammengehauen. Nun aber kamen die Preußen mit ansehnlichen Verstärkungen und belagerten die ihnen entrissene Festung, die gegen diese Uebermacht nicht zu halten war und dem Feinde endlich überlassen werden mußte. Die Besatzung wurde gefangen genommen, den Officieren aber unter der Bedingung, gegen die Preußen das Schwert nicht mehr zu ziehen, die Freiheit gegeben. Ujházy erklärte, gegen diese Bedingung die Freiheit nicht annehmen zu können. Als Kriegsgefangener nach Breslau abgeführt, verblieb er daselbst in mehrmonatlicher sehr schwerer Gefangenschaft und rückte erst nach Abschluß des Dresdener Friedens (25. December 1745), gegen einen feindlichen Officier ausgewechselt, zu seinem Regimente ein. Mit demselben marschirte er bei Ausbruch des französisch-spanischen Krieges 1746 nach Italien. Vor Piacenza kam es am 16. Juni zur Schlacht. Während der Action wurde er mit einer Abtheilung von hundert Mann nach dem Kloster San Lazaro geschickt, um den Feind daraus zu vertreiben. Und er schlug auch den ihm weit Ueberlegenen in die Flucht, wofür er dann neuerdings im Befehle belobt wurde. Ebenso that er sich einige Wochen später, am 10. August in dem bei Roccafredda stattgefundenen blutigen Treffen, welches eilf Stunden dauerte, hervor. Bei einer Recognoscirung, welche er im December g. J. vornahm, schlug und vertrieb er den Feind bei Tragigiano, erfocht wieder gleich darauf mit dem Obersten Baranyay einen glänzenden Sieg und hielt sich auch in allen folgenden Gefechten im Februar 1747 auf das tapferste. Als nach dem Abschlusse des Aachener Friedens die kaiserlichen Truppen Italien verließen, kehrte er mit seinem Regimente nach Olmütz zurück. Daselbst am 9. Februar 1750 im Regimente, das zu dieser Zeit bereits den Namen Eszterházy führte, zum Major befördert, wurde er 1752, während eines großen Feldlagers bei Kollin, von den versammelten Generälen der Kaiserin als ein tapferer Officier gerühmt und deren besonderer Gnade empfohlen. So stieg er denn 1754 zum Oberstlieutenant auf und kam 1756 als solcher zu Pálffy-Infanterie. Nun aber begann ein schon vorhandenes Leiden sich stark und rasch zu entwickeln. Von Ofen, wo er in letzter Zeit das Commando des Regiments führte, wollte er sich, Linderung seines Uebels suchend, im Mai 1757 nach Kaschau begeben zu seiner Gattin Elisabeth geborenen Pulszky, mit welcher er etwas über ein Jahr verheiratet war. Aber er sollte sie nicht wieder sehen. Auf dem Wege verschlimmerte sich sein Zustand so sehr, daß er in Aszód zurückbleiben mußte, wo er denn auch schon wenige Tage nach seiner Ankunft im Hause des Barons Podmanitzky, bei welchem er gastliche Aufnahme gefunden, den Geist aufgab. Mitten aus einer Laufbahn, auf welcher ihm noch eine schöne Zukunft lächelte, wurde er im Alter von erst 34 Jahren durch den Tod gerissen.

Melzer (Jacob). Biographien berühmter Zipser (Kaschau [1832], Ellinger, 8°.) S. 177—187: „Johann Ferdinand Ujházy von Rozsnyóbánya".

**Ujházy**, Ladislaus (ungarischer Insurgent, geb. in der Zips im Jahre 1794). Ein Sohn Samuel Ujházy's aus dessen Ehe mit Polyxena Radvanszky, ist er ein Sproß der Familie Ujházy von Budamér. Ueber dieselbe, aber nur über sie allein, gibt Iván Nagy in seinem ungarischen Adelswerke Nachrichten, doch sind dieselben höchst lückenhaft, obwohl gerade dieser Familie mehrere, wie unser Lexikon ausweist, ganz ausgezeichnete Sprossen entstammen. Ladislaus genoß eine sorgfältige Erziehung, beendete die juridischen Studien, und mit einem entschiedenen Rednertalente begabt, fand er auf den Comitatscongregationen Gelegenheit genug, dasselbe zu entfalten. Im Sároser Comitate, wo er ansehnlich begütert war und nach eingegangener Ehe mit einer Urenkelin des berühmten Grafen Benjowsky, nachmaligen Königs von Madagaskar [Bd. I, S. 272], seinen Wohnsitz nahm, schwang er sich bald zum Chef der Opposition empor, doch war seine dortige Stellung bei der vorwiegend streng katholischen und conservativen Gesinnung jenes Comitates — und er war Protestant und ein ausgesprochener heftiger Gegner der Regierung — eine doppelt schwierige, um so mehr, da ihm 1839 in Folge einer über ihn verhängten nota infidelitatis ein Hochverrathsproceß drohte. Dabei war er als Gatte und Vater musterhaft und in seiner Behausung in echt biblischem

Sinne ein Patriarch, Eigenschaften, die ihm als Mensch selbst die Achtung politischer Gegner verschafften. Im Nachmärz 1848 von dem neu ernannten ungarischen Ministerium, ohne sein Hinzuthun, zum Obergespan des Sároser Comitates ernannt, erschien er in Pesth, um in dieser Eigenschaft als Mitglied der Magnatentafel des Reichstages an den Verhandlungen desselben Theil zu nehmen. In demselben spielte er nun eine hervorragende Rolle, er ging direct auf sein Ziel los, um jeden Preis der gänzlichen Unabhängigkeit Ungarns eine freie Gasse zu bahnen. Was er im Hause sprach, zielte fest und entschieden nach dieser Richtung. Er wurde „der Wiedertäufer“ der Magnatentafel, denn auf seinen Antrag nahm man in der Sitzung vom 6. Juli 1848 die Bezeichnung „Oberhaus“ für die legislative Aristokratie an. Als drei Tage später, am 9. Juli, Eugen Beöthy [Bd. I, S. 286] seinen Antrag bezüglich der Unterordnung der Magnatentafel einbrachte, nannte Ujházy dieselbe „eine bloße geschichtliche Tradition. Das Haus bestehe aus so verschiedenen willkürlich zusammengesetzten Elementen, wie schon die einseitige Vertretung der Religionsparteien beweise, daß man mit einer derlei Tafel, welche nur auf historischem Rechte beruhe, durchaus nicht zufrieden sein könne. Er stimme zwar für den fraglichen Antrag, aber daraus folge noch nicht, daß er die Aufrechthaltung des Oberhauses für nöthig erachte“. Im Laufe der Verhandlungen sprach er seine Ansichten immer offener und unumwundener aus. So in der Adreßdebatte am 21. Juli. „Bei mehreren Nationen“, sagte er, „wo der Krone das Recht der Initiative zusteht, sind die Adressen von hochwichtiger Bedeutung. Wir zwar sind nicht in solcher Lage, dessenungeachtet verdient die Adresse Beachtung; denn erstens debutiren wir mit ihr vor Europa, zweitens liefern wir unsere Kritik der Politik des Ministeriums Batthyány. Schweigen und Mysticismus gefährden Nation wie Thron. Unsere Portefeuilles finden Ungarn der pragmatischen Sanction gemäß verpflichtet, die österreichischen Provinzen gegen den äußeren Feind zu vertheidigen. Ich habe keine Sylbe davon in der pragmatischen Sanction gelesen. Diese besteht aus zwei Abschnitten. Im ersten steht der Dank für den Schutz des Königs gegen feindliche Angriffe; im zweiten wird deshalb das Recht der ungarischen Thronfolge auch auf die weibliche Linie der Dynastie übertragen. Hieraus folgt aber durchaus nicht, daß sich die Nation verpflichtet habe, Oesterreich zu vertheidigen; diese Verpflichtung der Nation aufzubürden, war nicht einmal der damalige Reichstag berechtigt. Darum stimme ich gegen jedes Bajonnet, das man nach Italien senden will“. In der Sitzung vom 25. August stimmte er dem Biharer Obergespan Beöthy bei, als dieser meinte, mit den Worten: „da die Ereignisse von Tag zu Tag drückender werden“, sei Alles gesagt und alles Uebrige durchwegs Phrase, und dann schloß er lakonisch: „Jedermann weiß, was diese Ereignisse bedeuten“. In der Sitzung vom 29. August, in der Militärdebatte aber sprach er ganz offen heraus: „Ich will entschieden wissen, ob die magna charta des März zur Wirklichkeit werde, oder ob auf einem Blatte des Gesetzbuches nur so viel aufgezeichnet stehe, daß es der Nachkommenschaft vorbehalten werde, das zu thun, wozu wir entweder nicht den Willen oder nicht den Muth hatten. Wenn einmal eine Revolution eingetreten ist, so müssen alle ihre Folgen angenommen werden, sonst war jede

Mühe vergebens". Als dann der Krieg zum Ausbruch kam, im September 1848, vertauschte auch Ujházy die Magnatentafel mit dem Werbetisch und schlug letzteren in der Üllöerstraße Nr. 814 in Pesth auf. Dorthin berief er alle Kampfslustigen, die sich auf seinen Aufruf in ein neues auf eigene Kosten sich ausrüstendes Freicorps sammeln wollten. Er selbst mit seinen drei Söhnen trat in diese Freischaar. Denselben Aufruf wiederholte er am 5. December in Preßburg, wohin er an der Seite Csányi's [Bd. III, S. 42] gegangen war. Dieser Aufruf war schon insofern verlockender, als die Werbung für ein Jägercorps erfolgte, welches vom Staate aus mit Ausrüstung, Equipirung und Bewaffnung versehen werden, bis zum Schlusse des Krieges dienen und per Mann außer der reglementmäßigen Brot- und Fleischration auch noch eine tägliche Löhnung von zwölf Kreuzern erhalten sollte. Als dieses Corps dann aufgestellt war, nahm er im Winterfeldzuge Görgey's unter Guyon an der Erstürmung des Branyiskopasses thätigen Antheil. Bei der Annäherung des Feldmarschalls Windischgrätz zog er mit der revolutionären ungarischen Regierung nach Debreczin und lebte daselbst in Dürftigkeit, sah Frau und Töchter die niedrigsten häuslichen Arbeiten besorgen und hatte als Vater die drückende Sorge um das Loos seiner im Revolutionsheere dienenden Söhne. Später wurde er zum Civilgouverneur der Festung Komorn ernannt. Er blieb es bis zur erfolgten Capitulation, in welche er mitinbegriffen war, worauf er dann mit seiner Gattin, drei Söhnen und zwei Töchtern auswanderte. Er ging nach Nordamerika, und zwar nach dem Staate Jowa, um sich dort im County Decatur anzusiedeln. Die amerikanische Regierung wies ihm und denen, die mit ihm gekommen, in der damals noch völlig brachliegenden Gegend Gründe an, und sie nahmen davon so viel in Beschlag, als sie von einem Punkte aus übersehen konnten, etwa vierzigtausend Morgen Landes. Mit großer Mühe und nach einer langwierigen beschwerlichen Reise waren sie an Ort und Stelle angelangt, und unter furchtbaren Anstrengungen mit an so schwere Arbeit doch nicht gewöhnten Händen brachten sie es dahin, einen Theil des Bodens aufzubrechen und ein paar Blockhütten zu errichten. Bis dahin hatten sie in Zelten gewohnt. Ujházy nannte die neue Colonie „New Buda", und die ersten Ansiedler hegten keine geringere Hoffnung, als daß in der neuen Welt eine ungarische Stadt erstehen werde. Die Nachricht von dem neuen ungarischen Heim verbreitete sich, und von sanguinischen Hoffnungen angespornt, kamen aus allen Welttheilen, in welche die ungarischen Verbannten zerstreut waren, Flüchtlinge herbei, um sich in New Buda anzusiedeln, dessen gebirgige waldige Gegend mit dem Heveser und Neograder Comitate einige Aehnlichkeit hat. Mittlerweile aber waren die Ansiedler erst auf die Bedingungen aufmerksam gemacht worden, unter welchen die amerikanische Regierung Land vertheilt. Jeder einzelne Colonist hatte nur auf 160 Morgen Anspruch, und so bildete das durch die ungarischen Pioniers von Horizont zu Horizont in Beschlag genommene Land kein Eigenthum derselben. Die sich schon eine Hütte errichtet und Felder urbar gemacht hatten, blieben, alle Andern zogen wieder fort, um anderwärts ihr Glück zu versuchen. Auch Ladislaus Ujházy, der eigentliche Gründer von New Buda verließ die Colonie und siedelte sich später in Texas an. Von dort gab er 1861 seinem Vaterlande ein Lebenszeichen von sich. Das Sároser Comitat wählte ihn zum Mitgliede der Comitatscommission und gab ihm diese Wahl nach Texas bekannt. Er richtete demzufolge an das Sároser Comitat ein Schreiben, worin er vorerst seinen Dank für die Wahl ausspricht, dann aber, seiner alten politischen Richtung treu, hinzufügt, daß sein am 14. April 1849 in Debreczin abgelegter Eid ihm nicht gestatte, „wieder Unterthan der gegenwärtigen Regierung zu werden. Indessen hoffe er noch eine andere Gestaltung der politischen Verhältnisse Ungarns zu erleben, die ihm die Rückkehr ermöglichen und ihn das Grab im geliebten Vaterlande finden lassen werde". Der Comitatsausschuß nahm von diesem Briefe mit großer Rührung Kenntniß und beschloß, das Bild Ujházy's gleich denen der übrigen Obergespäne im Comitatssaale aufzuhängen. In Texas hatte sich Ujházy in der Nähe der Stadt Antonio seßhaft gemacht und seiner Besitzung daselbst den Namen „Almos-Creek" gegeben. Als ihm die Nachricht von dem mittlerweile erfolgten ungarischen Ausgleich zugekommen war, richtete er an die Redaction der „New York Tribune" im Mai des Jahres 1867 ein Schreiben, welches wir hier seinem vollen Wortlaute nach folgen lassen: „Ich, der Unterzeichnete, billige und unterschreibe bis zum letzten Buchstaben die kürzlich veröffentlichte Erklärung des Gouverneurs Ludwig Kossuth, welche beweist, daß die ungarische Nation durch die Annahme des neuen Compromisses oder Ausgleichs einen politischen Selbstmord begangen. Ich gebe daher auch keinen Pfennig für die in dieser Weise hergestellte Constitution, welche nach einem ebenso unglücklichen als lächerlichen, von Deák inaugurirten Plane die seit neun Jahrhunderten unbestrittene Unabhängigkeit des ungarischen Königreichs feige preisgibt. Die Nachwelt wird über diesen an den Rechten des ungarischen Volkes begangenen Hochverrath (!?) richten. Ihr ergebener Diener Ladislaus Ujházy, Almos-Creek in der Nähe der Stadt San Antonio. Texas am 19. Mai 1867". Zugleich setzte er in einem längeren an die Redaction des „Magyar Ujság" gerichteten Briefe die Gründe auseinander, die ihn veranlassen, von der Amnestie keinen Gebrauch zu machen. Die in diesem Schreiben enthaltenen Motive sind bezeichnend für seinen politischen Charakter. „Wer Sündenverzeihung annimmt", schreibt er, „bekennt, daß er schuldig war; das stelle ich aber rundweg in Abrede. Wir waren keine Aufwiegler, wir griffen nicht die rechtlichen Zustände der Nation an, sondern wir haben die gesetzliche Constitution gegen Angriffe vertheidigt. Die Regierung war der Verletzende und wir die Verletzten. Aber auch sonst würde ich keine Lust haben, zurückzukehren unter dem Schild der von den Factoren der Legislative verkürzten Verfassung. Ich verstehe darunter immer nur die Majorität der Legislative, denn ich kann nicht glauben, daß das ungarische Volk zu allen diesen Rechtsaufopferungen Ja sagen würde. Uebrigens könnten die letzten Mohikaner, die Getreuen der absoluten Unabhängigkeit ohnehin nichts mehr an den jetzigen Verhältnissen ändern. Was ein voreiliges Votum der Reichstagsmajorität niedergerissen, das kann nur die Zeit wieder aufbauen. Der größere Theil der Nation ist schon ermüdet durch die vielen Leiden und hat seine unveräußerlichen Rechte eingetauscht blos gegen die Hoffnung eines bischens Wohlfahrt.

Auch wir — die Verbannten — haben gelitten, aber die Leiden haben die Hoffnung in uns nicht unterdrückt. Wir erwarten unerschütterlich den glorreichen Tag, an dem die Fahne der ungarischen Unabhängigkeit aufs Neue aufgepflanzt wird. Jetzt ist unser Lager leider getheilt: in dem einen, nahe an der Leitha, ist der Wahlspruch: „Opportunität und Bequemlichkeit“; in dem anderen, nahe an der Theiß: „Rechtscontinuität und Ausdauer“. Die Geschichte wird über uns urtheilen, denn sie ist das Weltgericht“. Die ferneren Geschicke Ujházy's sind uns nicht bekannt, wohl lebt er noch auf seiner Farm, nächst San Antonio in Texas. Bald nach Niederwerfung des Achtundvierziger-Aufstandes erschien eine Charakteristik Ujházy's, der wir folgende bezeichnende Züge entnehmen: „Er gleicht jenen unscheinbaren Zwergbäumen, die ihre Wurzeln in den festesten Felsen langsam erstarken ließen, von aller Welt übersehen wurden, ihrerzeit aber die scheinbar allmächtigen Basaltgefüge zersprengen und stark genug sind, die Kluft täglich breiter zu gestalten. Er war der Hellseher, der die bereits auf dem Vierundvierziger-Reichstage geschehene Spaltung des österreichischen Kaiserthums mit scharfem Auge erfaßte und, dieses fait accompli sicher, entschlossen und um jeden Preis der gänzlichen Unabhängigkeit Ungarns eine freie Gasse zu bahnen strebte. Jedes Wort aus seinem Munde im Parlamente war eine Magnetnadel, die unverrückbar nach diesem Pole hinwies. Ujházy war übrigens weniger eine Figur aus der ersten französischen Revolution als ein Revenant aus den Tagen Cromwell's. Wie die englischen Rundköpfe mehr auf das Schwert als auf die Debatte hielten, so vertauschte er auch im September die Magnatentafel mit dem Werbetisch. Für ihn gab es nur eine Logik: wenn es im Parlamente nicht nach seinem Sinne ging, dann sammelte er seine Haufen, um mit der rohen Gewalt die ihm mißliebigen Beschlüsse des Parlaments zu corrigiren. Er ging nie en masque auf die Tagesredoute im Pesther Museum und gab sich stets als das, was er war — eine lebendige Reliquie der Rákóczy-Zeit. Ujházy hatte sich, wie schon berichtet, 1826 mit einer Urenkelin Benjowsky's, einer geborenen Szakmary (geb. 1797) vermält. Sie folgte mit ihren Kindern ihrem Manne ins Exil, in welchem sie zu New Buda im Jahre 1852 starb.

Janothydh von Adlerstein (Johann). Chronologisches Tagebuch der magyarischen Revolution, und zwar bis zur ersten Wiederbesetzung Pesth-Ofens durch die k. k. Truppen (Wien 1851, Sollinger's Witwe, 8°.) Bd. III, S. 11, 13, 20, 54, 155 und 156. — Levitschnigg (Heinrich Ritter von). Kossuth und seine Bannerschaft. Silhouetten aus dem Nachmärz in Ungarn (Pesth 1850, Heckenast, 8°.) Bd. II, S. 96. — Kertbeny (K. M.). Die Ungarn im Auslande. I. Namensliste ungarischer Emigration seit 1849, 2000 Namen mit biographischem Signalement (Brüssel und Leipzig 1864, Kießling und Comp., 12°.) S. 69, Nr. 1769—1776 [gibt in steckbriefartiger Weise Nachricht über acht Ujházy's]. — Die Heimat (Wiener illustr. Blatt, 4°.) 1877, S. 424: „Eine ungarische Colonie in Amerika“. — Neue Freie Presse (Wiener polit. Blatt) 1867, Nr. 1006 und 1061. — — *Nagy (Iván).* Magyarország családai czimerekkel és nemzékrendi táblákkal, d. i. Die Familien Ungarns mit Wappen und Stammtafeln (Pesth 1865, M. Ráth, gr. 8°.) Bd. XI, S. 383.

**Ujházy v. Budamér**, Paul Alexander (k. k. Major, geb. zu Holló-Lomnitz am 8. März 1767, gefallen auf dem Felde der Ehre für das Vaterland bei Verona am 5. April 1799). Ein Sohn Johann Daniel Ujházy's aus dessen Ehe mit Anna Rosina geborenen

Pulszky, genoß er eine sorgfältige Erziehung im Elternhause und trat 1785, achtzehn Jahre alt, als Cadet in das Infanterie-Regiment Graf Pellegrini ein. Nach wenigen Monaten kam er auf seine Bitte zur königlich ungarischen Leibgarde, in welcher er zwei Jahre als Lieutenant diente. Im October 1787 wurde er als Unterlieutenant bei Alvinczy-Infanterie eingetheilt. Die erste Feuerprobe bestand er bei Gemappe am 6. November 1792. Drei Grenadier-Compagnien hielten das in diesem Dorfe errichtete Retranchement besetzt. Die Franzosen rückten mit einer starken Colonne Infanterie, mit Cavallerie und sechs Kanonen gegen die Kaiserlichen. Die Lage der Besatzung gegenüber dieser Uebermacht wurde immer kritischer, und zwar um so mehr, als die Munition schon auszugehen begann. Da übernahm Ujházy das Commando der zweiten Grenadier-Compagnie, deren Hauptmann Baron Lieeuwen bereits gefallen war. Mit dem Bajonnet rückte er so rasch und entschlossen auf den Feind los, daß dieser trotz der schon errungenen Vortheile zu schwanken und vor dem unaufhaltsam auf ihn eindringenden Angreifer zu weichen begann. Bald war der Feind mit großem Verluste geworfen. Ujházy wurde für seine Waffenthat zum Oberlieutenant befördert. Im April 1796 führte er eine Truppe von 500 Freiwilligen gegen die feindliche Schanze bei Montenotte. Nur eine schwere Verwundung verhinderte ihn an der Erreichung seiner Absicht. Er wurde nach Brescia gebracht. Als dann diese Stadt in den Besitz der Franzosen kam, war der verwundete Ujházy nahe daran, gefangen genommen zu werden, aber er entkam durch Verkleidung. Während seines Aufenthaltes in Brescia hatte er jedoch vielfach Gelegenheit gefunden, die Lage der Stadt, sowie die Stärke und Aufstellung des Feindes auszukundschaften. Als er nun genesen zur kaiserlichen Armee zurückkehrte, entwarf er einen Plan zur Ueberrumpelung Brescias, wo damals das französische Hauptquartier war, und legte ihn dem kaiserlichen Obercommando vor. Der Plan wurde angenommen und Ujházy zum Führer jener Colonne ernannt, welche unter Commando des Obersten Klenau am 30. Juli die Ueberrumpelung ausführen sollte. Der Angriff gelang aufs glänzendste. Stadt Brescia fiel in die Hände der Kaiserlichen und mit ihr zugleich wurden 3 Generäle, über 120 Stabs- und Oberofficiere und 700 Mann gefangen genommen, dabei viele Munitionswagen, Cassen, Vorräthe und mehrere Spitäler mit 3000 Kranken erbeutet. Der Verlust der Unserigen betrug 2 Todte, 8 Verwundete. Ujházy ward aus Anloß dieses so erfolgreichen Unternehmens in der Armee rühmlichst bekannt. Neuerdings zeichnete er sich in der Schlacht bei Caldiero, am 12. November 1796, aus. Als er die dominirenden Höhen bei Collignuola vom Feinde genommen sah, erkannte er sogleich, daß, wenn derselbe sich in dieser überlegenen Stellung behaupte, die Schlacht für die Kaiserlichen verloren sei. Da eilte er rasch ins Gefecht, führte die Truppen an die entsprechenden Punkte, feuerte sie unablässig zu Kampf und Ausdauer an, placirte das Geschütz auf das vortheilhafteste, schickte noch den schon stürmenden Franzosen eine Division Croaten über Collignuola in den Rücken und hatte bald die Genugthuung, die Früchte seiner trefflichen Dispositionen zu sehen, da der völlig in Unordnung gebrachte Feind allseitig zur Flucht sich wandte und der Sieg des

Tages den Unseren zufiel. Für seine Waffenthat avancirte Ujházy zum Hauptmann. Als es galt, in den Besitz der noch von den Franzosen besetzten Festungen Legnago und Verona zu gelangen, erbot er sich aus freien Stücken, das Terrain des Etschflusses und beide Festungen aufzunehmen, Lage und Stellung des Feindes auszukundschaften und dann den Plan zur Erstürmung von Verona zu entwerfen. In den letzten Tagen des December begab er sich in Verkleidung mitten unter die Feinde und nahm mit größter Genauigkeit Alles in Augenschein, was zu seinen Zwecken diente. Sein Entwurf fand auch die volle Billigung des Armeecommandos, allein bald darauf folgende Zwischenfälle ließen denselben nicht zur Ausführung kommen. Mit Beginn des Jahres 1797 wurde der Uebergang über die Etsch beschlossen. Am 8. Jänner kam es an den Ufern der Fratta zu einem heftigen Gefechte, in dem die Unseren siegten, welche dann über letztgenannten Fluß setzten. Und wieder hatte Ujházy nicht unwesentlich zu diesem Siege beigetragen. Nun galt es, den zurückgeworfenen Feind aus allen Orten, wo er festen Posto gefaßt, zu werfen. General Hohenzollern befehligte die fünf Bataillons starke Avantgarde. Sie waren in vier Colonnen eingetheilt, mit deren Aufstellung Ujházy betraut ward. Die Führung der ersten übernahm er selbst. Auf den 9. Jänner Nachmittag 4 Uhr war der Angriff festgesetzt, und der Feind wurde auf allen Punkten geschlagen und weit zurückgeworfen. Die weitere Verfolgung mußte wegen Einbruchs der Nacht aufgegeben werden, aber der Feind hatte 3 Geschütze, 18 Officiere und 200 Gefangene verloren. Nun sollte der Uebergang über die Etsch ins Werk gesetzt werden, und Ujházy wurde mit den nöthigen Vorbereitungen beauftragt. General Augereau deckte feindlicherseits mit seiner 10.000 Mann starken Division die Ufer des Etschflusses. Bei Angiari fand Ujházy den einzigen durch einen Damm geschützten Punkt, wo er die Möglichkeit sah, seinen Plan durchzuführen. In wahrhaft genialer Weise traf er alle Anordnungen, und unter heftigem Kampfe, der aber auf allen Punkten zu unseren Gunsten ausfiel, ging der Uebergang am 14. Jänner glücklich von Statten. Am folgenden Tage in der Frühe überfiel er dann bei Castellano mit einigen Uhlanen ein feindliches Infanterie- und Cavallerie-Piquet von etwa 150 Mann und zwang es, das Gewehr zu strecken, dabei einen mit wichtigen Papieren beladenen und dem General Bonaparte gehörigen Rüstwagen erbeutend. Für diese Waffenthaten rückte er zum Major vor. In dem am 16. Jänner folgenden Treffen bei San Giorgio, in welchem Feldmarschall-Lieutenant Provera eine Niederlage erlitt, gerieth Major Ujházy, der tapfer mitgefochten hatte, schwer verwundet in feindliche Gefangenschaft. In drei Wochen wurde er durch einen französischen Chirurgen so weit hergestellt, daß er dann nach Verona gebracht werden konnte. Drei Pferde hatte er bei diesen Kämpfen unter dem Leibe verloren, drei andere waren mit seinem Reitknecht in Gefangenschaft gerathen und seine ganze Bagage war in den Besitz des Feindes gefallen. Genesen und ausgewechselt begab er sich über Leoben nach Wien, wo er am 21. April 1798 eintraf. Während seines Aufenthaltes daselbst bewarb er sich um den Maria Theresien-Orden, in seiner Eingabe von den Generalen Wurmser und Alvinczy auf das kräftigste unterstützt. Von Wien aus besuchte er seine

Heimat und kehrte von da nach Italien zurück, wo er in Padua, als Major dem General-Quartiermeisterstabe zugetheilt, verblieb. Bald aber begannen die Feindseligkeiten von Neuem. Bei Legnago kam es am 26. März 1799 zu einem blutigen Treffen, in welchem die Franzosen 2000 Todte, darunter den General Vignette, zählten. Außerdem wurden 8 Kanonen, 3 Haubitzen und 32 Munitionskarren erbeutet. Wieder hatte sich Ujházy im Kampfe so hervorgethan, daß ihn General Kray im Armeebefehl hoch belobte. Dann focht er am 30. März in der siegreichen Schlacht bei Verona und am 5. April in jener auf den Feldern von Verona, in der letzteren aber fand er bei dem Sturme, den General St. Julien auf das Castel Azan unternahm, den herrlichen Soldatentod. Die Nachricht hiervon wurde in der Armee mit allgemeiner Trauer aufgenommen. Da Ujházy auf der Wahlstatt gefallen war, konnte seine Leiche nicht gleich aufgefunden werden. Da ließ ein reicher, ihm befreundeter Veroneser Edelmann, Namens Valsecchi, das Schlachtfeld sorgfältig absuchen, die gefundene Hülle des Helden in der Kirche San Luca zu Verona beisetzen und dem Freunde ein schönes Denkmal mit lateinischen Distichen aufrichten, welche in dem in den Quellen genannten Werke mitgetheilt sind. Als im nächstfolgenden Jahre 1800 das Regiment Alvinczy, in welchem Major Ujházy gedient hatte, nach Verona kam, wo damals das Hauptquartier sich befand, veranstaltete das Officiercorps dem zu früh hingeschiedenen Kameraden und Helden eine Todtenfeier, zu welcher ein Armeebefehl die Einladung enthält, worin des „mit Auszeichnung vor dem Feinde gebliebenen Majors von Ujházy" in rühmlichster Weise gedacht wird. Der Mutter und den Brüdern des Verewigten wurde im Auftrage des Feldzeugmeisters Barons Alvinczy durch einen eigens deshalb abgesandten Hauptmann die Nachricht von dem ehrenvollen für Ujházy abgehaltenen Trauerfeste nach Budamér überbracht und in der Capelle daselbst dem Helden ein Denkmal aus Marmor errichtet, welches die Inschrift Valsechi's und darunter die Worte enthält: Veri. nominis. Heroi. filio. fratri. | Dignae. quae. perennet. Valsechii. amicitiae. | Mater. fratresque. acerbe. lugentes. poss. | Anno Domini. MDCCC.

Melzer (Jacob). Biographien berühmter Zipser (Kaschau 1833, Ellinger, 8°.) S. 245—263: „Paul Alexander Ujházy von Budamér".

Noch sind erwähnenswerth: 1. **Andreas** Ujházy von Budamér (geb. zu Holló-Lomnitz 1781, gest. zu Lemberg im Mai 1813), ein Sohn Joseph Ujházy's aus dessen Ehe mit Theresia geborenen Mariassy. Seiner Neigung für den Waffendienst folgend, trat er 1799, 18 Jahre alt, bei einem Reiter-Regimente in die kaiserliche Armee. Er rückte rasch vor, wozu sein tapferes Verhalten viel beitrug, im italienischen Feldzuge 1809 stand er schon als Rittmeister bei Baron Ott-Huszaren Nr. 5. Der 16. April d. J. bei Fontana Fredda war sein Ehrentag. Der Feind hatte daselbst feste Position genommen, entschlossen, die Oesterreicher aus ihrer sicheren Stellung zu verdrängen. Beiderseits wurde der Kampf mit großer Erbitterung gefochten, aber die Uebermacht des Feindes verschaffte diesem immer mehr und mehr Vortheile, so daß die Unseren endlich zu weichen begannen. Diesen verhängnißvollen Moment erkannte Rittmeister Ujházy. Er nahm sofort drei Züge seiner Escadron und fiel mit denselben so erfolgreich in die Flanke des Feindes, daß dieser, noch eben dem Siege so nahe, unter Verlust von 200 Todten und Verwundeten zurückgeworfen wurde. Als die Fliehenden sich wieder stellten, um mit den von ihnen früher Zurückgedrängten, jetzt sie Verfolgenden den Kampf aufs Neue aufzunehmen, war der Muth der Unseren so gehoben, daß diese nun nach einem hartnäckigen Kampfe siegreich aus demselben [illegible] die Franzosen [illegible] Regiment [illegible] das dem Andreas Ujházy von dem Feldmarschall-Lieutenant Freiherrn von Frimont dd. [illegible] 7. Mai 1809 ausgestellte Tapferkeitszeugniß. Nun wurde Ujházy zum Major im Regimente ernannt. Mit demselben kam er nach Beendigung des italienischen Feldzuges nach Croatien, wo er bis zum Ausbruche des französisch-russischen Krieges im Jahre 1812 verblieb. Da marschirte er mit dem Regimente nach Rußland. Dort zog er sich durch Verkühlung ein Leiden zu, das ihn an der Ausübung seines Dienstes hinderte. Er kam krank nach Lemberg und starb daselbst 1814 erst 32 Jahre alt. [Melczer (Jak.). Biographien berühmter Zipser (Kaschau und Leipzig 1833, [illegible] 8°.) S. 283: „András Ujházy von Budamér“.] — 2. **Caspar** Ujházy (gest. zu Ofen 12. August 1719) war Priester der Gesellschaft Jesu und wirkte viele Jahre als Prediger an verschiedenen Orten in Ungarn. Im Druck erschien von ihm die Schrift: „Mulier amicta sole, seu Aug. Virgo Deipara Maria ab originali macula vindicata“ (Tyrnaviae 1708, 4°.). — 3. **Franz** Ujházy. Ein zeitgenössischer ungarischer Künstler, den wir zuerst in ungarischen Ausstellungen der Sechziger-Jahre mit seinem Bilde „Verbér“ begegnen. Reich an gut gezeichneten Gestalten, zeigte dasselbe von feiner Auffassung, nur machte das Colorit durch seinen dunklen Ton dem Ganzen nicht unwesentlichen Eintrag. Gelungener war ein Gemälde aus dem Jahre 1864: „Paul Kinizsy auf der Schlacht bei Kenyérmező“, mit welchem der Künstler ein gutes Schlachtbild lieferte. Dann nach mehrjähriger Pause debutirte er in der Wiener Weltausstellung 1873, Abtheilung Kunst, im Saale Ungarn, mit einem „Stillleben“. In ungarischen illustrirten Blättern, so im „Vasárnapi ujság“, d. i. Sonntagsblätter, findet man Illustrationen nach seinen Bildern, unter anderen im Jahrgange 1865, Nr. 14: einen Orgelspieler, dem ein Bube das Gestell trägt, geschnitten von Rusz. (Fővárosi képek: V. A. Kintornás.) [Lehmann (Ernst). Bildende Kunst in der Gegenwart. Gedenkbuch an die Kunsthalle der Wiener Weltausstellung (Wien 1873, Hölder 8°.) S. 122]. — 4. **Johann Franz** (geb. zu [illegible] 21. December 1714, gest. zu [illegible] 31. März 1769). Auch Ferdinand oder Ferdinand Franz mit Vornamen genannt. Er trat in ein Reiter-Regiment der kaiserlichen Armee ein und schwang sich durch sein ausgezeichnetes Verhalten in den Kriegen seiner Zeit zu immer höheren Stufen auf. Im Jahre 1754 wurde er Oberst und Commandant des Husaren-Regiments Baron Baranyai Nr. 9 und betheiligte sich im October 1757 an dem denkwürdigen Streifzuge, welchen Feldmarschall-Lieutenant Graf Hadik nach Berlin unternahm, bei welcher Gelegenheit er mehrere Gefechte mit den feindlichen Husaren des Generals Seydlitz siegreich bestand. 1756 rückte er zum Generalmajor auf, 1767 wurde er Inhaber des dritten, im folgenden Jahre solcher des vierten Husaren-Regiments. Graf Thürheim führt ihn in seinem Werke: „Die Reiter-Regimenter der k. k. österreichischen Armee (Wien 1862, 8°.) Bd. II: „Die Husaren“, Seite 70 unter den Inhabern als v. Ujházy, S. 99 unter eben denselben aber als Graf Ujházy an. [Thürheim (Andreas Graf). Im obenbezeichneten Werke, S. 192 und 221. — Derselbe. Gedenkblätter aus der Kriegsgeschichte der k. k. österreichischen Armee (Wien und Teschen 1880, Prochaska, gr. 8°.) Bd. II, S. 195, unter Jahr 1756; S. 201, unter Jahr 1757.]

**Ujhely**, siehe: **Dayka** [Bd. III, S. 185, in den Quellen].

**Ulanowski**, Leon (Dominicanermönch, geb. zu Dubieck 1799, gest. 30. Juni 1857). Er trat zu Lemberg in den Dominicanerorden, in welchem er die theologischen Studien beendete und 1828 die Priesterweihe erlangte. Schon zwei Jahre später zum Prior von Potok ernannt, wurde er 1834 als solcher in das Kloster zu Lemberg berufen, wo er nach einiger Zeit den Titel eines Generalkirchenredners erhielt. Am 22. Juli 1845 wurde er auf dem Capitel in Lemberg zum Provincial gewählt, und da er sich in dieser Stellung das Vertrauen seiner Klosterbrüder zu erwerben verstand, so fiel die Wahl zu dieser Würde auch 1852 und 1855 auf ihn. Ulanowski hat folgende Schriften herausgegeben: „*Wiadomość historyczna w krótkości skreślona o cudownym obrazie matki bozkiej przez św. Łukasza ewangelistę malowanym w kościele Bożego ciała ww. X.X. Dominikanów we Lwowie*“, d. i. Historische und kurzgefaßte Nachricht von dem wunderthätigen von dem Evangelisten Lucas gemalten Muttergottesbilde in der Kirche zum heiligen Leichnam Christi der PP. Dominicaner in Lemberg (Lemberg 1850, Poręba, kl. 8⁰.; zweite Aufl. ebd. im nämlichen Jahre); erschien anläßlich der hundertjährigen Gedächtnißfeier der Krönung dieses Bildes; — „*Obraz Najświętszey Maryi Panny Matki Boskiej przez św. Łukasza ewangelistę malowany w kościele Bożego Ciała ww. XX. Dominikanów we Lwowie łaskamy i cudami słynacy*“, d. i. Bildniß der allerheiligsten Maria Mutter Gottes, gemalt von dem Evangelisten Lucas in der Kirche zum Leichnam Christi bei den PP. Dominicanern in Lemberg, berühmt seiner Gnaden und Wunder wegen (ebd. 1853, Ossoliński'sche Druckerei, 8⁰.); — „*Kolęda dla pobożnych i ufnych w Bogu chreścian*“, d. i. Kolende für fromme und auf Gott vertrauende Christen (Lemberg 1854, Ossoliński'sche Druckerei, 8⁰.); — „*Compendium evangeliorum in publicis solennissimis processionibus etc. etc. observari solitorum cum indulgentiis concessis a s. Sede apostolica etc.*“ (Leopoli 1855, F. Poremba, 4⁰.). Gelegentlich der dritten Wahl Ulanowski's zum Provincial beschloß das Ordenscapitel, daß eine Geschichte des Dominicanerordens in Polen seit seinem Beginne bis auf unsere Tage niedergeschrieben werde.

*Baracz (Sakok).* Rys dziejów zakonu kaznodziejskiego w Polsce, d. i. Geschichte des Dominicanerordens in Polen (Lemberg 1861, Maniecki, 8⁰.) Bd. I, S. 362, Nr. 62 und S. 363, Nr. 64; Bd. II, S. 270.

**Ulbrich**, Johann Pius (Maler, Ort und Jahr seiner Geburt unbekannt). Künstler des Namens Ulbrich gibt es mehrere, doch läßt sich bei der planlosen Verfassung der Kunstkataloge, in denen unser Maler bald mit einem, bald mit zwei, ja auch ohne Taufnamen angeführt oder dem Namen ein Buchstabe mehr als richtig angehängt ist, unmöglich eine Scheidung der Einzelnen mit Sicherheit durchführen. So verzeichnen die Kunstkataloge einen Johann Pius Ulbrich, dann einen Johann Ulbrich, ferner im Jahre 1858 einen Historienmaler Ulbricht, welcher bereits 1840 gestorben, endlich 1869 einen Prospectmaler Ulbrich, letztere Zwei ohne Taufnamen. Ein Johann Pius Ulbrich beschickte die Jahresausstellungen der k. k. Akademie der bildenden Künste in Wien, und zwar 1830 mit einem in Oel gemalten „Selbstporträt“; — 1832 mit einem Miniaturporträt des berühmten Komikers Wenzel Scholz und mit einer Lithographie nach einem Gemälde von Kadlik; — von 1835 an finden wir nur einen Johann Ulbrich, und dieser stellt im genannten Jahre aus: ein Oelbild, „Darthula“ aus Ossian's Gedichten: die Heldin sinkt, vom Pfeile durchbohrt, auf die Leiche Natha's, ihres Geliebten; da tritt, ob verschmähter Liebe sie verhöhnend, der Tyrann Cairbor hinzu, und seine Barden stimmen ihr den Grabgesang an; — 1836 und 1838: zwei „Aquarellporträts“; — 1839: die Aquarelllandschaft „Der Waldbachstrubb nächst Hallstadt"; — 1840: ein „Aquarellporträt" und ein Genrebild in Oel, das eine „Ländliche Scene" darstellt; — dann 1841: ein „Aquarellporträt" und ein Genrebild in Oel: „Die Wahrsagerin"; — 1843: eine Lithographie der „Sibylle" von Dominichino; — 1846: ein Oelbild: „Die Kinderstube" (50 fl.); — und im Jahre 1848: „Die h. Anna als Sinnbild häuslicher Industrie". Altarbild für die Stadt Georgswalde in Böhmen. Die vorgenannten Bilder malte der Künstler in Wien, und zwar in den früheren Jahren in der Stadt unter den Tuchlauben (Nr. 439), später von 1843 ab auf der Laimgrube (Dreihufeisengasse Nr. 14). — Nun finden wir im Märzkatalog 1858 des österreichischen Kunstvereins (92. Ausstellung) unter Nr. 48 einen Maler Ulbricht aus Wien (gest. 1840), von welchem ein „Christus am Kreuze" (500 fl.) ausgestellt war, und endlich in der ersten großen internationalen Kunstausstellung 1869 im Künstlerhause zu Wien wieder einen Ulbrich aus Wien ohne Angabe des Taufnamens, mit einer Autographie der Wiener Bauhütte, „Ein Wohnhaus in Bologna" darstellend. — Schließlich sei noch des von Dlabacz und nach diesem von Nagler angeführten Malers Ignaz Ulbrich gedacht, der, aus Mariaschein nächst Teplitz in Böhmen gebürtig, daselbst am 12. Mai 1800 starb. Dlabacz schreibt von demselben: „daß er glücklich copirt, aber auch gute Originalgemälde ausgeführt habe".

Kataloge der Jahresausstellungen der k. k. Akademie der bildenden Künste bei St. Anna in Wien (8°.) 1830, S. 27, Nr. 47; 1832, S. 4, Nr. 31; S. 12, Nr. 158; 1835, S. 28, Nr. 324; 1836, S. 5, Nr. 48; 1838, S. 5, Nr. 53; 1839, S. 14, Nr. 96; 1840, S. 5, Nr. 67; S. 18, Nr. 250; 1841, S. 9, Nr. 131; S. 14, Nr. 117; 1843, S. 5, Nr. 29; 1846, S. 34, Nr. 379, und 1848, S. 6, Nr. 76. — Nagler (G. K. Dr.). Neues allgemeines Künstler-Lexikon (München 1839, E. A. Fleischmann, 8°.) Bd. XIX, S. 217. — Dlabacz (Gottfried Johann). Allgemeines historisches Künstler-Lexikon für Böhmen und zum Theile auch für Mähren und Schlesien (Prag 1815, Haase, 4°.) Bd. III, Sp. 301.

**Ulbrich**, Maximilian (Compositeur, geb. zu Wien 1752, gest. ebenda am 14. September 1814). Wir haben es hier mit einer kleinen Musikantendynastie zu thun, denn Ludwig von Köchel führt in seiner Monographie „Die kaiserliche Hof-Musikcapelle in Wien" als Mitglieder dieses Institutes nicht weniger als vier Personen des Namens Ulbrich an: 1. Ignaz Ulbrich, 1767—1770 Bassist, 1772—1791 Posaunist, gest. am 14. December 1796 im Alter von 90 Jahren; 2. Johann K., 1787 Posaunist, dann im Personal der Capelle nicht wieder genannt; 3. Anton Ignaz, 1772—1796 Bassist, gest. 14. December letztgedachten Jahres, und 4. Anton, 1793—1830 Posaunist, gest. 5. Mai letztgenannten Jahres, 76 Jahre alt. Der Dritte von den vier Genannten, Anton Ignaz, unter der Kaiserin Elisabeth Hoftrombonist und dann zur Zeit der Kaiserin Maria Theresia erster Hofbaßsänger, ist der Vater unseres Maximilian Ulbrich. Die verwandtschaftlichen Beziehungen der Uebrigen zu einander sind dem Verfasser dieses Werkes nicht bekannt. Maximilian genoß seine erste Ausbildung auf dem Seminar der Jesuiten in Wien. Durch den berühmten Wagenseil erhielt er sowohl im Generalbaß, als auch in der Composition den ersten Unterricht; nach vollendeten Studien aber fand er in dem Capellmeister Reutter [Bd. XXV, S. 365] den weiteren Bildner seines musikalischen Talentes, auch weckte vornehmlich der Einfluß dieses Componisten in ihm die Vorliebe für den Kirchenstyl, dem er dann auch mit großer Veredlung des Geschmackes huldigte Seine amtliche Laufbahn begann und endete Ulbrich bei den niederösterreichischen Ständen, bei welchen er 1770 angestellt wurde. 1790 zum Vicebuchhalter, 1800 zum Buchhalter befördert und 1804 als solcher jubilirt, starb er im Alter von 72 Jahren. Die Muße seines Berufes widmete er der Musik, in welcher er es als ausübender Musiker, sowie als Compositeur zu nicht gewöhnlicher Bedeutung brachte. Er war auf den meisten Instrumenten bewandert, spielte fertig Clavier und Orgel und genoß die seltene Auszeichnung, bei den so interessanten Privat-Kammermusiken Kaiser Josephs II., in welchen dieser selbst bald die Violoncellstimme ausführte, bald eine Singbaßpartie übernahm oder auf dem Flügel aus der Partitur begleitete, zugelassen zu werden. Er hat viel und meist Kirchliches componirt. Doch sind auch andere Arbeiten von ihm bekannt, so schrieb er die Opern: „Frühling und Liebe" und „Der blaue Schmetterling", für welch letztere er auch das Libretto verfaßt hatte, für das k. k. Hoftheater; dann die Operette: „Die Schnitterfreude", für das Leopoldstädter (damalige Marinelli'sche) Theater, wo dieselbe noch heute in der Originalschrift des Tonsetzers aufbewahrt wird. Außerdem componirte er ein großes Oratorium: „Die Israeliten in der Wüste", welches in den Jahren 1779 und 1783 von dem Wiener Tonkünstlerverein aufgeführt wurde. Seine übrigen Compositionen bestehen aus Messen, Gradualen, Salve regina, Litaneien, Te Deum, dann aus einigen Divertissements für das Clavier und vielen Orchester-Symphonien, welche in den damals so berühmten Concerten des k. k. Landrechts-Vicepräsidenten von Kees oft, und zwar stets mit großem Beifalle zum Vortrage gelangten. Von Ulbrich's zahlreichen Werken ist nichts im Stich erschienen, so trefflich sie waren, er unterließ aus Bescheidenheit ihre Veröffentlichung. Die Anfertigung eines Verzeichnisses derselben scheiterte an dem Umstande, daß alle Originale zerstreut bei einzelnen Freunden des Autors und Musikliebhabern sich befanden und er im höheren Alter von einer solchen Geistesentkräftung und Stumpfheit des Gedächtnisses befallen wurde, daß er selbst nicht mehr im Stande war, seiner einzelnen Werke sich zu erinnern. Ulbrich zählte zu den bedeutendsten Musikdilettanten seiner Zeit; als Compositeur stand er sehr hoch, und besonders seine Symphonien zeichneten sich durch Würde und Erhabenheit aus.

Oesterreichische National-Encyklopädie von Gräffer und Czikann (Wien 1837, 8°.) Bd. VI, S. 612, im Anhange. — Gaßner (F. S. Dr.). Universal-Lexikon der Tonkunst. Neue Handausgabe in einem Bande (Stuttgart 1849, Franz Köhler, Lex.-8°.) S. 852 [ein Artikel von bemerkenswerther Kürze, der nichts als das Geburts- und Sterbedatum enthält]. — Neues Universal-Lexikon der Tonkunst. Für Künstler, Kunstfreunde und alle Gebildeten. Angefangen von Dr. Julius Schladebach, fortgesetzt von Ed. Bernsdorf (Offenbach 1861, Joh. André, gr. 8°.) Bd. III, S. 377. — Gerber (Ernst Ludwig). Historisch-biographisches Lexikon der Tonkünstler u. s. w. (Leipzig 1792, Breitkopf, Lex.-8°.) Bd. II, Sp. 699 [unter dem irrigen Namen Ulrich]. — Derselbe. Neues historisch-biographisches Lexikon der Tonkünstler (Leipzig 1814, A. Kühnel, gr. 8°.) Bd. IV, Sp. 411 [diesmal unter dem richtigen Namen Ulbrich]. — Oesterreichische Revue (Wien, gr. 8°.) 1864, Bd. IV, S. 171 und 172, im Artikel: „Zur Geschichte des Concertwesens in Wien". Von Dr. Eduard Hanslick. — Leipziger Musik-Zeitung (4°.) 1827, Nr. 52, Sp. 881, im Aufsatze: „Wiens musikalische Kunstschätze". — Allgemeine Wiener Musik-Zeitung.

Redigirt von August Schmidt (Wien. 4°.) Jahrg 1841. S 460, in den „Geschichtlichen Rückblicken". — Köchel (Ludwig Ritter von). Die kaiserliche Hof-Musikcapelle in Wien von 1343 bis 1867. Nach urkundlichen Forschungen (Wien 1869, Beck, gr. 8°.) S. 95, Nr. 1331, S. 98, Nr. 1435 [über Anton Ulbrich]; S. 89, Nr. 1204, S. 93, Nr. 1277 [über Anton Ignaz]; S. 86, Nr. 1131, S. 91, Nr. 1231 [über Ignaz] und Nr. 1232 [über Johann K. Ulbrich]

**Ulfeld**, auch **Ulefeld** und **Uhlefeld**, Corfiz Anton Graf (Staatsmann und Ritter des goldenen Vließes, geb. in Siebenbürgen 15. Juni 1699, gest zu Wien 31. December 1760). Der Sproß eines hochansehnlichen dänischen Geschlechtes. über welches die Quellen S. 293 nähere Nachrichten enthalten, ist Corfiz oder wie er in älteren Quellenwerken genannt wird, Cornificius, ein Sohn Leos aus dessen Ehe mit Anna Maria geborenen Gräfin Sinzendorf. In seiner Jugend Militär, machte er den Feldzug 1716 gegen die Türken mit. Kaiser Karl VI. erhob in Erinnerung an seinen treuen Feldmarschall Grafen Leo Ulfeld, der ihn in die spanischen Erblande begleitet hatte, den Sohn desselben im Jahre 1723 zum k. k. Kämmer, 1724 zum wirklichen Reichshofrath. Zur diplomatischen Laufbahn übertretend, wurde Graf Corfiz Anton 1728 Gesandter am savoy'schen Hofe. Am 23. Juni 1730 vermälte er sich mit Maria Anna, einer Tochter Damian Hugos Grafen von Virmond, Hofdame der damals regierenden Kaiserin. Er verlor seine Gattin schon nach anderthalbjährigem Ehestande, am 19. December 1731 durch den Tod. Da sie ihm keinen Leibeserben geschenkt, hatte sie ihn zum Universalerben ihres großen Vermögens eingesetzt. 1733 ging Graf Ulfeld als böhmischer Comitialgesandter nach Regensburg, im folgenden Jahre als Generalbevollmächtigter für die Generalstaaten nach dem Haag. Im Sommer 1739 fanden die Verhandlungen eines der berüchtigtsten und unglücklichsten Friedensschlüsse statt, jenes von Belgrad, „dieses Ergebnisses", wie Hammer in seiner „Geschichte des osmanischen Reiches" schreibt, „unglaublicher Eigenmächtigkeiten und Leichtsinnes von Seite der denselben unterhandelnden österreichischen Bevollmächtigten". Da wurde denn im December 1739 Graf Ulefeld zum kaiserlichen Großbotschafter an der ottomanischen Pforte und bei diesem Anlasse zum wirklichen geheimen Rathe ernannt. Nachdem er in dieser Eigenschaft am 28. April 1740 seinen prachtvollen Einzug in Wien gehalten hatte, ging er am 18. Mai mit zahlreichem Gefolge und großem Pompe an seinen Bestimmungsort ab. Den 11. Juni auf der Save unweit Belgrads gegen den türkischen Großbotschafter ausgewechselt, langte er im Juli in Constantinopel an, wo er mit großen Feierlichkeiten am 11. August seinen öffentlichen Einzug hielt und am 14. zur Audienz vor den Großherrn vorgelassen wurde. Hammer gibt in seiner vorerwähnten „Geschichte des osmanischen Reiches" (2. Auflage, Bd. IV, S. 372—386) ein recht anschauliches Bild von den Anmaßungen und dem erbärmlichen Intriguenspiel. welches die Pforte bei allen Verhandlungen mit dem Botschafter systematisch durchführte. Nicht ganz ein Jahr blieb Ulfeld auf seinem Posten. Am 18. April 1741 hatte er seine Abschiedsaudienz bei dem Großsultan, am folgenden Tage verabschiedete er sich vom Großvesir, brach am 4. Mai von Constantinopel wieder nach Wien auf und wurde am 15. Juni zu Esseg gegen den türkischen Großbotschafter ausgewechselt. Am 15. Juli hielt er zu Preßburg seinen feierlichen Einzug, und am 18. traf er in Wien ein. Im August von Maria Theresia, damals Königin von Ungarn, zum wirklichen Conferenzminister ernannt, wurde er im Februar 1742 an Stelle des Grafen Phil. Ludwig Wenzel von Sinzendorf [Band XXXII, Seite 20, Nr. 20] zum dirigirenden Minister der auswärtigen Angelegenheiten berufen, als welcher er am 15. Februar den Eid ablegte. Es war eben zur Zeit, als die in Folge des österreichischen Erbfolgekrieges in Böhmen eingebrochenen französischen Truppen Prag und auch sonst noch viele Punkte dieses Landes besetzt hielten. Nun aber verwandelte der Breslauer Friede (16. Juni 1742), mit welchem der erste schlesische Krieg seinen Abschluß fand, mit einem Male die politische Lage. Die Franzosen sahen sich mitten im Kriege, in welchem sie bisher an Preußen einen mächtigen Bundesgenossen hatten, plötzlich auf sich selbst angewiesen. Durch die österreichischen Truppen, welche überall in Böhmen siegreich vordrangen, aus ihren Stellungen vertrieben, zogen sie sich endlich nach Prag zurück und verschanzten sich auf der Halbinsel von Lieben. Ihre Lage wurde immer bedenklicher, und der allerchristlichste König von Frankreich sah sich genöthigt, bei der Königin von Ungarn einen Waffenstillstand anzusuchen, um wegen der vorgeschlagenen Vergleichspunkte gütliche Unterhandlungen pflegen zu können. Naiv genug berichtet nun eine zeitgenössische Quelle, wie der Graf von Ulfeld im Namen der Königin auf diese Vorschläge eine schriftliche Antwort ertheilte, welche mit dem bekannten Verse: „Fistula dulce canit, volucrem dum decipit auceps“ begonnen und folgendermaßen gelautet habe: „Wenn es auf die Cron Frankreich angekommen, würde das Haus Oesterreich schon gäntzlich vernichtet worden sein und nicht mehr bestehen, ohne daß man auf die feyerlichsten Garantien und Tractaten Acht gehabt hätte. Man habe sich sogar gerühmet, der Königin auf den Basteien von Wien Gesetze zu geben, und man sey darauf umgegangen, Deutschland und gantz Europa das Joch aufzulegen. Allein die Sache der Königin sey mit der von den Fürsten des Reiches und aller Puissancen, denen die Ruhe und Freiheit zu Herzen gehen, so genau verbunden, daß sie sich jetzo gemeinschaftlich bemühen müssen, beydes zu erhalten, wenn man anders an einem stand- und dauerhaften Frieden arbeiten wolte. Und obgleich die Königin bey ihrer Mäßigung friedfertigen Gesinnung beharre, so sey es doch bey dem allen billig und unumgänglich nöthig, nicht nur das ihr zugefügte Unrecht zu vergüten, sondern sich auch wider dergleichen Unternehmungen aufs künfftige in Sicherheit zu setzen u. s. w.“. Noch im gedachten Jahre 1742 wurde Graf Ulfeld zum königlich ungarischen Ober-Hof- und Staatskanzler, im Mai 1743 zum Oberst-Erbland- und Silber-Kämmerer in Böhmen und zum General-Postdirector in den Erblanden ernannt und am 31. März d. J. in die steirische Landmannschaft aufgenommen. Am 6. Jänner 1744, an welchem Tage Feldmarschall Traun den Orden des goldenen Vließes erhielt, verlieh die Kaiserin auch dem Grafen dieses Ehrenzeichen, und im Juli 1745 erhob sie ihn zum Präsidenten der Conferenzen. Er blieb es bis zum Jahre 1753, in welchem er dem Grafen Kaunitz seinen Platz einräumen mußte und nun zum Obersthofmeister ernannt, auf Staatsgeschäfte keinen Einfluß mehr nahm. Andreas Graf Thürheim, ein gewiegter Kenner jener Periode, der ebenso in amtliche Quellen, wie in interessante Privatmittheilungen aus jenen Tagen Einsicht zu nehmen Gelegenheit hatte, schildert Ulfeld als einen ehrenhaften, aufrichtigen Charakter und treuen Diener Oesterreichs, aber auch als einen Mann, dem die nöthigen geistigen Eigenschaften und Kenntnisse fehlten für seinen Posten, auf den er durch Bartensteins damals Alles überwiegenden Einfluß gestellt worden war. Ulfelds Rede bewegte sich in unbestimmten Ausdrücken, in abgerissenen Sätzen; er selbst hielt sich für einen großen Mann, wurde aber ganz von Bartenstein geleitet, ohne dessen Rath er nichts unternahm. Maria Theresia nannte ihn nur „le bon homme“; ohne seinen Rath immer zu befolgen, sah sie den Grafen, der übrigens ein guter Referent war, doch stets gern. Mit Bartenstein gemeinschaftlich galt Ulfeld als einer der entschiedensten Gegner des Feldmarschalls Traun, dessen strategischen Vornahmen er durch seinen Einfluß in der Conferenz oft hinderlich entgegentrat. Graf Ulfeld hatte sich am 16. April 1743 zum zweiten Male, mit Maria Elisabeth, Tochter des Fürsten Philipp von Lobkowitz aus dessen Ehe mit Maria Wilhelmine Gräfin Althan vermält. Maria Elisabeth (geb. 23. November 1726, gest. 29. Juli 1786) schenkte ihrem Gatten einen Sohn Johann Baptist (geb. 7. Mai 1745), der in jungen Jahren vor dem Vater starb, und zwei Töchter: Elisabeth (geb. 19. September 1747, gest. 27. Jänner 1791), welche sich am 29. August 1765 mit Georg Christian Grafen von Waldstein, dem Urgroßvater des jetzt lebenden Johann Grafen Waldstein, vermälte; und Wilhelmine (geb. 12. Juni 1744, gest. 18. Mai 1800), vermält am 30. Juli 1761 mit Franz Joseph Grafen von Thun-Hohenstein [Bd. XLV, S. 22, Nr. 28], dem Urgroßvater des Grafen Leo Thun. Das Andenken an den Grafen Ulfeld und seine Familie ist im Laufe der Zeit ganz verwischt worden. Es erhielt sich noch im letzten Viertel des vorigen Jahrhunderts, als Corfiz Graf Ulfeld 1773 in Wien das Haus Nr. 41 (alte Numerirung) auf dem Minoritenplatz kaufte. 1783 ging dieses Gebäude an des Grafen Tochter Elisabeth vermälten Graf Waldstein über, die es 1799 an den Staat verkaufte, welcher es zur polnischen Kanzlei verwendete, worauf es längere Zeit k. k. Aerarialgebäude blieb. Dann kam es wieder in Privatbesitz, und zwar besaß es zuerst Nicolaus Baronowsky, zuletzt die Fürstin Dietrichstein. In diesem Hause wohnte und starb der Hofschauspieler Joseph Wagner. 1875 wurde der rückwärtige Tract demolirt, um den neuen Burgtheaterarkaden Platz zu machen. Nur der Ulfeldthurm am kaiserlichen Lustschloß Laxenburg erinnert an den Namen der Ulfeld, doch weiß man über den Ursprung der Bezeichnung jenes Thurmes nichts Näheres.

Europäische Fama (Leipzig 1735 u. f., Gleditsch, 8°.) 188. Theil, S. 629; 284. Theil, S. 671; 285. Theil, S. 714; 331. Theil, S. 588; 343. Theil, S. 601. — Thürheim (Andreas Graf). Feldmarschall Otto Ferdinand Graf von Abensberg und Traun 1677 — 1748. Eine militärisch-historische Lebensskizze (Wien 1877, Braumüller, gr. 8°) S. 86, 116, 120, 143 und 151. — Majláth (Johann Graf). Geschichte des österreichischen Kaiserstaates (Hamburg 1850, Perthes, 8°.) Bd. III, S. 360; Bd. IV, S. 474 und 643; Bd. V, S. 30 und 34. — Schlosser. Geschichte des achtzehnten und des neunzehnten Jahrhunderts bis zum Sturze des französischen Kaiserreichs. Dritte Auflage. Band II, S. 233 und 235.

I. **Zur Genealogie der Grafen Ulfeld.** Die Ulfeld sind ein altes hochansehnliches dänisches Geschlecht, von dessen Sprossen einzelne schon im sechzehnten und siebzehnten Jahrhundert in hohen Ehren und Würden standen. So war ein **Jacob** Ulfeld — oder Ulefeld, wie sie früher häufiger geschrieben erscheinen — Herr auf Ulfeldsholm und Selsau Reichsrath in Dänemark. Von seinem Könige Friedrich II. 1578 zu einer Gesandtschaft nach Moskau verwendet, hatte er das Unglück, nicht Alles nach Wunsch seines Herrn und Gebieters auszuführen, so daß er in Ungnade fiel und seine Ehrenstelle verlor. Melchior Goldast hat des Vorgenannten „Legatio moscovitica“ (Frankfurt 1608 und ebd. 1627, 4°) herausgegeben. Jacob Ulfeld's Sohn, gleichfalls **Jacob** mit Vornamen (gest. 24. Juni 1630), war dänischer Reichskanzler, führte mehrere diplomatische Missionen, so nach Spanien, den vereinigten Niederlanden, mit besserem Erfolge als sein Vater aus. Dieses Jacob Söhne sind **Magnus** und **Jacob.** Der Letztere wurde durch seine Gemalin Brigitte Broggenhuſs der Stammvater der nach Oesterreich übersiedelten Ulfeld, welche sämmtlich aus der angeschlossenen Stammtafel ersichtlich sind. Schon der dänische Reichskanzler **Corfiz** (geb. 1606, gest. 1664) oder **Cornifiz,** wie er auch genannt erscheint, durch seine wechselvollen Schicksale und seine Gemalin Eleonore Christine eine höchst interessante geschichtliche Person, erlangte mit Diplom ddo. 7. August 1661 von Kaiser Ferdinand III. den deutschen Grafenstand. Sein Enkel **Corfiz Anton,** der österreichische Staatsmann, zuletzt Obersthofmeister des Kaisers, erhielt 1743 das böhmische Erbsilberkämmereramt. Nur etwas über ein Jahrhundert blühte in seinen männlichen Sprossen das Geschlecht in Oesterreich fort, da schon mit des Grafen Corfiz Anton Sohne **Johann Baptist,** der vor seinem Vater, also vor 1760, das Zeitliche segnete, der Mannesstamm der Ulfeld erlosch Etwa ein halbes Jahrhundert länger blühte das Geschlecht in des Grafen Corfiz Anton zwei Töchtern **Elisabeth** und **Wilhelmine** fort. In Oesterreich gelangten Graf Leo und Graf Corfiz Anton zu hohen Ehren, indem Ersterer, der sich Kaiser Karls VI. besonderer Huld erfreute, Feldmarschall wurde, Letzterer als Staatsmann das höchste Zeichen der Gnade, welches der Monarch seinen Staats-

---

# Stammtafel der Grafen von Ulfeld.

**Jacob**
gest. 24. Juni 1630.
**N. N.**

**Magnus.** | **Jacob** † 1630. **Brigitte Broggenhuſs.**

Kinder des Jacob:

**Magnus** †.

**Corfiz**, erster Graf 1661 [1],
geb. 10. Juni 1606, † 20. Februar 1664.
**Eleonore Christine,** Tochter König **Christians IV.**
und der **Katharina Munch** [1, im Texte],
geb. 1621, † 16. März 1698.

Kinder des Corfiz:

**Anna Katharina** [1, im Texte], geb. um 1640, †. vm. **Vigilius de Cuſſette.**

**Helene Christine** [1, im Texte]. geb. im October 1643. †. 11. Dec. 1677.

**Christian** †, [1, im Texte].

Ein Sohn †.

**Leo** [3]. geb. 22. März 1651 † 11. April 1716. **Anna Maria** Gräfin **Sinzendorf** † 31. Juli 1636.

Kinder des Leo:

**Corfiz Anton** [S. 290], Ritter des goldenen Vließes,
geb. 15. Juni 1699, † 31. Jänner 1760.
1) **Maria Anna** Gräfin **Virmond**
† 19. December 1731.
2) **Maria Elisabeth** Prinzessin von **Lobkowitz**
geb 23. November 1726, † 29. Juli 1786

**Karoline Elisabeth** geb 7. Jänner 1713, † 4. Februar 1731.

**Franz Anton** [2], geb 7. Juli 1711, † im December 1741.

Kinder des Corfiz Anton:

**Elisabeth** vm. Graf **Waldstein** geb. 19. September 1747, 27. Jänner 1791.

**Johann Baptist** geb. 7. Mai 1743, †.

**Wilhelmine** geb. 12. Juni 1744, † 18 Mai 1800, vm. **Franz Joseph** Graf **Thun** geb. 14. September 1734, † 1801.

angehörigen erweisen kann, das goldene Vließ erhielt. Besonders hervorragend sind im Geschlecht der Ulfeld die Frauen, die im Gebiete der Literatur und Kunst selbstthätig auftreten und nicht Gewöhnliches leisten. So war eine **Elisabeth** Ulfeld, im siebzehnten Jahrhundert lebend, eine gelehrte Dame, die mit eigener Hand „Carmina et Sententiae in varia Emblemata“ geschrieben; eine **Helle (Helene)** Ulfeld verfaßte in dänischer Sprache ein Gebetbuch, beide Werke kamen als Manuscripte nachmals in die berühmte Bibliothek der Brahe. Ueber des unglücklichen Corfiz Gattin Eleonore Christine und ihre beiden Töchter **Anna Katharina** und **Helene Christine** wird Näheres in der Skizze über Corfiz Ulfeld [1] berichtet.

II. **Einige besonders denkwürdige Sprossen der Grafen Ulfeld. 1. Corfiz** (geb. 10. Juni 1606, gest. bei Neuenburg im Breisgau am 20. Februar 1664), ein Sohn Jacob Ulfeld's aus dessen Ehe mit Brigitte Brog-genhuss und Vater des österreichischen Feldmarschalls Leo Grafen Ulfeld [3]. Wir sind nicht im Stande, die einzelnen Momente des bewegten Lebens des in Rede Stehenden in eine kurze Skizze zusammenzufassen. Wenn dasselbe auch zahlreiche Bearbeiter gefunden, eine vorurtheilslose Darstellung, auf authentischen Urkunden beruhend, steht noch aus. Nach verschiedenen Reisen ins Ausland und nachdem er einige Jahre unter fremdem Namen am Hofe Anton Günthers Grafen von Oldenburg verweilt hatte, kehrte er nach Dänemark zurück und nahm Dienste unter König Christian IV., der ihm bald sehr gewogen ward und die höchsten Ehren verlieh, indem er ihn als Gesandten an den kaiserlichen Hof schickte, 1637 zum Reichshofmeister und obersten Senator der Krone Dänemark ernannte und ihm auch seine natürliche mit Christine Munck erzeugte Tochter Eleonore Christine zur Gattin gab. In der Zeit von 1641—1648 mit vielen diplomatischen Missionen betraut, soll er nach König Christians IV. Tode nach der Krone Dänemarks gestrebt haben. So hieß es, daß er mit Hilfe seiner ehrgeizigen Gemalin, die sich als natürliche Tochter eines Königs einer Königin gleichhielt, Alles angewandt habe, den königlichen Prinzen Friedrich III., damaligen Erzbischof von Bremen, vom Throne zu verdrängen, um die Krone dem leiblichen Bruder seiner Gemalin, Grafen Woldemar Christian von Schleswig, oder, wie Einige wollen, sich selbst und seiner Gemalin zu verschaffen. Jedoch fand am 23. November 1648 die Wahl Friedrichs III. statt. Der neue König behielt Ulfeld in seinen Diensten. Allmälig aber gerieth derselbe bei seinem Gebieter in Verdacht und am meisten dann, als eine leichtfertige Person, Dina von Hamburg genannt, ihn anklagte, daß er den König mit Gift habe vergeben wollen. Sie behauptete, bei Ulfeld anläßlich heimlichen Liebesgenusses sich befunden zu haben. Da hätten sich Tritte dem Gemache genähert und der Graf nur noch so viel Zeit gewonnen, die Dirne zu verbergen, als des Grafen Gemalin Eleonore Christine eingetreten sei. Aus dem nun zwischen beiden Gatten stattgefundenen Gespräche, welches die Dirne von ihrem Verstecke aus erhorcht, habe diese entnommen, daß es sich um einen Plan, den König aus dem Wege zu schaffen, handelte. Diesen Plan verrieth sie einem Obersten Georg Walter, durch den die Geschichte dem König zu Ohren kam. Da nahm die Angelegenheit eine eigenthümliche Wendung, indem Graf Ulfeld dem Könige Anzeige machte, daß man ihm (dem Grafen) und seiner Gemalin nach dem Leben trachte, und daß Oberst Walter von diesem Plane Wissenschaft habe. Die Sache wurde dadurch sehr verwickelt, und als die Angaben der verhafteten Dina von Hamburg sehr wechselten und sich widersprachen, so wurde der Graf von aller Schuld freigesprochen, der Dirne aber am 11. Juli 1651 das Haupt abgeschlagen. Indessen fühlte sich Ulfeld in Dänemark doch nicht mehr ganz sicher und begab sich zunächst nach Schweden, wo er alle Mittel versuchte, die Königin Christine zu einem Kriege gegen Dänemark zu überreden. In Schweden blieb Ulfeld mehrere Jahre, auch dann noch, als Christine 1654 die Krone niederlegte und Karl Gustav 1657 den schwedischen Thron bestieg. Der neue König begann auch wirklich den Krieg gegen Dänemark, und Ulfeld leistete ihm durch seine Anwesenheit bei der Armee nicht unwesentliche Dienste. Indessen hatte dieser in Dänemark alle seine Aemter verloren, und seine sämmtlichen Güter daselbst waren eingezogen worden. Aber auch in Schweden, da er Manches, was er anstrebte, so die alleinige Leitung des Gouvernements Schonen, nicht erreichen konnte, spann er Intriguen, die ihn in den Kerker brachten. Er befreite sich aus demselben durch die Flucht, und nun gelang es ihm durch Vermittlung des Grafen Christian Rantzau er bei dem Könige Friedrich III. für ihn Fürbitte einlegte, 1661 die Erlaubniß zur Rückkehr nach Dänemark zu erhalten. Auch wurde ihm ein Theil seiner Besitzungen zurückgegeben, und er lebte nun einige Zeit in völliger Ruhe auf seinen Gütern in Fünen, welche er vorläufig nicht verlassen durfte. Später begab er sich mit königlicher Erlaubniß in die Bäder von Spaa von dort nach Amsterdam, dann incognito nach Paris und zuletzt nach Brügg in Flandern, wo er neuerdings Pläne geschmiedet haben soll, den König von Dänemark um Krone und Reich zu bringen. Diesmal fiel aber seine Sache schlimm aus. Sie kam vor die öffentliche Reichsversammlung, und in derselben wurde er durch einhelligen Beschluß als Beleidiger der Majestät und Verräther des Vaterlandes erklärt und verurtheilt, daß ihm der Kopf sammt der rechten Hand abgehauen, der Leib geviertheilt, und seine Gattin nebst ihren Nachkommen für unehrlich gehalten und auf ewig aus den dänischen Landen verwiesen, überdies sein Wohnhaus geschleift und Alles, was er an Gütern besaß, eingezogen werde. Sein Todesurtheil wurde auch 1663 zu Kopenhagen an einem ihm ähnlichen Wachsbilde vollstreckt, sein Wappen durch den Scharfrichter zerbrochen und an Stelle seines niedergerissenen Hauses eine Schandsäule errichtet, welche noch heute an derselben Stelle stehen soll. Zu gleicher Zeit ward auf seinen Kopf für Jeden, welcher den Verräther lebend oder todt einbringe, ein großer Preis gesetzt und dies an alle Potentaten Europas bekannt gegeben. Nun begannen Ulfeld's Irrfahrten, da er sich nirgends für sicher hielt. Seine Gemalin wurde mittlerweile als sie eben zu Dover sich einschiffen wollte, indem der König von England sich nicht schämte, das Gastrecht gegen die hilflose Dame zu verletzen, verhaftet und an Dänemark ausgeliefert, wo man sie zu ewiger Haft in Kopenhagen verurtheilte. Ulfeld aber floh mit seinen Söhnen und einer Tochter in die Schweiz, wo er unter dem angenommenen Namen Johann Anglois in der Nähe von Basel lebte. Da er viele Juwelen mit sich führte, wurde er für einen Juwelier gehalten. Doch durch einen Zufall erkannt und in Furcht, ausgeliefert zu werden, wollte er nach Lausanne fliehen. Er miethete zu Basel ein Schiff und fuhr ab. Während der Fahrt wurde der leidende Zustand, in welchem er dasselbe bestieg, nur schlimmer, und als es sich Neuenburg, einem Städtchen im Breisgau, näherte, gab er sich einem angesehenen Bürger von Basel, der mit ihm zugleich die Fahrt unternommen hatte, als den dänischen Reichskanzler Ulfeld zu erkennen und hauchte kurz darauf seine ruhelose Seele aus. — Ulfeld's Gattin Leonore Christine (geb. 8. Juli 1621, gest. zu Mariaboe auf der Insel Laland 16. März 1698) ist eine ebenso durch ihre geistigen Gaben und Talente wie durch ihre Schicksale äußerst merkwürdige Frau, die erst vor Kurzem in Johannes Ziegler — siehe S. 296 die Quellen — ihren Biographen gefunden hat. Sie stand ihrem Gatten auf seiner wechselvollen Lebensbahn treu zur Seite, und Holberg sagt von ihr: „Wenn sie wie eine Sünderin in den Kerker ging, so verließ sie ihn wie eine Heilige". Sie genoß eine vortreffliche Erziehung und zählt zu den gelehrten Frauen ihrer Zeit. Ein Werk, welches sie über tapfere und geistig hervorragende Frauen geschrieben, ist ungedruckt geblieben. Aber sie war nicht blos eine gelehrte Dame, sondern auch Künstlerin von nicht untergeordneter Bedeutung. Am Hofe ihres Vaters, König Christ ans IV., wurde sie von C. van Mander dem Jüngeren in der Malerei unterrichtet. Es finden sich schöne Miniaturbildnisse von ihrer Hand. Auch stickte sie mit großer Kunstfertigkeit. Auf dem Schlosse Rosenberg war von ihr — und ist vielleicht noch — ein großes gesticktes Bildniß des Königs Christian zu sehen. Dann bossirte sie auch Bilder in feiner Erde. Und alle diese Arbeiten wurden von Kennern bewundert. Gräfin Eleonore Christine galt für eine ebenso schöne als geistvolle Frau ihrer Zeit. Ihr Porträt, von J. Folkema gestochen — sie ist auf dem Schooße ihres Gatten sitzend und ihn umarmend dargestellt — befindet sich in C. Hofmann's „Portraits historiques des hommes illustres de Danemark" (1749). Eleonore Christine gebar ihrem Manne fünf Kinder: Anna Katharina, Helene Christine, Christian, Leo und einen dritten Sohn, dessen Name und Schicksale unbekannt sind. — Die Tochter Anna Katharina vermälte sich mit Vigil de Cussette in Flandern. Nachdem sie ihren Gatten und sämmtliche Kinder durch den Tod verloren hatte, folgte sie dem Rufe ihrer Mutter nach Dänemark und theilte mit derselben freiwillig die Haft in dem Kloster auf Laland. — Die zweite Tochter Helene Christine (geb. im October 1643) blieb unvermählt. Wie ihre Schwester und ihre Mutter war sie in Künsten und Wissenschaften wohl unterrichtet. Auch verstand sie mehrere Sprachen, dichtete und malte. Sie starb, erst 34 Jahre alt. — Von den Söhnen soll Christian im Auftrage seines Vaters den dänischen Generalmajor Fuchs, als derselbe von König Friedrich III. mit der Bewachung des im Jahre 1661 zur Rückkehr ins Vaterland begnadigten Ulfeld betraut, diese Mission mit großer Strenge durchführte, zu Brügge in einer Carosse ermordet haben. In der Folge begleitete er den flüchtig umherirrenden Vater Seine weiteren Geschicke sind nicht bekannt. Der andere Sohn Leo brachte es in österreichischen Diensten zu hohen Ehren [vergleiche Nr. 3]. **[Quellen zur Geschichte Ulfeld's und seiner Familie.** Ehren-Verantwortung C. Uhlefeld's wider Dina und Walter (s. l. 1652. 4⁰.) — *Foss (Christian).* Judicium de morbo C. Ulfeld (Hafniae 1659, 4⁰.). — Hoest (Jons Kragh). Leben und Schicksale des Reichsgrafen C. Ulfeld und der Gräfin von Schleswig-Holstein Eleonore Christine. Nach dem dänischen Original ins Deutsche übertragen von Capitän von Jensen (Schleswig 1829, Taubst.-Inst., 8⁰.). — *Paulli (Jacob Henrik).* Machinationes C. Ulfeldii (s. l. et d. [1652]), eine Uebersetzung aus dem Dänischen: „C. Ulfeldt's listige Practiken" (s. l. et d. [1652], 8⁰.). — *Paus (Hans).* Ulfeldt's Levnet, zwei Bände (Kjoebenh. 1746—1747, 4⁰), ins Deutsche übersetzt von Christian Gottlob Mengel (Kopenhagen 1755, 8⁰.) [unter dem Pseudonym Philander von der Weistritz]. — Leben des Grafen C. Uhlefeld (Breslau 1790, 8⁰.). — *Rousseau de La Valette.* Histoire du Comte d'Uhlefeld grand-maître de Danemark sous le règne de Christiern IV. (Paris 1678, 12⁰.). — Mengel (Christian Gottlob). Merkwürdige Lebensbeschreibung Eleon. Christinens Gräfin von Ulefeld (Kopenh. 1757, 8⁰). — Ziegler (Johannes). Denkwürdigkeiten der Gräfin zu Schleswig-Holstein, Leonora Christina vermälten Gräfin Ulfeldt, aus ihrer Gefangenschaft im Thurme des Königsschlosses zu Kopenhagen 1663—1685. Nach der dänischen Original-Handschrift im Besitze Sr. Excellenz des Herrn Johann Grafen Waldstein (zweite Auflage Wien 1882, Gerold's Sohn 8⁰., mit Bildnissen) Als Einleitung schickt der Herausgeber eine Geschichte Corfiz Ulfeld's voraus — Interessante Lebensgemälde und Charakterzüge der denkwürdigsten Personen aller Zeiten (Wien 1808, Mausberger, kl. 8⁰.) Bd. II, S. 64—85. — Außer dem bereits erwähnten Porträt der Gräfin von C. Folkema ist mir noch ein Holzschnittbildniß derselben bekannt. Dieses trägt die Unterschrift: „Eleonora Christiana Ulfeld Gräfin von Schleswig-Holstein". Im oberen Eck rechts liest man: „Eleonora Grafin v. | Schleswich-Hollstein | C. IV. König v. Danemark | vnd Chirsten Munck Tochter | Gemalin C. Ulfeld". Zeichner und Xylograph sind nicht genannt. Das Bildniß, begleitet von einer biographischen Notiz von Edmund Lobedanz auf Grund des Ziegler'schen Buches, befindet sich in der „Illustrirten Welt" (Stuttgart, Hallberger, Fol.) 22. Jahrgang (1874), S. 400.] — 2. **Franz Anton** (geb. 7. Juli 1711, gest. zu Budweis in Böhmen im December 1741), jüngster Sohn des General-Feldmarschalls Leo aus dessen Ehe mit Anna Maria geborenen Gräfin Sinzendorf, trat nach erreichten männlichen Jahren bei Wurmbrand-Stuppach-Infanterie Nr. 50 in die kaiserliche Armee, focht in den französischen Kriegen, sowie in den Feldzügen am Rhein als Oberstwachtmeister, ging 1737 als Volontär zur Armee in Ungarn, wohin ihm im nächsten Jahre sein Regiment aus den Niederlanden folgte. In Ungarn kämpfte er in verschiedenen Gefechten und wurde im Treffen bei Kroczka am 22. Juli 1739 an der Stirne schwer verwundet. 1740 begleitete er seinen Bruder Corfiz Anton [S. 290] in der Eigenschaft eines Obermarschalls auf dessen Sendung als Großbotschafter nach Constantinopel. Nach Wien zurückgekehrt, wurde er 1741 Oberstlieutenant bei Joseph Graf Harrach-Infanterie Nr. 47 und machte mit diesem Regimente den Feldzug in Böhmen mit. Noch im December letztgenannten Jahres erkrankte er in Budweis und erlag, erst 30 Jahre alt, in wenigen Tagen seinem Leiden. Er war unvermält geblieben; sein Bruder Corfiz Anton pflanzte das Geschlecht — doch auch nicht auf die Dauer — fort. — 3. **Leo** Graf Ulfeld (geb. 22. März 1651, gest. zu Wien 11 April 1716), ein Sohn des unglücklichen dänischen Staatsministers Corfiz aus dessen Ehe mit Eleonore Christine, Tochter König Christians IV. von Dänemark und Katharina Munck's, trat in ziemlich vorgerücktem Alter in die kaiserliche Armee und erhielt 1682 unter General Montecucculi eine Compagnie. Sein tapferes Verhalten in den damaligen so häufigen Kriegen brachten ihn rasch vorwärts. Schon 1700 wurde er zum Inhaber des 4. Kürassier-Regiments, vordem Graf Herberstein, dann zum Kammerherrn und Generalmajor ernannt. 1702 wohnte er der Schlacht bei Luzzara bei, schlug 1703 vereint mit Guido Grafen Starhemberg den Feind in entscheidender Weise bei Bormio, ging noch im nämlichen Jahre mit Kaiser Karl VI. als damals erklärtem Könige nach Spanien, stieg 1704 zum Feldmarschall-Lieutenant und 1706 zum General-Feldmarschall auf. Im letztgenannten Jahre vertheidigte er in Gegenwart seines Königs Barcellona mit ungemeiner Tapferkeit und wurde in Anerkennung seiner Waffenthat zum General-Capitän von Barcellona und zum Vicekönig von Catalonien erhoben. Nach Abtretung Spaniens im Jahre 1714 kehrte er nach Deutschland zurück und ward von Kaiser Karl zum Hauptmann der Hartschier-Leibgarde und zum geheimen Rathe ernannt, welche Stellen er bis zu seinem im Alter von 63 Jahren zu Wien erfolgten Tode bekleidete. Graf Leo vermälte sich 1697 mit Anna Maria Gräfin Sinzendorf, die ihm drei Kinder gebar: Corfiz Anton, den nachmaligen Staatsminister, Karoline Elisabeth und Franz Anton, welche Beide unvermält in verhältnißmäßig jungen Jahren starben.

**Uliczny**, Julius (Schriftsteller, Ort und Jahr seiner Geburt unbekannt). Allem Anscheine nach aus Böhmen gebürtig, Zeitgenoß. Als Erzherzog Ferdinand Max die mexicanische Kaiserkrone annahm und in Folge dessen in Oesterreich und Belgien ein mexicanisches Freicorps gebildet wurde, trat auch Uliczny in ein solches und segelte mit demselben 1864 nach Mexico. Er bekleidete die Stelle eines kaiserlich mexicanischen Lieutenants. Nach der Katastrophe des 19. Juni 1867, in welcher der Kaiser als Juarez' Opfer fiel, kehrte auch er nach Oesterreich zurück und wurde daselbst Telegraphist. Die Muße seines Berufes benützte er zur Abfassung einer Geschichte des Freicorps, in welchem er gedient hatte. Sie erschien auch im Drucke unter dem Titel: „Geschichte des österreichisch-belgischen Freicorps in Mexico" (Wien 1868, Dirnböck, gr. 8°., 218 S.). Ein Exemplar davon geruhte Seine Majestät entgegenzunehmen und dem Autor dafür das allerhöchste Wohlgefallen nebst Dank bekannt zu geben. Auch weiter blieb Uliczny als Schriftsteller, und zwar auf dem Gebiete des Romans thätig, denn es erschienen von ihm in der „Familienbibliothek" mehrere Erzählungen und Skizzen, als: „Blinder Alarm"; — „Das Gespenst"; — „Die Hexe von Monterey"; — „Der Hofball"; — „Herzog von Lagosta"; — „In Mexico Erlebtes"; — „Drei Nächte aus dem Leben eines Straßenräubers"; — „Erinnerungen aus dem mexicanischen Feldzuge"; — „Aus den letzten Tagen des Kaisers Max in Mexico" und „Der Pfarrer von San Martin. Historische Erzählung aus dem Leben in Mexico", welche von einem Unbekannten E. F. für die in Brünn verlegte, von Placidus Mathon herausgegebene „Biblioteka zábavna" ins Čechische übersetzt wurde. Uliczny hat sich aber auch als gewandter Zeichner versucht, so z. B. brachte die illustrirte Monatschrift „Alte und neue Welt" im Jahrgang 1871, S. 229 eine eigens für dieselbe von Jul. Uliczny gezeichnete Scene, offenbar aus dem „mexicanischen Leben" mit der Unterschrift: „Hinauf mit dem österreichischen Hund", einen Act amerikanischer Lynchjustiz darstellend.

**Ulke**, Anna (Wiener Volkssängerin, geb. in Wien 1850, gest. ebenda am 28. Februar 1878). Mit der Mannsfeld, Weiß und der unglücklichen Hornischer bildet sie das vierfache Kleeblatt der Wiener Volkssängerinen, eine Erscheinung, welche im Wiener Volksleben im dritten Viertel des laufenden Jahrhunderts auftritt und in culturgeschichtlicher Hinsicht von weittragender, wenngleich nicht fördernder Bedeutung ist. Zuerst erschien Ulke im Wiedener Theater unter der Direction Strampfer als Choristin und erfüllte an der Spitze der „Stubenmädel“, der „Hofdamen des Königs Boboche“ oder der mit dem Tugendpreise des Ritters Blaubart zu betheilenden „Landmädchen“ ihren kaum neidenswerthen Beruf mit unleugbarer Verdrossenheit. Zu Höherem sich berufen fühlend, suchte sie sich auch Bahn zu brechen, und schon war es für sie ein großer Fortschritt, wenn sie bei einer der vielen Wohlthätigkeitsvorstellungen, die in dem bekannten Theater im Gasthause „zum Wasen“ veranstaltet wurden, einen Solovortrag zum Besten geben durfte, worauf sie dann ordentlich ins Zeug ging, mit frischer Stimme die reschesten Gstanzeln herausschmetterte und dafür immer stürmischen Beifall erntete. Doch trotzdem wollte es ihr immer nicht gelingen, aus dem Wirkungskreise der ersten Choristin herauszutreten, und alle ihre Anstrengungen, endlich einmal eine wenn auch noch so kleine Rolle zu erhalten, blieben erfolglos. Da gab sie denn, rasch entschlossen, eines Tages ihre Stellung auf, ging nach Preßburg und nach anderen Orten gastiren und trat nach einiger Zeit als selbständige Volkssängerin in die Fußstapfen der damals in der Mode befindlichen Localsängerin Mannsfeld, welche sozusagen als der Urtypus der späteren Wiener Volkssängerinen anzusehen ist. Sie drang durch, und ihre Vorstellungen fanden immer größeren Zuspruch. In einer Charakteristik dieser Dame heißt es wörtlich: „Die Unverfrorenheit, mit der sie Alles sang, was bereitwillige Bänkeldichter ihr zumutheten, fand in den unterschiedlichen Wiener Vorstadtlocalen große Theilnahme, und die diversen Bierwirthe rissen sich förmlich um Fräulein Ulke, die zutreffend als die Gallmayer der „Pawlatschen“ charakterisirt ist. [Unter „Pawlatschen“ versteht man in der Regel eine wenige Fuß hohe, aus Brettern gezimmerte, mit einem Clavier besetzte Bühne, auf welcher einige Individuen männlichen und weiblichen Geschlechts mit obrigkeitlicher Bewilligung Zweideutigkeiten oft derbster Art sprechen und singen. Zur Erhöhung des Kunstgenusses wird Bier und Gulyás consumirt. Das Wort ist čechischen Ursprungs und von „pavlač“, d. i. Gerüst, abgeleitet.] Später unternahm sie von der Tribüne des Wirthshauses wieder den Sprung auf die Bretter und trat auf demselben Theater, an dem sie als bescheidene Choristin gewirkt hatte, in ersten Rollen auf. Allein, sei es nun, daß es ihr an dramatischem Talent fehlte, oder daß das Publicum hier kritischer war, ohne eben zu mißfallen, konnte sie nicht durchgreifen; der frenetische Beifall, den ihre Leistungen in der Singspielhalle gefunden hatten, blieb hier aus. In ihrer Eigenliebe verletzt und wohl auch unzufrieden mit der knappen Gage, kehrte sie in kurzer Zeit wieder zum „Brettl“ — so nennt der wienerische Jargon im Gegensatz zur čechischen Pawlatschen die Tribüne, auf welcher Volkssänger und Volkssängerinen in öffentlichen Localen ihr Wesen — richtiger Unwesen — treiben — zurück, und nun beginnt ihre eigentliche Glanzzeit, und diese sollte sie doch nicht auf dem „Brettl“, sondern wieder auf den Brettern durchleben. Director Danzer erkannte in ihr eine Zugkraft ersten Ranges und engagirte sie für das unter seiner Leitung stehende „Orpheum“ in der Wasagasse, mit großer Gage. Daselbst wirkte sie bis an ihr Lebensende und theilte sich mit anderen Extravaganzen des Tingl-Tangls, mit französischen Chansonnettensängerinen, amerikanischen Trapezkünstlern, japanischen Equilibristen und englischen Rollschuhläufern in den Beifall des Publicums. Das Lied „Mein Oesterreich“ und ein zweites mit dem Refrain „Da g'hört sunst nix dazuar als a Portion Wiener Hamur“, wie sie ihr einerseits große Popularität in den Kreisen der Orpheumsbesucher erwarben, sichern ihr trotz allen Tingl-Tanglliedern, die sie mit einer Verve ohne Gleichen herausschmetterte, eine freundliche Erinnerung. Bei der Wiener jeunesse dorée erfreute sich Fräulein **Ulke** großer Beliebtheit, und in den Wiener Hotels wurde selten eine „junge Herren-Soirée“ — auch eine Wiener Specialität und Errungenschaft der **Offenbach**'schen Aera — veranstaltet, zu welcher nicht **Anna Ulke** eingeladen worden wäre, um daselbst ihre pikantesten Vorträge zum Besten zu geben. Was man bei dieser nur den Hohenpriestern der Venus vulgivaga sich darbietenden Gelegenheit zu hören bekam, entzieht sich vollständig selbst der — bloßen Andeutung. Ihr Tod erfolgte nahezu plötzlich, denn nur wenige Tage zuvor stand ihr Name noch mit fetter Schrift auf **Danzer**'s Anschlagzetteln. Am 24. Februar trat sie — zum letzten Male — auf, am 28. Februar erlag sie einer Gehirnhautentzündung. Sie erreichte ein Alter von 28 Jahren und soll kein Vermögen, dagegen vielen Schmuck hinterlassen haben.

**Das Neue Blatt** (Leipzig, Payne, 4°) 1880, S. 405, im Artikel: „Wiener Federzeichnungen. Die Volkssänger“. Von **Karl Stugau**“.

**Porträte und Chargen.** 1) „Die Bombe“ (Wiener Spott- und Witzblatt) VII. Jahrg. 7. October 1877, Nr. 40. Ueberschrift: „Frl. Ulke“. Gezeichnet von Js. **Eigner** (ganze Figur). — 2) Ebenda, V. Jahrg., 10. October 1875, Nr. 40. Ueberschrift: „Fräulein Ulke“. **Meyerhofer** del. — 3) Ihr Porträt befindet sich auch als Vignette auf mehreren Wiener Bänkelsänger-Liedern, welche im Druck und Verlag von C. Barth, Barnabitengasse Nr. 1, und von M. Moßbeck, Wien, Wieden, Waaggasse Nr. 7 erscheinen. So auf den Liedern: „Da schwelgt das Herz in Seligkeit“; „Das himmlische Behagen“; „Die Stille der Natur“. — 4) „Der Floh“ (Wiener Caricaturenblatt) 1870, S. 104: „Frl. Ulke“. — 5) Im Witzblatt „Wiener Luft“, 1877, Nr. 41. Ueberschrift: „O du Million, du“. Unterschrift: „Die Directoren der zwei größten Theater Wiens (Jauner und Steiner) suchen die Tingl-Tangl-Kunst zu fördern“. Zeichnung von St.(ur). — 6) In der „Bombe“, 1871, Nr. 28. Ueberschrift: „Anna Ulke“. **Correggio** (del.).

**Ullepitsch** Edler von **Krainfels**, Karl (**Landeschef** im Herzogthum Krain, geb. zu **Seisenberg** in Unterkrain am 28. Februar 1810, gest. zu **Laibach** am 23. Juli 1862). Nach Beendigung der Gymnasialclassen hörte er die Rechte an den Hochschulen zu Gratz und Wien, erlangte das Doctorat der Philosophie und zu Padua jenes der Rechte. In sein Heimatland zurückgekehrt, trat er am 18. Juni 1833 als Conceptspracticant bei dem Laibacher Stadt- und Landgerichte in den Staatsdienst. 1834 kam er in gleicher Eigenschaft zur k. k. Kammerprocuratur in Laibach. In dieser Stellung verblieb er bis zum 13. April 1842, worauf er zum dritten Fiscalamtsadjuncten vorrückte. Während seiner sechsjährigen Dienstzeit als Adjunct wurde er zur Regulirung der Servitutsberechtigungen bei der Montanherrschaft Idria, dann zur Abmarkung der Montan-

waldungen abgeordnet und war zugleich als Fachschriftsteller thätig, indem er nachstehende Werke herausgab: „Das ah. Erbsteuerpatent vom 15. October 1810 in Verbindung mit den darauf Bezug habenden Gesetzen und in den einzelnen Provinzen kundgemachten nachträglichen Verordnungen. Nebst einem Anhange über die Einregistrirung“ (Laibach 1839, Kleinmayr, 8^o.), worüber die Wagner'sche „Zeitschrift für österreichische Rechtsgelehrsamkeit“ im Jahrgang 1840, Bd. III. S. 294—305 eine ausführliche Besprechung bringt; und „Das Mortuar, das Abfahrtsgeld und der Schulbeitrag in den deutschen Provinzen der österreichischen Monarchie“ (ebd. 1841, 8^o.). Auch trat er während seiner Dienstleistungen in vielfachen Verkehr mit den Bewohnern Adelsbergs in Innerkrain und errang ihr Vertrauen in solchem Grade, daß sie ihn, als die Wahlen für den österreichischen Reichstag im Jahre 1848 stattfanden, in denselben wählten. An den parlamentarischen Arbeiten nahm er in thätiger Weise Theil. Insbesondere geschah dies in den Reichstagsitzungen vom 23. und 24. Jänner 1849, in welchen er das Haus aufmerksam machte, daß es ein Wagestück sei, die Anklagejury einzuführen, welcher Ansicht dasselbe auch beitrat. Nach Auflösung des Reichsrathes im Jahre 1849 wurde er zum k. k. Ministerialcommissär zur Durchführung der Grundentlastung in Krain und zum Präsidenten der aufgestellten Grundentlastungs-Landescommission ernannt. Noch in demselben Jahre erfolgte auch seine Anstellung als provisorischer und 1850 als wirklicher General-Procurator des Oberlandesgerichtes in Klagenfurt. 1853 wurde er zur Durchführung der Grundentlastung in Croatien und Slavonien beigezogen und bald darauf zum Ministerialrath und Präsidenten der Grundentlastungs-Landescommission in Agram ersehen. Nach Vollendung des Grundentlastungsgeschäftes daselbst zum Präsidenten des Urbarial-Obergerichts befördert, verließ er diese Stellung, als ihn der Kaiser als Hofrath an die Spitze der Landesregierung in Krain berief. Seine Verdienste in der vorgeschilderten Laufbahn wurden von dem Monarchen wiederholt durch Auszeichnungen gewürdigt, so erhielt er bei Gelegenheit der Stiftung des Franz Joseph-Ordens im Jahre 1850 das Ritterkreuz desselben, und während seiner Dienstleistung als Präsident der Grundentlastungs-Landescommission in Agram wurde er mit kaiserl. Diplom ddo. Wien 22. Jänner 1855 in den erbländischen Adelstand mit dem Ehrenworte Edler von und mit dem Prädicate von Krainfels erhoben. Hand in Hand mit diesem amtlichen Berufe geht noch eine nicht minder bemerkenswerthe Thätigkeit, die ihm auch nach anderer Seite eine dauernde Erinnerung sichert. Im historischen Vereine für Krain, dessen Ehrenmitglied er war, lebt sein Andenken fort. Er zählte zu den neun Patrioten, welche zu Beginn des Jahres 1840 unter der Aegide des Erzherzogs Johann die Bitte um Bewilligung zur Errichtung eines historischen Vereines für Innerösterreich (Steiermark, Kärnthen und Krain) unterzeichneten. Als dann auf Grund der im April 1840 ertheilten ah. Genehmigung in Krain durch das illyrische Landespräsidium ein provisorischer Ausschuß ernannt wurde, war es Ullepitsch, der als Secretär und Geschäftsleiter die nöthigen Einleitungen zur Bildung des Vereines zu treffen hatte. Ihm lag zum größten Theile die Erledigung der Geschäfte ob, und seinem Eifer war die bis 1. März 1844 ungeachtet entgegenwirkender Elemente zu Stande gebrachte ansehnliche Mitgliederzahl zu verdanken. Auch erwarb er sich Verdienste um den reichen Besuch und die Ordnung der Vereinsversammlungen. Noch hat sich Ullepitsch als Schriftsteller und Dichter bemerkbar gemacht. Schon 1832 trat er unter dem Pseudonym Jean Laurent im „Illyrischen Blatte“, welches damals Professor Heinrich redigirte, mit einem Gedichte an die Griechen bei Ankunft ihres Königs Otto, dann mit mehreren anderen Poesien auf. 1839 übernahm er die Redaction der „Laibacher Zeitung“ und der mit ihr unter dem Namen „Illyrisches Blatt“ verbundenen Unterhaltungsbeilage. Während seiner Redactionszeit, bis 1846, veröffentlichte er, namentlich im Jahre 1839, eine größere Anzahl Gedichte, theils Balladen und Romanzen aus der Geschichte des Landes, theils didaktische Gedichte. Nun, wenn ihm auch seine poetischen Ergüsse einen Platz auf dem österreichischen Parnaß nicht zu sichern vermögen, so hat er durch seine Arbeiten in ungebundener Rede um so verdienstlicher gewirkt, denn seine geschichtlichen Aufsätze erschienen nicht nur im „Illyrischen Blatte“, sondern mehrere der wichtigeren auch in den Mittheilungen des historischen Vereines, so im Jahrgange 1846 außer einigen literarischen Anzeigen und dem Verzeichnisse der vom historischen Provinzialvereine für Krain erworbenen Gegenstände, welches sich auch in den späteren Jahrgängen fortsetzte, eine „Darstellung der Lapidardenkmale Krains mit ihren Abbildungen“ (Nr. 5 und 7), im Jahrgang 1847 eine Fortsetzung derselben (Nr. 2, 4 und 6) und das „Diplomatarium Carniolicum“, welches er aus den Archivsmaterialien des historischen Vereines für Krain redigirte (Nr. 3, 4, 5, 6, 10, 11, 12), im Jahre 1848 Fortsetzungen der „Lapidardenkmale“ (S. 16) und des „Diplomatarium Carniolicum“ (S. 18, 27, 93) und im Jahrgang 1849 Fortsetzung des „Diplomatarium“ (S. 48 und 98); mit diesem Jahre endet seine Betheiligung am Vereine, sein amtlicher immer wechselnder Beruf nimmt ferner seine ganze Thätigkeit in Anspruch. Außerdem erschien selbständig von ihm das „Denkbuch der Anwesenheit Ihrer Majestäten des Kaisers Ferdinand I. und der Kaiserin Maria Anna bei Gelegenheit der innerösterreichischen Gewerbe- und Industrieausstellung in Laibach im Jahre 1844“ (Laibach 1844). Und eine Sammlung seiner Sprüche und Sinngedichte, von denen ein Theil im „Illyrischen Blatt“ unter der Aufschrift „Decimen“, weil immer deren zehn auf einmal zusammengestellt waren, erschienen ist, gab er unter dem Titel „Aphorismen“ heraus. Mehrere auswärtige historische Vereine, so die gelehrte esthnische Gesellschaft in Dorpat, die Gesellschaft der Alterthumsfreunde in Bonn u. a. ernannten ihn zu ihrem Ehrenmitgliede. Ueber seinen Familienstand siehe unten die Quellen.

Laibacher Zeitung, 1862, 24. Juli, Nr. 168. — Dieselbe, 1862, Nr. 186, im Bericht über die Monatsversammlung des historischen Vereines für Krain vom 7. August 1862. — Oesterreichischer Courier (vormals „Theater-Zeitung“ von Adolph Bäuerle) 28. Jänner 1849, Nr. 24, im Leitartikel: „Wien, den 28. Jänner“ von D. M. W. — Genealogisches Taschenbuch der Ritter- und Adelsgeschlechter (Brünn, Buschak und Irrgang, 32°.) IV. Jahrg. (1879), S. 651.

**Karl** Ullepitsch vermälte sich am 6. Februar 1837 mit Maria Ruschitz (geb. 21. November 1817), welche ihm folgende Kinder gebar: **Karl** (geb. 25. Juli 1838, gest. 20. September 1839); — **Robert** (geb. 2. Mai 1840, gefallen als k. k. Oberlieutenant in der Schlacht bei Königgrätz am 3. Juli 1866)

— **Richard** (geb. 13. Mai 1848, gest. als Oberlieutenant am 3. October 1877) und **Rudolph** (geb. 12. März 1842), zur Zeit k. k. Rathssecretär beim Kreisgerichte Rudolphswerth in Krain. Seit 12. October 1870 ist Letzterer mit Josephine geborenen Tischler (geb. 1. März 1848) vermält, und stammen aus dieser Ehe: **Robert Mauritius** (geb. 4. November 1872), **Marie Theodore** (geb. 30. December 1874) und **Melitta Alexandra** (geb. 28. December 1876).

**Wappen der Allepitsch Edlen von Krainfels.** Quadrirt. 1 und 4: in Silber ein aus der Spaltungslinie hervorwachsender blauer Adler mit einem von Silber und Roth in zwei Reihen geschachtem Halbmonde auf der Brust; 2: in Blau das vorwärts gerichtete Bild der Themis mit weiß verbundenen Augen, in einem langen faltigen weißen Gewande, die Aermel zurückgeschlagen und jeden mit einer goldenen Spange geknüpft, um die Hüften ein blaues Ueberkleid, in der gesenkten Rechten das Schwert, in der erhobenen Linken die gleichgestellte Schalenwage haltend; in 3: auf grünem Berge ein natürlicher Tannenbaum, im rechten Oberwinkel von einem goldenen Stern begleitet. Auf dem Schilde ruht ein Turnierhelm, auf dessen goldener Krone ein offener, von Silber und Blau übers Eck getheilter Flug ruht. Die Helmdecken sind blau mit Silber unterlegt.

Ende des achtundvierzigsten Bandes.

# Alphabetisches Namen-Register.

Die mit einem * bezeichneten Biographien kommen bisher noch in keinem vollendeten deutschen Sammelwerke (Encyklopädie, Conversations-Lexikon u. dgl.) vor und erscheinen zum ersten Male in diesem biographischen Lexikon, in welchem übrigens alle Artikel nach Originalquellen, die bisherigen Mittheilungen über die einzelnen Personen entweder berichtigend oder ergänzend, ganz neu gearbeitet sind; m. B. = mit Berichtigung oder doch mit Angabe der divergirenden Daten; m. G. = mit genealog. Daten; m. M. = mit Beschreibung des Grabmonumentes; m. P. = mit Angabe der Porträte; m. W. = mit Beschreibung des Wappens; die Abkürzung Qu. bedeutet Quellen, worunter der mit kleinerer Schrift gedruckte, jeder Biographie beigefügte Anhang verstanden ist.

# Namen-Register nach den Geburtsländern
## und den Ländern der Wirksamkeit.

### Banat.



### Böhmen.



### Croatien.



### Dalmatien.



### Galizien.

## Kärnthen.



## Krain.



## Krakau.



## Küstenland.



## Lombardie.



## Mähren.



## Oesterreich ob der Enns.



## Oesterreich unter der Enns.

## Salzburg.



## Schlesien.

## Vorarlberg.



## Oesterreicher, die im Auslande denkwürdig geworden.



## Nicht in Oesterreich geboren.

# Namen-Register nach Ständen

## und anderen bezeichnenden Kategorien.

### Adel.



### Aerzte.

## Vorarlberg.



## Oesterreicher, die im Auslande denkwürdig geworden.



## Nicht in Oesterreich geboren.

# Namen-Register nach Ständen

## und anderen bezeichnenden Kategorien.

### Adel.



### Aerzte.

## Archäologen.



## Architekt.



## Berühmte Bauern.



## Bildhauer.



## Blinder.



## Buchhändler, Bibliograph.



## Frauen.





## Geologen, Bergmänner.



## Geo-Ethnographen.



## Geschichtsschreiber.



## Homileten.



## Humanisten.



## Industrielle.

### Kunstfreund.



### Kupferstecher.



### Landwirthe.



### Maler.



### Maria Theresien-Ordensritter, Ritter des goldenen Vließes.

#### a) Maria Theresien-Ordensritter.



#### b) Ritter des goldenen Vließes.



### Marine-Officier.



### Mathematiker.



### Mechaniker.



### Militärs, Kriegshelden, Feldhauptleute u. dgl. m.

## Musiker.



## Naturforscher.



## Nonne.

## Ordensgeistliche.



## Poeten.



## Rechtsgelehrte.



## Reichsräthe, Reichstags- und Landtags-Deputirte.



## Reisende.



## Revolutionsmänner.



## Sänger.



## Schauspieler.



## Schriftsteller, Uebersetzer.

Lightning Source UK Ltd.
Milton Keynes UK
UKHW021635021218
333216UK00011B/1157/P

9 780656 646623